'AQUILIUS' TRIBUNUS
THEOREMA LEX AQUILIA
CIVIS ROMANUS STATUS DEFENSIONIS
'RESPONSUM' REPARATORIUS CURAE
ET PRIVATAE ET PUBLICAE DELICTIS
IN ANTIQUA ROMANA LEGE

(CUIDADOS REPARATÓRIOS E OFENSAS PRIVADAS
E PÚBLICAS NO DIREITO ROMANO ANTIGO)

Editora Appris Ltda.
1.ª Edição - Copyright© 2024 do autor
Direitos de Edição Reservados à Editora Appris Ltda.

Nenhuma parte desta obra poderá ser utilizada indevidamente, sem estar de acordo com a Lei nº 9.610/98. Se incorreções forem encontradas, serão de exclusiva responsabilidade de seus organizadores. Foi realizado o Depósito Legal na Fundação Biblioteca Nacional, de acordo com as Leis nᵒˢ 10.994, de 14/12/2004, e 12.192, de 14/01/2010.

Catalogação na Fonte
Elaborado por: Dayanne Leal Souza
Bibliotecária CRB 9/2162

| | |
|---|---|
| H632a<br>2024 | Hid, Alfredo Ricardo<br>'Aquilius' tribunus theorema lex aquilia civis romanus status defensionis 'responsum' reparatorius curae et privatae et publicae delictis in antiqua romana lege: (cuidados reparatórios e ofensas privadas e públicas no direito romano antigo) / Alfredo Ricardo Hid. – 1. ed. – Curitiba: Appris, 2024.<br>381 p. ; 23 cm. – (Coleção Direito e Constituição).<br><br>Inclui bibliografias.<br>ISBN 978-65-250-6978-4<br><br>1. Civis romanus. 2. Status defensionis. 3. Responsabilidade. 4. Equilíbrio. 5. Dano. 6. Comportamento. 7. Roma. 8. Codificações. 9. Lei. I. Hid, Alfredo Ricardo. II. Título. III. Série.<br><br>CDD – 340.5 |

Livro de acordo com a normalização técnica da ABNT

_Appris editora_

Editora e Livraria Appris Ltda.
Av. Manoel Ribas, 2265 – Mercês
Curitiba/PR – CEP: 80810-002
Tel. (41) 3156 - 4731
www.editoraappris.com.br

Printed in Brazil
Impresso no Brasil

Alfredo Ricardo Hid

# 'AQUILIUS' TRIBUNUS
# THEOREMA LEX AQUILIA
# CIVIS ROMANUS STATUS DEFENSIONIS
# 'RESPONSUM' REPARATORIUS CURAE
# ET PRIVATAE ET PUBLICAE DELICTIS
# IN ANTIQUA ROMANA LEGE
### (CUIDADOS REPARATÓRIOS E OFENSAS PRIVADAS E PÚBLICAS NO DIREITO ROMANO ANTIGO)

**Appris** *editora*

Curitiba, PR

2024

# FICHA TÉCNICA

**EDITORIAL** Augusto Coelho
Sara C. de Andrade Coelho

**COMITÊ EDITORIAL**

Ana El Achkar (Universo/RJ)
Andréa Barbosa Gouveia (UFPR)
Antonio Evangelista de Souza Netto (PUC-SP)
Belinda Cunha (UFPB)
Délton Winter de Carvalho (FMP)
Edson da Silva (UFVJM)
Eliete Correia dos Santos (UEPB)
Erineu Foerste (Ufes)
Fabiano Santos (UERJ-IESP)
Francinete Fernandes de Sousa (UEPB)
Francisco Carlos Duarte (PUCPR)
Francisco de Assis (Fiam-Faam-SP-Brasil)
Gláucia Figueiredo (UNIPAMPA/ UDELAR)
Jacques de Lima Ferreira (UNOESC)
Jean Carlos Gonçalves (UFPR)
José Wálter Nunes (UnB)
Junia de Vilhena (PUC-RIO)

Lucas Mesquita (UNILA)
Márcia Gonçalves (Unitau)
Maria Aparecida Barbosa (USP)
Maria Margarida de Andrade (Umack)
Marilda A. Behrens (PUCPR)
Marília Andrade Torales Campos (UFPR)
Marli Caetano
Patrícia L. Torres (PUCPR)
Paula Costa Mosca Macedo (UNIFESP)
Ramon Blanco (UNILA)
Roberta Ecleide Kelly (NEPE)
Roque Ismael da Costa Güllich (UFFS)
Sergio Gomes (UFRJ)
Tiago Gagliano Pinto Alberto (PUCPR)
Toni Reis (UP)
Valdomiro de Oliveira (UFPR)

**SUPERVISORA EDITORIAL** Renata C. Lopes

**PRODUÇÃO EDITORIAL** Daniela Nazario

**REVISÃO** Camila Dias Manoel

**DIAGRAMAÇÃO** Jhonny Alves dos Reis

**CAPA** Kananda Ferreira

**REVISÃO DE PROVA** William Rodrigues

## COMITÊ CIENTÍFICO DA COLEÇÃO DIREITO E CONSTITUIÇÃO

**DIREÇÃO CIENTÍFICA** Antonio Evangelista de Souza Netto (PUC-SP)

**CONSULTORES**

Ana Lúcia Porcionato (UNAERP)

Arthur Mendes Lobo (UFPR)

Augusto Passamani Bufulin
(TJ/ES – UFES)

Carlos Eduardo Pellegrini (PF - EPD/SP)

Danielle Nogueira Mota Comar(USP)

Domingos Thadeu Ribeiro da Fonseca
(TJ/PR – EMAP)

Elmer da Silva Marques (UNIOESTE)

Georges Abboud (PUC/SP)

Guilherme Vidal Vieira (EMPAP)

Henrique Garbelini (FADISP)

José Laurindo de Souza Netto
(TJ/PR – UFPR)

Larissa Pinho de Alencar Lima (UFRGS)

Luiz Osório de Moraes Panza (Desembarga-
dor TJ/PR, professor doutor)

Luiz Rodrigues Wambier (IDP/DF)

Marcelo Quentin (UFPR)

Mário Celegatto (TJ/PR – EMAP)

Mário Luiz Ramidoff (UFPR)

Maurício Baptistella Bunazar (USP)

Maurício Dieter (USP)

Ricardo Freitas Guimarães (PUC/SP)

*ORA ET LABORA*
*(São Bento de Núrsia, 02.03.480 d.C.-21.03.547 d.C.)*

# AGRADECIMENTOS

**A DEUS, O CRIADOR DO UNIVERSO**, por tudo o que Ele me oferece, por tudo o que ele me concede, pela família que eu tenho, por me dar forças para viver e por me mostrar os caminhos da vida, capacitando-me e trazendo a vitória para a minha vida, digna de toda a gratidão. **A MARIA, A NOSSA MÃE**, que me guia e me protege todos os dias, sendo ela a mãe do tempo, da eternidade, do hoje, do amanhã, do passado e do futuro, pelo que eu, humildemente e insistentemente, peço: Maria, passa na frente. AMÉM.

A meu pai, Fuad Hid (*in memoriam*), por todo o ensinamento e pelas lições de vida que me postergou, na retitude do caráter, da lealdade, da honestidade, da temperança, do valor, do engenho, da habilidade, da idoneidade, dos estudos e do culto à inteligência.

A minha mãe, Almerinda Medeiros Hid (*in memoriam*), pelo apoio, pelos ensinamentos e pela educação que me abrigou, outorgou e, presenteou, assim fazendo que cumprir com os seus ensinamentos é como me inspirar no melhor exemplo do mundo, onde toda a minha gratidão seja insuficiente para expressar o meu carinho e amor por você, e por toda a nossa família que você criou e engrandeceu.

A minha dileta e guerreira esposa, mãe e avó, Arilene; a minhas maravilhosas, encantadoras e graciosas filhas, Flávia e Débora; aos meus genros, amigos e verdadeiros filhos, Sydow e Sérgio; e a minhas lindas, inteligentes, sagazes e perspicazes netas, Isadora, Alice e Helena.

Ao meu irmão, Alexandre, gladiador incansável e invencível, ser humano bondoso e dotado de uma inteligência brilhante e conceitualmente magnânima.

Aos mestres e seletos educadores de todas as universidades e instituições de ensino nas quais estudei, integrei e orgulhosamente continuo a preservar e a me instruir.

Ao meu amigo de Exército, oficial de Educação Física da OM, artilheiro e guerreiro de grande e notória estima Eduardo Roberto de Oliveira Serva, recém-falecido no mês de dezembro de 2023. Que Deus o tenha em muito bom lugar, ilumine-o e proteja-o.

# SCAENA PRAEFATIO[1]

*'INNUMERIS LUXURIA EST POTESTAS HOMO,*
*SED PAR MULTIS MANUS SIT RARO QUOD INTER ILLIS SIT'.*
*(Marco Túlio Cícero)*

A responsabilidade civil é, sem dúvida, um dos institutos que mais sofreram alterações ao longo do último século, e as *'antigua romana praecepta'*, que inspiraram as codificações do *início do século XIX* de diversos países do Ocidente, muitas vezes como uma justificação complexa, da valoração de que um comportamento abstratamente permitido era concretamente proibido, foram reinterpretadas pela ciência jurídica contemporânea[2] para ampliar seu raio de ação, em relação às hipóteses que à época não eram previstas nas legislações de diversos países do globo.

Assim, por diversas vezes, nesta catalogação de dados que de forma despojada apresento, faço repetir com demasiada constância conceitos, referências e datas principiológicas de igual monta oriundas das obras editadas, agregadas a tantas outras, com distorções temáticas e temporais diferenciadas, por conta de entendimentos diversos, que, por assim dizer, se agregam à razão das inúmeras fontes de pesquisas[3], (Severino, Antonio Joaquim. São Paulo: Cortez, 2007, p. 122), fazendo com que desta forma, em absoluta homenagem ao *thema*, seja *'de todo'* oportuno a reiterada análise das instituições e dos institutos jurídicos romanos, em especial no que concerne à chamada *responsabilidade 'civil e contratual'*, uma vez que ela se encontra presente no Direito Romano, com a sua clara manifestação na *Lei das XII Tábuas*, especificamente nas *tábuas III, VI, VII, VIII*, que, por assim dizer, possui a sua justificativa, marcadas de modo geral, entre as culturas jurídicas, até mesmo nas grandes diferenças de concepção legislativa em diversas épocas.

---

[1] Apresentação

[2] SOLARI, Giole. Filosofia do direito privado. Buenos Aires: De Palma, 1946. t. 1. p. 67. "O ressurgimento dos estudos do direito romano pela obra dos glosadores da alta Idade Média, se por um lado, contribuiu para um conhecimento mais amplo e profundo do direito romano justiniano, possibilitou aos comentadores que os seguiram elaborar uma direito privado em bases romanas, com materiais derivados do direito canônico, consuetudinário, estatutário, alemão, capaz de se adaptar às relações criadas pelas novas condições históricas e se impor por sua natureza universal, como regra comum a todo o mundo ocidental. a formação de uma lei de direito privado comum em bases romanas, abriu caminho para a unificação do direito privado. O fato de que a autoridade de uma lei comum foi reconhecida acima dos direitos particulares, que, sem substituí-los, ele os integrou e corrigiu cooperando na solução de numerosos e inevitáveis conflitos na vida real. Mas a causa da unificação do direito privado, imposta pelos tempos e favorecida para fins políticos pelos príncipes, só foi direcionada para uma solução decisiva quando a aliança do direito romano se fortaleceu, ressurgida em suas fontes genuínas pelo trabalho do filólogo. juristas, com os princípios elaborados pela escola do direito natural".

[3] SEVERINO, Antonio Joaquim. *Metodologia do trabalho científico*. São Paulo: Cortez, 2007. p. 122. "A pesquisa bibliográfica é aquela que se realiza a partir do registro disponível, decorrente de pesquisas anteriores, em documentos impressos, como livros, artigos, teses etc. Utiliza-se dados ou de categorias teóricas já trabalhados por outros pesquisadores e devidamente registrados. Os textos tornam-se fontes dos temas a serem pesquisados. O pesquisador trabalha a partir das contribuições dos autores dos estudos analíticos constantes dos textos".

Tanto é verdade que a potencialização do *'ius'* se deu em especial com o surgimento espontâneo da atividade jurisprudencial na ciência, graças à ênfase do trabalho de *'iurisconsultos'* no fim da *'res publicae'*, que, como tal, agregou-se à intensa atividade dos pretores romanos, que enriqueceram o contato direto do jurista, com o *'civitae populus[4] roman'*, em especial quando aqueles consolidaram uma grande dose de flexibilidade e adaptabilidade à realidade, e vivência social e política de Roma da época, *de certo*, com a intencionalidade de evitar danos e abusos de direito, até porque havia direitos que só serviam para causar danos, pois deve-se levar em consideração que, durante séculos, não houve tribunais e nos grandes julgamentos públicos, como aqueles em que *Cícero* se tornou famoso, seu papel assemelhava-se mais ao de um orador do que ao de um procurador moderno.

Inobstante, o advento da 'Lex Aebutia de Formulis', lá no ano de 130 a.C., fez consagrar os mais diversos entendimentos jurídicos de interpretação de fatos, e formas processuais adequadas, uma vez que o pretor romano foi agraciado com diversos poderes procedimentais, que lhe permitiram aplicar e interpretar as lacunas do Ius Civile, marcando assim o início do instituto da 'agere per formulas', o qual enfatizou um período de substancial importância na alteração do processo judicial em Roma, e que, por assim dizer, como dito, sugeriu uma singular consideração formal do direito subjetivo e uma consideração dogmática e interpretativa dele, com o surgimento de doutrinas que assentaram a criatividade da 'iurisprudentia' em três funções distintas, quais sejam, o cavere, que era o acompanhamento e, como tal, o aconselhamento dos particulares nos negócios jurídicos; a agere, que era a orientação dada pelos juristas no âmbito da ação judicial; e o respondere, que era a elaboração de pareceres sobre os problemas jurídicos.

Esta *'novel'* implantação de ideias, costumes e legalidade jurídica ocasionou uma sequência de diversas etapas da *'historiae iuris roma'*, tendo a sua origem na *'monarquia'*[5],

---

[4] Sobre el origen del término *populus*, *vide* Devoto, D. *Storia della lingua di Roma*. Bolonia, 1944. p. 57 *et seq.* Un amplio análisis del concepto político de populus en Von Lübtow, V., Das Römische Volk (Fráncfort, 1955) p. 471 *et seq.*

[5] BRAVO, Gonzalo. *Historia de la Roma antigua*. Madrid: Alianza Editorial, 1998. "Sobre la Roma arcaica se han incrementado considerablemente las publicaciones en los últimos años. Varias obras son fundamentales para el conocimiento de la Roma temprana: A A.W.: «La formazione délia città nel Lazio», en Dialoghi di Archeologia, 1980 (2 vols.), obra colectiva en la que se analizan las diversas fases de la cultura lacial desde ca. 1000 a.C. hasta ca. 580 a.C. (final del período rv B), cuando ya Roma había entrado con seguridad en la fase urbana; a través de los estudios de G. Colonna, C. Ampolo y M. Torelli, entre otros, se pueden seguir las pautas de una lenta evolución en tomo a los elementos siguientes: hábitat, costumbres funerarias y ajuares, producción agrícola y artesanal, cerámica y intercambio, grupos sociales; J. Poucet: Les origines de Rome. Tradition et histoire, Bruselas, 1985, analiza las fuentes literarias de la Analistica republicana que, según el autor, carece de fundamento histórico tanto en su elaboración, propiamente dicha, como en su difusión posterior; no hay historicidad en la evolución romana hasta el reinado de Tarquinio Prisco, por lo que todo relato anterior a él es mero artificio de la tradición romana posterior que no se corresponde — salvo excepción— con los resultados de la interpretación arqueológica sobre el mismo período, pero tampoco con los de la lingüística o la etnología; J. Martínez-Pinna: Tarquinio Prisco. Ensayo histórico sobre Roma arcaica, Madrid, 1996, Ediciones Clásicas, obra de madurez que sistematiza las conclusiones de otras investigaciones del autor sobre este período; tras un detenido análisis de las fuentes para el conocimiento de la monarquía romana, plantea la tesis de que el verdadero fundador de Roma fue el rey Tarquinio Prisco — primer rey histórico— y no Rómulo que, sin duda, nunca existió; analiza los elementos materiales e institucionales que intervienen en la formación de la Urbs asignando a este

ao depois na *'respublicae'*[6] e, por fim, no *'imperiuvs'*[7], que, como tal,

---

rey la mayor parte de las reformas que la tradición historiográfica ha asignado a alguno de sus sucesores: Servio Tulio y Tarquinio el Soberbio, con quienes sin duda Tarquinio Prisco mantuvo una estrecha relación personal e incluso familiar; se completa con una bibliografía exhaustiva sobre la Roma arcaica; J.-C. Richard: Les origines de la plebe romaine. Essai sur la formation du dualisme patricio-plebeien, Roma, 1978, exhaustivo estudio en el que se establece una nueva visión de la plebe como grupo social y político al mismo tiempo que se desmitifican muchos de los datos aportados por la tradición; patriciado y plebe son en realidad productos históricos, pero no hay razón para seguir manteniendo la teoría dualista porque la plebe no entra en la historia hasta el siglo v a.C., precisamente cuando comienza el conflicto con los patricios".

[6] *Ibidem.* "Varios estudios abordan los diferentes aspectos de la problemática histórica de este período: R. E. Mitchell: Patricians and Plebeians. The Origin of the Roman State, Ithaca, 1990, propone una revisión sistemática del conflicto patricio-plebeyo atendiendo sobre todo a los detalles y rechazando las generalidades; el conflicto patricio-plebeyo no fue una lucha política ni social, en sentido estricto, sino más bien un proceso en el que se pasó del soldado al ciudadano, un individuo censado y con obligaciones fiscales (stipendium, tributum), por lo que la división social fundamental no fue entre patricios y plebeyos, sino más bien entre grupos militares y no militares; W.V. Harris: Guerra e imperialismo en la Roma republicana. 327-70 a. C., Madrid, 1989, Siglo XXI, mediante un exhaustivo análisis de los textos antiguos se desmontan uno tras otro todos los supuestos que inspiraron la teoría de los imperialismos (defensivo y agresivo) de Mommsen; de hecho, la historiografía moderna ha llamado con frecuencia imperialistas a formas antiguas de dominación que no lo eran o, por el contrario, no ha visto más que explotación y crueldad en lo que tan sólo eran formas de control; pero un estudio de la aplicación del principio de no anexión por parte de Roma revela que el senado romano no lo respetó aun cuando el móvil económico no fuera el objetivo prioritario en todos los casos; C. Nicolet: Roma y la conquista del mundo mediterráneo, Barcelona, 1982 y 1984 (2 vols.), Labor, analiza primero «las estructuras de la Italia romana» (vol. I) para examinar después el fenómeno de la conquista como tal y la «génesis de un Imperio» (vol. II) que, a diferencia de experiencias imperialistas anteriores, se configuró como un «Imperio mundial» en torno al mundo mediterráneo; pero en tal empresa no sólo participaron los romanos y latinos — principales protagonistas—, sino también todos los pueblos, culturas y economías que fueron progresivamente asimilados al sistema romano durante este largo proceso; Roma no siempre impuso su voluntad, sino que a menudo respetó (griegos, judíos) las instituciones existentes y, en ocasiones, demoró la «provincialización» de los territorios conquistados; bibliografía exhaustiva; R. Sym e: La revolución romana, Madrid, 1989, Taurus, análisis pormenorizado de la caída de la República y la construcción del Imperio por parte de Octavio-Augusto con la ayuda de un grupo aristocrático que le encumbró en el poder; parte de la figura política de Pompeyo, secundado por César — el dictador— y Antonio — el cónsul del año 44 a.C., cuando César fue asesinado—; prosigue con el enfrentamiento entre Octaviano y Antonio a propósito del control de Oriente, y concluye con un análisis de la forma de gobierno de Augusto, el primer emperador romano; pero la tesis central de esta obra es que, tanto en la República como en el Imperio, se prueba la existencia de una clase oligárquica formada por un reducido grupo de familias de la nobilitas romana, que de hecho controlaba el poder político".

[7] *Ibidem.* "Se han publicado numerosos estudios en los últimos años, entre los que destacan: A. Fraschetti: Roma e il principe, Barí, 1990, original estudio de la Roma augústea desde la doble perspectiva de la percepción del tiempo y el espacio urbano en los años de transición del régimen republicano al del principado; la tesis central es que el cambio político se refleja también en el nivel ideológico de la sociedad (fiestas, funerales, ceremonial, cultos), aunque, de hecho, Augusto («il principe») incurre en la contradicción de pretender destruir la república, pero manteniéndola viva a los ojos de los ciudadanos; varios apéndices sobre asuntos puntuales completan este documentado estudio; P. Zanker: Augusto y el poder de las imágenes, Madrid, 1992, Alianza Editorial, examina a lo largo de ocho documentados capítulos buena parte del material arqueológico (iconográfico y numismático principalmente) conocido, datado o datable en época augústea (31 a.C.- 14 d.C.); la tesis central es que las imágenes cambian como consecuencia de la transformación del sistema político (de republicano a imperial) en estrecho paralelismo además con los valores que emergen y acabarán implantándose en la nueva mentalidad romana, bien simbolizada por la febril actividad de Augusto en organizar espectáculos, festivales, cultos y ceremonias como expresión de un nuevo lenguaje formal (que se analiza en el capítulo sexto), primero en Roma y luego en las provincias; F. Jacques-J. Scheid: Rome et l'intégration de l'Empire, 44 av. J.-C.- 260 ap. J.-C., I.-Les structures de l`empire romain, Paris, 1990, analiza primero la evolución del sistema institucional tardorrepublicano que ha propiciado la instauración del principado de Augusto; dos estudios monográficos sobre religiones y ejército dejan paso al tratamiento del Imperio como un sistema en funcionamiento integrado por diversos tipos de provincias: imperiales, senatoriales y ecuestres; la cuestión de la extensión de la ciudadanía es objeto de un análisis especial desde los tiempos tardorrepublicanos hasta el gobierno de Caracala a comienzos del siglo iii; el estudio de los grupos sociales — incluidos los esclavos— y los sectores económicos de la sociedad romana imperial cierran este minucioso estudio, acompañado de una amplia bibliografía (más de mil títulos); S. Montero-G. Bravo-J. Martínez-Pinna: El Imperio romano. Evolución institucional e ideológica, Madrid, 1990, presenta la evolución histórica de la Roma imperial, desde Augusto hasta los visigodos de mediados del siglo v, desde una perspectiva jurídico-política con especial hincapié en los aspectos institucionales del período; por razones meramente didácticas se sigue el esquema tradicional de emperadores y dinastías, pero se ha prestado especial atención al desarrollo de los procesos históricos y a la definición precisa de los elementos institucionales, ideológicos y religiosos que intervienen en ellos; la evolución del Imperio no es, en consecuencia, lineal sino múltiple y, en ocasiones, sinuosa; pero la reconstrucción debe partir del análisis de las fuentes disponibles en cada momento; el último período del Imperio es de descomposición política (presión bárbara) y social (bagaudas), proceso que aceleró en la práctica la desintegración del sistema romano mucho antes de su desaparición oficial; P. Garnsey-R. Saller: El Imperio romano. Economía, sociedad y cultura, Barcelona, 1991, plantea una reconsideración del Imperio en términos no convencionales, esto es, sin seguir un sistema cronológico ni basarse en los hechos políticos, sino justamente en los hechos económicos y sociales del período; parte de la configuración de un «Imperio mediterráneo» que tuvo que ser administrado mediante una «insuficiente burocracia»; el modelo económico es simple, puesto que la economía romana se mantuvo en el estadio preindustrial y de subdesarrollo; sólo en la agricultura se hicieron progresos notables, pero a costa de estrangular el sistema esclavista del «latifundio», por lo que puede cuestionarse la definición de la sociedad altoimperial como «esclavista»; el análisis de la jerarquía social (clase, ordines, status) y de las relaciones familiares y sociales (patronos y clientes, amigos) así como el fenómeno religioso completan este estudio; J. Le Gall-M. Le Glay, El Imperio romano, t. I.-El Alto Imperio desde la batalla de Actium (31 a.C.) hasta el asesinato de Severo Alejandro (235 d.C.), Madrid, 1995, estudio concebido desde la perspectiva de la historia total, sigue una evolución cronológica estricta, emperador tras emperador, dinastía tras dinastía, hasta el final de la época severiana (a. 235); sólo dos capítulos rompen este discurso tradicional: el dedicado a «El Imperio sin los emperadores» y «Las provincias»; incluye un breve tratamiento de las fuentes al comienzo de algunos capítulos; la tesis central es que el desarrollo institucional y cultural de los dos primeros siglos fue posible gracias a la «larga paz» del Imperio y se presenta como una actualización de los manuales al uso; E. Garrido (ed.), La mujer en

catalogaram-se na periodificação do direito romano e na influência dos juristas sobre a magistratura, que, em assim sendo, apresentaram critérios de identificação do exercício de um direito, pois passaram a galgar independência e autonomia em relação a todo e qualquer poder político, numa época acoplada às diversas conquistas territoriais de Roma, e que, por assim dizer, provocaram a divisão das diversas etapas do direito, na época pré-clássica *(130 a.C. a 30 a.C.)*[8], que particularizou o desenvolvimento e a ascensão do direito romano, ainda que açodado com a crise da *'respublicae'*, seguido pela época clássica central[9], em que o extenso conceito de *'damnum'* foi renovado pela *Lex Cornelia de iniuriis do ano 81 d.C.*, tal qual relata *Ulpianus no livro LVI de seu comentário sobre o Édito do Pretor*[10] [11], catalogando-se 'tudo' na velocidade do período de maior ascensão do direito romano, quando ao depois se consagrou o *advento da época clássica tardia*[12], que começa a apresentar sinais de decadência do direito romano, em continuidade à *época pós-clássica*[13], caracterizada como a época da turbação, e, por derradeiro, a *época justinianeia (530 d.C. a 565 d.C.)*, com o advento do *'corpus iuris civile' de Iustinianus.*

Assim, o sistema de repressão de condutas consideradas ilícitas pelo direito romano, e, portanto, condenáveis e sujeitas a certas penas, não teve caráter uniforme durante grande parte da história do Império Romano, *'de todo'*, levando-se em consideração que *inicialmente* o sistema fora estruturado em duas grandes vertentes, pela variedade e imprecisão de suas intenções com alcance geral, em que se falava na invocação de

---

el mundo antiguo, Madrid, 1986, U. Autónoma, primera publicación sistemática sobre el tema debida a autores españoles, en la que se recogen las ponencias y comunicaciones de unas Jomadas celebradas en Madrid (marzo 1985); además de un estudio introductorio de R. Teja y de la aportación bibliográfica de la editora, la obra se divide en capítulos por áreas y épocas: Próximo Oriente antiguo (que incluye Egipto), Grecia, Roma y España (prerromana y visigoda); por lo que se refiere a la mujer de época romana predominan los trabajos filológicos y en particular el concepto de mujer en un autor determinado o a través de una de sus obras: Plutarco, Suetonio, Fedro, Tácito, Tito Livio, Tertuliano, Jerónimo, Basilio o Clemente de Alejandría; en otros casos constituye un buen estado de la cuestión sobre los temas jurídicos, culturales e ideológicos que se planteaban en la incipiente historiografía española sobre la mujer romana, hoy en cierto modo ya superados".

[8] MORINEAU IDUARTE, Martha; IGLESIAS GONZÁLEZ. *Roman, Roman law*. México: Harla, 1987. p. 15 *et seq., tradução nossa.* "O direito pré-clássico desenvolve-se nos períodos históricos correspondentes à monarquia e à república que os compõem, o primeiro desde a fundação de Roma até 243 da época romana (anos 753 a 510 a.C.), e o segundo entre os anos 510 a 27 da manhã C. correspondendo o estágio do direito clássico ao estágio do principado ou diarquia (ano 27 a.C. a 284 de nossa era). A época do direito clássico caracteriza-se por ser aquela em que o direito romano atinge seu maior grau de evolução, desenvolvendo-se rapidamente e construindo uma verdadeira ciência jurídica por meio da jurisprudência. É aqui que surge a casuística que tão bem caracteriza o direito romano. É neste período que os jurisconsultos recebem forte apoio de Augusto e seus sucessores, que conferem às suas opiniões força de lei (ius publice respondendi) desenvolvendo assim a jurisprudência. Também nesta época aparecem as escolas ou correntes de pensamento conhecidas como Proculeyana (Labeón, Nerva, Pegasus, Celsus, entre outras) e a Sabiniana (Capitón, Sabino, Longino, Jovelo, Salvio, Julian, Pomponius e Gaius, entre outras)".

[9] De 30 a.C. a 130 d.C.

[10] D 47.10.5. Ulpianus libro 56 ad edictum.

[11] SAMPSON, J. *The historical foundations of Grotius' analysis of delict*. Leiden, 2017. p. 74, citando Placentino, "la lex Cornelia y la lex Aquilia fueron unificadas por los glosadores para el tratamiento del homicidio y de las lesiones, de manera que se aplicaba la lex Cornelia para el homicidio doloso y la aquiliana para el imprudente".

[12] De 130 d.C. a 230 d.C.

[13] De 230 d.C. a 530 d.C.

um interesse ou conveniência pessoal, redundando na repressão àqueles comportamentos que eram considerados prejudiciais aos interesses pertencentes à comunidade e, portanto, afetavam a todos e, por assim dizer, foram conceituados de *'crimina'* e, compondo o que se pode chamar de *direito penal romano*, de acordo com a sagacidade da roma antiga, e os princípios comuns de ordem comunitária.

*Ao depois*, de forma *'épica'*, houve também a consolidação da repressão de condutas oriundas da lesão de interesses privados, e que atingia a pessoa e os seus *gens*, constituindo assim o corpo de crimes privados, que foi denominado de *'delictas'*, em especial pela legitimidade da evolução do tempo como uma ascensão, com vistas a se chegar a uma esfera satisfatória, uma vez que a reação humana primitiva e natural à dor buscava devolver o dano àqueles que infligiam o ilícito (*vinditae*), uma vez que, *'de todo'*, já havia espectros de regulamentação desde os primórdios da civilização.

Por assim dizer, o interesse no estabelecimento de critérios concretamente aplicáveis empenhava-se em estabelecer um princípio no mais alto nível de concreção, em que o *direito romano* regulamentou e, portanto, os efeitos mandatórios decorrentes dos crimes particulares, que eram processados por iniciativa do ofendido e punidos com multa em favor da vítima, agregados àqueles derivados dos *crimes públicos*, que afetavam a *ordem social*, eram processados *'ex officio'* sendo por conseguinte, punidos com penas públicas.

De outro lado, *'de todo'*, é de bom alvitre registrar o seguimento a padrões mínimos que não dependeriam de fatores externos, uma vez que na época pós-clássica[14] o direito abandonou a fonte vital de criação jurisprudencial, haja vista que iniciou uma etapa decadente, que substituiu o ambiente de interpretação 'jurisprudencial' dialético às normas escritas, 'tudo' na forma de constituições e/ou compilações oficiais (*'iura'* e *'leges'*), e, que por assim dizer, deram início ao processo que culminou com o trabalho de codificação de Iustinianus.

Tem-se como exemplo o *'furtum'*, em que, por óbvio, os direitos, deveres e sanções se aplicavam a todos, em todos os lugares, até porque a ideia é de que eles são inatos ao ser humano, bastando nascer para a eles ser aplicado, em especial quando se considerava que, na égide dos

---

[14] KASER, Max. *Derecho romano privado*. Traducción de la 5. ed. alemana. Madrid: Editorial Reus, 1982. "En el derecho posclásico la oposición entre delicta y crimina aparece desdibujada, en tanto la persecución pública va invadiendo la esfera de los hasta entonces considerados como delitos privados. Si en el derecho vulgar las pretensiones derivadas del delito son todavía ejercitables por el procedimiento civil, más que un castigo lo que persiguen es una indemnización (cualificada) de los perjuicios. JUSTINIANO restablece el derecho clásico de los delitos privados, pero otorga mayor importancia a la persecución criminal que a la privada".

'*delictas*', este era um dano causado às coisas em sua materialidade, e/ou desapropriação, em violação aos direitos de propriedade, carreado a qualquer outro direito da pessoa.

Já a *iniuria*, e o *damnum iniura datum*, era ato ilícito praticado por uma pessoa, com ou sem intenção, mas que causava dano para outro, atentando-se que este foi originado da própria *lex aquilia* como uma ofensiva para fortalecer direitos individuais ou políticos, numa espiral de concreto, em que, por meio de um avanço social, casuisticamente estabeleceu o escopo do reparo, fazendo com que a responsabilidade civil experimentasse um notável desenvolvimento, no que diz respeito à ampliação do alcance do conceito do '*damnu*', bem como aos sujeitos legítimos para o exercício da ação, objetivando a exigência de sua reparação.

É neste desiderato que aparecem as ações '*in factum*', que eram aquelas que, mesmo quando não contempladas no '*edito do pretor*', poderiam ser deferidas em face das alegações das partes em cada caso particular, quando as circunstâncias não estivessem de acordo com as exatas palavras da lei, e as ações '*úteis*', que eram concedidas pelo pretor, sem prejuízo daquelas concedidas pelo '*ius civile*', suturando assim uma verdadeira aliança de substituição ou não de versões nas quais o ofendido poderia ter seus direitos restabelecidos, desde que caracterizada e provada a geração de responsabilidades *daqueles que causavam a destruição, alteração ou qualquer dano às coisas corpóreas (damnun iniuria datum)*, cuja ação correspondia inicialmente ao dono da coisa e, ao depois, ao possuidor, ao usufrutuário, ao credor e ao arrendatário, que também permanecia autorizado a exercê-la, em relação *àqueles* que provocavam *danos corporais e a morte de uma pessoa (utilis aquiliae actio)*.

Oportuno, pois, considerar que a origem e derivação da '*actio romana*', no '*lá*' auge do poderio bélico e de conquistas de Roma, era voltada essencialmente ao direito subjetivo, '*de todo*', caracterizado por um adágio da '*antiqua roman*', que significava '*ir para a guerra com estojo e espada*' e, portanto, como uma verdadeira metáfora do poder legal para levar um caso às *comittias*, destinadas para tal.

Para a '*Roman épica*', a princípio a '*ação e o direito*' eram a mesma coisa, em que estes tiveram origem nos *aforismos da lei romana*, que, portanto, integralizaram de forma genérica o *imperius*, dando ao povo os silogismos do '*nemo iudex sine actore*', o que significava dizer que não poderia haver um processo, se não houvesse um autor, e do '*nemo procedat iudex iure ex officium*', que, por assim dizer, reportava-se ao *instituto* de que não poderia haver um *julgamento ex officium*, haja vista que, no quadro de *evolução das leis romanas*, a *ação* baseava-se na iniciativa de caráter pessoal, agregada ao poder de reivindicar, de natureza abstrata.

A *'Actio'* deriva da *'agere'*, e, de acordo com a maioria da *doutrina épica*, o termo *'de todo'* é latino, introduzindo aí a chegada de um constituidor genesíaco, associado a tirocínios de aprimoramento, que, por assim dizer, concedia a compreensão do *agir*; importando dizer que em Roma o autor deveria, de forma real, expor as suas reivindicações, agindo em frente ao tribuno.

Assim, a compensação incluía os custos do *reparare*, por meio de uma proteção de resgate, para a consequente reconquista dos ganhos perdidos, face àqueles que *'por supuesto'* foram responsáveis pelos danos causados, em que o culpado respondia pela equivalência da anomalia patrimonial injusta e malévola, que não poderia ser adensada por qualquer outro meio, até porque, em derradeiro, eram proibidos do uso da coisa comum e, do impedimento de obter frutos de todo e qualquer bem de sua propriedade.

Entretanto, em uma interpretação mais apurada do antigo direito romano clássico, tem-se que não havia exclusividade *'tão somente'* para a indenização oriunda de danos materiais, uma vez, que no *crimines* de lesão corporal, a própria intencionalidade do ato, já implicava numa *sanção pecuniária* para o infrator, em benefício da vítima, que de forma *épica* foi originado de um clamor de vanguarda popular, visando a justa compatibilidade de reparação, porque a prioridade da *mera compensação*, era um conceito que, até então, só encontrava aspectos de previsão para *casu vel fortuito damnum*, fazendo pois que qualquer delito *'catalogado'* como crime de *'iniuria'*, quedava-se fragmentado dos aspectos comuns do *damnum de ordem patrimonial ou corporal*.

Tem-se então uma rede bem articulada de teorias, reconhecida como um verdadeiro paradigma, num *imperius* poderoso e sólido, que é capaz de dar explicações para todos os fenômenos observados, com suficiência de dados, e explicação dentro de um contexto de respostas coerentes, no âmbito da ciência jurídica, como a *'lex aquilia de damno'*.

Destarte, expressões nessa tendência, com a distância dos séculos, de forma histórica ineludível pela genética, pelas línguas e culturas, projetavam, *entre outras*, a imputação de danos independentemente da avaliação subjetiva do comportamento do agente, da sua responsabilidade objetiva, da proteção de interesses do titular do patrimônio, que, adjunto à teoria das fontes das obrigações, por si só revelavam e constituíam um exemplo claro das formas de ver o direito de tutela, nos diversos ciclos da *'antiqua roman'*, das quais se fazem exemplificar: *o 'furtum', a 'rapiña', o 'damnum iniuria datum', a iniuria, a actio inuniarum aestimatoria', o 'importunus', o 'iudex qui litem suam fecit', o 'positum et suspensum', o 'effusum et deiectum', a 'auctoritas do exercitor de nautae, cauponae et stabuli', a 'fraus creditorum', os 'quase-contratos', os quase-delitos, os atos ilícitos, a 'gestão de negócios', o 'pagamento do indevido', a 'incidens communio', o 'enriquecimento sem causa ou ilegítimo', a 'tutela e curatela', o 'perduellio', o 'parrecidium', o 'homicidium', o 'crimen repetundarum', o 'crimen maiestatis', o 'veneficium', o 'incendium', o 'peculatus', o 'adulterum', a 'provocatio ad populum'.*

Por conseguinte, o exercício da atividade *'iudicanti'* especifica, com grande clareza conceitual, as fontes das obrigações, tais quais, o *'contractum et crimen'*, que agregam de um modo em geral e consciente, espaços de domínios com a inserção de institutos, como *a gestão de negócios alheios e o enriquecimento sem causa,* adicionado ao *conceito de quase-contrato e, de quase-crime,* porém deixando de estabelecer de *'forma clara'* os seus elementos e, as suas características, uma vez, que havia certa confusão entre as *noções civis e criminais,* o que resultava em grande dificuldade de distinção e apartação dos campos da *responsabilidade civil e criminal,* o que ocasionava tratamento semelhante à *noção de culpa* em ambas as responsabilidades.

Tem-se, pois, que a *proteção de interesses, direitos pessoais e/ou absolutos* não era alheia ao *direito romano,* pois estes conceitos foram estruturados desde os primórdios do *direito clássico,* por meio de um caminho heterodoxo, movido pelo pragmatismo romano, que era o meio pelo qual se fazia reprimir os comportamentos que atentavam contra a *integridade moral e física do homem, bem como contra a sua honra e/ou dignidade,* com a particularidade de que a sua repressão se concretizava ao condenar o agente a uma *'poena', de acordo com as épocas e os períodos da 'historiae roman'.*

Isto porque é de largo entendimento que o direito romano é, antes de tudo, o *direito privado, o direito dos cidadãos e entre os cidadãos,* fazendo, pois, que, em relação a ele, o *direito público e o direito das gentes*[15] [16] *sejam*

---

[15] SILVEIRA, Vladmir Oliveira da; FERNANDES, Ana Carolina Souza. Sujeitos de direito internacional público: um processo evolutivo de reconhecimento. *Revista Jurídica Direito & Paz,* 2018. "A expressão 'direito internacional' foi utilizada pela primeira vez por Jeremy Bentham, em 1789, em sua obra An Introduction to the Principles of Morals and Legislation, opondo-se às expressões jus gentium e ao law of nations. O jus gentium era um conjunto de normas do Direito Romano aplicáveis aos estrangeiros em suas relações – notadamente comerciais – com o povo romano, ou, nos dizeres de Slim Laghmani (LAGHMANI, 2003, p.11), o jus gentium regulava as relações entre diferentes gentes 1, ou seja, de diferentes nacionalidades. O jus gentium era, em última análise, o direito aplicado a estrangeiros dentro do território romano e se contrapunha ao jus civile, que correspondia ao conjunto de normas e instituições voltadas exclusivamente aos cidadãos romanos. Não se tratava, pois, de um direito internacional propriamente dito com os contornos atualmente conhecidos".

[16] No original: "le jus gentium qui réglait les rapports entre les différents gentes".

*menos importantes*, pois a jornada exigia quase sempre a sua permutação e a transladação com vistas a novas criatividades, uma vez que o direito romano se preocupava *'sobretudo'* com as *relações entre as pessoas, suas ações legais e o direito que elas tinham sobre os bens.*

As *pessoas jurídicas* eram, em particular, os *pais de família* — o proverbial *pater familias* — fazendo com que eles tivessem grande poder sobre suas respectivas esposas, seus filhos e escravos, como um elemento importante na lei processual, que oriunda do *arcaico direito romano*, que possuía a arte de *aperfeiçoar-se com constância, com base em novas acepções, que, em mutação constante, como dantes asseverado*, era caracterizado por muitas fórmulas legais ritualizadas, às quais era preciso ater-se ao mais próximo possível.

Por assim dizer, o *direito romano* é notável pela maneira detalhada, porém sucinta, de tratar os casos, pois olhava principalmente para as coisas, em que se lidava com casos concretos e até mesmo imaginários, que, segundo a doutrina, *'de todo'* significava que esse aspecto era, pois, mais importante do que uma visão sistemática, que até então havia produzido na sua história com a conjugação de erros e acertos, ainda que *'certo'* houvesse diversas sistematizações do direito romano, até porque os grandes *advogados romanos* tratavam de todo tipo de casos ao escrever sobre os mais variados assuntos e/ou comentar os editais dos pretores da roma antiga.

Entretanto, o verdadeiro coração do direito romano era o *direito hereditário*, pois, comungado ao *processo legal*, dentro dos ramos da *'iustitia'*, atentava-se com uma maior prioridade *ao direito de família, ao direito dos bens e ao direito das obrigações*, que eram outras áreas principais, fazendo assim com que o *conteúdo e nível jurídico do direito romano fosse de um patamar de grande prestígio e qualidade*, em especial dentro da causa da história *'causa nobilis historiae Romanae'*.

# SUMÁRIO

IUS HISTORICUS CONTEXTUS . . . . . . . . . . . . . . . . . . . . . . . . . . . . . . . . . . . . . 19
*PARAMETERS CIVILIS RESPONSUM* . . . . . . . . . . . . . . . . . . . . . . . . . . . . . . .21
*IUS PUBLICUM ET PRIVATUM* . . . . . . . . . . . . . . . . . . . . . . . . . . . . . . . . . . 26

### *ANTIQUA ROMA*

### *COMMENTARIUM ORIGINE CIVILIS IMPEDIMENTUM*

### *LEX AQUILIA DE DAMNO*

*AQUILIA LEGIS PROPRIE DIXIT* . . . . . . . . . . . . . . . . . . . . . . . . . . . . . . . . . . 32
*A ACTIO LEX AQUILIA*
*EXPLICATIO DAMNATIONIS PROVISIONIS IN LEGE AQUILIAE PRO*
*EXEGESIS REPARATIONIS* . . . . . . . . . . . . . . . . . . . . . . . . . . . . . . . . . . . . . . . 56
*EXTENTUS INTERPRETATIO CUI LEGIS AQUILIAE PER ROMANUM*
*'PRAETORES'* . . . . . . . . . . . . . . . . . . . . . . . . . . . . . . . . . . . . . . . . . . . . . . . . . 62
*NOTIO CULPAE* . . . . . . . . . . . . . . . . . . . . . . . . . . . . . . . . . . . . . . . . . . . . . . . 68

### *CIVILIS INPEDIMENTUM EVOLUTIO, AC PERCEPTIONE*

### *SCIENTIARUM LICENTIARUM CLASSICA*

*DELICTA* . . . . . . . . . . . . . . . . . . . . . . . . . . . . . . . . . . . . . . . . . . . . . . . . . . . . . 81
*PRIVATUS DELICTIS* . . . . . . . . . . . . . . . . . . . . . . . . . . . . . . . . . . . . . . . . . . . 90

### *GAIUS*

### *'PRIVATUS' DE DELICTIS IN GENERE*

*FURTUM* . . . . . . . . . . . . . . . . . . . . . . . . . . . . . . . . . . . . . . . . . . . . . . . . . . . . . 95
*RAPIÑA* . . . . . . . . . . . . . . . . . . . . . . . . . . . . . . . . . . . . . . . . . . . . . . . . . . . . . 102
*DAMNUM INIURIA DATUM* . . . . . . . . . . . . . . . . . . . . . . . . . . . . . . . . . . . . 105
*INIURIA* . . . . . . . . . . . . . . . . . . . . . . . . . . . . . . . . . . . . . . . . . . . . . . . . . . . . . 111

### *ACTION QUAE PERACTAE SUNT*

*ACTIO INUNIARUM AESTIMATORIA* . . . . . . . . . . . . . . . . . . . . . . . . . . . . .121

### *ORDO AESTIMATIONEM DESCRIBIT CONDUCTUS*

### *SECUNDUM NATURAM SUAM*

*FERE DELICTUM* . . . . . . . . . . . . . . . . . . . . . . . . . . . . . . . . . . . . . . . . . . . . . . 125

*IUDEX QUI LITEM SUAM FECERIT* ........................................ 128
*POSITUM ET SUSPENSUM* ................................................. .133
*EFFUSUM ET DEIECTUM*................................................ 135
*AUCTORITAS DO EXERCITOR DE NAUTAE, CAUPONAE ET STABULI* . 136

### PRAETOR

### RESTITUTIO IN INTEGRUM OB FRAUDEM

*FRAUS CREDITORUM*...................................................... 139
*IMPORTUNUS* .......................................................... .141

### FONTES OBLIGATIONUM SED CONTRACTIBUS
### DOS QUASE-CONTRATOS
### DOS DELITOS CONSIDERADOS DO PONTO DE VISTA CIVIL

*FERE DE CONTRACTIBUS* ................................................. 143
*NEGOTIUM PROCURATIO*................................................. 146
*SOLUTIONE INDEBITE* ................................................... 148
*INCIDENS COMMUNIO*.................................................. 149
*INIUSTUS VEL ILLEGITIMUS LOCUPLETAND* ........................... 150
*CUSTODIAE ET CURATORIA* ............................................ .151
*GENERA CUSTODIAE* .................................................. .153
*PUBLICA DELICTA*
*AT,*
*CRIMINALIBUS DELICTIS IN GENERALI* ................................ .157

### PUBLICA CRIMINA IN SPECIEM

LESA MAJESTATIS
*CRIMEN MAIESTATIS ET CORRUPTIO, VIRTUS ABUSUS ET*
*CORRUPTIO* ............................................................ 164
*PRIVATIS VIOLENTIAM*................................................. .173
*ADULTERIUM* ........................................................ .174
*PUBLICUM VIOLENTIAM*............................................... 178
*HOMICIDIUM PER SICARIOS* ........................................... 180
*FALSUM TESTIMONIUM IN LEGE ROMANA*.............................. .181
*CONCUSSIONE* ........................................................ 183
*LEGE JULIA REPETUNDARUM* .......................................... 183
*FURTUM PECUNIA PUBLICA*............................................ 188
*PERDUELLIO* .......................................................... 190

PARRECIDIUM.............................................. 193

HOMICIDIUM ............................................. 195

CRIMEN REPETUNDARUM...................................200

PROVOCATIO AD POPULUM INSTITUTUM...........................203

## IURIS CONSULTOS ROMANOS

PRE-CLASSICAL PERIOD ....................................211

CLASSICAL PERIOD ...................................... 214

LEX SCHOLAE

LEX SCHOLARUM EX PRE-CLASSICA PERIODO USQUE AD TEMPUS
CLASSICUM

IURISCONSULTOS

IURISPRUDENTES........................................... 216

E CITATIONIBUS, OPERIBUS ET ARTICULIS ACADEMICIS
ILLUSTRATUR

FEATURED LATIN QUOTES

REFERENCE NOTES TO ROMAN TEXTS .................................220

LITTERARUM EDITORES ................................... 251

BIBLIOGRAPHIC REFERENCES...........................................368

# IUS HISTORICUS CONTEXTUS[17]

O 'apanhado' da história acerca da 'vindicta publicae' aparece na 'Grécia antiga' como a 'potencial capacidade do Estado' em aplicar penalidades ao autor de um crime, ao fazer que o objeto precípuo da pena fosse a intimidação, em que o 'dano' se tornou um crime; e a 'vindicta', uma punição de ordem legal.

A ofensa não era mais considerada um atentado contra a pessoa, mas sim um atentado contra a sociedade, dando margem à propositura de ações, com a capacidade de obrigar o Estado a oferecer a 'vindictae' de forma oficial, por si próprio, com vistas a corrigir os criminosos, prevenir o crime e, defender a sociedade.

Em assim sendo, a vingança pública na Grécia possuiu duas etapas, que foram denominadas de 'etapa lendária' e 'etapa histórica'. Na primeira o 'criminis' ofendia o condão da religiosidade, ainda que fosse oriunda do destino, desenhando uma prioridade conceitual para o 'iudicium' nas questões relativas a estes ilícitos, obrigando assim que a pena fosse 'coercitivamente' cumprida; e, na segunda, as sanções eram públicas e individuais, tais quais o exílio, a degradação e a morte, uma vez que a noção de 'criminis' evoluiu da responsabilidade coletiva da 'gens' para a responsabilidade individual.

À vista disso, a 'graeca philosophia', por meio de pensadores como 'Pitágoras', defendia que o crime rompia o equilíbrio social e, portanto, só o castigo o restaurava (equilíbrio da deusa themis); e 'Protágoras', defendia a tese da teoria do castigo exemplar, priorizando e afirmando o conceptum de que a 'poena' deveria ser consistente com o dano causado.

Para 'Sócrates', o crime estava na falta de educação e o fim da pena era a reeducação, uma vez que a virtude era o valor fundamental que o homem deveria possuir para se comportar como tal, e a sua conquista só poderia dar-se por meio da educação, de perfeitas relações com outros e com a capacidade de entendimento, uma vez que a sua falta corroborava que o homem se encaminhasse para o 'criminem'.

Já para 'Platão'[18], o crime era o desconhecimento das 'leis' e o fim da 'poena' era a cura moral, uma vez que, se o delinquente era doente, as causas

---

[17] Contexto Ius Histórico

[18] FERNÁNDEZ-GALIANO, Antonio. Derecho natural: introducción filosófica al derecho. Madrid: Artes Gráficas Benzai, 1983 apud JUSTO, A. Santos. O pensamento jusnaturalista no direito romano. Revista Direito e Desenvolvimento, João Pessoa, v. 4, n. 7, p. 239-312, jan./jun. 2013 "Platão distingue dois mundos: o sensível das formas; e o supra-sensível das ideias. As percepções sensíveis são pura aparência e ilusão e só o mundo das ideias tem verdadeira realidade. É conhecido o mito da caverna: uns prisioneiros estiveram, durante toda a vida, encarcerados numa cova profunda e condenados a olhar só para o

do crime estavam na miséria ou na guerra, aditado pelo provincianismo da sua criação, pois, se há miséria ou injustiça na sociedade, haverá doenças e, portanto, haverá crimes, nunca podendo deixar de se atentar que *'Aristóteles'*[19], numa configuração diversa, afirmava que só haveria *'crime'* se a causa fosse conhecida *(conhecimento e liberdade)*, pois, se não há causa, não há crime.

Entretanto, as considerações relativas ao desenvolvimento e à erudição do *'thema'* indicam-nos que o estudo da *'criminalis legis romanae'*, no *chão romano*, agregava-se também a prevenção e resiliência, inicialmente, porque possuiu como regência as conjecturas religiosas, em que as penas eram dotadas de severidades, como, por exemplo, *a tortura e o trabalho forçado*, uma vez que o direito é uma ciência social na qual a *escola preambular do direito natural era a norma fundamental*, pois, de forma épica, era considerada uma *eclesia 'de todo'*, muito bem fundamentada, que até mesmo introduziu o conceito do direito como algo metafísico, separado da moral, dos valores e do *ethos*, isto porque, de acordo com a escola de direito natural, a lei é suprema.

Tem-se que a origem da escola de direito natural foi feita pelos primeiros estudiosos do grego e postulava privilegiar o conceito dos 'hominus' e dos 'animais' como um fruto da natureza, tendo ao depois se desenvolvido com a mudança do tempo na sociedade grega e no mundo romano, pois tanto é verdade que os romanos desenvolveram um sofisticado corpo de leis ao longo de mil anos, consultado e utilizado na Europa medieval, na moderna, e no mundo.

Muitos sistemas jurídicos modernos são baseados ou parcialmente baseados no direito romano, porque a tradição jurídica romana perdurou *(mesmo com a queda de regras específicas)*, até porque talvez seja conceitualmente mais adequada, para o bem-estar do *'civitae'*, uma vez que é indubitável que o sucesso da *'iuris traditionis'* se deve à *qualidade da inteligência jurídica* produzida pelos romanos, por meio de uma estrutura sistemática legal, com um alto grau interpretativo de precisão, combinando, *entre outros*, com todo um *ordenamento jurídico épico, propriedade e obrigações*, que juntos *'lá'* refletiam os assuntos econômicos e de todas as ordens do *'roman civitae'*.

---

seu fundo, sobre o qual se projectam assombras dos objectos que passam atrás deles. Estes homens julgariam certamente que as realidades autênticas eram as sombras. No entanto, se, rompendo as ataduras, algum deles saísse da cova, observaria, assombrado, que tais sombras, que julgava realidades, mais não eram do que cópias ou imagens das verdadeiras realidades".

[19] FERNÁNDEZ-GALIANO, *op. cit.* apud Justo, 2013. "Nascido em Estagiros no ano 384 a.C., Aristóteles conviveu com Platão durante quatro lustros e criou as bases do conhecimento do direito natural, sendo, por isso, considerado "o pai do direito natural". Aristóteles é filho de Nicómaco, médico de Amintas II, rei da Macedónia. Com dezesseis anos de idade foi enviado para Atenas para completar a sua formação iniciada na corte macedónica. Foi preceptor de Alexandre 'Magno. De regresso a Atenas, fundou a sua escola nas proximidades do tempo de Apolo Likáios e, daí o nome de Liceu".

# PARAMETERS CIVILIS RESPONSUM[20]

'*De todo*', analisar os antecedentes da responsabilidade civil nas origens da humanidade, em que o apetite da vingança era o melhor sentimento e por consequência evoluiu como o melhor procedimento para as vias da reparação, é resplandecer a história, uma vez que é algo que inserta a capacidade de entendimento, pois o comportamento anunciado fez parte de uma vocação natural para a sobrevivência humana, tão instintiva quanto '*toda*' aquela manifestada provincianamente por um animal quando se sente prejudicado ou ofendido por outro ser vivo, ou até mesmo por um objeto inanimado.

O termo '*responsum*' (responsabilidade) tem a sua origem na raiz latina '*spondeo*', pela qual o devedor se vinculava solenemente aos contratos verbais do direito romano, levando-se em conta que, entre as várias acepções existentes, algumas eram fundadas na doutrina do livre-arbítrio, com vistas a se alcançar um nível mínimo de prevenção e resiliência, ainda que não se tenha como fugir de fenômenos massificados, ou outras motivações de fenômenos aleatórios, pois o destaque é a noção de responsabilidade como aspecto da realidade social que enaltece o conceito de responsabilidade civil, que sem dúvida é um dos institutos que mais sofreram alterações ao longo do último século.

Toda atividade que acarreta prejuízo traz em seu bojo, como fator social, a *quaestio officii*, até porque a própria acepção da palavra indica que a '*responsum*' se destina a restaurar o equilíbrio moral e patrimonial provocado pelo autor do dano, bem como a restabelecer a harmonia e a constância violada por este mesmo '*dano*', uma vez que é uma resolução que instituiu princípios, regras e mecanismos de controle e de responsabilização social, constituindo, assim, '*entre outras*', a fonte geradora do *institutum*, em que as regras, principalmente romanas, que inspiraram as codificações do início do *século XIX*, foram reinterpretadas pela ciência jurídica contemporânea para ampliar seu raio de ação às hipóteses não previstas, as *leges temporis*.

Destarte, em breve apanhado, tem-se então que os fatos lesivos que geraram a responsabilidade no *direito romano* eram todos aqueles que causavam a destruição, alteração ou qualquer '*damnum*' a bens cor

---

[20] Parâmetros da Responsabilidade Civil

póreos[21], fazendo com que o instituto viesse se caracterizar como um instrumento repressivo, pois objetivava o caráter sancionatório, para a geração de consequências que poderiam ser benéficas ao vitimado, como a realização de um aspecto de justiça, cuja ação correspondia a quem de direito tivesse sido materialmente ofendido; exemplificando, o proprietário de um imóvel, o possuidor, o usufrutuário e, até mesmo, ao depois, o arrendatário, que possuía autorização para assim exercê-lo.

O mesmo direito era estendido àqueles que causavam danos corporais e a morte de uma pessoa[22,] uma vez que estes princípios e conceitos também geravam neste *'mister'* uma espécie de direito punitivo, entre outros, cuja compensação incluía os custos da cura, os ganhos perdidos e a diminuição da capacidade de adquirir no futuro, *seguido* dos danos causados pelos animais, em que o proprietário respondia pela culpa ou pela negligência na guarda, ou na falta de habilidade ao montar ou guiar um animal.

De outro lado, prolongavam-se os *danos patrimoniais injustos*, no âmbito de um Direito Sancionador, agregados à responsabilidade civil, que não pudessem ser compensados por nenhum outro meio, desde que a sua origem tivesse sido provocada com dolo[23], em que poderia também constar, como derradeiro, a perturbação no uso de coisa comum, ou o impedimento do proprietário em obter frutos do bem de sua propriedade, agregados a outro extenso número de casos que pudessem caracterizar o *institutum da iniuria*.

Pode-se afirmar, portanto, que a *responsabilidade* exprime a ideia de restauração de equilíbrio, de contraprestação, da reparação de dano, pois, sendo múltiplas as atividades humanas, a natureza punitiva oriunda de ações danosas levou à criação de mecanismos com vistas a proteger tais distorções, em especial quando são inúmeras as espécies de responsabilidades, que abrangem todos os ramos do direito e que extravasam os limites da vida jurídica, para se ligar a todos os domínios da vida social, e que expressões dessa tendência têm sido, entre outras, a radicalização da imputação de danos, independentemente da avaliação subjetiva do comportamento do agente, em sua responsabilidade objetiva.

É compreensível que, nas populações mais primitivas, a resposta do agredido fosse a violência, pois, de forma *'épica'*, era uma reação que

---

[21] *Damnun Iniuria Datum*

[22] *'Utilis Aquiliae Actio'*

[23] *Actio Doli*

se qualificava como justa, por parte do indivíduo que sofrera uma lesão causada por outro, e que, por assim dizer, produzia uma convocação de compensação, a proteção de interesses, que precisa ser interpretado com o conjunto de soluções épicas existentes, cujo titular determinado era uma vítima que, portanto, possuía o direito a pleitear uma indenização, como é o caso até mesmo da *responsabilidade por danos a interesses populares e/ ou difusos*, que, sendo uma expressão visível a esta tendência, acarretava que a proteção de direitos pessoais e subjetivos fosse, por excelência, o remédio para a compensação de danos extrapatrimoniais.

De qualquer forma, a proteção de interesses e direitos pessoais e/ou absolutos não era alheia ao *'ius romani'*, uma vez que o crime de *'iniuria'*, que foi estruturado desde os primórdios do direito clássico, era o veículo pelo qual eram reprimidos os comportamentos que atentavam contra a integridade física e psicológica do homem, sendo preciso que se faça uma reflexão sobre a aproximação das leis que vieram tutelar o *instituto officiorum*, que se estendia à sua honra e à sua dignidade, com a particularidade de que essa repressão se concretizava ao condenar o agente transgressor ao pagamento de uma quantia em dinheiro a favor da vítima como singular forma de uma *'poena'*.

De outra monta, por meio da organicidade historiográfica da *'inuria'* é que se visualiza, outrossim, a proximidade existente entre a figura romana destacada, e o *'instituto'* nascedouro da indenização contemporânea por danos não patrimoniais, ao argumento consequencialista de que, se isso não ocorresse, poderia acarretar a impunidade e a absciência de direitos de quem se debruçava sobre garantias desse porte, pois a função que a *'poena'* cumpria no *'ius romani'* era *'de todo'* necessária.

Desta forma, há um sentido para compreender que a responsabilidade civil *'épica'* adotou uma função punitiva na *"indemnidade"*[24] desse tipo de *dano*, no eixo do fato principal, e da capitulação legal apresentada pelo autor na definição jurídica do fato, tanto na definição dos fatos narrados como na repressão da classicitude do crime de *iniuria* no direito romano, no que diz respeito à inviolabilidade da sua função e da indenização da responsabilidade civil.

A proteção dos direitos da personalidade no direito contemporâneo pela reparação de danos em lei gerou o questionamento de qual é o papel convocado a desempenhar na responsabilidade civil, pela imposição da

---

[24] Compensação

indenização, com a aplicação das cautelas e possibilidades de ressarcimento, na visível diferença do status jurídico entre o ofensor e o ofendido, pois, devido à natureza dos interesses afetados e ao uso da discrição equitativa na quantificação desses danos, nem sempre é possível atribuir-lhe uma função reparatória do dano.

O estudo do crime privado de *'iniuria'* no direito romano clássico poderia trazer soluções para esse problema, pois foi estruturado para reprimir comportamentos que violassem a integridade psicofísica, a honra e o bom nome, condenando quem se comprometeu a pagar uma recompensa pecuniária em favor da vítima, pois, por verdadeira competência, não faria sentido deixar de permitir a sanção punitiva, considerando-se a proximidade entre a *'iniuria'* e a *reparação de danos em lei*, porquanto não seria mais possível que o ofendido viesse encarregar-se de executar a *'vindicta'* em relação ao próprio infrator e/ou a nenhuma pessoa de seu grupo familiar.

A Lei, como entidade interveniente, não permanecia mais alheia aos danos que uma pessoa pudesse causar a outra, por entender que a vingança privada e gratuita não era mais a única forma de reparação do dano sofrido, uma vez que, isso dado, deveria haver uma compreensão de que o ser humano — por ser dotado de liberdade de escolha, devidamente suportado por conta da imposição de uma seguridade, *'de todo'*, já implícita e carreada de discernimento — deveria então responder pelos seus atos, uma vez ser lógico que a liberdade e a racionalidade, que compõem a sua essência, lhe traziam um visível contraponto, qual seja, a *responsabilidade por suas ações ou omissões, no âmbito do direito, porquanto a responsabilidade é corolário da liberdade e da racionalidade*.

A reação humana primitiva e natural à dor, devolvendo o dano àqueles que infligiam e/ou àqueles que derrotavam e derrotaram [25], pois era, um conceito, que acabou então sendo regulamentado por lei, desde os primórdios da civilização, e, por assim dizer, a manutenção dessas situações, sempre estabelecendo e restabelecendo a revanche, deu-se com o advento da *'Lei de Talião'*, intitulada pelos judeus de *'Lei'* e/ou *'Torá'*, na percepção leitora da formação dos *cinco primeiros livros do Antigo Testamento*[26] e que, portanto, foi considerado, pois, um dos princípios jurídicos mais antigos da humanidade, em que os limites a

---

[25] *Vindicta*

[26] Pentateuco

esta *'retaliação'* tinham sido impostos pela primeira vez, de forma gradual, *'de todo'*, acusando-se que tal *'institutum'* começou a moderar os níveis de reação dos homens aos danos.

O amálgama da inteligência da Lei, nessas condições, *'lá'* em relação ao famoso bordão *'olho por olho e dente por dente'*, é considerado até hoje uma forma de reparação brutal e sangrenta, embora seu propósito original fosse verdadeiramente louvável, pois buscava amenizar os castigos cruéis e os excessos de vindicação.

Dessa maneira, o *advento da Lei de Talião*[27] [28] [29] indicou um manifesto de indenização, que consistia em fazer com que o culpado viesse sofrer o mesmo mal que havia causado à vítima, por meio de uma pena equivalente e/ou análoga, oriunda de uma sanção idêntica ao dano, ainda que o mais relevante fosse o fato de que a retaliação deveria possuir uma correspondência com a forma, mediante parâmetros concretos de devido cuidado em relação à veracidade dos fatos, agregado ao tipo e à gravidade da lesão inferida, de acordo com a referida máxima.

---

[27] PERROT-ABELEDO, carrió, genaro. *Notas sobre Derecho y Lenguaje, 5ª. ed. Buenos Aires* 1979, apud, Alterini, Atilio Aníbal. *Responsabilidade civil*: limites de la reparacion civil, Imprenta: Buenos Aires. 3. ed. de 1. "A lei do talião da lei hebraica afirmava (êxodo 21, 22-25) 'Se na briga de homens alguém bater em uma mulher grávida fazendo-a dar à luz e a criança nascer sem maiores danos, ele será multado no quantia que o marido da mulher os juízes pedem e decidem, mas se houver algum dano, ele dará vida por vida, olho por olho, dente por dente, mão por mão, pé por pé, queimadura por queimadura, ferida por ferida, cardeal para cardinal'".

[28] Em Levítico 21:19-21 está escrito: "Quem maltrata o próximo será feito como ele; fratura por fratura, olho por olho, dente por dente; a mesma ferida que ele tem feito será feito ao seu próximo. Quem matar um animal, pague; Mas quem matar um homem será morto" (*vide* Abeledo Perrot, 1992, p. 174-175).

[29] No código de Hamurabi está escrito: Lei 196, "Se um homem livre esvaziar o olho de um filho de um homem livre, seu olho será esvaziado"; Lei 197, "Se você quebrou o osso de um homem, o osso dele será quebrado"; Lei 200, "Se um homem livre arrancar um dente de outro homem livre, igualmente, um dente será arrancado" (*vide* Abeledo Perrot, 1992, p. 174-175).

# *IUS PUBLICUM ET PRIVATUM*[30]

No advento do período clássico, para efeitos de natureza processual, dada a iniciativa de pretensão do processo, houve a divisão entre o *'direito público'* e o *'direito privado'*[31], sendo o *'primeiro'* o conjunto de normas relativas aos organismos e aos grupos dos quais se compunha a comunidade romana e a sua relação com os deuses, com outros Estados e com os próprios membros pertencentes àquela sociedade, assim sendo o interesse predominantemente público[32]; e o *'segundo'*[33], tudo aquilo que regulasse a situação jurídica dos particulares e as suas relações entre uns e outros, dentro de um espaço para conflitos de interpretação, que era traduzido como o interesse lesionado de cunho eminentemente privado e, por conseguinte, próprio dos particulares [34], pois visava atender o interesse de cada um[35].

No mesmo sentido, e de acordo com as lições de *'Ulpianus'*[36] [37], entendeu-se como *'ius publicae'*[38] toda e qualquer cátedra em que o Estado tomava parte, vez que esses elementos caracterizavam o conjunto de normas que regulavam e regulamentavam a constituição, a atividade do Estado e a relação com os particulares, pertencente ao governo do povo romano, cabendo, dentro de sua órbita, o regime das coisas sagradas,

---

[30] Direito público e privado

[31] FILÓ, Maurício da Cunha Savino. *O tribunato da plebe na república romana*: aportes ao constitucionalismo brasileiro contemporâneo. Tese (Doutorado) – Ufsc, 2018. "Segundo Meira (1972, p. 184), o critério para se saber se o hermeneuta está diante de um direito público ou privado romano é verificar se o interesse da norma visa o indivíduo (direito subjetivo, privado) ou a coletividade (direito objetivo, público)".

[32] "Publicum ius est quod ad statum rei romanae spectat". Em livre tradução: "É um direito público que se refere à situação em Roma".

[33] FILÓ, *op. cit.* "O que foi propagado por Cretella Júnior (1997, p. 8-9) que entende que o direito romano é a expressão que designa somente o direito privado, sem se tocar em direito público, pois este '[...] não atingiu, em Roma, o mesmo grau de desenvolvimento e perfeição que aquele outro ramo, a ponto de haver um romanista afirmado: os romanos foram gigantes no direito privado e pigmeus no direito público'".

[34] "Privatum, quod ad singulorum utilitatem: sunt enim quaedam publica utilia, quaedam privatum". Em livre tradução: "Privado, isto é, para o benefício dos indivíduos: pois alguns são úteis ao público, alguns são privados".

[35] KASER, *op. cit.*, p. 230. "Sostiene también Jordano Fraga que 'para toda la fase primitiva del derecho romano y para una época posterior que resulta difícil de precisar, el dolo es integrante del delito público o privado, en modo que lo que hoy entendemos como ilícito culposo se equipara a los efectos de la irresponsabilidad al caso fortuito. Jordano Fraga, Francisco, op. cit., pág. 49. En similar sentido Camiñas, Julio g., 'La problemática del dolo en el derecho romano clásico', en Derecho privado de obligaciones, homenaje... págs. 971 y sigs'".

[36] "Publicum jus est, quod ad statum rei romanae spectat; privatum, quod ad singulorum utilitatem". Em livre tradução: "É direito público o que se refere ao estado dos negócios públicos, privado o que diz respeito à utilidade dos particulares, porque há são questões de interesse público e outras de interesse privado". Ulpiano (D. 1, 1, 1, 2), reproduzido nas *Instituições de Justiniano* (I. 1, 1, 4).

[37] Encontro Nacional do Conselho Nacional de Pesquisa e Pós-Graduação em Direito, 24. UFS, 2015. "Através de duas comentadíssimas passagens do Corpus iuris [Institutiones, I.1,4; Digesto, I, I, I, 2], que definem com idênticas palavras respectivamente o direito público e o direito privado – o primeiro quod ad statum rei romanae spectat, o segundo: quod ad singulorum utilitatem – a dupla de termos público/privado fez seu ingresso na história do pensamento político e social do Ocidente (BOBBIO, 2007, p. 13)".

[38] "Ius publicum privatorum pactis mutari non potest". Em livre tradução: "As normas de interesse público não podem ser alteradas por acordos privados" (Papiniano, D. 2, 14, 38).

dos sacerdotes e dos magistrados; e o *'ius privatae'* como sendo todo e qualquer litígio voltado aos interesses dos particulares, com a fixação das condições e dos limites da atividade individual, incluindo a regulação das condições mútuas entre os cidadãos, sejam elas de caráter familiar, sejam de caráter patrimonial.

Assim, destaca-se por consequência a posterior classificação dos delitos como *'delitos públicos'*[39] e/ou *'crimina'*, a saber, crimes públicos que afetam a ordem social, e eram processados *'ex officio'* e punidos com penas públicas[40] [41]; e os *'delitos privados'* e/ou *'delictum'*, em que se considerou ser lícita a construção da interpretação de que eram estes os crimes privados processados por iniciativa do ofendido e punidos com multa em favor da vítima[42] [43].

Inobstante, é de bom alvitre acentuar que os *'ius romanus status'* corroboraram intrinsecamente para a ascensão de diversos institutos não só do *'ius criminale'*, em que os aspectos subjetivos do crime, como o *'erro'*, a *'culpa'*, o *'dolus malus'*, o *'dolus bonus'*, as *'circunstâncias atenuantes'*, as *'circunstâncias agravantes'*, a *'imputabilidade'*, o *'crime impulsivo'*, a *'legítima defesa'*, entre outros, foram decisivos para a sua melhor clarividência, bem como do *'ius privatae'*, em que o *Estado* não tomava iniciativa contra o ofensor, mas assegurava à vítima o direito de intentar *'actiones'* em face deste, como a *'rei persecutoriæ'* e as *'actiones pœnales'*.

Em todos esses dispositivos, em que se considerava haver abusos no exercício de algum direito, ao violarem-se os deveres impostos pela boa-fé ou pelos bons costumes, tinha-se que, na busca pelo *'espírito dos direitos'*, a vítima, na *primeira*, intentava obter do ofensor a restituição da coisa ou o ressarcimento do prejuízo; e, na *segunda*, a vítima almejava a

---

[39] ALVES, José Carlos Moreira. *Direito romano*. Rio de Janeiro: Ed. Forense, 2003. v. 2. p. 223: "Assim, por exemplo, são delitos públicos (atentado contra a segurança do Estado), o parricidium (assassínio de homem livre). O Estado punia os autores dos delitos públicos com poena publica (pena pública), imposta por Tribunais especiais (como as Quaestiones Perpetuae), e que consistia na morte, ou na imposição de castigos corporais ou em multa que revertia em benefício do Estado".

[40] Exemplificando como o atentado contra a ordem pública — crimes que violavam normas jurídicas socialmente relevantes, como o *perduelio* e o *parricídio*.

[41] KASER, *op. cit.* "Sólo en un momento posterior opera la jurisprudencia una asimilación de la relación jurídica basada en un delito al concepto de obligatio, entendiendo que el perjudicado por un acto ilícito tiene un derecho de crédito contra el autor responsable del mismo, cuyo contenido patrimonial es la poena, exigible por una actio in personam. Esa transformación se encuentra relacionada con la reforma procesal operada por la lex iulia iudiciorum privatorum, y parte del análisis de la jurisprudencia acerca de los efectos de la litis contestatio en las acciones penales en un sistema procesal en que la condena es pecuniaria y la sentencia genera una obligatio iudicati de contenido y ejecución patrimonial".

[42] Violação do interesse privado — ofensa a pessoa ou aos seus bens.

[43] KASER, *op. cit.* "En el derecho posclásico la oposición entre delicta y crimina aparece desdibujada, en tanto la persecución pública va invadiendo la esfera de los hasta entonces considerados como delitos privados. si en el derecho vulgar las pretensiones derivadas del delito son todavía ejercitables por el procedimiento civil, más que un castigo lo que persiguen es una indemnización (cualificada) de los perjuicios. justiniano restablece el derecho clásico de los delitos privados, pero otorga mayor importancia a la persecución criminal que a la privada".

condenação do ofensor ao pagamento de pena pecuniária, em que estas *ações* poderiam ser intentadas isoladas ou cumulativamente.

Nesta égide, tem-se então que o alinhamento de '*inserção do campo das obrigações de natureza privada*' é adverso da chamada '*responsabilidade penal*', pela ausência de pressupostos funcionais e traços comuns que não acoplavam as *traditiones iuris*, uma vez que, para o *ius civile*, o '*damnum romano*' passou a ser a titularidade de uma ação dirigida ao ofensor e que, como tal, provocava o desenlace de uma '*pecuniaria sententia*'.

D'outro bordo, há de consignar-se que é o próprio *antelóquio da 'lex aquilia*' que estabeleceu as bases e os fundamentos da '*responsum culpae*'[44], naquilo a que a norma jurídica poderia ligar as consequências jurídicas, até mesmo como pressuposto abstrato de incidência destas mesmas normas, obrigando o ente estatal, por meio de uma perspectiva plural, a intervir nos conflitos acontecidos com a imposição de valores de pecúnia[45] a serem pagos, '*de todo*', oriundo da linha securatória e assecuratória de intervenção do particular[46] junto ao Estado.

Desta forma, foi sedimentada a reparação pecuniária *(assim como dito alhures)* como a sanção a ser imposta ao causador de um dano, para finalmente expurgar as composições e as práticas da '*lei de Talião*'[47], nas iniquidades que eram praticadas, possibilitando atribuir ao titular dos bens ofendidos[48], de lastro indissociável 'ante casum', o direito de obter

---

[44] STOCO, Rui. *Tratado de responsabilidade civil*. 2007. p. 11. "A noção da responsabilidade pode ser haurida da própria origem da palavra, que vem do latim *respondere*, responder a alguma coisa, ou seja, a necessidade que existe de responsabilizar alguém pelos seus atos danosos. Essa imposição estabelecida pelo meio social regrado, através dos integrantes da sociedade humana, de impor a todos o dever de responder por seus atos, traduz a própria noção de justiça existente no grupo social estratificado. Revela-se, pois, como algo inarredável da natureza humana".

[45] PRETOA, Luiz Fellipe *et al*. *A nova responsabilidade civil dos estabelecimentos privados de ensino frente ao Código de Defesa do Consumidor Brasileiro apud* DINIZ, M. H. *Curso de direito civil brasileiro*: responsabilidade civil. São Paulo: Saraiva, 2007. v. 7). "A lex aquilia de damno veio a cristalizar a idéia de reparação pecuniária do dano, impondo que o patrimônio do lesante suportasse os ônus da reparação, em razão do valor da res, esboçando-se a noção de culpa como fundamento da responsabilidade, de tal sorte que o agente se isentaria de qualquer responsabilidade se tivesse procedido sem culpa. Passou-se a atribuir o dano à conduta culposa do agente. A lex aquilia de damno estabeleceu as bases da responsabilidade extracontratual, criando uma forma pecuniária de indenização do prejuízo, com base no estabelecimento de seu valor".

[46] CRUZ, José de Ávila. *Direito romano como alicerce da ação de reparação de danos*. "[...] liber homo si jussu alterius manu injuriam dedit, actio legis aquilae cum eo est qui jussit: quod si non habuit, cum eo agendum est qui fecit." Em tradução livre: "Se um homem livre causou dano com a sua própria mão por ordem de outrem, há ação da lei aquilia, contra aquele que mandou, se tinha poder de mandar; mas se não tinha deve-se demandar contra quem praticou o ato" (Ulpianus, Dig, 9,2,37).

[47] O vocábulo "talião" decorre da palavra latina "*talis*", que significa "tal", qual seja, "idêntico".

[48] DALLA, Danilo; LAMBERTINI, Renzo. *Istituzioni di diritto romano*. Torino: G. Giappichelli, 2001. Cap. 6, "Obbligazioni – I Delitti. Generalità la pena privata". p. 381. "La responsabilità per delitto comporta l'obbligo di pagare una pena pecuniaria. È questo il punto di arrivo di un'evoluzione che ha differenziato i delitti dai crimini, e per l'illecito considerato di minore gravità ha risolto in un rapporto obbligatorio le conseguenze del comportamento contrario al diritto. Il sistema delle pene private è appunto il risultato di una evolzione, attraverso fasi successive. Dapprima l'offeso poteva ricorrere alla vendetta, all'inizio indiscriminata, poi regolamentata. È cosi che nasce il 'taglione' (talio), che inquadra la vendetta nei termini del contrappasso: è l'"occhio per occhio'. L'ulteriore passaggio preved la possibilità sostitutiva della composizione pecuniaria per cui è possibile liberarsi dalla sanzione del taglione, come da altre pene corporali o afflittive, mediante il pagamento di una somma di denaro (poena). La composizione attraverso il pagamento della volontaria diviene alla fine legale. Il delictum si caratterizza allora per l'obbligo a carico del responsabile di corrispondere all'offeso una somma a titolo di pena, valutta secondo certi parametri... lo scopo primario è quello di infliggere una punizione al responsabile; tuttavia si afferma progressivamente l'idea di una funzione di reintegrazione del patrimonio dell'offeso". Em tradução livre: "A responsabilidade por delito importa a obrigação de pagar uma pena pecuniária. É este o ponto de início de uma evolução que diferenciou delito de crime, e para o ilícito considerado de menor gravidade resultou em uma relação obrigatória as consequências do comportamento contrário

o pagamento de uma *'poena'* em dinheiro em face do agente que tivesse dado ensejo a *'ceifa'* de seu patrimônio e/ou parte dele[49], originando-se, assim, a *'responsabilidade extracontratual'*, fundada na *'culpa'* dos delitos de cunho privado.

Não obstante, a alusão da matéria também entrevê o assento de *'Gaius'*, em suas *'Institutas'*[50], quando o referido *'romani jurisconsultus'* diferenciou a *'obligatio'*[51] entre aquelas que derivam dos *'contratos'* e aquelas que decorrem dos *'delitos'*, por meio de um conceito de abstração em um pensamento alinhado, dando tônica e adjudicando de igual forma a separação entre o direito privado e público.

Também se constituiu em um dos pilares da ciência do direito a adição de uma nova fonte, *'variae causarum figurae'*[52], que era aplicada para casos diversos, onde não havia a possibilidade de identificação dessemelhante na formulação textual, que não se fixavam em tipos ou categorias definidas, pois objetivavam *'englobar'* um novo corpo obrigacional, que deixava de emoldurar-se nas duas linhagens de obrigação pregressas assentadas.

O Pragmatismo da existência teórica do *'consumptor defensio'* já existia até mesmo por volta do ano de *2.100 a.C.*, no *Código de Hamurabi*, onde já encontravam-se normas que regulavam o comércio da época, *'de todo'*, demonstrando preocupação com o ganho abusivo praticado pelos comerciantes, com uma clara e visível interpretação, de que o direito já demonstrava de forma aleatória, as normas protetivas ao consumidor, fazendo-se destacar portanto que *'lá'* no período do *Direito Romano clássico*, houve o advento do *'lustro'* de aprimoramento e, desenvolvimento da esfera de proteção ao consumidor por vícios ocultos e outros[53] [54] [55] [56]

---

ao direito. O sistema da pena privada é precisamente o resultado de uma evolução, através de fases sucessivas. De início, o ofendido podia recorrer à vingança, inicialmente indiscriminada e depois regulamentada. É assim que nasce o talião (talio), que enquadra a vingança em termos de retaliação: é 'o olho por olho'. A etapa seguinte prevê a possibilidade substitutiva da composição pecuniária pela qual é possível liberar-se da sanção de talião, como de outra pena corporal ou aflitiva, mediante o pagamento de uma soma em dinheiro (pena). A composição voluntária se transforma em pena legal. O delito se caracteriza agora pela obrigação a cargo do responsável de entregar ao ofendido uma soma a título de pena, válida de acordo com certos parâmetros. O escopo principal é de infligir uma punição ao responsável; entretanto, afirma-se gradualmente a ideia de uma função de reintegração do patrimônio do ofendido".

[49] "O direito romano, entretanto, jamais chegou a separar a indenização do primitivo conceito de pena" (*vide* DIAS, José de Aguiar. *Da responsabilidade civil*. p. 27).

[50] "Gai Institutionum Commentarii Quattuor", ano 161 d.C., século II d.C. (*Manual didático de direito romano*).

[51] "Sequens divisio in quattuor species diducitur: aut enim ex contractu sunt aut quasi ex contractu aut ex maleficio aut quasi ex maleficio" (*cf.* INST. GAI 3, 13, 2).

[52] "Obligationes aut ex contractu nascuntur, aut ex maleficio, aut proprio quodam iure ex variis causarum figuris" (Gai. 2 Aur., d. 44, 7, 1 pr).

[53] *'Actio redhibitoria'*,

[54] *'Actio quanti minoris'*

[55] *'Actio empti'*

[56] "Si vas aliquod mihi vendideris et dixeris certam mensuram capere vel certum pondus habere, ex empto tecum agam, si minus praestes. sed si vas mihi vendideris ita, ut adfirmares integrum, si id integrum non sit, etiam id, quod eo nomine

[57] [58] [59], especialmente quando se tratava de litígio em relação às *'rés'* adquiridas, em que esta negociata [60] apresentava a possibilidade de rescisão da compra ou da venda, bem como a oportunidade de demandar acerca da devolução de parte ou da integralidade do preço pago.

*'De todo'*, agregaram-se também outras normas que, regulando interesses individuais, foram consideradas de interesse geral ou social e, neste sentido, foram concebidas como normas de direito público, como, por exemplo, as normas que regulavam o limite de idade a partir do qual se atingia a capacidade de agir, ou que possuíam por objetivo assegurar a prevalência da sucessão testamentária sobre a legítima, como os permissivos e pressupostos para consequências jurídicas na aplicação e no desenvolvimento do Direito como um elemento desencadeador de uma permissão jurídica, ou que viessem a estabelecer a nomeação de um tutor ao pré-púbere, que, eram logicamente inderrogáveis pela vontade de particulares e, assim eram comumente chamadas de *'ius dispositivum'*, por meio dos preceitos que emanam *do direito natural* [61], *do direito das gentes e do direito civil*, em que a titularidade de direito privado pertencia à utilidade de cada qual.

---

perdiderim, praestabis mihi: si vero non id actum sit, ut integrum praestes, dolum malum dumtaxat praestare te debere. Labeo contra putat et illud solum observandum, ut, nisi in contrarium id actum sit, omnimodo integrum praestari debeat: et est verum. quod et in locatis doliis praestandum Sabinum respondisse Minicius refert". Em tradução livre: "Se você tivesse me vendido um pote dizendo que poderia conter uma determinada medida, ou que tinha um certo peso, se for menor do que o que você entrega, poderei processá-lo pela ação de compra. Mas se você tivesse me vendido um pote alegando que estava inteiro, e não estava, você também será obrigado a me compensar o que ele teria perdido fazendo isso. Mas se não foi acordado que você me entregaria na íntegra, então você será obrigado a me compensar apenas pela fraude. Labeon acredita o contrário, e que apenas se deve observar que, se não tivesse sido acordado de outra forma, seria entregue na íntegra e é verdadeiro; e Minicio diz que Sabino deu uma resposta dizendo que ele também deveria ser ressarcido assim quando os potes fossem alugados" (D. 19,1 (de actionibus empti venditi),6 (Pomponius libro nono ad Sabinum),4).

[57] "Aediles aiunt: 'Qui iumenta vendunt, palam recte dicunto, quid in quoque eorum morbi vitiique sit, utique optime ornata vendendi causa fuerint, ita emptoribus tradentur. si quid ita factum non erit, de ornamentis restituendis iumentisve ornamentorum nomine redhibendis in diebus sexaginta, morbi autem vitiive causa inemptis faciendis in sex mensibus, vel quo minoris cum venirent fuerint, in anno iudicium dabimus'". Em livre tradução: "Os conselheiros dizem: 'Aqueles que vendem caballerias dizem claramente e simplesmente que doença ou que o vício tem cada um deles e eles serão entregues aos compradores da melhor forma possível. foram aproveitados para serem vendidos. Se algo não tivesse sido feito dessa forma, para a restituição do arreio ou a redibição da cavalaria por causa do jaeces, daremos uma ação dentro de sessenta dias; devido a doença ou vício no prazo de seis meses para cancelar a compra, ou para reduzir o preço no prazo de um ano'". (D. 21,1 pr De aedilicio edicto et redhibitione et quanti minoris; Ulpianus libro secundo ad edictum curulium).

[58] "Iulianus libro quinto decimo inter eum, qui sciens quid aut ignorans vendidit, differentiam facit in condemnatione ex empto: ait enim, qui pecus morbosum aut tignum vitiosum vendidit, si quidem ignorans fecit, id tantum ex empto actione praestaturum, quanto minoris essem empturus, si id ita esse scissem: si vero sciens reticuit et emptorem decepit, omnia detrimenta, quae ex emptione emptor traxerit, praestaturum ei: sive igitur aedes vitio tigni corruerunt, aedium aestimationem, sive pecora contagione morbosi pecoris perierunt, quod interfuit idonea venisse erit praestandum". Em tradução livre: "Juliano, em seu décimo quinto livro, faz uma distinção, entre aquela quem vende uma coisa conscientemente e quem o faz ignorantemente, na convicção de ação de compra; Bem, diz que aquele que 'me' vendia gado doente ou uma viga defeituosa, se o fez sem saber, terá que responder pela ação de compra apenas a quantidade em que você teria comprado por menos de sabendo que ele era assim; mas se ele conscientemente se calou e enganou o comprador, será responsável perante o comprador por todos os danos causados por esse compra foram derivados para ele. Assim, se a casa desabou por falta de viga, o valor da casa; Se o gado pereceu por contágio do enfermo, ele deverá responder ao interesse do comprador na venda de coisas idôneas" (D. 19,1 (de actionibus empti venditi), 13 (Ulpianus libro trigésimo secundo ad edictum) pr).

[59] "Labeo scribit edictum aedilium curulium de venditionibus rerum esse tam earum quae soli sint quam earum quae mobiles aut se moventes". Em tradução livre: "Labeo escreve que o edital dos prefeitos curule sobre a venda refere-se tanto a coisas imóveis, bem como móveis ou gado" (D. 21,1 (De aedilicio edicto et redhibitione et quanti minoris),1 (Ulpianus libro primo ad edictum curulium) pr).

[60] "Caveat Emptor"

[61] "Ius pluribus modis dicitur: uno modo, cum id quod semper aequum ac bonum est ius dicitur, ut est ius naturale". Em tradução livre: "A palavra direito utiliza-se em várias acepções: uma, quando se chama direito ao que é sempre justo e bom, como é o direito natural" (D. 1,1,11, Paulo).

# ANTIQUA ROMA[62]

## COMMENTARIUM ORIGINE CIVILIS IMPEDIMENTUM

## LEX AQUILIA DE DAMNO

---

[62] A roma antiga e a origem protocolar da responsabilidade civil

# *AQUILIA LEGIS PROPRIE DIXIT*[63]

De forma preambular, *'de todo'*, faz-se necessário especificar que a *'Lei de Aquilia'*[64] [65] foi originada de um plebiscito[66] atribuído[67] ao *tribuno 'Lucio Aquilius'*, do tronco familiar da *gens 'aquilia'* do patriciado romano[68], em que se apresentou como marco temporal o interregno da segunda metade do *século III a.C. (287 a.C.)*, marcando assim um momento histórico no desenvolvimento jurídico da humanidade, com a compreensão dotada do pleno exercício de um direito, na medida em

---

[63] Lei *aquilia* propriamente dita

[64] BARRENA, Cristián Aedo. Los requisitos de la Lex Aquilia, con especial referencia al daño: lecturas desde las distintas teorías sobre el capítulo tercero. *Revista Ius et Praxis*, n. 15, p. 311-337, 2010. SciELO, Artículos de doctrina. "La verdad es que hay una amplia discusión en relación con la datación de la ley, a la que no podemos referirnos en este trabajo. En principio, aunque la ley se refiere a un tribuno Aquilio, el dato no es del todo preciso, pues hay varios. Sobre esta cuestión, véase, por todos, a Corbino, Alessandro, 77 danno qualificato e la lex Aquilia, Milán: Cedam, 2005, p 31. Según Cannata, Cario Augusto, 'Sul testo orígínale della lex Aquilia: premesse e ricostruzione del primo capo', SDHI, N° 58, 1992, p 199 y ss el probable autor de la lex haya sido P. Aquilius, tribuno de la plebe, quien habría vivido alrededor del año 210 a.C. En lo que respecta a la discusión de la datación, el sector mayoritario se inclina por el año 286 a.C o el año 287 a.C. Hay otros que la fijan en el año 186 a.C; e, incluso, otros piensan que de manera indeterminada puede ser fijada en el siglo III a.C. Para el análisis de este problema puede consultarse, entre otros, a Biscardi, Arnaldo, 'Sulla data della 'lex Aquilia', A. A.V.V. Scritti in Memoria de Antonino Giuffré. Tomo I, Milán: Giuffré, 1967. Guarino, Antonio, 'La data della lex Aquilia', LABEO, N° 14, 1968. Zimmermann, R, The Law of Obligations. Roman Fundations of the Civilian Tradition, Oxford, 1996, pp 955 y ss. Cannata, Carlos Augusto, 'Il terzo capo della 'Lex Aquilia', BIDR, N°s 98-99, 1995-1996, p 132". Em livre tradução do original: "A verdade é que há uma ampla discussão em relação à datação da lei, à qual não podemos nos referir neste trabalho. Em princípio, embora a lei se refira a um tribuno aquiliano, os dados não são totalmente precisos, pois são vários. Sobre este assunto, ver, para todos, Corbino, Alessandro, 77 danno qualificato e la lex Aquilia, Milan: Cedam, 2005, p 31. Segundo Cannata, Carlo Augusto, 'Sul testo orígínale della lex Aquilia: premesse e ricotruzione del primo capô', SDHI,N° 58, 1992, p 199 e segs. O provável autor da lex foi P. Aquilius, tribuno da plebe, que teria vivido por volta do ano 210 a.C. Quanto à discussão da datação, o setor majoritário inclina-se para o ano 286 a.C. ou ano 287 a.C. Há outros que o fixam no ano 186 a.C.; e ainda outros pensam que de forma indeterminada pode ser corrigido no século III a.C. Para a análise deste problema, ver, entre outros, Biscardi, Arnaldo, 'Sulla data della 'lex Aquilia', AAVV Scritti in Memoria de Antonino Giuffré, Volume I, Milão: Giuffré,1967. Guarino, Antonio, 'La data della lex Aquilia', LABEO, No. 14, 1968. Zimmermann, R, A Lei das Obrigações.Oxford, 1996, pp 955 e segs. Cannata, Carlos Augusto, 'Il terzo capo della 'Lex Aquilia', BIDR, N°s 98-99, 1995-1996, p 132".

[65] VENOSA, Silvio de Salvo. *Direito civil*: teoria geral das obrigações e teoria geral dos contratos. 14. ed. São Paulo: Ed. Atlas, 2004. p 18-19. "[...] a Lex Aquilia é o divisor de águas da responsabilidade civil. Esse diploma, de uso restrito a princípio, atinge dimensão ampla na época de Justiniano, como remédio jurídico de caráter geral; como considera o ato ilícito uma figura autônoma, surge, desse modo, a moderna concepção da responsabilidade extracontratual. O sistema romano de responsabilidade extrai da interpretação da Lex Aquilia o princípio pelo qual se pune a culpa por danos injustos provocados, independentemente de relação obrigacional preexistente. Funda-se aí a origem da responsabilidade extracontratual. Por essa razão, denomina-se também responsabilidade aquiliana essa modalidade".

[66] ROSSETTI, Giulietta. *Alle origini della moderna responsabilità extracontrattuale*. L'actio ex lege Aquilia tra "natura penale" e "funzione reipersecutoria". Erste europäische. Internetzeitschrift für Rechtsgeschichte, 2020. "È altrettanto noto che nel linguaggio dei giuristi moderni per designare la responsabilità extracontrattuale si utilizza correntemente la dizione 'responsabilità aquiliana' (e le espressioni 'danno aquiliano' e 'colpa aquiliana' come sinonimi, rispettivamente, di danno extracontrattuale e di colpa extracontrattuale) per ricordare che le radici storiche dell'istituto sono da individuare nella lex Aquilia de damno, un plebiscito di datazione incerta, collocabile probabilmente nel corso del III secolo a.C., che interviene a sanzionare nei suoi tre capi alcune specifiche fattispecie di danneggiamento materiale, alla cui precisazione semantica e concettuale la giurisprudenza romana del periodo classico ha dedicato un raffinato e complesso percorso interpretativo, che ha portato all'elaborazione della nozione di damnum iniuria datum da intendersi, verosimilmente, come danno causato da un comportamento oggettivamente ingiustificato, e quindi antigiuridico". Em tradução livre: "É igualmente sabido que na linguagem dos juristas modernos para designar responsabilidade extracontratual, utiliza-se atualmente o termo 'Responsabilidade Aquiliana' (e as expressões 'Dano aquiliano' e 'negligência aquiliana' como sinônimos, respectivamente, de dano extracontratual e culpa extracontratual) lembrar que as raízes históricas da instituição devem ser identificadas na lex Aquilia de Damno, plebiscito de datação incerta, provavelmente datado durante o curso do século III a.C., que interveio para sancionar as suas três acusações alguns casos específicos de dano material, cujo esclarecimento semântico e conceitual é fornecido pela jurisprudência romana do período clássico dedicou um caminho interpretativo refinado e complexo, que levou ao desenvolvimento da noção de Damnum iniuria datum a ser entendido, presumivelmente, como dano causados por comportamentos objectivamente injustificados e, portanto, ilegais".

[67] Según la declaración comen ida en el propio *DIGESTO EN 9, 2, 1, 1*: "Quae !ex aquilia plebiscitum est, cum eam aquilius tribunus plebis a plebe rogarevit" ("La Ley Aquilia es un plebiscito, habiéndola rogado de la plebe el tribuno aquilio").

[68] D. 9.2.1. Ulpianus, "cum eam aquilius tribunis plebis a plebe rogaverit".

## 'AQUILIAE' THEOREMA CIVIS ROMANUS STATUS DEFENSIONIS 'RESPONSUM' REPARATORIUS CURAE ET PRIVATAE ET PUBLICAE DELICTIS IN ANTIQUA ROMANA LEGE

que fundamentava o julgamento de condutas originadas de atos alheios a um contrato, sendo claramente de índole *'extra contratual'*, uma vez que se afastou da perseguição da responsabilidade puramente objetiva, para considerá-la *'inicialmente'* como uma responsabilidade que tem como base o subjetivismo individual.

Via de regra, a *'lex Aquilia'*[69] [70] tinha por finalidade regular os casos de responsabilidade[71] relativa a danos à propriedade[72], incluindo os escravos, animais, *'res'* semoventes e objetos inanimados, fazendo, pois, que a *'lex'* tivesse então por objetivo a correta conceituação, consenso e delimitação de seu institutos, assegurando que o causador do dano indenizasse o patrimônio do lesado[73], em que se excetuavam os danos sofridos pelo corpo dos homens livres[74], que, por assim dizer, não eram cobertos pelos preceitos normativos da *'Aquilia'*[75], conforme as fontes da *'exegese'* romana, segundo o *Digesto* de *'Ulpianus'*[76].

---

[69] DIAS, José de Aguiar. *Da responsabilidade civil*. 6. ed. Rio de Janeiro: Forense, 1979. "É na Lei Aquília que se esboça afinal, um princípio regulador de reparação do dano. Embora se reconheça que não continha ainda uma regra de conjunto, nos moldes do direito moderno, era, sem nenhuma dúvida, o germe da jurisprudência clássica com relação à injúria, e fonte direta da moderna concepção da culpa aquiliana, que tomou da Lei Aquília o seu nome característico".

[70] "Liber homo suo nomine utilem aquiliae habet actionem; directam enim non habet, quoniam dominus membrorum suorum nemo videtur. Fugitivi autem nomine dominus habet". Em livre tradução: "Um homem livre tem em seu nome a ação útil da lei aquília; pois não tem a direta, porque ninguém é considerado dono de seus membros. Mas em nome do fugitivo a tem o seu dono" (ULP. 18 ad ed., D. 9, 2, 13 pr).

[71] "La Ley Aquilia derogó todas las leyes que antes de ellas trataron del daño con injuria, así de las Doce Tablas, como alguna otra que hubo, cuyas leyes no es necesario decir ahora.1.- Cuya ley Aquilia es un Plebiscito, puesto que la presentó á la aprobación de la plebe el Tribuno de la plebe Aquilio" (Ulpianus, Comentarios al edicto, libro XVIII).

[72] "Ex hac lege iam non dubitatur, etiam liberarum personarum nomine agi posse, forte si patremfamilias aut filiumfamilias vulneraverit quadrupes; scilicet ut non deformitatis ratio habeatur, quum liberum corpus aestimationem non recipiat, sed impensarum in curationem factarum, et operarum amissarum, quasque amissurus quis esset inutilis factus". Em livre tradução: "Já não se duvida que por essa lei pode reclamar-se também por causa de pessoas livres, por exemplo, se um quadrúpede houver causado dano a um pai de família, ou a um filho de família; consequentemente, não para que se obtenha valor em razão da deformidade, porque um corpo livre não admite estimação, mas sim dos gastos feitos em razão da cura, do trabalho perdido e do que haverá de perder aquele que ficou para o trabalho inutilizado" (GAIUS. 7 ad ed. provinc., D. 9, 1, 3).

[73] "Nec solum corpus in actione huius legis aestimatur, sed sane si servo occiso plus dominus capiat damni quam pretium servi sit, id quoque quam iussu, eo hereditatem cerneret, occisus fuerit; non enim tantum ipsius pretium aestimatur, sed et hereditatis amissae quantitas. item, si ex gemellis vel comoedis vel ex symphoniacis unus occisus fuerit, non solum occisi fuit aestimatio, sed eo amplius (id) quoque computatur, quod ceteri qui supersunt depretiati sunt. idem iuris est etiam si ex pari mularum unam vel etiam quadrigis equorum unum occiderit". Em livre tradução: "E não só o corpo é valorizado na ação dessa lei, mas claro se, ao matar um escravo, o senhor recebe mais indenização do que o valor do escravo, isso também por qual ordem ele viu sua herança, ele foi morto; pois não é apenas o preço em si que é estimado, mas também o valor da herança perdida. da mesma forma, se um dos gêmeos, ou dos comediantes, ou dos sinfonistas foi morto, não foi apenas o morto que foi julgado; mas é contado ainda mais porque os outros que permanecem são depreciados. a lei é a mesma, mesmo que seja de um par de mulas ou mesmo de uma parelha de cavalos matará" (Gayo 3,212).

[74] "Sed quum homo liber periit, damni aestimatio non fit in duplum; quia in homine libero nulla corporis aestimatio fieri potest, sed quinquaginta aureorum condemnatio fit". Em livre tradução: "Mas quando pereceu um homem livre, não se realiza a estimação em duplo do dano; porque no que concerne a um homem livre não se pode fazer estimação alguma de seu corpo, mas o que se faz é condenar ao valor de cinquenta áureos" (ULP. 23 ad ed., D. 9, 3, 1, 5).

[75] "Quum liberi hominis corpus ex eo, quod deiectum effusumve quid erit, laesum fuerit, iudex computat mercedes medicis praestitutas ceteraque impendia, quae in curatione facta sunt; praeterea operarum, quibus caruit, aut cariturus est ob id, quod inutilis factus est. cicatricum autem, aut deformitatis nulla fit aestimatio, quia liberum corpus nullam recipit aestimationem". Em livre tradução: "Quando, com o que se houver jogado ou derramado houver sido lesionado o corpo de um homem livre, o juiz computa os honorários pagos ao médico e os demais gastos, se houveram, para obter-se a cura; e mais, o valor do trabalho de que esteve privado, ou de que haverá de estar privado porque para ele se tornou inútil. Mas não se faz a estimação das cicatrizes, ou de alguma deformidade, porque o corpo de um homem livre não admite qualquer forma de estimação" (GAI. 6 ad ed. provinc., D. 9, 3, 7).

[76] "Lex Aquilia omnibus legibus, quae ante se de damno iniuria loutae sunt, derogavit, sine alia quae fuit: quas leges nunc referre non est necesse. Quae Lex Aquilia plebiscitum est, cum eam Aquilius tribunus plebis a plebe rogaverit". Em livre tradução: "A lei Aquiliana revogou todas as leis que antes dela tratavam mal com iniuria, bem como a das Doze Tábuas, como algumas outras que existiam; cujas leis não precisam ser referidas agora. Cuja lei Aquilia é um Plebiscito, pois foi apresentada à aprovação da plebe pela Tribuna da Plebe Aquilio" (Ulp. 18 ad ed. D. 9,2,1).

Entretanto, é conveniente assinalar que, com o passar do tempo, o atendimento à prevalência *do princípio 'liberum corpus nullam recipit aestimationem'*, na sua amplitude de direitos, agregado a uma interpretação *'bonam parte'* da regra original dos *capítulos I e III da lei* foram sendo aplicados aos casos de *'iniuria'* sofrido pelo homem livre, e pelo corpo de um homem livre[77], conjugado ao fato de que não havia a isenção da consequência penal atribuível, pelo *'damnum'* provocado.

A *'lex aquilia de damno'* caracterizou-se, pois, como um verdadeiro soerguimento de argúcia das *'legibus romanum'*, imputando ao patrimônio do *agente-autor de fatos delituosos* a introdução de uma realidade para tratar de direitos relativos a ofensas de diversas ordens, no que diz respeito à reparação de danos devidos[78], e que, por assim dizer, deram origem a uma diversidade de condutas de cunho cível, agregado aos aspectos de ordem penal[79], em que se objetivou o suporte do ônus da reparação.

---

[77] Ulp. 18 ad ed., D. 9, 2, 13 pr.

[78] ROSSETTI, *op. cit.* "Un fondamentale profilo distintivo si traduce nella circostanza che nel diritto romano la responsabilità ex lege Aquilia costituisce un'ipotesi tipica di responsabilità ex delicto, cioè un tipo di responsabilità, la cui causa consiste nella commissione di un delictum – ovvero di un illecito penale privato tipico e riconosciuto ius civile 10 – il damnum iniuria datum punito appunto dalla lex Aquilia de damno; in questo caso l'esposizione processuale dell'autore del delitto all'actio si traduce nella circostanza che il delictum è sanzionato tramite un'actio poenalis, nel caso di specie l'actio ex lege Aquilia, un'azione penale privata, che è in ogni caso un'actio in personam, ma tramite il suo esercizio in giudizio la vittima intende ottenere soltanto l'irrogazione di una poena, in epoca storica – e quindi una volta superato lo stadio iniziale dell'afflizione corporale e quello intermedio della composizione pecuniaria volontaria – sanzione esclusivamente pecuniaria irrogata nelle forme del processo privato a scopo afflittivo, cioè per punire il reo. Anche a questo proposito sembra opportuno riprendere la terminologia gaiana, secondo la quale in tale ipotesi l'attore tramite l'esercizio dell'actio intende 'poenam tantum persequi' (Gai 4.6 e 8), in altri termini l'azione è diretta soltanto a punire il reo, obbligandolo a pagare alla vittima una determinata somma di denaro". Em livre tradução: "Um perfil distintivo fundamental traduz-se na circunstância de que no direito romano a responsabilidade ex lege Aquilia constitui uma hipótese típica de responsabilidade ex delicto, ou seja, uma espécie de responsabilidade, cuja causa consiste na prática de um delito – ou de uma infracção penal pessoa física típica e reconhecida pelo direito civil. A iniuria datum punida justamente pela lex Aquilia de damnum, neste caso, faz com que a exposição processual do autor do crime à actio é traduzida na circunstância de o delito ser sancionado através de uma actio poenalis e, neste caso a actio ex lege Aquilia, uma acção penal privada, que é em todo o caso uma actio in personam, mas através do seu exercício em um tribunal a vítima apenas pretende obter a aplicação de uma pena, em tempos históricos – e portanto uma vez superados o estágio inicial de aflição corporal e o estágio intermediário de composição pecuniária voluntária – sanção exclusivamente pecuniária imposta nas formas de processo privado para fins aflitivos, ou seja, para punir o infrator. Também neste aspecto parece oportuno retomar a terminologia gaiana, segundo a qual nesta hipótese o ator pretende através do exercício da actio "poenam niente persequi' (Gai 4.6 e 8), ou seja, a ação visa apenas punir o criminoso, forçando-o a pagar à vítima uma certa quantia em dinheiro".

[79] "A scopo di completezza espositiva merita ricordare che nell'ordinamento giuridico romano la repressione penale assume una duplice configurazione, privata e pubblica, e quindi si distinguono, almeno a partire dal periodo preclassico, illeciti penali privati (delicta o maleficia) e illeciti penali pubblici (crimina). I delicta, ritenuti essenzialmente lesivi di un interesse privato, erano perseguiti su iniziativa dell'offeso, che era appunto attivamente legittimato all'esercizio dell'actio poenalis, nelle forme del processo privato ed erano puniti con una poena privata, afflizione esclusivamente pecuniaria sostituto della più risalente afflizione corporale. Secondo le Istituzioni di Gaio (Gai 3.182) i delicta produttivi di obligationes iuris civilis sono quattro: il furto, la rapina, l'iniuria e il damnum iniuria datum. I crimina, in quanto ritenuti lesivi di interessi della collettività, erano invece perseguiti su iniziativa dello Stato nelle forme del processo pubblico tramite l'esercizio di un'actio criminalis e comportavano l'irrogazione di pene pubbliche corporali e/o patrimoniali. Questo schema ricostruttivo incentrato su una rigida distinzione fra delicta e crimina presenterebbe, a detta della dottrina romanistica più recente, non pochi profili di perplessità in riferimento sia al periodo più antico sia al periodo preclassico e classico. A quest'ultimo riguardo si osserva che, se in un primo momento, data la medesima finalità afflittiva dell'azione privata e dell'azione pubblica, le due azioni concorrono alternativamente, a partire dalla tarda Repubblica e ancor più nel Principato l'espansione della funzione punitiva statale e la generale depenalizzazione delle azioni penali private implica, da un lato, l'attrazione di alcuni illeciti penali privati (in particolare alcune fattispecie aggravate di rapina, di furto e di iniuria) nella sfera della repressione criminale, da altro lato, il concorso tra azione penale privata (civiliter agere) e azione criminale (criminaliter agere) diventa cumulativo in quanto con la prima azione ormai 'damnum sarcitur', con la seconda 'crimina vindicantur" (Paul. Sent.5.3.1; D. 9.2.23.9; Ulp. 18 ad ed). Em livre tradução: "Para sermos mais completos, vale lembrar que no sistema jurídico romano a repressão no direito penal assume uma dupla configuração, privada e pública, e por isso se distinguem, pelo menos inicialmente do período pré-clássico, os crimes privados (delicta ou maleficia) e os crimes públicos (crimina). O delito, considerados essencialmente lesivos a um interesse privado, foram processados por iniciativa do ofendido, que aliás foi ativamente legitimados para exercer a actio poenalis, sob a forma de julgamentos privados e foram punidos com uma poena privada, aflição exclusivamente pecuniária, substituta da antiga aflição corporal. De acordo com Instituições de Caio (Gai 3.182) os delitos produtivos das obrigações iuris civilis são quatro: roubo, rapina, iniuria, damnum iniuria datum. Os

# 'AQUILIAE' THEOREMA CIVIS ROMANUS STATUS DEFENSIONIS 'RESPONSUM' REPARATORIUS CURAE ET PRIVATAE ET PUBLICAE DELICTIS IN ANTIQUA ROMANA LEGE

Assim, a *'lex Aquilia'* sistematizou a penalização de certas condutas geradoras de prejuízos ao direito alheio[80] e, por consequência, de forma análoga, a penalização de certas condutas que gerassem danos ao direito de outros, por meio de uma teoria que tratasse de todas as manifestações do direito *'até mesmo'* da personalidade, que fosse algo amplo, dentro da proporcionalidade de um limite de direitos, com a ordenação *'épica'* de que o desenho do procedimento estava constituído pela responsabilidade subjetiva, donde, com base no mesmo título que antecede as referidas normas, passou-se a denominar como *"responsabilidade comum pelos crimes e culpas"*, passível do caráter ressarcitório[81], com a consequente indenização pelo dano provocado.

A importância desta *'lex'*, e consequentemente de uma nova realidade ao direito, agregando-se a chancela da personalidade, como o nome, a honra e a imagem, reside no fato de sua coexistência com antigas legislações, como, por exemplo, a *lei poetelia papiria (326 a.C.)*[82], e diversas normas introduzidas pelos *'decenviros'*, bem como na regulamentação de *'danos'* do Direito Romano[83]

---

[crimes], por serem considerados prejudiciais aos interesses da comunidade, foram processados por iniciativa do Estado nas formas de julgamento público através do exercício de uma actio criminalis e implicou a imposição de punições públicas corporais e/ou patrimoniais. Este esquema reconstrutivo centra-se numa abordagem rígida. A distinção entre delicta e crimina apresentaria, segundo a mais recente doutrina romana, vários aspectos e, perplexidades em referência tanto ao período mais antigo como aos períodos pré-clássico e clássico. Neste último aspecto observa-se que, se num primeiro momento, dada a mesma finalidade aflitiva da ação privada e da ação pública, as duas ações concorrem alternadamente, a partir do final da República e ainda mais no Principado a ampliação da função punitiva estatal e a descriminalização geral das ações penais privadas implica, desde por um lado, a atração de alguns crimes privados (nomeadamente alguns casos agravados de roubo, furto e de lesão) na esfera da repressão criminal, por outro lado, a concorrência entre a ação penal privada (civiliter agere) e a acção penal (criminaliter agere) torna-se cumulativa tal como acontece com a primeira acção agora 'damnum sarcitur', com o segundo 'crimina vindicantur'" (Paulo. Sent, 5.3.1; D. 9.2.23.9; Ulp. 18 ed. ad).

[80] "Iniuriam autem hic accipere nos oporiet n on quem adm odum circa iniuriarum actionem contum eliam quandam, sed quod non iure factum est, hoc est contra ius". Em tradução livre: "Mas seria uma injustiça nos aceitar aqui seria necessário que eu tomasse uma determinada ação em relação às ações de lesões, se não for legalmente feito, isso é contra o direito" (A propósito de Ley Aquilia, Ulpianus, D. 9,2,5,1, Ulpianus, XVIII ad ed).

[81] DIEZ-PICAZO; PONCE DE LEÓN, Luis. *Danos law*. Madrid: Civitas, 1999. p. 72-73. "Tenta-se, na medida do possível, interpretar e superar restritivamente a indiscutível natureza criminosa dos textos romanos que tratavam da ação do Direito Aquiliano, convertendo-os em ação compensatória. Das consequências práticas que derivavam da natureza penal ou punitiva da ação, como a intransmissibilidade por sucessão em particular. Preocupados com esse problema, vinham de um período histórico em que a escravidão funcionava em toda a sua extensão, para o qual o mecanismo processual romano foi especificado na chamada ação noxal, ressalvada alguma exceção estabelecida na lei Justiniana, que era impossível de ser aplicada quando os dependentes eram pessoas livres. Caráter à ação da Lei Aquilia. Essa tendência, iniciada no direito romano com ações de fato e ações úteis, ganha cada vez mais amplitude, por isso tende-se a considerar que com a ação da Lei Aquilia se pode obter não apenas indenização pecuniária, mas também, quando o caso assim o exigir, a restituição in natura. Entre os comentadores desse período, é lógico citar Bartolo e Baldo. Não se pode dizer que a doutrina sobre a ação da Lei Aquilia tenha sido profundamente elaborada por Bartolo, que se apega fundamentalmente aos textos e pontos de vista da glosa: ele admite a responsabilidade do patrão pelos atos dos dependentes, que já não é novidade, e a natureza penal da ação e, por consequência, a intransmissibilidade mortis causa, embora se ressalte que o princípio contrário já era seguido no direito canônico e que fontes romanas o haviam estabelecido no caso do art. condição furtiva, do qual ele dá uma justificativa meramente prática. Além disso, Bartolo e Baldo admitem a natureza geral da ação da Lei Aquilia, ao menos como actio in factum".

[82] ALVES, José Carlos Moreira. *Direito romano*. 14. ed. Rio de Janeiro: Forense, 2007. p. 382-436. "O devedor respondia pela dívida com seu próprio corpo; mais tarde, a partir da lei poetelia papiria (326 a.c.), passou a ser um vínculo jurídico (isto é, imaterial, respondendo, então, pelo débito, não mais o corpo do devedor, mas seu patrimônio [...] a obrigação, em consequência, deixa de vincular o corpo do devedor ao credor. a partir de então não mais deveria haver a impossibilidade de transmissão de crédito ou débito. no entanto, o direito romano, em todas as suas fases de evolução, conservou teoricamente o princípio da intransmissibilidade do crédito e do débito. Na prática, porém, alcançaram-se, economicamente, os resultados da transmissão por meios indiretos" (ex. novação).

[83] "Sed et si proprietatis dominus vulneraverit servum vel occiderit, in quo usus fructus meus est, danda est mihi ad exemplum legis aquiliae actio in eum pro portione usus fructus, ut etiam ea pars anni in aestimationem veniat, qua nondum usus fructus meus fuit". Em livre tradução: "Além disso, se o dono do imóvel ferir ou matar um escravo, de quem o emprego seja meu fruto, deve-se me propor uma ação a exemplo da lei de aquília, na proporção do benefício do serviço" (*cf.* D. 9.2.12 Paulus).

[84] [85] [86], ainda que a inserção destes preceitos já constasse do teor clausulado da *'Lei das XII Tábuas'*[87] [88], que, por assim dizer, estabelecia um princípio geral de responsabilidade por *'danos'*.

Deve-se atentar que o direito passou por diversas transformações ao longo do tempo, sempre como objeto de reavaliação do 'roman civite', objetivando a elevação da dignidade da pessoa humana ao patamar de valor fundamental 'épico', uma vez que o modelo romano de imputação de responsabilidade, *'ex lege Aquilia'*, não se caracterizava necessariamente pela violação de um vínculo jurídico anterior ao acontecido, mas sim pelo vínculo de uma responsabilidade.

A importância da *'aquilia'* nascia de um fato danoso *'presente'* ocorrido, e que por si só atribuía a obrigação de reparar os danos causados, o que *'de todo'* se fez entender que grande parte da *doutrina de cunho outrora jurídica romana* considerou que o *'Principia Civilis Reatus'* se encontrava disserto na *'lex aquilia'*.

Desta forma, a *'lex Aquilia'* não deixa de ser uma *'lex poenalis'* proposta na história do pensamento jurídico *'épico'*, que regulou pela primeira vez a responsabilidade extracontratual pelo *'damno'*[89] como o próprio objeto do direito, que, *em princípio*, julgava o valor econômico compensatório de bens materiais ofendidos, tendo *ao depois*, na era clássica do direito, admitido a *'prudentium interpretatio'*, que passou a incluir os danos morais causados à vítima.

Neste texto, esta *lei* foi *'de todo'* importante, porque basicamente anulou os capítulos que descreviam a matéria de dano causado, bem como de fatos ilícitos que se regulavam na *'Lei das XII Tábuas'*[90]

---

[84] "§ An fructuarius vel usuarius legis aquiliae actionem haberet, iulianus tractat: et ego puto melius utile iudicium ex hac causa dandum". Em livre tradução: "§ Se o usufrutuário ou o usuário da lei de aquília teve uma ação, juliano discute: e eu acho que um melhor julgamento deve ser feito sobre esta conta" (*cf.* D. 9.2.11 Ulpianus).

[85] "Occisum autem accipere debemus, sive gladio sive etiam fuste vel alio telo vel manibus (si forte strangulavit eum) vel calce petiit vel capite vel qualiter qualiter". Em tradução livre: "Mas devemos aceitar que ele foi morto, seja pela espada, ou mesmo com uma clava, ou alguma outra arma, ou com suas mãos (se talvez o estrangulasse), ou com um chute, ou na cabeça, ou em que maneiras" (Ulpianus: D. 9.2.7: §).

[86] "Si dominus servum suum occiderit, bonae fidei possessori vel ei qui pignori accepit in factum actione tenebitur". Em livre tradução: "O proprietário passa a poder ser demandado se matar um escravo que esteja na posse de boa-fé ou na detenção de um terceiro" (*cf.* D. 9.2.13 Ulpianus).

[87] WATSON, A. *Rome of the XII Tables*. New Jersey: Princeton University Press, 1975. p. 5; RODRÍGUEZ MONTERO, Ramón P. *Responsabilidad contractual y extracontractual en derecho romano*: una aproximación con perspectiva histórica. Santiago de Compostela: Andavira, 2015. (Colección Ciencia y Pensamiento Jurídico; 19). p. 155. "[...] los supuestos incluidos en la regulación decenviral nos indican los bienes jurídicos más importantes en la Roma del siglo V aC: la casa, los esclavos, los campos. Si bien, Rodríguez Montero señala que quizás había más supuestos en las XII Tablas (como podría ser la muerte del esclavo ajeno) que no han llegado hasta nosotros".

[88] *Ibidem*, 242 p, IP 3 (2018) 1, p. 341-352. "[...] con base en la *redacción de D.9.2.1.pr.* que probablemente existieron varias leyes posteriores a la XII Tablas que también incidieron en la regulación de la responsabilidad civil".

[89] BARRENA, 2010; GALEOTTI, S. *Rupit, rupitias, noxia, damnum*: ildannegiamento nella normativa postaquiliana. SDHI 80 (2014), p. 229 *et seq.*

[90] SANTOS, Mauro Sérgio dos. A responsabilidade civil extracontratual no direito romano: análise comparativa entre os requisitos exigidos pelos romanos e os elementos de responsabilidade civil atualmente existentes. *Direito em Ação: Revista do*

[91], tendo sido um intento generalizado de sistematizar as normas relativas a todas as *'iniuria factum damnum' (anteriormente dito)*, como a introdução de uma nova realidade ao direito por meio de *consuetudines et leges*, que sistematizaram toda aquela legislação dispersa.

Ao depois, não se pode deixar de considerar o supedâneo relativo a menções antigas na literatura jurídica, que demonstram que já havia indícios do que hoje chamamos de proteção da pessoa, em uma crível realidade, ao afirmar-se que, antes da juridicidade da *'lex Aquilia'*, naquela época denominada de *'pré-história-ius'*, utilizavam-se em Roma as expressões *'noxa'* e *'noxia'* como as predecessoras do *'damnun'*, entendendo-se que o termo *'noxia'* se referia à morte de escravos e animais; e o termo *'noxa'*[92] [93], como sinônimo de desalento, assim como são profetizados nos comentários à *'Lei de Aquília'*[94] [95] dos *'iuris consultus'* da época.

Por assim dizer, a implementação de um novo discernimento conceitual debelou a ótica da *'vingança pública'*[96] [97]

---

*Curso de Direito da UCB*, v. 10, n. 1, 2014 apud CRUZ, Sebastião. *Direito romano, Ius romanum*. 4. ed. Coimbra: Editora Coimbra, 1984. p. 182). "Segundo a tradição, referida por vários escritores do tempo da república e do principiado, efectuou-se em Roma, nos anos 451 a 449 a.C., uma obra codificadora de grande envergadura. Foi elaborada por um organismo especialmente constituído para esse fim, os decemviri legibus scribundis (comissão de dez homens para redigir as leis); depois, aprovada nos comícios das centúrias, afixada publicamente no fórum e finalmente publicada em 12 Tábuas de Madeira. Daí a sua designação – Lex Duodecim Tabularum, Lei das XII Tábuas. É o documento de maior relevo do direito antigo. Ainda segundo o relato da tradição, esse extraordinário documento teve origem nas reivindicações jurídicas dos plebeus. [...] As XII Tábuas foram destruídas no incêndio de Roma, quando da invasão dos gauleses em 390 a.C., duvida-se que tenham sido reconstituídas em 397 a.C., como defendem vários autores".

[91] ORTEGA CARRILLO DE ALBORNOZ, Antonio. *De los delitos y de las sanciones en la ley de las XII tablas*. Málaga: Secretariado de Publicaciones de la Universidad de Málaga, 1988. "Ante todo, el derecho de las XII Tablas, tal como nos ha sido transmitido, era el derecho propio de una pequeña comunidad agrícola, dirigido a regular la vida pública y privada de la primitiva civitas. tal derecho estaba constituido por un conjunto de normas que, destinadas a mitigar la rigidez de leyes y costumbres anteriores, participaron ineludiblemente del salvajismo que intentaban corregir".

[92] "Pero también si hubiere sido muerto un esclavo, que había cometido grandes fraudes en mis cuentas, y respecto del cual yo había resuelto que sufriera el tormento, para que se descubriesen los partícipes de los fraudes, con muchísima razón escribe labeón, que se ha de estimar en cuanto me interesaba que se descubrieran los fraudes del esclavo cometidos por él, no en cuanto valga la *noxa* de este esclavo" ('Ulpiano', Comentarios al edicto, libro XII, s 4).

[93] "Asimismo si un esclavo común, mío y tuyo, hubiera sido muerto por un esclavo de Ticio, escribe Cellso, que si demandase uno de los dueños, lo conseguirá según su parte la estimación del litigio, o se le debe dar en *noxa* por entero, porque esta cosa no admite división" ('Ulpiano', Comentarios al edicto, libro XXVIII, s 25 37).

[94] "Si el cuadrúpedo, por razón del que hubiese acción contra su dueño, porque hubiera causado un daño, fue muerto por otro, y contra éste se ejercita la acción de la 'ley aquilia', la estimación no debe referirse al cuerpo del cuadrúpedo, sino a la causa de aquello por lo que hay la acción para la petición del daño; y el que lo mató ha de ser condenado por 'la acción de la ley aquilia' en tanto cuanto interesa al actor poder entregarlo por *noxa*, más bien que pagar la estimación del litigio" (Javoleno, Doctrina de Cassio, libro XIV, s1.-6).

[95] "Dice el pretor respecto de los que hubieren arrojado o derramado alguna cosa: 'por tanto, si se hubiere arrojado o derramado alguna cosa en el sitio por donde vulgarmente se transita, o donde la gente se detiene, daré, contra el que allí habitare, acción en el duplo por cuanto daño con ello se damnum es 'gasto, pérdida de dinero', 'disminución patrimonial' que trae su causa ya en el resultado lesivo de una acción perniciosa ya en el precio de la composición exigida para restablecer el orden alterado. esto explica inicialmente las conexiones de damnum con damnare con el sentido de 'obligar a uno a un gasto para nada', 'imponer un sacrificio de dinero' hasta adoptar el significado de 'condenar'" (Ulpiano, Comentarios al edicto, libro XXIII).

[96] PRETOA *et al., op. cit.* "Não imperava, ainda, o direito. Dominava, então, a vingança privada, forma primitiva, selvagem talvez, mas humana, da reação espontânea e natural contra o mal sofrido; solução comum a todos os povos nas suas origens, para a reparação do mal pelo mal" (*cf.* GONÇALVES, C. R. *Direito civil brasileiro*: parte geral. São Paulo: Saraiva, 2007. v. 4; GONÇALVES, C. R. *Direito civil brasileiro*: parte geral. São Paulo: Saraiva, 2011. v. 1).

[97] PRETOA *et al., op. cit.* "De fato, nas primeiras formas organizadas de sociedade, bem como nas civilizações pré-romanas, a origem do instituto está calcada na concepção de vingança privada, forma por certo rudimentar, mas compreensível do ponto de vista humano como lídima reação pessoal contra o mal sofrido" (*cf.* GAGLIANO, P. S.; PAMPLONA FILHO, R. *Novo curso de direito civil*: responsabilidade civil. São Paulo: Saraiva, 2006. v. 3).

[98] [99], ao palmilhar uma linha de entendimento que, por assim dizer, deu *'azo'* à evolução histórica do direito romano, no cerne de desenvolvimento da responsabilidade civil, por meio dos eventos danosos que ocorriam[100], atribuindo uma responsabilidade disciplinar em tal matéria, que fossem considerados consequentes de um determinado comportamento e que redundassem em prejuízos no patrimônio material e moral da vítima.

O advento de uma proposição *'épica'* jurídica romana, por meio de um processo de conformidade do ordenamento jurídico para a proteção da pessoa, redundou em uma verdadeira mudança cultural jurídica, ao enxergar a personalidade humana como a *'alma pater'* da sociedade.

A instituição do vocábulo latino *'damnum'* proporcionou que a *lex aquilia* regulasse o delito genérico deste *'damnum'*, qualificado pela expressão *'damnum iniuria datum'*[101,] ornamentando diferentes noções de *'dano'*, na *interpretação do dano ou da ação danosa*, como uma configuração de lesões variadas que pudessem afetar o patrimônio físico ou material de outrem[102], consistindo em geral na produção culposa do dano na coisa alheia.

Destarte, o *'damnum'* era, *'pois'*, todo aquele que atingia materialmente a coisa alheia, implicando um prejuízo causado ao objeto, fruto de uma consequência direta e imediata, pois, volta-se a repetir, que o *systema romanum antiquum legale* assumiu a função de estabelecer regramentos que promovessem e protegessem a dignidade do 'roman civitae', e, que fossem oriundos de um esforço físico investido por parte do agente que produziu a ação, agregado a *'coisas ou seres vivos'*, sempre que houvesse o evento de morte ou a sua extinção.

Da mesma forma, era considerado *'damnum'*[103] tudo aquilo que fosse produzido diretamente pelo agente por ato *'hominis-hominis'* e que, como tal, se concretizava por meio de uma *ação de contato corporal*[104] [105] do autor

---

[98]  PRETOA *et al., op. cit.* "Depois passa a se ter o período da composição, onde entendia que a reparação do dano baseada na vingança, acabava ocasionando na verdade duplo dano: o da vítima e o do seu ofensor, depois de punido" (*cf.* DINIZ, *op. cit.*).

[99]  VENOSA, Silvio de Salvo. *Direito civil*: responsabilidade civil. 9. ed. São Paulo: Atlas, 2009. "De qualquer forma, a lex aquilia é o divisor de águas da responsabilidade civil".

[100]  Damnum

[101]  Dano produzido pela injúria

[102]  DIGESTO de Justiniano, liber primus: introdução ao direito romano. Tradução de Hélcio Maciel França Madeira. 7. ed. Thomson Reuters: Revista dos Tribunais, 2012. D. 9, 2, 1, Pr.

[103]  CASTRESANA HERRERO, Amelia. *Nuevas lecturas de la responsabilidad aquiliana*. Salamanca: Ediciones Universidad de Salamanca, 2001. "DAMNUM es 'gasto, pérdida de dinero', 'disminución patrimonial' que trae su causa ya en el resultado lesivo de una acción perniciosa ya en el precio de la composición exigida para restablecer el orden alterado. Esto explica inicialmente las conexiones de DAMNUM con DAMNARE con el sentido de 'obligar a uno a un gasto para nada', 'imponer un sacrificio de dinero' hasta adoptar el significado de 'condenar'".

[104]  Corpore Gaius III 219.

[105]  ARANGIO-RUIZ, Vincenzo. *Instituciones de derecho romano*. Traducción de la 10. ed. italiana por José Caramés Ferro. Reimpr. de la 1. ed. Buenos Aires: Depalma, 1986. p. 418. "Gayo, III, 219 el daño previsto por la lex aquilia es solamente el cau-

sobre a vítima, em torno do direito que o 'civitae' possuía; e, causado de forma imediata, levava-se a concluir que a ação teria de concretizar-se no exercício de uma circunstância causada injustamente, tanto na percepção *'corporalis hominem'*, qual seja, do *'corpus leassum'*[106], quanto no próprio fato de o *'dano'* provocar a destruição material do objeto, o que por si só, nas duas hipóteses, configuraria o chamado *'dano injusto'*, merecedor da proteção legal.

Entretanto, no sentido original da lei, o *'damnum'*[107] consistia na morte de escravo[108], escrava ou quadrúpede[109] de um rebanho[110], ou no ferimento de escravo ou animal, na morte do quadrúpede sem rebanho,

---

sado corpore corpori, es decir, el producido con el esfuerzo muscular del delincuente a la cosa considerada en su estructura física. la sanción de la ley no tiene lugar, en consecuencia, por falta de daño corpore, si se encierra el ganado en un establo para hacerlo morir de hambre, o si se persuade a un esclavo de que suba a un árbol, ocasionándole de esa manera la caída y muerte' (En este sentido, Schipani, Sandro (1969). Responsabilita 'ex lege aquilia'. Criteri di imputazione e problema della 'culpa'. Torino. Giappichelli Editore, pp 47-49 y Betti, Emilio (1962). Istituzioni di Diritto Romano. Padova: Cedam, Vol. II, Part. I, pp 512-513. Trata especialmente el principio del damnum corpore datum, zilioto (2000) 6 ss. Al respecto, la autora señala: 'Nella prospettiva dell'estensione della tutela aquiliana, cib che interessa e che gaio dica che l'actio legis aquiliae veniva concessa solo contro chi avesse provocato un danno corpore suo')".

[106] Corpo Lesionado

[107] BARRENA, Cristián Aedo. La cuestión causal en la "Lex Aquilia" y su solución mediante el mecanismo de la culpa. *Rev. Estud. Hist.-Juríd.*, Valparaíso, n. 37, oct. 2015. Estudios derecho romano. "El damnum sancionado en los capítulos primero y tercero de la ley, correspondía a un término técnico y preciso, propio de ella, traducido en los verbos occidere –para el primero– y urere, frangere, rumpere, para el tercero. Para ello es preciso distinguir entre damnum facer y damnum dare. Una explicación de las diferencias jurídicas entre los binomios damnum dar y damnum facere se encuentra en Castresana, Amelia, Nuevas lecturas de la responsabilidad aquiliana (Salamanca, Ediciones Universidad de Salamanca, 2001), pp. 18 ss., para concluir que: 'La realización de determinada conducta por parte de un sujeto capaz –'damnum facere'–, que coloca a otro en una situación de gasto o pérdida patrimonial –'damnum dare'–, pasa en la Lex Aquilia por la tipificación de ciertos eventos dañosos como acciones materiales de damnum. Occidere, pecuniam acceptam, urere, frangere, rumpere, son todas las posibles, y a su vez únicas, formas tipificadas en el plebiscito aquiliano como supuestos de 'damnum facere'; otros eventos dañosos que no sean exactamente éstos, no entran dentro del tipo normativo sancionado por la Ley Aquilia. La realización de aquellas conductas, previstas en la norma como comportamiento de 'damnum facere', conduce al resultado 'damnum dare''. No hemos referido a este problema y al desarrollo de la idea de del id quod interest en Aedo Barrena, Cristián, Los requisitos de la 'lex Aquilia', con especial referencia al daño. Lecturas desde el capítulo tercero, en Ius et Praxis 15 (2009) 1, pp. 325 y ss". Em tradução livre: "O damnum sancionado nos capítulos primeiro e terceiro da lei correspondia a um termo técnico e preciso, típico dela, traduzido nos verbos occidere –para o primeiro– e urere, frangere, rumpere, para o terceiro. Para isso, é necessário distinguir entre damnum facer e damnum dare. Uma explicação das diferenças jurídicas entre os binômios damnum dar e damnum facere pode ser encontrada em Castresana, Amelia, Novas leituras da responsabilidade aquiliana (Salamanca, Ediciones Universidad de Salamanca, 2001), pp. 18 ss., para concluir que: 'A prática de determinada conduta por sujeito capaz –'damnum facere'–, que coloca outro em situação de despesa ou perda de bens –'damnum dare'–, acontece na Lex Aquilia para a tipificação de certos eventos danosos como ações materiais de damnum. Occidere, pecuniam acceptam, urere, frangere, rumpere, são todas as formas possíveis e ao mesmo tempo únicas tipificadas no plebiscito aquiliano como pressupostos de 'damnum facere'; outros eventos danosos que não sejam exatamente esses, não se enquadram no tipo normativo sancionado pela Lei Aquilia. A realização desses comportamentos, previstos na norma como comportamento 'damnum facere', leva ao resultado 'damnum dare'. Não nos referimos a esse problema e ao desenvolvimento da ideia de interesse id quod em Aedo Barrena, Cristián, Los requisitos da 'lex Aquilia', com referência especial para danos. Leituras do terceiro capítulo, em Ius et Praxis 15 (2009) 1, pp. 325 e ss".

[108] "Damni iniuriae actio constituitur per legem Aquiliam, cuius primo capite, cautum est, ut si quis hominem alienum alienamve quadrupedem quae pecudum numero sit iniuria occiderit, quanti ea res in eo anno plurimi fuit, tantum domino dare damnetur". Em livre tradução: "A ação de dano injusto está prevista na lei aquiliana, em seu primeiro capítulo dispõe que, se alguém matar injustamente escravo estrangeiro ou quadrúpede estrangeiro de qualquer espécie de gado, está condenado a dar ao proprietário o valor mais alto que aquele coisa tinha naquele ano" (Gai. 3.210).

[109] "Ut igitur apparet, servis nostris exaequat quadrupedes, quae pecudum numero sunt et gregatim habentur, veluti oves caprae boves equi muli asini. Sed in sues pecudum appellatione continentur, quaeritur: et recte Labeoni placet contineri. Sed canis inter pecudes non est. longe magis bestiae in eo numero non sunt, veluti ursi leones pantherae. Elefanti autem et camelli quasi mixti sunt (nam et iumentorum operam praestant et natura eorum fera est) et ideo primo capite contineri eas oportet". Em livre tradução: "Assim, como se vê, ele equipara aos nossos escravos os quadrúpedes, que estão incluídos na classe do gado, e são mantidos em rebanhos, como ovelhas, cabras, bois, cavalos, mulas e jumentos. Mas me pergunto se os porcos estão contidos na denominação de gado; e com razão parece bom para Labeon que eles se contenham; mas o cão não está incluído na denominação de gado. Com mais razão, animais selvagens, como ursos, leões e panteras, não estão incluídos em seu número; mas elefantes e camelos são de gênero misto (porque prestam serviço a burros e sua natureza é feroz) e, portanto, devem ser incluídos no primeiro capítulo)" (Gai. 7 ad ed. prov. D. 9,2,2,2).

[110] Lex aquilia, capítulo I.

ou na destruição ou deterioração de *res* inanimada[111], em que, por assim dizer, o espaço para tal discussão estava condicionado às perspectivas do advento da lex, considerando a mudança da percepção do 'civitae' como um agente protagonizador que passou a enxergar a privacidade como um direito, e não mais como um sentimento individual, em especial quando perante uma perda patrimonial, sofrida por um proprietário.[112]

Tão por isso, os *romanos já diziam que o direito era sempre o que é bom, justo e, portanto, equânime*, encontrando-se o seu fim último na realização de uma justiça verdadeira, o que *'de todo'* torna o conceito das obrigações em Roma dotado de um vínculo jurídico, dentro da esfera estatal, de maneira predominante dentro do contexto da ofensa ocorrida, que permitia a uma pessoa o direito de constranger a outra ao cumprimento de uma determinada prestação pecuniária, ou obrigação que poderia consistir em *um 'dar', um 'fazer', ou 'não fazer', ou um 'prestare'*.

Ao apresentar como elementos o sujeito ativo *ou credor* e o sujeito passivo *ou devedor* da prestação[113], tornava-se crível o objeto donde o devedor devotar-se-ia em realizar, a favor do titular do crédito[114], a consagração de cumprimento de um vínculo jurídico criado como verdadeira raiz latina da proteção, intimidade e privacidade do 'civitae', haja vista que aquele poderia compelir o insolvente pelo incumprimento da prestação com a ação que *'in casu'* lhe fosse correspondente.

É de argumentar-se então que a *'responsabilidade aquiliana'*[115] compreende, pois, a concepção de *'debere'* e *'obligationes'*, mediante o exercício da *'actio legis Aquilia'*, entre *obreiros e artesãos de todas as ordens*[116] nos seus

---

[111]   Lex aquilia, capítulo III.

[112]   Eros ou Dominas.

[113]   "Nunc transeamus ad obligationes. Quarum summa diuiosio in duas species diducitur; omnis enim obligatio uel ex contractu nascitur uel ex delicto" (Gai. 3, 88).

[114]   FATTORI, Sara Corrêa. *A responsabilidade pela reparação do dano no direito romano*. USP *apud* VOLTERRA, Eduardo. *Istituzioni di diritto privato romano* [Instituciones de derecho privado romano]. Traducción esp. de Jesús Daza Martinez. Madrid, 1986. p. 549). "Independientemente de la eventual reconstitución patrimonial del damnificado, constituía una sanción aflictiva pecuniaria que castigaba al autor del acto ilícito y que podía ser exigida por aquel que había sufrido las consecuencias del acto mismo, en su condición de acreedor de la relación obligatoria que surgía del acto ilícito".

[115]   "A palavra responsabilidade descende do verbo latino *'respondere'*, de *'spondeo'*, primitiva obrigação de natureza contratual do Direito Quiritário Romano, pelo qual o devedor se vinculava ao credor nos contratos verbais, por intermédio de pergunta e resposta (spondesne mihi dare centum ? spondeo – ou seja, prometes-me dar um cento ? prometo)" (*vide* VILLAÇA, Álvaro. *Obrigações, indenização pecuniária. Lex Aquilia*).

[116]   "Desde una perspectiva social y económica, entre la amplia gama de artífices que laboraban en Roma en las diversas ramas artesanales – considerados como trabajadores manuales cualificados que ejercitaban un ars, realizando trabajos que requerían una competencia técnica específica y posiblemente una habilidad para poder ejercerlos –, no existiría una homogeneidad, apreciándose notables diferencias en cuanto a su estatus material y reconocimiento social. En este sentido, Pugliese, G., «Locatio-conductio», Derecho romano de obligaciones. Homenaje al Profesor José Luis Murga Gener, AA.VV. (coord. Paricio Serrano), Madrid, 1994, p. 607 s., señala entre los diversos estratos, de menor a mayor importancia y consideración, en atención a los contratos celebrados por los trabajadores: los llevados a cabo con lavanderos (fullones) y zurcidores (sarcinatores); a un nivel superior, los celebrados con joyeros y plateros; y a un nivel todavía más elevado, desde el punto de vista del esmero o la perfección técnica requerida al artífice, los cinceladores de cálices (diatretarius). Según Rodríguez Neiia, j.f., «El trabajo en las ciudades de la Hispania romana», El trabajo en la Hispania romana, Rodríguez Neila, González Román, Mangas, Orejas, Madrid, 1999, pp. 15 ss., 60 ss., (con amplias referencias bibliográficas en pp. 115 ss.), en general, en el ámbito de los trabajos desarrollados en relación a la transformación de los metales, especialmente los preciosos y la joyería,

*variados sentidos* e, por conseguinte, entre *sujeitos desconhecidos* e que não se encontram vinculados a nenhuma atribuição específica, com a dotação dos elementos constitutivos épicos 'legem', em que se procurou respeitar a soberania entre iguais, uma vez que o maior fundamento da *'aquilian responsabilitas'*[117] era a ocorrência da concreta violação do princípio *'alterum non laedere'*, que é considerado um dever geral oriundo da convivência social e ocorre quando alguém fere um direito *'de todo'* garantido, por meio de quaisquer das suas formas de inadimplência.

Por assim dizer, é considerada uma *'patente legal'* de alta expressividade, uma vez que a *'lex aquilia de damno'*[118] produziu uma série de reflexões por meio do artefato jurisprudencial, ao reconhecer a nascença de novas regras de Direito, como o princípio da proibição do uso da força física e agressora, porquanto foi por ela que se fincaram as questões fundamentais do direito, *tanto para o direito civil como para o direito penal moderno*[119], qual seja, um verdadeiro divisor de águas da responsabilidade civil, nascido no seio do direito romano e que permitiu a inclusão do elemento subjetivo culpa em oposição ao objetivismo do direito primitivo que privilegiava a noção de pena, dando lugar à ideia de reparação do dano sofrido, destacando-se neste último os *institutos da culpabilidade, da antijuridicidade*

---

se exigiría un alto nivel de especialización, la mano de obra cualificada era rara y, por tanto, cara, debiendo suponer que las diferencias en «habilidades» serían bien calibradas a la hora de los encargos o compras por los posibles clientes, que eran particulares de alto nivel económico, gran poder adquisitivo y refinados gustos culturales, siendo notable su afán de lujo y deseo de ostentación de su riqueza e importancia a través de las obras encargadas a los artistas. En relación a la importancia de los diatretarii en su consideración como personas muy requeridas, Wacke, A., op. cit., p. 582, destaca que, junto con otro grueso grupo de artesanos especializados y profesionales independientes, fueron liberados de los munera municipales en tiempos de Constantino en el año 337 d.C., según se recoge en C. 10.66.1. Por lo que se refiere a los joyeros, Blagg, T.F.C., «La società e l'artista», Il mondo di Roma imperiale, Vol. III, (Economia, Società e religione), AA.VV. (a cura di John Wacher), Roma-Bari, 1989, p. 222, indica que el arte de tallar las gemas era tan apreciada como para no poder ser considerada como un arte menor. En particular, los anillos con el sello eran objetos de particular significado para los que los llevaban; Augusto los usó en tres épocas distintas. El último, que reproducía su cabeza y fue utilizado como sello por los emperadores que le sucedieron, fue grabado por Dioscurides, un artesano de extraordinaria habilidad. Rodríguez Neila, J.F., op. cit., p. 68 s., por su parte, refiere la existencia en el sector de la joyería en Roma de una gran demanda de camafeos y entalles para anillos atendida por los gemmarii, presuponiendo que la cantidad de piedras preciosas y semipreciosas (importadas habitualmente desde el Próximo Oriente, según las noticias trasmitidas por Plinio en N.H., 9.113) debió ser enorme debido a la arraigada costumbre observada por los ciudadanos importantes de llevar anillos sigilares. En Hispania las inscripciones atestiguadas epigráficamente que recuerdan las ricas donaciones de gemas y perlas destinadas a engalanar estatuas de divinidades e incluso particulares señalan la amplia tipología de las piezas que se fabricaban, la variedad de gustos de la clientela que las encargaba y de las habilidades de quienes las hacían, la abundancia y diversidad de la materia prima disponible, la fluidez de los circuitos que distribuían por el interior las perlas y piedras preciosas desde los puertos mediterráneos. Finalmente, sobre los rasgos más significativos que, desde un punto de vista jurídico y social, caracterizaron el fenómeno laboral en el mundo romano antiguo, vid., con amplias referencias bibliográficas, Rodríguez Montero, R.P., (Cf, Notas introductorias en torno a las relaciones laborales en Roma, Anuario da Facultade de Dereito da Universidade da Coruña (AFDUDC), 8, 2004, pp. 727 ss.; también publicado con levísimas modificaciones con el título de Bosquejo histórico sobre la consideración social y jurídica de la actividad laboral en Roma, Estudios de Derecho romano en Homenaje al Prof. Dr. D. Francisco Samper, AA.VV. (edit. por P.I. Carvajal), Chile, 2007, pp. 603 ss)".

[117] "A responsabilidade extracontratual, a seu turno, é também conhecida como responsabilidade aquiliana, tendo em vista que a Lex Aquilia de Damno (do Século III a.C.) cuidou de estabelecer, no Direito Romano, as bases jurídicas dessa espécie de responsabilidade civil, criando uma forma pecuniária de indenização do dano, assentada no estabelecimento de seu valor" (*vide* VILLAÇA, *op. cit.*).

[118] "Quae lex aquilia plebiscitum est, cum eam aquilius tribunus plebis a plebe rogaverit" (Ulp. 18 ad ed., D. 9,2,1).

[119] VENOSA, SÍLVIO DE SALVO, Direito Civil parte geral, Ed Atlas, Ed 2001, p.29, 'O sistema romano de responsabilidade extrai da interpretação da Lex Aquilia o princípio pelo qual se pune a culpa por danos injustamente provocados, independentemente de relação obrigacional preexistente. Funda-se aí a origem da responsabilidade extracontratual fundada na culpa. Por essa razão, denomina-se também responsabilidade aquiliana essa modalidade, embora exista hoje um abismo considerável entre a compreensão dessa lei e a responsabilidade civil atual'.

*da ação, do nexo de causalidade físico ou material entre o agente do dano e a vítima,* bem como *as circunstâncias que eximem a responsabilidade, como a legítima defesa, o estado de necessidade,* e tantas outras.

Tanto é verdade que as novas qualificações adicionadas especificaram o tipo de *'dano'*[120] dentro de fontes legais, com a literalidade clara, dos elementos constantes do termo, que, acompanhado de outras variáveis, com o consequência normal de um novo sistema, dotado de uma teoria declarativa para o reconhecimento do 'damnum', que, como tal, eram desenhados como *'dare', 'facere', 'sarcire', 'praestar', 'capere', 'sólvere'* e/ou *'decidere'* e eram categorizados como palavras que definiam um significado técnico, não apenas na completude da expressão do *'damnum'*, mas também na conceituação de um vocábulo que assume um sentido jurídico, sem nenhuma ambivalência de dúvidas em relação à etimologia do termo.

*Assim:*

*– 'Damnun dare' era considerado como aquele que corroborava a causa de um dano, referindo-se a um delito;*

*– 'Damnum facere', relacionado a uma despesa ou a perda ou destruição de um ativo que produz uma ação específica;*

*– 'Damnum solvere', 'prestare', 'decidere', a uma penalização imposta ao causador do dano, que era obrigado a pagar por força da lei;*

*– 'Occidere', a uma ação material de matar perpetrada na 'corpus' afetada e destruída;*

*– 'Urere', 'Frangere' e 'Rumpere'*[121]*, consideradas ações materiais convencionadas no conceito do 'damnum facere', e consagradas na lei de aquilia*[122].

Por outro lado, a interpretação das letras inclusas à lei, *'de forma induvidosa'*, permitiu concluir que a *'conduta danosa'* deveria ser considerada causa direta do resultado, restando óbvio que os grandes tratadistas romanos, de forma dogmática, entenderam que as questões causais, fossem individuais, ou, fossem de pretensões jurídicas, encontravam-se

---

[120] CASTRESANA HERRERO, *op. cit.* "En la media en que DAMNUM va siendo utilizado para significar distintas nociones de DAÑO, se le va añadiendo un calificativo para precisar el tipo de daño al que hace referencia la expresión, así: En las fuentes jurídicas encontramos efectivamente ciertos binomios con un elemento constante, el término DAMNUM, y otro variable, que puede ser FACERE, DARE, SARCIRE, PRAESTAR, CAPERE, SÓLVERE o DECIDERE. Los segundos vocablos son los que realmente van a ir definiendo el significado técnico no sólo de toda la expresión en su conjunto, sino también del primer término de la misma. Según al verbo que se una, DAMNUM toma un sentido jurídico u otro, abandonando así definitivamente aquella originaria ambivalencia que consiente la etimología del término. DAMNUN DARE: causar un daño, referido a delito. – DAMNUM FACERE: hacer un gasto. Pérdida o destrucción de un bien que produce una acción determinada. DAMNUM SOLVERE, PRESTARE, DECIDERE: pena a la que queda obligado a pagar el que causa el daño por mandato de la ley".

[121] "Inquit lex 'ruperit'. Rupisse verbum fere omnes veteres sic intellexerunt 'corruperit'". Em livre tradução: "A lei diz: 'ele teria corrompido', e quase todos os antigos entendiam assim o verbo *'rumpere'* como haver corrompido" (Ulp. 18 ad ed. D. 9,2,27,13).

[122] Capítulo III

desenvolvidas no contexto da interpretação operativa enfatizada nas palavras contidas nos *capítulos primeiro e terceiro da lei*.

É conveniente entender que, se este *'damnum'* fosse considerado como um fato delituoso, a titularidade desta responsabilidade, dentro dos membros da comunidade, implicaria a aplicação das normas costumeiras ou não, que resultariam na configuração da conceituação vestibular das *'criminas'*, que, em uma *'obligatio épica'*, teria por objeto a constrição consistente da *'vindicta'* em *'penas corporais'*, como a *'morte'*, o *'exílio'*, os *'trabalhos forçados públicos'*, as *'mutilações'*, as *'deportações'* e tantos outros, gerando então, como consequência jurídica, a sujeição física direta da pessoa do ofensor na privação de liberdade.

Por assim dizer, o efeito de uma vetusta ordem temporal firmou a interpretação jurisprudencial, *'de todo'*, alçada na *'res publicae'* romana, para desenhar o instituto do *'damnum iniuria datum'*, mediante a valorização da personalidade 'homine', surgindo por conseguinte a responsabilidade extracontratual, em que as normas da *'lei Aquilia'* foram generalizadas para a mantença interpretativa de que o dano referente à consistência material de uma coisa, ou, causado mediante uma atividade corpórea do agente a outro, *'damnum corpore corpori datum'*, redundaria em uma consequência de reparação,ou, uma *'poena'* arbitrada pelo estado.

Desta forma, não se pode deixar de olvidar que houve um avanço da interpretação em relação ao conceito de *'dano'*, com especificações para o *'dano com destruição do corpo'* e/ou *'coisa'*, e até mesmo ao *'damnum' não destrutivo'*, que era concebido como *'corrumpere y aestimatio rei'*[123], em que se mantinha a catalogação de jurisprudências, ao admitir a reverência do *'non exitialis praeiudicatum'*[124], donde se utilizava tal critério para estimar não apenas o valor real do objeto avariado, mas também o lucro indiretamente perdido.

Em assim sendo, a regulação da instituição da responsabilidade extracontratual, com fundamento na imputabilidade da culpa, possuía um substrato, para que uma sentença de indenização[125] pudesse acontecer e genericamente fosse estabelecida.

No texto da *'lex Aquilia'*, a antijuridicidade do ato danoso que se manifestava na ausência de alguma causa considerada justificada pelo

---

[123] Em livre tradução, "valor correto de uma coisa".
[124] Em livre tradução, "damnum não destrutivo".
[125] Damnum

ordenamento jurídico era qualificada como *'iniuria'*, pois conservou as suas principais características 'de todo' humanitárias, assistenciais e costumeiras, uma vez que, ao tratar-se de um conceito puramente objetivo, era o ato oriundo do exercício de um direito próprio e/ou de legítima defesa, e/ou de estado de necessidade, em que não pudesse encontrar-se incurso na acepção de *'dogma'* do instituto do *'damnum iniuria datum'*, que, por assim dizer, corrigiu diversas questões apresentadas por esta[126], uma vez que a conduta, ainda que *'lícita'*, poderia provocar um acentuado *'pragmatismo'* relativo a um potencial nocivo.

Nada obstante a essas considerações, a *'romanus historiae civilis reparationis'* assegura que, de acordo com todas essas premissas e com as suas diversas variações, a *'iniuria'* acabou *'de fato'* evoluindo para a culpa no período clássico, em regra criadas para algum fim específico, ou, fins específicos, de modo que os dois conceitos se tornaram equivalentes, ainda que desconhecido o *'tempus'* destes, uma vez que, quando passou-se a restringir o âmbito de aplicação *'iniuria'*, engendrou-se a possibilidade de dispensa da *'causuae'*, nas *hipóteses asos de falta de intenção, e/ou, simples negligência.*

Ao se debater em torno do momento em que ocorreu a subjetivação da *iniuria* e a sua evolução para a *'culpa'*[127], destacam-se três posturas de

---

[126] Iniuria

[127] CHIRONI, G. P. *La culpa (direito civil moderno, culpa contratual)*. 2. ed. Traducción de A. Posada. Madrid: Filhos de Reus, 1907. p. 43-51. "A culpa como ato ilícito tem sempre sua razão especial de ser na negligência (negligentia, imprudentia, ignavia) imputável ao agente, que não levou em conta, como deveria e poderia ter feito, a ofensa aos direitos de outros inerentes ao próprio ato, ou as consequências lesivas de um ato lícito em si mesmo, o que, aliás, não implica confusão dos dois aspectos que pode assumir, porque a identidade do motivo não contradiz nele a diversidade da forma de aparecer. um; o fator de culpa é idêntico, tanto em termos contratuais como extracontratuais.; no entanto, a existência da relação contratual, da qual resulta, exerce forte influência sobre o seu caráter, tornando-se um modo de manifestação, ou como continuação dela, que atua não apenas na prova e na estimativa de o dano, mas também, e muito, na medida da responsabilidade. A existência do vínculo obrigatório em relação ao qual o ato negligente deve ser valorizado, influi muito especialmente para determinar o diferente grau de diligência que deve ser observado, na execução do mesmo, de acordo com a intenção das partes. Dá um testemunho seguro de que a culpa contratual difere da culpa aquiliana, porque implica falta de diligência em relação a uma obrigação e porque, ao contrário do que acontece com a outra, tem graus. Não é importante investigar agora quais são os princípios sobre os quais tal graduação tem seu fundamento e medida: referindo-se a uma investigação futura, bastará observar que este é o conceito em que se informa a legislação mais moderna se informa. Distinguia as duas formas já descritas: por um lado, declara que a diligência que deve ser tomada na execução do contrato (ou quase-contrato) é a de um bom pai de família, salvo as exceções de suposições; do outro, dispõe que qualquer ato do homem que cause dano a outrem, este ocorra por seu próprio ato, ou por sua própria. Basta observar que este é o conceito em que se informa a legislação mais moderna. O direito civil italiano distingue claramente as duas formas já descritas: por um lado, declara que a diligência que deve ser exercida na execução do contrato (ou quase-contrato) é o de um bom pai de família, ressalvadas as exceções de pressupostos expressamente determinados; do outro, dispõe que qualquer ato do homem que cause dano a outrem, este ocorra por seu próprio ato, ou por sua própria. Basta observar que este é o conceito em que se informa a legislação mais moderna. O direito civil italiano distinguiu claramente as duas formas já descritas: por um lado, declara que a diligência que deve ser exercida na execução do contrato (ou quase-contrato) é o de um bom pai de família, ressalvadas as exceções de pressupostos expressamente determinados; do outro, dispõe que qualquer ato do homem que cause dano a outrem, este ocorra por seu próprio ato, ou por sua própria negligência ou imprudência, obriga o agente que teria sido culpado pelo ocorrido, a ressarcir o dano. O pensamento do legislador é que, nas relações contratuais, não tendo convencionado outra regra, a negligência que o diligente pai de família sabe como evitar normalmente implicar a causa de uma responsabilidade para com o credor; e fora das relações deste tipo, toda negligência que produz dano, não estando prevista em lei de outra forma, exige responsabilidade. Esta distinção refere-se, segundo as observações feitas, ao grau de diligência e seu contrário, negligência. Não à natureza jurídica do ato ilícito, à culpa. E investigando e determinando a função da lei no que diz respeito a essa diversidade de graduação, facilmente se compreende que na culpa contratual, dominada como é a relação pelo contrato que tudo penetra, a lei é apenas complementar à vontade das partes: é obrigatório quando a ordem pública os proíbe de ultrapassar certos limites para graduar a diligência.não contratual: na culpa contratual é excepcionalmente obrigatória, pela liberdade de expansão que, de forma necessária, é deixada à vontade individual, em cujas relações esta é a razão imediata de ser. O desenvolvimento que se a instituição demonstrar a veracidade do que foi dito acima sobre a diferença de grau: quanto à culpa contratual, as leis

oferta à discussão, catalogando-as como sendo a *'tradicional'*, com uma concepção jurídica independente, que lhe atribuiu um estatuto de compreensão específico, que entendeu terem sido os *veteranos* que introduziram as considerações subjetivas ao assimilar a *'iniuria como culpa'*; uma *'outra'*, segundo a qual a erudição esposada deveu-se ao desenvolvimento dos juristas clássicos; e uma *'terceira'*, que preleciona o entendimento de que os mesmos juristas clássicos que analisaram a questão com um prisma objetivo produziram a mudança durante o baixo império.

O tratamento que o *'jurista épico'* dava para apurar a existência do *'dano'*, e a sua consequente responsabilidade em face do agente responsável para indenizar a vítima, foi a constatação da premente titularidade, em se analisar a questão deste mesmo *'dano'* com as premissas do *'justo'* ou *'injusto'*.

A linha de apuração dava conta de que este *'dano'* deveria encontrar-se de acordo com o *'ius'* ou contra o *'ius'*, ao reputá-lo como um *'juízo de valor'* e/ou de *'censura'* em razão da conduta pelo resultado, depreendendo-se que, se o resultado fosse ilícito, caberia a indenização.

Nestes termos, o advento da *'Lei de Aquília'* trouxe o compromisso de *'valoração do dano'*, uma vez que não será mais o resultado da conduta que merecerá a condenação de *'per si'*, mas sim o *'examine'* da motivação em razão da conduta que gerou o resultado *'danoso'*, em seu âmbito jurídico, com um crivo inquisitorial, no sentido de ter-se ciência, se a motivação era crucial, se o resultado fora desejado e/ou se o resultado era previsível, e o que se poderia fazer para que ele pudesse ser evitado.

Desta forma, a *'fraude'* ou *'culpa'*, desenvolvida pelos juristas romanos como qualquer ação que faltasse à diligência e produzisse um resultado prejudicial, em uma relação obrigatória, possuía um nível de responsabilidade executável e um elemento natural de alguns negócios e crimes, acoplado ao elemento determinante na avaliação do comportamento, uma

---

romanas ensinam que é ordinariamente necessário responder, conforme seja lata ou levis, e quanto à culpa aquiliana, que também é responsável pela menor culpa: in lege Aquilia et levissima culpa venit. Sobre esses textos, a interpretação, embora vislumbrando o conceito fundamental da pessoa jurídica de culpa, idêntica em seus vários aspectos, teve que trabalhar de várias maneiras até chegar a diferentes consequências; a escola dos glosadores, reunindo as três gradações enunciadas nos fragmentos, remete-as todas para a mesma instituição, vislumbrando assim o princípio unitário, sem perceber, aliás, sua razão suficiente. E essa teoria mais tarde se tornou tradicional; porque, mesmo partindo do caráter de diligência para inferir quais gradações poderiam ser atribuídas à negligência e, portanto, à culpa, alguns a dividem em seis notas, a proposta não foi admitida; e mesmo quando deduzindo de indagações exegéticas sobre as fontes, outros reduziram esses graus a dois, a opinião comum sempre se prendeu aos ensinamentos da doutrina mais antiga. Essa autoridade, aliás, não impede que, submetida a uma nova investigação dos textos, a teoria que atribui apenas dois graus à culpa contratual, excluindo a levissima, não se revele verdadeira; e se às vezes pode acontecer que seja na culpa lata ou na levis, ou que apareça sob uma forma especial de diligência, a custódia, isso não implica em nada contra a exatidão da regra geral. No entanto, ainda que se reconheça que essa teoria tem maior correspondência com as fontes, a doutrina que distingue três graus de culpa (lata, levis, levissima); mas é necessário investigar que parte da verdade contém; e se puder ser especificado observando que, considerando a diligência como uma concepção abstrata, deve-se levar em conta também o extremo (culpa levissima)".

vez que a *'culpa'* surgiu como elemento fundamental para estabelecer a responsabilidade, por meio de uma via regulada, soberana e decisória, que percorria *'do ilegal ao culpado'*, *'do objetivo ao subjetivo'* e da *'responsabilidade subjetiva à responsabilidade objetiva proscrita'* como um novo paradigma, da *'Lei de Aquília'*.

Então, foi este desiderato legal, cuja repressão era o de proteger o *'aliis patrimonium'*, que deu lugar à possibilidade do exercício da *'actio ex lege Aquilia'*, que, por assim dizer, era o meio pelo qual o agente *'causa facti'* era condenado a pagar o valor integral da *'rés'* ao proprietário, com a elevação do montante equivalente aos últimos *trinta* dias do ocorrido, uma vez que não se referia ao dano em si, em relação a sua autonomia, mas ao grau de intenção e à forma pela qual ele foi causado, o qual condicionava a *'sanção pecuniária'* à destruição ou à deterioração da propriedade alheia, que, contrária ao *'ius'*, constituía prejuízo ao direito de propriedade de outrem.

Sempre é bom lembrar que *'Justiniano'*[128] preleciona, lá no *Digest (D.9.2.1.1)*, que a *'lex Aquilia'* foi na verdade um plebiscito votado com

---

[128] ROSSETTI, *op. cit.* "Verso un'azione generale di risarcimento del danno: la prospettiva giustinianea. 'Una significativa conferma testuale delle osservazioni svolte a conclusione del paragrafo precedente mi sembra che possa essere rappresentata dalla configurazione che l'actio ex lege Aquilia assume in un famoso passo delle Istituzioni giustinianee, Inst.4.6.19 51 Il § 19 fa parte, unitamente ai tre paragrafi che lo precedono, di un ampio squarcio del manuale istituzionale, che Giustiniano dedica alla tripartizione fra azioni reipersecutorie, azioni penali e azioni miste. Sebbene questi paragrafi delle Istituzioni imperiali costituiscano, sul piano formale, il luogo corrispondente di Gai 4.6-9, una parte della dottrina esclude, correttamente, ogni coincidenza di ordine sostanziale fra la tripartizione giustinianea e quella gaiana. In via generale vi è da notare infatti che nel passo di Gaio i concetti di res e di poena, oggetto dei persequi, rappresentano, come abbiamo visto 54, il concreto contenuto della pretesa dell'attore e inoltre rilevano come concetti chiave in vista della soluzione del problema pratico del regime del concorso processuale tra azioni penali e azioni reipersecutorie; nei paragrafi delle Istituzioni imperiali si ha riguardo, invece, alla 'funzione' penale o/e reipersecutoria dell'azione al fine di enunciare una classificazione generale di tutte le azioni dotata di compiutezza sistematica e rigore dogmatico. Dal confronto testuale fra le due classificazioni emergono, peraltro, ulteriori e specifici profili distintivi. Innanzitutto l'esemplificazione delle actiones 'rei persequendae causa comparatae' di cui al § 17, includendo anche 'omnes in rem actiones', presenta maggiore completezza rispetto al luog corrispondente della tripartizione gaiana (Gai 4.7), che invece richiama come esempio delle actiones 'quibus rem tantum persequimur' soltanto le actiones ex contractu. In riferimento alle actiones in personam ex maleficiis, il § 18 distingue fra quelle, che hanno una finalità soltanto afflittiva ('tantum poenae persequendae causa comparatae sunt'), e quelle, che sono dirette tanto all'irrogazione di una poena, quanto alla reintegrazione patrimoniale ('tam poenae quam rei persequendae'): queste ultime, in considerazione di questa loro duplice funzione, penale e reipersecutoria, sono dette mixtae. Come esempio di azioni soltanto penali è citata, non a caso, unicamente l'actio furti, con la precisazione che la sua condemnatio, anche se nel multiplo del valore della cosa rubata, contiene soltanto la poena, sicché ne sarà ammesso il cumulo con le azioni reipersecutorie concorrenti, la rei vindicatio e la condictio rei. Il § 18, se confrontato con il parallelo Gai 4.8, non richiama l'actio iniuriarum, probabilmente perché, compiutosi in età giustinianea il processo di pubblicizzazione del delictum di iniuria – processo avviatosi ad opera della lex Cornelia de iniuriis emanata verosimilmente da Silla nell'81 a.C. – l'azione aestimatoria privata risulta ormai ampiamente sostituita dall'azione criminale. Inoltre la parte iniziale del § 19 risolve il dubbio riportato da Gai 4.8 a proposito dell'actio vi bonorum raptorum classificandola senz'altro fra le actiones mixtae, in quanto nella condemnatio nel quadruplo di quest'azione si distingue il semplice valore della cosa (simplum) a titolo di rei persecutio e il residuo triplum a titolo di poena. Segue l'articolata spiegazione del carattere misto dell'actio ex lege Aquilia. A questo riguardoil § 19 distingue a seconda che quest'azione sia esercitata in duplum adversus infitiantem oppure in simplum adversus confitentem: nella prima ipotesi l'azione è 'sempre' mista, nella seconda lo è 'talvolta' (interdum), vale a dire soltanto nei casi in cui – ai sensi del caput I della lex Aquilia, che sanciva, come si é già ricordato, il pagamento a titolo di poena, nel caso di uccisione di uno schiavo altrui, del maggior valore conseguito dalla res occisa nell'ultimo anno – il quantum della litis aestimatio, calcolato con riferimento al 'quanti id in eo anno plurimi fuit' (Gai. D.9.2.2 pr.), eccede l'effettivo ammontare del danno cagionato. L'uso di interdum mi sembra che sia da sottolineare, dato che sta a significare che in epoca giustinianea ormai l'azione aquiliana, se in simplum, era per lo più esclusivamente 'risarcitaria'; in via residuale, cioè quando la stima retroattiva implicava il riferimento al maggior valore, anche 'penale', e quindi 'mista'. Segue l'eloquente esempio dell'uccisione dello schiavo, zoppo o cieco al momento della commissione del delitto, ma 'integer et magni pretii' nell'ultimo anno. La configurazione dell'actio ex lege Aquilia in simplum come azione mixta per così dire 'ad intermittenza' mi sembra che costituisca l'indice forse più significativo della profonda diversità esistente fra la prospettiva giustinianea e quella classica in merito alla considerazione della natura e della funzione dell'azione aquiliana. Nell'ottica del modello gaiano, come si è già visto, la circostanza

46

# 'AQUILIAE' THEOREMA CIVIS ROMANUS STATUS DEFENSIONIS 'RESPONSUM'
## REPARATORIUS CURAE ET PRIVATAE ET PUBLICAE DELICTIS IN ANTIQUA ROMANA LEGE

che l'actio ex lege Aquilia, se data in simplum adversus confitentem, contenesse la rei persecutio, senza escluderne la originaria natura penale, rilevava soltanto allo scopo di giustificare il concorso alternativo con le azioni reipersecutorie ex contractu nascenti ex eodem facto. Secondo la classificazione giustinianea l'actio ex lege Aquilia è 'mista' (sempre se in duplum, talvolta se in simplum) perché l'ordinamento l'ha predisposta al fine sia di risarcire il danno sia di irrogare una sanzione al convenuto. Peraltro, la nuova configurazione assunta dall'actio ex lege Aquilia nella prospettiva giustinianea evidenzia, da un lato, quanto fosse lontano il diritto giustinianeo dal concetto classico di actio poenalis, in quanto nell'ottica dei Compilatori il concetto di poena assume una connotazione puramente quantitativa e implica un'operazione di scomposizione della condemnatio in linea con le caratteristiche procedurali della cognitio extra ordinem giustinianea. A questo proposito il Rotondi sottolinea acutamente che «proprio l'a. l. Aquiliae è quella che più direttamente risente di questo travolgimento di concetti: poiché il suo contenuto normale non eccede la rei persecutio, i giustinianei devono per così dire aggrapparsi agli elementi estrinseci della stima retrodatata e della litiscrescenza per ravvisare qualcosa che rappresenti la pena e che permetta di mantenere fede alla sistematica classica, conservando all'a. la qualifica di penale o, con maggior precisione, dal nuovo punto di vista, di mista». Per altro verso, riteniamo che la nuova concezione giustinianea dell'actio ex lege Aquilia, caratterizzata sia dalla marcata generalizzazione della sua funzione risarcitoria sia dalla configurazione dell'actio in factum ex lege Aquilia come azione generale per ottenere la damni culpa dati reparatio evidenzi chiaramente come quest'azione si trovi a disagio nella categoria delle azioni penali private più delle altre actiones poenales. A conferma di ciò basta ricordare la sistemazione che la Compilazione riserva al damnum iniuria datum: se nelle Institutiones i Compilatori, ponendosi dal punto di vista delle fonti delle obbligazioni e recependo il modello gaiano, collocano la materia del damnum iniuria datum tra le obligationes quae ex delicto nascuntur (quindi assieme a furto, rapina e iniuria) nel titolo 3 del libro 4, nel Digesto viene meno l'unità sistematica dei delicta. Infatti furto, rapina iniuria figurano nel libro 47 dedicato al diritto penale, mentre il damnum iniuria datum viene collocato nel libro 9 (D.9.2: Ad legem Aquiliam), di stampo prettamente privatistico, assieme ad una gamma variegata di fattispecie di danneggiamento e questa diversa collocazione sistematica evidenzia che nel Digesto i Compilatori si pongono dal punto di vista del damnum e della funzione essenzialmente risarcitoria dell'azione aquiliana". Em livre tradução: "Rumo a uma ação geral de indenização por danos: a perspectiva justiniana. Uma confirmação textual significativa das observações feitas na conclusão do parágrafo anterior parece-me que pode ser representado pela configuração que assume a actio ex lege Aquilia uma passagem famosa das Instituições de Justiniano, Inst.4.6.19 51. O § 19 faz parte, juntamente com os três parágrafos que o precedem, de uma grande seção do manual institucional, que Justiniano dedica à divisão tripartite entre ações repersecutórias, ações penais e ações misturado. Embora estes parágrafos das Instituições Imperiais constituam, a nível formal, o lugar correspondendo a Gai 4.6-9, uma parte da doutrina exclui corretamente qualquer coincidência de ordem substancial entre as tripartições Justiniana e Gaiana. De modo geral, deve-se notar que na passagem de Caio os conceitos de res e poena, objeto do persequi, representam, como vimos, o conteúdo concreto da pretensão do autor e também destacam como conceitos-chave para a solução do problema prático do regime da concorrência processual entre ações penais e ações repersecutórias; nos parágrafos das Instituições imperiais, em vez disso, temos em conta a 'função' penal e/ou re-hipersecutória da acção para efeitos de estabelecer uma classificação geral de todas as ações com integridade e rigor sistemáticos dogmático. Além disso, outros perfis específicos emergem da comparação textual entre as duas classificações distintas. Em primeiro lugar, a exemplificação das ações 'rei persequendae causa comparatae' referidas no § 17, incluindo também 'omnes in rem actiones', apresenta maior completude no que diz respeito ao local correspondendo à tripartição de Gaia (Gai 4.7), que em vez disso lembra as ações como exemplo 'quibus remfatto persequimur' apenas as ações ex contractu. No que se refere às ações in personam ex maleficiis, o § 18 distingue entre aquelas que têm apenas propósito aflitivo ('tantum poenae persequendae causa comparatae sunt'), e aqueles que são direcionados tanto à imposição de poena quanto à reintegração de bens ('tam poenae quam rei persequendae'): estes últimos, tendo em conta a sua dupla função, penal e reipersecutória, são chamados mixtae. Como exemplo de ações puramente criminais, não é por acaso que é citada apenas a actio furti, com o esclarecimento de que a sua condenação, ainda que no múltiplo do valor da coisa furtada, contém apenas a poena, para que seja admitida a sua cumulação com as ações reipersecutórias concorrentes, o rei vindicatio e a condictio rei. § 18, se comparado com o paralelo Gai 4.8, não lembra a actio iniuriarum, provavelmente porque, concluído na era justiniana, o processo de divulgação do delito de iniuria – julgamento iniciado pela lex Cornelia de iniuriis provavelmente emitida por Sula em 81 AC. – a acção A estimativa privada é hoje em grande parte substituída pela acção criminal. Além disso, a parte inicial do § 19 resolve a dúvida relatada pelo Gai 4.8 quanto à ação vi bonorum raptorum classificando-o certamente entre as actiones mixtae, como na condenatio no quádruplo desta ação destaca-se o valor simples da coisa (simplum) a título de rei persecutio e o triplum residual por meio de poena. Segue-se a explicação detalhada da natureza mista da actio ex lege Aquilia. A respeito disso o § 19 distingue se esta ação é exercida em duplum adversus infitiantem ou in simplum adversus confitentem: na primeira hipótese a ação é 'sempre' mista, na segunda é 'às vezes' (interdum), ou seja, apenas nos casos em que – nos termos do caput I da lex Aquilia, que sancionou, como já foi mencionado 56, o pagamento a título de poena, no caso de matar alguém escravo dos outros, do maior valor alcançado pela res occisa no último ano / – o quantum da litis aestimatio, calculada com referência ao 'quanti id in eo anno plurimi fuit' (Gai. D.9.2.2 pr.), excede a quantidade real de dano causado. O uso de interdum parece-me sublinhado, dado que isso significa que na era justiniana a ação aquiliana, se in simplum, foi para em sua maioria exclusivamente 'compensatórias'; numa base residual, ou seja, quando a estimativa retroactiva implicava a referência ao valor maior, mesmo 'criminoso', e portanto 'misto'. O exemplo eloqüente segue do assassinato do escravo, coxo ou cego no momento da prática do crime, mas 'intacto et magni pretii' no último ano. A configuração da actio ex lege Aquilia in simplum como uma ação mixta, por assim dizer, 'ad intermitência' parece-me constituir talvez o índice mais significativo de profunda diversidade existente entre as perspectivas justiniana e clássica em relação à consideração da natureza e a função da ação aquiliana. Na perspectiva do modelo gaiano, como já foi visto, a circunstância de a actio ex lege Aquilia, se dado in simplum adversus confitentem, continha o rei persecutio, sem excluir a sua natureza originária penal, foi relevante apenas por efeito de justificar a cumplicidade alternativa com ações re-hiperscutórias ex contractu nascente ex eodem facto. De acordo com a classificação justiniana, a actio ex lege Aquilia é "misto" (sempre se em duplum, às vezes se em simplum) porque o sistema o predispôs para ser compensar o dano e impor uma sanção ao réu. Além disso, a nova configuração assumida pela actio ex lege Aquilia na perspectiva justiniana destaca, por um lado, o quão distante o direito justiniano estava do conceito clássico de actio poenalis, já que do ponto de vista dos Compiladores o conceito de poena assume uma conotação puramente quantitativo e envolve um desdobramento da condenação de acordo com as características procedimentos da cognitio extra ordinam de Justiniano. A este respeito, Rotondi sublinha agudamente que 'precisamente o a. EU. Aquiliae é a mais diretamente afetada por esta convulsão de conceitos: como o seu conteúdo normal não ultrapassa o rei persecutio, os justinianos devem por assim dizer, apegam-se aos elementos extrínsecos da estimativa retroativa e da liscrescência para reconhecer algo que representa punição e que nos permite manter a fé na sistemática clássica, mantendo-se no a. a qualificação de criminoso ou, mais precisamente, sob o novo ponto de vista, de misturado'. Por base na proposta do *'Tribuno Aquilio'*, por volta do *'século III a.C.'*, e que veio preencher o vazio jurídico existente em relação às causas injustas do dano, que, como tal, eram entendidas como uma espécie de ofensa civil, a qual os romanos chamavam de *'damnum iniuria datum'*.

De bom alvitre a sua recapitulação, no sentido de mais uma vez entender-se que a sua origem, e a sua expressão *('aquilia')*, nasceu em Roma, em *287 a.C.*[129] [130] [131] [132] e, como tal, foi originada[133] da aquiescência do tribunato da plebe, em condição de igualdade por sua representação, no que concerne às questões internas que lhe eram credenciadas, e que, por assim dizer, expressaram a evidência de um presente significativo para o direito romano[134], em especial em relação às ocorrências de ordem *extracontratual no 'ius privatum'*.

*Como visto, 'silente'*, a *'Lei das XII Tábuas'* já contemplava para alguns casos o *'dano específico'*[135] entre outras situações, como um verdadeiro foco político e jurídico da *'societás romana'*, dentro de sua classificação e estrutura, que, por assim dizer, eram punidas com sanções diversas, que se podia chegar à pena de morte em certos casos, uma vez que estas disposições eram fruto das diversas *'cláusulas pactuadas'*, por meio de seus capítulos.

---

outro lado, acreditamos que a nova concepção de Justiniano sobre a actio ex lege Aquilia, caracterizada tanto pela marcada generalização da sua função compensatória como pela configuração da actio in factum ex lege Aquilia como ação geral para obtenção de dados de damnum reparação, destaca claramente o quanto essa ação incomoda na categoria de ações criminosos privados mais do que outras ações poenales. Para confirmar isso, basta lembrar o arranjo que a Compilação reserva o dado Damnum iniuria: se nas Instituições os Compiladores, colocando-se de ponto de vista das fontes das obrigações e da implementação do modelo gaiano, eles colocam a questão do Damnum iniuria datum entre as obrigações quae ex delicto nascuntur (portanto, juntamente com furto, roubo e iniuria) no título 3 do livro 4, a unidade sistemática da delicta se perde no Digest. Na verdade, roubo, roubo e iniuria aparece no livro dedicado ao direito penal, enquanto o dado Damnum iniuria é colocado no livro 9 (D.9.2: Ad legem Aquiliam), de natureza puramente privada, juntamente com uma série variedade de tipos de danos e esta diferente colocação sistemática destaca que no Digest os compiladores se posicionam do ponto de vista do Damnum e da função essencialmente compensação pela ação aquiliana".

[129] Delitos Privados

[130] SANTOS, *op. cit.* DIG, Livro IX, 9.2.1.1. Tít. II, Fr. I, § 1: "Quae lex aquilia plebiscitum est, cum eam aquilius tribunus plebis a plebe rogaverit".

[131] TREMARIN, Ana Paula Martini. *Responsabilidade civil objetiva*: tendências e análise do direito comparado. *Revista de Doutrina da 4ª Região*, Porto Alegre, n. 67, ago. 28.06.2015. "A lex aquilia é um plebiscito de data incerta, aproximadamente 286 ou 287 a.c., elaborada a pedido de um tribuno da plebe, de nome aquilius, para permitir o ressarcimento dos danos causados pelos patrícios aos plebeus" (*cf.* RODRIGUES JÚNIOR, Otávio Luiz. Responsabilidade civil no direito romano. *In*: RODRIGUES JÚNIOR, Otávio Luiz; MAMED, Gladston; ROCHA, Maria Vital da (coord.). *Responsabilidade civil contemporânea*: em homenagem a Silvio de Salvo Venosa. São Paulo: Atlas, 2011a).

[132] RODRÍGUEZ, Arturo Solarte. Los actos ilícitos en el derecho romano. *Vniversitas*, Bogotá, n. 107, p. 692-746, 2004. "Son variadas las opiniones sobre la fecha de expedición de la Lex Aquilia y sobre las circunstancias que habrían llevado a su elaboración y promulgación. Sin embargo, la mayoría de la doctrina ubica su expedición en el año 286 a. c., y considera que esta norma se habría originado en un plebiscito propuesto por el tribuno aquilio con ocasión de conflictos presentados entre patricios y plebeyos en aquella época. Aun cuando no se conserva el texto exacto de la norma, por los datos obtenidos de las institutas de gayo y de las menciones realizadas en el digesto al respecto, se puede sostener que la lex aquilia tuvo tres capítulos".

[133] Plebiscito Censi Aquilia, Romanus Tribuniciam Plebis Aquilia.

[134] SANTOS, *op. cit.* "É na lei aquília que se esboça afinal, um princípio regulador de reparação do dano. Embora se reconheça que não continha ainda uma regra de conjunto, nos moldes do direito moderno, era, sem nenhuma dúvida, o germe da jurisprudência clássica com relação à injúria, e fonte direta da moderna concepção da culpa aquiliana, que tomou da lei aquília o seu nome característico" (Nas lições de: DIAS, José de Aguiar. *Da responsabilidade civil*. 9. ed., rev. e aum. Rio de Janeiro: Forense, 1997.

[135] Quadrúpedes, Gado, Pasto alheio, Corte de árvores, Queima de casas e plantações

# 'AQUILIAE' THEOREMA CIVIS ROMANUS STATUS DEFENSIONIS 'RESPONSUM' REPARATORIUS CURAE ET PRIVATAE ET PUBLICAE DELICTIS IN ANTIQUA ROMANA LEGE

A *'lex Aquilia'* dispunha de *três capítulos quais sejam*: os danos indevidamente causados encontravam-se tabulados no *primeiro capítulo*[136] [137] e no *terceiro capítulo*[138] [139] [140], uma vez que o *segundo capítulo*[141] [142] [143] [144] [145] regulava as questões do *'adstipulator'*, que era aquele que administrava

---

[136] "Si quis servum servam ve alienum alinamve quadrupedemve pecudem alienam iniuria occiderit, quanti ea res in eo anno plurim i fuit, tantum aes ero daré dañinas esto".

[137] BARRENA, 2010. "Em D. 9, 2, 2 pr está escrito: 'Lege Aquilia capiteprimo cavetur ut qui servum servamve alienum aliemnamve quadrupedem velpecudem iniuria Occident, quanta id in eo annoplurimifuit, tantum aes dare domino damnas esto' ('Pelo primeiro capítulo da lei Aquilia prevê que 'quem matar injustamente um escravo ou escrava de outrem, ou mesmo um quadrúpede ou um gado, está condenado a dar ao proprietário o valor máximo que ele tinha naquele ano'). Kraeger, Paulus, Corpus Iuris Civile, Volumen Primum, Institutions Digesta, Hildesheim: Weidmann, 1988. Para a versão espanhola, D'ors, Alvaro, Hernández Tejeiro, F. Fuenteseca, P. García Garrido, M. Burillo, J,El Digest de Justiniano, Pamplona: Aranzadi, 1968. As passagens citadas a seguir correspondem a essas versões'".
"Em Caio 3.215 ele também é mencionado, nos seguintes termos: 'Damni iniuriae actio constituitur per legem Aquiliam, cuius primo capite, cautum est, ut si quis hominem alienum alianamve quadrupedem quae pecudum numero sit iniuria Occident, quanta ea res in eo annoplurimi fuit, tantum domino dare damnas esto' ('A ação de dano injusto é estabelecida pela lei aquiliana, em cujo primeiro capítulo está estabelecido que quem matar injustamente um escravo estrangeiro ou um quadrúpede estrangeiro de qualquer espécie de gado, é condenado a dar ao dono o maior valor que aquela coisa teve naquele ano'). O texto, tanto em latim como em espanhol, foi retirado de Hernández Tejero, Francisco. (Coord). Abellan Velasco, Manuel. Arias Bonet, Juan Antonio. Iglesias Redondo, Juan. Roset Esteve, Jaime, Gayo Institutions. Edição bilíngue, Madrid: Civitas, 1985. As referências sucessivas serão baseadas neste trabalho'".

[138] "Ceterarum rerum, praeter hominem et pecudem occisos, si quis alteri dam num faxit, quod usserit fregerit ruperit iniuria, quanti ea res fu it in diebus triginta proximis, tantum aes domino daré damnas esto".

[139] BARRENA, 2010. "Tertio autem capite ait eadem lex Aquilia: 'Certearum rerum praeter hominem et pecudem occisos si quis alteri damnum faxit, quod usserit fregerit ruperit iniuria, quanta ea res erit (fuit) in iebus triginta proximis, tantum aes domino dare damnas esto' ('A mesma lei Aquilia diz no terceiro capítulo: 'em relação a outras coisas, sejam escravos ou gado que foi morto, se alguém prejudicar outro por ter queimado, quebrado ou quebrado injustamente, deixe-o condenada a dar ao proprietário o valor que a coisa atingir nos próximos trinta dias'). Sobre o texto gay:Itaque si quis seruum uel ganhar quadrupedem, quaepecudum numero est <vulneraverit siue ganhar quadrupedem, quaepecudum numero non est>, uelut canem, autferam bestiam, uelut ursum, leonem uulnauerit uel Occident, hoc capite actio constituitur In ceteris quoque animalibus, item in omnibus rebus, quae anima carent, damnum iniuria datum hac parte uindicartur Si quid enim ustum aut ruptum aut fractum <fuerit>, action hoc capite constituitur, quamquampotuerit sola rupti apelação in omnes istas causa sufficere; ruptum <enim intellegitur, quod quoquo modo corruptum> est; unde non solum usta (aut rupta) autfracta, sed etiam scissa et colissa et effusaet quoquo modo uitiata autperempta atque deteriora facta hoc uerbo continente' ('Na terceira secção está previsto tudo sobre outro tipo de dano: se alguém matar um escravo, ou um pedaço de gado, ou mesmo não gado; por exemplo, um cão, ou um animal, urso ou leão. Parte da lei é o dano causado injustamente a qualquer outro animal ou coisa inanimada. Que 'Quebrado' inclui qualquer coisa que tenha sido estragada de outra forma. Portanto, esta palavra inclui coisas que são queimadas, quebradas, rachadas, atingidas, derramadas e todas aquelas que foram estragadas, destruídas ou deterioradas')".

[140] "Tertio autem capite ait eadem Lex Aquilia: 'Ceterarum rerum praeter hominem et pecudem occisos si quis alteri damnum faxit, quod usserit fregerit ruperit iniuria, quanti ea res erit in diebus triginta proximis, tantum aes domino dare damnas esto'". Em livre tradução: "Mas o terceiro capítulo diz a mesma lei aquiliana: 'Quanto a outras coisas, exceto o escravo e o gado morto, se alguém fizer mal a outro, porque queimou, quebrou ou quebrou algo com iniuria, é condenado à morte. Pagar ao proprietário o valor que essa coisa vale nos próximos trinta dias'" (Ulp. 18 ad ed, D. 9,2,27,5)

[141] CASTRESANA HERRERO, *op. cit.*, p. 24. "El capítulo segundo de la lex aquilia hacía referencia al daño causado al estipulante por el ad stipulator que hacía una cancelación fraudulenta del crédito. Se dice que esta acción estaba en desuso en la época clásica y el propio *Gayo* considera que para los efectos perseguidos bastaría con utilizar la acción del mandato (*Gayo*. Institutas, 2, 216). Álvaro D'ors estima que la finalidad de esta acción era castigar la apropiación fraudulenta del crédito por parte del ad stipulator y no la simple cancelación formal del crédito. D'ors, Álvaro, op. cit., pág. 420. Por su parte, Amelia Castresana considera que la acción tuvo las dos finalidades que antes se han esbozado'".

[142] BARRENA, 2010. "O Digesto apenas dedica o trecho contido em D. 9, 2, 27, 4 para destacar que mais tarde caiu em desuso: 'Huius legis secundum quidem capitulum in desuetudinem abiit' ('O segundo capítulo desta lei caiu em desuso'). A outra fonte é a da passagem Gayano 3, 215: 'Capite secunda 'adversus' adstipulatorem qui pecuniam infraudem stipulatoris acceptam fecerit, quati ea res est, tanti actio constituitur' ('No segundo capítulo é instaurada uma ação contra o co-estipulante que seria considerado pago em fraude do estipulante'). Sobre os problemas relacionados a este capítulo, especialmente os esforços para encontrar uma base comum com os outros dois capítulos, ver Cannata, Carlo Augusto, 'Considerazioni sul testo e la pórtala originaria del secondo capo della 'lex Aquilia', índice, N° 22,1994; e Grosso, Giuseppe, 'La distinzione fra 'res corporales' e 'res incorporeales' e il secondo capo della lex Aquilia', AAVV Synteleia Vicenzio Arangio Ruiz. Naples: Editore Jovene Napoli, 1964'".

[143] "Huius legis secundum quidem capitulum in desuetudinem abiit". Em livre tradução: "O segundo capítulo desta Lei certamente caiu em desuso" (Ulp. 18 ad ed, D. 9,2,27,4).

[144] "Caput secundum legis Aquiliae in usu non est". Em livre tradução: "O segundo capítulo da ley Aquilia não está em uso" (Institutas, 4,3,12).

[145] "Capite secundo adstipulatorem qui pecuniam in fraudem stipulatoris acceptam fecerit, quanti ea res est, tanti actio constituitur. Qua et ipsa parte legis damni nomine actionem introduci manifestum est; sed id caveri non fuit necessarium, cum actio mandati ad eam rem sufficeret; nisi quod ea lege adversus infitiantem in duplum agitur". Em livre tradução: "No segundo capítulo, é instaurada ação contra o co-stipulante que teria sido considerado pago em fraude do estipulante. É evidente que nessa mesma parte da lei tal ação foi introduzida a título de dano; mas não era necessário ordenar, pois para isso bastava a ação de mandato, embora por esta lei possa ser intentada duas vezes ação contra o réu que nega o fato" (Gai. 3.215).

ou fiscalizava o patrimônio do credor, por meio de prerrogativas que lhe haviam sido delegadas, dentro de uma certa autonomia relativa às questões internas, imputando a este a indenização devida, toda vez que perdoasse a dívida do devedor perante o credor que representava, sem o relato de um consentimento prévio, externando assim, de forma clara, uma notável referência à ação concedida ao *'estipulador'* contra o *'adesti-pulador'*[146] na qual um deles havia dispensado o devedor da obrigação de pagar o montante devido ao credor legitimado.

Por assim dizer, a *'ação aquiliana romana'*, já em seu primeiro capítulo, possuía por objetivo proteger todo e qualquer ato[147] que causasse *'damnum'*[148] [149] e consequente prejuízo pecuniário à propriedade de terceiros, ou a perpetração de lesão física a uma pessoa em sua dimensão, e no seu complexo de estruturas, significando acentuar que, se uma pessoa sofreu danos[150] à propriedade ou foi fisicamente agredida, ou sofreu perdas pecuniárias e financeiras, por negligência de outrem, haveria uma solução que residiria então na *'actios aquilia romanorum'*, para estabelecer a responsabilidade do *'réu'*.

*'De todo'*, tem-se na realidade que, em qualquer um dos casos, tratava-se do chamado *'pretium corporis'*, por meio do qual se protegia a propriedade e o proprietário *(erus)* da *'res lesada'*[151], haja vista a possibilidade de tutela por meio de uma *'actio'* comumente autodenominada *'actio legis Aquiliae'* de natureza penal, embora *'sui generis'*.

Rememora-se neste bordo que a *'responsabilidade aquiliana originária'* dependia então de alguns elementos de prova, como atributo essencial,

---

[146] Coestimulantes

[147] VALENCIA ZEA, Arturo. *Derecho civil*. 5. ed. Bogotá: Temis, 1978. t. 3. p. 187. "En primer lugar, se dirá que en general, el hecho ilícito es toda conducta humana que ocasiona un daño o perjuicio. El hecho ilícito, a su vez, se presenta en dos grandes vertientes, aceptadas en forma universal: a. El acto culposo. b. El acto no culposo. El primero recibe la denominación acto ilícito o delito civil. De otro lado, la responsabilidad ha sido clasificada en penal y civil. La primera obliga a la imposición de una pena, como su consecuencia lógica, en tanto que la consecuencia de la segunda será la imposición de la reparación de un daño, el perjuicio causado a otra persona".

[148] BARRENA, 2010. "Damni Iniuriae Actio Constituitur per legem aquiliam, cuius primo capite, cautum est, ut si quis hominem alienum alienamve quadrupedem quae pecudum numero sit iniuria occident, quanta ea res in eo annoplurimi fuit, tantum domino dare damnas esto". Em tradução libre para o original: "La acción de daño injusto es establecida por la ley aquilia, en cuyo primer capítulo se dispone que si alguien mata injustamente un esclavo ajeno o un cuadrúpedo ajeno de cualquier clase de ganado, sea condenado a dar al dueño el mayor valor que esa cosa haya tenido en aquel año" (Gayo 3,215).

[149] *Ibidem*. "Em Caio ele também é mencionado, nos seguintes termos: 'Damni iniuriae actio constituitur per legem Aquiliam, cuius primo capite, cautum est, ut si quis hominem alienum alienamve quadrupedem quae pecudum numero sit iniuria Occident, quanta ea res in eo annoplurimi fuit, tantum domino dare damnas esto'". Em livre tradução: "A ação de dano injusto é estabelecida pela lei aquiliana, em cujo primeiro capítulo está estabelecido que quem matar injustamente um escravo estrangeiro ou um quadrúpede estrangeiro de qualquer espécie de gado, é condenado a dar ao dono o maior valor que aquela coisa teve naquele ano" (Caio 3.215).

[150] VALENCIA ZEA, *op. cit.*, p. 187. "Una persona es responsable civilmente cuando en razón de haber sido la causa del daño, que otra persona sufre, está obligada a repararlo".

[151] VALDITARA, Giuseppe. Damnum in Iuría Datum [Derecho romano de obligaciones]. *In*: CARRELLI, Odoardo; FERRINI, C. *La legittimazione attiva dell'actio legis aquilia'*. Madrid: Centro de Estudios Ramón a Reces, 1994. "O termo erus indicava uma figura específica de proprietário: o dono de escravos e provavelmente de quedrúpedes. A partir do Séc. I a. C., terá perdido este significado peculiar, confundindo-se com dominus; por isso, a iurisprudentia acabou por substituir erus por dominus".

que fossem rebeldes à ausência de alguma causa considerada justificada pelo ordenamento jurídico para a configuração do *'damnum'*[152] e a consequente *antijuridicidade do ato danoso*.

Ao tratar-se de um conceito puramente exigível, a *'causalidade'* era, pois, configurada como uma atividade danosa[153], a qual pressupunha um contato material entre a *'res'* e o *'agente'*, em que, neste sentido *'épico'*, a *'iurisprudentia'* traduziu a expressão *'corpore et corpori'* e *'aestimatio'* de maneira livre, no âmbito da comunidade, toda vez que o dano *'épico'* viesse traduzir-se na morte de um escravo [154] ou de um quadrúpede de rebanho, *como visto*, obrigando o lesante a indenizar o prejuízo causado[155], num valor correspondente ao maior que a *'res'* teve durante o último ano.

*'In continuo'*, tem-se, de outra forma, que o *segundo capítulo* introduziu então um primeiro *'viés'* de proteção para o elemento intangível do patrimônio[156] o que mostra a apresentação da evolução que obteve o *Direito Romano*, no *início do século III a.C.*, após pouco menos de 500 anos, desde a fundação da cidade.

Inicialmente, o *patrimônio em Roma* era sinônimo apenas de bens materiais, moldado por uma origem, uma cultura, uma história e uma ideologia comum, pois nem as dívidas, nem os créditos foram em princípio considerados elementos patrimoniais, fazendo, por isso, que a *leges* épica tenha deferido a ação contra o coestipulador[157] que simulou ter recebido um pagamento, em prejuízo do credor principal, sendo de bom alvitre entender-se que o *adstipulador* era o credor secundário, dotado de todos os poderes do credor para proteger os interesses deste.

---

[152] Capítulos I, II, III da lei

[153] Occidere, Urere, Frangere, Rumpere

[154] "In, Lege Aquilia et levissima culpa venit. § quotiens sciente domino servus vulnerat vel occidit, aquilia dominum teneri dubium non es't". Em tradução livre: "Ele veio sob a lei de aquilia e foi de pouca importância § sempre que um escravo fere ou mata seu senhor, não há dúvida de que 'aquília' é um senhor" (*cf.* D. 9.2.44 Ulpianus).

[155] VALDITARA, *op. cit.*, p. 841. "El verbo occidere tenía en la ley una significado más preciso y técnico que el lenguaje común, estando determinado a caederelcades, en el sentido de golpear: 'occidere era anzi ricollegato alfa medesima radice di caederelcaedes nel senso di percuoterelpercossa, contenendo dunque in se, come elemento qualificante, il riferimento ad un'azione materialmente svolgentesi sul corpus danneggiato' (En aa.vv.: *Derecho Romano de Obligaciones*. Homenaje al profesor José Luis Murga Gener)".

[156] Direito de Crédito

[157] Adstipulador

Assim, quando este *'coestipulador'*[158] declarasse ter recebido um pagamento que era irreal, o *'credor'* poderia, nos termos deste *'capítulo segundo da lex Aquilia'*[159] [160] [161], intentar contra este uma ação para ressarcir o dano sofrido.

Entrementes, tem-se, pois, que o *'primeiro capítulo'* reprimia aquele que injustamente ou de forma maliciosa, ou culpável, dentro do conjunto dos nacionais, natos, naturalizados, estrangeiros e apátridas, houvesse matado um escravo ou um gado de outrem, condenando-o a pagar o maior valor que o escravo ou o animal houvesse tido no ano anterior ao ato ilícito, regulando assim as penas aplicadas a todo e qualquer cidadão que desse origem a uma morte injusta.

Já o *'terceiro capítulo'* consagrava as sanções contra toda e qualquer pessoa que causasse um dano relativo a bens de terceiros, considerando-se que, em sua forma original, contemplavam-se *'tão somente'* os danos que implicavam a destruição ou a eliminação da coisa com prejuízo ao proprietário, e não sua deterioração, o que levou a uma extensa discussão gramatical do texto[162], pois a regra inicial referia-se apenas à *'subversio'*

---

[158] ANGELIN, Karinne Ansiliero. *Dano injusto como pressuposto do dever de indenizar.* São Paulo: USP, 2012 *apud* MARKY, Thomas. *Curso elementar de direito romano.* 8. ed. São Paulo: Saraiva, 1995. p. 146-147. "A acceptilatio era o ato jurídico que extinguia o contrato de stipulatio. Tratava-se de uma formalidade que envolvia a seguinte pergunta do devedor e congruente resposta do credor: 'quod ego tibi promisi habesne acceptum? habeo'".

[159] El capítulo segundo de la lex aquilia hacía referencia al daño causado al estipulante por el ad stipulator que hacía una cancelación fraudulenta del crédito. se dice que esta acción estaba en desuso en la época clásica y el propio gayo considera que para los efectos perseguidos bastaría con utilizar la acción del mandato (Gayo. Institutas, 2, 216).

[160] D'ORS, ÁLVARO. *Derecho privado romano.* 3. ed. Pamplona: Ediciones Universidad de Navarra, 1977. "Álvaro d'ors estima que la finalidad de esta acción era castigar la apropiación fraudulenta del crédito por parte del ad stipulator y no la simple cancelación formal del crédito".

[161] Castresana herrero, *op. cit.*, p. 24. "Amelia Castresana considera que la acción tuvo las dos finalidades que antes se han esbozado".

[162] CANNATA, CARLOS AUGUSTO. *Sul problema della responsabilità nel diritto privato romano.* Catania: Librería Editrice Torre Catania, 1996. p. 120-125 'propone la reconstrucción del capítulo de la siguiente manera: 'Cereterum rerum si quis alteri damnum faxit, quod userit fregerit ruperit iniuria, quanti ea res fuit in diebus triginta proximis, tantum aes domino dare damnas esto'. Consecuentemente con ello, Van Warmelo, cit. (n. 20), pp. 345-348 estima también que el tenor original de la ley utilizaba la partícula fuit y, por tanto, el período estaba referido hacia el pasado, tal como ocurría con el capítulo primero. Lo cierto es que hay una amplia discusión sobre todos los aspectos gramaticales del capítulo tercero y, en particular, en relación con el pasaje de Ulpiano, D. 9, 2, 27, 5. Como vemos, Cannata, Sul problema, cit. (n. 20), pp. 120 ss., siguiendo la tesis tradicional, es partidario de eliminar la expresión praeter hominem et pecudem occisos. Por su parte, Jolowicz, H. F., The Original Scope of the 'lex Aquilia' and the Question of Damages, en LQR., 38 (1922), pp. 220-221, sostiene que la expresión praeter et pecudem occisos es una frase probablemente interpolada por Ulpiano, siguiendo las ideas de Pernice, aunque en su opinión tal vez sólo la expresión 'occisos' fue insertada, pues gramaticalmente la sentencia se encuentra bastante bien si se extrae dicha palabra. Por el contrario, Mac-Cormack, Geoffrey, On the Third Chapter of the 'lex Aquilia', en The Irish Jurist, 5 (1970), p. 166 entiende que toda la frase 'Cererarum rerum [ ] praeter hominem et pecudem occisos' fue insertada, mientras que el resto puede ser aceptado como genuino. Para Honoré, Tony, Linguistic and Social Context of the 'Lex Aquilia', en The Irish Jurist, 7 (1972), pp. 140-144, no hay razones para pensar que el texto original de la lex Aquilia se perdió, pues fue comentado por algunos de los más antiguos juristas, agregando que se trataba de una ley muy conocida como para ser falseada en su integridad, de manera que ni Ulpiano, ni sus predecesores republicanos podrían haber alterado conscientemente el texto de la ley e introducido, por ejemplo, la frase 'praeter hominem et pecudem occisos'. No se trataría ni de una falsificación, ni de un descuido en la reproducción del texto. Por el contrario, indica que la comisión del Digesto sí tenía la potestad para introducir cambios; de hecho, avanza como hipótesis que el experto en la parte de los comentarios de Ulpiano, probablemente Anatolio, fue el responsable de las interpolaciones y que se trataría de una agregación tipo. De este modo, la frase praeter et pecudem occisos constituyó a su juicio una explicación necesaria para el buen entendimiento del texto. Por lo que respecta a ceterarum rerum sería un pasaje genuino, pues se corresponde tanto con el estilo de Ulpiano como con los siguientes pasajes en el que se inserta el texto. El resto del pasaje ('si quis alteri damnum faxit, quod usserit fregerit ruperit iniuria, quanti ea res erit [fuit-fuerit] in diebus triginta proximus, tantum aes domino dare damnas esto'), aun cuando se reconoce esencialmente original, no ha estado exento de polémicas y posiciones doctrinales encontradas. Algunos de estos problemas pueden leerse en Kelly, John, The Meaning of the 'lex Aquilia', en LQR., 80 (1964), pp. 78 ss., cuya particular tesis abordaremos luego. Así, una primera cuestión es el extraño lugar que ocupa la expresión iniuria, después de los 3 verbos. Para el autor se trata de un lugar inusual y poco elegante, siendo sospechoso que no estuviese ubicado al final del pasaje, como ocurría en el tiempo en que fue promulgada la ley. Una cuestión muy interesante señalada por

## 'AQUILIAE' THEOREMA CIVIS ROMANUS STATUS DEFENSIONIS 'RESPONSUM'
## REPARATORIUS CURAE ET PRIVATAE ET PUBLICAE DELICTIS IN ANTIQUA ROMANA LEGE

el autor es que la expresión 'damnum' reemplazó posteriormente a la palabra iniuriam, de modo que el sentido original era 'iniuriam faxit' y no 'damnum faxit'. Ello le permite deducir dos cuestiones: primero, que la frase 'iniuriam alicui facere' era muy común en Plauto y Terence y significaba infligir una pérdida a alguien. Segundo y esto parece ser la cuestión más relevante, que los verbos del capítulo tercero derivaron de la iniuria, entendida como contumelia. Para el autor entender la palabra iniuria sólo como un ablativo adverbial, no permite comprender adecuadamente el paso de 'damnum culpa datum' por iniuria. Las opiniones de Kelly le han valido algunas críticas. En otros, Pugsley, David, 'Damni injuria', en TR., 36 (1968), pp. 376 ss., indica que una posibilidad sería admitir que el texto originario contemplara la expresión injuriam faxit, como propone Kelly, pero que esta tesis choca con algunas objeciones. La principal es que si bien es cierto la palabra damno no fue incluida ni en el capítulo primero, ni en el segundo, hay evidencias suficientemente fuertes para no creer que fue insertada sólo en el tercero; entre otras pruebas, le parece particularmente relevante el contenido del pasaje del D. 9, 2, 33pr. Por el contrario, propone que el texto analizado contenía la expresión damni injuria faxit, como sinónimo de infligir una pérdida o daño, lo que se correspondería además bastante bien con el pasaje gayano 3,210. MacCormarck, cit. (n. 20), pp. 174 y 178, también critica la idea de Kelly. Al respecto señala: 'The defect with the argument is its assumption that what is being defined is the word iniuria as it occurs in the third chapter. All that the texts state is that the word iniuria may mean either contumelia or damnum culpa datum and they do not provide a ground for a reconstruction of the text of the third chapter of the lex Aquilia'. Sin embargo, como explica el propio autor, los planteamientos de Kelly y Pugsley confluyen a la hora de asumir como consecuencia que el tercer capítulo se refería a iniuriam o a damni iniuriam faxit, en el sentido que ambas presentan como consecuencia ampliar el círculo de legitimados originalmente previstos en la ley. Un segunda dificultad es la utilización de la expresión damnum faxit. Indica Kelly, The Meaning, cit. (n. 21), pp. 78 ss., que en las fuentes latinas, especialmente en Plauto, la frase siempre significaba la pérdida sufrida, mientras que damnum dare siempre equivalía a infligir una pérdida, pero agrega que no es inconcebible que damnum faxit pudiera haber significado 'infligir una pérdida' en el año 286 a.C., de manera que la expresión quedó establecida en e l sentido contrario. De ahí deduce que la expresión, encontrada sólo en el pasaje gayano que comentamos, no fuera original del texto de la ley. Le sigue en este punto, Pugsley, cit. (n. 21), p. 372, agregando que en las 30 veces que la voz se ocupa en el Digesto, en muchos casos significa evidentemente el daño sufrido. Contra estas ideas opina MacCormack, cit. (n. 21), pp. 176-178 que en las XII Tablas la expresión facere siempre significada cometer o causar un daño, una pérdida, evidenciado directamente por furtum facere (Tab 8,12); iniuriam facere (Tab 8,4) y fraudem facere (Tab 8,21), además de otras evidencias indirectas, como en la actio pauperie. El mismo capítulo segundo de la ley parece haber sido usado facere en el sentido de causar daño. La verdad es que se trata de una opinión generalizada, en el que se muestra que de la mano de la ampliación del ámbito de aplicación de la ley, el término damnum facere evolucionó hasta significar damnum dare, enfatizando que el carácter originariamente penal de la ley puso el acento en las conductas tipificadas, evolucionando hasta tener relevancia principal el daño sufrido por el demandante; en otras palabras, desde la mera valoración del precio del objeto dañado hasta la admisión de la regla del id quod interest. Sobre este tema, puede consultarse a Valditara, Giuseppe, Superamento dell''aestimatio rei' nella valutazione del danno aquiliano ed estensione della tutela ai non domini (Milano, Giuffrè, 1992) y la visión opuesta que ofrece Daube, David, On the Use of the Term 'damnum', en AA.VV., Studi in onore di Siro Solazzi (Napoli, Jovene, 1948)[]. Em tive tradução: 'Cannata propõe a reconstrução do capítulo da seguinte forma: 'Cereterum rerum si quis alteri damnum faxit, quod userit fregerit ruperit iniuria, quanti ea res fuet in diebus triginta proximis, tantum aes domino dare damnas esto'. Consequentemente, Van Warmelo, cit. (nº 20), pág. Os n. A verdade é que há uma extensa discussão sobre todos os aspectos gramaticais do terceiro capítulo e, em particular, em relação à passagem de Ulpiano, D. 9, 2, 27, 5. Como vemos, Cannata, Sul problema, cit. (nº 20), pág. 120 ss., seguindo a tese tradicional, é a favor da eliminação da expressão praeter hominem et pecudem occisos. Por sua vez, Jolowicz, HF, The Original Scope of the 'lex Aquilia' and the Question of Damages, in LQR., 38 (1922), pp. 220-221, sustenta que a expressão praeter et pecudem occisos é uma frase provavelmente interpolada por Ulpiano, seguindo as ideias de Pernice, embora em sua opinião talvez tenha sido inserida apenas a expressão 'occisos', uma vez que gramaticalmente a frase encontra-se bem se essa palavra é extraída. Pelo contrário, MacCormack, Geoffrey, On the Third Chapter of the 'lex Aquilia', in The Irish Jurist, 5 (1970), p. 166 entende que a frase inteira 'Certerarum rerum [...] praeter hominem et pecudem occisos' foi inserida, enquanto o resto pode ser aceito como genuíno. Para Honoré, Tony, Contexto linguístico e social do 'Lex Aquilia', in The Irish Jurist, 7 (1972), pp. 140-144, não há razão para pensar que o texto original da lex Aquilia tenha se perdido, pois foi comentada por alguns dos mais antigos juristas, acrescentando tratar-se de uma lei sabidamente falsificada em sua totalidade, em maneira que nem Ulpiano nem seus predecessores republicanos poderiam ter conscientemente alterado o texto da lei e introduzido, por exemplo, a frase 'praeter hominem et pecudem occisos'. Não se trata de uma falsificação, nem de um descuido na reprodução do texto. Pelo contrário, indica que a comissão Digest tinha o poder de introduzir mudanças; na verdade, ele avança como hipótese que o especialista na parte dos comentários de Ulpiano, provavelmente Anatólio, era responsável pelas interpolações e que seria uma agregação de tipos. Dessa forma, a frase praeter et pecudem occisos constituía, em sua opinião, uma explicação necessária para uma boa compreensão do texto. No que diz respeito a ceterarum rerum, seria uma passagem genuína, pois corresponde tanto ao estilo de Ulpiano como às passagens seguintes nas quais o texto está inserido. O resto da passagem ('si quis alteri damnum faxit, quod usserit fregerit ruperit iniuria, quanti ea res erit [fuit-fuerit] in diebus triginta proximus, tantum aes domino dare damnas esto'), embora seja reconhecido como essencialmente original, não tem estado isento de controvérsias e encontrado posições doutrinárias. Alguns desses problemas podem ser lidos em Kelly, John, The Meaning of the 'lex Aquilia', in LQR., 80 (1964), pp. 78 ss., cuja tese particular abordaremos mais adiante. Assim, uma primeira questão é o lugar estranho que a expressão iniuria ocupa, após os 3 verbos. Para o autor, trata-se de um local inusitado e deselegante, suspeitando-se que não se localizava no final do trecho, como era na época da promulgação da lei. Uma observação muito interessante feita pelo autor é que a expressão 'damnum' posteriormente substituiu a palavra iniuriam, de modo que o significado original era 'iniuriam faxit' e não 'damnum faxit'. Isso lhe permite deduzir duas coisas: primeiro, que a frase 'iniuriam alicui facere' era muito comum em Plauto e Terêncio e significava infligir uma perda a alguém. Em segundo lugar, e esta parece ser a questão mais relevante, que os verbos do terceiro capítulo derivam de iniuria, entendida como contumélia. Para o autor, entender a palavra iniuria apenas como um ablativo adverbial não permite uma compreensão adequada da passagem de 'damnum culpa datum' para iniuria. As opiniões de Kelly lhe renderam algumas críticas. Em outros, Pugsley, David, 'Damni injuria', em TR., 36 (1968), pp. 376 ss., indica que uma possibilidade seria admitir que o texto original contemplasse a expressão injuriam faxit, como propõe Kelly, mas que esta tese encontra algumas objeções. A principal é que, embora seja verdade que a palavra damno não foi incluída nem no primeiro capítulo nem no segundo, há evidências suficientemente fortes para não acreditar que ela tenha sido inserida apenas no terceiro; entre outras provas, o teor da passagem de D. 9, 2, 33pr. Pelo contrário, propõe que o texto analisado continha a expressão damni injuria faxit, como sinônimo de infligir perda ou dano, o que também corresponderia muito bem ao trecho 3.210 de Gayano. MacCormarck, cit. (nº 20), pág. 174 e 178, também critica a ideia de Kelly. A esse respeito, ele aponta: 'O defeito do argumento é a suposição de que o que está sendo definido é a palavra iniuria como ocorre no terceiro capítulo. Tudo o que os textos afirmam é que a palavra iniuria pode significar tanto contumelia quanto damnum culpa datum e não fornecem base para da coisa, com as penas que na *'lex'* eram estabelecidas, mesmo que em sua *'interpretatio'* fosse catalogado o conceito a quaisquer outros danos causados injustamente[163] como dimensão física ou dimensão material no âmbito do território, uma vez que, neste *conclave*, incluíam-se, por exemplo, a queima de algo ou a sua quebra, ou a morte de qualquer outro animal que não fosse um boi, com a cominação de valor mais alto do que o objeto possuía nos trinta dias anteriores ao fato danoso.

Assim, o cerne de interpretação do *'capitulum'* encontrava-se em torno de um *'dano patrimonial'*, que diminuísse o valor da coisa, levando-se em consideração a existência de todos os seus elementos constitutivos, uma vez que este não se relacionava sobre a vida ou o corpo de um homem livre, levando-se em consideração que o *'criminis'* não se configurava, caso fosse cometido por pessoa alienada ou incapaz, como o louco ou a criança, e se tivesse acontecido por acidente ou força maior, ou o seu cometimento tivesse sido instrumentalizado no exercício de um direito, como a legítima defesa.

O *'damnum'* deveria ser causado inicialmente pelo próprio corpo do autor, pois não havia espaço para o crime cometido por *'omissão'* ou *'instigação'*, como no caso de alguém facilitar a fuga de um escravo, ou ser induzido ao suicídio, ainda que a ação do *'pretor'* pudesse estender a sua aplicação a suposições *'nec corporem'*, principalmente dentro dos enfoques que a ele eram apresentados, que procurava estabelecer os reais contornos das circunstâncias, para os entendimentos adequados.

---

uma reconstrução do texto do terceiro capítulo da lex Aquilia'. No entanto, como o próprio autor explica, as abordagens de Kelly e Pugsley convergem quando se trata de assumir como consequência que o terceiro capítulo se referia a iniuriam ou damni iniuriam faxit, no sentido de que ambos apresentam como consequência a ampliação do círculo de legitimados originalmente previstos na lei. Uma segunda dificuldade é o uso da expressão damnum faxit. Indica Kelly, The Meaning, cit. (nº 21), pág. 78 e segs., que em fontes latinas, especialmente Plauto, a frase sempre significava perda sofrida, enquanto damnum dare sempre significava perda infligida, mas acrescenta que não é inconcebível que damnum faxit pudesse significar 'infligir perda' no ano 286 a.C., de modo a expressão foi estabelecida no sentido oposto. Daí deduz que a expressão, encontrada apenas na passagem de Gayano que comentamos, não era original do texto da lei. Ele é seguido neste momento por Pugsley, cit. (nº 21), pág. 372, acrescentando que nas 30 vezes em que a voz é usada no Digest, em muitos casos isso obviamente significa o dano sofrido. Contra essas ideias pensa MacCormack, cit. (nº 21), pág. 176-178 que nas XII Tábuas a expressão facere sempre significou cometer ou causar dano, prejuízo, evidenciado diretamente por furtum facere (Tab 8,12); iniuriam facere (Tab 8.4) e frasem facere (Tab 8.21), além de outras evidências indiretas, como na actio pauperie. O mesmo segundo capítulo da lei parece ter sido usado facere no sentido de causar dano. A verdade é que se trata de uma opinião generalizada, na qual se mostra que, paralelamente ao alargamento do âmbito de aplicação da lei, o termo damnum facere evoluiu para significar damnum dare, ressaltando que a natureza originariamente penal da lei acentuou as condutas tipificadas, evoluindo até que os danos sofridos pelo autor tivessem maior relevância; em outras palavras, desde a mera avaliação do preço do objeto danificado até a admissão da regra de juros id quod. Sobre este assunto, ver Valditara, Giuseppe, Superamento dell''aestimatio rei' nella valutazione del danno aquiliano ed estensione della tutela ai non domini (Milano, Giuffrè, 1992) e a visão oposta de Daube, David, On the Use of the Termo 'damnum', em AA.VV., Studi in onore di Siro Solazzi (Napoli, Jovene, 1948)".

[163] Excluídos os casos do primeiro capítulo

'AQUILIAE' THEOREMA CIVIS ROMANUS STATUS DEFENSIONIS 'RESPONSUM'
REPARATORIUS CURAE ET PRIVATAE ET PUBLICAE DELICTIS IN ANTIQUA ROMANA LEGE

A partir de *'Justinianus'*, a ação que denominou-se chamar de *'actio legis aquiliae'*[164] [165] [166] passou a ser aplicável também contra os herdeiros do autor do dano, na medida do legado e do consequente benefício por eles recebido.

No mesmo sentido[167] [168] [169] [170] [171], no capítulo primeiro.

No mesmo sentido[172] [173], no capítulo segundo.

No mesmo sentido[174] [175], no capítulo terceiro.

---

[164] "Damni in iuria e actio constituitur per legem aquiliam, cuius primo capite, cautum est, ut si quis hominem alienum alienam ve quadrupedem queae pecudum numero sit in iuria occiderit, quanta ea res in eo anno plurimi fuit, tantum domino dare damnas esto". Em tradução libre, no original: "La acción de daño injusto es establecida por la ley aquilia, en cuyo primer capítulo se dispone que, si alguien mata injustamente a un esclavo ajeno o a un cuadrúpedo ajeno de cualquier clase de ganado, sea condenado a dar al dueño el mayor valor que esa cosa haya tenido en aquel año" (Gaius III, 215).

[165] "Capite secundo (adversus) adstipulatorem qui pecuniam in fraudem stipulatoris acceptam fecerit, quatiea res est, tanti actio constituitur". Em tradução libre, no original: "En el segundo capítulo se establece una acción para el adstipulator (co-estipulante) que en fraude del stipulator ha liberado al deudor de la prestación de dinero, siendo ésta acción por un monto equivalente, o dicho de otra manera que se hubiera dado por pagado en fraude del estipulante" (Gaius III, 215).

[166] ARAMBURU, Romina del Valle. Desentrañando la esencia de la Lex Aquilia: ¿reparación resarcitoria o aplicación de una penalidad? *Revista Anales de la Facultad de Ciencias Jurídicas y Sociales [de] U.N.L.P.*, 2014. "Capite tertio de omni cetero damno cavetur. itaque si qui is seruum ueleam quadrupedem, quae pecudum numero est (vulnera verit sive eam quadrupedem, quae pecudum numero non est), velut canem, aut feram bestiam, velut ursum, leonem vulna verit vel occiderit, hoc capite actio constituitur. un ceteris quoque animalibus, item in omnibus rebus, quae anima carent, damnum in iura datum hac parte vindicatur. si quid enimus tum aut ruptum aut fractum (fuerit), action hoc capite constituitur, quam quam potuerit sola rupti appellation in omnes istas causas sufficere; ruptum (enim intelligitur, quod quoquo modo corruptum) est; unde non solum usta (aut rupta) aut fracta, sed etiam scissa et colissa et effusa et quoquo modo uitiata aut perempta atque deteriora facta hoc verbo continente". Em tradução livre do original em español: "En el tercer apartado se prevé todo sobre otro tipo de daño: si alguien o matara a un esclavo, o a una pieza de ganado, o incluso no de ganado; por ejemplo un perro, una fiera, un oso, un león. también castiga esta parte de la ley el daño causado injustamente a cualquier otro animal o cosa inanimada. hay pues, acción para el caso de que algo fuera quemado, roto, estropeado, aunque para ello basta con la denominación de 'roto', ya que se entiende que, dentro de lo roto está incluida cualquier cosa que fuera estropeada de otro modo. Por lo tanto se incluyen dentro de ésta palabra las cosas quemadas, rotas partidas, golpeadas, derramadas y todas las que hayan sido estropeadas, destruidas o deterioradas)" (Gaius III, 217).

[167] "...Si quis hommem alienum alie namve quadrupedem... injuria occiderit, quanti ea res in eo anno plurimi fuerit, tantum dominu dare danetur". Em tradução livre: "I. Se alguém matar injustamente um escravo alheio ou um quadrúpede... seja condenado a pagar o maior valor da coisa durante esse ano" (Gaio, Institutas 3, 210-219).

[168] "...Is injuria autem occidere intelligitur, cuius dolo aut culpa id acciderit...". Em tradução livre: "II. Entende-se que matou injustamente aquele que o fez com dolo ou culpa..." (Gaio, Institutas 3, 210-219).

[169] "Nec solum corpus in actione huius legis aestimatur, sed ... si plus dominus capiat ... id quoque aestimatur". Em tradução livre: "III. Pela ação fundada nesta lei, computa-se não somente o preço do corpo, mais ainda, se o dono... sofreu um prejuízo superior... também este prejuízo é computado" (Gaio, Institutas 3, 210-219).

[170] "Item si... unus occisus fuerit, non solum occisi fit aestimatio, sed e o amplius id quoque computatur, quod ceteri qui supersunt depreciati sunt". Em tradução livre: "IV. Deve-se considerar-se também o prejuízo sofrido pelos sobreviventes, se o morto faz parte de um conjunto" (Gaio, Institutas 3, 210-219).

[171] "Cuius autem servus occisus est, is liberum arbit ium habet, vel capitali crimine reum facere eum qui occiderit, vel. damnum persequit". Em tradução livre: "V. Aquele cujo escravo foi morto pode escolher entre tornar o responsável réu de crime capital ou cobrar o dano" (Gaio, Institutas 3, 210-219).

[172] "...Adversus adstipulatorem, qui pecuniam in fraudem stipulatoris acceptam fecerit, quanti ea res est, tanti actio constituitur". Em tradução livre: "VI. O credor tem ação pelo montante da dívida contra o estipulante que exonera o devedor em fraude" (Gaio, Institutas 3, 210-219).

[173] "...Ea lege adversus infitiantem in duplim agit". Em tradução livre: "VII. Por esta lei o responsável que nega o fato deve pagar em dobro" (Gaio, Institutas 3, 210-219).

[174] "...De omni damno cavetur –... non quanti in eo anno, sed quanti in diebus xxx proximis ea res fuerit, damnatur is, qui damnum dederit". Em tradução livre: "VIII. Deve responder pelo prejuízo quem quer que cause a outrem qualquer outra espécie de dano, devendo ser condenado a pagar não o valor da coisa durante todo o ano anterior ao dano, mas o seu maior valor durante os trinta dias precedentes" (Gaio, Institutas 3, 210-219).

[175] FRANÇA, R. Limongi. *Doutrina essenciais*: responsabilidade civil. As raízes da responsabilidade aquiliana. São Paulo: USP, 2010. "Ceterum placuitta demum ex ista lege actionem esse, si quis corpore suo damnum dederit; ideoque alio modo damno dato utiles actiones dantur; veluti si quis... pecudem... fame necaverit". Em tradução livre: "IX. Esta ação só cabe quando o dano é causado com o próprio corpo, devendo exercer-se actiones utiles, se se tratar de dano perpetrado de outro modo, como matar um animal de fome" (Gaio, Institutas 3, 210-219).

# A *ACTIO LEX AQUILIA*

## *EXPLICATIO DAMNATIONIS PROVISIONIS IN LEGE AQUILIAE PRO EXEGESIS REPARATIONIS*[176]

O vocábulo *'ação' ou 'actio'* deriva de *'agere'*, que significa *'agir'*, uma vez que, em Roma, o titular da pretensão era obrigado a produzir a enunciação de suas reivindicações, diante de um tribunal, em obediência à origem do significado da expressão, que, como tal, é fruto dos aforismos do direito romano, quais sejam, *'nemo iudex sine actre'*, que significa dizer que não pode haver um processo, se não houver um autor; e *'nemo procedat iudex iure ex officio'*, que se entende no fato de que não pode haver um processo *'ex officio'*, sendo, pois, a evolução máxima do *'ius roman'*, haja vista que a *'actio'* foi baseada na iniciativa de cunho pessoal, e no poder de reivindicar, que é de natureza abstrata.

O contexto historiográfico indica-nos que o enunciado preambular da *'actio'* em Roma era de direito subjetivo, pois havia um bordão que dizia que, *'caminhando para a guerra com o estojo e a espada'*, a teoria não distinguia o direito subjetivo do poder jurídico e legal de acudir-se junto a um tribunal, porque para Roma a *'ação'* e o *'direito'* eram a mesma coisa, uma vez que, de forma abstrata, a *'actio'* era a faculdade que se firmava perante o Estado, em que eram investidos todos os cidadãos, dando o *direito* a qualquer *'civitae'* de reivindicar algo, quando existisse uma pretensão, encontrando-se certos ou não, na baliza do que se pretendia.

Como uma ação de *'natureza civil'*, oriunda de um plebiscito, a *'actio lex aquilia'* derivou de uma concepção entabulada estrita, com vistas à concessão de uma *'poena'*[177] indenizatória ao causador de um dano, com vistas à obtenção do pagamento de uma quantia em dinheiro, mesmo àqueles casos (*'noxal'*) em que a responsabilidade recaía em razão da conduta do outro.

---

[176] Ampliação do alcance do dano previsto na lei de *aquiliae* para a exegese da reparação

[177] GARCÍA GARRIDO, MANUEL. *Derecho privado romano*: casos, acciones, instituciones. 7. ed. Madrid: Editorial Dykinson, 1998. p. 508. "En las legis actiones se consigue una manus iniectio, para obligar al demandado al pago de la pena. en la acción formularía que la sustituye, se concede el valor máximo de la cosa dañada (in simplum) contra el que confiesa el hecho y contra el que lo niega, por efecto de la litiscrescencia, el doble (in duplum). según Gayo, era una acción mixta, pero seguía las reglas de la acción penal, ya que llevaba a la condena del valor máximo. contiene en la pena la indemnización por el daño...".

Assim, segundo uma leitura na sua origem, a *'lex'* nasceu para proteger o dono, que, em face da destruição da coisa, não poderia recorrer à ação real emanada do domínio ou *rei vindicatio*, que exigia a existência atual da coisa, de uma forma que o proprietário pudesse experimentar então, perante a *'lex Aquilia'*, uma *'actio furti'*, cujo âmbito de aplicação foi ampliado.

A *'Actio Lex Aquilia'* era uma ação que se acompanhava da *'infitiatio'*, uma vez que possuía o logro de sanções fragmentadas, por meio do *'in simplum'*, em que se buscou colher um significado mais profundo da sua derivação, que, por conseguinte, era aplicado àquele que admitiu o *'dano'*, e do *'in duplum'*, quando o autor do *'dano'* negava a sua causa.

Não obstante, havia a ideia da adição do fato, em que *'aquele outro'* que negava a causa do dano, a ele era atribuída uma penalidade especial, uma vez que havia um caráter típico de ações mistas, com a redobragem da indenização, que era um reflexo da relação material existente entre as partes, a qual redundava em uma multa processual infringida ao *'réu'* imprudente.

*'De todo'*, ainda que não apareça com clareza nos textos, é crível apontar que a base jurídica da penalização em *'duplicum'* se encontrava no *'animus fraudandi'* do agente, com justeza de exatidão para o julgamento da ampla substancialidade, e não por conta tão somente da simples negação, pois havia o acarretar da violação e do prejuízo ao direito de outrem, em decorrência da conexão de situações que eram favoráveis àquele que negava.

Inobstante, alguns defendem que a *'actio lex aquilia'* era de cunho estritamente *'reipersecutório'*, uma vez que era um procedimento em que o autor deveria retomar o seu patrimônio, tal como nas condições do *'status quo ante'*.

De outro lado, havia outros que defendiam ser a referida ação voltada a um *'caráter instrumental de feição estritamente criminal'*, ainda que originariamente tivesse sido instituída como uma ação pessoal a favor do proprietário pelo valor da coisa destruída, uma vez que não se podia ignorar o controle do *'justo'*, pois destinava-se à reparação integral do prejuízo sofrido, ainda que o objeto da concreção reparatória do direito violado levasse a uma *'sententia'*, na direção da restituição do dito direito, de acordo com o estado anterior à lesão da coisa, em razão de que conceitos inclusos não se traduziam apenas em uma finalidade sancionatória.

Em outro cenário, havia aqueles que defendiam ser a mesma de índole *'mista'*, em que a ação penal condenava o autor da infração a uma *'poena'*[178] [179] [180] [181], que implicava o pagamento de quantias superiores ao valor do dano material efetivamente sofrido pela vítima, em razão da causa do prejuízo açodado.

Por assim dizer, a maior expressão da *'actio aquilia'* era de que, galgado à lei, havia a garantia de que a sua têmpera nascera para proteger o *'dominus patrimonium'* e, por esta razão, fez surgir o advento de uma *'actio'* em favor do proprietário, que, como tal, lhe permitia alcançar um crédito pelo valor da coisa destruída, com o acato das regras devidas no 'épico' sistema, com vistas à baliza do comportamento adequado, na intenção de encontrar soluções razoáveis para cada caso concreto, com contígua simultaneidade, ao caráter instrumental da ação penal, que, por assim dizer, era interpretada como uma espécie de *'poenaeatio'* ao agente causador da lesão, uma vez que a circunstância da *'dissertatio'* da lei é toda de dimensão fundamentalmente compensatória ao lesado.

Com efeito, o contexto primordial da 'actio *Aquilia'* era aquele relacionado a quem causava dano material a outrem, com seu próprio corpo, em que, por assim dizer, nesse meio-tempo, o direito substancial aplicado era unitário e não incomum na sua estrutura, pois insertava-se no princípio denominado *'damnum corpore datum'*[182], que era interpretado como

---

[178] MARTÍNEZ SARRIÓN, Ángel. *Las raíces romanas de la responsabilidad por culpa*. Barcelona: Editorial Bosch, 1993. p. 85-105. "Cuando esta negación tiene un contenido antijurídico que provoca la vulneración o el menoscabo, detrimento o desconocimiento del derecho de otra persona, a consecuencia de lo cual se conectan situaciones favorables o ventajosas para el negante; en manera tal que, el aspecto subjetivo de la negación, alcanza una función relevante, dejando relegada la situación objetiva que toda afirmación o negación encierra". (El actor, agrega que la mera negación perdía el carácter defensivo cuando las pruebas apuntaban, sin asomo de duda, a la comisión del hecho dañoso. La fórmula de la lex aquilia encontraría su referente en la defraudatio creditis, de manera que las fuentes literarias consultadas por el autor definen la infitiatio como un creditum fraudare. El negare aracaba la esencia misma del negocio, de ahí el especial castigo que este merecía. De otra parre, hay dudas doctrinales respecto de si la sanción infitiatio era aplicable al capítulo tercero de la lex, resumidas por Martínez (1993) 172 ss).

[179] "La acción de damnum deriva de la lesión de un derecho real, distinto de la lesión a un derecho de obligación o personal". Más adelante agrega: "fl principio generale da si osservato e stato che mentre la lesione di un diritto reale poteva dare luogo non solo ad una rei persecutio (al diritto di pretendere cioe la reintegrazione nella situazione patrimoniale lesa), ma anche –ricorrendo taluni presupposti (come fu presto per il jurtum, ma poi anche per una serie di altri jatti)- ad una 'poena' (al diritto di pretendere cioe che l'autore delta lesione subisse un'afflizione patrimoniale, talore jissa, talora invece proporzionata alta gravita del jatto e percio jissata ora nelta misura del valore delta cosa – simplum – ora in quella di un múltiplo di esso: duplum, triplum, etc.), la violazione di una obbligazione non poteva ricevere altra sancione che la rei persecutio" (*vide* Valoitara (1994) 878-879 y Castresana (2001) (2005)).

[180] Según ALBANESE, BERNARDO. *llecito (Storia)*. Enciclopedia del diritto. Milano: Giuffre Edirore, 1970. t. 20. p. 70: "La palabra poena tenía en el derecho romano dos sentidos precisos. En un primer sentido, poena era la aflicción conexa del ordenamiento jurídico al comportamiento antijurídico. En el segundo significado técnico, por el contrario, poena era la aflicción pecuniaria determinada, a cargo de un sujeto, en base a una obligación libremente asumida frente al otro sujeto, como ocurrió con las numerosas penas establecidas en las stipulatio".

[181] "Señala la diferencia sustantiva entre la acción reipersecutio y la acción penal. Mientras la primera era una acción real – in rem – derivada de un derecho real, la propiedad, la acción penal era in personam, del momento que tenía como función primordial sancionar un comportamiento (aunque englobara el resarcimiento) que transgredía un derecho (el de propiedad)" (*vide* CORBINO, 2005).

[182] Aplicação literal dos verbos *occidere, urere, frangere, rumpere*, contidos no primeiro e terceiro capítulos da lei, em que se presumia que o dano fora causado por uma conduta comissiva, por meio de contato físico violento imediato entre o agente e o sujeito passivo.

aquele causado pelo *'homine corpore et corpori'*[183]; ainda que contudo o entendimento genérico era de que a lei possuía por escopo a proteção do titular, permitindo-lhe o exercício da ação, toda vez que fosse *'alijado'* por provocação de força veicular *'outra'*.

Neste passadiço, não ignora-se, de certo, que a *'interpretatio legis'* é absolutamente indispensável, mesmo que a *'lex'* se afigure clara, pois conhecer é reconhecer e reconstruir, na inserção pragmática do verbete *'scire leges non hoc est verba earam tenere, sed vim ac potestatem'*[184], pois, tratando-se de uma atividade interpretativa que se move segundo parâmetros definidos, teve assim por objetivo a adaptação às tradições costumeiras, porquanto este instituto era *'de todo'* dependente do ambiente cultural de cada época.

Isto porque, à medida que a sociedade romana progredia, a *'interpretatio verborum iase'*[185] mostrava-se insuficiente, uma vez que os novos problemas, ao reclamar outras soluções, importavam que a mesma *'interpretatio'* alterasse de rumo, para adquirir maior consistência e autonomia, dentro do basilar conceito do agrupamento humano.

Assim, a necessidade de uma *'interpretatio'* mais extensiva da *'verba legis'* acentuou-se, com reflexos evidentes nas disposições de texto, como sinal de uma liberdade criativa.

O avanço da lei em relação aos crimes anteriores resultou no aprimoramento dos instrumentos de proteção à propriedade, diante dos ataques aos bens mais importantes, evidenciando a preponderância do elemento jurídico, talvez autoritário, em que se estabeleceu um regime de estimativa de danos, em dois pontos nevrálgicos, quais sejam, a flutuação sazonal do ano anterior, em caso de morte, e a fixação dos próximos *trinta* dias vindouros, como mecanismo para determinar a evolução do dano, na presença de lesões, ou deterioração das coisas animadas, em especial dentro do terceiro capítulo da *'lex'*, que em seu conceito devolve à lei a sua unidade e seu objetivo unívoco.

A antiga *'Aquilia'* representou a evolução de uma outrora concepção de punição, para uma concepção de natureza compensatória, por meio de uma *'poena'*, que passa a ser entendida como uma aflição pessoal do agressor, ao longo de uma interminável jornada, no sentido de também lhe garantir o gozo dos bens materiais e espirituais, em que o estado fazia valer a sua

---

[183] Produzido com o esforço muscular do agressor.

[184] Conhecer as leis, não que a contenha em palavras, mas força e poder.

[185] A interpretação das palavras.

autoridade, a fim de intervir de maneira eficaz em todos os domínios que viessem contrariar o interesse público, sob a dissimulação de aparências outras, que, por assim dizer, trazia-se à tona com a observância formal das regras técnicas e, costumeiras, que era integrada na autoridade do *Estado*, até concluir-se a verdadeira reparação do ofendido, em face de um fenômeno singular do direito romano, em que o desenvolvimento histórico permitiu a chegada a um ponto de equilíbrio entre o ilícito criminoso e o não criminoso, *'tudo'* corroborado com a evolução da *'iurisprudentia'* na avaliação de danos, desde o valor do preço de mercado do bem, até o critério da *'utilitas'*, que na linguagem da roma antiga, era estabelecido como a carga da responsabilidade em uma relação contratual, com o equilíbrio devido, em função das vantagens que cada contraente auferisse do negócio, por meio das *'ações in factum'*, que terminou com o *'princípio do id quod interest'*, que produziu a modificação do caráter puramente penal da ação aquiliana.

De outro modo, o exercício da ação que emerge desta lei aplica-se em relação ao sujeito que causa dano com o próprio corpo, pois o dano ao ser *'corpore de per si'*[186], demonstra que a sua tendência não é mais só o aspecto parcial do fato, mas também um fenômeno que possuía a prevalência do interesse social, vez que o *'damnum'* produzido e exercido pelo corpo do agente com sua força muscular, ou movimentos diretos, para causar a devastação na propriedade alheia, era o alavanque para a agnição do procedimento.

Por outro lado, há o *'corpore laesum'*[187], que significa que o dano deve ser causado ao corpo do escravo ou coisa alheia de tal forma que, se este requisito não for cumprido, não dará origem a uma ação direta, mas sim a uma *'actio in factum'*, como um princípio dispositivo, que não poderia se deixar à mercê de outras finalidades, tendo então se implementado através de uma intervenção ativa do *Estado*, como, por exemplo, o caso de quem, por compaixão, liberta o escravo alheio de suas cadeias, de forma que ele escape, ou se abra uma caixa onde está reclusa uma ave rara e ela voa[188], fazendo com que o texto deixe claro a percepção da diferença entre as ações, uma vez que, se os dois requisitos forem atendidos, o ato direto corresponderá, mas, se falta apenas o *'corpore'*, corresponderá a uma *'actio utilis'* ou uma *'actio in factum'*.

---

[186] 'Corpore corporidatum' (Gaius IV, 3, 16).

[187] ARANGIO-RUIZ, Vincenzo. *Historia del derecho romano*. Traducción de la 2. ed. italiana. 5. ed. Madrid: Instituto Editorial Reus, 1994. "O dano previsto por Lex Aquilia é apenas aquele causado corpore corpori, isto é, aquele produzido com o esforço muscular do agressor ao que é considerado em sua estrutura física. A sanção da lei não ocorre, conseqüentemente devido à inexistência de lesões corporais, se o gado for encerrado em um estábulo para que morram de fome, ou se um escravo for persuadido a subir em uma árvore, causando-lhe a queda e a morte" (Gaius III, 219).

[188] Gaius IV, 3,16 in fine.

No entanto, esta diferença entre a *'actio utilis' (anteriormente mencionada por Gaius) e a 'actio in factum"*[189][190] não coincide com outras fontes, pois a conduta é ilícita da mesma forma, quando oriunda do dolo ou da culpa por parte do sujeito causador do dano[191], toda vez que se constatar que o dano foi gerado pela *'ação'*, e não pela *'omissão'* da conduta humana.

---

[189] ARAMBURU, *op. cit.* "Si servus servum alienum subripuerit et occiderit, iulianus et celsus scribunt et furti et damni in iuria e competere actionem". Em tradução livre: "Se um escravo rouba e mata o escravo de outro, juliano e celsus escrevem que tanto a ação de furto quanto o dano estão de acordo com a lei".

[190] BARRENA, 2015. "Es conocido este doble carácter del derecho romano, tan diverso del sistema moderno. La actividad del pretor posibilitó, de este modo, mediando la jurisprudencia, la extensión de las figuras reguladas en el derecho positivo. En particular tratándose de la lex Aquilia, existe mucha discusión sobre el papel que jugaron las acciones in factum y su diferencia con las acciones útiles. Brevemente reseñadas, tales posiciones son las siguientes. De acuerdo con la primera, mientras las acciones in factum fueron conferidas para sancionar las conductas en las que no se había causado corporalmente el daño, pero la conducta había dado ocasión para que el perjuicio se produjera; las acciones útiles se otorgaron para ampliar el círculo de legitimarios, pues la ley confería originalmente la acción sólo al propietario. Sobre el punto, véase d'Ors, Álvaro, Derecho privado romano (9ª edición, Pamplona, Ediciones Universidad de Navarra, 1997), p. 438; Fernández Barreiro, Alejandrino – Paricio, Javier, Fundamentos de derecho romano privado (3ª edición, Madrid, Editorial Centro de Estudios Ramón Areces, 1997), pp. 442-443; García Garrido, Manuel, Derecho privado romano. Casos, acciones, instituciones (7ª edición, Madrid, Dykinson, 1998), pp. 443-444; Burdese, Alberto, Manuale di diritto privato romano (4ª edición, Torino, UTET, 1993), p. 618. Otros, en cambio, equiparan las acciones útiles con las in factum, desde que las primeras se equiparan a las ficticias y las propiamente in factum quedan circunscritas a las in factum conceptae. En esta línea, Arangio-Ruiz, Vicenzo, Las acciones en el derecho privado romano (trad. de Faustino Gutiérrez Alviz, Madrid, Editorial Revista de Derecho Privado, 1945), p. 418. En el mismo sentido, Jörs, Paul Kunkel, Wolfang, Derecho romano privado (trad. de la 2ª edición alemana por L. Prieto Castro, Barcelona, Labor, reimpresión de la 1ª edición, 1965), pp. 365-366. Una última perspectiva la ofrece Albanese, Bernardo, Studi sulla legge Aquilia, en AUPA., 21 (1950), pp. 5 ss. y 97 ss., para quien la acción útil concurría cuando no obstante configurarse la conducta típica prevista en la ley, tanto en el capítulo primero (occidere), como el tercero (urere, frangere, rumpere), no había un contacto directo sobre el objeto dañado, es decir, que existía un damnum corpori, pero non corpore. En cambio, la acción in factum (ad exemplum) se aplicaba en el período clásico en todos aquellos casos en los que fallaba uno de los presupuestos de aplicación de la ley, sea que fallara la lesión corporal o incluso la iniuria. Le siguen, entre otros, Natali, Nuncio, La legge Aquilia ossia il 'damnum iniuria datum' (Roma, L'erma di Bretschneider, 1970), pp. 70 ss.. En este trabajo hemos preferido seguir la nomenclatura de d'Ors, cit. (n. 31), p. 438. Para este autor el pretor amplió esta acción en tres sentidos: i) las acciones in factum fueron otorgadas para sancionar las conductas en las que no se había causado corporalmente el daño, pero la conducta había dado ocasión para que el perjuicio se produjera; ii) las acciones útiles se otorgaron para ampliar el círculo de legitimarios, pues la ley confería originalmente la acción sólo al propietario; iii) finalmente, cuando la víctima no era un esclavo, sino una persona libre y no le interesaba la acción de lesiones, se hablaba también de una actio legis Aquiliae utilis. Agrega: 'De esta actio utilis se habla en D., 9,2,13 pr., y viene a ser confirmada por una glosa marginal griega de Pap. Soc. It. 1449 recto (que conserva el texto de Ulp. 19,2,13,4; el caso del maestro zapatero que deja tuerto de un golpe de horma a un aprendiz libre), en la que se aclara que la actio legis Aquiliae, en ese caso, era 'útil' (cfr. D., 9,2,5,3); la contumelia sería aquí mínima'". Em livre tradução: "Este duplo caráter do direito romano, tão diferente do sistema moderno, é bem conhecido. A atividade do pretor possibilitou, assim, mediar a jurisprudência, a extensão das figuras reguladas no direito positivo. Particularmente no caso da lex Aquilia, há muita discussão sobre o papel desempenhado pelas ações in factum e sua diferença das ações úteis. Resumidamente descritas, tais posições são as seguintes. Segundo a primeira, enquanto as ações de fato foram conferidas a condutas sancionatórias em que o dano não tenha sido causado corporalmente, mas a conduta tenha dado ocasião para que o dano ocorresse; ações úteis foram concedidas para ampliar o círculo de herdeiros, uma vez que a lei originalmente conferia a parte apenas ao proprietário. A propósito, ver d'Ors, Álvaro, Direito privado romano (9ª edição, Pamplona, Ediciones Universidad de Navarra, 1997), p. 438; Fernández Barreiro, Alejandrino Paricio, Javier, Fundamentos do Direito Romano Privado (3ª edição, Madrid, Centro Editorial de Estudos Ramón Areces, 1997), pp. 442-443; García Garrido, Manuel, direito privado romano. Casos, ações, instituições (7ª edição, Madrid, Dykinson, 1998), pp. 443-444; Burdese, Alberto, Manuale di diritto privato romano (4ª edição, Turim, UTET, 1993), p. 618. Outros, por outro lado, equiparam as ações úteis às in factum, uma vez que as primeiras são equiparadas às fictícias e as reais in factum estão circunscritas às in factum conceptae. Nesta linha, Arangio-Ruiz, Vicenzo, Actions in Roman private law (trad. Faustino Gutiérrez Alviz, Madrid, Editorial Revista de Derecho Privado, 1945), p. 418. Na mesma linha, Jörs, Paul Kunkel, Wolfgang, Roman Private Law (trad. da 2ª edição alemã de L. Prieto Castro, Barcelona, Labor, reimpressão da 1ª edição, 1965), pp. 365-366. Uma perspectiva final é oferecida por Albanese, Bernardo, Studi sulla legge Aquilia, in AUPA., 21 (1950), pp. 5 ss e 97 ss., para quem concorreu a ação útil quando, apesar do comportamento típico previsto na lei, tanto no primeiro capítulo (occidere) quanto no terceiro (urere, frangere, rumpere), não houve contato direto sobre o objeto, isto é, que havia um corpori damnum, mas non corpore. Por outro lado, a ação in factum (ad exemplum) foi aplicada no período clássico em todos os casos em que falhou um dos pressupostos de aplicação da lei, seja lesão corporal ou mesmo iniuria. Segue-se, entre outros, Natali, La legge Aquilia ossia il 'damnum iniuria datum' (Roma, L'erma di Bretschneider, 1970), pp. 70 ss.. Neste trabalho preferimos seguir a nomenclatura de d'Ors, cit. (Nº 31), pág. 438. Para este autor, o pretor ampliou esta ação de três maneiras: i) as ações de fato foram concedidas para sancionar condutas em que o dano não tivesse sido causado corporalmente, mas a conduta tivesse dado ocasião para que o dano ocorresse; ii) foram concedidas ações úteis para ampliar o círculo de herdeiros, uma vez que a lei originalmente conferia a ação apenas ao proprietário; iii) finalmente, quando a vítima não era escrava, mas livre e não estava interessada na ação de injúrias, falava-se também de uma actio legis Aquiliae utilis. Ele adiciona: 'Esta actio utilis é mencionada em D., 9,2,13 pr., e é confirmada por uma glosa marginal grega de Pap. Soc. It. 1449 recto (que preserva o texto da Ulp. 19,2,13,4; o caso do mestre sapateiro que deixa um aprendiz livre com um golpe do último), no qual se esclarece que a actio legis Aquiliae, nesse caso, foi 'útil' (cf. D., 9,2,5,3); contumélia seria mínima aqui".

[191] D. 50, 17, 55. D. 50, 17, 151.

# EXTENTUS INTERPRETATIO CUI LEGIS AQUILIAE PER ROMANUM 'PRAETORES'[192]

Com o crescimento da doutrina por parte dos intérpretes, com lastro na *'lex praetoria'*, a responsabilidade civil[193] [194] [195] [196] [197] sofre um desenvolvimento notável à medida que se amplia o alcance do dano previsto pela *'lei de aquília'*, bem como aos sujeitos legítimos para exercer a ação[198] [199], fazendo, pois, que, por essas razões, a *'lex'* seja considerada um exemplo típico do formalismo que havia caracterizado a jurisprudência, após o advento da *'Lei das XII Tábuas'*, ainda que não houvesse sido uma tarefa fácil de estabelecer a concretude do contexto 'épico' como expressão histórica, porque na realidade, não poderia ser concebível que o estado ficasse impassível e impotente, vez que a sua intervenção deveria possuir uma posição proeminente e reguladora, em que, assim, para solucionar os

---

[192] A interpretação extensiva da lei aquilia pelos *praetores* romanos

[193] En este sentido. AURORA V. S. BESALÚ PARKINSON observa: "etimológicamente la palabra 'responsable' significa 'el que responde'. De allí que este concepto se conecte con la idea de 'reparación', que tiene el sentido que el daño es soportado por alguien que es su autor, y no por la víctima misma. Por ende, tradicionalmente, se ha entendido que, en sentido estricto, la responsabilidad concierne al deber de reparar el daño jurídicamente atribuible causado por el incumplimiento, tanto de una obligación prexistente como el deber genérico de no dañar a otro,' Besalú Parkillsoll, Aurora V. S.. 'Responsabilidad civil: tendencias actuales'" (*cf.* boletín mexicano de derecho comparado. México: Instituto de Investigaciones Jurídicas, ene./abr. 1998. Nueva serie, mio XXI, n. 91, p. 54). Véase garrido cordobera, Lidia M. R. *In*: Instituto de Investigaciones Jurídicas. México: Unam, 2000).

[194] VÉASE GARRIDO CORDOBERA, Lidia M. R. *Los daños colectivos y la reparación*. Buenos Aires: Editorial Universidad, 1993. p. 17-18 (*in* Instituto de Investigaciones Jurídicas, Unam, MX, 2000).

[195] En este mismo sentido, véase Aurora V. S. Besalú Parkinson, quien señala que actualmente la doctrina prefiere aludir a "derecho de danos", en lugar de teoría de la responsabilidad civil, principalmente porque las lluevas tendencias proponen una reelaboración del fenómeno resarcitorio a partir de prescindir del presupuesto de la ilicitud. Siendo el daño el presupuesto esencial de la responsabilidad. Asimismo, observa la evolución por la que atraviesa el sistema de la responsabilidad civil en virtud de que el esquema clásico, individualista está siendo superado (*Ibidem*, p. 54-56, 63 *in* Instituto de Investigaciones Jurídicas, Unam, MX, 2000).

[196] "JOSÉ DE AGUILAR DIAS, explica el origen de la palabra responsabilidad, observando que ésta contiene la raíz latina spondeo, fórmula conocida del derecho romano, por la cual se ligaba solemnemente el deudor en los contratos verbales. 'Decir que responsable es aquél que responde y, por lo tanto, que responsabilidad es la obligación que cabe al responsable, es, además de redundante, insuficiente, porque, por ahí, la definición, permaneciendo en la propia expresión verbal que se pretende aclarar, no da solución al problema que se quiere resolver. comenzando por los conceptos" (*Ibidem*, p. 10 *in* Instituto de Investigaciones Jurídicas, Unam, MX, 2000).

[197] LUIS PASCUAL ESTEVILL explica esto en forma más detallada al señalar que el principio general de la responsabilidad civil consiste en que "a nadie ha de serie permitido invadir la esfera de los intereses ajenos", el cual se ha convertido en el punto común de todas nuestras instituciones, jugando sobre todo un papel muy importante en el campo de la responsabilidad civil. Así, concluye que "la contravención del principio allerum non laedere es la piedra angular para la ocasión de exigir los daños y perjuicios, cual sea la esfera en la que se hayan producido" (Para este tema véase *Hacia un concepto actual de la responsabilidad civil*. Barcelona: Bosch, 1989. p. 68, 73. Puede consultarse al mismo autor en Derecho de..., p. 55-60, *in* Instituto de Investigaciones Jurídicas, Unam, MX, 2000).

[198] RODRÍGUEZ, *op. cit.*, p. 692-746. "Acciones pretorias complementarias de la acción civil de la ley aquilia. El autor trata el tema extensamente y, en particular, el carácter utilis o in factum de las acciones creadas para realizar la extensión que se comenta, tema éste que es objeto de amplias discusiones por parte de la doctrina especializada. Algunos autores, como *Jörs y kunkel* consideran que se trata de dos denominaciones para un mismo fenómeno, particularmente en cuanto a las acciones creadas para extender la legitimación activa (*op. cit.*, p. 366). Valiño, por su parte, estima que las acciones útiles se dieron únicamente en los casos en que era necesario extender la legitimación activa, mientras que fueron acciones in factum todas las restantes" (*cf.* VALIÑO, Emilio, *op. cit.*, p. 21).

[199] RODRÍGUEZ, *op. cit.*, 692-746. "*Cf.* Valiño, Emilio, op. cit., pág. 21 y sigs. Gayo, Institutas, (3.219). En igual sentido, Jörs, p. y kunkel, w., op. cit., pág. 365. D'ors, Álvaro, op. cit., pág. 422; Schulz estima que estas acciones creadas por la jurisprudencia en la época republicana y mantenidas por el pretor eran acciones útiles. Schulz, Fritz, op. cit., pág. 565. Otros autores, como Juan Iglesias (op. cit., pág. 427) o Max kaser (op. cit., pág. 231), expresan que las acciones creadas para esta particular extensión de la lex aquilia se denominaban indistintamente utilis o in factum".

casos apresentados, a *'iurisprudentia praetoria'* passou a ampliar o alcance da *'leges'*, por meio de ações úteis e de fatos.

As ações de *fato,* eram todas aquelas que mesmo não consideradas no *'praetoris edictum'*, poderiam ser deferidas, em razão das alegações das partes em cada caso particular, quando as circunstâncias não estivessem de acordo com as palavras exatas da lei, haja vista, que por serem consideradas *úteis,* ordenavam e titularizavam os meios de provas oferecidos, e poderiam até mesmo serem concedidas pelo *'preatoris'*, comungadas com as ações oriundas e, concedidas pelo procedimento do *'ius civile'*, que autorizava a sua reivindicação por pessoas diferentes do proprietário.

Tanto as *'ações in factum'* como as *'ações úteis'* eram instrumentos mediante os quais os pretores realizavam uma tarefa de complementação, correção e adaptação do *'ius civile'*, utilizados como meios para dois objetivos: aquela[200] era apropriada quando as circunstâncias de um caso concreto não coincidiam com as estritas palavras da lei[201]; e esta[202], que era considerada como o remédio ideal para estender o direito de processar pessoas que não o dono.

Na compilação 'justinianea', a terminologia foi mantida, embora sem o sentido que originalmente possuía, e assim é lá nas 'Institutas'[203] que se diz que a ação direta ocorre quando alguém causa dano material a outrem com o próprio corpo[204], contra aqueles que o causam de outra forma, porém, caso o dano não seja material[205], por não ter sido causado com o corpo, mas por uma causalidade indireta, rememora-se a difusão enriquecida do classicismo épico romano.

Por assim dizer, se o dano não foi causado com o próprio corpo e nenhum corpo foi danificado, mas sim outra forma de dano foi causada, outros instrumentos foram concedidos, evidenciando nesse aspecto os pressupostos, a operacionalidade de cada mecanismo singular e as margens operacionais deixadas ao intérprete, pois *'in casu'* este tipo de *'ação'* conceituada pelo princípio *'se non corpore damnum alicui contigit'*[206], é especificada para exemplos, como, a compaixão de um escravo estrangeiro que tivesse sido libertado com o intuito de que pudesse fugir.

---

[200] 'Ação in factum'
[201] 'Occidere, Rumpere'
[202] 'Ação útil'
[203] IV, 3,16.
[204] 'Damnum corpore corpori datum'
[205] 'Corpori'
[206] "Se o dano não ocorreu ao corpo de ninguém".

Neste bordo, a listagem dos fatos prejudiciais que geravam responsabilidade no direito romano[207] eram todos aqueles considerados *'danosos'*, exemplificando-se como tais a base dos novos elementos de concepção, quais sejam, as asserções épicas, que *'de todo'* foram catalogadas, por meio de axiomas ciclo-sazonais, teoricamente postos, que assim se faz dispor:

*— Aqueles que causaram destruição, alteração ou qualquer dano ao corpo (damnun iniuria datum) ou a coisa, cuja ação correspondia inicialmente ao dono vitimado e, a coisa de sua propriedade, depois poderia se estender ao usufrutuário, ao credor pignoratício e ao inquilino, que também permaneciam legitimados para exercê-lo;*

*— Lesões corporais e morte de pessoa (utilis aquiliae actio), cuja indenização incluía custo da cura, rendimentos perdidos e diminuição da capacidade de aquisição de bens no futuro, 'pretium doloris',* tornava inclusa outras compensações materiais ou econômicas.

*— Danos causados por animais (quem cometeu a culpa respondia aquilianamente, embora, neste particular, a negligência na custódia e a falta de habilidade ao montar ou direcionar o animal já induzia a consideração da culpa);*

*— O dano patrimonial injusto e doloso que não possa ser indenizado por outros meios (isto porque, a princípio, a ação aquiliana limitou-se à destruição de corpos), desde que a sua causa tenha sido originada com fraude dolosa (actio doli);*

*— As ofensas, o desprezo injusto pela personalidade (como a perturbação no uso de algo comum ou o impedimento ao proprietário de obter frutos do bem de sua propriedade) e qualquer outro grande número de casos que fossem incluídos no conceito da iniuria.*

*D'outro bordo* e de forma permanente, deve-se referendar o conceito das ações em Roma, pois, como se sabe, os juristas romanos não se dedicavam à construção de categorias dogmáticas abstratas, de funcionalidade sistêmica na aplicação dos direitos, pois o dimensionamento das litigiosidades devidamente estruturadas atendia a uma adequação classicista épica, pois o *'romanus genius'* residia na construção de soluções para casos específicos que permitiam, passo a passo, a elaboração de uma ciência jurídica inteligente, especialmente no que diz respeito ao direito privado.

---

[207] MARCHI. *Il risarcimento del danno morale*, 261; RATTI. *Il risarcimento del danno morale*, p. 186 *et seq.*; BETTI, E. *Istituzioni di diritto romano*, 2.1 (Padova 1960) 64; DE ROBERTIS, F. M. *Sulla risarcibilità del danno morale*. p. 506 *et seq*. Medicus, Id quod interest, p. 191; GROSSO, G. *Obbligazioni*: contenuto e requisiti della prestazione. Obbligazioni alternative e generiche. Torino, 1966. p. 153; H. HONSELL, H. *Quod interest in bonae fidei iudicium*. Studien zum römischen Schadersatzrecht. München, 1966. p. 153 *et seq.*; VOCI. *Le obbligazioni romane (Corso di pandette)*. Il contenuto dell'obbligazione. Milano, 1969. p. 262 *et seq.*; RABER, Sum, pretium affectionis, p. 205 *et seq.*; KNÜTEL, K. Das Mandat zum Verkauf. *In*: NÖRR, D.; NISHIMURA, S. (Herg.). *Mandaten und Verwandtes*. Beiträge zum römischen und modernen Recht. Berlin: Heidelberg, 1993. p. 368 *et seq.*; SICARI, A. *Leges venditionis*: uno studio sul pensiero giuridico di Papiniano. Bari, 1996. p. 348 *et seq.*; Centola, Soff. mor., p. 167 *et seq.*

'AQUILIAE' THEOREMA CIVIS ROMANUS STATUS DEFENSIONIS 'RESPONSUM'
REPARATORIUS CURAE ET PRIVATAE ET PUBLICAE DELICTIS IN ANTIQUA ROMANA LEGE

Isso explica por que em *Roma* não havia separação entre os aspectos substantivos e procedimentais-processuais do direito, de modo que ambas as questões eram sempre apresentadas de forma indissociável, uma vez que a sociedade estava sempre em constante evolução e deveria locupletar a pretensão do *'roman civitae'* de forma satisfatória, modernizando-se e crescendo de acordo com as necessidades sociais, políticas e culturais, obrigando, portanto, ao conhecimento do procedimento do qual foi enquadrado, para questionar-se *'enfim'* acerca de sua evolução, *'contudo'*, sempre respeitando a vontade da lei.

Entretanto não se pode deixar de observar que, no caso da *'lex Aquilia'*, a *'manus iniectio'*, do procedimento, foi posteriormente modificada pela atividade *'pretoria'*, especialmente pelos *'pretores peregrinos'*[208], para alcançar o ideal da *'codificação legal'*, e pela necessidade de corrigir os seus defeitos, uma vez que o procedimento, que *'a posteriori'* se ajustava na decisão destes conflitos, não era o da *'lex'*, que se aplicava apenas aos *'civitae roman'*, mas sim o da *'formulae'*[209], que, oriunda de seu edital,

---

[208] "Pretores que deveriam resolver os conflitos de todos aqueles que não eram cidadãos romanos, ou entre eles e estrangeiros".

[209] GARCÍA GARRIDO, 1998, p. 508. "Terminaron siendo odiadas, en cuanto que, supuesta la excesiva sibtilita de los veteres que las habían creado, estaban ensambladas de tal modo que quien cometía el mínimo error en el desarrollo de las formalidades prescritas perdía el litigio. Por esta razón, continúa, esas legis actiones fueron suprimidas por una !ex abutia y por dos leyes iuliae y se hizo que los juicios se desarrollaran per concepta verba, id est per formulas". Como explica Arangio (1945) 14-15, el procedimiento romano tuvo 3 épocas: a) La época de las acciones de la ley, posiblemente en vigor desde la fundación de roma, permaneciendo como forma ordinaria de procedimiento privado hasta la mirad del Siglo II a.C.; b) La época de las "Fórmulas" o del Procedimiento Formulario, que data de la mirad del Siglo II a.C hasta el Siglo III d.C; e) Finalmente, la época del procedimiento extraordinario, que sustituyó en el Siglo III d.C al formulario y consagrado especialmente en la codificación del Derecho Romano dispuesta por jusriniano. Si bien es cierro, como acabamos de ver, las acciones de la ley fueron sustituidas por las acciones formularías, lo que no está claro y es sumamente discutido por la doctrina es la forma en la que se produjeron dichas aboliciones y a cuáles leyes, exactamente, se refiere gayo en su pasaje. Levy-bruhl, h (1960). Recherches sur les actions de la loi. París: Sirey, pp 324 y ss, explica las razones del abandono de las acciones de la ley: "On devait jatalement aboutir a una rupture. En depit des mesures d'assouplissement de l'ancien systeme, et de la creation d'actions de la loi d 'un type incomparablement plus moderne, comme la judicis postula ti o o u la condictio, il ne repondait plus aux besoins d'une société toute différente. Cest la véritable raison de l'abolition du systeme des actions de la loi et de son remplacement par un systeme nouveau, auquel on a donné le nom de procédure formulaire". En todo caso, agrega este autor, no es cieno que las leyes a las que hace referencia Gayo hubiesen abolido completamente las acciones de la ley, como ocurrió, por ejemplo, con la acción de damnum infectum, que el autor analiza en las páginas siguientes. Un análisis del paso de las acciones de la ley al procedimiento formulario se encuentra en Scjaloja, Vittorio (1954). Procedimiento Civil Romano. Ejercicio y defensa de los derechos. Traducción Santiago Sentis Melendo y Marino Ayerra Redin. Buenos Aires: Ediciones Jurídicas Europa-América, pp 157 a 159. Según el autor: "Había un momento en la legis actio en que la litis quedaba determinada y cierta ente las partes y venía a establecerse de una manera jurídica eficaz e irrevocable en qué esfera y bajo qué condiciones y modalidades habría de desarrollarse el juicio. en este momento se producía la litis contestatio. Ahora bien, como el juez debía, por lo hecho in iure, y más especialmente por la litis contestatio, señalar los límites y el estado de la cuestión que había de formar el objeto de su iudicium, es probable que, 'a fin de facilitarle su cometido, se comenzara muy pronto a redactar una instrucción escrita que le sirviera a modo de memorial de los puntos esenciales de la litis, así como de los términos en que había quedado contestada entre las partes; esto, como costumbre práctica, ya que no como regla de derecho". Agrega que fue la lex aebutia la que autorizó el sistema de que el magistrado librara una instrucción escrita o formula. Sobre el abolición del sistema de las acciones de ley y la introducción del procedimiento formularios según Gayo, señala: "La Ley Ebucia (acaso de la primera mitad del Siglo VII de Roma, hacia el 630) introdujo probablemente este nuevo procedimiento sin abrogar el anterior de las legis actiones; de manera que hasta las leyes julias tendríamos un doble sistema de procedimiento, y tal vez se podría elegir uno u otro..." Con mayor claridad a nuestro juicio Arangio (1945) 57-59, señala que la ley aebutia, dierada probablemente entre los años 150 y 120 a.c, permitía la opción entre la acción de la ley y el procedimiento formulario, pero este último terminó imponiéndose en los hechos, especialmente porque el nuevo procedimiento permitía proteger relaciones no consideradas en las acciones de la ley. Más tarde, con la dictación de la ley julia, en el año 17 a.C., Abolió el derecho de opción y obligó a recurrir al procedimiento formulario, salvo en casos excepcionales. Además, agrega una cuestión interesantísima. Las fórmulas de la ley se basaban en ciertos ritos o palabras sacramentales y esa característica permitía que fueran aplicadas a varias relaciones jurídicas. En cambio, el procedimiento formulario vino a vincular la acción con el derecho subjetivo o la relación jurídica que vinculaba a las panes. Como indica el autor: "... La acción es el trazo de unión que existe entre el derecho subjetivo y el procedimiento que sirve a realizarle" (En el mismo sentido: D'ORS, 1997, p. 435. Ha de tenerse presente, como explica: Volterra, Eduardo. *Instituciones de derecho privado romano.* Reimpr. 1. ed. Madrid: Civiras, 1988. p. 233).

apontava, para uma hipótese escolhida, que seria essencial na escrituração das *'fórmulas'* relativas a uma determinada categoria do contencioso.

Desta forma, os *'peregrinus praetor'* obrigavam-se ao desenvolvimento de modelos *'outros'* de contencioso, que, *'impresso', 'elaborado'* e *'publicado'*, consagrava um *'modelo processual'* por meio de seu edital pelo magistrado, para que pudessem estar sujeitos ao seu alcance e, portanto, à sua decisão, com a especificação de suas pretensões, e das questões, nas quais *'a posteriori'* ele deliberaria, com a cooperação das partes.

Gradualmente essas *'formulae'*, com o adendo de outras diversas disposições legislativas, foram sendo incorporadas ao *'ius civile'*, tendo ao depois sido estabelecidas como único procedimento, ainda que agrupadas por meio de classificações diversas, sendo em uma primeira classificação, correspondentes às *'ações civis'* derivadas das *'antigas legis actiones'*, e, em uma segunda classificação, correspondentes às *'ações pretoriais ou ´pretorianas'* que eram anunciadas em edital, também chamadas de *'honorárias'*.

Por sua vez, estas ações assim eram divididas:

a.  *'Ações fictícias'* (*'actiones ficticiae'*), que eram as ações concedidas pelo *'pretor'* nos moldes de ações civis, e na base da ficção de existência dos pressupostos que estas exigiam e que eram utilizados para os casos em que a legitimação dos sujeitos era ampliada, bem como naquelas circunstâncias em que o campo de aplicação da *'lex'* era dosado. Conjugava-se a interpretação daqueles acontecimentos em que o juiz deveria sentenciar declarando como existente algo inexistente, ou por inexistente algo que existia, galgando um resultado em que o formalismo do próprio *'direito civil'* impedia[210], e que, por assim dizer, possuía como objetivo salvar o pretor de casos considerados específicos, para conceder a este o *'recurso'* a *'ficções'*, em face da existência de pressupostos relativos aos obstáculos consignados no texto do *'ius civile'*, que como tal deveria ser evitado;

b.  *'Ações úteis'* (*utiliter*), que eram as ações adaptadas pelo pretor a situações análogas àquelas para os quais haviam sido constituídas (*'actio legis aquiliae'*), e cabiam apenas quando o dano fosse ocasionado diretamente pelo agente, ainda que o *'pretor'* concedesse a sua utilidade, até mesmo pelo simples induzimento, não deixando de olvidar, que ao depois, foram ampliadas pelo *'praetor'* como

---

[210] "Ações ius conceptae".

outorga para a extensão do círculo de herdeiros, uma vez que a lei *'épica'* originalmente conferia a ação apenas ao titular;

c. *Ações envolvendo a transposição de pessoas*, em que a condenação se referia a uma pessoa que substituíra *'outrem'* em uma *'intentio'* anunciada;

d. *Ações in factum*, que se referiam a um *'factum'*, mediante o qual o magistrado sancionava uma conduta, sendo, de toda forma, as ações com que o *'pretor'* protegia as relações ainda não contempladas pelo *'ius civile'* e que se fundavam em circunstâncias de fato, e não em direitos e/ou deveres das partes.

O juiz era chamado então a condenar ou absolver, conforme se verificassem ou não as circunstâncias do fato, uma vez que o procedimento por ser dotado de racionalidade e com as raízes da sua tradição, efetivamente era apto a aplicar a rigidez da terminologia, uma vez que estas ações eram concedidas para punir as condutas em que o dano não fora causado corporalmente, *'entretanto'* foi a sua conduta que deu oportunidade para que o evento lesivo viesse ocorrer.

D'outro bordo, *'de todo'*, deve-se avaliar o método que era utilizado pelos *'iuris consultus'* para resolver as questões jurídicas, no que concerne ao conteúdo da causalidade, análise de verbos, e a determinação da aplicação das *'ações fictícias'*, *'úteis'* ou *'in factum'*.

Deve-se ter em conta que o principal método empregado pelos *'roman iuris consultus'* era a analogia, uma vez que a argumentação *'análoga'* se dava mediante decisões adotadas em casos já decididos por outros juristas, em que se utilizavam estas visando, entre outras, à isenção de um procedimento fastidioso, anacrônico e demorado, com o adendo de conceitos costumeiros, sinteticamente abordadas, para articular uma conclusão, com base em argumentos *'de todo'* análogos, para instrumentalizar uma decisão em que a posição jurídica fosse evidente ou já reiterada e, em assim sendo, conclusiva, para declarar-se, pois, que a situação a ser resolvida deveria ser tratada da mesma forma[211] e, portanto, de forma correspondente, levando-se em consideração que o grau de analogia dependia da equivalência dos casos, pois, em menor grau de parecença, havia a analogia *'fraca'*; e, em maior grau de simetria, a analogia *'forte'*, caso o grau de identificação dos fatos fosse sobejamente substancial.

---

[211] *Quemadmodum*, que significava dizer "assim como".

# *NOTIO CULPAE*[212]

O direito romano não contemplava um conceito preciso de *'culpa'*, pois, para a vontade do *autor da actio*, importava apenas o estabelecimento do *nexo de causalidade* entre o comportamento extrínseco do responsável e o resultado prejudicial.

Dessarte, na *'lex romana'*, a interpretação mais balizada da *'culpae'* passa a existir quando alguém é responsável pelo *'damnum'* aos direitos de outrem, que se poderia entender como uma *'fraude'*, por exemplo, ou como uma *'culpae'* em sentido estrito, visando assegurar a consistência da identificação das diversas questões submetidas, com vistas à aplicação do justo, pois *'aquela'* sucede quando há o cometimento de um ato ilícito positivo ou negativo, com a intenção proposital de causar dano e de ferir direitos de outrem; e *'esta'*, quando, não havendo a intenção de lesar o direito alheio, não se emprega o devido cuidado para evitar o agravo ocorrido.

Assim, considerava-se que existia *'culpa'* quando se comprovava que o dano provinha da conduta *'externum'* do responsável, sem fazer nenhuma qualificação da intencionalidade ou nenhuma outra consideração moral da conduta; até quando a noção de imputabilidade foi desenvolvida por juristas clássicos, e a *'culpa'* então era entendida como a inobservância dos deveres de prudência e respeito impostos pela vida em comunidade.

O *direito pré-clássico* é desenvolvido no decorrer histórico correspondente no *'tempus regium' (753 a.C., fundação de Roma) e a 'res publicae' (510 a.C. a 27 a.C.), compreende o último período de concreção e de transição do direito clássico para o período do principado ou diarquia no ano de 27 a.C. a 284 de nossa era.*

A *era* do direito clássico caracterizava-se por ser aquela *era* em que o direito romano atingiu o seu maior grau de evolução, desenvolvendo-se rapidamente e construindo uma verdadeira ciência jurídica por meio da jurisprudência.

É neste período que aparece o *'causuísmo'* que tão bem caracteriza o direito romano, uma vez que lá os *'iuris consultos' (advogados)* recebem um forte e reiterado apoio de *'Augustus' e seus sucessores*, que dão suas opiniões com força de lei *(ius publice responndi)*, desenvolvendo assim a *'iuris prudentia'*.

---

[212] Do conceito da culpa

Outro ponto importante de evolução neste período é que, em alguns casos, a responsabilidade decorrente da *'culpae'* estende-se a consequências imprevistas, tendo como exemplo o caso do incêndio em que alguém que provoca fogo em uma casa é responsável também pelo lastro que possa acontecer na casa do vizinho, uma vez que o sentido de expressão da *'lei de aquília'* estende a ocorrência desta responsabilidade perpetrada[213].

O conceito de *'culpae'* começa então a ser otimizado como um limite de aplicação restritiva de fatos e de causas, provocando, *'de todo'*, uma decomposição *'inicial'*, do conceito do período clássico que protagonizava o instituto da *'culpa'* como um produto que equivalia à imputabilidade ou a uma mera relação causal.

*'A posteriori'*, uma segunda abstração entendeu a *'culpa'* como sendo aquela correspondente à negligência, que se dava por meio do alcance de desvio do padrão de um homem médio, onde *'de todo'* originou-se um último e um novo *'ápice'*, que passou a entender a *'culpa'* como fundamento significativo de uma conduta que poderia ser considerada apenas como uma questão de reprovação individual.

*'De todo'*, a *'culpae'*, assim, em sentido estrito era pois inicialmente dividida em *'culpa lata'*[214], que se dava quando o causador agia com extrema negligência, ou seja, quando deixava de agir com o cuidado obrigatório que todos deveriam possuir, e a sua consistência era considerada um ato grosseiramente excessivo, oriundo de alterações impertinentes, e até mesmo previsível, quase que assemelhado ao *'dolus'*, pela notória ausência do emprego da cautela necessária nos negócios alheios ou próprios; e, ao depois, a *'culpa leve'*[215], que ocorria quando não se agia com a diligência que um bom pai de família, vigilante e cuidadoso *(diligens pater familia)*, deveria possuir.

Não era, pois, qualquer falta insignificante, ou um acontecimento irrelevante e fortuito.

A *'Lei Aquilia'*[216], que trata originariamente de um *'damnum'* injustamente causado às coisas alheias, também, e por sua vez, inclui a classifi-

---

[213] Dig 9, 2, 27, 8.

[214] "Culpa Lata Dolo Aequiparatur".

[215] "Culpa levis".

[216] RODRÍGUEZ, *op. cit.*, p. 692-746. "Los autores están de acuerdo en que el concepto de culpa surge originalmente dentro de la responsabilidad aquiliana, como criterio de imputación causal del daño frente al autor, y que desde allí se extiende a otros campos, entre ellos al de la responsabilidad contractual. Como señala *Llamas Pombo*, en el tema de la imputabilidad en materia contractual 'existe una divergencia entre el pensamiento clásico y el justinianeo', y precisa que, aunque existen dudas respecto del sentido de la evolución que se presentó, parece mayoritaria la opinión que sostiene que se pasó de 'una responsabilidad generalmente objetiva en el período clásico, a otra de carácter subjetivo en el posclásico' (*Llamas Pombo, Eugenio*, op. cit., pág. 668). El concepto de culpa, como se entiende actualmente, es desconocido en el período clásico. En

cação[217] da *'culpa positiva'*[218], qual seja, aquela em que não se pode obrigar *'alguém'* a praticar atos positivos em relação a outrem, exceto quando voluntariamente se tenha obrigado; que, seguida da *'culpa negativa'*[219], caracteriza-se quando a falta contratual autoriza a *'obligatio non facere'*, que poderia ocorrer tanto por meio de um ato positivo quanto por meio de um ato omitivo.

Já a *'culpa contratual'*, ou *'culpa ilícita'*, decorria da omissão em relação à diligência obrigatória exigida pelo vínculo que foi pactuado e estabelecido em relação ao lesado, acompanhada, por derradeiro, da *'culpa extracontratual'*[220], que decorria quando se caracterizava o *'damnum'* a uma pessoa com a qual não existia nenhum vínculo obrigatório, e que, por assim dizer, era conhecida como *'culpa aquiliana'*.

O dano regulado pela *'lex aquilia'* exigia que a conduta a ser punida fosse oriunda de uma ação, em que se fez ou executou algo, pois não surtia efeito quando se tratava apenas de uma omissão, uma vez que, ao

---

este período se destacan dos grandes campos para determinar la responsabilidad del contratante incumplido: de una parte, la responsabilidad por custodia, una responsabilidad por el resultado, de carácter objetivo y estricto, que surgía en algunos contratos en virtud de los cuales el deudor tenía en su poder cosas que pertenecían al acreedor y que le debía restituir posteriormente; en estos casos el deudor respondía en el evento de imposibilidad de cumplimiento (pérdida de la cosa), sin que le fuera admitida la prueba de su propia diligencia y sólo era posible su liberación en algunos casos típicos considerados como vis maior; por otra parte, el segundo campo de responsabilidad contractual estaba referido a los eventos restantes, en los que la responsabilidad se determinaba por la naturaleza específica de cada clase de relación obligatoria y por el tipo de acción que fuera pertinente ejercer. En este segundo campo el concepto de dolo tuvo gran importancia (*Llamas Pombo, Eugenio*, op. cit., pág. 668; *Jörs, P. y Kunkel, W.*, op. cit., pág. 250 y sigs.; *Jordano Fraga, Francisco*, op. cit., pág. 45 y sigs. *Daza Martínez, Jesús, 'El problema de los límites de la responsabilidad contractual en el derecho romano clásico', en La responsabilidad civil de Roma al derecho moderno*, pág. 231 y sigs.). En las relaciones de derecho estricto originalmente existió responsabilidad en unos eventos muy limitados, como cuando había imposibilidad de cumplimiento o mora, originada en un comportamiento positivo (por comisión) y consciente del deudor. En las relaciones bonae fidei existieron algunas que daban lugar a una acción infamante, como las que se basaban en el elemento fiducia (sociedad, mandato, depósito, tutela, entre las más relevantes) y en las que el deudor respondía por el dolus o fraus, considerados como violación del deber de confianza. En ese momento, el concepto de dolus 'era la contraposición exacta de la bona fides' y 'es un concepto extraordinariamente elástico' (Jordano Fraga, Francisco, op. cit., pág. 47 y pag. 52 y sigs.), comprensivo de variadas situaciones, que no coinciden exactamente con la apreciación que actualmente tenemos de la figura. En las relaciones en fide bona que no llevaban consigo efectos infamantes, el concepto de dolus se hizo extensivo a toda deslealtad y, de alguna manera, dio lugar a que surgiera, como contrapartida, la obligación de atender un cierto nivel de diligencia para que el deudor no fuera reprobado por dolo. Como observa Jordano Fraga, en esta época en las fuentes se hace mención a la diligencia, entendida como una actitud que se originaría 'como aplicación de una concreta exigencia de bona fides, que impone no sólo la abstención de conductas lesivas, sino la realización de ciertas actividades positivas cuya omisión, por tanto, genera responsabilidad por dolo...'. Para los juristas posclásicos y justinianeos el sistema clásico resultaba extremadamente complejo, demasiado casuístico, y muy diverso en sus criterios, dado que se había originado en un derecho práctico encaminado a resolver casos concretos. Por otra parte, para ellos resultaba muy importante realizar una labor de sistematización, que veían ausente en las creaciones clásicas. Asimismo, se destaca por la mayoría de la doctrina que en esta época influyeron los principios moralizadores del cristianismo y de la filosofía griega, que procuraban que prevaleciera la consideración de la voluntad del sujeto. Con base en todo ello, se dio origen al concepto de culpa, como reproche a una conducta negligente o descuidada, y de dolo, asociado con una conducta malévola. En el período posclásico, incluso la responsabilidad por custodia, la más ajena a las consideraciones subjetivas, 'se transforma en una responsabilidad por omitida diligencia en la custodia' (Jordano Fraga, Francisco, op. cit., pág. 45), al exigirse en la misma que el deudor observara una rigurosa diligencia. En relación con las formas de responsabilidad estructuradas sobre el concepto de buena fe, y particularmente, las diversas gradaciones desarrolladas por la jurisprudencia, éstas se convirtieron en diversos grados de culpa-diligencia. Ya no sólo fue reprobable la actuación negligente sino que también la omisión culpable empezó a tener efectos jurídicos. En fin, la culpa-negligencia, referida a la omisión de la diligencia propia de un buen padre de familia, se convirtió en el centro del sistema de responsabilidad contractual".

[217] *Vide* AEDO. El concepto de culpa aquiliana y su evolución en las últimas décadas: distintas teorías. *Revista de Derecho [de] Universidad Católica del Norte*, Antofagasta, Chile, n. 23, p. 21-59, 2014, con fuentes y lit. Torrent, Aproximación al concepto de 'culpa ex lege Aquilia' (Paul. 10 ad Sab.) D. 9,2,31 y 9,2,28, en Antologia giuridica romanística e anticuaria (Milano 2018), p. 75 *et seq.*

[218] "Culpa facere".

[219] "Culpa non facere".

[220] "Culpa legis Aquilae".

depois, a jurisprudência incluiu como prejuízo, no foco de uma possível simplificação, a abrangência de uma disciplina para a concessão do direito de punibilidade à lesão ocorrida, com o valor da perda ou do dano, com a inclusão do montante equivalente ao dano emergente e ao lucro cessante em decorrência da morte ou lesão corporal dos proprietários de imóveis, do credor pignoratício, do usuário e do usufrutuário.

No início, o sistema de direito romano entendia a existência da *'culpa'* como acessória, em que a vítima reagia ao próprio evento nocivo, mas não analisava a motivação da pessoa que causara a lesão.

Embora a exclusão da *'vindicta'* contra aqueles que careciam de plenas faculdades mentais, *'de todo'*, os loucos ou as crianças, fosse plenamente justificada, alçou-se logo depois a gênese do conceito de culpa muito leve, entendida como a omissão no momento da ação e dos devidos cuidados que deveriam ser adotados.

Em outra seara, o escopo da indenização foi aumentado em termos do montante ou do valor da perda e com vistas a uma melhor procedência do litígio, agregando o tipo de dano que fora causado culposamente às coisas, porém destacando-se que, ao longo do tempo, foi desenvolvida uma ordem conceitual que estabeleceu os requisitos para ativar a obrigação de indenizar.

Não obstante, tem-se que a compensação ressarcitória dos danos causados por *'culpa'* apresentava a provença do *'dano'*, que poderia ser *positivo*[221] ou *negativo*[222], dependendo se o patrimônio líquido efetivamente diminuíra.

O dano também se distingue na *'rei aestimatio'*[223] e na *'id quod interesse'*[224], que titulava, ao *primeiro*, a consequência imediata do ato e, ao *segundo*, o interesse indireto, qual seja, o interesse que a parte lesada possuía pelo *'fato'*, de o *'fato'* não ter ocorrido, tal qual o brocardo latino *'quanti eius interest hoc vel illud factum non esse'*[225], em que se sopesava o critério de aferição.

Assim, incluía também o *'dano'* que não decorria diretamente do ato culposo, mas que vinha a ferir o lesado na concomitância de outras circunstâncias, que talvez não poderiam ter existido, mas cuja existência,

---

[221] "Dano consequencial".
[222] "Lucros cessantes".
[223] "Valor".
[224] "Problema".
[225] "Quão importante é que esta ou aquela coisa não tenha sido feita".

entretanto, pudesse ser demonstrada, uma vez que o causador do *'dano'* a outrem por sua própria culpa é responsável tanto pelo ato praticado quanto pelo interesse *'id quo'*.

Posteriormente os entendimentos que são emanados pela *'iurisprudentia republicae'* vêm lastrear um critério de responsabilidade que dispensou a rigorosidade do *'princípio do damnum corpore suo datum'*, visto que o entendimento do *'damnus'* também irradiava efeitos estruturais, abarcando um melhor norte de sua interpretação, pela força das expectativas da 'epic iustitia', que deveria ser dinâmica e racional, com uma linguagem simples e direta, como alternativa para o dever de considerar, *'tão somente'*, a causa relativa ao contato presencial *'injustificado'*, *'direto'* e *'material'* da conduta do autor junto à *'rés'*, como modo de atribuição e homenagem do dano incluso previsto na *'achilles doctrina'*, em face de um fato visivelmente oriundo de um comportamento considerado *'negligente'* e *'condenável'*.

Assim, a existência do *'damnum'* era imprescindível, e foi conceituado como a perda ou diminuição sofrida pela vítima, em que se fez necessária a presença de uma *relação causal entre o 'dano' e a 'ação'*, por ser a alavanca estruturante da caracterização do procedimento a este último, que necessitava da prova da culpa ou negligência do justo, ou do injusto, genericamente contrário à lei, para estar sujeito às sanções previstas, com a exceção daqueles que causaram danos ao exercer o seu próprio direito, em legítima defesa, ou em estado de necessidade.

A história nos diz que a reparação parece ser considerada uma *'poena'* nos primeiros dias em que a *responsabilidade civil e a criminal* estavam ligadas, podendo-se dizer que, nos sistemas primitivos e no antigo direito romano, a regra era a responsabilidade *'objetiva'*.

*De forma 'épica'*, a *'culpa'* já estava presente nos sistemas primitivos, no sentido de que a sua existência se dava nos casos de impossibilidade superveniente da prestação, próximos aos pressupostos existentes, em que o critério de imputação era o *'objetivo'*, dentro dos valores 'épicos' da ordem jurídica, dado o agrupamento de regras existentes, com valores superiores e diretrizes fundamentais, que consubstanciavam as premissas do sistema, uma vez que, para tal, bastava atribuir ao responsável pelo *'dano'* o fato objetivo, bem como o *'nexo de causalidade'* entre ele e a conduta do sujeito.

No campo da responsabilidade civil, é pacífico que a *'culpa'* foi afirmada pela primeira vez no período clássico do direito romano, *'de todo'* com o fito de esclarecer que a doutrina reconhece a existência de *'teorias'* diferentes sobre o significado da culpa, uma vez que, em todas as *alíneas da história da 'responsum'*, a definição de *'culpae'* remete a um contexto de variadas interpretações e teorias.

Tem-se que uma erudição de grande magnitude remete a uma concepção voltada à realidade *'grega'*, com a inserção de uma *'cultura romana clássica'*, que conduz à tona de um raciocínio que se deflagrou como uma conquista do primeiro classicismo jurisprudencial, que se potencializou no ordenamento jurídico cíclico da então natureza procedimental, em que prestigiou determinados princípios, em relação à fixação do senso de culpa na responsabilidade civil, relacionado aos fatores de negligência ou descuido, ainda que a *'falta extracontratual'* fosse a sua *'predecessora'*.

Especificamente, *'argumentandum tantum'*, entendia-se que a culpa possuía nessa época o significado de um critério de imputação, uma vez que a concepção de existência da responsabilidade civil não bastava, fazendo com que os institutos *da 'iniuria' e do 'damnum'* coexistissem.

Entretanto, deveria haver *'a princípio'* o pressuposto de um desdobramento objetivo, na medida em que o *'dano'* causado deveria ter sido contrário à lei, rodeado posteriormente de um desdobramento subjetivo, no sentido de que esse *'dano'* deveria ter sido causado por culpa do agente, como critério moral de comportamento.

A *'Iniuria'*[226] é então equiparada à culpa, opondo-se tanto à intenção de causar dano como, de forma *'concomitante'*, aos próprios *'eventos fortuitos e de força maior'*, pois esta linha de interpretação, na gestão clássica da *'lex romana'*, era entendida, como tal,[227] dentro de uma inclusão principiológica que partiu de um pressuposto de máxima efetividade e de uma maior concretude inovadora, que poderia decorrer de uma simples negligência, porém sempre lembrando *(como dantes diversas vezes afirmado)* que o *'alienado mental'* e o *'menor impúbere'* eram declarados irresponsáveis e, assim, em hipótese alguma incorriam na culpa, como pressuposto básico da responsabilidade civil.

Em seguida, por meio de uma outra teoria, surge o *'institutum'* de defesa de que, no direito romano do período clássico ou pós-clássico, entendiam que a *'culpa'* não possuía um sentido subjetivo de forma abso-

---

[226] "Por isso se disse iniuria, porque não se faz com direito; porque tudo o que não se faz com direito, se diz que se faz com iniuria. Isso é em geral; mas principalmente, a iniuria é chamada de contumelia. Às vezes, o nome de iniuriae significa o dano causado por culpa, como costumamos dizer na Lei de Aquilia. Outras vezes chamaremos injustiça de iniuriae; iniuriam, porque lhe falta lei e justiça, como se fosse non iuram [não de acordo com a lei]; mas contumelia, de contumere" (Ulp. lvi ad ed. D. 47,10, I pr).

[227] Culpa

luta, haja vista ser verificável que as referências específicas da *'lex romana'*, dentro dos princípios do sistema jurídico sazonal e do acesso à ordem jurídica, com base nas quais se desenvolveu a jurisprudência posterior em relação às *obrigações ex-delito (além do furtum e do roubo), 'de todo'* foram, por um lado, a *'iniura' ou 'dano injustamente'* infligido às pessoas, *'lesão física' ou 'honra'*, as quais exigiam para a sua aplicação uma ofensa dolosa à personalidade de outrem.

De outro lado, o *'damnun iniura datum'*, em relação às coisas estrangeiras reguladas na *'actio legis Aquiliae'*, era prevista em seu primeiro[228] e seu terceiro capítulos[229], e constituiu-se, segundo a classificação *'Gayana'*, em um *maleficium* ou *crime privado*[230], o que deu origem a uma *'actio ex delito'* que possuía por finalidade impor uma pena pecuniária ao autor em favor da sua vítima.

O *'damnum iniuria datum'* exigia três requisitos, quais sejam, o de ter causado o dano *injustamente 'contra legem ius'*; o de ter um fato, e não uma abstenção, como causa; e de ter sido alcançado diretamente à coisa, pois, em assim sendo, era um comportamento especificado em *matar (occidere), esmagar (frangere), queimar (urrere) ou quebrar (rumpere)* uma *'rés'* estranha, podendo ser um escravo, um animal e/ou outro móvel, causando dano patrimonial ao seu dono, que historicamente se insertou não só no conceito do jusnaturalismo, que pregava um direito natural e imutável, mas também do positivismo, cuja ótica enxergava o justo na própria lei.

Essa conduta deveria ocorrer mediante um contato imediato entre o sujeito, o agente e a coisa danificada, fazendo com que o dano fosse causado *'corpore suo datum'*, e, *do mesmo modo*, o procedimento deveria ser efetuado com total desmerecimento de um comportamento médio, que, por assim dizer, nominava uma tarefa árdua e principiológica como critério que permitia imputar juridicamente a respectiva sanção a um proceder, visto que, sendo a atuação injustificada, era, portanto, repreensível para a lei.

Foram os primeiros alicerces de um novo direito, que permitiu a exigência de que o *'dano'* fosse causado *'contra o direito'*, dando margem ao desenvolvimento relevante da ação regulamentada na *'Lex Aquília'*, chegando mesmo

---

[228] IGLESIAS, J. *et al. Gayo, instituciones*. Madrid: Civitas, 1985. "Está estabelecido no primeiro capítulo da Lei de Aquília: 'que quem matou inicialmente o escravo ou a escrava de outrem, um quadrúpede ou um gado, seja condenado a pagar a ao proprietário o preço mais alto do que naquele ano'" (Gai. ed ed. prov. D. 9,2,2 pr).

[229] MOLINAS, J. *Corpo de direito civil romano*. Ed. Barcelona, 1889. "Mas no capítulo terceiro Aquilia diz a mesma Lei: 'quanto a outras coisas, exceto o escravo e o gado morto, se alguém ferir outro, porque se queimou, se algo está quebrada ou quebrada com iniuria, está condenada a pagar ao dono quanto valer aquela coisa nos próximos trinta dias" (ULP. XVIII ad ed. D 9, 2, 27, 5).

[230] Gai. 3.182.

a admitir os danos causados de *'mão própria'*, agregado aos danos causados por *'omissão'*, como aqueles não sofridos na rigorosa materialidade física.

Pode-se mesmo dizer que essa ação foi o precedente da chamada *'responsabilidade por culpa'*, graças ao cabedal de interpretação reunido, que, junto à prática, constituíram a mais significativa linha de continuidade das codificações modernas.

Com base nestes axiomas, bem como no fato da *'Lex Aquilia'* pertencer à época material do direito do homem, que se limitava a reagir contra o mal sofrido, sem se preocupar com a ingerência da culpa, ou não no sentido técnico, é que se deduziu, pois, que a *'culpa'* significava o princípio da causalidade, temperada pela nova noção de *'ilícito'*, que, em assim sendo, era contrária ao Estado de direito objetivo.

Parte da doutrina entende que, tanto no *'período pré-clássico'* como no *'período clássico romano'*, a *'culpa'* não é um critério de imputação, mas sim a tangência de uma certa ambivalência, que se caracterizava por sobreposição a dois outros conceitos, à luz de uma concepção jusfilosófica prevalente, quais sejam, o da *'causalidade'* e o da *'ilegalidade'*, até porque os defensores dessa segunda teoria entendem a *'culpa'* como a causa de um prejuízo sofrido pelo sujeito, dotada de uma certa ilegalidade, uma vez que o termo *'culpa'* foi utilizado em relação ao dano civil para indicar em geral uma ação ilícita.

Além disso, há uma doutrina a qual defende que, na *'responsabilidade contratual do direito romano clássico'*, a falta do sentido técnico não se caracterizava como um critério de imputação dado a determinados fatores, entre eles a *responsabilidade objetiva pela custódia*, pois conjugava-se a agregação de princípios normativos com papéis significativos, carreados com entendimento de normas (como dito alhures) intrínsecas à baila do contexto balizado, em que a *'responsabilidade do critério de imputação era determinada pela natureza típica da relação obrigatória*, qual seja, *responsável por danos decorrentes de causas internas à sua esfera de controle'*, bem como na *'responsabilidade das relações em que vigorava o princípio da boa-fé'*.

Distinguem-se neste último grupo as relações que deram origem a atos infames baseados no elemento da *'fidúcia'* pessoal[231], para o qual o devedor só foi responsável pela fraude, ou fraude por violação do dever fiduciário, cujo critério determinante que o julga não é a capacidade técnica, mas a lealdade.

---

[231] Tutela, Mandato, Depósito

Assim, a falta técnica que aparece na *'Lex Aquilia'* não é a negligência atual, a última etapa da evolução, mas o requisito mínimo para atribuir a um sujeito as condições prejudiciais de um fato, que isenta de qualquer imputação, por exemplo, a dinâmica de um ato humano, oriundo dos fatos da natureza.

Desta forma, tem-se, pois, o uso da *'culpa'* mais aparente do que real, em um sistema em que o *'nexo causal'* prevalece sobre a conduta do sujeito, e que, como tal, são catalogadas com base em três circunstâncias notoriamente entabuladas, quais sejam:

A *primeira*, em que se tem que a *'imprudência'* é um instituto valorativo, agregado a um critério de imputação, que é dado por meio de uma noção pouco conhecida, pelo fato de supor-se uma etapa social evoluída, mediante uma vida pública de certa densidade, que simbolizam um ideal de justiça e segurança, com a idealização de princípios e regras que trabalhem no mesmo sentido, impondo deveres e obrigações nos aspectos jurídicos, com a implicação de um espírito de solidariedade entre os membros da sociedade, que se traduz no dever de tomar as medidas necessárias para não prejudicar os outros com a sua atividade, uma vez que, em sentido reverso, o tempo tratado acabava por caracterizar a ausência de vida pública e a organização em torno do clã familiar.

*Ao depois,* tem-se a prevalência na casuística romana da investigação causal sobre a *'negligência'* e a *'imperícia'*, evidenciada pela própria noção de culpa levíssima, que revela que o jurista exclui a possibilidade que se possam discutir no campo do direito as questões que, no domínio da *'culpa'*, em um sentido técnico, seriam fundamentais.

*Já em derradeiro,* tem-se o fato de que a distinção dada, desde a épica *'Lei XII Tábuas'*, era clara e juridicamente consagrada, pois baseava-se no *binômio do dano involuntário e dano acidental,* que não incluía a culpa como falta em si, *'exceptio'*, a culpa como *falta de prudência,* uma vez que a *falta de prudencia* não era autônoma do quesito *'dolo'* àquela época.

Estas teorias são corroboradas pela ocorrência premente da necessidade de uma garantia dos membros que compõem uma sociedade, em desfavor das consequências dos danos de *'simples'* falta de prudência, como, por exemplo, nos casos de incêndio ou danos causados por um animal que escapou da supervisão de seu dono, dentro de regras específicas, com a concepção de princípios, dentro dos dilemas de sazão e com a inclusão em um cenário em que se faz obrigatório entender o papel importante da agregação de valores, com os critérios da religião, que, por conseguinte, deveriam ser dotados de uma busca por uma melhor compreensão da realidade, dentro das diversas distinções, com vistas à lógica de seus atos, pois as tais exceções eram cobertas pela palavra relativa ao *'fato fortuito'*, que muitas vezes incluía a culpa involuntária em oposição à *'fraude'*, e, em outras ocasiões, aos pressupostos de força maior, como os atos dos *'alienados'*.

Determinantes da interpretação da *'culpa'* como preceito de imputação revelam pois uma primeira teoria, em que se afirma que a *'falta omissiva'* era um critério de inculpação, no sentido técnico da *'negligência'*, como um empreendimento de uma interpretação extensiva e menos crítica a este termo.

A confusão sobre o significado do conceito de *'culpa'* foi provocada pelos intérpretes da *'Lex Aquilia'* nos tempos pós-clássicos, quando determinaram que a necessidade para apreciar o *'crime de dano'* era *'tão somente'* a *'negligência do autor'*, tendo, para isso, sido adotado o vocábulo da *'culpae'*, que passou a relacionar-se com aqueles que obtinham *'fortuna'* de forma ilícita, dentro do princípio geral da fraude nos crimes.

Assim, não tendo percebido tal significado clássico, os *bizantinos da época do Direito Romano pós-clássico* interpretaram erroneamente a *'culpa'* como critério de responsabilidade, pois adensaram o termo *'fraude'* ao lado do termo *'culpa'*.

Dessarte, as causas que contribuíram para esse resultado podem ser resumidas em duas, quais sejam, *de 'um lado'*, a díade necessidade em que a *doutrina pós-clássica* se obrigava a buscar um único princípio ordenador, em comparação com o *sistema clássico romano* de ações, que favorecia o respeito por uma sistematização orgânica, *agregado de forma 'épica' ao ato de moralizar a responsabilidade*, num contexto de citação de princípios, dentro de uma considerável evolução, junto às exigências do bem comum, 'tudo' *sob a influência dos Padres da Igreja e da filosofia greco-helenística ou greco-latina; e, 'de outro lado', o fato de os bizantinos passarem a valorizar de forma legal a 'vontade humana'* como algo externo ao ato e, portanto, em si mesmo, em comparação com os *'clássicos'*, para os quais importava a clareza da situação jurídica, em que a vontade está totalmente incorporada.

À vista disso, na *época do Direito Romano pós-clássico*, tentava-se uma sistematização de um *'direito material heterogêneo'* em torno da ideia de *'culpa'*, como a *'imprudência'*, em seu *aspecto subjetivo ou voluntário*, surgindo assim a trilogia do *'dolus-culpa-casus'*, que, segundo a doutrina majoritária, obedece, antes de tudo, a uma *moralização do Direito.*

A culpa *(como dantes visto)* é interpretada como *'a omissão da diligência de um bom pai de família'*, dado o seu critério de imputação, uma vez que a omissão culposa é equiparada à ação, tornando-se fundamento da responsabilidade contratual e criminal, entendendo-se, por sua vez, num primeiro momento, que esta interpretação foi influenciada como uma pronunciação de modelos, com vistas a uma força fundamental, não apenas no ato de julgar em si, mas também na condução e atuação da *'procedure'*; e, num segundo momento, pela *hermenêutica dos pandectistas do século XIX* que se proclamaram como uma expressão da autêntica e genuína fonte de conhecimento do dogmatismo da época.

Conceberam a *culpa como ofensa civil, ou ação ilícita,* que se reflete na entidade do *'quase-crime'* de marcante natureza punitiva, para o qual, mais do que a reintegração, importava a correção e, portanto, a exigência de um *'conceito subjetivo'*.

Ao contrário, podemos afirmar que a *'concepção subjetiva de culpa'*, como *'negligência'*, foi uma novidade que essa corrente dogmática adotou, em comparação com a constatação historicamente demonstrável, de que a *'culpa juridicamente relevante'* norteava de forma verossímil determinados princípios, alistados nos costumes cíclicos, como uma verdadeira ferramenta para efetivação do 'ius', na qual possuía um sentido geral de *'nexo causal'* matizado pela exigência *'contra ius'*, o que significava a contravenção de uma norma de observância obrigatória, quer tenha sido cometida intencionalmente, quer não, quer maliciosamente, quer não, ou por mera ou inadvertida negligência.

Dessarte, tinha-se então que qualquer ato que contrarie a lei, o costume ou a boa ordem era *'culpa'*, uma vez que esta concepção encontra *'eco nos textos pós-clássicos'*, como prova o *código justiniano*[232], que é um tratado fundamental para orientar a busca do sentido jurídico da *'culpa'*, com referência à escolta do *Digest de Ulpiano*[233], que projeta o conceito de *'culpa'* em torno da produção de um resultado prejudicial, e não em torno da imputabilidade.

Após a *'fase romana'*, e durante a *'era franca'*[234], há um curto período histórico em que há novamente um retrocesso; aí qualquer investigação

---

[232]  Códice 5,17, II.1.
[233]  Dig. 4.9.3.
[234]  768 d.C, Carlos Magno, Sacro Império Romano-Germânico

da intenção provocada pelo autor de um *'dano'* é ignorado, e o elemento material assume, pois, uma maior abrangência de seus *'poderes'*, com a instituição de uma nova relação à condução do processo, *'de todo'*, dotado de uma preeminência, com a regulamentação na *'jurisdição das poenas'* a serem aplicadas em *'caso de danos'*, balizada por um retorno à responsabilidade objetiva de forma quase absoluta, com o porte de desenho quase que uniforme, neste sentido.

Ainda que a *'arrogância dogmática'* e a *'influência canonista'* tenham contribuído para o fato de que, em um estágio posterior, o *common law da Idade Média dos séculos XII e XIII, que se caracterizou pelo renascimento do direito romano*, tenha se fortalecido, *'de todo'*, houve a consolidação robusta de fortalecimento do elemento subjetivo da *'culpa'*, na interpretação da *'Lex Aquilia'*, em razão de fatores *('dantes já discutidos pela doutrina épica)* como a negligência, ou imprudência, em razão da notória fragilização do processo de enfraquecimento da *'iniura'*.

No entanto, há uma continuidade em admitir-se que determinado objetivo acarreta responsabilidade exoneradora, porque, quando presente o comportamento do causador *'non iure'*, não há responsabilidade pelo exercício do seu direito, uma vez que agiu de forma legítima, por meio da inserção de institutos outros, como os da *'legítima defesa'*, ou *'estado de necessidade'*.

E isso trouxe como consequência o fato de que, na *'comuna ius'*, foi adotada uma posição exclusiva e de extrema rejeição de tudo o que significava responsabilidade objetiva, em que se faz, pois, concluir que, na preeminência da *'tese da culpa'*, quando entramos no campo de debates sobre princípios, sobressai uma padronização no sentido subjetivo da *'civil law'* no direito romano e da *'common law'* no direito consuetudinário, e apresenta-se, em grande realidade, uma conjunção de fatores históricos, à essência de uma interpretação dogmática das normas jurídicas a serviço de uma moralização da lei.

# CIVILIS INPEDIMENTUM EVOLUTIO, AC PERCEPTIONE SCIENTIARUM LICENTIARUM CLASSICA[235]

---

[235] A evolução da responsabilidade civil e a percepção clássica da compreensão dos delitos

# DELICTA[236]

Os *'crimes'*, também chamados de malefícios, eram condutas pelas quais um terceiro era prejudicado por meio de um dano sofrido, que, de acordo com a longevidade do tempo e as consequentes transformações ocorridas na sociedade romana, foram modificadas e adaptadas às novas interpretações da época.

Destarte, os atos lícitos contrastam com os atos ilícitos, e dentro desta categoria estão, portanto, os crimes, delineando-se novamente que os crimes mais antigos se encontram textualizados na *Lei das XII Tábuas*, entendendo-se que as antigas *'Leges Regiae'* também faziam referência a antigas proibições.

Os romanos conheciam os dois grupos de delitos, quais sejam, os *delitos públicos (delicta publicae)*, que defendiam os interesses do Estado em termos de ordem pública e segurança; e aqueles de natureza *privada (delicta privatae)*, referentes a pessoas privadas, desde já se entendendo que os infantes *(incapazes)*, os insanos, ou advindos de erro, não eram criminalmente responsáveis.

Tem-se, pois, que no início a noção de *crime* estava relacionada ao dano realmente causado e vinculado à figura do seu perpetrador, que era a base da vingança, mas, com a *'regência do tempo'*, as infrações penais e suas penas começaram a ser regulamentadas, por serem consideradas um ato ilegal punível.

Em uma sociedade que, primitivamente e desde a *Lei das XII Tábuas*, estava organizada social, política e religiosamente, onde pensava-se cotidianamente acerca da necessidade de uma lei objetiva que regulamentasse as figuras criminosas, no âmbito privado, até mesmo como forma de representar um avanço sobre as sociedades primitivas da Antiguidade, uma vez que possuíam *'tão somente'* como conhecimento de norma legal a *lei de Talião*, que, como se sabe, era um o sistema de vingança privada com o propósito de promover a *'épica'* convivência harmoniosa, *'de todo',* e fácil pois, se compreender que o delito no direito romano difere do delito moderno, por lhe faltar a distinção entre punição e o ressarcimento do dano.

---

[236] Delitos

Neste piso, para todos os delitos privados, a punição dava-se pela condenação do ofensor ao pagamento de certa quantia de dinheiro, por meio do instituto da compositio, que era uma compensação de valor pecuniário que substituía a vingança.

Não obstante, assente no direito clássico, o delito privado passa a originar obrigações do ofensor para com o ofendido, que foram denominadas de obligatio ex delicto, cujo objeto era uma pena em dinheiro, entendendo-se que, no direito romano, qualquer ato ilícito que fosse sancionado com uma pena era considerado um crime, qual seja, um *delictum*, originado do tipo de conduta do procedimento aplicável e da coima correspondente, *contudo* fazendo-se uma distinção entre aqueles que eram chamados de *crimes públicos* e aqueles que eram classificados como *crimes privados*, tal como disserto.

Assim, a distinção romana entre *delitos públicos e delitos privados* deve compreender a evolução do delito, e em Roma coexistiram juntos, ainda que ao depois tenham sido divididos em duas grandes partes, quais sejam, a *pública*, que se referia à organização estatal e à regulação de suas relações com outras comunidades políticas; e a de *iniciativa privada*, concernente às relações jurídicas entre indivíduos.

Este *dualismo entre o público e o privado* acabou, num primeiro momento, a unificar-se por meio de uma linha de raciocínio em que se considerou todo e qualquer *'delicto'* como um ato antijurídico e danoso, sancionado com uma *'poena'*, e, como tal, distinto em duas classes, quais sejam, os *delitos públicos*[237] e os *'delitos privados'*,[238] que, de todas as formas, possuíam características próprias, que se diferenciavam de outras fontes de obrigações e de ações.

Tem-se como exemplo a intransmissibilidade passiva da obrigação do autor do *'delictum'*[239][240][241], que, como tal, não poderia ser transmitida aos seus herdeiros, seguida da intransmissibilidade ativa da *'ação penal'*, que

---

[237] 'Crimen', 'Criminas'

[238] 'Delicta', 'Delictum'

[239] "Non omnes autem actiones, quae in aliquem aut ipso iureconpetunt aut a praetore dantur, etiam in heredem aeque conpetunt aut dari solent. Est enim certissimaiuris regula ex maleficiis poenales actiones in heredem nec conpetere nec dari solere, uelut furti, ui bonorum raptorum, iniuriarum, damni iniuriae. Sed heredi ****dem [uidelicet actoris] huiusmodi actiones competunt nec denegantur, excepta iniuriarum actione et si qua alia similis inueniatur actio" (Gaius 4,112).

[240] "Civilis constitutio est poenalibus actionibus heredes non teneri nec ceteros quidemsuccessores: idcirco nec furti conveniri possunt. Sed quamvis furti actione non teneantur, attamen ad exhibendum actione teneri eos oportet, si possideant aut dolo fecerint quo minus possideant: Sed enim et vindicatione tenebuntur re exhibita. Item condictio adversus eos competit" (D. 47, 1, 1 pr).

[241] "In heredemnon solent actiones transire, quae poenales sunt ex maleficio, veluti furti, damni iniuriae, vi bonorumraptorum, iniuriarum" (50, 17, 111, 1).

'AQUILIAE' THEOREMA CIVIS ROMANUS STATUS DEFENSIONIS 'RESPONSUM'
REPARATORIUS CURAE ET PRIVATAE ET PUBLICAE DELICTIS IN ANTIQUA ROMANA LEGE

também era intransmissível aos herdeiros da vítima do *'delictum'*[242], bem como a indivisibilidade deste mesmo *'delictum'* em relação às obrigações comungadas de diversos autores do *factum*[243][244][245][246], fazendo com que o pagamento efetuado por um destes (autor) não extinguisse a obrigação dos outros, bem como a permissão para a acumulação de *'ações'*, uma vez que o exercício da ação penal não impossibilitava a instauração de outras ações derivadas do mesmo *'delictum'*.

Também havia a viabilidade de concreção do instituto da *'noxalidade'*[247], que era a possibilidade de o *'garantidor'* daquele que deu causa ao *'delictum'* se ver livre da responsabilidade, mediante a entrega do *'delinquens'* à vítima ou da *'rés'* que gerou o ilícito, que, acompanhadas do *'tempus'*, faziam com que as *'actiones poenalis'* concedidas pelo *'ius civile'* fossem perpétuas, e as do *'ius praetorium'* viessem a se extinguir, caso não fossem instauradas no prazo de um ano, contado da prática do *'delictum'*, ou do momento em que o ofendido viesse encontrar-se na situação de poder instaurá-la.

Denominavam-se *'criminas'* as infrações oriundas de um dano geral à sociedade e que, na *Roma pagã*, motivava a ira dos deuses, entendendo--se, pois, que as referidas infrações eram punidas em nome da comunidade, por meio da imposição de penas corporais, como morte *(suplicium)*, mutilação, exílio ou aplicação de multa, uma vez que a repressão pública a esses crimes buscava limitar a autodefesa espontânea da vítima, ou de sua família, como um pressuposto de essencialidade para a manutenção da paz social, dada a magnitude da perturbação à vida coletiva gerada por esses tipos de eventos.

Por outra perspectiva, denominavam-se *'delicta'* os delitos privados que afetavam um interesse particular, sem causar um maior prejuízo à

---

[242] "Emancipatus filius si iniuriarum habet actionem, nihil conferre debet: magisenim vindictae quam pecuniae habet persecutionem: sed si furti habeat actionem, conferre debebit" (Gaius 4, 112, d. 37, 6, 2, 4).

[243] "Sed si plures servum percusserint, utrum omnes quasi occiderint teneantur, videamus. Et si quidem apparet cuius ictu perierit, ille quasi occidit tenetur: quod si nonapparet, omnes quasi occiderint teneri iulianus ait, et si cum uno agatur, ceteri non liberantur: Nam ex lege aquilia quod alius praestitit, alium non relevat, cum sit poena" (D. 9, 2, 11, 2).

[244] "Idque est consequensauctoritati veterum, qui, cum a pluribus idem servus ita vulneratus esset, ut non appareret cuius ictu perisset, omnes lege aquilia teneri iudicaverunt" (9, 2, 51, 1).

[245] "Si duo pluresve unum tignum furati sunt, quod singuli tollere non potuerint, dicendum est omnes eos furti in solidum teneri, quamvis id contrectare nec tollere solus posset, et ita utimur: Neque enim potest dicere pro parte furtum fecissesingulos, sed totius rei universos: sic fiet singulos furti teneri" (47, 2, 21, 9).

[246] "Sed si ipsi tutores rem pupilli furati sunt, videamus, an ea actione, quae proponitur ex lege duodecimtabularum adversus tutorem in duplum, singuli in solidum teneantur et, quamvis unus duplum praestiterit, nihilo minus etiam alii teneantur: nam in aliis furibus eiusdem rei pluribus non est proptereaceteris poenae deprecatio, quod ab uno iam exacta est. Sed tutores propter admissam administrationemnon tam invito domino contrectare eam videntur quam perfide agere: nemo denique dicet unum tutoremet duplum hac actione praestare et quasi specie condictionis aut ipsam rem aut eius aestimationem" (26, 7, 55, 1).

[247] "Noxales actiones appellantur, quae non ex contractu, sed ex noxaatque maleficio servorum adversus nos instituuntur: quarum actionum vis et potestas haec est, ut, si damnati fuerimus, liceat nobis deditione ipsius corporis quod deliquerit evitare litis aestimationem" (D. 9, 4, 1).

ordem social, e a sua *'poena'* consistia no pagamento de uma quantia em dinheiro, calculada antecipadamente por lei e que servia como indenização pelo dano sofrido, como sempre *'dantes'* afirmado.

No direito romano, então, os efeitos obrigatórios decorrentes das *'delicta'*[248] foram regulados, bem como, aqueles derivados dos *'criminas'*[249].

Destarte, a *'ius memoriae'* solidificou a concepção da *'delicta privata'* de maneira tal que, segundo a definição de Ulpiano, *'quod ad singulorum utilitatem pertinet'*[250], diz respeito à utilidade dos particulares, que regula e protege não só os interesses dos homens enquanto membros de um Estado, mas dos que nascem e se desenvolvem no âmbito da sua autonomia individual, e que dizem respeito ao seu patrimônio, à sua família, ao comércio, e outros.

No domínio do *'privata ius'*[251] [252], um ato ilícito é então a ação ou omissão imputável por meio da qual o direito de outrem é lesado, e os danos ocorridos em relação a esses direitos privados são chamados de *'delicta privata'*, em que estes últimos constituem uma causa especial ou fonte de obrigações intituladas de *'ex delito'*, não produzindo mais do que uma alteração na relação obrigatória já existente.

*'De completo'*, infere-se que todo e qualquer ato ilegal pressupõe um prejuízo ao direito alheio, e tal prejuízo é imputável a quem deu causa, qual seja, a *'culpae'* no sentido realístico do vocábulo, entendendo-se que um ato pode ser ilícito em si mesmo, independentemente de qualquer relação obrigatória entre o lesado e a parte lesada, ou em virtude de uma relação obrigatória previamente existente entre ambas as partes.

Assim, *o 'furtum', a 'rapiña', a 'iniuria', o 'damunm iniura datum'*[253] *(estas últimas fazem parte da classificação dos quatro atos ilícitos referenciados*

---

[248] Como sendo: os crimes particulares processados por iniciativa do ofendido e punido com uma multa em favor da vítima.

[249] Como sendo: os crimes públicos que afetavam a ordem social, e eram processados *ex officio* e puníveis com penas públicas.

[250] "Que pertence aos interesses do indivíduo".

[251] BLASI, PAULO HENRIQUE. *A tutela judicial dos "novos" direitos*: em busca de efetividade para os direitos típicos da cidadania. Ufsc, 2000 *apud* Ascensão, José de Oliveira. O direito: introdução e teoria geral. Uma perspectiva luso-brasileira. Lisboa: Fundação Calouste Gulbenkian, 1978. p. 283). "Já em Roma surgiu a distinção de todo o direito em público e privado, que é ainda hoje a distinção fundamental".

[252] BLASI, PAULO HENRIQUE. *A tutela judicial dos "novos" direitos*: em busca de efetividade para os direitos típicos da cidadania. Ufsc, 2000 *apud* Ascensão, José de Oliveira. O direito: introdução e teoria geral. Uma perspectiva luso-brasileira. Lisboa: Fundação Calouste Gulbenkian, 1978. p. 181). "Uma divisão fundamental do direito conhecida desde os romanos, que consideravam tratar o direito público da coisa pública [...], enquanto o direito privado, do interesse dos particulares".

[253] RODRÍGUEZ, *op. cit.* "La doctrina señala que los siguientes fueron los elementos característicos del damnum iniuria datum en la época en que originalmente se dio aplicación a la Lex Aquilia:
Era preciso que el damnum consistiera en el deterioro o la destrucción de una cosa corporal (corpus laesum). En las reconstrucciones elaboradas sobre lo que pudo haber sido el texto de la ley se indica, como ya lo hemos anticipado, que en el capítulo primero se habría utilizado la expresión occidere (originalmente era la acción de golpear hasta la muerte, que debía ser ocasionada a través de un acto material sobre el cuerpo) y en el capítulo tercero las palabras urere, frangere y rumpere (originalmente quemar, romper y rasgar)
El daño debía ser causado por un acto del hombre, que se concretaba en una acción de contacto corporal (corpore) del autor sobre la víctima. Esto significa que en el sentido original de la ley el daño debía ser causado de forma inmediata y que la

*por Gaius), a 'importunus' (intimidação), o 'dolo', a 'fraus creditore' e os 'quasi criminibus' (quase-delitos)*[254], que eram de cunho particular, foram então catalogados por meio de uma ordem de valoração de condutas descritivas em função da sua própria natureza.

No mesmo bordo, e de forma similar, a *'ius memoriae'* também historiografou os *'delicta publicum'*[255], que, considerados como *'atos ilegais'*, tais como definidos por *'Ulpianus'*[256 257], eram aqueles enquadrados na tipicidade coercitiva penal *'épica'*[258], e que, por encontrar-se ao regramento da *'persecutio'* que era efetivada por parte da organização, do governo e da administração do Estado, tinham como consequência as *'poenae publicae'*[259].

Por assim dizer, foram configurados então como o *'perduellio'*, o *'parrecidium'*, o *'homicidium'*, o *'crimen repetundarum'*, o *'crimen maiestatis'*, o *'veneficium'*, o *'incendium'*, o *'peculatus'* e o *'adulterum'*, e o instituto da *'provocatio ad populum'*[260], que era o direito dos *'civitas romani'* de apelar ao povo reunido contra as sentenças dos magistrados que se consideravam abusivas ou injustas, principalmente quando eram impostas as penas capitais.

---

acción debía concretarse en la comisión de un hecho. Así, según lo enseña gayo, si se persuadía a un esclavo ajeno para que se subiera a un árbol y estando allí se caía y moría, no se configuraba el delito, mientras que sí se configuraría si se lo empujaba del borde de un río y el esclavo moría ahogado. el elemento que analizamos llevó a sutiles distinciones e, incluso, a opiniones que hoy nos parecen excesivamente rígidas, como aquella atribuida a Labeón, y refrendada por Ulpiano, según la cual si una comadrona proporcionaba con sus manos una medicina a una esclava y ésta moría, sí procedía contra aquélla la acción derivada de la Lex Aquilia, mientras que si lo que había hecho la comadrona era entregar la pócima en las manos de la esclava y era ésta quien directamente llevaba a su boca la bebida que habría de causarle la muerte, no procedería la acción por damnum iniuria datum, sino una acción in factum.

ᴸᵃ legitimación para entablar la acción correspondía al propietario de la cosa (erus) y sólo se concedía a los ciudadanos romanos. d. el daño debía ser causado sin derecho (iniuria). Por tanto, no cometía el delito quien actuaba en ejercicio de un derecho, en estado de necesidad o en legítima defensa. el elemento iniuria ha generado diversas opiniones entre los tratadistas, pues mientras una parte de ellos estima que la iniuria implicaba la culpabilidad del autor del hecho, entendida esta expresión como comprensiva de actuaciones dolosas o simplemente culposas, otra corriente considera que la iniuria se refería únicamente a la antijuridicidad de la conducta, esto es a la actuación realizada sin derecho".

[254] "El derecho francés consideró los delitos y cuasidelitos como materia del derecho civil y se hizo una distinción corre el delito civil y el delito penal en virtud de las relaciones que hay entre ambos y de que existen hechos ¡lícitas que están sancionados por las leyes penales que son los delitos y hechos ¡lícitos que no están sancionados por las leyes penales pero que causan un daño de carácter patrimonial y por lo tanto son delitos civiles. Sin embargo, también hay hechos ilícitos que caen bajo la esfera de ambas materias porque además de causar un dallo patrimonial, están sancionados por las leyes penales. En el derecho francés se reglamentó la responsabilidad del daño para los delitos desde el punto de vista penal y la cuestión relativa a la indemnización se le dejó al derecho civil" (*in* Instituto de Investigaciones Jurídicas, Unam, MX, 2000, cf. Bonnecase, Julien, op. cit., p. 359).

[255] "Crimina, Crimina Publica".

[256] "Publicum ius est, quod ad statum rei romanae spectat, privatum, quod ad singulorum utilitatem: sunt enim quaedam publice utilia, quaedam privatim" (Ulpiano. 1 Inst., D. 1, 1, 1, 2).

[257] SALDANHA, Daniel Cabaleiro. *História e teoria das fontes do direito romano*. Belo Horizonte, 2011. "Huius studii duae sunt positiones, publicum et privatum. Publicum ius est quod ad statum rei romanae spectat, privatum quod ad singulorum utilitatem: Sunt enim quaedam publice utilia, quaedam privatim. Publicum ius in sacris, in sacerdotibus, in magistratibus constitit". Tradução livre: "Dois são os aspectos deste estudo, o público e o privado. É direito público o que se refere ao estado da coisa romana e privado o que se refere à utilidade de cada indivíduo, pois algumas coisas são úteis pública e outras privadamente. o direito público consiste nas coisas sagradas, nas dos sacerdotes e dos magistrados" (Ulpiano, Dig, I, 1, 1, 2).

[258] SAVIGNY, Friedrich Karl Von. *Sistema del diritto romano attuale*. Traduzione dall'originale tedesco di Vittorio Scialoja. Torino: Unione Tipografico Editrice, 1886. v. 1. p. 48-49 *et seq*. Nas palavras de Savigny: "No direito público, o todo se apresenta como finalidade e o indivíduo resta em segunda ordem. Já no direito privado, qualquer indivíduo por si mesmo é tido como finalidade e cada relação jurídica serve apenas como meio para sua existência ou para suas particulares condições".

[259] FATTORI, *op. cit. apud* ALVES, J. C. Moreira. *Direito romano*. 10. ed. Rio de Janeiro: Forense, 1995. v. 1. p. 265. "O estado punia os autores dos delitos públicos com a poena publica (pena pública), imposta por tribunais especiais como as quaestiones perpetuae, e que consistia na morte, ou na imposição de castigos corporais, ou em multa que revertia em benefício do estado".

[260] "Item si non provocavit intra diem, subvenitur ut provocet: fige enim roc desiderare". Em tradução livre: "Do mesmo modo se não provocou antes do dia, é ajudado para que provoque: supõe-se que o deseje" (D 4.4.7.11 – Ulpianus 11 ad ed).

Portanto, a locução do *'ius publicum'* relaciona-se às disposições que, embora se declarem aos vínculos entre os indivíduos, não possuem soberania, nem podem concordar em modificá-las, porque constituem uma zona alheia à égide da sua autonomia e da eficácia dos acordos com outros homens, o que leva à proibição de querer modificar as suas disposições, entendendo-se como tal a *'verbi gratia'*, em que se assinala o *'ius publicum privatorum pactis mutari non potest*[261]*; privatorum conventio iuri publico non derogat'*[262], *'testamenti factio publici iuris est'*[263], *'iure publico causa pignorum integram obtinebis'*[264] e *'rei publicae interest mulieres dotes salvas habere'*[265].

Há de se considerar que à época certos crimes também poderiam ser compreendidos ao mesmo tempo como *'crimes públicos e privados'*, e nestes casos a vítima tinha a opção de escolher entre a *'ação pública'* voltada para a imposição de castigos corporais, ou o exercício do direito de obter uma *'poena'*, entendendo-se que a condição econômica do infrator era determinante, uma vez que, no caso do mesmo ser desprovido de bens, a preferência recaía invariavelmente na ação pública, fazendo com que na prática as ações privadas fossem abandonadas em favor do castigo corporal, considerado mais eficaz contra a massa de criminosos insolventes.

No direito de Roma, a questão da responsabilidade por perdas e danos teve uma evolução interessante, uma vez que, após a fase inicial em que a vingança privada e a retribuição foram predominantemente aplicadas, *'de todo'*, houve a mutação para o conceito de que o dano que uma pessoa sofrera de forma injusta, de forma pessoal ou material, pela ação de outrem, gereva como consequência, a imposição de uma pena, haja vista, que o ato de infligir *'danos'* de forma injusta passou a ser considerado crime e, como tal, sancionado.

Desta forma, o passadiço do longínquo *'tempus'* levou o ordenamento do *'ius'* romano à *'racio'* de uma essência em que *'de todo'* deveria prevalecer o entendimento da concreção da substância indenizatória pelo dano sofrido com uma concepção punitiva, ao exemplo do melhor trato para as questões desta natureza, pois a princípio toda responsabilidade era criminosa.

---

[261] Livre tradução "O direito público de partes privadas não pode ser alterado por acordo"

[262] Livre tradução: "O direito público não pode ser alterado por contratos privados; o acordo de particulares não derroga o direito público".

[263] Livre tradução: "Um testamento é uma parte protegida por direitos autorais".

[264] Livre tradução: "Quando se obtêm títulos completos de interesse público".

[265] Livre tradução: "É importante para o governo que as mulheres economizem dotes".

Por outro lado, a avaliação que se faz do elemento subjetivo da causa do dano, agregado, à sua intencionalidade e repreensibilidade da conduta, também obteve diferentes expressões ao longo dos anos e, em geral, apresentando uma longa e complexa evolução, que passou da *'intentio'* da irrelevância, para a determinação de uma *'castiça'* imputação, no eixo do critério de responsabilidade.

No direito antigo não havia diferenciação quanto ao regime jurídico dos danos de acordo com sua origem, e, por assim dizer, as consequências não eram diferentes, se o dano fosse causado pelo incumprimento de uma obrigação decorrente de um contrato celebrado entre as partes, ou se ocorresse com a supressão de um vínculo jurídico prévio entre as partes.

Por assim dizer, os delitos privados eram aqueles *'atos ilícitos'* que lesionavam ou afetavam um particular, a sua família e o seu patrimônio, e, como tal, quando um *'criminem privatus'* era apresentado, a pessoa prejudicada poderia iniciar uma ação *'criminal'*, que possuía como objetivo *'attendere'* para que o juiz viesse condenar o autor do crime a pagar a vítima uma quantia em dinheiro, a título de punição, com a finalidade de beneficiar diretamente a vítima do crime.

Entendia-se assim que as ações decorrentes desses crimes eram privadas, na medida em que somente algumas poderiam ser instituídas pelo interessado na matéria, salvo aquelas decorrentes da atividade do pretor, como a *'actio sepulchri violati'*, de *'positis et suspensis'*, de *'effussis vel deiectis'* e/ou *'actio de feris'*, que poderiam *'até mesmo'* ser intentadas por um *'inceptum popularis'* na ausência de iniciativa da pessoa diretamente prejudicada, demonstrando que possuíam a particularidade de que a *'poena'* que lhe correspondia beneficiava a pessoa que promovera a ação.

Havia também as ações populares criadas por lei visando à defesa dos direitos e interesses das pessoas, em especial no que se refere ao uso de parte do patrimônio público, e nelas o valor decorrente da condenação imposta era distribuído de forma que parte deste *'valorem'* beneficiasse o autor individual e a outra parte fosse entregue ao *'aerarium populi romani'*.

Em outra perspectiva, a palavra *'crime'* vem do substantivo latino *'delictum'*, correspondente ao verbo *'delinquere'*, que significa a falta de cuidado ou de dever, uma vez que em Roma o direito penal foi fundado com base no dever moral, que impôs ao Estado a tarefa de instrumentalizar a sua praxidade, porquanto o *'ius criminale'* era uma norma ética prescrita pelo Estado como obrigatória, e a consequência de sua violação era a imposição de uma *'poena'*.

A antiga língua latina, tanto no sentido comum quanto no sentido técnico, usava uma diversidade de vozes sinônimas para a referência dos conceitos de prejuízo ou falta de acato ao regramento que era devido, utilizando expressões como *'maleficium'*, *'scelus'*, *'facinus'*, *'peccatum'*, *'noxa'* e *'crime'*, e, com o lapso de tempo, essas expressões tornaram-se conceitual e semanticamente diferentes, uma vez que abrangiam toda e qualquer ação ou conduta humana prejudicial ou maliciosa.

Dessarte, justificava-se, pois, o *'ius persequendi'*, que, por meio do procedimento penal, os delinquentes eram levados ao castigo via *'poena'* pública, uma vez que, considerados *'publicae crimina'*, a obrigatoriedade de seu conhecimento era de titularidade de tribunais públicos, de caráter permanente[266], excepcionalmente entregues a outros órgãos do Estado, como o *'Senatus'*, que atribuíam a estes *institutos* a provença de sanções corporais ou pecuniárias, uma vez que, dentro dos delitos públicos, a doutrina mencionava diversas condutas, das quais se deve destacar os atentados graves contra as liberdades cidadãs[267], agregado ao surgimento de *'los bonae fidei iudicia'*[268].

*'Ad referendum'*, tem-se então que, na *'imperialis tempus'*, os dois sistemas de responsabilidade, tanto o *'delitual'* como o *'contratual'*, estavam claramente diferenciados, haja vista *(como dito)* que no direito romano os efeitos obrigatórios decorrentes dos *'delicta'*[269] foram muito bem regulados, assim como os derivados de *'crimina'*[270].

Para melhor exemplificar, entre os crimes particulares *'delictas'* processados por iniciativa do ofendido e punidos com uma multa em favor da vítima, tem-se o *'furtum'* e a *'iniuria damnum datum'*: aquele *(furtum)* era qualquer dano causado às coisas na sua materialidade ou disposição em violação do direito de propriedade, ou de qualquer outro direito da pessoa; e este *(iniuria damnum datum)* era um ato ilegal praticado por uma pessoa, com ou sem intenção, mas que causara dano a outro.

Não obstante, deve-se realçar que este último, *'iniuria damnum datum'*, veio do advento da lendária *'Lex Aquilia'*, que estabeleceu o escopo do reparo, *'de todo'*, comungada com a *'Lex Praetoria'*, em que a responsabilidade civil passou a desenvolver-se de forma notável, à medida que

---

[266] *Qauestiones Perpetuae.*

[267] *Perduellio*, ofensa capital de alta traição, qual sejam, crimes públicos que afetam a ordem social, e eram processados *ex officio* e puníveis com penas públicas.

[268] Julgamentos de boa-fé.

[269] Crimes particulares processados por iniciativa do ofendido e punidos com uma multa em favor da vítima.

[270] Crimes públicos que afetam a ordem social, são processados *ex officio* e são puníveis com penas públicas.

ampliou o alcance do dano previsto pela primeira, ao dar nova ênfase aos sujeitos legitimados para exercer a ação.

Assomam-se a elas as *'ações de fato'*, que eram *'acreditadas'* como aquelas que, mesmo fora do *'edital do pretor'*, poder-se-iam deferir[271]; e as *'ações úteis'*, que eram concedidas pelo *'praetor'*; além das *'ações textualizadas e concedidas'* pelo *ius civile*.

D'outro ponto, havia a *'quaestio'* relacionada aos fatos prejudiciais, que geravam responsabilidade no direito romano, registrando-se, por exemplo, todos aqueles que causavam *'destruição'*, *'alteração'* ou qualquer *'dano ao corpo' (damnun iniuria datum)*, cuja ação correspondia inicialmente ao dono da coisa e, ao depois, estendia-se ao usufrutuário, ao credor pignoratício e ao inquilino, que, por assim dizer, também possuíam a legitimidade para o seu exercício, de igual monta, no que diz respeito às *'lesões corporais e morte de uma pessoa'*[272], cuja indenização incluía as despesas com a cura, os rendimentos perdidos e a diminuição da capacidade de aquisição de coisas em tempos vindouros, como dantes, disserto.

---

[271] Em razão das alegações das partes em cada caso particular, quando as circunstâncias não estivessem de acordo com as palavras exatas da lei.

[272] "Utilis aquiliae actio".

# PRIVATUS DELICTIS[273]

Os delitos privados[274], que nada mais eram do que ofensas feitas a uma pessoa[275] ou aos seus bens, eram assim considerados atos ilícitos, pois lesavam ou afetavam o indivíduo, a sua família ou seu patrimônio, permitindo então à pessoa vitimada, quando da concretização da ocorrência[276] o ensejo de uma *'actio'*, que possuía por objetivo fazer com que o *'Estado'* condenasse o autor do fato a lhe dar uma quantia em dinheiro, *'privatae poena'*, como uma espécie de um algoritmo dentro de uma lógica alavancada pelo *'factum'* ocorrido, cravando o perfilamento do *'iustum'*, que, por assim dizer, possuía o mesmo caráter punitivo do que a *'poena publica'*, a título de castigo, em razão da situação do conflito provocado e instituído, muitas vezes de forma arbitrária, ficando desta forma a cargo da *jurisdicere* o *'quantum'* de benefício direto ao vitimado pelo ilícito cometido por outrem.

Desta forma as ações decorrentes dessa classe de *'delictos'* eram, pois, *'privatae'*, até mesmo na medida em que eram instituídas com o implemento do titular interessado, ainda que algumas ações decorrentes da atividade do pretor[277] sobre a concretização e a aplicação dos princípios jurídicos *'épicos' fossem concedidas por meio do 'ius honorarium', em que o pretor concedia às vítimas as 'actiones in factum'*.

Emancipado a isto, é certo que o próprio vitimado, e, portanto, o legítimo interessado na matéria, tornava mais incisivo o ato de julgamento, *porém, ainda que* esse direito pudesse ser exercido de forma efetiva, o titular precisava dispor de todas as informações coletadas ao *'factum'* para se chegar a uma justa decisão, não se isentando que este pudesse ser de iniciativa popular na ausência da iniciativa da pessoa diretamente afetada, porquanto, em geral, essas ações possuíam a particularidade de que a *'poena'* correspondente beneficiava a pessoa que promovera a ação.

---

[273] "Delitos privados"

[274] ALVES, 1995, p. 275 *et seq.* "[...] embora no direito clássico o ius civile apenas reconhecesse como fonte de obrigação os quatro ilícitos classificados como delicta (furtum, rapina, damnum iniuria datum c iniuria), não podiam os romanos deixar de levar em consideração outros atos ilícitos que acarretavam prejuízos. Diante disso, quando surgiu a classificação tripartida contida na obra Aureorum libri, atribuída a Gaio, quatro dessas situações foram classificadas dentre as variae causarum figurae, a saber, si iudex qui litem suam fecerit; effusum et deiectum; positum et suspensum; e receptum nautarum, cauponum, stabulariorum. Nas instituições de Justiniano (Inst. 4,5), por outro lado, tais figuras foram inseridas, dentro de uma classificação quadripartita das fontes das obrigações nos chamados quase-delitos".

[275] 'Corporis Injuriam'

[276] 'Privatus Delicta'

[277] "Actio sepulchri violati, de positis et suspensis, de effussis vel deiectis ou actio de feris".

###### 'AQUILIAE' THEOREMA CIVIS ROMANUS STATUS DEFENSIONIS 'RESPONSUM'
###### REPARATORIUS CURAE ET PRIVATAE ET PUBLICAE DELICTIS IN ANTIQUA ROMANA LEGE

De outra monta, houve também uma série de ações populares criadas por lei visando à defesa dos direitos e interesses das pessoas, especialmente no que se refere ao uso de parte do patrimônio público, e nessas ações o valor decorrente da condenação imposta, por evidência, com a intervenção da *leges* e *'consuetudo'*, torna inalterado o critério e o procedimento quanto ao viés abarcado em relação a todos os assuntos concernentes ao tema, que, por assim dizer, era distribuído de forma que a metade destas beneficiasse o autor individual e a outra metade fosse entregue ao *'aerarium populi romani'*.

Então, mais do que referendado que os *'delictas'* privados consistiam em atos ilícitos que causavam danos à propriedade ou à pessoa física cujo interesse tivesse sido diretamente prejudicado, dos quais resultavam em obrigações para quem os cometia.

Contudo, vale lembrar, em breve síntese, que, à época da *Lei das XII Tábuas*, os teóricos do *'Decenvirato'* entendiam que a intervenção do Estado só poderia acontecer para limitar a vingança do lesado e assim dar ao autor do fato uma forma menos bárbara daquelas que eram previstas pela *'Lei de Talião'*, *dando prioridade* à finalidade social, com explicabilidade e inteligibilidade, por meio da demonstração de um alinhamento no processo decisório, ainda que formal, suficiente para garantir o respeito aos direitos do indivíduo mediante então um grande avanço em relação aos seus *'predecessores'*, que estabelecia o direito à *'vindicta'*, com a possibilidade de efetivação de nomenclaturas estabelecidas, quais sejam, *'olho por olho, dente por dente'* e quem *'com o ferro mata com o ferro morre'*, e que causava múltiplos problemas em termos da efetiva reparação do dano.

Isto porque, havendo excessos originados pela decorrência de reparar-se um dano *(dano reparador)*, por meio do direito que possuía a *'vítima'* ou o seu *'pater familiae'* em desfavor da pessoa do *'agressor'*, *'de todo'* surgia a temeridade de que se poderia dar causa a um dano de maiores proporções, o qual possibilitaria a ativação de uma nova versão de referendo, qual seja, o *'dano reparador'*, desta vez do *'ex-autor'* em relação à *'ex-vítima'*, e assim por diante, causando, de toda forma, um círculo vicioso infinito.

De certo, as ações tendiam a obter uma sentença pecuniária, cujo valor seria entregue pelo *'réu'* ou *'acusado' ao 'autor'*, e a *'poena'* era medida pela verdadeira mágoa causada à vítima, *em dobro, em triplo e/ou até em quádruplo do dano causado*, impactando não só a pessoa, mas também os aspectos da personalidade do indivíduo e a sua esfera jurídica, pois era imprescindível que a decisão gerada demonstrasse uma medida que atuava diretamente na homenagem do procedimento instaurado, que era arbitrado, de forma relativa, ao maior valor da coisa danificada no último mês ou ano, ou valor máximo já atingido, bem como em uma *'poena'* fixa em ases *(moeda da época romana)*, como no caso das *'iniurias'*, já que na maioria das vezes os seus autores pertenciam à classe alta da sociedade romana.

Tem-se, pois, que a *'poena privata'* do período clássico estava diretamente ligada à *condenação* formal, uma vez que a eventual *condenação* derivava de uma estimativa *'aestimatio'* econômica do dano causado, por meio de uma avaliação de *'danos ex delito'*, prevendo a impossibilidade de eliminação da descontinuidade dos dados levados ao *'iudicium'*, o qual concretizava o advento de uma autêntica *'obligatio civilis'*, tal como dissertou *'Gaius'*[278] em sua *Instituta*, quando discorreu acerca das obrigações decorrentes dos delitos como um trabalho de complexidade, buscando atender à justeza da demanda.

Neste desiderato, considerando o caminho dos costumes épicos, por meio de todo o esboço que se faz presente na *'historiae'*, deve-se relembrar, que existiam em *Roma* quatro tipos de crimes privados, quais sejam, o *furtum*, que era o roubo, com a inclusão de golpes e fraudes; a *rapiña*, que era o roubo nas suas figuras simples como agravadas; a *iniuria*, que eram os insultos, as calúnias e as ofensas à moral e à parte física de uma pessoa; e o *damnun iniuria datum*, os danos causados injustamente.

Outrossim, tem-se que no *Direito Clássico* a obrigação decorrente do crime tinha por objeto o pagamento de uma sanção pecuniária, consistindo no pagamento do equivalente ao dano causado, embora muitas vezes fosse um montante superior, incluindo o direito do *'civitae'* de perseguir privativamente o agressor, já que a constituição do ato ilícito que causava danos ao patrimônio, ou à pessoa física, cujos interesses eram diretamente prejudicados eram protegidos em termos de saúde, por exemplo, desde que não se violasse a ordem pública, até mesmo como linha de raciocínio utilizada para se chegar a alguma decisão.

O equilíbrio e a ponderação entre o interesse público e o particular também resguardavam os direitos do lesado, fazendo, portanto, que a

---

[278] "Ad obliges, quae ex delicto nascuntur, veluti si quis furtum fecerit, bona rapuerit, damnum dederit, iniuriam commiserit. quarum omnnium rerum uno genere consistit obligatio" (Gai. III.182).

obrigação decorrente dos *'privatis delictus'*, *tal como anteriormente assentado,* *o 'furto'*[279], *a 'rapina', o 'damnum iniuria datum' e a 'iniuria'*, possuísse uma única causa, qual seja, o *'damnum'*, que dava origem a uma estimativa de pecúnia, a qual *'Gaius'* também fez alusão, e que de forma processual ensejava o início da ação *'iure'* devida.

---

[279] "Si paciscar, ne operis novi nuntiationem exsequar, quidam putant non valere pactionem, quasi in ea re praetoris imperium versetur: labeo autem distinguit, ut si ex re familiari operis novi nuntiatio sit facta, liceat pacisci, si de re publica, non liceat: quae distinctio vera est. et in ceteris igitur omnibus ad edictum praetoris pertinentibus, quae non ad publicam laesionem, sed ad rem familiarem respiciunt, pacisci licet: nam et de furto pacisci lex permittit" (D. 2.14.7.14, Ulpianus 4 ad ed).

# GAIUS

# 'PRIVATUS' DE DELICTIS IN GENERE[280]

---

[280] Delitos *privatus* em espécie

# *FURTUM*

O *'furtum'*[281] é um *'delicta privatus'*, *'de todo'*, muito antigo e que, como tal, possuía a natureza de privar o outro de algo que lhe pertencia, sem nenhuma justificativa de ordem legal para fazê-lo, e que, por assim dizer, expressou a sua origem[282] [283] na codificação da *'Lei das XII Tábuas'*, que, em assim sendo, era o almanaque de consistência na repressão de atentados contra o *'private ius'*, cujos preceitos eram provenientes de uma lógica *'épica'*[284], que ordenava o quantitativo da *'poena'* de forma adequada *'lá'* na resolução do conflito, onde a eficácia dessa ação residia na capacidade de agilizar o *'procedure'*, permitindo, por meio dos recursos existentes, concretizar o acesso ao *'ius'* enquanto meio adequado para a solução deste, tendo em conta a gravidade do delito, no momento em que este se consumava, com maior ou menor habilidade do autor, uma vez que todo ato ilícito deveria ser sancionado mediante uma *'coima'*.

A parte afetada ou lesada possuía como justificativa legal o fato de que não havia consentimento por parte do autor delinquente para que este viesse se apoderar de algo-objeto na esfera de seu discernimento, levando em consideração não apenas a probabilidade da violência, mas o potencial impacto sobre a sua imagem, que, por evidente, originaria-mente lhe pertencia.

Sendo assim, o *'furtum'*[285] [286], na realidade, era um dano causado às coisas na sua materialidade, ou disposição com a violação do direito de

---

[281]  PETIT, EUGENE. *Tratado elemental de derecho romano*. Traducción de la 9. ed. francesa. Madrid: Editorial Saturnino Calleja, 1924. p. 457. "No había furtum si la acción recaía sobre cosas que no tuvieran dueño, como los animales salvajes o una hereditas iacens, o cuando se tratara de cosas que no estaban bajo el régimen de propiedad privada, como las cosas divini iuris o las cosas públicas, pues estas últimas tuvieron un régimen de protección diferente".

[282]  JUSTINIANUS, FLAVIUS PETRUS SABBATIUS. *Institutas do imperador Justiniano*. Bauru: Edipro, 2001. "O furto é a apropriação fraudulenta de uma coisa, ou em si mesma ou de seu uso ou posse, o que é proibido admitir-se conforme a lei natural".

[283]  JUSTO, ANTÓNIO SANTOS. Direito *privado romano*. Direito das obrigações. Coimbra: Coimbra Editora, 2008. p. 120. "Inicialmente, os delicta teriam sido atos lesivos dos interesses de um grupo gentílico ou de indivíduos que suscitavam a vingança do grupo ou de pessoas individuais contra os seus autores. depois, o estado regulou a vindicta, impondo sucessivamente que a reacção do ofendido ou dos membros do seu grupo não superasse materialmente as consequências do acto ilícito; e que a vingança fosse substituída pelo direito da vítima de exigir do autor do acto, uma soma de dinheiro a título de pena" (*no mesmo sentido*: Burdese, Alberto. *Manuale di diritto privato romano*. Torino: Utet, 1964. p. 598).

[284]  DOMINGO, RAFAEL. *Textos de derecho romano*. Elcano, Navarra: Editorial Aranzadi, 2002. "Asimismo, se consideró que también se podría configurar el furtum cuando se retuviera en sólo a esclavos ajenos sino a ciertas personas libres que se hallaban bajo potestad, como el filiusfamilias o la mujer casada, o cuando el iudicatus fuera sustraído al acreedor a quien se había entregado por sentencia judicial" (GAYO, Institutas. 3, 199).

[285]  JUSTO, A. SANTOS. O pensamento jusnaturalista no direito romano. *Revista Direito e Desenvolvimento*, João Pessoa, v. 4, n. 7, p. 239-312, jan./jun. 2013. "Furtum est contrectatio rei fraudulosa lucri faciendi gratia vel ipsius rei vel etiam usus eius possessionisve quod lege naturali prohibitum est admittere". Em livre tradução: "Furto é a subtracção fraudulenta com intenção de lucro, seja da mesma coisa, seja também do seu uso ou da sua posse, o que a lei natural impede fazer" (Paulus, D. 47,2,1,3).

[286]  'Furtum autem fit non solum cum quis intercipiendi causarem alienam amovet, sed generaliter cum quis rem alienam invito domino contrectat" (Gaius III.195).

propriedade[287] ou de qualquer outro direito da pessoa, e que, como tal, ao cumprir todos os requisitos exigidos para a sua configuração, conduzia a uma resolução do litígio, uma vez que era este formalizado na consistência de uma subtração fraudulenta de uma *'res'* ou uso e posse, na intenção de obter lucro e vantagem indevida, que, como de elementar sabença, configurava-se mediante uma lesão injusta da *coisa*, por meio da sua subtração carreada e dotada de dolo.

A *'poena'* por parte do Estado, por meio da sua intervenção, obedecia ao *princípio da equivalência*, devendo estar a pena de acordo com a gravidade ou não da infração, uma vez que, a partir da *Lei das XII Tábuas*, a sanção penal deixou de ser coletiva e foi exercida somente pelo ofendido ou seus herdeiros em casos apropriados como parte de um dever obrigacional.

Assim, objetivava-se afastar qualquer possibilidade de inconformidade, pois poder-se-ia adotar diversas medidas, como a *'actio reivindicatória'*, que era a mais ampla de todas, por causa dos efeitos que possuía sobre o reclamante, já que ele era o proprietário da coisa; e a *'actio furti'*[288], de natureza imprescritível, em que, além disso, a vítima poderia ainda intentar outra ação, denominada *'ad rem persequendam'*.

Essa abordagem contribui para a manutenção do confronto que acontecia na *'procedure'*, no sentido de entender-se acerca da preservação da situação gravosa ocorrida e que deveria beneficiar a vítima, com vistas a promover a retomada da coisa subtraída, com a *'actio furti prohibiti'*, relativa a quem não permitira a busca da casa, e que por conseguinte era punido com o *quadruplum* do valor da coisa, *'de todo'* corroborada com a *'actio furti non exhibiti'*, que operava contra o sujeito que tinha a coisa alheia com ele, mas que de forma rebelde não a exibira.

As condenações oriundas do *'pretorium romano'* agasalhavam a doutrina da *'actio furti prohibiti'*[289]; e da *'actio furti non exhibiti'*[290], onde abordavam, todavia, uma série de questões doutrinárias tocantes ao tema,

---

[287] Inst. 4.2.1. "[...] la apropiación violenta o clandestina de los inmuebles se califica como posesión viciosa, a efectos de los interdictos posesorios, o podía constituir un crimen público de vis, pero no un delictum; en el derecho tardío se tipifica como invasio" (*CF.* D'Ors, Álvaro).

[288] DÍAZ BAUTISTA, A. *La función reipersecutoria de la poena ex lege Aquilia, en la responsabilidad civil*: de Roma al derecho moderno. Congreso Internacional, 4., y Congreso Iberoamericano de Derecho Romano (coord. por Alfonso Murillo Villar), 7., 2001, Burgos. p. 269. "Algunas acciones penales, como la actio furti, tenían este carácter de compatibilidad con la reclamación reipersecutoria mientras que otras, como la actio legis aquilia, tenían carácter mixto, pues eran incompatibles con una reclamación indemnizatoria; si bien dicho carácter pudo aparecer en época tardía, siendo originariamente una acción pura".

[289] A literatura é assídua em afirmar que esse *instituto* ocorria quando se proibia o registro da coisa que se encontrava em um domicílio suspeito, que, por assim dizer, redundava na exigência da demonstração de diversos tipos de provas, entre elas os pedidos de notas, com o intuito de validar se o registro era lícito e a quem pertencia o objeto, que poderia acarretar uma condenação no quádruplo do valor da "rés", caso não se comprovassem os documentos reclamados.

[290] Da mesma forma, a *"roman litterae"* nos diz que o instituto era para quem não apresentava perante o juiz as coisas achadas em sua casa, como consequência da requisição exigida, "de todo", atentando-se para o fato, que se desconhecia à época, a pena para esse delito.

'AQUILIAE' THEOREMA CIVIS ROMANUS STATUS DEFENSIONIS 'RESPONSUM'
REPARATORIUS CURAE ET PRIVATAE ET PUBLICAE DELICTIS IN ANTIQUA ROMANA LEGE

demonstrando que, na longevidade das épocas, uma variada existência de outras especificidades lhe foram incorporadas.

Com o passar dos tempos, estas ações *'lá'* na frente foram suprimidas pelo *'Imperador Iustinianus'*, sendo que antes no fim da *'respublicae'*, assentou-se o instituto da *'condictio furtiva'*, dando um caráter reipersecutório a este delito, com a ação de *'vindicação'* do proprietário do objeto do *'furtum'*, que, ao depois, fez-se conceder uma ação pessoal, chamada de *'condictio furtiva'*, que era uma *'conditio'* utilizada quando a *'ação de vindicação'* por algum motivo não obtivera sucesso, ou a comprovação que fazia-se devida, tendo mais tarde sido estendida a coisas perdidas por evento fortuito, de acordo com o valor mais alto da coisa após a ocorrência do *furtum*, *'tudo'*, com o verdadeiro intuito de ver exaurida a controvérsia encontrada entre o conflito de interesses como mecanismo de buscar a justa solução do litígio, que como tal, era dirigida em desfavor do ladrão-delinquente e de seus herdeiros, com o objetivo de obter a restituição da coisa.

Possuía condenações que iam do açoite até a própria incorporação do delinquente ao patrimônio da vítima, para servir como *'coisa'* na mão de obra escravocrata, uma vez que, para o *'civitae roman'*, o *'delictum'* era a violação de uma norma estabelecida no interesse coletivo, por meio de uma abordagem hostilizada, que então, acepilhada por *'jus/filósofos'*, como *'Paulus'*, definia o *'furtum'* como o *'apoderamento fraudulento, com vista à obtenção dum lucro, ou duma coisa ou do seu uso ou da sua posse'*, destacando-se que, ao depois, de forma contínua e progressiva, foram-se ditando novas leis que procuraram reprimir as condutas mais graves mediante as *'poenas'* públicas.

No curso da história, tem-se que as sanções aplicadas ao ofensor sofreram alterações, sendo comuns a restituição da coisa e a imposição de multa, que variava conforme a natureza do delito, com uma discussão detalhada sobre a existência e o valor da dívida, bem como de tempo e recursos, com as suas particularidades e com base em situações específicas, como, por exemplo, a *'lex cornelia de sicariis'*, que sancionava a *'expoliação alheia'* com rigorosas penitências, que, seguida da *'lex iulia'*, castigava quem viesse *'subtrair'* coisas públicas ou sagradas, engendrando a possibilidade de se buscar uma indenização em desfavor do ofensor.

As sanções aplicadas, possuíam como fundamento não só a violência do gravame, mas também o valor da *'rés'*, ao destacar-se em especial, que o *'furtum'* em si era *'inicialmente'* constituído da *'contrectatio rei'*[291], na própria concepção de sua formalidade, que como tal, por ser um elemento objetivo, *como visto,* caracterizava-se pela subtração da coisa em si, consistindo assim na subtração da coisa propriamente dita ou na detenção de uma pessoa.

Já o *'furtum usus'* era o uso ilícito de uma *'rés'* alheia, e o *'furtum possessionis'* era a deflagração da tomada de posse indevida de uma rés; e, *'ao depois',* com a consolidação do *'animus e/ou affectio furandi',* confrontativo na *'procedure'* com outras interações, havia a consolidação do elemento subjetivo, que se traduzia na realização da *'contrectatio',* que possuía a deliberada intenção de lesar outra pessoa.

Desta forma, a *'tipicidade'* em pauta clausulada conceituava-se como uma subtração descerrada e fraudulenta de alguém que se apropriava ilicitamente de algo, dentro de um processo compreendido em todas as suas dimensões, com o fim de lucro da coisa móvel alheia ou da posse, e apropriação indevida, retendo-a de forma definitiva, não sendo possível a tônica de outra interpretação.

Estes elementos eram considerados de importância para a configuração do delito, uma vez que, pelos dados enumerados, em não havendo outra solução, contemplava-se a noção da violação[292] como uma *'criminalis actio',* com vistas a listar a sua temática, que, devido ao seu desenho, categorizava-se em *'nuances'* de importância, ao estabelecer uma ordem sequencial, que *'de todo'* era assim estabelecida:

1. *A subtração, ou a utilização ou retenção ilícita da coisa, qual seja, o ato de tomar uma coisa para apoderar-se e apropriar-se dela;*

2. *O 'animus' e a 'consciência' de laborar ilicitamente, com a convicção de possuir direito à coisa, e, se assim já possuía, o vigor da crença de que esta carecia de dono, sendo, porém, necessária a adição da atuação com o 'dolus malus', qual seja, a fraude intencionada, 'affectus furandi', e a deliberada consciência do 'ladrão' em operar a fraude, para subtrair o patrimônio de terceiros, com vistas a cometer o furto à coisa alheia, pois não haveria furto, caso se tome a coisa alheia por entender possuir direitos sobre a 'rés';*

---

[291] Contração da coisa.

[292] ALVES, 2007, p. 579. "Os delitos privados consistiam em prejuízos e danos causados ao corpo, à honra e aos bens das pessoas livres. 'de intentar contra este [agente do delito] uma actio para obter sua condenação ao pagamento de determinada quantia, como pena (poena privata)" (BONFANTE, P. *Istituzioni di diritto romano.* 4. ed. Milano: Vallardi, 1907. p. 456-456).

3. *O 'furto' deveria efetuar-se contra a vontade do proprietário, tendo em conta a evolução da figura no direito romano, haja vista que não há furto, se na realidade o proprietário possui consciência do ato, pois, inserto ao desenvolvimento da ação, esta também poderia ser exercida por um possuidor de boa-fé, razão pela qual a vontade destas pessoas seria a que o caso viesse considerar;*

4. *O delito deveria realizar-se com a intenção do autor do fato de tirar proveito deste, uma vez que se entende que o 'furtum' é o apoderamento fraudulento de uma coisa, ou a sua possessão para obter o lucro, 'lucri faciendi gratia', uma vez que, se o 'desígnio' fosse 'de tão somente' prejudicar o 'alheio', sem a provença do lucro, a ele era imputado outro delito, que não o 'furto'.*

Entrementes, tem-se que, como consequência do *'furtum'*, gerava-se para a vítima do ilícito uma ação em virtude da qual fosse interpretada com retidão, e em perfeita sintonia com as exigências sociais do bem comum, e poder-se-ia solicitar que fosse imposto ao autor do fato uma *'poena'*, qual seja, o pagamento de uma multa, em desfavor deste, cujo valor poderia variar, dependendo das circunstâncias do fato, e da classe da ação exercida.

D'outro bordo, a vítima do *'furtum'* tinha à sua disposição *(como dantes dito)* as *'ações persecutórias'*[293] para efeitos de fazer com que a coisa roubada lhe fosse restituída, e, em todo o caso, as consequências deste delito eram analisadas tendo em conta a evolução que se dera no direito romano como um todo.

O elemento objetivo requerido para a ofensa era, portanto, a retirada ilegítima da *'rés'*, enquanto que o fundamento subjetivo necessariamente era complementado pela intenção teórica e prática sobre os aspectos da incitação criminosa, *'animus furandi'*, de tirar ou consumar o ato típico com a subtração da *rés*, com a discussão de ter havido uma vantagem econômica e consequente aumento de rentabilidade do aparato da 'cousa', revestido do institutum do *'animus lucrandi'*.

O *'furtum'* foi classificado em quatro espécies, quais sejam, o *'furtum manifestum'*, que era quando o ladrão encontrava-se cometendo o crime ou acabava imediatamente de cometê-lo, ou, transportando as coisas fruto

---

[293] CRUZ, JOSÉ DE ÁVILA. *O direito romano como alicerce da ação de reparação de danos.* "Ações Rei Persequendae: Ações Reais, Ações Pessoais oriundas de contrato e quase contratos; Ações Poenae Persequendae: Ações Originárias de Delitos, (actio furti manifesti (flagrante) e actio furti nec manifesti (sem flagrante); Ações Mistas: na maioria são originárias de delitos: Actio vi bonorum raptorum, (condenação em quádruplo), Actio legis aquilae, e Actio quod metus causae" (*apud* Bonjean, l. b. *Exposition historique du système des actions chez les romains.* Paris: Bethune et Plon, 1836).

do produto do crime próximo do local onde o crime ocorrera; o *'furtum nec manifestum'*, cuja definição, na realidade, era dada pela exclusão dos requisitos anteriores; o *'furtum conceptum'*, quando a coisa roubada era encontrada na casa de alguém; e o *'furtum oblatum'*, quando a coisa roubada era encontrada na casa de um terceiro 'receptor', mesmo tendo agido de boa-fé.

Neste bordo, nas diversas espécies de *'furtum'*, tais quais assinaladas[294], o *'furto manifestum'*[295] ocorria quando o delinquente era surpreendido em flagrante delito, e *'de todo'*, neste ínterim, já se encontrava desenvolvida e concretizada a conduta punível, considerando o *conceito da introdução, da rapidez e do sigilo*, garantindo um certo grau de proteção à vítima, para lhe permitir apresentar a sua versão dos fatos, que era caracterizado quando o delinquente se encontrava no *distrito da culpa*, com o paliativo de que, se este *'delinquens'* fosse surpreendido à noite, a vítima possuía a outorga de defender-se com armas, podendo até mesmo executá-lo, desde que na presença de testemunhas.

Já o *'furto manifestum'*[296] autorizava que o magistrado predispusesse ao patrimônio da vítima, o *agente delinquente,* com vistas, não só a realçar a importância da *'roman leges'* e das suas instituições, bem como, para demonstrar que a vítima além de exercer o *'dominus senhorial' do infrator*, também, tivesse direito a conjugação de um valor de pecúnia, que deveria indenizar a vítima, pelas dívidas causadas no quádruplo do valor da coisa subtraída, por meio do labor gracioso.

---

[294]  RODRIGUES JÚNIOR, OTÁVIO LUIZ; MAMED, GLADSTON; ROCHA, MARIA VITAL da (coord.). *Responsabilidade civil contemporânea:* em homenagem a Sílvio de Salvo Venosa. São Paulo: Atlas, 2011b. "Na classificação de Pietro Bonfante, os *elementos do delito de furto* eram:
Contrectatio: conceito compreensivo da subtração de coisa de outrem, assim como seu uso ilícito e sua posse indevida. Pressupunha-se que a subtração, o uso, ou a posse davam-se contrariamente à vontade do proprietário. Embora, como ressalva Vicenzo Arangio-Ruiz, aceite-se que o furto possa recair sobre coisa própria, no crédito pignoratício.
Contrectatio fraudulosa, animus ou affectio furandi: a intenção de furtar, o que afasta a hipótese do furto culpos. A despeito de admitir a existência de uma interpolação, não há grandes problemas em associar o animus furandi ao dolus malus.
Animus lucrifaciendi: a intenção de obter lucro com o objeto furtado. Registre-se a opinião em contrário de Fritz Schulz, para quem esse intuito não era essencial para a ocorrência do delito.
Res mobilis: é essencial que a coisa furtada seja móvel. embora haja notícias no sentido de que se admitiu o furto de coisa imóvel, a doutrina repudia essa tese como sendo uma tentativa frustrada dos sabinianos em alargar o objeto do crime" (*apud* Bonfante, Pietro. *Istituzionidi diritto romano.* Ristampa correta della 10. ed. Curadi di Giuliano Bonfantee; Giuliano Crifo. Prefazione di Emilio Albertario. Nota di Giuliano Crifo. Milano: Uma Giuffre, 1987. p. 421. *No mesmo sentido*: Arangio-Ruiz, 1968, p. 369; Schulz, Fritz. *Derecho romano clásico.* Traducción directa de la edición inglesa por José Santa Cruz Teigeiro. Barcelona: Bosch, 1960. p. 552-553; Buckland, *op. cit.*, p. 31, com explicações sobre a teoria de Sabinus, e admitindo uma possibilidade dessa abertura no direito arcaico).

[295]  CRETELLA JÚNIOR, José. *Curso de direito romano.* Rio de Janeiro: Ed. Forense, 1998. p 311. "O fur sofre as penas do furtum manifestum, quando a coisa furtada é encontrada em sua casa, logo após uma perseguição formal, solene, como determinam os textos (perquisito lance et licio), ou seja, 'com prato e braga'. A vítima de furto entra na casa do ladrão, vestida somente com um calção e levando nas mãos um prato a fim de mostrar que encontrou o objeto, e que não foi ele que o levou para o lugar".

[296]  ANGELIN, *op. cit. apud* KASER, *op. cit.*, p. 193; ALVES, *op. cit.*, p. 269-277; CHAMOUN, Ebert. *Instituições de direito romano.* 2. ed. Rio de Janeiro: Revista Forense, 1954. p. 392. "Quanto à pena a ser aplicada ao fur (ladrão) no delito de furtum manifestum (aquele em que o ladrão é surpreendido no momento em que pratica o delito), haveria que se distinguir: se o ladrão fosse homem livre e púbere, ele era açoitado e entregue à vítima – a doutrina não tem certeza se ele era entregue na condição de servus ou de addictus –; se fosse homem livre impúbere, era apenas chicoteado; se fosse servus, era açoitado e precipitado da rocha tarpeia. Com relação às duas primeiras hipóteses, as penas poderiam ser afastadas se a vítima entrasse em acordo com o fur, que pagaria, assim, a ela uma quantia a título de resgate. ainda, a lei das xii tábuas permitia a morte do fur, caso ele praticasse o furtum à noite, ou caso tentasse defender-se com o uso de arma, mesmo praticando o furtum durante o dia".

O *'furto nec manifestum'*[297] diferia do *'furto manifestum'*, uma vez que o *nec manifestum* se qualificava por conta do fato de que o *'delinquens'* não havia sido surpreendido em estado de flagrância ou qualquer outra contingência de que se poderia presumir, qual seja, não se encontrava cometendo o *'criminem'* no momento da delinquência, ainda que *deveras* sido efetivo o *delicto*; entretanto, ainda assim, acabava por conceder a vítima, o direito de receber do autor do fato a dobra do prejuízo provocado, caso fosse denunciado.

A *'actio furtum conceptum'*, conceito este desenvolvido pelos *'iuris consultos'* da *'roman respublicae'* *'a posteriori da Lei das XII Tábuas'*, era efetivada contra a pessoa que vivia no imóvel onde fora encontrada a coisa roubada, mesmo que este não tivesse sido o delinquente, *'tudo'* em razão da presunção de posse da *'rés furtiva'*, sem, contudo, em uma linguagem jurídica, importar-se em um primeiro momento quem tenha sido ou não o autor do delito, conjugado, com a condenação do triplo do valor da coisa, em caso de denúncia.

A *'actio furtum oblatum'* dava-se quando a *'rés'* furtada fosse entregue a um terceiro que a recebia de boa-fé, referendando-a de quem tivesse transportado *(oblatum)*, independentemente de quem fosse ou não o autor do fato, onde concedia-se a vítima, que era detentora de direitos e, como tal, possuía o pertencimento da *rés*, o direito de exigir o triplo do valor da coisa ocultada, em razão da detenção da posse, ainda que, ao depois, o sujeito de boa-fé pudesse restituir o numerário pago, em desfavor daquele que lá havia deixado e cometido o *'delicto'* de forma ardilosa.

---

[297] CRETELLA JÚNIOR, *op. cit.*, p. 311. "Neste caso, suprime-se o direito de vingança privada, substituída por uma composição pecuniária. A vítima tem direito a invocar a legis actio per sacramentum in personam para pleitear uma multa igual ao dobro do dano causado".

# *RAPIÑA*[298]

A *'rapiña' (rapina, bona vi rapta)*, qual seja, o segundo tipo de delito privado, era o *'delictum'* que consistia na subtração violenta de coisa alheia; fazia parte do rol de ações do direito privado para a busca da reparação devida e era, assim, uma violação tipificada e anunciada com a apropriação de coisas alheias na *'intentio'* da extrema gravidade, porquanto era executada com violência, e constituía-se do roubo ou um furto cometido com ferocidade por bandos armados, dentro de um contexto territorial e temporal *'épico'*, uma vez que a *'urbe Roma'*, *'de todo'*, encontrava-se vinculada a uma grande expansão territorial.

O crime de *'rapina'* foi classificado como apropriação de coisas alheias por meio da violência, embora, em princípio, conforme os dizeres de *Gaius*[299], fosse uma forma qualificada ou agravada de *'furtum' (fur improbior)*, uma vez que a consagração desse crime, tal como alardeada no perímetro da *'antiqua'* realidade, teve origem na repressão dos atos de violência causados por grupos que agiam armados, que por assim dizer, obrigou-se à adoção de medidas visando uma solução rápida e, eficaz.

Destarte, em uma melhor interpretação, o crime de *'rapina'* era o roubo agressivo cometido por um bando de homens, ou um único homem, por meio de comportamentos violentos, com ou sem armas, tal como já dissertava em enlace disposto na *Lei das XII Tábuas*, e *por isso* se sucedeu a *'actio vi bonorum raptorum'*, que era a ação dirigida contra o ladrão, para este fim.

O mecanismo operacionalizado com o objetivo de resolver a questão era a sentença no *quadrupluum do valor da coisa (ano 76 a.C.)*, por meio de uma ação considerada de natureza criminosa, que poderia ser acumulada com outras ações persecutórias, com políticas 'épicas', que acenavam à base conservadora da *'historiae'* romana; e, na vigência do *'justinianus imperium'*, tem-se que a linha doutrinária de *'iurisconsultos'* inclinou-se para a natureza mista da ação.

A consagração deste delito originou-se da repressão dos atos de violência causados por grupos que atuavam armados e em quadrilhas,

---

[298] Roubo por bandos violentos

[299] "Qui res alienas rapit, tenetur etiam furti. quis enim magis alienam rem inuito dominocontrectat quam qui ui rapit ? Itaque recte dictum est eum improbum furem esse; sed propriam actionemeius delicti nomine praetor introduxit, quae appellatur ui bonorum raptorum, et est intra annumquadrupli [actio], post annum simpli. Quae actio utilis est, etsi quis unam rem licet minimam rapuerit" (Gaius 3, 209).

'AQUILIAE' THEOREMA CIVIS ROMANUS STATUS DEFENSIONIS 'RESPONSUM'
REPARATORIUS CURAE ET PRIVATAE ET PUBLICAE DELICTIS IN ANTIQUA ROMANA LEGE

porque, à medida que *Roma* iria conquistando territórios *(como dito)*, havia delinquentes que aproveitavam esta circunstância fática, econômica, e, política, ignorando os bons costumes, independentemente da solução da questão, dentro de um espaço de temporalidade do vandalismo, *para incutir, por meio do medo e da violência, a sua coerção a terceiros.*

Tinham por finalidade agregar ao seu patrimônio bens que lhes eram alheios, gerando assim um estado de convulsão reinante, em que *'de todo'* se tornou muito difícil represar as turbas que vinham armadas em bandos para levá-las diante do magistrado, com o objetivo de apená-los com sanções graves.

Dado o uso da violência armada, bem como do desenho de sua configuração, tipificou-se o *'delito'* como *'furto qualificado'*, pois este era oriundo do ajuntamento de pessoas com o fim de *'dolosamente'* cometer o crime, obrigando o *'praetoratus romanus'* (66 a.C.) a aprovar a *'actio vi bonorum raptorum'* [300] [301] [302] [303], que regulava a relação de dívida e a responsabilidade entre o perpetrador e a vítima de roubo, e que, por assim dizer, foi criada com base em uma antiga ação penal civil, qual seja, a *'actio furti'*, que sancionava o *'furtum'*.

Nele, a vítima poderia obter do autor da rapina o *'quadruplum'* do montante da *'rés'*, se a *'actio'* fosse instaurada no prazo de um ano; e o *'duplum'*, se a *'actio'* fosse instaurada depois de um ano, para garantir e impedir qualquer divergência conceitual dos crimes perpetrados.

O *'processus'* dava-se perante um tribunal de recuperadores, pois a essência da dinâmica resgatava uma ação de caráter infamante, dada a sua excepcional gravidade, não só pela natureza do bem jurídico que era ofendido, mas também pelas oscilações sociais e pela condição de vulnerabilidade e fragilidade social do *'roman populus'*, que à época se encontrava em um estado de convulsão social e guerras civis.

É conveniente salientar, e não se pode deixar de olvidar, que *inicialmente* os juristas romanos consideraram que esta ação era de caráter

---

[300] "Quibusdam iudiciis damnati ignominiosi fiunt, uelut furti, ui bonorum raptorum, iniuriarum, item pro socio, fiduciae, tutelae, mandati, depositi. Sed furti aut ui bonorum raptorum aut iniuriarum non solum damnati notantur ignominia, sed etiam pacti, ut in edicto praetoris scriptum est; et recte. Plurimum enim interest, utrum ex delicto aliquis an ex contractu debitor sit. Nec tamen ulla parte edicti id ipsum nominatim exprimitur, ut aliquis ignominiosus sit, sed qui prohibetur et pro alio postulare et cognitorem dare procuratoremuehabere, item procuratorio aut cognitorio nomine iudicio interuenire, ignominiosus esse dicitur" (Gaius 4, 182).

[301] "Praetoris verba dicunt: infamia notatur qui ab exercitu ignominiae causa ab imperatore eove, cui de ea re statuendi potestas fuerit, dimissus erit: qui artis ludicrae pronuntiandive causa in scaenam prodierit: qui lenocinium fecerit: qui in iudicio publico calumniae praearicationisve causa quid fecisseiudicatus erit: qui furti, vi bonorum raptorum, iniuriarum, de dolo malo et fraude suo nomine damnatus pactusve erit" (D. 3, 2, 1 pr).

[302] "Poenam tantum persequimur uelut actione furti et iniuriarum et secundum quorundam opinionem actione ui bonorum raptorum; nam ipsius rei et uindicatio et condictio nobis conpetit" (Gaius 4, 8).

[303] "Si quis egerit vi bonorum raptorum, etiam furti agere non potest: quod si furti elegerit in duplum agere, potest et vi bonorum raptorum agere sic, ut non excederet quadruplum" (D. 47, 2, 89 88).

penal, a qual poderia ser agregada às ações reipersecutórias[304], quando, *ao depois*, já na época de *'Justinian imperatoris'*, estes entenderam que, pelo vigor misto da ação, e dado o montante que lhe era estipulado, incluía-se, pois, o valor da coisa e da pena.

Na realidade, foi aparelhada para apenar o delinquente com uma sanção de caráter pecuniário, no quantitativo de quatro vezes o valor da *'rés furtiva'*, e possuía como objetivo educá-lo para garantir a compreensão e resgatar a responsabilidade por suas próprias escolhas, com vistas a não reincidir na prática da ilicitude cominada, pois à época se entendeu que este castigo *'por si só'* bastava para o conserto da reparação do dano que se causara às vítimas, ainda que dentro de um cenário que produzia fatos violentos, e eram carreados com um poder de agressão muito grande.

Sendo uma ação que interagia ou se entrelaçava com as ações de direito civil, possuía o prazo de um ano para o seu exercício, que era contado da prática do delito, pois, caso o interessado não propusesse a demanda durante este ano, o direito de propor se extinguiria, até porque o objeto de proteção da ação era *'tão somente'* as coisas móveis, uma vez que se excluíam as coisas imóveis.

---

[304] Ações pelas quais se exigia a reintegração de um direito lesado por um ato ilícito ou a correspondente indenização

# DAMNUM INIURIA DATUM[305]

É de destacar-se que o surgimento da *'lex aquilia'*[306] tipificou um *'épico'* delito de direito privado, qual seja, o *'damnum*[307] *iniuria datum'* [308] [309] [310] [311], que, por sua vez, era entendido como a produção culposa de um dano em coisa alheia[312], qual seja, um *'damnum'* causado injustamente[313] e que, como tal, possuía como requisito, com vistas à sua concessão indenizatória a quem fosse o legitimado do dano[314]

---

[305] 'Dano produzido pela iniuria e dano em coisa alheia animada ou inanimada'

[306] "La lex aquilia sólo se refería al propietario ciudadano romano como legitimado activamente a la actio legis aquiliae. sin embargo, el pretor la otorgaba: 1. A los peregrini, con ficción de ciudadanía romana; 2. A los ciudadanos romanos no-propietarios, comficción de propiedad civil, como por ejemplo, al usufructuario y al titular del fundo dominante en unaservidumbre predial rústica" (*vide* Betancourt, Fernando, *op. cit.*, p. 576).

[307] CASTRESANA HERRERO, *op. cit.*, p. 21 *et seq.* "Sobre la explicación semántica del término damnum puede verse la obra de Castresana. Allí se encuentra también la explicación acerca de la evolución del significado de las expresiones damnum dare, entendida como colocación de un sujeto en situación de daño, y damnum facere, referida a la situación de gasto o pérdida patrimonial en la que se colocaba el afectado, y cómo el énfasis puesto en uno o en otro de estos conceptos caracteriza la evolución del derecho romano en este tema".

[308] BARBOSA DE SOUZA, WENDELL LOPES. A perspectiva histórica da responsabilidade civil. *In*: Barbosa de Souza, Wendell Lopes. *A responsabilidade civil objetiva genérica fundada na atividade de risco*. PUC-SP; Ed Atlas, 2010. p. 30. "O damnum iniuria datum consistia na destruição ou deterioração da coisa alheia por fato ativo que tivesse atingido a coisa corpore et corpori, sem direito ou escusa legal 'injuria'" (no mesmo sentido, *vide* Alvino Lima, *A perspectiva histórica da responsabilidade civil*).

[309] HERNÁNDEZ, *op. cit.* "El contenido de los capítulos primero y tercero de la lex Aquilia fue descrito, de manera más o menos fiel, en los siguientes fragmentos de Gayo y Ulpiano: Gai. Ad ed. Prov. D. 9,2,2 pr.: 'Dispónese en el capítulo primero de la ley Aquilia: 'que el que hubiere matado con iniuria al esclavo o a la esclava ajenos, a un cuadrúpedo, o a una res, sea condenado a pagar al dueño el precio mayor que aquello tuvo en aquel año". Ulp. XVIII ad ed. D. 9,2,27,5: 'Mas en el tercer capítulo dice la misma ley Aquilia: 'Respecto a las demás cosas, excepto el esclavo y las reses que hayan sido muertos, si alguien hiciere daño a otro, porque hubiere quemado, quebrado o roto alguna cosa con iniuria, sea condenado a pagar al dueño tanto cuanto aquella cosa valiere en los treinta días próximos". Todas las fuentes del Digesto corresponden a la versión en español de García del Corral, I. (trad.), Cuerpo del derecho civil romano, Molinas, J. (ed.), Barcelona, 1889; las fuentes de las Instituciones de Gayo corresponden a la versión en español de Iglesias, J., Roset, J., Abellán, M. y Arias, J.: Gayo, Instituciones, Madrid, Civitas, 1985". Em livre tradução: "O conteúdo do primeiro e terceiro capítulos da lex Aquilia foi descrito, mais ou menos fielmente, nos seguintes fragmentos de Gaius e Ulpian: Gai. Edição de anúncio. Prov. D. 9,2,2 pr.: 'Está previsto no primeiro capítulo da lei Aquilia: 'que quem tiver iniuria matou outro escravo ou escrava, um quadrúpede ou um boi, será condenado a pagar a ao proprietário o preço maior do que aquele que tinha naquele ano". Ulp. XVIII ad ed. D. 9,2,27,5: 'Mas no terceiro capítulo a mesma lei aquiliana diz: 'Quanto às demais coisas, exceto o escravo e o gado que foram mortos, se alguém fizer mal a outro, porque queimou, quebrou ou quebrou algo com iniuria, será condenado a pagar ao proprietário o valor daquela coisa nos próximos trinta dias'. Todas as fontes do Digest correspondem à versão espanhola de García del Corral, I. (trad.), (Body of Roman Civil Law, Molinas, J. (ed.), Barcelona, 1889; As fontes das Instituições de Gayo correspondem à versão espanhola de Iglesias, J., Roset, J., Abellán, M. e Arias, J.: Gayo, Instituciones, Madrid, Civitas, 1985)".

[310] 'Dano produzido pela iniuria e dano em coisa alheia animada ou inanimada'

[311] "Ciertamente la traducción más habitual de la expresión «damnum iniuria datum» es la de «daño causado injustamente», en la cual el término iniuria se traduce por el adverbio «injustamente», y probablemente sea la adaptación más acorde al sentido dado por la jurisprudencia a los términos de la ley. Sin embargo, desde el punto de vista estrictamente filológico cabría otra traducción ligeramente distinta, tomando iniuria como el complemento agente de una oración en pasiva: 'daño causado por la injuria». Siguiendo esta traducción podríamos suponer que la injuria –entendida desde las XII Tablas como agresión dolosa de los derechos de una persona– merece una sanción prevista primero en las XII Tablas y luego en la lex Cornelia y, además, si ha provocado un damnum, una segunda pena, basada en el valor de la cosa dañada" (Ulpiano en D. 9.2.5.1).

[312] HERNÁNDEZ, op. cit. "Sobre o conteúdo da lex Aquilia e a estrutura do Damnum iniuria datum, Cf., entre outros, Cannata, CA, 'Sul testo della lex Aquilia e la sua portata originaria', (em La responsabilita civile da attto illecito nella prospettiva storico-comparatistica: I Congresso Internazionale *ARISTEC*, Madrid, 1993, Torino, Giappichelli, 1995. Corbino, A., Ildanno qualificato e la lex Aquilia, Pádua, Cedam, 2005. De Robertis, F., Damnum iniuria datum: Trattazione sulla responsabilita extracontrattuale nel Roman diritto conparticolare riguardo alla lex Aquilia de Damno, Bari, Cacucci, 2000. Valditara, G., Damnum iniuria datum, Torino, Giappichelli, 2005)".

[313] BARBOSA DE SOUZA, *op. cit.*, p. 29-30. "A concepção da casualidade fundamental do dano é uma criação, sem dúvida, da lex aquilia" (*no mesmo sentido, vide A perspectiva histórica da responsabilidade civil*, em Giselda Hironaka).

[314] BARBOSA DE SOUZA, *op. cit.*, p. 22-23, 29-31. "Concedida, a princípio, somente ao proprietário da coisa lesada, é, mais tarde, por influência da jurisprudência, concedida aos titulares de direitos reais e aos possuidores, como a certos detentores, assim como aos peregrinos; estendera-se também aos casos de ferimentos em homens livres, quando a lei se referia às coisas e ao escravo, assim como às coisas imóveis" (no mesmo sentido, *vide* Alvino Lima, em *A perspectiva histórica da responsabilidade civil*).

[315], a corpatura obrigatória de quatro premissas, que, por meio do *'praetor romanus'*, assim eram constituídas:

1ª) A *'iniuria'*[316], que em sentido amplo exigia que o ato do qual resultava o *'damnum'* fosse ilícito e, portanto, contrário ao direito[317] [318] [319] [320] [321] e à lei, uma vez que não se tipificava aquele que atuava no exercício de um direito, por evidência, à consagração dos institutos da *'legítima defesa'* e do *'estado de necessidade'*, haja vista que a característica da afronta ofensiva implicava *'de certo'* a culpabilidade do autor do fato como pressuposto de volatilidade das ações dolosas, a qual, por assim dizer, se enquadrava na conduta típica e antijurídica;

---

[315] BARRENA, 2015. "Ceterum placuit ita demum ex ista lege actione esse, si quis corpore suo damnum dederit; ideoque alio modo damno dato utiles actiones dantur, uelut si quis alienum hominem au pecudem incluserit et fame necauerit, aut iumentum tam vehementer egerit, ut rumperetur, ítem si quis alieno seruo persuaserit, ut in arborem ascenderet vel in puteum dessenderet, et is si ascendendo aut descendendo ceciderit, aut mortuus fuerit aut aliqua parte corporis laesus sit. sed si quis alienum servum de ponte aut ripa in flumen proiecerit et si soffocatus fuerit, hic quoque corpore suo damnum dedisse eo, quo proiecerit, non difficiliter intellegi potest". Em tradução livre: "Considerou-se que a referida lei concedia esta ação por danos causados ao próprio corpo; pois se ocorresse de outra forma, seriam concedidas ações úteis, como se alguém prendesse, ou deixasse passar fome um escravo estrangeiro ou um gado, ou se uma cicuta fosse usada excessivamente para matar; se ele persuadiu um escravo estrangeiro a subir em uma árvore ou descer em um poço, e quando ele subiu ou desceu, caiu, ficando aleijado ou morto. mas se alguém de uma ponte ou da costa jogou um escravo estrangeiro e ele se afogou, não é difícil entender que ele causou o dano com o próprio corpo, porque o jogou" (Gayo 3, 219).

[316] D'ORS, 1977. "A diferencia de las otras acciones penales, que presuponen el dolo del demandado, en ésta [se refiere a la actio legis aquiliae] la palabra iniuria fue interpretada ya por la primera jurisprudencia clásica en el sentido de que se debía responder también de ciertos actos de negligencia que causaban daños a otra persona; para designar este tipo de conducta negligente se acudió al término culpa, que se habría de utilizar posteriormente en la problemática de la responsabilidad contractual... el damnum iniuria datum es el prototipo de delito culposo (no doloso). Por su parte, otros autores, como Arangio-Ruiz o Bonfante, señalan que para la época clásica la culpa en el damnum iniuria datum no habría hecho referencia al juicio de reproche a una conducta negligente o descuidada, o a una mayor o menor previsión por parte del sujeto sobre las consecuencias del hecho, pues este tipo de análisis sólo se realiza en la época justinianea, sino que la culpabilidad sólo habría estado referida a la imputación causal del hecho con su autor, sin entrar en consideraciones subjetivas sobre la conducta por él desarrollada. En virtud de las decisiones de los pretores y de las opiniones de los juristas, el ámbito de aplicación de la lex aquilia se fue ampliando de manera muy importante. Vamos a reseñar a continuación los aspectos más representativos de dicho proceso. En relación con el tipo de daños que daban lugar a la acción, se admitió que a través de una actio in factum se pudiera proceder cuando la muerte o la lesión no hubieran sido causadas corpori datum, esto es, sin que existiera el contacto corporal del autor con la cosa. En el caso del occidere la acción se otorgó cuando la conducta del autor fuera la causa de la muerte (causam mortis praestare), como por ejemplo, cuando se asustaba al caballo en el que iba el esclavo, que resultaba muerto al caer del mismo, a pesar de la inexistencia de contacto físico entre quien realizaba la conducta y la víctima, o como cuando alguien encerraba al esclavo ajeno y le dejaba morir de hambre. De igual forma, el evento arriba comentado de la comadrona que suministraba el medicamento que provocaba la muerte de la esclava es un ejemplo de la evolución de la jurisprudencia en cuanto al elemento que estamos analizando, pues en dicha opinión se aceptaba la procedencia de una acción in factum a pesar de que la muerte no hubiera sido ocasionada por una acción violenta sobre el cuerpo de la víctima. La evolución en este punto culminó con celso, quien dio una nueva visión de la relación de causalidad, y particularmente del occidere, al considerar que éste consistía no sólo en la acción física de matar, sino también en 'la colocación de un individuo en situación de muerte'. Respecto de los otros eventos de daño, diferentes al occidere, la acción también se extendió a todos los casos en que la actuación del autor del hecho hubiera sido causam damnum praestare, a pesar de que no existiera contacto físico con la cosa deteriorada o destruida".

[317] Ulp. XVIII ad ed. Col. VII,3,1-3.

[318] Ulp. XVIII ad ed. D. 9,2,5,2.

[319] Ulp. XVIII ad ed. D. 9,2,5,3-7 pr.

[320] Ulp. XVIII ad ed. Col. VII, 3,4.

[321] Ulp. lvi ad ed. D. 47,10,i pr: "Se dijo iniuria por esto, porque no se hace con derecho; porque todo lo que no se hace con derecho, se dice que se hace con iniuria. Esto es en general; pero en especial, la iniuria se llama contumelia. A veces con la denominación de iniuriae se significa el daño causado con culpa, como lo solemos decir en la ley Aquilia. Otras veces llamaremos iniuriae a la injusticia; porque cuando alguno pronunció sentencia inicua o injustamente, se llama iniuriam, porque carece de derecho y de justicia, como si fuera non iuram [no conforme a derecho]; pero contumelia, de contumere". Em livre tradução: "Diz-se iniuria por isso, porque não se faz com direito; porque tudo o que não se faz com direito, diz-se que se faz com iniuria. Isto é em geral; mas em especial, a iniuria chama-se contumelia. Às vezes o nome iniuriae significa dano causado por culpa, como costumamos dizer na lei Aquilia. Outras vezes chamaremos a injustiça de iniuriae; porque quando alguém pronuncia uma sentença de forma iníqua ou injusta, chama-se iniuriam, porque carece de lei e justiça, como se fosse non iuram [não de acordo com a lei]; mas contumelia, de contumere".

2ª) O *'damnum corpore corpori datum'*, que consistia na deterioração de uma coisa corporal, atingindo materialmente o objeto alheio, com a obrigatoriedade de que o prejuízo causado a este tivesse sido consequência direta e imediata da ação daquele que o produzira, o que por si só já configuraria um dano injusto, merecedor de proteção legal;

3ª) O *'damnum corpore corporis'*[322] [323], que significa dizer *'corpo a corpo'*, e era o dano produzido diretamente pelo agente, por meio do *'hominis'*, e concretizava-se mediante uma ação de contato corporal [324] do autor sobre a vítima[325], que, no sentido original da lei, possuía como significado o conceito de que este *'damnum'* era causado de forma imediata, com o pressuposto de que a sua origem advinha do exercício de uma circunstância causada injustamente, vinda de um esforço físico investido, e que, como tal, era agregado a *'seres vivos'*, com evento morte ou com a sua extinção;

4ª) A legitimidade para instaurar a ação era exclusiva do proprietário da coisa [326] e *'tão somente'* era concedida aos cidadãos romanos, uma vez que o *'damnum iniura datum'*, por ser proveniente de um ato ilegal praticado por uma pessoa, *com ou sem intenção*, causou dano ao outro.

*'De todo'*, era então considerado um dano no âmbito do *'privata ius'* no direito romano, e advém das responsabilidades extracontratuais, em especial quando no *Direito romano* as leis eram usadas para regulamentar detalhes, pois a *'jurisprudência romana'* e a *'formulação de institutos dos juízes romanos'* é que fundavam o entendimento no direito romano, entendendo-se que indenização a ser paga não era equivalente ao dano, mas sim o equivalente ao valor da coisa, porquanto a finalidade das *'ações de dano'* não era ressarcir a vítima, mas punir o autor do dano, uma vez que se corroborava a volatilidade da indiferença da subtração da coisa em si,

---

[322]  BARRENA, 2015 *apud* Arangio-Ruiz, 1986, p. 418. "El daño previsto por la lex aquilia es solamente el causado corpore corpori, es decir, el producido con el esfuerzo muscular del delincuente a la cosa considerada en su estructura física. la sanción de la ley no tiene lugar, en consecuencia, por falta de daño corpore, si se encierra el ganado en un establo para hacerlo morir de hambre, o si se persuade a un esclavo de que suba a un árbol, ocasionándole de esa manera la caída y muerte (Gayo, 3, 219)".

[323]  BARRENA, 2015 *apud* Chironi, G. *La culpa en el derecho civil moderno*. Traducción de la 2. ed. italiana por A. Posada. Madrid: Reus, 1928. I, p. 31. "[...] existiendo la obligación de resarcir por causa de injusto suceso, cualquiera que fuese el modo de aparecer en el hecho, se extendió el alcance de la ley hasta incluir el perjuicio ocasionado a la cosa sin ejercitar sobre ella un acto físico (corpore); o sin que se ofendiese a su materialidad física (corpori); figuras ambas (si non corpore fuerit datum, neque corpus laesum fuerit) que, no estando comprendidas en el texto de la ley, no podían producir a favor del ofendido la acción que directamente procedía de aquélla".

[324]  Corpore

[325]  ARIAS RAMOS, J.; ARIAS BONET, J. A. *Derecho romano II*: obligaciones, familia y sucesiones. 18. ed. Madrid: Editorial Revista de Derecho Privado, 1997. p. 686. 'Tradicionalmente se explica este elemento con la expresión corpore corpori datum. Schulz señala que esta expresión no corresponde a la época clásica del derecho romano' (Schulz, Fritz, op. cit., pág. 563), mientras que Arias Ramos y Arias Bonet señalan que la citada expresión no es romana sino medieval".

[326]  Rés

em castigo de índole moral, hostilizada por meio da *'actio legis aquiliae'*, derivada do *'damnum iniuria datum'*.

Desta forma, o *damnum iniura datum* foi uma figura contemplada na *Lex Aquilia*, plebiscito que se presume ter sido ditado durante a terceira secessão da plebe, qual seja, a grande revolta dos plebeus, que lutavam por igualdade política com os patrícios desde 494 a.C e, normalmente é localizada no *século III a.C., (287 a.C.),* onde por meio dela, pretendeu-se punir o dano causado ilegitimamente, sem qualquer fundamentação jurídica legal, mediante a condenação do infrator pela pena estabelecida.

Foi regulamentado em dois capítulos: ao estabelecer que quem matava injustamente um escravo estrangeiro ou quadrúpede integrante de um rebanho seria condenado a dar ao seu dono o valor máximo que a coisa teria tido naquele ano; e o *capítulo III* que incluía todos os tipos de danos à propriedade alheia, como ferir os listados *'lá'*, no *capítulo I*, como queimadura, fratura, quebra ou derramamento de propriedade alheia.

A pena consistia em pagar ao proprietário o valor máximo que a coisa teria 30 dias antes de o dano ter sido causado, embora fosse exigido o *'corpore corpori datum' ou relação causal entre o sujeito causador do dano e a coisa danificada* para todos aqueles objetos que não eram contemplados nos *capítulos I e III*, ou contra pessoas livres que estavam sob o poder do *pater familias*.

*Tanto a Lex Aquilia quanto o furtum eram ações quiritárias (quitaristas), ou seja, típicas dos cidadãos romanos,* que, com o passar do tempo, foram estendidas aos *peregrinos* por meio das instituições do *Direito Romano (formulae)*.

O *'damnum iniuria datum'* possuía um caráter ressarcitório[327], porquanto o condão de vitimar o *'alheio'* dava-lhe o direito integral da pecúnia aplicada[328] [329] *'de todo'*, fruto de uma lógica preventiva, que objetivou fazer

---

[327] SCHIPANI, SANDRO. "Lo que sorprende desde un comienzo es que en no se encuentre, ni en materia delictual ni en materia contractual, un texto legal de alcances generales, que establezca el principio de que quien causa un daño a su prójimo, en determinadas condiciones, debe repararlo. resulta suficiente, para comprenderlo, con recordar cómo y por qué intervino el legislador. Se trataba de ponerle fin a la venganza corporal, de reemplazarla por el pago de una suma de dinero. El legislador consideró, pues, uno por uno, los delitos, a medida que las quejas suscitadas por su reparación le iban llamado la atención; no procedió jamás sino por casos especiales, decidiendo que quien hubiere sufrido tal o cual daño podría exigir ésta o aquella suma. Los jurisconsultos no tardaron en advertir, sin embargo, la insuficiencia de semejante procedimiento, la necesidad de darle a la víctima un recurso incluso en los casos no previstos expresamente por la ley. Por eso se esforzaron por extender los textos legales menos concretos, por buscar en ellos la consagración de una regla de conjunto. por lo demás, no lo lograron nunca por completo" (*apud* SANSEVERINO, Paulo de Tarso Vieira. *Princípio da reparação integral*: indenização no Código Civil. São Paulo: Saraiva, 2010. p. 21-22. *A respeito da ausência de um princípio geral de responsabilidade civil no direito romano, vide irmãos*: Mazeaud; Tunc, André, *op. cit.*, p. 39).
No mesmo sentido:
[328] KASER, *op. cit.*, p. 217-218. "Referindo-se ao Direito Romano pós-clássico, o Autor afirma que: O princípio de que o devedor responde por dolus e culpa pode agora considerar-se regra geral para o critério da responsabilidade. a ambos os conceitos é dado outro sentido, sublinhando-se a marca da responsabilidade moral, que não admite qualquer tipificação, antes exige a apreciação individual de cada caso concreto".
[329] VOLTERRA, EDUARDO. *instituciones de derecho privado romano*. Traducción, prólogo y notas a la edición española de Jesús Daza Martínez. Reimpr. da 1. ed. Madrid: Editorial Civitas, 1991. p. 561. *Na mesma direção, Volterra, baseando-se em Albanese, afirma que*: "[...] en la aplicación de las normas de la lex aquilia, los juristas romanos [...] llegan a determinar, valorando el

com que os delinquentes indenizassem ou reparassem todo o montante do dano causado à vítima[330], uma vez que, a partir da solução de casos concretos, começou-se a investigar a relação existente entre o ato do agente e o dano causado[331], isto é, o nexo de causalidade, pois com ou sem intenção ocasionava um prejuízo aos bens de uma pessoa[332], que, ao rememorar a *'antiqua Legis XII Tabularum'*, era descrito como um delito disperso e não possuía uma ordem ou uma sistematização adequada.

Já a *'antijuridicidade'* era composta de dois elementos subjetivos do tipo, quais sejam, o *'dolo' e a 'culpa'*: o primeiro era caracterizado como aquele que possuía o conhecimento da situação de direito e a capacidade volitiva de cometer o delito; e o segundo era caracterizado como a falta de previsibilidade dos elementos necessários para evitar o resultado danoso.

Neste texto, a *'negligência'* era então, para os romanos, considerada um atuar de menos, que era exigido para os seres humanos, que deveriam se comportar de determinada maneira, por meio de uma série de regras, que poderiam se encontrar previstas no regramento de uma profissão ou de uma função; adicionada à imprudência e à imperícia, insertavam-se como requisitos do conceito de *'culpa'*.

A *'imperícia'* a princípio estava no âmbito dos tratamentos médicos e se configurava quando havia uma atuação desidiosa por parte do profissional de medicina, por não haver seguido as recomendações normatizadas, entendendo-se, pois, que, à época da *'antiqua Roma'*, existiu, ainda que de forma genérica, a responsabilidade médica, voltada àqueles que se encarregavam dos curativos, *'em especial'*, de pacientes feridos em batalhas.

A *'imprudência'* encontrava-se vinculada com o atuar demais, haja vista que existiam determinados *'máximos'* permitidos acerca do respeito ao ajuste da conduta que se impunha na *'urbe'*, e que deveria ser seguida

---

comportamiento del agente, el elemento subjetivo del dolo e de la culpa propriamente dicha [...]. El elemento del dolus o de la culpa en la realización del acto dañoso, por tanto, pasa a ser un requisito necesario para la existencia del damnum iniuria datum a partir del Siglo II, como se hace evidente por el texto de las instituciones de gayo. surge así y se desarrolla en los textos de los juristas, a propósito de la lex aquilia, el concepto de la culpa extracontactual o aquiliana".

[330] ANGELIN, *op. cit.* "Em todos os povos, a época primitiva atém-se à ocorrência exteriormente visível, o acto, e atribui a acção ao agente que produziu o resultado. Também em todo o lado e desde sempre se admite, a partir da experiência, que quem realiza certos actos danosos típicos, na maioria das vezes quer causar danos; a primitiva responsabilidade pelo resultado é, na realidade, uma responsabilidade por culpa tipificada. Só com o tempo a questão da culpa é apreciada em cada caso concreto, segundo a vontade individual do agente" (*Ibidem*, p. 213 *apud* KASER, Max. *Direito privado romano*. Tradução de Samuel Rodrigues e Ferdinand Hämmerle, revisão de Maria Armanda de Saint-Maurice. Lisboa: Fundação Calouste Gulbekian, 1999; BETANCOURT, Fernando. *Derecho romano clássico*. Sevilla: Universidad de Sevilla – Secretariado de Publicações, 2001).

[331] ANGELIN, *op. cit.* "Especificamente, com relação à Lex Aquilia, Max Kaser observa que nela 'O fato tem que ser cometido iniuria; isto significava no início não apenas 'ilicitamente' mas também 'dolosamente'. Os juristas da república tardia incluem na iniuria a culpa, uma culpa que inclui a negligência " (*Ibidem*, p. 287-288).

[332] ALVES, JOSÉ CARLOS MOREIRA. *Direito romano*. 3. ed. Rio de Janeiro: Forense, 1980. Römisches. p. 589, 397. "O damnum iniuria datum – esse delito – abreviadamente designado nos textos pela expressão damnum iniuria – consiste em alguém causar, culposamente, dano em coisa alheia, animada ou inanimada".

pelo *'civitae romanus'*, uma vez que não se permitia o excesso em diversas outras situações, fazendo com que a *'conduta comissiva'* excluía, por evidência, o dano à coisa alheia por ato omissivo.

Assim, leva-se em consideração que o efeito e a consequência jurídica do dano injustamente causado[333] eram as penas pecuniárias, entregues aos legitimados ativos, que, por assim dizer, eram de fato os proprietários da *'rés'* que haviam sofrido o dano, entendendo-se, pois, que as ofensas consideradas lícitas não eram passíveis de castigo[334].

De outra monta, o *'pretor'* também levava a extensão da *'actio'*, e consequente reparação, àqueles que não eram os proprietários, mas eram os possuidores de boa-fé, pois entendia-se que eram legítimos interessados na conservação da coisa, como os estrangeiros que não eram cidadãos, e que, por assim dizer, possuíam o direito à reparação do dano.

Os legitimados ativos eram todos aqueles que possuíam o legítimo interesse de reclamar pelo delito cometido, entendendo-se que os legitimados passivos eram todas aquelas pessoas suscetíveis de ser acionadas pela instrumentalização dos crimes praticados, quais sejam, o autor do delito e os coautores ou partícipes.

Neste ínterim, o autor do fato eram os legitimados passivos, que haviam cometido o dano, com os seus associados, numa responsabilidade solidária que não se transmitia aos seus herdeiros no âmbito sucessório, e a condenação consistia em igual valor da coisa, que se somava ao conceito de indenização, em razão de todos os prejuízos ocasionados como consequência da privação da coisa.

---

[333] MOURA, CAIO ROBERTO SOUTO de. Responsabilidade civil e sua evolução em direção ao risco no novo Código Civil. *Revista AJUFERGS*. "A lex aquilia (Séc. III a.C.), embora ainda mantivesse a prevalência da tipicidade em seus dispositivos, previu a responsabilidade de quem causasse dano à coisa alheia (damnum injuria datum), atribuindo ao proprietário lesado uma actio legis aequiliae, que objetivava o recebimento do valor do dano causado. A partir de então se iniciou a separação entre a responsabilidade civil e a penal, uma vez que a actio legis aquiliae era considerada reipersecutória quando a condenação correspondesse ao valor da coisa, e penal, quando excedesse esse valor" (*no mesmo sentido*, Giordani, José Acir Lessa, *op. cit.*, p. 5).

[334] CRUZ, JOSÉ DE ÁVILA. *O direito romano como alicerce da ação de reparação de danos*, "Qui cum aliter tueri se non possent, damni culpam (quidam mommsen) dederint, inoxii sunt; vim enim vi defendere omnes leges, omniaque iura permittunt. Sed si defendendi mei causa lapidem in adversarium misero sed non eum, sed praetereuntem percussero, tenebor, lege aquilia: ellum enim solum, qui vim infert, ferire conceditur, et hoc, si tuendi dum taxat, etiam ulciscend, causa factum sit". Em tradução livre: "Aqueles que não tendo podido defender-se de outra forma, causaram um dano são inocentes; pois todas as leis e todos os direitos permitem defesa violenta contra a violência. Contudo se para me defender atiro uma pedra contra o meu adversário, mas firo com ela, não o agressor e sim um transeunte, fico sob a lei aquilia; já que somente a quem provoca a violência, é que a vítima pode ferir, e isto somente para defender-se e não para exercer a vingança" (Labeão 45, Ad Legem Aquiliam, 9,2).

# INIURIA[335]

Antes da *'Lex Aebutia'*, no *século I a.C.*, que extinguiu o sistema da *'Legis actionis'*, dando azo ao aparecimento do procedimento das *'formulae'*, o *'pretor peregrinus'* já usava uma espécie de *'aestimationem actio'*, nos delitos de *'iniuria'*, galgados ao ataque à honra[336] por violência física, de acordo com as disposições da *'Lex das XII Tábuas'*[337], ainda que a reparação em pecúnia fosse solicitada apenas pela parte ofendida, na disciplina do instituto da tutela, na razão de sua finalidade, o que *'de todo'* significava que o exercício da ação era de natureza pessoal, inobstante o fato de que o réu poderia fazer uma estimativa *'pecuniarius'* em proporção ao dano causado, que, levada à apreciação do *'pretor'*, dele seria a competência para estipular o montante devido, pela gravidade do fato acontecido, *'de todo'*, sendo-lhe permitido fixar a indenização pecuniária na proporção da gravidade do *'dano'*, em face dos diversos fragmentos[338] [339] [340] [341] [342] [343] [344] historiográficos presentes.

Na verdade, o regime da *'iniuria'* no direito romano antigo não é conhecido com certeza, tendo-se uma linhagem basilar, por meio de juristas como *Caio 3.223 e Paulo 2,5,5*[345] [346] [347], que, ao remeterem-se à *Lei das XII Tábuas*, consolidada na simetria de suas cláusulas, demons-

---

[335] Condutas prejudiciais oriundas de gestos, verbos, ultraje contra terceiros e, golpes

[336] BRUNS, RICCOBONO, VIII.4,5; Crawford I.15. Antequera VII.2,3. "El término iniuria es unánimemente aceptado como ataque al honor, entendiendo que dicha ofensa incluyó desde el principio las lesiones causadas dolosamente, que de otro modo quedarían impunes. Sin embargo, no deja de llamarnos la atención que la fórmula de los daños materiales que recoge la lex aquilia (vid. Infra) incluye expresamente la expresión damnum iniuria dato lo que podría llevarnos a pensar que en algún momento los daños materiales causados dolosamente también pudieran constituir una forma de iniuria. En este sentido, resulta relevante la definición amplia que contiene Inst. 4.4: Generaliter iniuria dicitur omne quod non iure fit...".

[337] Petit, *op. cit.*, p. 465. "Tabla VIII, 2. Iglesias lo extiende a la inutilización de un órgano. Iglesias, Juan, op. cit., pág. 428. Petit señala que la expresión ruptum debe entenderse como pérdida o invalidez y membrum como toda parte importante del cuerpo humano".

[338] D. 47,10,15,25 (Ulp., LXXVII. ad ed).

[339] D. 47,10,7,7 y 8 (Ulp., LVII. ad ed).

[340] D. 47,10,17,3 (*id.*).

[341] D. 4 7,10,9 pr.,1 y 2 (*id.*).

[342] I.J. 4,4,9.

[343] Gayo, 3,225.

[344] P.S. 4,4,8.

[345] *Livro singulari et titulo de iniuriis.*

[346] GAYO, 3,223. "Poena autem iniuriarum ex lege X II tábularum propter membrum quidem ruptum talio erat; propter os vero fractumaut conlisum trecentorum assium poena erat, si libero os fractum erat; a tsi servo, CL; propter ceteras vero iniurias X X V assium poena era t constituía... *Paulo, Coll. 2,5,5:* Legitim a ex lege duocedim tabularum: qui iniuriam alteri facit, quinqué et viginti sestertiorum poenam súbito. Quae lex generó le futí: fuerunt et speciales, velut illa: 'si os fre git libero, C C C, si servo, CL poenam subit sestertio rum'". Em livre tradução: "E a punição por ferimentos de acordo com a lei XII das tábuas era de fato uma espada quebrada; mas seus próprios ossos foram quebrados pela colisão de trezentos jumentos, se o osso livre foi quebrado; atsi empregados, 150; prop ter vero outras lesões X X V assium poena era t constituía... Paulo, Coll. 2,5,5: Legitimamente de ex-lei das tábuas: quando machucava outro, subitamente recebia vinte sestércios. Quae lex genero le futí: fue rústica e especial, ela queria: 'se o osso se soltar, 500, se eu guardar, 150 poenam subit sestertio rum'".

[347] Caio 3.223 e, Paulo Coll. 2,5,5, livro singulari et titulo de iniuriis.

traram o exemplo de dois casos de danos físicos contra pessoas e um de ofensa física sem lesão *(iniuria pura e simples)*, que foi protegida por uma *actio iniuriarum*.

Entretanto, com o passar do tempo, o conceito de *'iniuria'*[348][349] acabou por se estender a inúmeras condutas prejudiciais[350][351], como todas aquelas oriundas de gestos, verbos, ultraje contra terceiros, golpes[352] e ofensas dirigidas contra um escravo, ou ataques contra o seu senhor, compreendendo assim vários tipos de ações caracterizadas pela malícia, quais sejam *'ofender'*, *'difamar'*, *'insultar de forma oral ou escrita'*, na relação entre iguais, e tantas outras, inclusas as ações que resultassem em agressão física[353] a qualquer um destes, conforme as diversas disposições da *'Lex das XII Tábuas'*.

Assim, a *'iniuria'*[354][355][356][357][358], terceira espécie de delito privado[359], era uma atividade ilícita[360], pois era vista como um atentado à integri-

---

[348] D. 47,10,1,2 Ulpiano, *Comentarios al edicto*, libro LVI. "Y toda *iniuria* o es inferida al cuerpo o se refiere a la dignidad o a la infamia; se hace al cuerpo cuando alguno es golpeado, a la dignidad, cuando a una matrona se le quita su acompañante, y a la infamia, cuando se atenta a la honestidad".

[349] Ulpiano en D. 47.10.1.1: Ulpiano, *Comentarios al edicto*, libro LVI. "Mas dice Labeón, que se hace *iniuria* o mediante una cosa, o con palabras; mediante una cosa siempre que se emplean las manos, pero con palabras cuando no se emplean las manos, y se hace afrenta".

[350] CASTRESANA HERRERO, *op. cit.*, p. 47. De acuerdo con Amelia Castresana, "cannata añade que la iniuria de la Lex Aquilia define el comportamiento lesivo y que, de los dos significados reconocidos a aquel término, acto injustificado y acto contrario a derecho, es prioritario el primero, ya que la partícula –in tiene valor privativo y pone de relieve la ausencia de justificación de una determinada conducta con arreglo a los principios del ordenamiento jurídico".

[351] KASER, 1982, p. 230; JORDANO FRAGA, FRANCISCO. *La responsabilidad contractual*. Madrid: Editorial Civitas, 1987. "[...] el hecho debe ser realizado con iniuria, lo que significó, originariamente, no sólo un hecho antijurídico, sino también un hecho doloso. Sostiene también Jordano Fraga que 'para toda la fase primitiva del derecho romano y para una época posterior que resulta difícil de precisar, el dolo es integrante del delito público o privado, en modo que lo que hoy entendemos como ilícito culposo se equipara a los efectos de la irresponsabilidad al caso fortuito'. (*cf*, Jordano Fraga, Francisco, op. cit., pág. 49. En similar sentido Camiñas, Julio G., *"La problemática del dolo en el derecho romano clásico", en Derecho privado de obligaciones, homenaje...* págs. 971 y sigs)".

[352] "Las hipótesis comprensivas del delito de *iniuria* por lesión al cuerpo fueron: el golpear a otro, ya sea que se le causara o no dolor; atentar contra las buenas costumbres al manchar a otro ensuciándolo con heno, estiércol o lodo; el azotar a otro aunque fuera usando los puños; el inferir castigo al otro estando este con las manos levantadas, por medio de palos, fustigándolo; y configuraba también *iniuria* el hacer perder a otro el juicio por haberle dado un medicamento o cualquier otra sustancia cuyo efecto le impidió su defensa" (*cf*. D. 47.10.5 pr. 1; D. 47.10.15.40; D. 47.10.15.40; I. 4.4.1; D. 47.10.15 pr.; D. 47.10.11; D. 47.10.15.1).

[353] SCHULZ, *op. cit.*, p. 571 *apud* RUIZ FERNÁNDEZ, EDUARDO. Sanción de las 'iniuriae' en el derecho clásico. *In*: DERECHO romano de obligaciones. p. 820). "Eduardo Ruiz Fernández señala que en la época clásica las lesiones, físicas o morales, debían ser 'dolosamente inferidas'".

[354] RODRIGUES JÚNIOR, 2011a. No mesmo sentido: "Embora se reconheça que não contivesse ainda 'uma regra de conjunto, nos moldes do direito moderno', era, sem nenhuma dúvida, o germe da jurisprudência clássica com relação a injúria, e fonte direta da moderna concepção da culpa aquiliana que tomou a lei aquilia o seu nome característico" (*vide* DIAS, 1997, p. 18).

[355] BARRENA, 2010, p. 311-337. "En cuanto a la iniuria y la culpa, tradicionalmente se opina que la primera, a diferencia del delito de iniuria, representaba un acto contrario a derecho (según las posiciones) y que la culpa correspondió a un desarrollo posterior, por la vía pretoria. este esquema tan simple es en verdad bastante más complejo de lo que parece".

[356] "Iniuria ex eo dicta est, quod non iure fiat: omne enim, quod non iur fit, iniuria fieri dicitur. hoc generaliter. Specialiterautem iniuria dicitur contumelia" (D. 47.10.1pr).

[357] "Iniuriam autem fieri labeo ait aut re aut verbis: re, quotiens manus inferuntur: verbis autem, quotiens non manus inferuntur, convicium fit" (D. 47.10.1pr).

[358] "Omnemque iniuriam aut in corpusinferri aut ad dignitatem aut ad infamiam pertinere: in corpus fit, cum quis pulsatur: ad dignitatem, cumcomes matronae abducitur: ad infamiam, cum pudicitia adtemptatur" (D. 47.10.1.2 pr).

[359] MORAL, García A. *Delitos de injuria y calumnia*: régimen procesal. Madrid, 1990. p. 123 *et seq*.

[360] "Iniuria ex eo dicta est, quod non iurefíat: omne enim, quod non iure fit, iniuria fieri dicitur. hoc generaliter. specialiter autem iniuria dicitur contumelia. interdum iniuriae appellatione damnum culpa datum significatur, ut in lege Aquilia dicere solemus: interdum iniquitatem iniuriam dicimus, nam cum quis inique vel iniuste sententiam dixit, iniuriam ex eo dictam, quod iure et iustitia caret, quasi non iuriam, contumeliam autem a contemnendo". Em livre tradução: "A iniqüidade foi dita por isso, que ele não deveria jurar: por tudo o que não é feito por certo, diz-se qué é feito por errado. isso em geral. mas a injúria é especialmente chamada de insulto. às vezes pela denominação de dano é significado dano causado por culpa, como na lei

dade física ou moral do cidadão[361][362], uma vez que, ao incluir o potencial da ofensa, era entendida como uma lesão que provocava uma série de danos à honra e à essência da figura humana; em um sentido genérico, era um insulto, que se caracterizava por ser um ato contrário à lei, não só de forma cultural como jurídica, e seu conceito legalizado significava, pois, a violação de um preceito normativo que protegia os bens jurídicos do *'civitae'*; e, num sentido específico, acoplava a indicação do desprezo ao outro.

Desta forma, a análise de seus elementos interpretativos, dentro da convicção dos *'iurisconsulti Romani'* épicos, revelava que o conceito da *'culpae'* se fazia presente, o que *'de todo'* obrigava a compreensão do seu significado original, incluso na estrutura dos ilícitos, que eram regulados pela *'lex'*, já que nem todos eram sancionados, pois também deveria-se levar em conta a criação de estereótipos nas relações sociais de natureza afetiva, exemplificando-se como tal, aqueles que a praticavam em razão da veracidade[363] de sua declaração, ou por falta de intencionalidade[364], por *'error'*[365], bem como a todos aqueles que eram absolutamente incapazes, com enfermidades de ordem mental, e os impúberes[366].

*'De todo'*, tem-se então que a sua concepção originária adveio da *'Lei das XII Tábuas'*[367], que trouxe determinadas particularidades, como, por exemplo, o fato de incluir-se o delito de lesões corporais no conjunto das *'iniuriae'*, quando os definiu de forma legal como mais um tipo de delito privado[368], que, com a fixação de uma pena pecuniária, foi *'a posteriori'* estabelecido o arbítrio e a competência do juiz para estipular o valor de

---

de Aquilia estamos acostumados a dizer: às vezes dizemos mal a iniqüidade, pois quando alguém é injusto ou injusto. Ele disse a sentença, o errado disse dele, que falta lei e justiça, como se não houvesse lei, mas insulto por desprezo" (Ulpianus, Inst. Iust. 4,4 pr., *de iniuriis*: D. 47,10,1 pr., LVI. ad ed).

[361] "Omnemque iniuriam aut in corpus inferri aut ad dignitatem aut ad infamiam pertinere...". Em livre tradução do original: "E toda injúria infligida ao corpo pertence à dignidade ou à infâmia..." (D. 47,10,1,2, Ulp., LVI. ad ed).

[362] "At miuria fit [...] cum dignitas offenditur, ut cum a sociis aut eleifend disiungo". Em livre tradução: "Mas *a iniuria* se faz [...] quando a dignidade é ofendida, como quando se separam acompanhantes de parteiras ou adolescentes" (Paulo Coll. 2.5.5).

[363] ZOLTAN MEHESZ, K. *La injuria en derecho penal romano*. Buenos Aires, 1970. p. 14 *et seq*.

[364] C.9,35,5: "Si non convincii consilio te aliquid iniuriosum dixisse probare potes, fides veri a calumnia te defendit..." (Ulp., LVI. ad ed).

[365] D. 47,10,3,3: "Quaresiquis periocum percutiat, autdum ceriat, iniuriarum non tenetur".

[366] D. 47,10,3,4: "Si quis hom inem liberum caeciderit dum putat servum suum, in ea causa est, ne iniuriarum teneatur".

[367] FATTORI, *op. cit.* "Poena autem iniuriarum ex Lege XII Tabularum propter membrum quidem ruptum talio erat; propter os vero fractum aut conlisum trecentorum assium poena erat, [veluti] si libero os fractum erat, at si servo; cl; propter ceteras vero iniurias xxv assium poena erat constituta. Et videbantur illis temporibus in magna paupertate satis idoneae istae pecuniae poenae esse". Tradução livre do original: "Segundo a Lei das XII Tábuas, a pena de injúria era a de talião, no caso de perda dum membro, e de trezentos asses no dum osso fraturado ou ofendido; isto sendo a vítima pessoa livre; porque sendo escravo, a pena era de cento e cinqüenta asses. Por outras espécies de injúria instituiu-se uma pena de vinte e cinco asses. Tais penas pecuniárias pareciam suficientes nesses tempos de economia pobre" (Institutas Gaius 3, 223).

[368] "Ulpiano refiere tres sentidos de injuria: en primer lugar, como daño producido con culpa castigado por la ley Aquilia; en segundo lugar, con el equivalente a injusticia y hace alusión a los pronunciamientos judiciales de los magistrados que fueran ilegales – iniustitias – o inicuos –iniquitas y, por último, con o contumelia o menosprecio, de donde nace la intencionalidad ofensiva, elemento esencial de este delito" (D. 47,10,3,1, Ulp., LVI. aded).

tais penas, alicerçando essencialmente como base a intenção do agente, a gravidade do ato e o contexto em que fora praticado.

De outro lado, deve-se referendar o fato de que, na época clássica, as sanções foram aperfeiçoadas por intermédio dos *'editos pretorianos'*, com a concessão da *'Actio iniuriarum aestimatoria'*[369] [370] [371] [372] [373] que, de caráter geral, contemplava também o particular em alguns atos determinados, que eram regulados com os *'editos'*[374] [375] correspondentes.

De outra banda, foi a *'Lex Aquilia Romani'* que introduziu a noção de *'culpae'*; ao regulamentar a responsabilidade extracontratual, trouxe divergências doutrinárias sobre a matéria, pois parte dela sustenta que a referida lei previu a *'culpae'* como pressuposto para a caracterização do delito, enquanto outra entende que o *'officium reparandi'*[376] no direito romano, fundava-se no dano.

---

[369] "Poena autem iniuriarum ex Lege Duodecim Tabularum propter membrum quidem ruptum talio erat: propter os vero fractum nummariae poenae erant constitutae quasi in magna veterum paupertate. Sed postea praetores permittebant ipsis qui iniuriam passi sunt eam aestimare, ut iudex vel tanti condemnet, quanti iniuriam passus aestimaverit, vel minoris, prout ei visum fuerit. sed poena quidem iniuriae quae ex lege duadecim tabularum introducta est in desuetudinem abiit: quam autem praetores introduxerunt, quae etiam honoraria appellatur, in iudiciis frequentatur. Nam secundum gradum dignitatis vitaeque honestatem crescit aut minuitur aestimatio iniuriae: qui gradus condemnationis et in servili persona non immerito servatur, ut aliud in servo actore, aliud in medii actus homine, aliud in vilissimo vel compedito constituatur". Em tradução livre: "Quanto à pena das injúrias, a Lei das XII Tábuas cominava a pena de talião por um membro mutilado; e pela fratura de um osso constituíram-se penas pecuniárias, consoantes à grande pobreza dos antigos. Mas, mais tarde, os pretores permitiram aos próprios injuriados avaliarem a injúria, de modo ao Juiz condenar o réu em tanto quanto o injuriado a avaliou, ou em menos, conforme lhe parecesse. A pena das injúrias, porém, introduzida pela Lei das XII Tábuas, caiu em desuso; e a introduzida pelos pretores também chamada honorária, é frequente no fórum. Pois, conforme o grau de dignidade e a honorabilidade da vida, assim cresce ou diminui a avaliação da injúria. Esta graduação se observa também, e não sem razão, relativamente ao escravo; de modo que seja constituída uma, quando é um escravo intendente, outra, se o é um homem em situação média, e outra, quando se trata de um de ínfima classe ou agrilhoado" (Inst. 4, 4, 7).

[370] FATTORI, *op. cit. apud* Volterra, 1986. "A acción no se concedia prácticamente, en cambio, en caso de actos leves. Más tarde se pensó que la actio iniuriarum era concedida al dominus en defensa de la integridad física y moral del esclavo. para las iniurias cometidas contra personas libres alieni iuris estaba legitimado para actuar el paterfamilias que se consideraba ofendido; En caso de que estuviera ausente, el pretor autorizaba al filiusfamilias ofendido a actuar en nombre propio".

[371] D. 47,10,15,25 (Ulp., LXXVII. ad ed). "A it praetor: ne quid infamandi causa fíat, si quis adversus ea fecertí, prout quaeque res erit, anim advertam. D.47,10,15,27 (idem): Generaliter vetutí praetor quid ad infam iam alicuius fieri. proind e quodcum que quis fecertível dixerit, ut alium infam et, erit actio iniuriarum.... D.47,10,17,5 (U lp. LVII. a d ed.): Ait praetor 'arbitratu iudicis: utique quasi viri boni, utille modum verberum im ponat'".

[372] D'ORS, A. Pré-requisitos necessários ao estudo do *direito romano*. Salamanca, 1943; Santa Cruz Tejeiro, J. Manual elemental de instituciones de derecho romano. Madrid: Editorial Revista de Derecho Privado, 1946. p. 653 *et seq.* "[...] siguiendo a Lenel, afirman que el título de iniuriis tenía un primer edicto de carácter general al que seguían otros especiales referidos al convicium, a la adtemptata pudicitia, a quod infamandi causa ftí, a las afrentas inferidas a esclavos, a la acción noxal por las injurias de un esclavo, otro por iniurias a hijos de familia y, finalmente, un edicto regulador de un iudicium contrarium".

[373] "Actio iniuriarum in factum et existimatio generalis"

[374] BARRENA, 2010, p. 311-337. "En cuanto a la iniuria y la culpa, tradicionalmente se opina que la primera, a diferencia del delito de iniuria, representaba un acto contrario a derecho (o sine iure, según las posiciones) y que la culpa correspondió a un desarrollo posterior, por la vía pretoria. este esquema tan simple es en verdad bastante más complejo de lo que parece".

[375] "Sed nunc alio iure utimur. Permittitur enim nobis a praetore ipsi iniuriam aestimare, et iudex uel tanti condemnat, quanti nos aestimauerimus, uel minoris, prout illi uisum fuerit; sed cum atrocem iniuriam praetor aestimare soleat, si simul constituerit, quantae pecuniae eo nomine fieri debeat uadimonium, hac ipsa quantitate taxamus formulam, et iudex, qui possit uel minoris damnare, plerumque tamen propter ipsius praetoris auctoritatem non audet minuere condemnationem". Em tradução livre: "Hoje, porém, usamos de outro direito. Assim, temos a faculdade conferida pelo pretor, de avaliarmos nós mesmos a injúria e o juiz condena-nos, quer na importância da nossa avaliação, quer em importância inferior, segundo sua livre convicção. Mas como o pretor costuma avaliar a injúria grave, quando determina a importância a ser prestada como vadimonium, sem distingui-la da importância reclamada pelo autor como pena, pedimos na fórmula a mesma importância e o juiz, embora podendo condenar em quantia menor, não ousa habitualmente reduzir a condenação, em respeito à autoridade do pretor" (Gaius 3, 224).

[376] Dever de reparar

A conduta realizada com *'iniuria'*[377] acontecia pela violação *'épica'* de um ato, ou de uma norma jurídica *'criminalis lex privata'*[378], ou *'direito não penal'*, que, por assim dizer, era resultante da falta de cumprimento de um dever jurídico, ocorrido por um ato de *'vontade extra contratual'*, ou por força da transgressão dada, a uma *'legalis officium aquiliae'*, que *'de todo'* poderia ser *'civitae'* ou *'pretorianae'*, conforme as sanções estipuladas pelo *'direito civil' e/ou 'honorário'*.

Por si só, fundamentava-se sob um critério que permitia imputar juridicamente a alguém o respectivo castigo por um comportamento injustificado, e repreensível por lei, *'em especial'* quando o sistema de repressão de condutas consideradas ilícitas pelo direito romano e, portanto, condenáveis e sujeitas a certas penas, não possuía um caráter uniforme durante grande parte da história do Império Romano.

Assim, a *'iniuria'* contrapõe-se ao *'ius'*, e neste sentido compreende todo tipo de comportamento antijurídico[379][380][381], ainda que, de modo especial, se refira aos delitos relativos a lesões inferidas a pessoas livres em sua integridade física[382] e moral[383], e poderia ser de natureza grave[384] ou leve[385], real ou por palavras: na primeira, a ofensa concretizava-se mediante agressão física; e, na segunda, mediante palavras, escritas ou pronunciadas.

---

[377]     CURSI, M. FLORIANA. *Roman legal tradition*. Ames Foudation; Harvard Law School; University of Glasgow School, 2011. 7. p. 16-29. "The first chapter of the lex Aquilia imposed liability for occidere iniuria. The prevailing view is that 'iniuria' was originally understood objectively ('unlawfully'), though some argue that it conveyed a subjective notion of fault or a will to offend. We can in fact detect a subjective notion in iniuria from the very beginning when we recognize that the term borrows from the earlier delict of iniuria, which entailed dolus. An iniuria against a slave by wounding was a contumelia against his master. This logic was carried over to the lex Aquilia: the occidere iniuria of a slave was a contumelia to the master and indeed took from the master's patrimony. The requirement of intentional fault (dolus) came with the borrowing: occidere iniuria meant 'to kill willfully'. The later introduction of a third chapter to the lex Aquilia and the development of fault based on negligence (culpa) was not, on this view, a newly found subjective basis for fault, but the extension of an existing subjective basis to a wider number of cases". Em tradução copiada: "O primeiro capítulo da lex Aquilia impôs a responsabilidade por occidere iniuria. A visão predominante é que 'iniuria' foi originalmente entendida objetivamente ('ilegalmente'), embora alguns argumentem que transmitia uma noção subjetiva de culpa ou vontade de ofender. Podemos, de fato, detectar uma noção subjetiva em iniuria desde o início, quando reconhecemos que o termo toma emprestado do delito anterior de iniuria, que implicava dolus. Uma iniuria contra um escravo por ferimento era uma contumélia contra seu senhor. Essa lógica foi transportada para a Lex Aquilia: O occidere iniuria de um escravo era um contumelia ao mestre e, de fato, tirou do patrimônio do mestre. A exigência de culpa intencional (dolus) veio com o empréstimo: occidere iniuria significava 'matar deliberadamente'. A introdução posterior de um terceiro capítulo a lex Aquilia e o desenvolvimento da culpa com base na negligência (culpa) não foi, nesta visão, uma base subjetiva recém-encontrada para a culpa, mas a extensão de uma base subjetiva existente a um número mais amplo de casos".

[378]     'Direito privado penal'

[379]     "Ex condicta est quae non iure fiat omneenim quis non iura fit, iniuris fieri dicitur. hoc generaliter". Em tradução livre: "Da proclamação que não é feita de direito; isso em geral" (Ulp. D. 47, 1, 1).

[380]     SILVA, WILSON MELO da. *O dano moral e sua reparação*. Rio de Janeiro: Revista Forense, 1955. p. 27. "Omnemque injuriam aut in corpus inferri; aut ad dignitatem, aut ad infamiam pertinere" (Ulpianus, fr. 1, § 1, de Injuris et fam. Libellis, XLVII, 10).

[381]     *Ibidem*, p. 27. "Injuria ex eo dicta est, quod non iure fiat: omne enim quod non jure fit, injuria fieri dicitur; hoc generaliter" (Ulpianus, fr. 1, § 1, de Injuris et fam. Libellis, XLVII, 10).

[382]     Corpo

[383]     Dignidade

[384]     Injuria atrox

[385]     Injuria levis

O sistema estruturava-se em duas grandes modalidades: por um lado, havia a repressão daqueles comportamentos que, segundo a mentalidade romana, eram incomuns nos valores da comunidade e, portanto, prejudiciais aos interesses desta, que iam de encontro ao lastro da pacificação social, que, para tanto, assegurava o direito do 'civitae' como parte do princípio de resultados que fossem individualmente justos; e que, por assim dizer, compunham o *direito penal romano*', sendo oportuno indicar que se referiam àqueles comportamentos de tamanha intensidade e perturbação da vida coletiva que os magistrados, como detentores do poder político, os reprimiam por meio de graves sanções previstas nas leis, com o objetivo de erradicar a prática arcaica da *autodefesa pessoal* do ofendido e sua *gens*[386].

Isto porque, na sociedade romana antiga, a vingança era apresentada como a primeira e natural forma de reagir ao ato ilícito de outrem, e, quando a conduta ofendia a ordem divina ou política da *civitas*, a comunidade, sob sentimento de compromisso, como uma das formas mais evoluídas e céleres da manifestação de seus interesses para gerar a diminuição de conflitos e a maior resolução pacífica dos que viessem existir, punia o ofensor *(criminas)*, em uma espécie de função purificadora, a qual acarretava sua perseguição, como cumprimento de um requisito religioso, que posteriormente foi substituída pela repressão à frente da autoridade civil, quando se tratava de condutas que violavam os interesses da comunidade, por meio de um processo que se evidenciou com a edição de uma série de leis[387] que estabeleciam os procedimentos, as autoridades e as penalidades públicas e aflitivas para esse tipo de comportamento.

D'outro bordo, à semelhança das *'criminas'*, havia os casos do *'ius privatum'* que causavam a obrigação penal ou *'ex delicto'*, e que eram passíveis de ação penal privada, oriunda do *'ius civile'* ou *'ius pretorium'*; e, nas *'institutas de Gaius'*, visualiza-se a enumeração dos comportamentos que assim eram considerados como crimes privados, quais sejam, o *'furtum'*, a *'rapina'*, o *'damnum iniuria datum'* e a *'iniuria'*.

---

[386] MOMMSEN, TEODORO. *Derecho penal romano*. Bogotá: Temis, 1976. p. 36 *et seq.* "Afirma que o direito penal começou naquele momento em que o direito do Estado, entendendo também por lei o costume com força de lei – os *mores maiorum* –, impôs limites ao depositário do poder penal, ou seja, o juiz. Nele, foram designados os comportamentos objetivamente imorais contra os quais teria que proceder em causa e benefício da comunidade, e foi determinado o procedimento para o seu julgamento. O direito penal começou com a *lex Valeria de provocatione* do ano 509 a.C. que submeteu à aprovação da comunidade as sentenças que condenavam a pena capital. Foi assim que, em matéria de condutas atentatórias contra a própria comunidade, verificou-se a transição da legítima defesa para a punição pública por parte do Estado, o que constituiu o nascimento do direito penal".

[387] Lege Regiae

Desta forma, tem-se, pois, que o *'furtum'* consistia na apreensão de coisa móvel alheia, contra a vontade do proprietário; o *'roubo'* constituía a subtração de forma violenta; o *'damnum iniuria datum'*[388] era contemplado pela *lex Aquilia*, no decurso da simples razão da *leges*, em relação a determinado bem da vida, com interesse, e, mesmo que não houvesse vontade manifestada, dispôs que aquele que, com dolo ou negligência, e sem nenhuma justificação, matar, ferir ou causar dano a outra pessoa ou coisa era obrigado a pagar uma quantia em dinheiro[389], cujo valor era substancialmente superior ao dano causado; e, por derradeiro, a própria *'iniuria' (maleficia)*, que no âmbito da repressão penal privada incluía todo tipo de *'injúria'* causada contra uma pessoa livre, fosse contra seu corpo, fosse contra sua honra ou dignidade.

*'De todo'*, extraem-se duas principais características, com o fito *inicial* de entender-se que o *'ius privatum'* e, por consequência, a *'criminalis officium ex delicto'* eram condutas recriminadas, na medida em que lesavam interesses considerados privados e prejudicavam o ofendido, em relação aos seus bens e a sua integridade física e moral, e seus *gens*; e, *ao depois*, o fato de que o lesado passava a ser titular de uma ação privada, que fosse estabelecida por lei e, que fosse concedida pelo pretor, cuja consequência era a imposição de uma *'poena pecuniaria'* em favor do *'offendi'* com função sancionatória, o que constituía uma fonte de obrigação civil, incluso ao corpo de crimes privados.

Deve-se então assentar que, nestes casos, a *'officialis vindicta* privada' não se justificava *'tão somente'* pela natureza coletiva do interesse, mas pelo fato de se compreender que os interesses lesados eram privados, dos quais não se exigia a intervenção do poder público, pois a *definição de crime romano*, era conceituado como todo e qualquer ato ilícito que lesava o outro, e, que em assim sendo, deveria ser sancionado com uma *'poena'*.

A *'culpae'* inclusa na *'iniuria'*, de acordo com a interpretação de parte dos juristas romanos, mobiliava a estrutura do ilícito[390], tal qual regulada em lei, uma vez que a apreciação da *'iniuria'* levava à indiscutível posição de que a ocorrência dos casos acontecidos no *'meio'* se respaldava em torno da existência ou não de uma causa que justificasse a conduta, com fito de agir de maneira sancionadora, como um exercício diante das adversidades

---

[388] Dano causado injustamente
[389] SCHIPANI, S. Do direito Aquilia ao Digest 9: perspectivas sistemáticas do direito romano e problemas de responsabilidade extracontratual. *Revista de Derecho Privado*, n. 12-13, 2007. p. 268.
[390] Aquiles

no objeto da controvérsia materializado, e que, por assim dizer, deveria ser proclamada de acordo com os termos da lei.

Com a evolução desta figura, que se desenvolve desde a *'Lei das XII Tábuas'*, até a *'Lex Cornelia de Inuriis'*[391][392][393] *(77 a.C.)*, em que se configuraram diferentes hipóteses de *crime* público, cujos pressupostos coincidiam de fato com as hipóteses típicas deste crime, agregou-se também a incidência do *'direito pretório'*, em que se denotava uma orientação expansiva de sua noção, com base na sua tipificação arcaica, *'lá'* na *'lei decenviral'*, como delito de violência física.

Entretanto, faz-se necessário observar que a evolução transformadora do instrumento legal se faz a partir da *respublicae*, haja vista que, por meio dos *'edictos dos pretores'*, a *'iniuria'* passou a ser considerada como uma *'adversus bonos mores'*[394] em que o Estado poderia intervir, estimulando e apresentando a possível 'sanctione' com vistas a se colaborar com a pacificação, em resposta à concretagem do ataque à honra individual da pessoa.

A noção se amplia por meio da *'lei cornélia de iniuriis, na violação do domicílio'*, porém não se aprofunda em sua configuração como ofensa à honra pessoal, até o período do *'Alto Império'*, em que se qualifica o ato pela pessoa a que se dirige, a *'iniuria atroz'*.

Assim, contempla-se ao *'roma legalis ratio'*[395] a noção de *'iniuria'*[396] como atentado à honra individual, qualificada pela razão da posição social do agravado como uma ponte de ligação do conflito por meio de um papel efetivo, com vistas à solução final, por ser uma ação delituosa dirigida contra qualquer indivíduo, não se a qualificando em face do sujeito que já se encontrava na condição de autor vitimado.

---

[391]  MANFREDINI, A. 'Contributi alio studio dell'''iniuria" in etá repubblicana', p. 2.

[392]  D. 47,10,5 pr. Ulp., LVI. ad et, *cf.* VOLTERRA, E. *Istituzioni di diritto privato romano.* Roma, 1972. p. 563; también: D'ORS, A.; SANTA CRUZ TEJEIRO, J., p. 659.

[393]  "Lex Corneliae contumeliis penes eos est qui hanc actionem contumeliarum accipere nolunt, quod caesos esse dicebant, aut verberibus, aut aedes suas vi arari, quorum lege cautum est, ut quisquis gener est; socer gener, vitricus, privignus aut patruelis fautoris actionis, aut qui propinquus cognationis aut affinitatis cum aliquo eorum, aut quis eorum conductor aut maiorum Itaque lege Cornelia tres causas egit, quod quis caesus sit, vel verberatus, vel quod vi domus eius invasa sit. quod manu fit". Em livre tradução: "A lei Cornélia sobre os insultos é de responsabilidade daqueles que não querem exercer a ação de insultos para isso, porque disseram que foram espancados, ou açoitados, ou que sua casa tenha sido lavrado à força Cuja lei preveja que aquele que for genro, sogro, padrasto, enteado ou primo do proponente da ação, ou que tenha estreito parentesco de cognação ou afinidade com qualquer eles, ou quem é o patrão de um deles ou da ascendência de um deles. E assim a lei Cornélia deu ação por três causas, porque alguém foi espancado, ou foi açoitado, ou porque sua casa foi invadida à força. vê-se, então, que em Cornélia a lei contém todo insulto, que se faz com a mão" (D. 47.10.5 pr. Ulpiano, *Comentários ao edital*, livro LVI).

[394]  Violência Moral

[395]  Ordenamento Jurídico de Roma.

[396]  ALVES, 1980, p. 587-588. "Em acepção estrita, iniuria designa figura particular de delito, que se apresenta quando há ofensa à integridade física ou moral de alguém", e "... a actio iniuriarum, que visa a fazer condenar o autor da iniuria em quantia a ser avaliada pelo juiz popular, conforme a maior ou menor gravidade do delito (trata-se, portanto, de actio iniuriarum aestimatoria, que é pretoriana e in bonum et aequum concepta); demais, é ação infamante e intransmissível ativa e passivamente".

## 'AQUILIAE' THEOREMA CIVIS ROMANUS STATUS DEFENSIONIS 'RESPONSUM'
## REPARATORIUS CURAE ET PRIVATAE ET PUBLICAE DELICTIS IN ANTIQUA ROMANA LEGE

O direito pretoriano, em face da rigidez das suas normas de direito civil, modificou a noção de *'iniuria'*[397] enquanto situação delitiva, pois *'de todo'* passou a entender que a *'quaestio juris'* poderia aferir o *'thema'* com um sentido mais expansivo, fosse culposo, fosse ilícito ou antijurídico, demonstrando os riscos e as consequências do litígio, uma vez que ampliou o seu rol para dar ensejo à persecução *'difamatória'*[398].

Isto porque a *'difamatio'*, fosse ela escrita, fosse verbal, oriunda de palavras ultrajantes, ou de situações que agravavam a imagem, a dignidade e o nome do ofendido, saiu do claustro da *'iniuria'* para, no desenvolvimento temporal da *'edicta praetoria'*, criar os institutos do *'convicium'*[399] [400], que eram os insultos coletivos, mediante expressões ofensivas[401] e frases de escárnio, inclusa a expressão do *'ne quid infamandi causa fiat'*[402].

O *'adtemptata pudicitia'*[403], que era uma frase latina usada na *'lei pretoriana'* para identificar o ultraje da modéstia, reprimia a atividade dirigida a fazer que alguém cometesse atos contrários à pureza dos costumes, sobretudo em relação às mulheres casadas e aos menores, uma vez que em Roma as ofensas à honra eram *'regiamente'* punidas, pois possuíam o *'status'* de direito público, e os seus fatos lesivos eram abrangidos pelo então conceito ampliado da *'iniuria'*, independentemente da forma como fossem cometidos, em especial quando a retidão do *'roman civitas'* era um valor de alto prestígio.

A configuração para a persecução do delito era insculpida por meio do elemento subjetivo doloso, porque era considerado um requisito subjetivo de pertinente importância, e a ação para este tipo de delito encontrava-se desenhada na *'actio inuniarum aestimatória'*.

---

[397] "Iniuria ex eo dicta est, quod non iure fiat: omne enim, quod non iure fit, iniuria fieri dicitur. hoc generaliter. Specialiter autem iniuria dicitur contumelia. Interdum iniuriae appellatione damnum culpa datum significatur, ut in lege aquilia dicere solemus: interdum iniquitatem iniuriam dicimus, nam cum quis inique vel iniuste sententiam dixit, iniuriam ex eo dictam, quod iure et iustitia caret, quasi nom iuriam, contumeliam autem a contemnendo". Em tradução livre: "Por isso, chama-se iniuria aquilo que se faz sem direito, porque tudo o que se faz sem direito, diz-se feito com iniuria. Isso de modo geral; porém, especificamente, a iniuria chama-se contumélia. Às vezes, a denominação iniuria significa o dano causado com culpa, como costumamos dizer na lei aquilia; outras vezes, chamamos a injustiça iniuria, porque, quando alguém prolata uma sentença iníqua ou injustamente, é dita iniuria, porque carece de direito e de justiça, como se fosse non-juria [não conforme ao direito]; porém, contumélia de contemnere [desprezar])" (Ulp. 56 ad ed., D. 47, 10, 1 pr).

[398] FATTORI, *op. cit.* "A jurisprudência estendeu o conceito de iniuria até considerar como tal qualquer lesão de direito da personalidade humana, compreendido o impedimento à liberdade de locomoção ou ao uso de coisas publico usui destinatae" (*apud* VOLTERRA, *op. cit.*, p. 557, anota ARANGIO-RUIZ, *op. cit.*, p. 373).

[399] WATSON, ALAN. The development of the praetor's edict. *The Journal of Roman Studies*, v. 60, p. 105-119, 1970.

[400] Insulto

[401] "Calumniari est false crimina intendere, praevaricari vera crimina abscondere, deturpação in universum ab accusatione desistere". Em tradução livre: "Caluniar é imputar crimes falsos, prevaricar é ocultar crimes verdadeiros e deturpar é desistir completamente da acusação" (Marcianusls et sc turpil – D. 48.16.1.1).

[402] "Que não se faça nada a título de desonrar uma outra pessoa".

[403] "De adtemptata pudicitia. Si quis matrifamilias aut praetextato praetextataeue comitem abduxisse sive quis eum eamue adversus bonos mores appellasse adsectatusve esse dicetur".

# *ACTION QUAE PERACTAE SUNT*[404]

---

[404] Ação que se exercia

# ACTIO INUNIARUM AESTIMATORIA[405]

A *'actio iniuriarum aestimatoria'*, introduzida pelas *'Lex XII Tábuas'*, foi posteriormente regulamentada pela *Lei Honorária*[406], que, como tal, obteve a sua regulamentação via *'Lex Cornelia de iniuriis do ano de 81 d.C.'*[407] [408] [409]; e, finalmente, nos tempos pós-clássicos, foi regulamentada por um *rescrito dos imperadores Severos*.

A *'actio inuniarum aestimatoria'* era aplicável aos casos de ofensa à personalidade e ao escopo físico, e permitia a possibilidade do ofendido inferir o preço da ofensa que achava adequado, pois era ele que estimava o quantitativo da reparação e, por conseguinte, os valores que iriam cumprir a função restauradora da pena pecuniária aplicada.

Obedecia-se ao espólio de valores mensurado pelo ofendido, uma vez que a ação era de caráter personalíssimo, e era extinta, caso houvesse a conciliação entre o ofendido e o ofensor, considerando, pois, que, se não houvesse o pagamento da pecúnia estipulada, a ação seguia o seu curso para a *'executione postulatum'*, tanto no sistema das *'legis actiones'* quanto no *'sistema formulae'*.

D'outro bordo, a *'historiae'* considera que a evolução do pedido de indenização pecuniária pelo dano sofrido, em caso de violação de interesses pessoais do indivíduo, desde a Antiguidade até o direito moderno, encontrou *voz* nos regulamentos da *Lei das XII Tábuas*, em que a *actio iniuriarum aestimatoria romana* era brevemente descrita, para demonstrar o seu caráter penal e estritamente pessoal.

---

[405]  Possibilidade do ofendido vitimado inferir o preço ou pecúnia da ofensa

[406]  D'ORS, A.; SANTA CRUZ TEJEIRO, J., *op. cit.*, p. 653 *et seq.*, siguiendo a Lenel, "afirman que el título de iniuriis tenía un primer edicto de carácter general al que seguían otros especiales referidos al convicium, a la adtemptata pudicitia, a quod infamandi causa ftí, a las afrentas inferidas a esclavos, a la acción noxal por las injurias de un esclavo, otro por iniurias a hijos de familia y, finalmente, un edicto regulador de un iudicium contrarium".

[407]  "Sed et lex Cornelia de iniuriis loquitur et iniuriarum actionem introduxit. quae competit ob eam rem, quod se pulsatum quis verberatumve, domumve suam vi introitum esse dicat. domum autem accipimus, sive in propria domo quis habitat sive in conducta vel gratis sive hospitio receptus sit". Em livre tradução: "Mas a lei de Cornelia também fala de lesões e introduziu uma ação por lesões que se deve ao fato de alguém ter batido em si mesmo ou em sua casa ele diz que entrou à força. mas aceitamos uma casa, quer se more em casa própria, quer em casa alugada, ou seja recebida de graça, ou como hóspede" (Inst 4.4.8).

[408]  PLACENTINO *APUD* SAMPSON, *op. cit.*, p. 74. "[...] la lex Cornelia y la lex Aquilia fueron unificadas por los glosadores para el tratamiento del homicidio y de las lesiones, de manera que se aplicaba la lex Cornelia para el homicidio doloso y la aquiliana para el imprudente".

[409]  "Lex Cornelia de iniuriis competit ei, qui iniuriarum agere volet ob eam rem, quod se pulsatum verberatumve domumve suam vi introitam esse dicat. Qua lege cavetur, ut non iudicet, qui ei qui agit gener socer, vitricus privignus, sobrinusve est propiusve eorum quemquem ea cognatione adfinitateve attinget, quive eorum eius parentisve cuius eorum patronus erit. Lex itaque cornelia ex tribus causis dedit actionem: quod quis pulsatus verberatusve domusve eius vi introita sit. Apparet igitur omnem iniuriam, quae manu fiat, lege Cornelia contineri". Em livre tradução: "A lei de delitos de Cornélia se aplica a quem quer fazer delitos por causa disso o fato de ele dizer que foi espancado ou espancado ou que sua casa foi invadida à força. Aqui a lei cuidará para que não julgue quem age como genro, meio-irmão, sobrinho adotivo ou sobrinho, ou quem é mais próximo deles do que qualquer um deles por parentesco, de seus pais, ou de quem serão patronos. É assim a lei de Cornélia de três ele deu razões para a ação: que alguém foi espancado ou espancado ou sua casa foi invadida à força deixe estar. Parece, portanto, que todo mal feito pela mão está contido na lei de Cornélia (D. 47.10.5, Ulpianus, en el libro 56, comentários edito pr).

Levava-se em conta que a clássica *actio iniuriarum* era uma ação penal pura, pois a vítima da *iniuria* poderia reivindicar o pagamento da pena pecuniária em suas próprias mãos, e, devido ao seu caráter estritamente pessoal, era passiva e ativamente intransmissível, significando que não poderia ser usada contra o herdeiro do perpetrador ou pelo herdeiro da vítima, ressaltando-se que, com o desenvolvimento do direito, a pretensão perdeu a sua natureza penal e tornou-se compensatória, até ser rejeitada finalmente no *século XIX*.

Assim, qualquer pessoa livre que sofresse uma *iniuria* possuía o direito de iniciar a ação, *excluindo-se* os *escravos*, a *vítima* quando se encontrava sujeita ao poder familiar ou conjugal que obrigava ao *pater* ou ao *marido* a sua iniciativa.

'*Lá*' na *demonstração da fórmula*, o autor possuía a obrigação de especificar os elementos, as circunstâncias, os efeitos e os graus da *iniuria* sofrida com a estimativa pecuniária do delito, uma vez que, ao depois, *esgotada a fase* operante da *iniuria*, a ação era dirigida pelo *pretor* aos *recuperadores* que adiantavam a fase de julgamento[410], em que o causador da lesão era condenado a uma pena que, no direito clássico, consistia em uma quantia em dinheiro, determinada de acordo com *o bom e o justo*[411].

A sentença que resultava do exercício desta ação, como dos demais *atos ex delicto*, consistia em uma sentença privada, que, no caso do crime de *iniuria*, foi inicialmente estabelecida por uma *legislação decenviral*, cujas penas consistiam em uma quantia fixa de dinheiro, e '*lá*' no período clássico o juiz poderia sentenciar pelo valor que julgasse conveniente segundo a sua boa e equitativa discrição, desde que não ultrapassasse a estimativa que o ofendido havia feito anteriormente na fórmula, exceto no caso de situações *voltadas a iniuriae atrox*, e neste caso poderia exceder a *estimativa* do autor.

Assim, as *iniurias* foram classificadas como leves ou atrozes; e o caráter atroz da lesão[412] foi determinado pela avaliação conjunta de três fatores, quais sejam: *a qualidade da pessoa contra a qual foi ajuizada, fosse pela importância e honradez do ofendido, fosse pelos laços de parentesco ou poder entre a vítima e o agente; o lugar onde fora causado; e, por fim, a magnitude da lesão ou ofensa, referindo-se às consequências que a conduta do agente pudesse ter produzido sobre o corpo do ofendido ou sobre os demais interesses protegidos.*

---

[410] Iudicem
[411] Bonum et aequm
[412] Ulpiano em D. 47.10.7.8.

D'outro bordo, a *actio iniuriarum* destinava-se a condenar quem tivesse cometido uma ofensa, ou ofensa contra o próprio corpo, a honra, ou a dignidade de uma pessoa livre, uma vez que a conduta era punida com a aplicação de uma pena particular e a sua imposição tinha por finalidade sancionar a conduta do agente causador da lesão, pois destinava-se a impor uma quantia em dinheiro *particular* a favor da vítima.

Na *actio iniuriarum*, a respectiva pena privada que era oriunda do *maleficium* caracterizava-se pela solidariedade passiva cumulativa, e, *nesse sentido*, entendia-se que, se várias pessoas tivessem dado causa à *iniuria*, cada uma delas seria obrigada a pagar a pena inteira, o que fazia que o pagamento por qualquer um dos infratores não extinguisse a obrigação dos demais; e, por outro lado, a função essencialmente penal da sentença implicava a possibilidade de uma *contestação cumulativa da ação penal privada*, em conjunto com a *ação reipersecutória* para alcançar a reintegração patrimonial pelo prejuízo que o delito ou dano tivesse causado.

De todo, pode-se concluir que a *iniuria* era um crime de caráter privado, cuja previsão no direito clássico se estruturou para proteger a integridade física do homem livre, a sua honra, o seu bom nome e a sua dignidade, por meio da repressão de condutas, concedendo à vítima uma sentença pecuniária *bonum et aequum* em seu favor, a qual era estabelecida pelo juiz de acordo com o que se apurara, contudo excluindo a indenização pelas consequências patrimoniais que o dano pudesse ter causado, pois a sua função era reprimir o *malis hominum mores* como forma de proteger os interesses da vítima, que muitas vezes não eram passíveis de quantificação.

# *ORDO AESTIMATIONEM DESCRIBIT CONDUCTUS SECUNDUM NATURAM SUAM*[413]

---

[413] Ordem de valoração de condutas descritivas em função da sua própria natureza

# *FERE DELICTUM*[414]

O *'quase-delito'*[415] [416] é traduzido em latim com a expressão *'como se fosse'*[417], e são obrigações[418] que nascem de um acontecimento, *'como se fossem um delito'*, fazendo que estes *'quasi criminibus'* fossem situações que se encontravam dispersas no direito romano e, por sua vez, não eram sancionadas com uma *'actio'* específica.

As quasi ex delicta eram então situações diferenciadas em que o dano era causado, mas não era enquadrado em figuras criminosas, ainda que fossem contempladas pela lei para impor sanções em caso de tais eventualidades.

À vista disso, *'Justiniano'*, ao reordenar o sistema jurídico, nominou estas circunstâncias de *'quase delitos'*, quais sejam, um grupo de condutas sancionadas que passaram a existir em *Roma* com divisões em classes e que possuíam como características serem delitos meramente culposos ou negligentes insertos a todo e qualquer ato, ou fato que provocasse uma atuação antijurídica, porém sem possuir a intenção de fazê-lo.

Os romanos não poderiam deixar de levar em consideração a existência de inúmeros outros ilícitos além dos quatro citados anteriormente, pois, nesses casos, o pretor concedia à vítima uma *actio in factum* contra o autor do ato ilícito, para que aquele obtivesse deste, caso condenado, o pagamento de uma *poena (pena)*, em dinheiro, fazendo assim que esse

---

[414] Quase-Delitos

[415] ARANGIO-RUIZ, VINCENZO. *Instituzioni di diritto romano*. 14. ed. riveduta. Napoli: Casa Editorial Dott; Eugenio Jovene, 1977. p. 377-378; IGLESIAS, Juan. *Derecho romano*: historia e instituciones. 11. ed. Barcelona: Ariel, 1994. p. 430 *et seq.* "Establecen una categoría general de los actos ilícitos creados por el derecho honorario, en la que incluyen los cuasidelitos, que llamaríamos tradicionales, es decir, los antes estudiados, junto con otras figuras como la actio sepulchri violati, la actio servi corrupti o la acciones contra los publicanos por la usurpación de bienes de los contribuyentes, entre otras".

[416] "El derecho francés consideró los delitos y cuasidelitos como materia del derecho civil y se hizo una distinción corre el delito civil y el delito penal en virtud de las relaciones que hay entre ambos y de que existen hechos ¡licitas que están sancionados por las leyes penales que son los delitos y hechos ¡lIcitos que no están sancionados por las leyes penales pero que causan un daño de carácter patrimonial y por lo tanto son delitos civiles, Sin embargo, también hay hechos ilícitos que caen bajo la esfera de ambas materias porque además de causar un dallo patrimonial, están sancionados por las leyes penales. En el derecho francés se reglamentó la responsabilidad del daño para los delitos desde el punto de vista penal y la cuestión relativa a la indemnización se le dejó al derecho civil" (*in* Instituto de Investigaciones Jurídicas, Unam, MX, 2000, *cf.* BONNECASE, Julien, *op. cit.*, p. 359).

[417] ROTONDI, DALLA lex Aquilia all'art. 1151 cód. civil. (P. II), cit., 273 s. 'From the Idea of Fault in Lex Aquilia in Roman Law to the Principie of Fault-based Liability in Colombian Civil Law'. *Revista de Derecho Privado [de] Universidad Externado de Colombia*, 2016. "La contraposición entre dolo y culpa no era el criterio que distinguía entre delitos y cuasidelitos en el derecho romano, pues como se vio, el damnum iniuria datum, que era un delito, implicaba la necesidad de una conducta con iniuria, y con base en la interpretación de este concepto surgió la culpa; por lo tanto, la culpa era un elemento presente en este delito, mas no dentro de los cuasidelitos". Em tradução livre: "O contraste entre dolo e culpa não era o critério que distinguia entre crimes e quase-delitos no direito romano, pois, como vimos, o Damnum iniuria datum, que era crime, implicava a necessidade de conduta com iniuria, e com base na interpretação deste conceito surgiu a culpa; Portanto, a culpa foi um elemento presente neste crime, mas não nos quase-crimes".

[418] D'ORS, 1977, p. 406 *et seq.*; Paricio, Javier, Las fuentes de las obligaciones en la tradición gayano-justinianea. *In*: Derecho romano de obligaciones. p. 49 *et seq.*

instituto, pelo seu caráter penal, somente poderia ser intentado contra quem praticara o ato ilícito, e não contra seus herdeiros.

Quando surge a classificação quadripartite das fontes das obrigações, quatro desses atos ilícitos são enquadrados entre as *uariae causarum figurae*[419], encontrando-se a *'si iudex litem suam fecerit'*[420], o *'effusum et deiectum'*[421], o *'positum et suspensum'*[422], a *'fraus creditorum'*[423] e o *'receptum nautarum, cauponum, stabulariorum'*[424]; e então, nas *Institutas de Justiniano*, esses quatro atos ilícitos representaram a categoria dos *'quase-delitos'*, em uma classificação quadripartida das fontes das obrigações.

Por assim dizer, foi *'Iustinianus'* então que, dentro da origem histórica do *'ius pretorium'* e com o propósito de um acentuado e deliberado escopo de uma melhor instrumentalização do direito épico, *'tudo'* com vistas a proporcionar a obtenção de uma justa reparação de danos, albergou premissas que, mesmo não sendo consideradas violações delituosas, efetivaram as sequelas de seus resultados, no sentido da *'correctio obligatio'* de recompor as lesões danosas ocorridas, que, ao lado dos *'delicta'* na doutrina pós-clássica, o direito *'Justinianeo'* considerou então estes outros pressupostos que geravam responsabilidades, quais sejam, os *'quase-crimes'*[425].

De forma genérica, eram textualizados como a responsabilidade do juiz que faltava ao exercício das suas funções, por meio da fraude ou negligência[426], bem como com a responsabilidade do habitante de uma casa ou edifício pelos danos causados ao deixar cair na via pública todo e qualquer objeto que se encontrava pendurado ou suspenso em sua unidade imóvel, o que os obrigava a reparar os danos que por tal evento tenham ocasionado[427]; assim como a obrigação do habitante

---

[419] "Figuras de várias causas"

[420] "Juiz que, dolosamente, sentencia mal"

[421] "Derramar líquido ou lançar algo de um edifício sobre a via pública"

[422] "Colocar ou pendurar objeto em edifício, havendo possibilidade de cair e causar dano a transeuntes"

[423] BARBOSA DE SOUZA, *op. cit.*, p. 22. "Na classificação quadripartida adotada por Justiniano, as obrigações provinham do contrato, do quase-contrato, do delito e do quase-delito. Particularmente a este trabalho, interessam o delito e o quase-delito, eis que davam origem à obrigação extracontratual, âmbito do presente estudo. Os delitos se constituíam nos ilícitos praticados dolosamente, enquanto os quase-delitos eram os ilícitos praticados culposamente" (Alves, 1980, p. 36-38).

[424] Responsabilidade do intendente de um navio, hospedaria ou estábulo pelos furtos e danos praticados por seus prepostos, com relação às coisas de seus clientes

[425] ALVES, 1995, v. 2, 5;1 cd, p. 275 *et seq.* "Embora no direito clássico o ius civile apenas reconhecesse como fonte de obrigação os quatro ilícitos classificados como delicta (furtum, rapina, damnum iniuria datum e iniuria), não podiam os romanos deixar de levar em consideração outros atos ilícitos que acarretavam prejuízos. Diante disso, quando surgiu a classificação tripartida contida na obra Aureorum libri, atribuída a Gaio, quatro dessas situações foram classificadas dentre as variae causarum figurae, a saber, si iudex qui litem suam fecerit; effusum et deiectum; positum et suspensum; e receptum nautarum, cauponum, stabulariorum. Nas instituições de Justiniano (Inst. 4,5), por outro lado, tais figuras foram inseridas, dentro de uma classificação quadripartita das fontes das obrigações nos chamados quase-delitos".

[426] "Si iudex litem suam fecerit".

[427] Positum et suspensum.

de um edifício em reparar os danos causados pelo derramamento de líquido ou pelos objetos lançados do seu interior que viessem ocorrer com total independência de culpa[428]; tal como com a obrigação de reparar o dano ou perda devido ao furto das coisas que eram confiadas àqueles que comandavam um navio ou um estábulo, mesmo que este dano ou furto tenha sido cometido por outras pessoas, caso a derivação desta *'culpa'* tivesse sido oriunda da escolha feita, conjugada à total falta de dependência de possíveis ações contratuais[429].

---

[428] Effusum et deiectum.

[429] Receptum, nautae, cauponae et stabulari.

# *IUDEX QUI LITEM SUAM FECERIT*[430]

Tem-se que, no âmbito da *'ordo iudiciorum privatorum'*, o *'iudex'* sempre se apresentou como uma figura fundamental para a aplicação da *'iustitia'* no caso concreto, uma vez que a sua atuação ocorria na segunda fase do processo, denominada *'apud iudicem'*, que se iniciava após a *'litiscontestatio'*, haja vista que, desse modo, uma vez determinados os limites da demanda, o *'pretor'* redigia a *'formulae'*[431], representando, pois, o parâmetro a ser observado por aquele que daria a sentença, em que se determinaria a *'condenatio'* que deveria ser aplicada, bem como eventuais exceções que poderiam ser apresentadas pelo réu.

Isto porque é sabido, *entre outras*, que as partes deveriam escolher então, entre os nomes constantes no *'álbum iudicum'*, o *'civitae roman'* adequado, perante o qual as provas seriam produzidas, e *'lá'* a frente, onde seria proferida uma decisão ao caso concreto, uma vez que o *'iudex'*, por não ser ligado ao *'publicae potestatis'*, era escolhido por sua conduta ilibada e condição social, recebendo, portanto, o *'munus publicum'* de julgar os litígios existentes.

Já na época *'iustinianea'*, o primeiro instituto romano, pertencente à classe de obrigações, foi o *'iudex qui litem suam fecerit'*, que, por assim dizer, projetava a responsabilização do *'iudex privatus'*, quando prevaricava, ou seja, quando, por má-fé ou negligência, pronunciava uma sentença injusta ou não cumpria com o seu dever de julgar, 'de todo', passando a ser o responsável pelo prejuízo causado à parte, uma vez que, ao pronunciar uma sentença fraudulenta[432] ou errada, demonstrava ter sido parcial no ato de julgar, mostrando, pois, o deliberado escopo de contrariar dispositivos legislativos, por meio de um notório comportamento contrário ao direito, como, por exemplo, ao tomar parte em uma contenda a favor de um dos

---

[430] A responsabilidade civil do juiz no direito da Roma antiga

[431] ALVES, 1995, v. 1, p. 107; Tucci, j. r. c.; Azevedo, L. C. *Lições de direito romano*. p. 89 c *et seq*. "A fórmula surgiu na segunda fase do processo romano, denominado período formulário. Trata-se de um documento escrito, no qual se fixam os pontos litigiosos da demanda, outorgando-se ao iudex o poder de condenar ou absolver o réu, conforme fique ou não demonstrada a pretensão deduzida pela outra parte".

[432] MOREIRA, PAULA ESPÍNDOLA BULAMARQUE. *Effusum et deiectum*: o tratamento no código civil e sua origem no direito romano. USP, 2009. "Si iudex litem suam fecerit, non proprie ex maleficio obligatus videtur: sed quia neque ex contractu obligatus est et utique peccasse aliquid intellegitur, licet per imprudentiam, ideo videtur quasi ex maleficio teneri in factum actione, et in quantum de ea re aequum religioni iudicantis visum fuerit, poenam sustinebit" ("Si un juez hubiera juzgado mal, no parece quedar obligado propiamente por maleficio, pero, como tampoco lo está por contrato, y ciertamente ha cometido una falta, aunque sea por imprudencia, se entiende que queda obligado como si fuese por un maleficio"). *Versão castelhana*: D'ors, A. *et al. El digesto de Justiniano*. Pamplona: Editorial Aranzadi, 1968. t. 1. p. 475. D. 50. 13. 6 – Gaius Libro Tertio Rerum Cottidianarum Sive Aureorum.

'AQUILIAE' THEOREMA CIVIS ROMANUS STATUS DEFENSIONIS 'RESPONSUM'
REPARATORIUS CURAE ET PRIVATAE ET PUBLICAE DELICTIS IN ANTIQUA ROMANA LEGE

legítimos interessados[433], expressando assim um caráter imprudente, com o dever de decidir.

Entretanto o realce do *'instituto'* obriga-nos a compor *'ab initio'*, a *'historiae'* da sua importância, para que se possa melhor compreender o silogismo de suas raízes, que vem desde a época arcaica[434], *'lá'* na evolução pela qual se inicia o direito romano, com as conjecturas do que se pode alicerçar de sua base memoranda, *'em especial'* quando a *'Lei das XII Tábuas'* já à época reprimia a corrupção dos juízes com a pena de morte.[435]

Tratava-se assim, *'de todo modo'*, de uma *responsabilidade criminal*, com a coexistência de uma *responsabilidade civil*[436], uma vez que o sentido técnico do *'institutum litem suam facere'* era entendido como o fato de o *juiz* se sub-rogar na posição das partes, deixando de cumprir com o *'officium ad damnationem'*[437], no momento processual adequado em que havia de fazê-lo, ou quando prolatava uma decisão considerada nula ou fora dos limites da *'formulae'*.

A *'racio'* do *'vetus tempus'* também indicava que aquele juiz que se recusasse a restituir a coisa objeto do litígio que lhe tinha sido entregue provisoriamente até proferir a sentença era tratado como um depositário infiel, ou seja, equiparado a um ladrão, com a probabilidade da hipótese de o juiz incorrer em multa[438], ou de uma das partes frustradas pela conduta do juiz poder apoderar-se dos seus bens[439] ou mesmo da sua pessoa[440], em razão da responsabilidade por injúria, qual seja, a *iniuria* cometida.

Na época do predomínio arcaico, vigorava o sistema processual das *ações da lei*[441] cuja natureza privada era, *'de todo'*, abundante, quando

---

[433] *Ibidem*. "Filius familias iudex si litem suam faciat, in tantam quantitatem tenetur, quae tunc in peculio fuit, cum sententiam dicebat. 1. iudex tunc litem suam facere intelligitur, cum dolo malo in fraudem legis sententiam dixerit (dolo malo autem videtur hoc facere, si evidens arguatur eius vel gratia vel inimicitia vel etiam sordes), ut veram aestimationem litis praestare cogatur" ('si um juez, hijo de familia prevarica al dictar la sentencia, queda obligado en la cuantía del peculio. se entiende que un juez prevarica cuando hubiera dictado sentencia con dolo y en fraude de la ley (se considera que procede con dolo si se le probase un evidente favor, enemistad o soborno), y se le obliga a responder del verdadero importe del litígio" (Ulp. d. 5, 1, 15, 1 pr: libro 21 ed. ad edictum, *apud* D'ORS, *et al.*, *op. cit.*, p. 241).

[434] JUSTO, ANTÓNIO SANTOS. A evolução do direito romano. *Boletim da Faculdade de Direito da Universidade de Coimbra*, Coimbra, v. 75, p. 50-53, 2003. "Esta época começa com a data (lendária) da fundação de Roma, no ano 753 a.C. e decorre até ao ano 130 a.C., quando a lex Aebutia de formulis legalizou o novo processo das fórmulas (agere per formulas). Nas palavras de Sebastião Cruz, 'é o período da formação e do estado rudimentar das instituições jurídicas romanas caracterizados pela imprecisao: 'Nao se ve bem o limite do jurídico, do religioso e do moral'".

[435] Tábua IX.3

[436] "Si iudex litem suam fecerit, non proprie ex malefício obligatus videtur. Sed quia neque ex contractu obligatus est et utique peccasse aliquid intelligitur, licet per imprudentiam: ideo videtur quasi ex malefício teneri 'et in quantum de ea reaequum religioni iudicantis videbitur, poenam sustinebet'". Em livre tradução: "O juiz que fizer sua a demanda não se obriga propriamente por um delito; mas como também não está obrigado por um contrato, mas por certo se entende que prevaricou, embora por imprudência, é por isso considerado como responsável por um quase-delito: e sofrerá a pena que parecer eqüitativa à consciência do juiz" (Ulpianus, Inst. 4, 5 pr).

[437] "Dever de dar a sentença"

[438] "Multae dictio"

[439] Pignoris Capio

[440] Manus Iniectio

[441] Legis Actiones

se entende, como dito, que o *juiz* era um cidadão eleito pelas partes, certamente em virtude das suas condições pessoais de bem servir, e, uma vez escolhido, prestava um juramento que o vinculava a sua consciência de julgar bem e honestamente, e o dever primordial deste *'iudex'* era o de proferir a *'sententia'*[442], sendo certo que, uma vez proferida, esta não poderia mais ser alterada, tendo em vista o princípio da intangibilidade das decisões.

Na *'ordo iudiciorum privatorum'*, a decisão do juiz era, pois, inatacável e, por conseguinte, era então executável, fosse pela *manus iniectio*, no período mais antigo, qual seja, da *'legis actiones'*, fosse pela *'actio iudicati'*, no âmbito do período formular, uma vez que a confiança no *juiz*, que era oriunda da escolha das partes, e a ausência de um sistema hierarquicamente estruturado tornavam impossível a apelação da *'sententia'*, que era *'incorpórea'*, até mesmo para o próprio julgador, uma vez que somente mais tarde, com o crescimento do *'imperium romanum'*, aos poucos, a *'iurisdictio'* foi transferida então a *magistrados oficiais,* os quais, como verdadeiros funcionários públicos e com a autoridade recebida por delegação do imperador, passaram a decidir as controvérsias.

A linha de percepção do 'ius roman' produz a genialidade do conhecimento, que gera a definição de capacidade, definindo, em todos os sentidos, o direito como um fator de grande persuasão, apoiado na precisão de uma universalidade inteligente, que 'in casu' demonstra que a natureza da responsabilidade civil do juiz, *'litem suamfacere'*,[443] vislumbra a existência de correntes variadas que tratam do tema, sustentando inicialmente a conduta dolosa do *'iudex'* e, ao depois a responsabilidade culposa, já no fim do período clássico.

Já a *'actio contra iudicem qui litem suam fecit'*[444] era utilizada para punir a hipótese de negligência processual, e casos em que houvesse um comportamento fraudulento deste, vinculado, a responsabilidade objetiva dele, em especial quando se considera a época áurea da ciência jurídica romana, que se impôs pela exatidão, pela precisão e pelo rigor.

Entre os anos *130 a.C.* e *230 d.C.*, assistiu-se à introdução de um novo tipo de processo, que proporcionou um grande desenvolvimento da *'lex*

---

[442] Iul. 5 dig, D. 5, 1,74 pr. "De qua re cognoverit iudex, pronuntiare quoque cogendus erit".

[443] Tal qual, Iustinianus, a *"Litem Suam Facere"* é um instituto romano pertinente à categoria das obrigações que nascem por um quase delito, e, relaciona-se com o instituto da responsabilização do *iudex privatus* que se comportou de forma contrária ao direito.

[444] *'Actio adversus iudicem qui litem suam decisit'.* O Corpus Iuris Civilis reconhecia o direito dos arguidos de intentar uma ação judicial contra um juiz que, por negligência culposa, proferiu uma sentença injusta, destarte, sendo assim uma ação contra um juiz que tenha interesse pessoal no caso.

*romana'*, qual seja, o *'forma procedure' e/ou 'agere per formulas'*, que firmou a dimensão pública da solução dos litígios, por meio da crescente atividade do *'praetor'* encarregado da administração ordinária da *'iurisdictio'*, que, por conseguinte, trouxe inúmeras expectativas, *'em especial'* quando pretendeu tratar de questões com uma definição única ou mais correta destinadas a um determinado fim, fazendo com que houvesse o advento de um documento escrito[445], em que o *'preator'*, ao se dirigir ao *'iudex'* que era escolhido pelas partes, entre os diversos cidadãos constantes de uma lista oferecida pelo próprio magistrado, ordenava-lhe que condenasse ou absolvesse o demandado nos termos que haviam sido propostos, caso houvesse cabedal probatório em relação aos fatos ali referidos, ou seja, a *'formulae'* assinalava ao *'iudex'* a pretensão do demandante, a eventual posição do demandado, bem como o direito que deveria ser observado, caso os fatos fossem provados.

O estudo de conceitos jurídicos fundamentais lança em época própria o espírito da configuração de uma orquestração jurídica diversa, que melhor amplia o desenvolvimento do raciocínio forense a ser aplicado nos campos específicos do conhecimento jurídico, quando na época *'Iustinianea'*, entre os *anos de 530 d.C. e 565 d.C.*, há o estabelecimento de um ponto crucial da evolução do direito romano e a sua consequente *'iuris scientia'*, nos tempos de época pós-clássica desenhada no *'orientale romanum imperium'*, pelo aceite do classicismo, em desfavor dos caminhos da vulgarização, em especial a partir do ano *395 d.C.*, que foi a data definitiva da divisão do *'Roman Império'* em *Ocidente e Oriente.*

Á época pós-clássica pertence à antologia de direitos, que, como tal, foi denominada de *'Res Cottidianae e/ou Líber aureorum Gai'*, por ter sido atribuída nas *'Institutas'*, e, no *'Digesto'* dos *'roman iurisconsultus Gaius e Paulus'*, alguns textos que, como tal, encontram-se presentes no direito *'iustiniaeu'*, em que, por assim dizer, se leva em consideração a análise dos *'institutos iustinianos'*[446][447][448], a 'condição humana', a 'realidade

---

[445] Formulae

[446] D. 44,7,5,4 (Gaio): "Si iudex litem suam fecerit, non proprie ex maleficio obligatus videtur; sed quia ñeque ex contractu obligatus est, el utique peccasse aliquid intelligitur, licet per imprudentiam, ideo videtur quasi ex maleficio teneri". Em livre tradução: "Se o juiz tiver feito seu o litígio, não parece ficar obrigado propriamente por delito, mas, como tão-pouco o está por contrato e certamente cometem uma falta, ainda que seja por imprudência, entende-se que está obrigado como se fosse por um delito (quase delito)".

[447] D. 50,13,6 (Gaio): "Si iudex litem suam fecerit, non proprie ex maleficio obligatus videtur, sed quia ñeque ex contractu obligatus est et utique peccasse aliquid intelligitur, licet per imprudentia, ideo videtur quasi ex maleficio teneri in factum actione, et in quantum de ea re aequum religioni iudicantis visum fiuerit, poenam sustinebit". Em livre tradução: "Se o juiz tiver feito seu o litígio, não parece ficar obrigado propriamente por delito, mas, como tão-pouco o está por contrato e certamente cometeu uma falta, ainda que seja por imprudência, entende-se que fica obrigado, como se fosse por um delito, pela ação pelo fato e sofrerá a pena que tiver parecido justa à consciência do juiz".

[448] I.4,5 pr. "Si iudex litem suam fecerit, non proprie ex maleficio obligatus videtur. Sed quia ñeque ex contractu obligatus est, et utique peccas se aliquid intelligitui: licet per imprudentiam: ideo videtur quasi ex maleficio teneri, et in quantum de ea re aequum religioni iudicantis videtur. poenam sustinebit". Em livre tradução: "Se um juiz tiver feito seu o litígio, não

objeta' e os 'valores da justiça' pelo altruísmo de um conhecimento propedêutico 'épico' anterior.

*'De todo'*, tem-se que a maturidade no saber jurídico se tornou indispensável, devido à pertinência da ciência, porquanto este aspecto evidencia a *'patente'* de sua importância nos princípios gerais de *Direito*, em especial quando o instituto *'in análise'* demonstra que há uma obrigação *'quase delitual'*[449], pois remete-se à veracidade da análise da *'falta'* do juiz, *'tão somente'* por imprudência, porque haverá de depender do dolo ou da culpa, registrando-se, em sentido contrário, o fragmento atribuído a *'Ulpianus'*, quando preleciona que o *'juiz'* responde em integral teor, quando com *'dolus'*[450] houver fraudado a *'sententia'*.

---

parece obrigado propriamente por causa de delito; mas como tão-pouco o está por contrato e, no entanto, cometeu uma falta, ainda que fosse só por imprudência, diz-se que está obrigado por um quase-delito e será condenado em tanto quanto a consciência do juiz estimar justo".

[449] LONGO, Giannetto. O.c. 401 e 405; Dragomir Stojcevic, Sur le caractère des quasi-délits en droit romain em *Iura*, 8, p. 57-74, 1957; STEIN, Peter. La natura delle obbligazioni "quasi ex delicio". *JUS*, 9, p. 370-371, 1958; WOLODKJEWICZ, Witold. Obligationes ex variis causarum figuris. *Risc*, 14, 1970, p. 201. "A classificação das obrigações derivadas de factos ilícitos em delitos e quase-delitos tem suscitado grande controvérsia. A doutrina dominante considera-a pós-clássica, mas questiona-se que motivos terão levado os compiladores de Justiniano a considerarem a responsabilidade do juiz *qui litem suam fecit* entre os quase-delitos. Também se tem sustentado que esta categoria terá sido inspirada por Aristóteles que, na *Ética a Nicómaco* 5.9,12 (113 b), exprime o parecer de que o juiz que dá uma sentença errada não comete um delito, mas esse facto é tratado como delito".

[450] 26 ad ed, D. 5,1,15,1. "Iudex tune litem suam facere intellegitur, cum dolo malo in fraudem legis sententiam dixerit (dolo malo autem videtur hoc facere, si evidens arguatur eius gratia vel inimicitia vel etiam sordes). Ut veram aeslimationem litis praestare cogatur". Em livre tradução: "Entende-se que um juiz faz seu o litígio quando, com dolo mau, tiver ditado a sentença em fraude à lei (considera-se que procede com dolo mau se se provar um favor evidente, inimizade ou suborno) e se obriga a responder pelo verdadeiro montante do litígio".

# *POSITUM ET SUSPENSUM*[451]

O *'positum et suspensum'*[452] [453] [454] era um instituto que tinha por obrigação proteger a segurança dos transeuntes e prevenir a ocorrência de danos em relação a um proprietário, possuinte, inquilino ou habitante de uma casa que conservava em seu ambiente a colocação ou a suspensão de algum objeto içado que pudesse ocasionar um acidente a um pedestre, e este, a partir de então, galgava a legitimidade para propor uma ação contra quem de direito, objetivando a indenização dos danos causados a terceiros, por meio de uma *'epic poena'* de dez sólidos de ouro.

Assim, dentro das medidas de lógica policialesca, que eram destinadas a reprimir atos de violência, com vistas ao uso livre e razoável de lugares movimentados ou paritários, e para evitar o ilícito, o *'pretor'* concedia a *'actio de positis vel suspensis'* como medida de ordem pública[455] contra quem colocava objetos de qualquer ordem[456] cuja queda pudesse causar danos a terceiros, pois, de acordo com os *'editos épicos'*, a segurança

---

[451] Colocado e suspenso

[452] "Ao tecerem considerações acerca dessa modalidade de quase-delito, g.lepointe e r.monier, *les obligations endroit romain et dans l'ancien droit français*, paris, librairie du recueil sirey, 1954, p. 328, ressaltam que um edito anterior a cícero já defendia que a conduta de colocar um objeto em local que pudesse causar dano àquele que passava era punida com uma pena no montante de 10.000 sestércios" (*cf.* BIONDO, Biondi, *Instituzioni nel diritto romano*).

[453] MOREIRA, *op. cit.* "Praetor ait: 'ne quis in suggrunda protectove supra eum locum, qua 'quo' volgo iter fiet inve quo consistetur, id positum habeat, cuius casus nocere cui possit. Qui adversus ea fecerit, in eum solidorum decem in factum iudicium dabo. si servus insciente domino fecisse dicetur, aut noxae dedi iubebo" (*dice el pretor:* 'que nadie, en cobertizo o alero del tejado sobre el lugar de tránsito o estacionamiento ordinarios, tenga colocado algo cuya caída pueda dañar a nadie'" (*apud* D'ORS *et al.*, *op. cit.*, D. 9, 3, 5, 6 cit., p. 396).

[454] *Ibidem*. "Positum habere etiam is recte videtur, qui ipse quidem non posuit, verum ab alio positum patitur: quare si servus posuerit, dominus autem positum patiatur, non noxali iudicio dominus, sed suo nomine tenebitur". 'com razón parece que también 'tiene colocado' aquel que no lo puso él mismo pero permite que sea puesto por otro. por lo cual, si lo hubiere colocado un esclavo y el dueño permite siga colocado, el dueño no estará obligado por una acción noxal sino en su propio nombre" (*versão castelhana de* D'ORS *et al.*, *op. cit.*, D 9, 3, 5, 10: cit., p. 397).

[455] GAUDEMET, Jean. *O milagre romano en el Mediterráneo*. Madrid: Editorial Epasa- Calpe, 1987. p. 187 *et seq.* "[...] 'a forme ampoulée du texte suffirait à la rendre suspect'. En su opinión, la expresión utilitas publica ignorada por las leyes republicanas o el edicto del pretor, 'n´apparait chez les jurisconsultes classiques qu´avec la grande tríade Papinien, Paul et Ulpien. Elle est en particulier inconnue des Institutes de Gaius. Même chez les jurisconsultes de la fin du I – IIsiécle, elle n´est pas fréquente'. Concluye afirmando que «les oeuvres post-classiques font, au contraire, un plus large appel à l´Utilitas publica' (Cfr. utilitas publica, en RHD 29 (1951) p. 477-478 Études de droit romain 2 (Nápoles, 1979) p. 174-175). En punto a la noción jurisprudencial de la expresión utilitas publica, convengo con A. Fernández de Buján, que esta categoría se eleva en los textos jurídicos como un verdadero axioma institucional, un imperativo jurídico de la constitución política romana coincidente con los significados de las expresiones utilitas omnium y utilitas universorum (cfr. Derecho Público Romano y recepción del Derecho Romano en Europa (Madrid, 1999) p. 71). Con todo, en mi opinión, tal expresión no fue empleada por los juristas de la tríada clásica en el sentido técnico-jurídico, sino simplemente como sinónimo de communis utilitatis, tal como hace Cicerón en Pro Sest., 91: Tum res ad communem utilitatem, quas publicas appellamus (Sobre esta cuestión, vid. L. Rodríguez Ennes, Estudio sobre el 'edictum de feris', cit., p. 23, nt. 50, Más modernamente cfr. nuestro 'Prólogo' a Tejada Hernández, F., El derecho romano ante la ilustración hispanoamericana (Madrid, 2017) p. 24)".

[456] D. 9,2,28 pr. (Paul. 10 ad Sab.); D. 9,2,31 (Paul. 10 ad Sab.); D. 9,3,1 pr. (Ulp. 23 ad ed); D. 9,3,5,6 (Ulp. 23 ad ed); D. 23,1,40, 41 y 42 (Ulp. ad aed. cur.). "Vid. Sobre estos textos, nuestros trabajos: «El edicto ´ de effusis vel deiectis ´ y la problemática urbanística romana», en Homenaje al Profesor Alfonso Otero (Santiago de Compostela, 1981) p. 301 ss.; «Notas sobre el elemento subjetivo del ` effusum vel deiectum ´», en IVRA 35 (1984) p. 90 ss.; «Notas sobre el elemento objetivo del ` effusum vel deiectum ´», en Homenaje a Juan Vallet de Goytisolo 2 (Madrid, 1988) p. 117 ss.; «Algunas observaciones en torno a la ` actio de positis vel suspensis ´», en Revista de la Facultad de Derecho de la Universidad Complutense (RFDM) 16 (1990) p. 255 ss.; Estudio sobre el ` edictum de feris ´ (Madrid, 1992); «Los actos ilícitos del derecho honorario», en Derecho Romano de Obligaciones. Homenaje a José Luis Murga Gener (Madrid, 1994) p. 902 ss.; «El podador y los viandantes» en RGDR 29 (2017); «El elenco de los animales a los que se refiere el ` edictum de feris ´ en las fuentes literarias», en RIDROM (2018)".

viária era considerada de utilidade pública, onde o *'civitae'* deveria circular sem medo ou perigo nos lugares de trânsito cotidiano.

Assim, a *'cláusula positis vel suspensis'* constitui indubitavelmente[457] uma medida policial ditada por uma questão primordial de segurança viária pública[458], e simultaneamente dirigida para reprimir atos que ameaçassem o uso livre e razoável[459] [460] de alamedas, vias, ruelas, logradouros das estradas, tanto públicas quanto privadas, como uma verdadeira forma de proteção, fosse oriunda das construções rústicas, fosse nas das de floreado urbano[461].

A *'actio'* nestes casos possuía um condão popular, e era instruída com o cabedal de prova da simples situação de perigo ou risco da causa do dano, imiscuindo-se no conceito de aquilatação da *'is qui positum habeat'*, que era utilizado para referir-se ao proprietário ou a quem tivesse a posse do imóvel que causara o prejuízo.

A causa do prejuízo não necessitava da comprovação de fraude ou negligência por parte de quem dera causa ao fato, e era dirigida contra a pessoa que habitava o prédio e que, de forma negligente, permitira a ocorrência do evento danoso, causando *'degeneração'* às pessoas que por lá passavam.

---

[457] De forma paritária à cláusula 'effusis vel deictis'

[458] Qua vulgo iter fiet

[459] "Secundum quam rationem non multum refert, per publicum an per privatum iter fieret, cum plerumque per privata loca vulgo iter fieret". Em tradução livre: "De acordo com qual não importa muito se a viagem foi feita por via pública ou privada, pois geralmente é por locais privados uma jornada comum ocorreria" (D. 9,2,31, Paul. 10 ad ed).

[460] "Parvi autem interesse debet, utrum publicus locus sit an vero privatus, dummodo per eum vulgo iter fiat". Em tradução livre: "Mas deve ser de pouco interesse se é um lugar público ou não privado, desde que o percurso geral seja feito por ele" (D. 9,3,1,2, Ulpianus 23 ad ed).

[461] "Certe tabulae in subgrundis circum insulas si essent ex ea conlocatae, ab traiectionis incendiorum aedificia periculo liberarentur, quod eae neque flammam nec carbonem possunt recipere nec facere per se". Em livre tradução: "Certamente se as tabuletas fossem colocadas no subsolo ao redor das ilhas, os edifícios estariam livres do perigo de incêndios cruzados, porque não podem receber chama nem carvão, nem fazê-lo sozinhos" (Vitrur. De arch. 2,9,16).

# EFFUSUM ET DEIECTUM[462]

O *'effusum et deiectum'*[463] [464] [465] [466] era um instituto que apresentava como característica a sanação àquele que, habitando as dependências de um prédio, arremessava em via pública líquidos ou sólidos que pudessem causar um dano a terceiros por meio do derramamento de líquidos *(effusum)* e/ou do arremesso de objetos sólidos de um edifício *(diectum)*, que viesse causar visível prejuízo a outrem e que, em assim sendo, resultava na responsabilidade do morador que assim procedera.

Eram casos em que alguém derramava *(efusum)* ou arremessava *(deiectum)* objetos de dentro de uma casa e um terceiro ficava danificado, o proprietário ou morador era responsabilizado legalmente, mesmo que não tivesse sido ele quem os arremessara; e, se o dano fosse sobre alguma coisa, a ação com vistas à indenização era no dobro do valor; se houvesse ferimento, a pena era de caráter compensatório e determinada pelo *iudex*; e, por outro lado, se houvesse a morte de um homem livre, a *'epic poena'* era de cinquenta sólidos de ouro.

---

[462] Derramado e quebrado

[463] MOREIRA, *op. cit.* "'Unde in eum locum, quo volgo iter fiet vel in quo consistetur, deiectum vel effusum quid erit, quantum ex ea re damnum datum factumve erit, in eum, qui ibi habitaverit, in duplum iudicium dabo. Si eo ictu homo liber perisse dicetur, quinquaginta aureorum iudicium dabo. Si vivet nocitumque ei esse dicetur, quantum ob eam rem aequum iudici videbitur eum cum quo agetur condemnari, tanti iudicium dabo. si servus insciente domino fecisse dicetur, in iudicio adiciam: aut noxam dedere" ('respecto a los que hubieran arrojado o vertido algo, dice el pretor: 'daré acción, por el doble del daño, que se haya causado o hecho, contra el que habitase el inmueble desde el cual se hubiera arrojado o vertido algo en un lugar de tránsito o estacionamiento ordinario. si se denunciara que por aquel golpe había perecido un hombre libre, daré acción por valor de cincuenta áureos; si viviera y se denunciara que se le dano, daré acción en la quantia en que pareciere equitativo al juez condenar al demandado. si se denunciara que un esclavo lo hizo ignorándolo su dueño, añadiré en la acción: o que lo dé por el daño')" (*versão castellana de* D'ORS *et al., op. cit.* p. 396; D. 9, 3, 1 pr.: Ulpianus libro 23 ad edictum: "pr. praetor ait de his, qui deiecerint vel effuderint).

[464] *Ibidem.* "Si filius familias cenaculum conductum habuit et inde deiectum vel effusum quid sit, de peculio in patrem non datur, quia non ex contractu venit: in ipsum itaque filium haec actio competit". "Si um hijo de familia tuvo arrendada una habitación y desde allí se hubiera arrojado o vertido algo, no se da contra el padre la acción de peculio porque no proviene de un contrato. así, pues, esta acción compete contra el mismo hijo" (*versão castellana de* D'ORS *et al., op. cit.* p. 396, D. 9, 3, 1, 7: 7).

[465] *Ibidem.* "Is quoque, ex cuius cenaculo (vel proprio ipsius vel conducto vel in quo gratis habitabat) deiectum effusumve aliquid est ita, ut alicui noceret, quasi ex maleficio teneri videtur: ideo autem non proprie ex maleficio obligatus intellegitur, quia plerumque ob alterius culpam tenetur ut servi aut liberi. cui similis est is, qui ea parte, qua volgo iter fieri solet, id positum aut suspensum habet, quod potest, si ceciderit, alicui nocere. ideo si filius familias seorsum a patre habitaverit et quid ex cenaculo eius deiectum effusumve sit sive quid positum suspensumve habuerit, cuius casus periculosus est, iuliano placuit in patrem neque de peculio neque noxalem dandam esse actionem, sed cum ipso filio agendum". "También parece obligarse como por um maleficio aquel de cuya vivienda, ya se própria, ya sea arrendada, ya habite en ella gratuitamente, sea arrojado un cuerpo sólido o líquido que dañe a alguien; y no se considera obligado propiamente por maleficio porque muchas veces es por culpa de otro, como su esclavo o su hijo. A él se parece aquel outro que tiene colocada o colgada alguna cosa sobre um lugar por el que se suele pasar, de forma que podría dañar a alguien con su caída; así, pues, si un hijo de familia viviera separado de su padre y cayera de su vivienda un cuerpo sólido o líquido colocado o colgado algo cuya caída pudiera resultar peligrosa, creía Justiniano que no se debía dar la acción de peculio o como noxal contra su padre, sino que debía demandarse al mismo hijo" (*versão castellana de* D'ORS *et al., op. cit.* cit., p. 475, D. 44, 7, 5, 5).

[466] ALVES, 2007, p. 579 *apud* TALAMANCA, M. *Istituzioni di diritto romano.* Milano: Giuffrè, 1990. p. 614). "Quando se derramava um líquido (effusum) ou se lançava uma coisa (deiectum) de um edifício sobre uma via pública, concedia-se contra o habitatur (o morador do edifício) – tivesse, ou não, culpa na prática de um desses atos – ação cuja condenação variava conforme a natureza do dano. assim, se ele era causado numa coisa, o habitator respondia pelo dobro do valor do prejuízo; se resultava ferido um homem livre, cabia ao juiz – pois a ação correspondente se concebia in bonum et aequum – determinar o valor da indenização; e, se o homem atingido falecesse, a indenização, a ser paga pelo habitator, era fixada em 50.000 sestércios (equivalentes a 50 áureos, no tempo de justiniano), e a actio, nessa hipótese, era popular... portanto, podia ser intentada por qualquer cidadão".

# AUCTORITAS DO EXERCITOR DE NAUTAE, CAUPONAE ET STABULI[467]

A *'auctoritas do exercitor de nautae, cauponae et stabuli'*[468] configurava-se na responsabilidade de *armadores de navios, donos de casas de hospedagem e encarregados de estábulos*, que se obrigavam por danos ou furtos cometidos por seus dependentes nas instalações de embarcações, albergues e estrebarias, em relação às coisas depositadas em seu poder, ainda que não tivessem dado vazão à culpa.

O proprietário de um navio[469] [470] [471], pousada ou estábulo, ao contratar escriturários, exigia que estes se comportassem de acordo com sua atuação, porque, se em determinadas circunstâncias se causassem danos a quem os frequentava, a reparação por parte do proprietário era exigida, em face do *'error'* na seleção destes, surgindo por consequência a sua responsabilidade.

Em Roma, a *auctoritas do exercitor de nautae*, relativo às empresas de navegação, envolvia uma série de riscos, e às vezes, a fim de evitar o resultado em perdas, 'de forma excepcional', era necessário causar danos ou perdas financeiras para provocar uma perda menos grave do navio[472].

Não se deve esquecer que o transporte marítimo está sujeito ao *'periculum'* decorrente da possibilidade de um acidente marítimo e que pode produzir algum tipo de dano, até mesmo devido a uma série de exigências, tais como *contingências ou vicissitudes* às quais o próprio navio e as mercadorias transportadas estão expostos.

---

[467] A autoridade do exercício do marinheiro, da taberna e do estábulo

[468] MOREIRA, *op. cit.* "Item exercitor navis aut cauponae aut stabuli de damno aut furto, quod in nave aut caupona aut stabulo factum sit, quasi ex maleficio teneri videtur, si modo ipsius nullum est maleficium, sed alicuius eorum, quorum opera navem aut cauponam aut stabulum exerceret: cum enim neque ex contractu sit adversus eum constituta haec actio et aliquatenus culpae reus est, quod opera malorum hominum uteretur, ideo quasi ex maleficio teneri videtur" ("Asimismo el proprietário de una nave, una hostería o un establo se considera que queda obligado como por maleficio a causa del daño o el hurto que se ha cometido en la nave, la hostería o el establo, siempre que no haya maleficio por sua parte, sino de alguno de aquellos que trabajan para él en aquellos lugares; como esta acción no se da contra ellos por un contrato, pero hay por su parte alguna culpa en servirse de gente mala, por ello se considera que se obliga como por maleficio (Gai 3 res cott.)" (*versão castelhana de* D'ORS *et al., op. cit.* cit., p. 476, D. 44, 7, 5, 6).

[469] No *Título 2 do D. 19*, pode-se ver que as únicas referências, além do texto em consideração, são as seguintes, em *D. 19.2.13.1* e 2, e ambos os textos da *Ulpianus lib. XXXII ad edictus* dão a possibilidade do uso da *"ação de locum"* (ação do lugar), nos casos de responsabilidade do proprietário do navio e nos casos do armador em caso de naufrágio.

[470] D. 19.2.25.78 *Gaius*, em *comentários ao edital provincial, livro X* discute situações em que, ao contratar um navio para transportar vários objetos, o armador é responsável por falhas nos termos do contrato de locação.

[471] D. 19.2.15.69 *Ulpianus 32 ed.* "[...] entretanto, a responsabilidade do proprietário do navio é do armador que é exigida por motivo de crédito *'quam pro mutua'*, mas como o texto não especifica que foi consignado em um saco fechado, interpretamos isto como um caso de um depósito irregular".

[472] "Disponese en la Lex Rhodia que si para aliviar una nave se hizo alijo de mercancías, se resarza la contribución de todos el daño que en beneficio de todos se causó" (Paulus, libr.II Sententiarum, D. 14.2.1).

‘AQUILIAE’ THEOREMA CIVIS ROMANUS STATUS DEFENSIONIS ‘RESPONSUM’
REPARATORIUS CURAE ET PRIVATAE ET PUBLICAE DELICTIS IN ANTIQUA ROMANA LEGE

Tem-se, pois, que o risco começa efetivamente assim que a mercadoria é depositada nas mãos do transportador ou do *'magisteriante'* do navio, salvo prova em contrário, em que a responsabilidade do proprietário do navio nasce e decorre do contrato de arrendamento[473], que tem a sua origem no contrato de afretamento, uma vez que uma das questões que eram mais discutidas era o depósito irregular de mercadorias[474] também chamado *'locatio conductio irregularis'*, tal qual a expressão *'apud quem deposita esse' qual seja, com quem foi depositado*[475] [476] [477] [478].

---

[473] D. 19.2.15.6. "Item quum quidam nave amissa vecturam, quam pro mutua acceperat, repeteret, rescriptum est ab Antonino Augusto, non immerito Procuratorem Caesaris ab eo vecturam repetere, quum munere vehendi functus non sit; quod in omnibus personis similiter observandum est".

[474] "In navem Saufeii cum complures frumentum confuderant, Saufeius uni ex his frumentum reddiderat de communi et navis perierat: quaesitum est, an ceteri pro sua parte frumenti cum nauta agere possunt oneris aversi actione. Respondit rerum locatarum duo genera esse, ut aut idem redderetur (sicuti cum vestimenta fulloni curanda locarentur) aut eiusdem generis redderetur (veluti cum argentum pusulatum fabro daretur, ut vasa fierent, aut aurum, ut anuli): ex superiore causa rem domini manere, ex posteriore in creditum iri. Idem iuris esse in deposito: nam si quis pecuniam numeratam ita deposuisset, ut neque clusam neque obsignatam traderet, sed adnumeraret, nihil alius eum debere apud quem deposita esset, nisi tantundem pecuniae solveret. Secundum quae videri triticum factum Saufeii et recte datum. Quod si separatim tabulis aut Heronibus aut in alia cupa clusum uniuscuiusque triticum fuisset, ita ut internosci posset quid cuiusque esset, non potuisse nos permutationem facere, sed tum posse eum cuius fuisset triticum quod nauta solvisset vindicare. Et ideo se improbare actiones oneris aversi: quia sive eius generis essent merces, quae nautae traderentur, ut continuo eius fierent et mercator in creditum iret, non videretur onus esse aversum, quippe quod nautae fuisset: sive eadem res, quae tradita esset, reddi deberet, furti causa actionem locatori et ideo supervacuum esse iudicium oneris aversi. Sed si ita datum esset, ut in simili re solvi possit, conductorem culpam dumtaxat debere (nam in re, quae utriusque causa contraheretur, culpam deberi) neque omnimodo culpam esse, quod uni reddidisset ex frumento, quoniam alicui primum reddere eum necesse fuisset, tametsi meliorem eius condicionem faceret quam ceterorum" (Paulo, libro quinto, Dig 19.2.31).

[475] Do original em castellano: "La expresión Apud quem depositta esset aparece recogida en el título III del libro 16 del Digesto, Depositi Vel contra en los siguientes fragmentos 3.11; 3.12.1; 3.14.1;3.30".

[476] Do original em castellano, D. 19.2.13.1 y 2. "[...] ambos textos de Ulpiano lib. XXXII ad edicto, donde se plantea la posibilidad de la utilización de la acción de locación en los supuestos de responsabilidad del naviero en los casos de naufragio".

[477] "Qui columnam transportandam conduxit, si ea, dum tollitur aut portatur aut reponitur, fracta sit, ita id periculum praestat, si qua ipsius eorumque, quorum opera uteretur, culpa acciderit: culpa autem abest, si omnia facta sunt, quae diligentissimus quisque observaturus fuisset. Idem scilicet intellegemus et si dolia vel tignum transportandum aliquis conduxerit: idemque etiam ad ceteras res transferri potest". Do original em castellano, D. 19.2.25.78, texto de Gayo, comentarios al edicto provincial, libro X. "Se analizan situaciones en las que tomando en arriendo una nave para transportar diversos objetos ha de responder por culpa el naviero en virtud del contrato de arrendamiento. Gayo en este texto equipara estas situaciones descritas como diversos objetos a idemque etiam ad ceteras res transferri potest lo que nos va acercando a la idea de que el caso de la nave de Saufeyo se trata de un supuesto de locatio conductio".

[478] "Item cum quidam nave amissa vecturam, quam pro mutua acceperat, repeteretur, rescriptum est ab Antonino Augusto non immerito procuratorem Caesaris ab eo vecturam repetere, cum munere vehendi functus non sit: quod in omnibus personis similiter observandum est". Do original em castellano: "D.19.2.15.69 texto de Ulpiano 32 ed. 'sin embargo la responsabilidad del naviero se exige en razón de crédito quam pro mutua pero al no especificar el texto que se hubiese consignado en bolsa cerrada interpretamos que se trata de un supuesto de depósito irregular'".

# PRAETOR

## RESTITUTIO IN INTEGRUM OB FRAUDEM[479]

---

[479] Reembolso total por fraude

# *FRAUS CREDITORUM*[480]

A *'fraus creditorum'* era um delito caracterizado quando um devedor se tornava propositalmente insolvente, com o objetivo de fazer com que os credores não pudessem receber *'algo'* que lhes era devido, em qualquer uma de suas espécies, no tempo e no modo previstos, ainda que parte da doutrina tenha provocado opiniões diversas[481] na generalidade dos casos inconciliáveis, uma vez que o evento *'damni'* se identificava *'tão somente'* com a *insatisfação do crédito* por parte do credor[482], que, por evidência, era produzida por ato do devedor.

D'outro bordo, era considerado um delito privado pretoriano, que consistia na execução do devedor que encontrava-se com a intenção de se fazer insolvente, ou que possuía o propósito de agravar a sua insolvência, onde então o *pretor* estabelecia *um interdicto fraudatorio* para suprimir tal fraude, entendendo-se que, para tal, o ato fraudulento deveria empobrecer o devedor como castigo; um ato em que se evitava o enriquecimento não era considerado e, caso houvesse a cumplicidade de um terceiro, este poderia ser perseguido juntamente contra quem se exercia a ação.

A origem das medidas adotadas para combater essa prática foi indicada no *'edito de Adrianus'*, por meio de dois preceitos, que eram, o *'interdictum fraudatorium'* e a *'restitutio in integrum'*: o *primeiro* concretizava a revogação dos atos de alienação praticados para fraudar o credor que poderia recuperar a posse da propriedade, e o *segundo* determinava o retorno das coisas ao seu estado anterior, sem que, contudo, houvesse um consenso doutrinário acerca da natureza exata e do momento em que foram aplicados.

---

[480] Fraude contra credores

[481] ALEMÁN, Ana. *El fraus creditorum ¿praesumptio?* Fundamentos romanísticos del derecho contemporáneo. "Prueba de ello es la constante preocupación por la doctrina, que ha dado lugar a prolijos y disentidos estudios sobre el tema: Burckhard, Die civilistischen Prasumtionem, Weimar 1866, pp. 87 ss.; Grandewitz, 'Interpolationen in den Pandekten. Praesumptio', ZSS 7 (1888) pp. 70 ss.; Hedemann, Die Vermutung nach dem Recht des Deutschen Reiches, Iena 1904, pp. 5 ss.; Bertolini, Appunti didattici. II processo civile, Torino 1915, pp. 138 ss.; Costa, Profilo storico del processo civile romano, Roma 1918, p. 171; Carnelutti, Lezioni di diritto processuale civile, vol.III, Padova 1923, pp. 403 ss.; Ferrini, 'Le praesunzioni in diritto romano', Opere III (Milano 1929) pp. 417 ss. (= RISO 15 (1892) pp. 258 ss.); Kaser, 'Beweislast und Vermutung im römischen Formularprozess', ZSS 71 (1954), p. 235; Scialoja, Procedimiento civil romano, Buenos Aires 1954, pp. 402 ss.; Giuliani, II concetto di prova. Contributo alia lógica giuridica, Milano 1961, pp. 68 ss.; Voci, Diritto ereditario romano II, parte speciale, Milano 1963, pp. 938 ss.; Donatuti, 'Le praesumptiones iuris come mezzi di svolgimento del diritto sostanziale romano', Studi di diritto romano (Milano 1976) pp. 487 ss.; Idem, 'Le praesumptionis iuris in diritto romano', Studi di diritto romano (Milano 1976) pp. 425 ss.; Reggi, 'Presunzione (Diritto romano)' ED 35 (1986) pp. 255 ss".

[482] *Ibidem*. Sobre el eventus damni, *cf* además: D. 4,4,11,4; D. 4,4,23; D. 40,5,4,19; D. 50,17,79; C. 7,11,1.

Assim, a *'fraus creditorum'*[483] [484] [485] [486] significava prejuízos para os credores, pois o fato de um devedor praticar dolosa e conscientemente atos dos quais resultavam a sua insolvência ou o agravamento de sua situação patrimonial era *'de todo'* uma forma maliciosa de burla, que se dava por meio de um erro intencionalmente provocado para obter um bem ou para adquirir um lucro indevido, que também poderia ser sancionado pela *'restituere integralis'*, a qual obrigava o delinquente a devolver de forma integral o que havia ilicitamente adquirido.

---

[483] "[...] '[quae] in fraudem creditorum [facta sunt, ut restituantur], que significa: para que se restituam aquelas coisas que foram praticadas' ([em fraude dos/ aos/ contra] os credores" (Título VIII do Digesto, l. 42, Enciclopédia Jurídica).

[484] PAOLINI, Gerardo Ontiveros. *Derecho romano I y I, I*. Caracas: Distribuidora Rikei, ca. 2006. p. 187. "A fraus creditorum era un delito privado pretoriano que consiste en una ejecución del deudor con intención de hacerse insolvente, o que tienda a agravar su insolvencia. el pretor estableció inicialmente un interdicto fraudatorio para suprimir el fraude, posteriormente se creó la acción pauliana, pudiéndose ejercer también la 'actio dolis' y la 'restitutio in integrum'. La acción pauliana era ejercida, no por un acreedor aislado, sino por el 'curator bonorum vendedarum', equivalente al síndico actual, y debe tener varias condiciones: 1. El acto fraudulento debe empobrecer al deudor, un acto que evite el enriquecimiento no se considera. 2. El acto, además de empobrecer, debe insolventar al deudor. 3. Se requiere la complicidad de un tercero, el cual puede ser perseguido y contra quien se ejerce la acción. Los terceros aprovechados, si son de buena fe, son condenados al monto de su enriquecimiento, y si son delitos de mala fe, al monto del daño causado".

[485] BONÍCIO, Marcelo José Magalhães. *Reflexões em torno da natureza da sentença na ação pauliana*. 5. ed. São Paulo: Malheiros, 1996. PGE/SP. p. 188. "Cândido Rangel Dinamarco observa que 'A actio pauliana sucedeu ao interdictum fraudatorum, em época indeterminada, para a repressão da fraus creditorum, que se inclua entre os 'delitos pretorianos'"" (*vide A instrumentalidade do processo*).
NO MESMO SENTIDO:

[486] *Ibidem*, p. 188. "Na l. 38, 4, D. de usuris et fructibus, 22 1, Paulo refere-se à actio pauliana, pela qual se revoga o que foi alienado em fraude de credores (per quae in fraudem creditorum alienata sunt revocatur)" (*nas lições de* SANTOS, J. M. de Carvalho. *Código civil brasileiro interpretado*. 9. ed. Rio de Janeiro: Freitas Bastos, 1964. p. 412. *Cf.* PONTES DE MIRANDA. *Tratado de direito privado*: parte geral. 2. ed. Rio de Janeiro: Borsoi, 1954. v. 4, p. 421).

# IMPORTUNUS[487]

O *'importunus' ou seja, a intimidação* era um delito que consistia em entregar uma *'rés'* por medo e, como tal, sancionava-se por meio de uma *'actio'* que era conhecida como *'restituere integralis'*, isto é, se a vítima acreditava que havia entregado um bem por *'temor'*, *'ameaça' ou 'violência'*, a sanção oriunda desta ação obrigava o delinquente a devolver de forma integral o que havia ilicitamente adquirido.

---

[487] Intimidação

# FONTES OBLIGATIONUM SED CONTRACTIBUS[488] [489]

# DOS QUASE-CONTRATOS

# DOS DELITOS CONSIDERADOS DO PONTO DE VISTA CIVIL

---

[488] Das fontes de obrigações além dos contratos
[489] Das obrigações legais

# FERE DE CONTRACTIBUS[490]

Os *'quase-contratos'* eram definidos como atos voluntários, não convencionais e legais que geravam obrigações, diferenciando-se dos contratos nas manifestações lícitas e voluntárias de vontade, que *'lá'* produziam efeitos jurídicos e nasceram a fim de cobrir um grupo heterogêneo de situações que não podiam ser classificadas como *'contratae'* nem como *'criminae'*, por conta da *'legalidade'*, mas que foram aceitos como fonte das obrigações.

Os *'quase-contratos'* tiveram então o seu advento na classificação das fontes obrigatórias do *imperador romano Justiniano*, que os definia como *'contratos', 'criminis', as 'obrigações nascidas do quase ex contrato' e do 'quase ex crime'*, em especial quando o *'quase-contrato'* não envolvia um acordo de aprazimento entre as partes contratantes, pois existia uma única manifestação de vontade, que não era propriamente contratual, porque faltava o elemento do acordo.

Desta forma, o *'quase-contrato'*, como relação obrigatória, é análogo ao contrato, pois, se por um lado se distingue do contrato pela falta de consentimento verdadeiro e adequado, expresso ou tácito, por outro é semelhante, porque baseia-se num consentimento presumido, por ocasião de certos fatos praticados pelas partes, e, como tal, presumia-se que elas consentiram na celebração de um determinado contrato.

Assim, o *'instituto do quase-contrato'* foi tratado pelos *'Iurisconsultos Roman'*, ao lado do mútuo, como uma categoria paralela aos contratos, englobando a categoria das *'obrigationes quae re contrahuntur*[491] da *'indebiti repetio*[492], e da *'non videtur ex contractu consistere quia is, qui solvendi animo dat, magis distrahere vult negotium quam contraher*[493] [494].

Desta forma, as demais causas e os casos heterogêneos que não fossem um contrato nem um débito entram nas *'varie causarum figurae*[495], uma vez que o instituto em exegese, ao englobar a *'gestio negotium'*, a *'gestio da tutela ou da curatela'*, a *'condictio indebiti'*, o *'enriquecimento injusto'* e a *'comunhão incidental'*, encerrou o elenco destas, não se deixando acrescentar por tipos e/ou categorias outras definidas.

---

[490]  Quase-Contratos
[491]  'Obrigações que são contraídas'
[492]  'Indebiti repetio'
[493]  'Não parece depender do contrato, porque quem dá com a intenção de pagar quer vender o negócio e não contratar'
[494]  Gaius III, 91.
[495]  Formas diferentes

As modificações exigidas pela própria natureza das coisas 'a posteriori' provocaram assim uma mutação nos laços de estilo da linguagem, uma vez que o instituto exigia se falar das 'obligatio' nascidas deste como sendo a 'gestio negotium'[496] 'gestio da tutela ou da curatela'[497], a 'condictio indebiti', o 'pagamento indevido', a 'communio incidens' e a 'aceitação de herança', bem como premissas outras fundadas no enriquecimento injusto, e na comunhão incidental, dando azo ao entendimento de que as demais causas e os demais casos heterogêneos que não fossem um contrato ou um débito entravam nas 'varie causarum figurae' (como dantes disserto), encerrando o elenco destas, e, em assim sendo, não se deixando acrescentar por tipos ou categorias outras definidas.

Entretanto, não se pode deixar de olvidar que os juristas romanos não desenvolveram uma teoria dos negócios dentro da ordem legal, pois apenas resolveram situações particulares[498], fornecendo soluções aos casos específicos que a vida cotidiana lhes apresentava.

O conceito de negócio jurídico foi formulado pela doutrina moderna, já que os juristas romanos não eram adeptos a desenvolver teorias voltadas às instituições que as necessidades da vida diária poderiam forçá-los a criar, até porque a definição do instituto protagonizado era tida como a manifestação da vontade individual ou o resultado de diversas manifestações individuais, direcionado para a obtenção de propósitos práticos e pretendidos, tanto quanto possível, com esses fins, por meio da criação de relações jurídicas ou da modificação ou ampliação das relações jurídicas existentes, pois a essência do negócio jurídico residia no fato de conter um regulamento da própria conduta e dos próprios interesses, ou seja, é uma preceito da autonomia da vontade.

Os negócios jurídicos poderiam ser classificados em vários grupos, de acordo com os critérios adotados, quais fossem, os *negócios relacionados*

---

[496] Gestão de negócio/gestão da coisa alheia/gerência da coisa do outro

[497] Administração da 'tutela' e da 'curatela'

[498] "Opinión semejante comparte ARANGIO-RUIZ al referir que en la terminología dominante en la jurisprudencia clásica, se llaman contratos aquellos negocios jurídicos bilaterales del ius civile (en antítesis al pretorio), destinados a producir obligaciones: sea que en el pensamiento de los antiguos prevalezca la idea del acuerdo de voluntades o consentimiento (lo que ocurre solamente en los contratos consensu), sea que la intención de obligarse o de obligar a otro frente a sí se trasfunda íntegramente en el uso de determinadas formas (contratos verbis y litteris) o en la entrega de ciertas cosas corporales (contratos re). Por lo demás, el no haberse distinguido en los contratos otra categoría de hechos lícitos productores de obligación, imponía a los juristas incluir entre los primeros, mediante el empleo de la ficción jurídica, fuentes de obligación que no eran negocios bilaterales". Em livre tradução: "ARANGIO-RUIZ compartilha de opinião semelhante ao referir que na terminologia dominante na jurisprudência clássica, os contratos são chamados de negócios jurídicos bilaterais do ius civile (em antítese do praetorium), destinados a produzir obrigações: seja no pensamento dos antigos o ideia de acordo de vontades ou consentimento (que ocorre apenas em contratos consensu), se a intenção de vincular-se ou de vincular outro contra si mesmo é inteiramente transfundida no uso de certas formas (contratos verbis eliteri) ou na entrega de certas coisas tangíveis (recontratos). Além disso, a incapacidade de distinguir outra categoria de atos jurídicos que produzem obrigações nos contratos exigiu que os juristas incluíssem entre os primeiros, através do uso de ficção jurídica, fontes de obrigação que não fossem transações bilaterais" (cf. ARANGIO-RUIZ, 1986, p. 331).

'AQUILIAE' THEOREMA CIVIS ROMANUS STATUS DEFENSIONIS 'RESPONSUM'
REPARATORIUS CURAE ET PRIVATAE ET PUBLICAE DELICTIS IN ANTIQUA ROMANA LEGE

*ao direito das pessoas*, como casamento, divórcio, emancipação, adoção; os *negócios relacionados com direito de propriedade*, em que estes geralmente pretendiam modificar a distribuição dos ativos existentes ou garantir formas de cooperação, podendo-se distinguir transferências de propriedade, como a constituição da servidão; os *negócios obrigatórios*, destinados a criar ou extinguir direitos pessoais de compra e venda; o *negócio misto*, composto por um acordo contratual e pela entrega da coisa[499]; e os *negócios relacionados com direito sucessório*, tais quais testamentos e outros.

---

[499] Mancipação

# *NEGOTIUM PROCURATIO*[500]

Assim, a *'gestão de negócios'*, por exemplo, *é também um 'quase-contrato'*, por meio do qual uma pessoa, sem ter recebido nenhum mandato, realiza-o de forma útil em circunstâncias, de tal forma que o seu desempenho seja realmente proficiente e consciente, *pelo qual quem dirige o negócio de alguma outra pessoa se encontra obrigado a isso.*

Desta forma, dava-se a *'gestio'* quando alguém então se encarregava de praticar atos de administração por conta de um terceiro sem que este tivesse dado o seu consentimento, fazendo, pois, com que faltasse um elemento essencial para concretizar-se como um contrato, qual fosse, o consentimento, uma vez que este se encontrava ausente.

Esta representação em negócios alheios poderia ser voluntária ou por engano, sendo verdade que, *no período clássico, tivessem surgido duas ações*, quais fossem, *a actio negotiorum gestonrum direta*, que era exercida contra o gestor, para que este respondesse em caso de causar dano ao proprietário do negócio, ou deixar de praticar os atos de administração em detrimento do segundo administrador, em que a responsabilização também poderia ser exigida.

Por outro lado, existia a possibilidade de exercício da *actio negotiorum gestorum contraria*, por parte do gestor, para obter o reembolso por meio do seu pedido das despesas efetuadas em benefício do negócio alheio, em que este só prosperava se o empresário tivesse dado o seu consentimento ou ratificado o ato de administração praticado pelo gestor, pois, caso contrário, as despesas e os riscos eram suportados por estes últimos.

O principal elemento de diferença era a própria *'delegação'*, isto é, o fato de que o presente instituto pressupõe que quem administra o negócio de outrem o faz sem 'poderes', pois age de maneira informal, fazendo com que este *'magisterium'* seja o principal elemento de diferença, uma vez que a sua instrumentalização se encontra isenta de um acordo de vontades entre as partes, que se dá mediante a coincidência de dois elementos, com vistas à existência do ato de gestão, material e legal, bem como à intenção de administrar um negócio alheio realizando esse ato[501].

---

[500] Gestão de negócios
[501] *Animus negocia aliena gerendi.*

Inobstante, 'de todo' as obrigações que decorrem da 'gestão de negócios' e que incubem a 'administração do gestor' em atuar sem um acordo de vontades, e sem mandato, objetivam que a interferência no negócio seja espontânea, encontrando-se obrigado a concluir os negócios iniciados, até mesmo quando o 'dominus' morre durante a sua gestão, 'tudo' com a virtude de usar da diligência de um bom pai a prestar contas da gestão e restituir ao 'senhor' o que recebera por sua conta, com os frutos e os lucros gerados e que a este lhes são de direito.

Para obter o cumprimento dessas obrigações, o 'dominus rei gestae' contava com uma ação de gestão direta do negócio, obrigando-se a liberar o administrador-gestor de todas as obrigações contraídas na execução da gestão, reembolsá-lo por todas as despesas necessárias e úteis e que por este tenham sido realizadas, entendendo-se, pois, que toda gestão desenvolvida é válida no que concerne aos interesses do 'dominus negotii', como se desde o seu 'advento' tivessem sido realizadas em virtude do seu mandato.

# *SOLUTIONE INDEBITE*[502]

O *'pagamento do indevido'* também é um quase-contrato, e realiza-se quando alguém paga por engano uma dívida que não lhe era de direito, presumindo-a como se dela ele fosse o titular, mas que, por *'error'*, o efetua sem nenhuma obrigação que legalmente o justifique [503].

*Por assim dizer, o seu reconhecimento exigia* a consolidação de um potencial *'rol'* de requisitos, que eram descritos como *a 'nulla obligatio da solutio', o 'error', a 'bonum fidei' e/ou a 'malae fidei'*, destacando-se, nesses dois últimos, que, se o agente que *'lá'* efetuara o dispêndio estivesse de boa-fé e pagasse o que não lhe era devido, *'de todo'* possuía o direito de reembolso *'tanto quanto'* na mesma espécie e qualidade despojada; e, se estava de má-fé, era obrigado a reembolsar o mesmo valor e qualidade, além dos juros que fossem devidos.

A ação pela qual o pagamento indevido poderia ser restituído era chamada de *'condictio indebiti'* e, como tal, era legitimada por aquele que efetuara o estipêndio em desfavor daquele que recebera o crédito não devido, até o valor do enriquecimento no caso de *'boa-fé'*, sendo necessário que não houvesse nem mesmo a simples existência de um dever de delicadeza, pois esta seria suficiente para rejeitar o crédito como impróprio e injusto, devendo-se 'de todo' se comungar, acerca da real possibilidade da *'actio'* devida, quando o montante tivesse sido pago a outra pessoa que não o credor verdadeiro, ou o seu representante legítimo, *'até mesmo'* quando a provisão tivesse sido constituída em cumprimento de uma obrigação totalmente diversa da verdadeira.

---

[502] Pagamento do indevido
[503] *Nulla obligatio solutionis.*

# INCIDENS COMMUNIO[504]

A *'incidens communio'* efetivava-se quando não havia acordo de parceria, como, por exemplo, a herança, que é comum ou singular a várias pessoas[505], em que cada co-herdeiro ou condômino tem o direito de requerer a dissolução da comunhão societária, vindo daí a distinção do desregramento do chamado *pacto 'in communio'*.

Assim, a comunidade de uma coisa universal ou singular entre duas ou mais pessoas sem que nenhuma delas tivesse feito parceria ou celebrado uma convenção relativa a esta é uma espécie de *'quase-contrato'*, uma vez que, para os romanos, esta *'institutuo'* é fonte de obrigações e direitos recíprocos entre os *'civitae'*.

Essa comunhão poderia nascer de diferentes causas, entre elas dos *co-herdeiros*, que, como visto, concedem o direito de que a sua dissolução possa proceder de forma amigável, de modo que a divisão convencional viesse a produzir os mesmos efeitos que as demais relações contratuais, haja vista que os coparticipantes possuíam poderes como o uso de coisas comuns, as despesas de conservação, e o direito de se opor a um membro da comunidade em relação aos atos administrativos de outro membro da comunidade.

Por assim dizer, tem-se que a *'comunhão'* é responsável pelas chamadas ações de divisão, quais sejam, a *'actio familiae erciscundae'*, a *'actio communi dividundo'* e a *'actio finium regundorum'*; por meio dessas ações, além da extinção, obtém-se também o cumprimento das obrigações dela decorrentes.

---

[504] Supressão de acordo de parceria e comunhão

[505] "Communiter autem res agi potest etiam citra societatem, ut puta cum non afete societatis incidimus in communionem; ut evenit in re duobus legata, item si a duobus simul empta sit, aut si hereditas vel donatio communiter nobis obvenit". Em tradução livre: "Mas as coisas podem ser feitas de uma maneira geral, mesmo em toda a sociedade, por exemplo, quando nos envolvemos em uma comunidade não pertencente à sociedade; como é o caso de dois legados; da mesma forma, se foi comprado pelos dois ao mesmo tempo; ou se uma herança ou um presente é comum a nós" (Ulpianus, fr. 31, pro soc., XVII, 2).

# *INIUSTUS VEL ILLEGITIMUS LOCUPLETAND*[506]

Coube aos *'iuris consultos roman'*[507] a manifestação de diversos pressupostos que deram origem a ações que buscavam a restituição por enriquecimento injustificado, denominado *'enriquecimento sem causa ou ilegítimo'*, como sendo o pagamento do que não é devido a alguém, e, como tal, enquadrando-se no grupo dos *quase-contratos*, qual seja, um grupo de premissas residuais e que foram tratadas por *'Justinianus'* como se fossem verdadeiros contratos.

Deve-se compor que o *'Imperador Justiniano'*, *'de lá'*, prelecionou que aquele que viesse enriquecer com a cobrança do indevido deveria responder por meio da *'condictio'*, já que a entrega deveria ser considerada como empréstimo de dinheiro, que enriquecia o patrimônio de uma pessoa, empobrecendo o patrimônio de outra pessoa.

Exatamente por isto, os romanos, já cientes desta situação injusta, criaram então os remédios jurisprudenciais, intitulados *'condictio'*, que, como tal, foram considerados o paradigma das ações de *'restituição in personam'*, *que, como tal, assim se catalogaram:*

- *'Condictio ob iniustam causam'* era quando alguém se enriquecia às custas de outro por uma causa ilícita, por exemplo, quando havia lucrado com a cobrança de juros usurários;

- *'Condictio furtiva'* era aquela que poderia ser tentada pela vítima de um 'furtum', ou seja, quem ficou sem o direito de dispor de um bem móvel, contra sua vontade;

- *'Condictio indebiti'* era utilizada quando havia sido paga por engano de fato ou de direito, desculpável, como, por exemplo, se uma dívida inexistente foi paga devido a um erro desculpável;

- *'Condictio sine causa'* inclui os restantes casos não incluídos nas 'condictios' anteriores, por exemplo, se algo foi entregue em virtude de uma causa que em algum momento existiu, mas já não subsistia.

---

[506] Enriquecimento sem causa ou ilegítimo

[507] "Post genera contractuum enumerata dispiciamus etiam de iis obligibus, quae non proprie quidem ex contractu nasci intelliguntur, sed tamen, quia non ex hex substantiam capiunt, quasi ex contractu nasci videntur". Em tradução livre: "Depois de listar os tipos de contratos, vamos olhar para aqueles títulos, que não são propriamente entendidos como nascidos do contrato, mas, ainda, porque não derivam deste último a sua substância, como se parecessem nascidos do contrato" (J. 3,27.6 pr também D. 44,7,5,3 Gayo 3 Res Cottidianae).

# CUSTODIAE ET CURATORIA[508]

A *tutela na lei romana* era uma figura legal pela qual havia a outorga de uma proteção, que era concedida a menores e mulheres, como sendo um poder dado a uma pessoa livre, com o objetivo de proteger outra que, devido à sua *'tenra'* idade, não o poderia fazer.

A *tutela* era considerada um cargo público, para o qual o exercício exigido era de ser um *'homem romano púbere'*, concedendo ao filho de uma família[509] [510] a possibilidade de *'tutoria'*, uma vez que a autoridade parental não afetaria a *'ordem privada'*, até porque o *'tutor'* nomeado não poderia recusar a função atribuída, embora tivesse permissão para invocar *'motivos outros'* com vistas às escusas previstas por lei.

O sistema jurídico romano limitava a capacidade de ação a todos os *'civitae sui iuris'* que se encontravam na condição de *'pré-púberes'*, ou seja, aqueles que ainda não haviam atingido a idade da puberdade; as *'mulheres'*; os *'afetados por doenças mentais'* e que não possuíam a capacidade de compreender e querer[511]; os *'pródigos'*, isto é, aqueles que esbanjavam o patrimônio familiar; e os *'minoiris'*, que eram aqueles que ainda não haviam atingido os vinte e cinco anos de idade.

Essas pessoas, *'sui iuris'*, possuíam a capacidade jurídica e, portanto, a titularidade das relações jurídicas, mas não possuíam a capacidade de agir, ou seja, o poder de realizar atos voluntários, o qual o sistema jurídico reconhecia como o poder de constituir, modificar ou extinguir relações jurídicas.

Assim, tem-se então que, na *'lex antiqua'*, encontraram-se duas instituições que atendiam tais funções, isto é, a tutela e a curatela, que eram institutos originalmente diferentes, mas que *'ao depois'* tenderam a se fundir.

---

[508] Tutela e Curatela

[509] HIRONAKA, Giselda *et al*. *Direito de família e das sucessões*: temas atuais. São Paulo: Método, 2009. p. 197 *apud* SANTOS, Romualdo Baptista dos. *Responsabilidade civil na parentalidade*. "A família, como todo e qualquer agrupamento humano, se sustenta e se orienta por relações de poder. E este era exercido com exclusividade pelo homem, porque a ele cabia o sustento material da família. Em grande parte, os casamentos se mantinham por causa da dependência econômica da mulher em relação ao marido. E essa mesma dependência justificava o exercício ditatorial do poder do marido sobre a esposa e os filhos".

[510] COULANGES, Numa Denis Fustel. *A cidade antiga*: estudo sobre o culto, o direito, as instituições da Grécia e de Roma. Tradução de Jonas Camargo Leite e Eduardo Fonseca. São Paulo: Helmus, 1975. p. 70. "Graças à religião doméstica, a família era um pequeno corpo organizado, pequena sociedade com o seu chefe e o seu governo. Coisa alguma, na nossa sociedade moderna, nos dá idéia deste poder paternal. Naqueles tempos, o pai não é somente o homem forte protegendo os seus e tendo também a autoridade para fazer-se por eles obedecer: o pai é, além disso, o sacerdote, o herdeiro do lar, o continuador dos antepassados, o tronco dos descendentes, o depositário dos ritos misteriosos do culto e das fórmulas secretas da oração. Toda a religião reside no pai".

[511] 'Furiosi e Mentecapti'

A tutela, exercida apenas sobre os pré-púberes e as mulheres, era denominada para designar o *'poder do paterfamilia'*, *'potestas, manus, ius'*, e, sob alguns aspectos, era apresentada ainda na lei clássica não só como um poder de guarda sobre estas pessoas, mas também como uma função de proteção delas, ligados ou não a sua hereditariedade.

De outro lado, quando havia a morte do *'paterfamilia'*, esta noção desfazia-se e cada um dos *'filii familias'* se tornava um *'sui iuris'*; as mulheres e os pré-púberes ainda se encontravam em uma situação particular, na medida em que, mesmo sendo um *'sui iuris'*, a sua capacidade de agir não era reconhecida, cabendo ao *'heres'*, qual seja, o sucessor do falecido *paterfamilia*, dentro da extensão limitada de sua *'potestas'*, o papel de proteger as mulheres e os pré-púberes, bem como o controle de seus ativos.

A *'Lei das XII Tábuas'* concedeu, pela primeira vez, ao *'paterfamilia'* o poder de designar em testamento uma pessoa que não fosse o herdeiro como guardião e, consequentemente, o poder de tutela, sem que pertencesse à linhagem da hereditariedade.

A curadoria aparentemente também foi criada na época da *'Lei das Tábuas'*, para loucos e pródigos, porém abrangendo vários institutos, pois tinha o propósito eminentemente patrimonial de administrar ou auxiliar os bens de uma pessoa jurídica da qual havia sido retirada a capacidade limitada de agir.

Destarte, a *'tutela'* e a *'curatela romana'* eram então dois poderes que se exerciam sobre as pessoas que, inobstante fossem *'sui iuris'*, não possuíam a capacidade de entender e de discernir as premissas, bem como as formalidades essenciais para administrar, *tanto em relação aos 'incapacitados normais', incluindo até mesmo a própria autoridade parental, quanto em relação aos 'incapacitados anormais', maiores de idade, surdos, que não pudessem ser compreendidos por escrito*, e gerenciar adequadamente o seu próprio patrimônio.

Interpretava-se então, neste ínterim, a particularidade de que, quando havia a ausência dessa capacidade *que poderia ser total ou parcial, tinha-se que a sua origem era geralmente baseada em razões de idade, sexo, doença mental, prodigalidade, e até mesmo as questões de falecimento do 'pater familiae'*, o *'alieni iuris'* passaria à condição imediata de *'sui iuris'* e, portanto, adquiria simultaneamente a capacidade jurídica para o gozo e para o exercício de atribuições.

# GENERA CUSTODIAE[512]

A *'tutela'* é uma instituição do *'ius civile'* que se conceitua como uma função protetora, uma vez que consiste em proteger aquelas pessoas que não estão sob a *'patria potestas'* e, por assim dizer, não possuem possibilidade de defesa, dividindo-se, pois, em três classes, que assim são catalogadas:

a. *A Tutela legítima*

É assim chamada em alusão ao preceito contido na *'Lei das XII Tábuas'*. Nas lições de *Gaius 1.15547*, preleciona-se que, *'em virtude da Lei das XII Tábuas, os agnados são tutores daqueles que não têm tutor testamentário, e são chamados de legítimos, entendendo-se que o 'vínculo agnatício' é aquele oriundo de uma relação que existe entre duas pessoas que têm um antepassado comum por meio da descendência na linha masculina direta.*

*'In casu'*, há de observar-se que há uma relação com pessoas sequentes, quais sejam, *os 'herdeiros sui', que são as pessoas que estavam sob seu poder no momento de sua morte, os 'prope agnatus', ou seja, o 'agnato próximo', que é uma pessoa que, com o falecido, foi encontrada em alguma ocasião sob a 'patria potestas' de um 'paterfamilias comum'; e os 'gentios', isto é, 'membros de um grupo familiar maior'.*

*Por conseguinte*, é de entender-se que esse tipo de tutela corresponde a um *'macho púbere' ou a um 'agnatus próximo'*, tendo em conta que o *'tutor legítimo'* assim o é em razão do parentesco de agnação, não podendo renunciar à tutela nem se destituir dela, uma vez que, se esta se extinguir, extingue-se também a tutela legítima.

b. *A Tutela testamentária*

É aquela, por vontade do testador, em que o *'pater'* estabelece em seu testamento que os *'filhos pré-púberes'*, com sua morte, tornar-se-ão *'sui iuris'*, fazendo-se, pois, entender que este tipo de tutela assume um papel de complementaridade ao que se espera como testamentária, uma vez que pode ocorrer mesmo quando a vontade é ineficaz, desde que o *'pretor'* venha a respeitar as nomeações testamentárias.

No entanto, o *'guardião testamentário'* poderia renunciar livremente à tutela, ao contrário do *'guardião legítimo'*, entendendo-se que não ape-

---

[512] Tipos de tutela

nas um *'cives romanus'* poderia ser nomeado *'guardião testamentário'*, mas até mesmo um *'alieni iuris'* e um *'pré-púbere'*; e, nessa última hipótese, o *'pretor'* nomeava um *'guardião substituto'*, até que o *'guardião testamentário'* tivesse a capacidade para o seu exercício, que, como tal, seria nomeado sob condição ou mandato.

### c. A Tutela dativa ou atiliana

O seu advento é no *século III a.C.*, coincidindo com o esforço bélico de guerra que Roma realizou por ocasião da *Segunda Guerra Púnica*, em que, por meio da *'Lex Atilia'*, a jurisdição é atribuída ao *'Praetor Urbanus'*, não só no que diz respeito a todas as formas de tutela, mas também para que, de acordo com a maioria dos *'tribunos da plebe'*, nomeassem tutores para aqueles *'sui iuris impuberes'* que não os possuíssem, consagrando-se o nome desta classe de tutores como de *'tutor Atiliano'*.

Há de considerar que, socorrendo-se da *'lex atilia de tutore de 210 a.c.'*, até mesmo a mulher poderia exigir que o pretor urbano lhe nomeasse um tutor para garantir a seus atos jurídicos[513] todas as condições formais de validade, prática esta que, durante o Império, estendeu-se a todas as províncias, pois, pela mera formalidade, considerava-se que os atos que eram praticados exclusivamente pela mulher não lhe davam o direito de intentar ações para se ressarcir de danos sofridos por gestão imprudente ou desonesta da tutela.

## TUTELA DOS IMPÚBERES

Esta classe de tutela firmava-se na vontade do testador, *'tutela testamentária'*, e na determinação da lei, *'legítima'*, bem como na nomeação por parte de um magistrado, *'tutela dativa'*.

## TUTELA LEGÍTIMA

Esta tutela era deferida na ausência de um *'tutor testamentário'*, de acordo com a convocação de regência da matéria de sucessão, que ocorria em caso de não haver nenhuma espécie de testamento, uma vez que a *'Lei das XII Tábuas'* conferia a tutela ao parente mais próximo na linhagem masculina e, na sua falta, aos *'gentios'*, isto é, aos pertencentes à mesma *'gens'* do falecido.

---

[513] "No se concede a la mujer ninguna acción derivada de la tutela, mientras que cuando los tutores realizan negocios de los pupilos o pupilas tienen que rendir cuentas después de la pubertad de éstos, merced a una acción de tutela" (Gaio,1,192).

## TUTELA DATIVA

Esta foi introduzida pela *'Lex Atilia, antes de 180 a.C.'*, tendo sido posteriormente dilatada às províncias pelas *'leis Iulia'*, para atender aos casos em que faltava o testamentário e o tutor legítimo, quando a designação era feita então pelo *'urbanus praetor'*, com o auxílio do *'tribunus plebis'* e/ou do *'praefectus provincialis'*.

## TUTELA DAS MULHERES

Nos tempos clássicos, as mulheres *'sui iuris'* estavam sujeitas à tutela comum da puberdade ou à tutela especial da mulher[514], caso já tivessem atingido a puberdade; e as mulheres virgens eram uma exceção à regra, por serem consagradas aos deuses, bem como as ingênuas e livres que tinham três ou mais filhos, desde que em gozo do direito de guarda, conferido pela *'Lex Iulia'*, fazendo que as mulheres que se encontravam sob esta tutela possuíssem uma certa liberdade e poderiam fazer negócios por conta própria.

No início, a *'tutela poderia ser testamentária ou legítima'*, isto é, aquela *'tutela'* que era a primeira a ser concedida pelo testamento do titular do poder paternal, em que o tutor proposto possuía como função dar autoridade para certos atos praticados pela mulher[515], entendendo-se que, para o *Direito Romano*, a *'mulher púbere e sui iuris'* possuía relativa incapacidade de agir, ou seja, poderia praticar aqueles atos que não acarretassem diminuição de seu patrimônio.

De outro lado, a *'tutela mulierum'* foi perdendo força, quando a *'agnação'*[516] perdeu importância como vínculo civil; e o *'manus'*, como poder absoluto do marido[517] em que o parentesco natural[518] passou a valer em matéria de sucessão e tutela, consignando-se que, na época de *'Augustus'*, com a *'Lex Iulia'*, a mulher que gozava do *'ius liberorum'* estava dispensada da tutela, agregando-se ao fato de que, no tempo de *'Justinianus'*, nenhuma menção é feita à tutela das mulheres.

---

[514] Tutela Mulierum
[515] 'Alienação res mancipi, In iure cessio, Testamento'
[516] 'Parentesco de consanguinidade por linha masculina'
[517] Mão do 'pater', 'chefe', ou 'paterfamilias', e tem nome de 'materfamilias'
[518] Cognação

## CURATELA

As formas mais antigas de *'curatela'* eram conhecidas como *'curatela furiosi'*[519] *'curatela prodigi'*[520] e *'curatela minorum'*[521], em especial quando a *'Lei das XII Tábuas'* confiava estas *'curadorias'* aos *'agnados'* e/ou aos *'gentios'*, em relação àqueles que não possuíam um *'pater ou tutor'*.

Nos tempos clássicos, em que faltava o tutor legal ou não havia o tutor testamentário, o *'pater'* poderia designar o curador por testamento, desde que aceito pelo pretor, entendendo-se que este curador, em relação aos doentes mentais, possuía como função cuidar da administração de seu patrimônio, em semelhança a todos aqueles pródigos, que eram declarados incapazes de dispor livremente de seus bens.

A curatela do menor surge aproximadamente no *século II a.C.*, e foi instituída pela *'Lex Plaetoria'*, com o objetivo de proteger os jovens que, ao atingir a puberdade, eram ludibriados nos negócios por sua inexperiência, e essa proteção foi adicionada pela *'Lei Honorária'*, em que o pretor concedia a *'exceptio plaetoria'*, para o caso em que a parte contrária exigia legalmente a realização do negócio, com a possibilidade de o curador ser voluntariamente solicitado pelo menor, para a concretização de um determinado negócio.

---

[519] Relativa aos doentes mentais
[520] Em relação aos pródigos
[521] Em relação aos menores

# PUBLICA DELICTA[522]

## AT,

## CRIMINALIBUS DELICTIS IN GENERALI[523]

A historiografia da *'roman ius memoriae'* nos indica que os *'delicta publicum'*[524] eram considerados *'atos ilegais'*[525], tais como definidos por *'Ulpianus'*, pois enquadravam-se na tipicidade coercitiva penal *'épica'*, e, em assim sendo, encontravam-se no regramento da *'persecutio'*, que eram efetivados por parte da organização, do governo e da administração do Estado, e tinham como consequência as *'poenas publicas'*.

Por assim dizer, foram estes configurados como sendo *'perduellio'*[526], *'parrecidium'*, *'homicidium'*, *'crimen repetundarum'*, *'crimen maiestatis'*, *'veneficium'*, *'incendium'*, *'peculatus'* e *'adulterum'*; que, agregados ao instituto da *'provocatio ad populum'*, eram, pois, o direito dos *'civitas romani'* de apelar ao povo reunido como um verdadeiro *'remedium'* contra as sentenças dos magistrados que eram consideravam abusivas e/ou injustas, principalmente quando impostas com as penas capitais.

*'Crimes públicos'* e/ou *'criminas'* eram então aqueles que atentavam direta ou indiretamente contra a segurança do Estado, dando lugar a um exemplar processo penal, de acordo com as normas públicas e perante uma justiça especial, e neste tipo especial de crime o direito de reclamar estava aberto a todos os cidadãos, embora a realidade mostrasse que apenas alguns renomados cidadãos romanos ousavam assumir o papel de acusadores.

Entretanto, e em permanente homenagem ao *'lastro da historiae'*, convém registrar e observar que, quanto à *persecução dos crimes públicos*,

---

[522] Delitos Públicos
[523] Ofensas penais em geral
[524] ALVES, 2007 *apud* TALAMANCA, M. *Istituzioni di diritto romano*. Milano: Giuffrè, 1990. p. 579. "Os delitos públicos eram aqueles que consistiam na 'violação de norma jurídica que o estado considerava de relevante importância social".
[525] 'Crimina', 'Crimina Publica'
[526] *Idem*, 2003, p. 233. "Assim, por exemplo, são delitos públicos a perduellio (atentado contra a segurança do Estado), o parricidium (assassínio de homem livre). O Estado punia os autores dos delitos públicos com poena publica (pena pública), imposta por Tribunais especiais (como as Quaestiones Perpetuae), e que consistia na morte, ou na imposição de castigos corporais ou em multa que revertia em benefício do Estado".

desde o primeiro *período da monarquia,* quase não existem vestígios do verdadeiro *roman criminalis procedendi,* pois foi apenas no fim deste período que se instituiu uma espécie de delegação do *poder régio,* anteriormente exercido por *magistrados duumviri,* quais fossem, *duumviri sacrorum (535 a.C.-496 a.C.),* que eram os oficiais que executavam os sacrifícios e realizavam a guarda dos *'sacri libri'.*

Neste bordo, à época, tem-se que o *'magistratus',* ou o *'rex',* antes de adotar a sua decisão, realizava uma espécie de *'summa inquisitionis'* chamada *'cognitio',* em que concentrava em seu poder todo e qualquer *'procedendi',* deduzindo-se daí o direito à *'criminalis imputatio' de qualquer 'civitae',* sem a necessidade da provocação de outros; e, dada a sua extrema coercitividade e inquisição, desenvolveu-se o *'populus postestatem'* de insurreição contra a decisão destes, conhecido como o *'institutum da provocatio ad populum',* que consistia no direito do *'masculum civis'* de provocar a *'popularis conventus',* a fim de evitar os efeitos *'dantescos'* da decisão do inquisidor público, limitando, pois, o poder penal do monarca.

*Entrementes,* o processo acusatório baseava-se na denúncia do cidadão comum, que levaria a uma pena, *'poena est noxae vindicta',* mas que também poderia dar margem à admissibilidade da mediação, sob um acordo que excluiria tanto a *'denúncia'* quanto a continuação do *'exercício da ação já iniciada'.*

D'outro bordo, é necessário não perder de vista que o processo penal em *Roma* só pode ser considerado do ponto de vista da organização constitucional romana, que desde que objetivasse a extirpar a possibilidade de qualquer espécie de *'initium genus fraudis'*[527], tendo em conta a delimitação operada pela *'Lex Iulia Iudiciorum publicorum et privatorum' (17 a.C.),* que marca a divisão decisiva entre a *'jurisdição civil' e a 'repressão pública de criminosos',* haja vista que as ações que penalizavam os criminosos *'dantes'* eram veiculadas em processos privados e a sua natureza penal residia no fato de que, em sua fórmula, a *'condenatio'* propunha um montante pelo dano causado.

De outro lado, do ponto de vista histórico, convém assinalar que já existia na Grécia antiga o procedimento da *'reprimenda penal',* uma vez que naquela sociedade o direito possuía um caráter sacral como resposta

---

[527] "Aliud fraus est, aliud poena: fraus enim sine poena esse potest, poena sine fraude esse non potest. poena est noxae vindicta, fraus et ipsa noxa dicitur et quasi poenae quaedam praeparatio". Em tradução livre: "Fraude é uma coisa, punição é outra, pois a fraude pode ocorrer sem punição e não pode haver punição sem fraude. A punição é a vingança do crime, e é chamada de fraude e do próprio crime, e como se fosse uma espécie de preparação para a punição" (D. 50.16.131 pr, Ulpianus 3 ad l. Iul. et pap).

punitiva, que, acoplada à vingança privada, e à possibilidade de composição, assumiu a substancial importância em agregar ao Direito Penal a índole de ordem pública, em que dividiram as infrações penais em duas categorias, a saber, os *'crimes públicos'*, em relação aos quais poderiam ser aplicadas penas coletivas, e os *'crimes privados'*, que *'tão somente'* admitiam a punição do autor, fazendo, pois, com que a progressividade dos tempos admitisse a compilação da filosofia com o direito, em que se permitiu visualizar o produto de sua evolução.

Entretanto, para a *'Roma antigua'*, fez-se necessário um avançado sistema jurídico que mantivesse a ordem, *'pax romana'*, nas mais distantes regiões dominadas, decorrendo daí o motivo de serem tão extraordinários, no tocante à estrutura histórica de sua jurisdicidade, por meio de seus institutos, práticas e entendimentos doutrinários, que se espalharam por todo o *'imperius'*, com particularidades que determinaram a não sistematização dos institutos penais, uma vez que cada caso era julgado em sua particularidade, fazendo assim com que o processo penal tivesse relevante importância.

Após o período primitivo de caráter essencialmente religioso, o *'ius criminali'* preocupou-se em laicizar o sistema repressivo, punindo o infrator com fundamento no interesse individual ou público, e as infrações passaram a ser divididas então em *crimes públicos, quais sejam, os crimina pública e, privados quais sejam, delicta privata*: os primeiros constituíram-se em atos atentatórios à segurança interna ou externa do *'imperius'* e, por isso, caberia a este exercer a repressão contra o infrator.

De outra monta, ao transcurso dos tempos, outros atos passaram à categoria de *'publica crimina'*, como é o caso do homicídio, que originariamente era sancionado pelos familiares da vítima, e as penas passaram a ser substancialmente severas, como a morte ou a deportação, por meio *do 'supplicium'*[528], *do 'damnum'*[529] e *da 'poena'*[530,] assinalando-se, entretanto, que os *'privatis criminabus'* ficavam sujeitos à repressão do ofendido ou de seus familiares e eram julgados pela justiça civil, que, na maioria dos casos, impunha às partes a composição.

Deve-se assinalar que o *'romanus ius criminali'* atingiu um grau técnico-jurídico de elaboração suficiente para distinguir *o elemento subjetivo da infração, ou seja, dolo ou culpa do fato puramente material*, surgindo daí as

---

[528] Execução do delinquente
[529] Pagamento em dinheiro
[530] Pagamento em dinheiro quando o delito era de lesões

noções dos *crimes dolosos qual seja, intencional e, culposos à saber não intencional*; em especial, para os romanos, a pena criminal, passado o período primitivo, revestia-se de uma função retributiva, de exemplaridade e de prevenção, incluso o caráter da *'imputabilidade'*, em que os *'roman iuris consultos'* souberam compreender onde *'os menores e os doentes mentais'* não poderiam ser capazes de agir com culpabilidade.

Nesta égide, o *'ius romanus'* contribuiu decisivamente para a evolução do *'ius criminali'* como um todo, construindo o *'ius'* por meio da prática do justo[531], aplicado aos casos cotidianos, com a criação de princípios penais sobre o *'error'*[532], a *'culpae'*[533], o *'dolus'*[534], a *'imputabilitas'*[535], a *'cui resisti non potest coactio'*[536], *'aggravans'*[537], *'diminuens'*[538], a *'sui ipsius defensione'*[539] e o *'statu necessitatis'*[540].

Posteriormente, na *'res publicae'*, *surge o autêntico* Direito Penal, *'de todo'*, definitivamente assentado durante o Principado, e em razão das *'leis Corneliae e Iuliae'*, do *'general Silla'*, e depois aquelas por *'Caesar'* e, *'Augustus Imperius'*, que completaram as leis editadas nos últimos tempos da república, a partir de *Gracco*, o cidadão poderia comparecer perante um cônsul, pretor ou tribunal da Plebe e denunciar os alegados crimes cometidos pelos magistrados, sendo essas causas resolvidas por todas as pessoas reunidas na *'Comitia ou Provocatio ad populum'* que fora injustiçado.

Isto porque se vivia em Roma o tempo do que se convencionou chamar de *'crise da República'*, que foi um cotidiano de frequentes abusos dos governadores das províncias, que até então detinham uma espécie de *'jurisdição criminal'*, tanto diretamente no período da *'inquisitio'* como indiretamente à época das *'Assembleias do Povo'*, uma vez que havia a anuência da exclusividade de competência dos magistrados provinciais para a instauração ou não de procedimentos penais.

Por assim dizer, e com vistas a limitar-se o arbítrio dos *'cônsules'* os *'civitae populae roman'* por meio de comícios, passaram a referendar o

---

[531] GIORDANI, Mário Curtis. *Iniciação ao direito romano*. 3. ed. Ed Lumen Iuris, 1996. "Interpretatione legum poenae molliendae sunt potius quam asperandue". Em tradução copiada: "Numa interpretação das leis deve-se antes diminuir as penas que agravá-las" (Hermogeniano, D. 48).

[532] Erro

[533] Culpa leve e lata

[534] Dolo bonus e malus

[535] Imputabilidade

[536] Coação irresistível

[537] Agravantes

[538] Atenuantes

[539] Legítima defesa

[540] Estado de necessidade

surgimento da autêntica jurisdição penal, com a criação do tribunal das *'quaestiones perpetuae'*, que era presidido por um *'pretor'*, escolhido, que se organizavam para resolver certos crimes, cujas penas correspondentes *'eles'* deveriam definir e fixar de acordo com a gravidade.

É na *'res publicae'* então *(510 a.C. até 27 a.C.)* que aparece o procedimento das referidas *'quaestiones perpetuae'*[541], formuladas casuisticamente com o objetivo de julgar os autores de ações consideradas lesivas ao Estado, bem como os abusos de poder, e as exações dos governadores provinciais[542] da *Roman Antigua*, com a criação de tribunais encarregados de elucidá-las.

Para esta finalidade, foi confiado ao *'Senatus'* o poder de zelar pelo estrito cumprimento da justiça nas províncias submetidas ao *'Roman Imperius'*, com o julgamento de autoridades estatais, pretores e outros, e que, por assim dizer, era composto por *PELA 'curia recuperatio'*, eleita nas assembleias, e presidida por um pretor.

Assim, houve uma primeira *'perpetua quaestio'* por meio da primeira lei dos *'pecuniis repetundis'*, que, aprovada no *ano 147 a.C.*, deu advento à primeira questão permanente ou perpétua, conjugada à *'Lei de Acilia'*, de *122 a.C.*, em que foi criado um *'pretor'* especial para julgar.

Do mesmo modo, uma segunda *'perpetua questio'* foi regulamentada pela *Lei da Semprônia*, que versava sobre *'sicariis e beneficiis'*, havendo o ensejo regulatório de um tribunal organizado pela *'Lei Cornélia' (ano 81 a.C.)*, e pela *Lei de Pompeia, sobre parricídio (ano 55 a.C.)*, entendendo-se que ambas as *'perpetua quaestio'* foram irradiadas dos *'tribunais de ambitus et peculatus'*, oriundos da governança ditatorial de *'Lucio Cornelio Sila'*, que definitivamente organizava as *'quaestiones perpetuae'*, atribuindo a cada um deles as suas atribuições, as suas competências e o procedimento adequado, reservando para Roma o direito de nomear os pretores que deveriam presidir esses tribunais.

Posteriormente, na *época do império (27 a.C. até 284 d.C.)*, tem-se uma nova espécie de delito, isto é, os *'crimina extraordinaria'*, que, fundados nas ordenações imperiais, nas decisões do Senado e/ou na prática da interpretação jurídica, resultavam na aplicação da pena individualizada pelo arbítrio judicial à relevância do caso concreto.

Dessarte, fizeram assim o alicerce da elaboração jurisprudencial referente aos princípios fundamentais do *'direito penal'* e dos diversos

---

[541] Lex Calpurnia de Repetundis
[542] Cobranças de impostos

tipos de *'criminem'*, exsurgindo assim o denominado *'Direito Penal Público Legítimo'*, lastreado *'em especial'* nas leis referendadas, *'Corneliae e Iuliae'*, que, durante a crise da República, e a origem do Principado, legitimaram as *'quaestiones'*, por meio dos *'iudicia publica'*, que, como tal, eram adequadas ao processamento dos autores dos *'criminas'*.

Os *'praetores'*, em certos casos em que o *'Senatus'* lhes delegava jurisdição criminal, poderiam entender que certos crimes comprometiam a segurança do Estado, levando-se em conta que, na época do *'Principado'*, a competência de seu julgamento fora reservada então ao *'Imperador'*, que o julgava por si mesmo, ou por seus delegados, sem acatar as regras processuais.

# PUBLICA CRIMINA IN SPECIEM[543]

---

[543] Delitos públicos em espécie

# LESA MAJESTATIS

## *CRIMEN MAIESTATIS ET CORRUPTIO, VIRTUS ABUSUS ET CORRUPTIO*[544]

A 'lesa majestatis'[545][546][547] era considerado um crime cometido contra o 'romanus populus', em que se sancionava quem reunia homens armados contra a República, ocupando praças ou templos, para cometerem abusos; quem realizava assembleias para levar o povo à insubordinação; e quem, por seu conselho, juntava criminosos com a finalidade de planejar a morte de um magistrado do povo romano.

Aqueles que destruíam estátuas ou imagens do imperador ou faziam algo semelhante, 'por este crime', eram enquadrados na lei Júlia sobre a majestade, levando-se em consideração que a vida dos filhos dos condenados por este crime era poupada, o que foi considerado um extraordinário ato de misericórdia, uma vez que deviam sofrer o mesmo destino que seus pais.

O bm jurídico protegido era a integridade do Estado romano, e a sanção era a pena capital, que variava de acordo com o grau de intensidade do delito, fazendo, portanto, que fosse um crime genérico de ordem pública, inerente à gênese da civilização e dos seus cidadãos, que pode ser considerado como uma ofensa, ou como crime contra um Estado[548], rei[549], ou imperador[550].

De outro lado, tem-se que, desde a Roma antiga, foi legislado como crime político contra o povo, o príncipe e o Estado, e que incluía as áreas da divindade, o que fez com que desde então estivesse presente em todos os países que possuem o legado cultural romano.

---

[544] O crime de majestade e a corrupção, abuso de poder e corrupção

[545] Do latim, "Laesa maiestas" ou "Laesae maiestatis", que apresenta como figura a injúria ou ofensa à majestade (The Free Dictionary.com. Columbia Encyclopedia).

[546] *Laesa maiestas* é, em alguns aspectos, universal. Em espanhol, "*lese majesté*"; em francês, "*Lèse majesté*"; em inglês, "*lese majesty*". Na China imperial, "quem desrespeita o imperador" (The Free Dictionary.com. Columbia Encyclopedia).

[547] "Lesa", do latim "laesus", "ferir", "ofender"; e, em metátese, do grego "deeleoo", "ferir". "Majestade", do latim "majestas", "atis", "grandeza", "dignidade", de "magis", "mais", da raiz sânscrita "mah", helenizada e latinizada em "mag", "crescer". Cf. Rufo Festo, a palavra "majestade" significava derivada de "magnitudeinem" e, em sentido amplo ou extenso, incluiria tudo o que é grande e digno de veneração (The Free Dictionary.com. Columbia Encyclopedia).

[548] Repúblicas

[549] Reinos

[550] Impérios

A rebelião contra as *majestades* do povo romano já era punida pelas *XII Tábuas* com pena capital e com infâmia à memória dos culpados, referindo-se aos que haviam promovido a declarar-se contra Roma, em que o *prenúncio* era a traição interna, ou conspirações contra o Estado, e incluía reuniões sediciosas à noite, entendendo-se que havia uma diferença para o crime do *'perduelion'*, que era a traição externa ou inteligência com o inimigo, em que se incluía a entrega de seus cidadãos.

Segundo Tácito[551][552], nos tempos da *República Romana* existia uma *lei senatorial* que especificava os crimes de *lesa-majestade*, e impunha a pena capital, para *quatro casos contra a dignidade de Roma*, quais fossem, *o de abandonar o exército em um país inimigo, o levante de conspirações, a má gestão de negócios ou fundos públicos e denegrir a 'majestas' do povo romano com desonra*, com legislação agregada aos tempos de *Sila*[553], e nos

---

[551] Públio Cornélio Tácito (55-117/120 d.C.).

[552] CAMPOS, Rafael da. Tácito e o *imperador* Tibério César Augusto: um exame de sua narrativa histórica e de suas técnicas de composição literárias. Universidade Federal do Pampa, 2015. "Públio *Cornélio Tácito*, (55 d.C./117d.C. a 120 d.C.), é uma referência imprescindível para os estudos sobre o estabelecimento do Principado romanobem como sobre a historiografia produzida no período. Oriundo da província da Gália e pertencente à aristocracia senatorial provincial, Tácito foi observador e participante político de praticamente meio século de transformações ocorridas nesse sistema político. Foi testemunha do fim da dinastia dos Imperadores da dinastia Júlio-Claudiana, ascendeu politicamente durante a dinastia Flaviana, e viveu o suficiente para observar a instituição da adoção como prática política do Senado para a indicação dos Imperadores da dinastia dos Antoninos".

[553] MEDINA, José. *Executive Excellence*. Plataforma de conocimiento de management que aporta la visión de grandes pensadores. Madrid, 2014. "MARIO y SILA: el 'liderazgo salvador'. Creer o no creer en las personas". "Sila fue elegido cónsul en el año 88 a. C., tras la revolución social que Mario había reprimido tan sanguinariamente. De familia patricia y aristocrática, pero pobre, siempre se había mostrado reacio al uniforme militar y a la política. Su juventud fue disoluta, la de 'un niño mal de familia bien'. No cursó estudios regulares, pero había leído mucho, conocía la lengua y literatura griegas, y tenía un gusto refinado en arte. Inició su carrera militar al servicio de Mario. Combatió en Numidia, mostrándose como un magnífico comandante, sereno, sagaz, valeroso y con gran ascendente sobre sus soldados. Se había tomado interés por la guerra y se divertía en ella, porque entrañaba juego y riesgo, dos cosas que siempre le habían agradado. Siguió también a Mario en la Galia, en las campañas contra teutones y cimbrios, contribuyendo poderosamente a las victorias. Vuelto a Roma, se sumió en su vida bohemia anterior, entre prostitutas, gladiadores, actores y poetas. Derrotado como pretor y elegido como edil, encantó a los romanos con el primer espectáculo de lucha entre leones. Nombrado pretor, mandó una División en Capadocia contra Mitrídates, donde obtuvo victorias y fama. Volvió a Roma con un enorme botín, sin contar lo que él mismo se había embolsado. Habiendo nacido aristócrata, pero pobre, sentía la misma indiferencia y desprecio por la aristocracia que le había apoyado que por la plebe que le consideraba de los suyos. Sila se presentó al Consulado en el 88 a. C., no para hacer política, sino para tener el mando del ejército que nuevamente se estaba preparando contra Mitrídates. La aristocracia comenzó a ver en él a su líder y favoreció su elección. Los populares trataron de invalidar el nombramiento proponiendo a Mario, quien, pese a sus 70 años, todavía solicitaba puestos, cargos y honores. Pero Sila no era hombre dispuesto a renuncias. En vez de embarcar el ejército hacia Asia Menor, lo condujo sobre Roma, contra el ejército que Mario había improvisado. Lo venció fácilmente y Mario huyó a África. Sila inició la primera restauración conservadora en Roma, con mando sobre el ejército, y bajo él, un cónsul aristócrata y otro plebeyo. Pero habiendo marchado con el ejército hacia Grecia, que era lo que le atraía, se reinició el conflicto entre ambos bandos, culminando en guerra civil. Aunque vencieron los patricios de Sila, Mario regresó de África, incitando nuevamente a la sublevación y marchando sobre la capital, que estaba desguarnecida. Tras una enorme matanza, se estableció el nuevo y último Consulado popular de Mario y Cinna, su aliado político. Mario murió en el año 86 a. C., tras carnicerías y represalias, roído por el alcohol, sus rencores, complejo de inferioridad y ambiciones defraudadas. Gran general; populista y pésimo político. Cinna fue finalmente derrotado por Sila tras una campaña brillante y victoriosa de este en Grecia contra Mitrídates y el propio ejército de Cinna. Sila mostró que en él dormitaban juntos un zorro y un león, y el zorro era mucho más peligroso que el león. Era simplemente un formidable general, que conocía perfectamente a los hombres y los medios para explotarlos, con frío y lúcido cálculo de fuerzas y debilidades. En Roma, el hijo de Mario, Mario el Joven, se rindió illeal, y a partir de entonces tuvo el poder absoluto y fue el verdadero inventor del 'Culto a la Personalidad'. Trató a Roma como cualquier ciudad conquistada, sometiéndola a una feroz represión. Senadores y caballeros que se habían situado al lado de Mario fueron condenados y ajusticiados. Sila necesitaba sus patrimonios para pagar a sus soldados. Uno de los sospechosos, Cayo Julio César, sobrino político de Mario, tuvo el valor de no renegar de él, y la condena que le cayó solo quedó en un confinamiento. Al firmar, Sila dijo, como para sus adentros: 'Cometo una tontería, porque en este chico hay muchos Marios'. Sila gobernó como autócrata dos años más, antes de retirarse. Para colmar los vacíos provocados por la guerra civil en la ciudadanía, concedió ese derecho a extranjeros, sobre todo a españoles y galos. Dio sangre nueva al Senado, vaciado por las matanzas, con miembros de la burguesía leales a él, y le restituyó todos los derechos y privilegios de que había gozado antes de los Gracos. Era, pues, una verdadera restauración aristocrática. Volvió a poner los poderes en manos del Senado, restableciendo el gobierno consular. Finalmente abdicó y se retiró a su villa de Cumas. Poco antes de su abdicación, ya en sus 60, Sila había conocido a Valeria, una hermosa y joven muchacha, con quien se casó y vivió feliz, hasta su muerte. Su orgullo y prepotencia no menguaron hasta su último día en que dictó su epitafio: 'Ningún amigo me ha hecho favores, ningún enemigo me ha inferido ofensa que yo no haya devuelto con creces'. Era verdad. La restauración de Sila yuguló la revolución popular iniciada por los Gracos, desde la aristocracia, y la populista de Mario, desde el proletariado. Para llevar a cabo una obra vital y duradera, le

# reinados que se seguiram ao fim da *República Romana, com César*[554] [555],

faltaba algo fundamental: creer y confiar en las personas. Sila no creía en nada, y menos en mejorar a sus semejantes. Su amor por sí mismo era tan grande que no le quedaba para los demás. Les despreciaba y estaba convencido de que lo único adecuado era mantener el orden. Creó un aparato político y lo dejó a la aristocracia, no porque la estimase, sino porque estaba convencido de que los populares eran aún más despreciables, y sus reformas, peores. Diez años después de su muerte, su obra política se había derrumbado. Los patricios en el poder lo usaron no para poner orden en el Gobierno, sino para enriquecerse, robar, corromper y matar. Todo empezó a centrarse entonces en el dinero. En manos de una clase dirigente tan corrupta, Roma se convirtió en una bomba que aspiraba dinero de todo el imperio, hasta la llegada del triunvirato que formaron Julio César, Pompeyo y Craso". Em livre tradução: "Sila foi eleito cônsul em 88 AC. C., depois da revolução social que Mário reprimiu de forma tão sanguinária. De família patrícia e aristocrática, mas pobre, sempre relutou em usar uniforme militar e político. Sua juventude foi dissoluta, a de 'um filho mau de boa família'. Ele não frequentava estudos regulares, mas lia muito, conhecia a língua e a literatura gregas e tinha um gosto refinado para as artes. Iniciou sua carreira militar a serviço de Mário. Lutou na Numídia, mostrando-se um magnífico comandante, calmo, sagaz, corajoso e com grande influência sobre os seus soldados. Ele se interessou pela guerra e se divertiu com ela, porque envolvia jogos e riscos, duas coisas de que sempre gostou. Ele também acompanhou Mário na Gália, nas campanhas contra os teutões e cimbros, contribuindo poderosamente para as vitórias. Retornando a Roma, mergulhou em sua antiga vida boêmia, entre prostitutas, gladiadores, atores e poetas. Derrotado como pretor e eleito edil, encantou os romanos com o primeiro espetáculo de luta entre leões. Nomeado pretor, comandou uma divisão na Capadócia contra Mitrídates, onde obteve vitórias e fama. Ele voltou a Roma com um enorme saque, sem contar o que ele próprio havia embolsado. Tendo nascido aristocrata, mas pobre, sentia a mesma indiferença e desprezo pela aristocracia que o apoiava e pela plebe que o considerava seu. Sila apresentou-se ao Consulado em 88 AC. C., não para fazer política, mas para comandar o exército que mais uma vez se preparava contra Mitrídates. A aristocracia começou a vê-lo como seu líder e favoreceu a sua eleição. O povo popular tentou invalidar a nomeação propondo Mário, que, apesar dos 70 anos, ainda solicitava cargos, cargos e honras. Mas Sila não era um homem disposto a desistir. Em vez de embarcar o exército em direção à Ásia Menor, liderou-o sobre Roma, contra o exército que Mário havia improvisado. Ele o derrotou facilmente e Mario fugiu para a África. Sila iniciou a primeira restauração conservadora em Roma, com o comando do exército, e sob ele, um cônsul aristocrático e outro plebeu. Mas tendo marchado com o exército em direção à Grécia, que foi o que o atraiu, o conflito entre os dois lados recomeçou, culminando na guerra civil. Embora os patrícios de Sula tenham vencido, Mário regressou de África, incitando novamente a revolta e marchando sobre a capital, que estava desprotegida. Após um enorme massacre, foi estabelecido o novo e último consulado popular de Mário e Cinna, seu aliado político. Mário morreu em 86 AC. C., após carnificinas e represálias, consumido pelo álcool, seus rancores, complexo de inferioridade e ambições frustradas. Grande general; político populista e terrível. Cina foi finalmente derrotado por Sila após sua campanha brilhante e vitoriosa na Grécia contra Mitrídates e o próprio exército de Cina. Sila mostrou que nele uma raposa e um leão dormiam juntos, e a raposa era muito mais perigosa que o leão. Ele era simplesmente um general formidável, que conhecia perfeitamente os homens e os meios de explorá-los, com um cálculo frio e lúcido de pontos fortes e fracos. Em Roma, o filho de Mário, Mário, o Jovem, finalmente rendeu-se a Sila, que a partir de então tinha poder absoluto e foi o verdadeiro inventor do 'Culto à Personalidade'. Ele tratou Roma como qualquer cidade conquistada, submetendo-a a uma repressão feroz. Senadores e cavaleiros que estiveram ao lado de Mário foram condenados e executados. Sila precisava de seus bens para pagar seus soldados. Um dos suspeitos, Caio Júlio César, sobrinho-cunhado de Mário, teve a coragem de não negá-lo, e a pena que recebeu foi apenas de reclusão. Ao assinar, Sila disse, como se fosse para si mesmo: 'Estou fazendo uma besteira, porque tem muitos Marios nesse menino'. Sila governou como autocrata por mais dois anos antes de se aposentar. Para preencher as lacunas de cidadania causadas pela guerra civil, concedeu esse direito aos estrangeiros, especialmente aos espanhóis e gauleses. Deu sangue novo ao Senado, esvaziado pelos massacres, com membros da burguesia leais a ele, e restaurou-lhe todos os direitos e privilégios de que gozava antes dos Gracchi. Foi, portanto, uma verdadeira restauração aristocrática. Ele colocou os poderes de volta nas mãos do Senado, restabelecendo o governo consular. Finalmente abdicou e retirou-se para a sua villa em Cumas. Pouco antes de sua abdicação, já com 60 anos, Sula conheceu Valéria, uma linda jovem, com quem se casou e viveu feliz, até sua morte. Seu orgulho e arrogância não diminuíram até o último dia, quando ditou seu epitáfio: 'Nenhum amigo me fez favores, nenhum inimigo me fez uma ofensa que eu não tenha mais do que retribuído'. Era verdade. A restauração de Sila derrotou a revolução popular iniciada pelos Gracchi, da aristocracia, e a revolução populista de Marius, do proletariado. Para realizar um trabalho vital e duradouro, faltava-lhe algo fundamental: acreditar e confiar nas pessoas. Sila não acreditava em nada e muito menos em melhorar a seus semelhantes. Seu amor por si mesmo era tão grande que não lhe sobrava tempo para os outros. Ele os desprezava e estava convencido de que a única coisa apropriada era manter a ordem. Criou um aparato político e deixou-o à aristocracia, não porque o estimasse, mas porque estava convencido de que os populares eram ainda mais desprezíveis e as suas reformas, piores. Dez anos após a sua morte, o seu trabalho político entrou em colapso. Os patrícios no poder usaram-no não para pôr ordem no Governo, mas para enriquecerem, roubarem, corromperem e matarem. Tudo então começou a se concentrar no dinheiro. Nas mãos de uma classe dominante tão corrupta, Roma tornou-se uma bomba que sugou dinheiro de todo o império, até a chegada do triunvirato de Júlio César, Pompeu e Crasso".

[554] "Caio Júlio César nasceu em 12 de julho do ano 100 a. C. (embora alguns citem 102 como seu ano de nascimento). Seu pai, também chamado Caio Júlio César, era um Pretor que governou a província da Ásia e sua mãe, Aurélia Cota, também tinha sangue nobre. Ambos apoiavam a ideologia dos Populares (Populistas), que favorecia a democratização do governo e mais direitos para as classes mais baixas, em oposição à facção dos Optimates (Melhores Homens), que defendia a superioridade da nobreza e os valores tradicionais romanos e favorecia as classes mais altas. É preciso compreender que o Optimate ou o Populare não eram partidos políticos em conflito, mas sim ideologias políticas que muitos adotavam ou rejeitavam, independente da sua posição social. O conceito de apelar ao apoio do público, ao invés de buscar a aprovação do Senado Romano ou de outros Patrícios, iria funcionar bem para César mais tarde" (World History Encyclopedia).

[555] *Toynbee, Arnold Joseph,* Royal Institute of International Affairs, Londres, 1925 –1955. Professor Pesquisador de História Internacional, Universidade de Londres, The Editors of Encyclopaedia Britannica. "Personality and reputation of Julius Caesar. Caesar was not and is not lovable. His generosity to defeated opponents, magnanimous though it was, did not win their affection. He won his soldiers' devotion by the victories that his intellectual ability, applied to warfare, brought them. Yet, though not lovable, Caesar was and is attractive, indeed fascinating. His political achievement required ability, in effect amounting to genius, in several different fields, including administration and generalship besides the minor arts of wire pulling and propaganda. In all these, Caesar was a supreme virtuoso. But if he had not also been something more than this he would not have been the supremely great man that he undoubtedly was. Caesar was great beyond—and even in conflict with—the requirements of his political ambition. He showed a human spiritual greatness in his generosity to defeated opponents, which was partly responsible for his assassination. (The merciless Sulla abdicated and died in his bed.) Another field in which Caesar's genius went far beyond the requirements of his political ambition was his writings. Of these, his

'AQUILIAE' THEOREMA CIVIS ROMANUS STATUS DEFENSIONIS 'RESPONSUM'
REPARATORIUS CURAE ET PRIVATAE ET PUBLICAE DELICTIS IN ANTIQUA ROMANA LEGE

speeches, letters, and pamphlets are lost. Only his accounts (both incomplete and supplemented by other hands) of the Gallic War and the civil war survive. Caesar ranked as a masterly public speaker in an age in which he was in competition first with Hortensius and then with Cicero. All Caesar's speeches and writings, lost and extant, apparently served political purposes. He turned his funeral orations for his wife and for his aunt to account, for political propaganda. His accounts of his wars are subtly contrived to make the unsuspecting reader see Caesar's acts in the light that Caesar chooses. The accounts are written in the form of terse, dry, factual reports that look impersonal and objective, yet every recorded fact has been carefully selected and presented. As for the lost Anticato, a reply to Cicero's eulogy of Caesar's dead opponent Marcus Porcius Cato, it is a testimony to Caesar's political insight that he made the time to write it, in spite of the overwhelming military, administrative, and legislative demands on him. He realized that Cato, in giving his life for his cause (46 BCE), had made himself posthumously into a much more potent political force than he had ever been in his lifetime. Caesar was right, from his point of view, to try to put salt on Cato's tail. He did not succeed, however. For the next 150 years, Cato the martyr continued to be a nuisance, sometimes a menace, to Caesar's successors. The mark of Caesar's genius in his writings is that though they were written for propaganda they are nevertheless of outstanding literary merit. A reader who has seen through their prosaic purpose can ignore it and appreciate them as splendid works of art. Caesar's most amazing characteristic is his energy, intellectual and physical. He prepared his seven books on the Gallic War for publication in 51 BCE when he still had serious revolts in Gaul on his hands, and he wrote his books on the civil war and his Anticato in the hectic years between 49 and 44 BCE. His physical energy was of the same order. For instance, in the winter of 57–56 BCE he found time to visit his third province, Illyria, as well as Cisalpine Gaul; and in the interval between his campaigns of 55 and 54 BCE he transacted public business in Cisalpine Gaul and went to Illyria to settle accounts with the Pirustae, a turbulent tribe in what is now Albania. In 49 BCE he marched, within a single campaigning season, from the Rubicon to Brundisium and from Brundisium to Spain. At Alexandria, probably aged 53, he saved himself from sudden death by his prowess as a swimmer.Caesar's physical vitality perhaps partly accounts for his sexual promiscuity, which was out of the ordinary, even by contemporary Greek and Roman standards. It was rumoured that during his first visit to the East he had had homosexual relations with King Nicomedes of Bithynia. The rumour is credible, though not proved, and was repeated throughout Caesar's life. There is no doubt of Caesar's heterosexual affairs, many of them with married women. Probably Caesar looked upon these as trivial recreations. Yet he involved himself at least twice in escapades that might have wrecked his career. If he did in fact have an affair with Pompey's wife, Mucia, he was risking his entente with Pompey. A more notorious, though not quite so hazardous, affair was his liaison with Cleopatra. By dallying with her at Alexandria, he risked losing what he had just won at Pharsalus. By allowing her to visit him in Rome in 46 BCE, he flouted public feeling and added to the list of tactless acts that, cumulatively, goaded old comrades and amnestied enemies into assassinating him. This cool-headed man of genius with an erratic vein of sexual exuberance undoubtedly changed the course of history at the western end of the Old World. By liquidating the scandalous and bankrupt rule of the Roman nobility, he gave the Roman state—and with it the Greco-Roman civilization—a reprieve that lasted for more than 600 years in the East and for more than 400 years in the relatively backward West. Caesar substituted for the Roman oligarchy an autocracy that could never afterward be abolished. If he had not done this when he did it, Rome and the Greco-Roman world might have succumbed, before the beginning of the Christian era, to barbarian invaders in the West and to the Parthian Empire in the East. The prolongation of the life of the Greco-Roman civilization had important historical effects. Under the Roman Empire the Near East was impregnated with Hellenism for six or seven more centuries. But for this the Hellenic element might not have been present in sufficient strength to make its decisive impact on Christianity and Islam. Gaul, too, would have sunk deeper into barbarism when the Franks overran it, if it had not been associated with the civilized Mediterranean world for more than 500 years as a result of Caesar's conquest. Caesar's political achievement was limited. Its effects were confined to the western end of the Old World and were comparatively short-lived by Chinese or ancient Egyptian standards. The Chinese state founded by Qin Shi Huang in the 3rd century BCE still stands, and its future may be still greater than its past. Yet, even if Caesar should prove to be of lesser stature than this Chinese colossus, he would still remain a giant by comparison with the common run of human beings". Em livre tradução: "Personalidade e reputação de Júlio César – César não era e não é adorável. Sua generosidade para com os oponentes derrotados, por mais magnânima que fosse, não conquistou sua afeição. Conquistou a devoção dos seus soldados pelas vitórias que a sua capacidade intelectual, aplicada à guerra, lhes trouxe. No entanto, embora não fosse amável, César era e é atraente, na verdade fascinante. Sua realização política exigiu habilidade, na verdade equivalente à genialidade, em vários campos diferentes, incluindo administração e comando, além das artes menores de puxar cabos e propaganda. Em tudo isso, César foi um virtuoso supremo. Mas se ele também não tivesse sido algo mais do que isso, não teria sido o homem supremamente grande que sem dúvida foi. César estava muito além — e até mesmo em conflito — dos requisitos de sua ambição política. Ele mostrou uma grandeza espiritual humana em sua generosidade para com os oponentes derrotados, o que foi parcialmente responsável por seu assassinato. (O impiedoso Sila abdicou e morreu em sua cama). Outro campo em que o gênio de César foi muito além das exigências de sua ambição política foram os seus escritos. Destes, seus discursos, cartas e panfletos estão perdidos. Apenas seus relatos (ambos incompletos e complementados por outras mãos) da Guerra da Gália e da guerra civil sobreviveram. César foi classificado como um orador magistral numa época em que competia primeiro com Hortênsio e depois com Cícero. Todos os discursos e escritos de César, perdidos e existentes, aparentemente serviram a propósitos políticos. Ele transformou seus discursos fúnebres para sua esposa e para sua tia em propaganda política. Seus relatos de suas guerras são sutilmente elaborados para fazer com que o leitor desavisado veja os atos de César à luz que César escolhe. Os relatos são escritos na forma de relatórios concisos, secos e factuais que parecem impessoais e objectivos, mas todos os factos registados foram cuidadosamente seleccionados e apresentados. Quanto aos perdidos Anticato, uma resposta ao elogio de Cícero ao oponente morto de César Marco Pórcio Catão, é um testemunho da perspicácia política de César o fato de ele ter reservado tempo para escrevê-lo, apesar das esmagadoras demandas militares, administrativas e legislativas que lhe foram impostas. Ele percebeu que Catão, ao dar a vida por sua causa (46 a.C), havia se tornado postumamente uma força política muito mais potente do que jamais fora em vida. César estava certo, do seu ponto de vista, ao tentar colocar sal no rabo de Catão. Ele não teve sucesso, no entanto. Durante os 150 anos seguintes, Catão, o mártir, continuou a ser um incômodo, às vezes uma ameaça, para os sucessores de César. A marca da genialidade de César em seus escritos é que, embora tenham sido escritos para propaganda, ainda assim são de notável mérito literário. Um leitor que tenha percebido seu propósito prosaico pode ignorá-lo e apreciá-los como esplêndidas obras de arte. A característica mais surpreendente de César é sua energia, intelectual e física. Ele preparou seus sete livros sobre a Guerra da Gália para publicação em 51 a.C, quando ainda tinha sérias revoltas na Gália em mãos, e escreveu seus livros sobre a guerra civil e seu Anticato nos anos agitados entre 49 e 44 AC. Sua energia física era da mesma ordem. Por exemplo, no inverno de 57-56 A.C. ele encontrou tempo para visitar sua terceira província, a Ilíria, bem como a Gália Cisalpina; e no intervalo entre suas campanhas de 55 e 54 AC ele negociou negócios públicos na Gália Cisalpina e foi para a Ilíria para acertar contas com os Pirustae, uma tribo turbulenta no que hoje é a Albânia. Em 49 AC, ele marchou, em uma única temporada de campanha,

*César Augusto*[556] *e com Tibério*[557], *por volta do ano 15 d.C.*, conforme visto.

Tem-se então que a *lei Júlia outorgada por César* punia qualquer ato cometido diretamente contra a *segurança do Estado ou a majestade do imperador ad juliam majestatem*, mas reduzia a pena a uma interdição, ou veto do uso da água e do fogo, que era conceituado como *exílio*.

Já *Augusto* restabeleceu a *pena de morte para os crimes de lesa-majestade, sacrilégio e* adultério, definidos assim com fulcro nas leis *Júlia*, e nesta altura o 'romanus imperator' era identificado como o *'romanus status'*, pois há de se ver que o Império nunca se tornou oficialmente uma *Monarchia*[558], e, por isso, era simultaneamente aplicado a ofensas contra a sua pessoa.

Na *historiae*, embora legalmente o *princeps civitatis, qual seja, o primeiro cidadão*, nunca tenha se tornado soberano, assim como a república nunca tenha sido abolida, os *imperatores* tiveram de ser *'deificados' como 'divos'*, pois, por serem *Pontifex Maximus*, gozavam de proteção jurídica do culto imperial do Estado.

Por assim dizer, ao depois, tem-se, pois, o início da *'meidii aevi'*[559], em que *Iustinianus* compilou o Corpus iuris civilis e, sob o título de *'Ad legem*

---

do Rubicão para Brundísio e de Brundísio para a Espanha. Em Alexandria, provavelmente aos 53 anos, salvou-se da morte súbita pelas suas proezas como nadador. A vitalidade física de César talvez explique em parte a sua promiscuidade sexual, que era fora do comum, mesmo para os padrões gregos e romanos contemporâneos. Correu o boato de que durante a sua primeira visita ao Oriente ele teve relações homossexuais com o rei Nicomedes da Bitínia. O boato é credível, embora não comprovado, e foi repetido ao longo da vida de César. Não há dúvida dos casos heterossexuais de César, muitos deles com mulheres casadas. Provavelmente César considerava isso como recreações triviais. Mesmo assim, ele se envolveu pelo menos duas vezes em aventuras que poderiam ter destruído sua carreira. Se ele de fato teve um caso com a esposa de Pompeu, Mucia, estava arriscando seu acordo com Pompeu. Um caso mais notório, embora não tão perigoso, foi sua ligação com Cleópatra. Ao flertar com ela em Alexandria, ele arriscava perder o que acabara de ganhar em Farsália. Ao permitir que ela o visitasse em Roma em 46 A.C., ele desprezou o sentimento público e aumentou a lista de atos indelicados que, cumulativamente, incitaram velhos camaradas e anistiaram inimigos a assassiná-lo. Este homem genial e de cabeça fria, com uma veia errática de exuberância sexual, sem dúvida mudou o curso da história no extremo ocidental do Velho Mundo. Ao liquidar o governo escandaloso e falido da nobreza romana, ele deu ao Estado romano – e com ele à civilização greco-romana – um adiamento que durou mais de 600 anos no Oriente e por mais de 400 anos no relativamente atrasado Ocidente. César substituiu a oligarquia romana por uma autocracia que nunca mais poderia ser abolida. Se ele não tivesse feito isso quando o fez, Roma e o mundo greco-romano poderiam ter sucumbido, antes do início da era cristã, aos invasores bárbaros no Ocidente e ao Império Parta no Oriente. O prolongamento da vida da civilização greco-romana teve importantes efeitos históricos. Sob o Império Romano, o Oriente Próximo estava impregnado de Helenismo por mais seis ou sete séculos. Mas para isso o elemento helênico poderia não ter estado presente com força suficiente para exercer o seu impacto decisivo sobre o Cristianismo e o Islão. A Gália também teria afundado ainda mais na barbárie quando os francos a invadiram, se não tivesse sido associada ao mundo civilizado do Mediterrâneo durante mais de 500 anos, como resultado da conquista de César. As conquistas políticas de César foram limitadas. Os seus efeitos limitaram-se ao extremo ocidental do Velho Mundo e foram comparativamente de curta duração para os padrões chineses ou egípcios antigos. O estado chinês fundado por Qin Shi Huang, no século III AC, ainda existe, e seu futuro pode ser ainda maior que seu passado. No entanto, mesmo que César provasse ser de menor estatura do que este colosso chinês, ele ainda continuaria a ser um gigante em comparação com a maioria dos seres humanos".

[556] "Augusto César (27 a.C-14 d.C.) foi o nome adotado pelo primeiro e, na opinião de muitos, o maior imperador romano. Ele nasceu como Caio Otávio Turino, em 23 de Setembro de 63 a.C.. Foi adotado pelo seu tio-avô, *Júlio César*, em 44 a.C., quando passou a se chamar Caio Júlio César. Em 27 a.C., o Senado concedeu-lhe o título honorífico de Augusto ('Ilustre'), e então passou a ser conhecido como Caio Júlio César Augusto. Devido aos muitos nomes pelos quais foi denominado ao longo de sua vida, é comum chamá-lo Otávio quando se referindo aos eventos entre 63 e 44 a.C., Otaviano no período entre 44 a 27 a.C. e Augusto na fase posterior, de 27 a.C. até sua morte, em 14 d.C.. Deve ser observado, no entanto, que o nome Otaviano não era usado por ele no período entre 44 e 27 a.C., ao invés disso, optou por se alinhar estreitamente ao seu famoso tio, assumindo o mesmo nome'; decisão que gerou a famosa acusação de *Marco Antônio*, citada por Cícero: 'Você, garoto, deve tudo ao seu nome'" (World History Encyclopedia).

[557] CAMPOS, op. cit. Trecho em destaque da obra em referência: "Tibério César Augusto (14 –37 D.C.), segundo Princeps de Roma e sucessor de Otávio Augusto (27 a.C. a 14 d.C.)".

[558] "Lese majesty" (The free dictionary.com.Columbia Encyclopedia).

[559] Idade Média

*Juliam majestatis', inaugurou a chamada 'Julia majestatis'* no tratado sobre julgamentos públicos, classificando os crimes de 'Lesa majestatis' ou *'lèse majesté'* com nuances específicas, ou seja, o crime *quando alguém prejudica indiretamente o soberano ou o Estado*[560].

Lá ao depois, e de forma similar, tem-se então que este *'criminem'* regulamentado pela *'lege Julia majestatis'* foi considerado muito próximo do *sacrilegium*[561] e caracterizado por um conjunto de comportamentos que o constituíam, emergindo no *Digesto* por meio de um *'cardápio'* completo de normas regulatórias tipificadas, que levavam o *'delinquens'* a uma série de consequências.

É por isso que se entendia como *'crime de lesa-majestade'* aquele que era cometido contra o *povo romano ou contra a sua segurança*, e era considerado culpado quem, por suas infidelidades ou suas práticas, fizesse com que homens armados, reunidos contra a *'republicae' e/ou 'imperius'*, ocupassem as praças ou templos e cometessem abusos, ou realizassem assembleias para incentivar pessoas à rebelião.

*De todo, é de ratificar-se, pois*, que o *'crime maiestatis'* se referia ao *abuso de poder por parte de senadores e magistrados* e era considerado o ato mais grave contra a *República*, chegando até mesmo a ser punido com a *'poena mortis'* ou o exílio voluntário.

Adiciona-se o fato de que o próprio *'crime peculatus'*, que se referia ao desvio de fundos públicos por funcionário, bem como à alteração de moeda ou documentos oficiais; e o *'crime de ambitus'*, que descrevia a corrupção eleitoral[562], especialmente aquela relacionada com a compra de votos, faziam parte do conceito de *'delicta roman corruptio'* e, por assim dizer, deram ênfase *a novas leis* para responder às diferentes mudanças políticas, econômicas e morais que estavam ocorrendo.

Neste bordo, tem-se o advento da *'Lex Acilia'*[563], que aumentou a *'poena'* para os crimes de peculato, bem como das questões de suborno, que, descritas na *'Lex Calpurnia'*[564], estabeleceram multa de duas vezes

---

[560] Resumo romano-espanhol, T2, Juan Sala Bañuls, 1856.

[561] Ulpiano, D. 48, 4, 1.

[562] A *Lex Gabinia* de 139 a.C. estabeleceu a pena de morte para quem, clandestinamente, conspirar para alterar os resultados das eleições municipais da cidade, em referência, aos *"more maiorum"*: *"qui coitiones ullas clandestinas in urbe conflavisset, more maiorum capitali suppliciomultaretu"*.

[563] Lei Acilia Calpurnia (latim, *Lex Acilia Calpurnia*) foi uma lei romana datada de 66 a.C., dos cônsules Acílio Glabrion e Caio Calpúrnio, que estabeleceram multa para os condenados por suborno e os desqualificaram perpetuamente para obter magistraturas e frequentar o senado, e concederam prêmios aos acusadores.

[564] A *"Lex Calpurnia"* de 149 a.C. foi a primeira a reduzir o crescente problema das extorsões nas províncias e a disciplinar o descumprimento dos deveres dos cargos públicos, procurando estabelecer uma indenização de ordem privada a todos aqueles que tivessem sido lesados.

o valor do dano causado pelo funcionário e a possibilidade da perda de direitos políticos[565].

Ambas foram completadas com outras *'legis'*, como a *'Lex Livia Iudiciaria', de 91 a.C.*, que impôs um tribunal especial para julgamentos contra juízes corruptos que cometessem extorsão, ou a *'Lex Cornelia'*, que aumentou as penas para magistrados que aceitassem dinheiro por meio de *suborno ou do roubo de dinheiro público*, tendo sido esta iniciativa do ditador *Lucio Cornélio Sila*, que a estabeleceu três anos antes de sua morte.

De outra banda, qualquer atitude que tivesse o efeito de fazer parte de um plano para matar um *'magistrado'* do povo romano, por qualquer forma de cooperação, como, por exemplo, a instigação de soldados à *'sedição'* contra a República, também era considerada de um agente autor do *criminem lesa maiestades*[566], e também se *'tipificava'* aquele que, em uma província qualquer, não se retirava com a chegada de seu sucessor, ou abandonava o seu exército, ou divulgava algo falso nos registros públicos.

Não bastasse, pela *'lei julia maiestade'*[567] [568] [569] [570] também era considerado *'culpae'* aquele que deixou a magistratura pública, assim como aquele que na guerra passou para o lado do inimigo, ou quem deixou o comando do exército do povo romano e que, sem a ordem do *'príncipe'*, tenha travado guerra, levantando para o conflito soldados sem nenhum amparo legal, como também formado um exército para a batalha.

À mesma égide, tinha-se também como *'culpae'* o *'civitae roman'* que, de forma fraudulenta:

a. *Burlasse a 'conditio' oriunda de um 'ato do poder público e/ou da 'magistratura', para, a pretexto de qualquer título, não executá-lo, ou exigisse algo contrário às pretensões da República;*

---

[565] No Principado, a *lex Iulia de ambitu* de 18 a.C., que introduz algumas correções, amenizou as penas de multa simples e inabilitação para o exercício de cargos públicos por cinco anos.

[566] Ulpiano, D. 48, 4, 1, 1.

[567] "Aut qui exercitum deseruit vel privatus ad hostes perfugit" (D. 48.4.2)

[568] "Quive imperium exercitumve populi romani deseruerit" (D. 48.4.3).

[569] "Maiestatis autem crimen illud est, quod adversus populum romanum vel adversussecuritatem eius committitur. Quo tenetur is, cuius opera dolo malo consilium initum erit, quo obsidesiniussu principis interciderent: quo armati homines cum telis lapidibusve in urbe sint convenianteadversus rem publicam, locave occupentur vel templa, quove coetus conventusve fiat hominesve ad seditionem convocentur: cuiusve opera consilio malo consilium initum erit, quo quis magistratus populi romani quive imperium potestatemve habet occidatur: quove quis contra rem publicam arma ferat: quive hostibus populi romani nuntium litterasve miserit signumve dederit feceritve dolo malo, quohostes populi romani consilio iuventur adversus rem publicam: quive milites sollicitaverit concitaveritve, quo seditio tumultusve adversus rem publicam fiat" (D. 48.4.1.1).

[570] VIEIRA, Cura António A. *Crimes, delitos e penas no direito romano clássico*. Aveiro: Universidade de Aveiro, 2005. p. 184. *Da separata de: vt par delicto sit poena: crimee justiça na antiguidade.* "Cuiusve dolo malo exercitus populi romani in insidias deductus hostibusve proditus erit: factumve dolo malo cuius dicitur, quo minus hostesin potestatem populi romani veniant" (D. 48.4.4 pr).

'AQUILIAE' THEOREMA CIVIS ROMANUS STATUS DEFENSIONIS 'RESPONSUM'
REPARATORIUS CURAE ET PRIVATAE ET PUBLICAE DELICTIS IN ANTIQUA ROMANA LEGE

b. *Por meio do elemento da fraude, tivesse emboscado o exército do povo romano;*

c. *Convocasse um grupo ou assembleia para incitar sedição;*

d. *Atuasse para deserção do exército ou a passagem de um cidadão romano para o lado inimigo;*

e. *Atuasse dolosa e tendentemente a fazer com que o exército romano caísse em emboscadas ou fosse entregue ao inimigo, bem como para impedir a rendição dos inimigos;*

f. *Também de forma fraudulenta, tivesse ajudado o inimigo do povo romano com comida, armas, flechas, cavalos ou dinheiro;*

g. *Atuasse para rendição na guerra ou a entrega temerária de uma fortaleza ou de um acampamento militar;*

h. *Atuasse para levante armado contra a República, assim como apelo à insubordinação ou à revolta das forças militares contra a República;*

i. *Enviasse uma mensagem por meio de um núncio ou de uma carta, ou de um sinal, aos inimigos do povo romano, bem como atuasse dolosamente para que se possibilitasse o recebimento de conselho por parte dos que estivessem em luta contra o populus romanus;*

j. *Tivesse dado abrigo àqueles que destruíram estátuas ou imagens do imperador[571];*

k. *Reunisse homens armados na cidade, para conspiração deles contra a república e a ocupação de lugares públicos ou de templos por parte deles.*

Dada a gravidade do crime, os acusados de *'lesa majestatis'* eram legalmente submetidos a castigos de alta severidade, independentemente da sua origem social ou familiar, agregado a todos os cúmplices que tivessem participado dos *'crimines'* desenhados.

Já os filhos homens dos condenados tinham a vida respeitada, o que foi considerado um *'épico'* extraordinário ato de piedade, pois não sofriam o mesmo destino dos seus pais, ainda que, para o perdão, fosse exigida uma série de requisitos, com a imposição de dolorosas condições de vida, *como, por exemplo*, o fato de que os filhos eram excluídos da sucessão da mãe e de todos os seus parentes e, em assim sendo, não poderiam herdar

---

[571] Ulpiano, D. 48, 4, 1.

por testamento, sendo posteriormente excluídos da possibilidade de se galgar qualquer espécie de honras de Estado ou de assumir funções de ordem civis ou militares.

Às filhas mulheres dos condenados era dispensado um tratamento com maior benevolência, por causa da fraqueza específica do gênero humano, entendendo-se que as disposições aplicáveis aos filhos e às filhas de rebeldes e conspiradores eram empregadas, nos mesmos termos, aos descendentes dos cúmplices.

Entretanto, há de considerar-se que havia o outro lado de toda essa severidade, que, por assim dizer, estendia-se na lavra das honras e das recompensas a todos que, sabendo da conspiração, haviam revelado a tempo a *'intentio'*, que, por assim dizer, conjugava-se com a isenção de responsabilidade no crime cometido.

# PRIVATIS VIOLENTIAM[572]

No *Direito Clássico*, a obrigação decorrente de um crime tinha por objeto o pagamento de uma sanção pecuniária, consistindo muitas vezes no pagamento do equivalente ao dano causado, embora muitas vezes fosse um montante superior, incluindo o direito do *'civitae'* de perseguir privadamente o agressor, já que a constituição do ato ilícito que causava danos ao patrimônio ou à pessoa física, cujos interesses eram diretamente prejudicados, eram protegidos em termos de saúde, por exemplo, desde que não violasse a ordem pública.

As ações tencionavam obter uma *sentença pecuniária*, cujo valor era entregue pelo réu ao autor, e a pena era medida pelo *ressentimento da vítima em dobro, triplo ou quádruplo do dano causado, pelo maior valor da coisa danificada no último mês, ano ou valor máximo já alcançado*, ou por uma pena fixa em *ases*, como no caso das *iniurias*, já que na maior parte do tempo os seus autores pertenciam à classe alta da sociedade romana.

De acordo com a *lei Iulia de violência privada*[573], todo e qualquer *'civitae'* que, por meio de um ato de notória afronta, ou de todo e qualquer tipo de violência, fosse ela armada, fosse doméstica ou outras[574] [575] [576] [577] [578] [579] [580], usando de brutalidade contra *'outrem'*, ainda que sem lhe tirar a vida[581], levava *'in casu'* o autor do fato ao castigo do confisco de um terço de seus bens, em caso de condenação.

Inobstante, alguém que estivesse investido do relevo de funções públicas, caso assim também o procedesse, de igual forma era levado à *'condenatio'*, com o castigo do confisco de um terço de seus bens e consequentemente privado de todas as suas honras.

---

[572] Violência privada
[573] *Lege Julia de vi privata.*
[574] Ulpiano, D. 48, 6, 10, 2.
[575] Paulo, D. 48, 6, 11.
[576] Paulo, D. 48, 6, 11, 1.1.
[577] Paulo, D. 48, 6, 11, 2 1.
[578] Paulo, D. 48, 6, 11, 2 121.
[579] Quinto Muscio Scepola (140-82 a.C.). Jurisconsulto; nomeado cônsul em 95 a.C.
[580] Scepola, D. 48, 7, 2. 36 1.
[581] Scevola, D, 48, 7, 2.

# *ADULTÉRIUM*[582]

O vocábulo *'adulterium'*, na idade da *'antigua roman'*, desde as suas origens e ao longo de sua evolução, expressava a designação da possível relação sexual de uma mulher casada[583] com um homem, tanto livre quanto escravo, que não o seu marido, mas também para se referir à relação sexual que um homem mantinha com a esposa de outro homem, entendendo-se que a relação *'adulterina'* poderia dar margem para alguém *'nascido'* do resultado de um relacionamento adúltero.

Assim, para o *'civitae roman antigua'*, a relação pretérita havida corrompia e desonrava a mulher, que dava origem a uma *prole* incerta, uma vez que a criança fruto de uma relação adulterina, à *época*, supunha um enfraquecimento da dignidade do marido e da família.

A sanção contra a infidelidade conjugal por parte da mulher já existia desde a *época arcaica*, em que, mesmo surpreendida em flagrante delito, não era permitido ao marido matar a esposa, em virtude do princípio latino *'ceterum mariti calor et impetus facile decernentis fuit refrenandus'*[584], que colocava em primeiro lugar a *coibição do direito de vingança* por parte do marido, diferentemente da permissão para que o marido matasse o amante da mulher, desde que o descobrisse em sua própria casa e o adúltero estivesse incluso em um grupo de pessoas de posição social inferior.

Entretanto, deve-se apontar que, embora o marido não estivesse autorizado a matar a mulher que cometera o adultério, ele deveria obrigatoriamente dela se divorciar, para não incorrer em *lenocínio*[585], *'de todo'* *fazendo-se observar que a intenção da culpa* era necessária para a existência do *crime de adultério*, uma vez que, se o fato indicasse que ela teria sido vítima de relação carnal delituosa, *'de todo'* ela não seria considerada culpada.

Desta forma, o marido, na condição de *'vingador'*, após descobrir o adultério de sua esposa com um homem dentro de sua casa, ou em qualquer outro local, ou até mesmo em um bordel, deveria enviar-lhe uma carta ordenando-lhe o término do relacionamento[586], desde que houvesse

---

[582] Adultério
[583] Matrona.
[584] "Além disso, o calor e a impetuosidade do marido poderiam ser facilmente contidos".
[585] D. 48,5,30.
[586] Paulo, Sentencias, II, 26, 1: "No segundo capítulo da lex julia, referente ao adultério, um pai adotivo ou natural é autorizado a matar um adúltero preso no ato com sua filha em sua própria casa ou na de seu genro. 2. se um filho sob controle paterno, que é o pai, surpreender sua filha no ato de adultério, enquanto se deduz dos termos da lei que ele não pode matá-la, ainda assim, a ele deve ser permitido fazê-lo" (*vide* Spruit, J. E.; Bongenaar; Gaius en Paulus; Zutphen: de Walburg Pers, 1984. p. 120).

o depoimento de três pessoas de confiança, que, sob a autorização de um juiz, dava-lhe o direito de punir o adúltero com as próprias mãos, observando-se, contudo, que esta *'concessio'* incluía a possibilidade da *'prescriptio'*[587].

Entretanto, por meio da *'lex Iulia de adulteriis coercendis'*, de *'Octavius Augustus'*, do ano de *18 d.C.*, foi instituída a *'quaestio de adulteriis'*, isto é, o tribunal de adultérios, que classificou como *'crime'* quatro tipos de condutas de ordem sexual reprovável, quais fossem, o próprio *'adulterium'*, que era a relação sexual com uma mulher casada, ou um homem casado; o *'lenocinium'*, que era o crime cometido pelo marido para lucrar com o adultério de sua esposa; o *'incestum'*, que era a relação sexual entre parentes consanguíneos e afins; e o *'stuprum'*, que era a relação sexual coercitiva com uma mulher livre, solteira ou viúva, exceto fosse prostituta, trazendo então à tona inovações que foram um fator *'deveras'* importante na *Lex criminalis legis romanus*, haja vista que esta *'lex'* foi uma inovação enérgica e contundente registrada na *historia iuris Romani criminalis*.

Não bastasse, a *lex Iulia de adulteriis coercendis* também concedeu o direito tanto ao *pai natural* quanto o *pai adotivo* de matar a própria filha, quando ele presenciasse o delito de *adultério* de forma *flagrante*[588], porque, no *'roman ius'*, o *status* da mulher era o único fator que determinava o adultério, independentemente do *'status quo'* do homem, que nestes casos não possuía nenhuma relevância, *em igual forma*, ao cometimento do *'crime de estupro'* que tivesse sido realizado com cunho de comércio sexual.

Lá à frente, durante a égide do *'Imperador Constantino'*, o *adultério* foi declarado como causa de divórcio, em relação a qualquer um dos *cônjuges* que fosse culpado, tal quais as tendências do *cristianismo*, embora *'ao depois'* tivessem sido implantadas restrições em relação às mulheres, para formular a acusação de adultério contra o marido, exigindo a demonstração da existência do ato carnal como cumprimento das disposições *'épicas'* que foram estabelecidas pela *lei processual*.

Assim, deve-se olvidar então que a *'lex Iulia'* de repressão a adúlteros[589][590][591][592] só se aplicava ao *'civitae'* livre, dando *'tão somente'* ao marido

---

[587] "Ninguém pode ser cobrado por adultério cometido após o término do prazo de cinco anos contínuo. Os arguidos não podem ser privados das vantagens desta prescrição que a lei lhes concede" (*vide* Alejandro a Juliano, Procónsul de la Provincia de Narbonia, C, 9, 9, 5).

[588] D. 48, 5, 23.

[589] "Legem iuliam de adulteriis coercendis".

[590] "A acusação de adultério poderia ser feita contra a mulher mesmo após a morte de seu marido" (Papiniano, D. 48, 5, 11, 8).

[591] "A Lei Julia estabelece que as mulheres não têm o direito de acusar publicamente seus maridos pelo crime de adultério; [...] essa lei reconhece esse poder aos maridos, mas nega às mulheres" (Antonino A Cassia, C, 9, 9, 1).

[592] "No caso de adultério que envolvesse o incesto, a ação criminal deveria ser tentada simultaneamente contra os dois perpetradores" (Marciano, D. 48, 5, 7,1).

o direito de acusação sobre a sua mulher apanhada em adultério, sendo, contudo, permitido, após a morte do marido, que a acusação de adultério pudesse ser realizada por *'outrem'* contra a mulher.

No entanto, deve-se entender que, caso tivesse sido o marido quem promovera a transgressão prevista na *'lex'*[593] [594], tal circunstância poderia ser reversa, uma vez que poderia ser acusado da prática de lenocínio ou infâmia, pela própria mulher[595].

Isto porque o *crime de lenocínio*[596] estava previsto pela mesma *'lex'* contra o marido que induzira à prostituição de sua esposa[597] sem nenhuma exigência de ninguém para prover a *'acusatio'*[598], porém de bom alvitre entender, que se o pai da mulher acusada de adultério acusasse o marido de infâmia, o problema derivado da simultaneidade das acusações seria resolvido com a preferência da *'acusatio'* concedida ao marido, pois acreditava-se que ele a promoveria com o ódio mais contido e a dor menos intensa[599].

A qualificação do *'crime de adultério'* relaciona-se com o conceito de *'crimes públicos'*, e a sua denúncia poderia corresponder a qualquer fato, sem distinção, concedendo-se, a quem acusara, o direito de revogar a *'acusatio'*, ainda que *'desde muito'* fosse o marido conceituado como o mais conveniente vingador da violação do leito conjugal.

D'outro bordo, deve-se privilegiar a *'historiae'*, quando discorre acerca da *violência sexual contra mulheres sabinas em 740 a.C.*, *'lá'*, *no primo antigua Roma*, como sendo uma estratégia cuidadosamente executada na construção da nação, pois, para repor a *escassa população de mulheres férteis*, os romanos raptavam as respectivas esposas e filhas dos *'sabinos populus'*, num episódio que ficou conhecido como o *rapto das mulheres sabinas*, tendo pouco depois o sexo desempenhado um papel importante no fim da *Monarchia*, na *fundação da Res publicae*, e depois na restauração da *Res publicae*, *'de todo'*, tendo sido um instituto fundamental para a democracia romana.

---

[593] "Porque parece que es muy injusto que el marido exija à la mujer honestidad, de que él el marido no dé muestras; lo cual pude condenar también al marido, sin que la cosa se haga común a ambos por la compensación de mútuo delito" (Ulpiano, D. 48.5.13, § 5).

[594] "De los adulterios, Libro II – Por lo cuanto a ley julia sobre los adulterios prohíbe que la mujer condenada preste testimonio, coligiese que las mujeres tienen derecho de prestar testimonio en juicio" (Paulo, D. 22.5.18).

[595] Ulpianus, D. 48, 5, 2, 1; Paulo, D. 22.5.18.

[596] Lenocinii

[597] "Quem afirma ter cometido adultério favorecido pelo marido, verá diminuído o seu crime" (Ulpiano, D. 48, 5, 2, 4).

[598] Ulpianus, D. 48, 5, 2, 6.

[599] Ulpianus, D. 48, 5, 2, 8.

Posteriormente, em *449 a.C.*, o sexo também esteve presente na defesa da *Res Publicae*, quando os governantes passaram a se comportar como monarcas, uma vez que, no contexto da luta entre patrícios e plebeus, foi criado o *decenvirato*, composto por dez homens que tinham como tarefa regular as relações entre os cidadãos, ainda que, nos últimos dias da *Res Publicae Roman*, as relações sexuais fora do casamento começassem a serem questionadas socialmente.

*Augustus*, como primeiro *líder do Império Romano*, tentou restaurar os *valores familiares* por meio de leis, porém as suas intenções foram ofuscadas pelo comportamento da sua única filha biológica, *Júlia*, que teria praticado relações sexuais no mesmo púlpito onde o *principe* apresentara a sua legislação moralista, denotando que o comportamento sexual dos romanos sempre esteve cheio de contradições.

Os perigos para o amante, se o marido traído o descobrisse *'em flagrante'* na própria casa e com a própria esposa, agravaram-se com o passar dos séculos, pois a punição para as mulheres por adultério tornou-se hedionda, a ponto de se amarrarem os adúlteros uns aos outros e serem queimados vivos.

Tem-se, pois, que o adultério se tornou mais comum na realidade, com os *imperadores da dinastia Júlio-Claudiana*, porém, a partir do *século IV*, o adultério foi considerado pecado, e *Constâncio* até mesmo previu a condenação à morte para tal ilícito épico, mas foi o *imperador Iustiniano* que veio ordenar que a mulher adúltera não fosse condenada à morte, e sim que fosse colocada num mosteiro, onde permaneceria pelo resto da vida, a menos que fosse perdoada pelo marido após dois anos.

Por outro lado, antes de *Augustus*, na República Romana, embora também existissem leis contra o adultério, considera-se que nem sempre eram aplicadas, e, portanto, o adultério geralmente de um homem livre com a esposa ou filha de um homem livre era mais um assunto privado e, logo, motivo para o divórcio.

Durante a Roma Antiga, existia a prática do concubinato, que era tolerada, desde que a integridade familiar e religiosa de uma família não fosse ameaçada, visto que legalmente um homem não poderia se casar com sua concubina, e assim muitos relacionamentos antes considerados inadequados pela *lei romana* caíram na categoria de coabitação, pois os filhos resultantes destes não possuíam direito à herança.

# PUBLICUM VIOLENTIAM[600]

Foi só na época da *res publicae*, quando a violência foi regulamentada, legislada e sancionada com a *Lei das XII Tábuas*, que se permitiu fazer uma distinção clara entre a *violência pública e a violência privada*, atentando-se que, no *fim deste período*, esta mesma legislação começou a perder destaque, pois as lutas internas, as diferenças políticas e a expansão territorial fizeram com que todo esse sistema acabasse caindo em desuso, e assim moldando o *Imperium*.

Isto porque, durante o *Império*, a violência também estava na ordem do dia; o *bem jurídico protegido* era a *segurança da nação romana*, e a *violentiam* fazia parte do cotidiano, porquanto, em grande parte, vinha dos *imperadores*, uma vez que grande quantidade dos *Césares* executavam políticas despóticas dirigidas ao povo e às elites aristocráticas como estratégias para manter o poder e lutar contra seus inimigos, exemplificando-se *Calígula, Nero, Domiciano, Cômodo, Caracala, Heliogábalo, Máximo, Galieno, Constantino, Juliano e Teodósio*.

A violência fazia parte do Estado e, portanto, era um instrumento utilizado pelo poder, sendo um exemplo claro deste uso a *gênese da própria cultura romana*, em que a essência da política, em muitos casos, envolvia o *uso da violência pelo poder para fins dissuasivos e coercitivos*, levando-se em consideração que era necessário cumprir os interesses do *status* de mantença da ordem, do controle do território, da proteção dos inimigos externos, do desencorajamento de rebeliões internas e da legitimação do poder.

Entretanto, o *principal cenário de violência* era a *violência na guerra*, que se manifestava por meio de cercos, saques, torturas, batalhas, aniquilação de populações, ainda que assim *Roma* tivesse dado prioridade aos primeiros meios diplomáticos, *'amiticia', 'foedus' e 'deditio'*, quais sejam, *amizades, tratados e rendição; seguida da violência urbana*, em que as pessoas se revoltavam e usavam de violência contra as autoridades devido ao abuso de poder, ou porque consideravam que não estavam cumprindo o seu papel.

Destacavam-se, assim, as revoltas, os saques e o banditismo, *continuando ao depois* com a *violência contra os pagãos*, que eram aqueles que não

---

[600] Violência Pública

'AQUILIAE' THEOREMA CIVIS ROMANUS STATUS DEFENSIONIS 'RESPONSUM'
REPARATORIUS CURAE ET PRIVATAE ET PUBLICAE DELICTIS IN ANTIQUA ROMANA LEGE

partilhavam a religião oficial e, portanto, estavam sujeitos a pesadas multas, prisões, perseguições, tortura e até pena de morte; bem como *violência lúdica*, isto é, os jogos de gladiadores com lutas até a morte, que tinham como objetivo divertir e entreter os cidadãos romanos nos momentos de lazer; a *violência nas salas de aula*, em que os alunos recebiam castigos físicos; e ainda a *violência contra os escravos serviçais*, ou seja, o abuso físico e a exploração por parte do proprietário para com os escravos, pois eram considerados propriedade.

A *historiae* destaca alguns episódios de violência na *Roma Antiga*, *como a Guerra dos Aliados e a ditadura de Sila (81 a.C. a 80 a.C.), a Rebelião de Espártaco (71 a.C. a 73 a.C.)*, que terminou com a morte de *Espártaco em batalha*, o assassinato de sua esposa e filhos e a crucificação de seu exército, entre Cápua e Roma; o episódio de *vercingetorix*, verdadeiro *troféu da Guerra Gálica (58 a.C. a 51 a.C.)*, em que, após o cerco da *Alasia*, *o líder gaulês rendeu-se a Júlio César*, que o levou para *Roma* como troféu e o prendeu por seis anos em *Tullianum*, até ser executado; bem como os conflitos entre apoiantes da *república* e um novo sistema, que levaram a instabilidade e lutas pelo poder que terminaram com a morte de *Júlio César e Cícero; e a perseguição aos cristãos*, que representava um perigo para o *Império*, que não hesitou em declarar o cristianismo ilegal, em condenar as suas ideias e os seus seguidores, tendo sido vários os imperadores que realizaram perseguições e tentaram fazer com que a religião romana não desaparecesse, novamente referendando-os: *Nero (64 d.C. a 68 d.C.), Domiciano (81 d.C. a 96 d.C.), Marco Aurélio (161 d.C.), Sétimo Severo (202 d.C.), Décio (250 d.C. a 251 d.C.) e Diocleciano (303 d.C. a 310 d.C.)*.

# *HOMICIDIUM PER SICARIOS*[601]

A *lei Cornélia* sobre assassinos e envenenadores[602], em que o bem jurídico protegido era a vida e a sanção era a pena capital em ato público, punia *todos* aqueles que causavam intencionalmente um incêndio, *bem como* aqueles que portavam armas para matar ou roubar, *agregando-se* aqueles que, sendo *magistrados ou presidentes de júri em julgamento público*, condenavam ou faziam acusar um inocente[603] utilizando provas falsas, *e ainda quem*, para matar um homem, preparava, guardava, vendia ou fornecia veneno a outro[604] [605], e, *'lá'* nas palavras do *Imperador Antonino*, entendia-se como sendo *um crime maior matar alguém com veneno do que matá-lo com uma arma.*

Etimologicamente, a palavra *'sicário'* é formada do latim *'sica'*[606], que era o nome de uma faca com ponta muito afiada e com um fio curvo usado na Antiguidade, que, por assim dizer, deu origem ao nome *'sicarius' (sicário)*, qual seja, o responsável pelo assassinato de outra pessoa a pedido ou por contrato.

Lembra-nos a *'historiae'* que em *Roma* a figura do *sicário* era a de quem escondia a faca entre as suas roupas e esfaqueava o *'civitae roman'* e simpatizantes durante as *'comitias publicae', sendo 'de todo'* uma figura já conhecida pelo *'ius roman'*, já que regulamentavam a sua condenação criminal, *em particular* pela especial crueldade com que esses assassinos agiam[607].

---

[601] Homicídio cometido por sicários

[602] *Lege Cornelia de sicariis et veneficis.*

[603] Marciano, d, 48, 8, 1.

[604] Marciano, d, 48, 8, 1, 1.

[605] Marciano, d, 48, 8, 5, 3.

[606] Punhal ou punhal pequeno, facilmente escondido nas dobras da toga ou debaixo da capa, para esfaquear inimigos políticos.

[607] 81 a.C.

# FALSUM TESTIMONIUM IN LEGE ROMANA[608]

A disposição da pena de falsa declaração de testemunhas, por um lado, e da falsificação documental por outro, contido na *Lei das XII Tábuas*, não é uma questão clara, uma vez que é provável que o *sistema punitivo decenviral* tenha adentrado em desuso, como consequência dos costumes, que cada vez era mais difundido, com o fito de consagrar de forma *'épica'* os negócios jurídicos por escrito, ainda que de fato este último crime apareça regulado de forma bastante sistemática na *Lex Cornelia de falsis*, que previu uma sanção de baixa punibilidade.

D'outro bordo e de forma específica, *'já'* na era *pós-decenviral*, o *falso testemunho* foi regulamentado via *Lex Cornelia de sicariis et veneficis*, que punia com deportação qualquer pessoa que, por meio deste instituto, desse ensejo para que *'outrem'* fosse condenado por um crime capital em tribunal.

Entretanto, uma clara alusão ao *crime de falso testemunho* encontra-se nos *papiros*[609] referenciados por *Ulpiano*, quando impôs, acerca da sanção da *Lex Cornelia de falsis*, a configuração da *'intentio'* maliciosa a todos aqueles que, unidos, *fizessem declarações falsas ou prestassem falsos testemunhos mutuamente*, que, de igual forma, acoplado a *Modestino*[610], contemplava a punição para quem prestasse testemunhos diversos, como se tivessem cometido o *'criminem'* do falso.

Assim, a conduta do *falso testemunho* era uma modalidade integrante do conceito genérico de *'falsus crimen'*, implicando que se tratava de um comportamento falso, cuja principal característica era o fato de provocar e assumir uma declaração oral mentirosa, sendo provável que nesta fase não houvesse uma delimitação clara entre *falso testemunho e falsidade em documentos*, precisamente porque declarações falsas de testemunhas poderiam ser registradas em testamentos.

Em outra esfera, há referências bastante expressas à *disposição mental de todo e qualquer depoente*, quando se tem o *casus* das diversas alusões feitas ao *dolo* quando o declarante assim age, em que se acrescentam a estas as referências contidas em diversos expedientes[611] no sentido de que

---

[608] Falso testemunho no direito romano
[609] Digest 48,10,93.
[610] Digest 48,10,27.
[611] Digest 48,10,93.

o depoente teve a volitividade e o conhecimento de causa, em assim fazer, diferindo, pois, daqueles comportamentos cometidos de forma imprudente, e no estilo *'marginal'*, que, todavia, não eram relacionados com falsos testemunhos, no sentido estrito da expressão, como, por exemplo as referências feitas nos memorandos épicos[612], em que se punia como responsável pelo crime de falsidade quem, por imprudência, apresentasse dois depoimentos diferentes que se revelassem contraditórios.

De toda a forma, apresentar ou expor nas *'comittias'* falsas testemunhas[613], falsos fatos ou prestar falso testemunho, *'de todo'*, era crime, incluso o fato e a tipicidade daqueles que receberam dinheiro e, suprimiram testemunhos ou corromperam juízes[614].

---

[612] Digest 48,10,27,1.
[613] Marciano, d, 48, 10, 1, 1.
[614] Marciano, d, 48, 10, 1, 2.

# CONCUSSIONE[615]

## LEGE JULIA REPETUNDARUM

**A LEI JÚLIA SOBRE CONCUSSÃO** punia quem, no exercício de poderes públicos, recebesse dinheiro para julgar ou decidir algo[616], ou para receber ou rejeitar testemunho, tendo como bem jurídico protegido a administração da justiça, e a sanção era a deportação, embora, dependendo da gravidade da conduta, pudesse ser imposta a pena de morte.

A Lei *Julia Repetundarum* emitida em *59 a.C.*, inspirada em *César*, sobre o assunto *crimen repetundarum*, restaurou um certo rigor e, ao mesmo tempo, confirmou a pena *in simplum* estabelecida pela *lex Cornelia de repetùndis*, por meio da introdução de uma série de penas acessórias, como, por exemplo, a inelegibilidade para cargos públicos, a destituição dos cargos ocupados, a incapacidade de testemunhar, de ser juiz e representar terceiros em tribunal contra a pessoa condenada.

A Lei também previa especificamente a responsabilidade de quem recebera dinheiro *julgar ou não julgar, adotar ou não medidas judiciais ou administrativas*, e continuou a vigorar mesmo durante a era do Principado.

A 'historiae' da corrupção, na Roma antiga e no direito romano, entabulou-se, em um primeiro período, por uma visível ausência de repressão legal da corrupção, qual seja, a repressão ad hoc, em especial por conta da centralização de poder do roman senatus no espaço temporal de 171 a.C. até 149 a.C., seguido de um segundo período, com a lex Calpurnia, qual seja, a natureza civil da repressão, no período de 149 a.C. até a lex repetundarum, com data indeterminada, tendo depois um terceiro período, qual seja, da lex repetundarum, lex Cornelia e lex Iulia, com a repressão criminal e a regulação detalhada dos tipos legais da lex repetundarum, até o ano de 8 a.C., e, por fim, um quarto período, voltado à relevância da cognitio extra ordinem em matéria criminal e o desenvolvimento jurisprudencial dos tipos criminais, que se deu entre o ano de 8 a.C. até 565 d.C.

---

[615] Concussão

[616] Marciano nesse texto esclarece que a lei Julia de concussão é aplicável àqueles casos em que um magistrado tomou certas quantias (eas pecunias) que ele arrecadou usando o cargo (*in magistratu potestate*), mas também quem tem algum poder na administração, como um curador ou legado, ou qualquer outro serviço ou ministério público (*curatione, legatione, vel quo alio officio munere*), ou simplesmente estivesse na comitiva de algum deles.

O *Iustinianus Codex*, que continha toda a legislação romana revisada desde o *século II*, composto com base em seu *Digesto* pela *'roman iurisprudentia'*, apresenta uma compilação organizada com o conteúdo das diversas interpretações da matéria, esboçadas por epic iurisconsultis e *Imperatores Iustiniani tempore* com balizado teor jurídico, 'de todo', catalogado conforme a seguir.

*Digesto 48, 11* [617]:

- *Marciano pr*: a lei dos bens recuperáveis refere-se aos fundos que uma pessoa tenha recebido no poder de um magistrado, no tratamento de uma embaixada, ou em qualquer outro cargo, no serviço público, ou quando for do grupo de um deles. 1. A lei exclui aqueles a quem é permitido receber: de sobrinhos ou parentes de grau mais próximo, da esposa;

- *Scévola*: é dado por esta lei e pela ação contra os herdeiros, no prazo de um ano a partir da morte do acusado;

- *Magro*: segundo a lei, aquele que, tendo tido algum poder, recebeu dinheiro com a finalidade de decidir se devia ou não julgar fica obrigado à lei do repúdio;

- *Venuleius Saturninus*: ou quanto mais ou menos ele faria em seu escritório;

- *Magro*: também nas contas o julgamento de um juiz é dado por esta lei;

- *Venuleius Saturninus pr*: aqueles que receberam dinheiro por denunciar ou não apresentar provas estão sujeitos à mesma lei. 1. Pela presente lei, é proibido ao condenado testemunhar publicamente ou exigir ser juiz. 2. Pela lei do repúdio, deve-se cuidar para que ninguém receba cobre por ler ou enviar um soldado, nem que ninguém receba dinheiro por uma decisão a ser tomada no Senado ou no Conselho Público, ou por ser acusado ou não acusado: e que os magistrados das cidades se abstenham de toda imundície, nem recebam mais presentes de serviço no ano do que cem de ouro;

- *Macer pr*: a lei juliana ordena que ninguém seja ordenado a mudar ou a ordenar que julgue por decisão de um juiz, nem a orde-

---

[617] Fonte: Université Grenoble Alpes.

nar que julgue: nem a ser ordenado a julgar por não dar, nem a mudar, nem a ser ordenado julgar. Ele recebeu algo para ser feito ou não, para ser feito ou para não ser feito, com a finalidade de avaliar uma ação ou julgamento de capital. 1. Ora, parece que a lei permite tirar das exceções ao infinito, mas, daqueles que estão enumerados neste capítulo, não permite tirar de ninguém nem de qualquer quantia. 2. Deve-se também cuidar para que as obras públicas a serem feitas, os grãos a serem doados publicamente, os grãos a serem apreendidos e os telhados a serem guardados não sejam levados em conta, antes de terem sido totalmente testados e garantidos por lei. 3. Hoje, de acordo com a lei do repúdio, são punidos fora da ordem e geralmente são punidos com o exílio ou ainda mais severamente, conforme o que admitiram, pois, e se eles recebessem dinheiro por matar um homem? Ou, embora não o tenham recebido, ainda assim, levados pelo calor, mata-ram uma pessoa inocente ou alguém a quem não deveriam ter punido? Deveriam ser decapitados ou pelo menos transportados para a ilha, pois a maioria deles foi punida;

- *Paulo pr*: o que foi dado a um procônsul ou a um pretor contra a lei do repúdio não pode ser usurpado. 1. A mesma lei torna nulas as vendas e locações de bens efetuadas em maior ou menor número, e impede a usurpação, antes de esta passar ao poder de quem a coisa foi tirada, ou dos seus herdeiros;

- *Papiniano*: quem quebrou o cargo recebendo dinheiro de ordem pública deverá ser punido pelo crime.

*Codex Justiniano, IX, 27*:

- *Imperadores Graciano, Valentiniano, Teodósio*: para que o castigo de um seja o medo de muitos, ordenamos ao líder que se com-portou mal que vá para a província que despojara, com uma guarda competente, para que não só o que eu não chamaria de seu doméstico, mas o manipulador, e o ministro recebeu, mas também o que ele próprio roubou ou pegou dos nossos provin-ciais, com uma relutância quádrupla em pagar;

- *Imperadores Graciano, Valentiniano, Teodósio*: que os juízes saibam que, ao admitirem, a pena será repetida por eles próprios ou por seus herdeiros;

- *Imperadores Graciano, Valentiniano, Teodósio*: que todos os juízes mantenham as mãos longe do dinheiro e das propriedades e não considerem a briga de outrem como sua própria presa. Com efeito, o conhecimento de ações judiciais privadas e o mesmo comerciante será obrigado por lei a sofrer prejuízo;

- *Imperadores Graciano, Valentiniano, Teodósio*: ordenamos e exortamos que, se alguém, por acaso, dos honrados conselheiros, ou finalmente dos colonos, ou de qualquer categoria, for abalado pelo juiz por qualquer motivo, pois, se ele pudesse aprovar um juiz perverso, ele deveria vir a público, seja durante a sua administração, seja depois de a administração ter sido depositada, para denunciar o crime, aprovar o relatório, quando o tiver aprovado, e ele recuperaria a vitória e a glória;

- *Imperadores Valentiniano, Teodósio, Arcádio*: todo procurador, superintendente dos gineceus, contador que assume o inquilino, ou quem se lembra de que ficou abalado com a contagem das casas, quando faleceu aquele a quem pagou o dinheiro pela administração, no espaço de um ano ele comparecerá perante o julgamento de sua respeitabilidade para repetir o que deu, para que possa se beneficiar das pensões, o que quer que tenha devolvido. 1. Se, de fato, desde o momento da administração do depósito, os cursos do tempo marcado transbordaram, não surge nenhuma voz de defesa, mas queremos apertar os gestores responsáveis pelos contabilistas inquilinos sujeitos ao pagamento;

- *Imperadores Teodósio, Valentiniano*: autorizamos tais homens a aproximarem-se da administração das províncias, que costumam ser promovidos à insígnia de honra, não por ambição ou preço, mas pelo testemunho da sua comprovada vida e tamanho, de tal forma que aqueles a quem estas honras foram confiadas pela eleição de seus assentos ou dos nossos, os jurados entre suas conquistas se denigrem pelas administrações por sorteio, nem ele teria dado a ninguém, nem jamais daria depois, seja por ele mesmo, seja por uma pessoa interposta em fraude da lei e dos sacramentos, ou por doação ou por título de venda, ou por qualquer outra garantia de qualquer contrato, e por esta razão, exceto os salários, não há nada completamente colocado na administração, bem como após o depósito de cargo por qualquer benefício prestado no momento da administração, receberão gratuitamente o que ganharam. 1. E, embora pensemos que ninguém que jura desprezando o temor de Deus está alheio, de modo a colocar qualquer vantagem antes de sua própria salvação, ainda assim, para que o medo da salvação e a necessidade do perigo possam ser unidos, então, se alguém ousar negligenciar os sacramentos concedidos, não só contra o receptor, mas também contra o doador, ele será acusado por todos como um crime. Concedemos ao público a possibilidade de puni-lo quatro vezes, golpeando-o de todas as maneiras.

# *FURTUM PECUNIA PUBLICA*[618]

O *'peculatus'* consistia na retirada de recursos públicos pelos magistrados e também no abuso destes, por parte deles, *tudo* semelhante à figura das negociações incompatíveis com o exercício de funções públicas, quais sejam, com os crimes de *Prevaricação, e na negação e demora da justiça*, em que o autor do fato e todos os seus cúmplices eram condenados à pena de suplício[619].

Tendo as suas raízes no Direito Romano, o peculato caracterizava-se pela subtração de bens pertencentes ao Estado, sendo tipificado para condutas que implicavam desvio e apropriação indébita de fundos públicos[620] incluindo aqueles destinados ao culto público ou sagrado[621]; por outro lado, referia-se assim ao desvio de fundos públicos por funcionários do Estado, comungado também com a alteração de moeda ou documentos oficiais.

Enquanto ainda era cônsul, *Júlio César* propôs a última, e mais severa, *lei republicana contra crimes de corrupção*, qual seja, a *'Lex Iulia'*, que incluía penas de multas exorbitantes e exílio, que, por assim dizer e de forma volitiva, não o impediu de estabelecer mais de *cem capítulos em sua lei*, com a maioria deles destinada a *magistrados e juízes* que se deixaram subornar para favorecer os acusados dos crimes de corrupção.

Em assim sendo, o *conteúdo de todas estas leis demonstra o grau de corrupção que existia em Roma*, que, com a chegada do *Império em 27 a.C.*, *'de todo'*, potencializou-se, uma vez que os políticos continuaram a subornar funcionários para obter cargos na administração e os cidadãos eram cada vez mais sufocados com impostos, sendo forçados a *pagar verdadeiras quantias de propinas*, em troca de procedimentos acelerados.

Todavia, a partir do *Imperador Augustus*, o *erário público* começou a perder importância e independência, pois foi substituído pelo *erário privado*

---

[618] Roubo de fundos públicos

[619] Honorio y Teodosio, a Rufino; C, 9, 28, 1.

[620] RESINA SOLA, P. La corrupción electoral en la comedia plautina. *Revistas@iustel.com, Revista General de Derecho Romano*, Madrid, n. 16, 2011. "Una modalidad del mismo sería el crimen sodalicium, que es la constitución de asociaciones con fines ilícitos sobre todo con vistas a la intervención en contiendas electorales".

[621] "'El juez que, durante su administración, sustrajera dineros públicos, era condenado junto a sus cómplices a la pena de suplicio' (HONORIO y TEODOSIO, a RUFINO; C, 9, 28, 1). En el antiguo Derecho romano se castigaba con la interdicción del agua y del fuego a quien se apropiara de dinero sagrado, por ejemplo, el destinado a los dioses, a menos que la ley lo autorizara. Esta pena arcaica fue luego sustituida por la deportación (ULPIANO, D, 48, 13, 1). La ley Julia de residuis castigaba a quien retuviera dinero público y no lo aplicara a su destino (PAULO, D, 48, 13, 2)".

do próprio *principado*, que, ao contrário do desejado, facilitou muito mais a corrupção, ainda que diversas tentativas de remediar tivessem sido feitas.

Durante a época do *Imperador Adriano*[622], o *'crime repetundarum'*[623] foi estendido a todos os *atos de peculato cometidos por funcionários públicos* e até mesmo *punidos com penas de morte*, e, a partir deste crime, surgiu a *'concussio'*, que era uma das práticas preferidas dos *governadores provinciais* e que, como tal, consistia em exigir dos cidadãos uma contribuição não prevista na lei ou aumentá-la de forma exorbitante.

---

[622] Ano de 24 d.C. ao ano de 76 d.C.

[623] FRAGOSO, Cláudio Heleno. *Lições de direito penal*: parte especial. 7. ed. p. 305. "A extorsão, como crime autônomo, aparece apenas nas legislações modernas, embora seja possível reconhecer como seus antecedentes, no direito romano, o crime repetundarum, que era a cobrança ação quod metus causa. No período imperial, surgiu, como crime extraordinário, a concussio (D.47,13), que podia ser pública ou privada. Concussio pública, como ensinou Heleno Fragoso, na obra citada, era o fato de alguém simular autoridade ou exercício da função pública, para extorquir dinheiro ou valores. A concussio privada ou crimen minari era a ameaça de ação pública para obter vantagem patrimonial".

# *PERDUELLIO*[624]

O termo **'PERDUELLIO'** deriva de um vocábulo latino que significa *'inimicus'*[625] e, *durante a 'res publicae archaic'*[626], referia-se a todo e qualquer tipo de atividade hostil dirigida contra o Estado, tendo sido um crime definido nas *'Leis das XII Tábuas'*, e que era julgado por magistrados romanos especiais, quais sejam, os *'duoviri perduellionis'*, e a *'poena'* a ser consagrada era a *'poena'* capital.

O *'perduellio'* foi introduzido no *'primus ius romanum'*[627] como *'traição'* e representou o marco da fundação da *'Lex Romanis Criminalis'*[628]; na fase monárquica, foi nutrido por um forte componente sagrado, de igual monta, ao crime de *parricídio*, quando o *'rex'* administrava a justiça e, como tal, era fonte de lei quanto aos *prejuízos, bem como* a outros ilícitos afins.

No direito romano, as ofensas originalmente classificadas como traição eram quase exclusivamente aquelas cometidas no serviço militar, entendendo-se que o vocábulo *'perduellio'* se origina de *'perduelles'*, que eram aqueles conceituados como inimigos públicos que portavam armas contra o Estado, entendendo-se como tal os traidores, que, em assim sendo, eram castigados com a denominação de *'public hosties'*, qual seja, *'inimigos públicos'*, sem nenhuma espécie de direitos.

A *'Lex XII Tabularum'* tornava punível com a morte comunicar-se com o inimigo ou entregar um cidadão ao inimigo, agregado ao fato de que outros tipos de *perduellio* também eram punidos com a privação e consequente *interdição de fogo e água*[629], e consequente exílio, e, como tal, era julgado perante um tribunal especial[630], por meio de dois funcionários[631], sendo assim o primeiro tribunal criminal permanente existente em Roma.

Em um período posterior, o nome de *'perduellio'* deu lugar ao de *'laesa maiestas'*, ou *'deminuta'*, ou *'minuta maiestas'*, ou simplesmente *'maiestas'*, e a *'lex Iulia maiestatis'*, à qual foi atribuída conjecturalmente a data de 48 a.C., continuou a ser a base da lei romana de traição até o último período

---

[624] Atividade hostil dirigida contra o estado
[625] 'Inimigo'
[626] 'República arcaica'
[627] 'Direito romano primitivo'
[628] 'Direito penal romano'
[629] 'Aquae et ignis interdictio'
[630] 'Quaestio'
[631] 'Duumviri perduellionis'

do império, referenciando-se que o texto original da lei parece ainda ter tratado de ofensas principalmente militares, exemplificando o fato de enviar cartas ou mensagens ao inimigo, desistir de um estandarte ou a deserção.

Desta forma, o *'perduellio'* era o crime cometido contra a comunidade romana, ou contra o *'Imperius Roman'*, fosse ele cometido por cidadão romano, fosse por cidadão estrangeiro, no interior do império ou fora dele, e sujeitando-se a procedimento administrativo e penal.

Deve-se observar que tal crime se originou de crimes políticos, em que chefes de partidos ou tribos se esforçavam para obter a independência do *'Imperium'* em relação às famílias reais e principescas do império, agregando-se os cidadãos dos Estados que pertenciam ao *'império'*, sabendo-se que o *'império'* se constituía tendo Roma como núcleo e Estado preponderante, coligado a outros Estados conquistados e a ele submetidos.

A *'traição'* vigora desde os primórdios da monarquia, que nomeadamente se qualificava por meio da prática de atos de hostilidade oriundos de um *'civitae roman'*, sobre os demais *concidadãos constituídos em comunidade*, porém possuindo como principal *'viés'* um elemento vetor entre os diversos pressupostos, que era o fato da ação praticada lesar gravemente a integridade do Estado, que especificamente transformava o sujeito ativo do crime em um *'delinquente insidioso'*, uma vez que nesta época o *'perduellio'* era nutrido por um forte componente sagrado, em uma situação idêntica à do crime de *'parricídio'*, pois quem cometia crimes tão horrendos comprometia a *'pax deorum'*[632] que era o equilíbrio que os romanos procuravam manter com os deuses por meio da religião pagã para conter a sua ira.

Desta forma, o *'réu perduellis'* era tratado como um sujeito hediondo, em especial quando comprovada a traição, por meio de dois magistrados extraordinários competentes na matéria, que acabava resultando na suspensão de todas as garantias processuais, pois, depois de comprovada, o réu era sumariamente executado, sob uma tortura ritualizada prescrita pela *'lex horrendi carminis'*.

Com a chegada da *'Republicae'*, por meio da introdução de novas estruturas do Estado, houve, pois, o favorecimento para o desenvolvimento de um *'laicismo progressista'* no campo do direito como um todo, inclusa a matéria penal, em que, nesse contexto, o *'perdão'* que ainda prevalecia acabou por se desfazer do forte componente religioso e, em assim sendo, sofrer uma importante mudança no plano processual, e os processos summá-

---

[632] Paz dos Deuses

rios deixaram de ser julgados perante magistrados especiais, uma vez que os julgamentos passaram a ser constituídos por tribunais populares[633].

Desse modo, o crime de *'perduellio'* e os diferentes sistemas processuais configurados em torno dele acabaram desaparecendo, devido ao advento de um novo conceito, a *'maiestas'*[634] *(lesa majestatis)*; dada a gravidade do crime, os acusados e os cúmplices de tal delito eram, por mandato judicial, sujeitos a tortura, independentemente da sua origem social e/ou familiar, em especial quando o conceito era originariamente utilizado para indicar a grandeza e a superioridade do povo romano entre as diferentes nações conquistadas, ao longo de sua expansão militar.

E são precisamente os problemas que surgem no curso deste empreendimento imperialista que começam a fortificar a concepção política original das *'maiestas'*[635], fato este que acaba conferindo ao termo um forte componente jurídico, para protegê-lo e, por extensão, dar origem à concatenação de uma completa difusão, relativa a uma áurea jurídica de segurança e prosperidade do Estado romano.

A mudança ocorreu entre *o fim do Século II A.C. e o segundo terço do Século I A.C.*, e implicou a recepção de novos *'crimines'*, mas também a integração do termo *'Maiestas'* aos crimes que antes estavam disponíveis sob a égide da *'Perduellio'*. Aquele, *'Maiestas'*, substituiu este, *'Perduellio'*, em suas tipificações, ao mesmo tempo que ampliou o campo dos pressupostos do *'veteris criminis'* para fazer com que os filhos dos condenados por este delito tivessem a vida respeitada, por um considerável ato de misericórdia, ainda que este perdão devesse seguir a imposição de árduas condições, como, por exemplo, o fato de que os filhos eram excluídos da sucessão da mãe e de todos os seus parentes, bem como não podiam herdar por testamento, e eram suprimidos por toda a vida de todas as funções e honras civis e militares.

As novidades no plano processual advêm da promoção de juízos especiais que julgam a deslealdade, de forma individual ou coletiva, que se pratica contra o Estado, tratando-se, pois, de tribunais provisórios[636], até o momento em que este tipo de tribunal se torna então permanente[637], passando a ser composto por cerca de sessenta senadores que deliberam e julgam por maioria simples de votos.

---

[633] 'Iudicia Populi'

[634] 'Lesa Majestatis'

[635] "Maiestatis autem corazón crime illud est, quod aduersus populum romanum, uel adersus secuntatem eius committitur" (Livro XIVIII do Digest, em seu Capítulo IV, Dig, 49.4.1.1).

[636] 'Quaestiones extraordinae'

[637] 'Quaestiones perpetuae'

# PARRECIDIUM[638]

O *'parricídio'*, um dos crimes públicos mais antigos do Direito Romano, constitui o antecedente do atual homicídio agravado, especialmente pelo parentesco, e desde os primeiros dias de Roma a intervenção do Estado foi buscada para prevenir os conflitos parricidas.

Para a sociedade romana, o *'parricídio'* era considerado um *'summum crimen'*[639], pois era equivalente a um homicídio malicioso ou a um assassinato dotado de morte violenta, fosse do próprio *'paterfamilias'*, fosse de qualquer outro cidadão livre e membro da *'famíliae'* vitimada, uma vez que, para *Roma*, este tipo de *'crimines'* era considerado de extrema gravidade, *'de todo'* obrigando os juristas de forma contínua a regulamentar as condutas que ameaçavam a vida da *'familiae'* como um todo.

O parricídio foi configurado a partir do *ano 55 a.C.*, por meio da *'Lex Pompeia de Parricidiis'*, que considerava como criminoso aquele que matou ascendente, pai ou mãe, bem como qualquer outro descendente, ou parente membro de uma *'pater familiae'*, pois, como tal, punia os homicídios de parentes próximos até o primo-irmão, inclusive os ascendentes dos assassinos, independentemente do grau de parentesco, qual seja, o pai no presente caso, e os descendentes, filhos e filhas.

Atenta-se para o fato de que a *'lex'* previa que,

> [...] se alguém matou seu pai ou mãe, irmão ou irmã, tio ou tia, primo ou primo, cunhado ou cunhada, esposa, marido, sogro ou sogra, filho ou filha, ou por causa de sua fraude este crime foi causado, é punido na forma estabelecida pela *'lex cornelia'* sobre assassinos, incluso, a mãe que matou seu filho ou filha, que também é punida na forma prevista nesta lei.[640]

*'De todo'* convém novamente realçar então, que o *'parricídio'* distingue-se do simples homicídio e pune os parentes próximos daquele que cometeu o crime, até o primo-irmão, inclusos os ascendentes dos assassinos, independentemente do grau de parentesco, bem como os descendentes, filhos e filhas.

Por ordem do imperador *'Constantino'*, tem-se que :

---

[638] Crime daquele que matou ascendente, pai ou mãe, bem como qualquer outro descendente, ou parente membro de um *'pater familiae'*,

[639] 'Crime supremo'

[640] Marciano, d, 48, 9, 1.

*Tal criminoso não deve ser morto pelo fogo, nem deve sofrer qualquer outra pena ordinária; pode ser costurado em um saco de couro, junto com um cachorro, um galo e uma víbora, cercado por bestas e associado a serpentes; e, além disso, seja expulso para o mar ou para o rio vizinho, de modo que, mesmo que sobreviva, lhe faltarão todos os elementos, de modo que a terra lhe será negada após sua morte.*[641]

*Com exceção do louco que matou seu pai, em que a pena aplicável ao caso não era a de 'parricídio', mas 'a correspondente à própria loucura, isto é, a reclusão'*[642].

O dever de agir de acordo com as *'lex'* referia-se basicamente às *'famílias pater'*, em que o *'officium pietatis'*[643] obrigava o pai a tratar os filhos com moderação, em especial a partir do momento em que o *'parricídio'* veio atingir de forma agressiva a comunidade e, *'como tal'*, fez-se necessário garantir a segurança do *'paterfamilias'*, com a obrigação de controlar todo e qualquer atentado contra a vida do *'pater'*, em face dos distúrbios que eram provocados na organização dos pequenos *povoados*.

---

[641] Constantino, 9, 17, 1.

[642] Modestino, d, 48, 9, 9, 2.

[643] 'Dever de piedade'

# *HOMICIDIUM*[644]

A definição de *homicídio* sofreu transformações notáveis na Roma antiga, uma vez que nos primórdios a morte dolosa e os crimes que assim resultavam desta forma, eram qualificados como *'parricídio'*; e os assassinatos, a morte violenta e maliciosa eram qualificados como *'perduellio'*, levando-se em consideração, a título de ilustração, que, *'lá'* no contexto da *lei de antigas civilizações primitivas*, Estados como *a Grécia Antiga, a Babilônia e os próprios hebreus* já interpretavam o *homicídio* como uma ofensa grave, que era resolvido por meio da *'vindita'* com base na *Lei do Talião*, ainda que no *direito romano* este tipo de vingança também tenha sido instrumentalizado.

Entretanto, é lá na *'antigua roman'* que esta consideração mudou, no fim do *período republicano*, quando o *'parricídio'* começou a ser definido como a morte cometida por um indivíduo contra seus parentes, e uma nova palavra foi necessária para definir as mortes que não se enquadravam neste grupo, tendo a sua origem sido convencionada como *'homicídio'*, que se traduz como a *'morte do homem'*, para determinar o óbito causado àquele que fora vitimado de forma maliciosa.

Na *época romana*, o fato de que os indivíduos eram punidos ou penalizados por seus atos dependia diretamente de serem considerados pessoas, o que implicava a aceitação pelas *'famílias pater'* dentro do núcleo familiar e o reconhecimento dos direitos legais na comunidade.

O *'pater familias'* nesta fase possuía poder total sobre o *'filius'*, podendo decidir sobre a vida destes; até mesmo poderia vendê-los, abandoná-los ou entregá-los a quem de direito, se cometessem um crime, entendendo-se que neste período até mesmo a morte causada pelo marido a sua esposa, ou pelo ascendente a seus descendentes, não era considerada um crime, até porque este direito do *'pater'* teria sido incluído na *Lei das XII Tábuas*, recebendo o nome de *'ius vitae ac necis'*[645].

Entretanto, o fato de o direito encontrar-se incluído nesta *lex* não significava a inexistência de certos limites, pois o poder de matar a esposa só era autorizado quando a mulher era considerada adúltera ou encontrava-se com constância em estado de embriaguez habitual, levando-se

---
[644] 'Morte do Homem'
[645] "O direito de vida ou morte".

em consideração que, a partir da *'res publicae'*, o *pater* deveria exercer este direito de forma ponderada e justa, pois, se assim não o fizesse, seria inquestionavelmente acusado de homicídio.

De outra banda, outras limitações se desenvolveram como resultado da aplicação dos costumes *'mos maiorum'*, que surgiram dentro da família, e que mais tarde se tornaram *'leges rigiae'*[646], estabelecendo sanções para o *pater* que excedia o seu poder dentro da família, inclusa a pena de morte.

Tem-se então que o *poder disciplinar, corretivo e punitivo* dentro de uma família, e com respeito a seus membros, é exercido pelo *pai de família*, uma vez que ele se encontrava posicionado como o *chefe da família* e, portanto, qualquer assunto ou problema que surgisse no seio da família era considerado de âmbito privado[647], e o poder público não intervinha, sendo este resolvido então por meio da vingança ou autojustiça, ou com a declaração de inimizade, com a exceção de que os atos de natureza e importância criminal particularmente graves, chamados de *'crimina'*, entre eles o *homicídio*, alcançavam a importância pública e eram julgados pela comunidade, e não pelo *pater*, por meio das *'ecclesiis et curiis populi'*[648], cuja razão do propósito era atribuída à *'publica auctoritas'*[649].

*In casu*, tudo era feito com o fito de garantir a paz social, pois era esta figura estatal que consolidava certos limites ou princípios para evitar problemas, tais quais os marcos de datas em que a *'vindicta'* poderia ser exercida, estabelecendo tréguas e exigindo que a autoridade pública fosse informada da declaração de inimizade por meio da *'diffidatio'*, entendendo-se, porém, que, quando os atos criminosos entre membros de diferentes famílias eram resolvidos na esfera privada, duas situações poderiam acontecer, quais fossem, o exercício de uma vingança privada ou um acordo a ser alcançado.

*'De todo'*, a influência da religião era enorme e permeava todos os aspectos da vida cotidiana, e, por assim dizer, tais crimes eram considerados como fator de perturbação da paz dos deuses e, portanto nascia assim um dever de vingança a fim de restaurar a paz anterior.

Tem-se como exemplo a sanção *'parricida'* da *Lei de Numa* no início da *lei romana antiga*, segundo a qual os parentes de um indivíduo que tinha sido morto pela ação de outro possuíam o dever e a obrigação de

---

[646] 'Leis rigorosas'
[647] 'Res privata'
[648] 'Igrejas e tribunais do povo'
[649] 'Autoridade pública'

matar o assassino, que, em assim sendo, acabou por corroborar com o surgimento das classes de homicídios da *lei romana*: como o *homicídio violento*, regulado pela *Lex Cornelia*, que era determinado pelos meios que haviam sido utilizados para a *'causae'* da morte; o *homicídio por envenenamento*; o *homicídio de parentes*; o *homicídio por fogo provocado*; e todos os *crimes cometidos em um naufrágio*.

D'outro bordo, as *'poenas'* impostas durante a *'égide romana'* eram diversas e *iam desde penas pecuniárias, passando por perda de direitos civis ou banimento, prisão, trabalho forçado, castigo corporal, perda de liberdade, confisco de bens e, é claro, chegando à pena de morte*, que era executada de maneiras diferentes, iniciando-se pela forma mais antiga, que era *a decapitação, a crucificação, a pena de culto, a entrega aos animais selvagens ou como isca em combates públicos, bem como a execução popular e o arremesso de rochas*.

A *Lei das XII Tábuas, escrita entre 451 a.C. e 450 a.C.*, impôs a aplicação da pena de morte com uma regulamentação mais eficaz, proibindo a condenação à morte de um *cidadão romano* sem julgamento popular, o que significou o fim do *direito de vingança* na *esfera privada das famílias*. As *Tábuas VIII e IX* listaram os delitos e não diferenciavam *delitos públicos de privados*, podendo-se nela observar a evolução das penas, especialmente da *pena de vingança de sangue*, que poderia ser substituída por um *pacto entre o infrator e o ofendido*, e *o pagamento de uma sanção pecuniária*, entendida como uma reparação pelos danos morais sofridos pela vítima.

É importante enfatizar que o elemento tipificador da *ofensa na Lei das XII Tábuas* era a intencionalidade, ou seja, deveria haver *malícia, intenção de causar a morte, negligência ou culpa*, pois, em caso contrário, não era considerado um delito de homicídio.

A repressão do crime, a princípio, era de responsabilidade da parte ofendida ou de seu grupo social, porém havia casos em que a comunidade poderia encontrar-se envolvida, devido ao interesse público, portanto havia a outorga para a sua intervenção, no sentido de garantir a *paz do Estado*, como, por exemplo, no caso de um *'parricídio'*, qual seja, a *morte de um pai nas mãos de seu filho*, ou de um *homicídio*, ou outros crimes, não podendo deixar de se conceber, e de lembrar, que, com o instituto da *provocatio ad populum*[650], em casos da *'poena mortis'*, estabeleceu-se um sistema de *'apellatio'*, as *'comitia centuriata'*, para a ratificação e/ou não da imposição da *'sententia'* dada.

---

[650] 'Lex valeria de 300 a.C'

A *Lex Cornelia de Sicariis et Veneficiis de 81 a.C.*, foi uma *'legis'* de vital importância, que foi criada para penalizar bandos organizados que colocavam em perigo a *pax et ordo socialis*, restaurando assim a situação, *em especial* após os anos de guerra civil sangrentas, em que diferentes condutas eram punidas com a mesma *'poena'*, sem apreciar o elemento de voluntariedade.

O objetivo da *Lex Cornelia* era regular e punir esses bandos armados que lutavam uns contra os outros e eram pagos por diferentes grupos políticos. Primordialmente a iniciativa legislativa *'épica'* tutelava apenas o *'homicidium voluntarium'*, ainda que ao depois tenha sido ampliada, para a inclusão de crimes como *a castração, o exercício de artes mágicas, a venda de substâncias medicinais perigosas, o incitamento ao motim*, e outros, mas resultou então que a sua aplicação fosse ampliada a todos os *'crimes intencionais'* que resultassem em morte ou perigo à vida.

Desse modo, sob esta interpretação, o indivíduo que causasse a *morte sem intenção ou voluntariedade* era absolvido, e a *pessoa que praticasse o crime com intenção era considerada uma assassina*, com o adendo de que todos aqueles que, presenciando o crime, *'de todo'* o pudessem ter evitado e não o faziam estavam sujeitos à mesma *'poena'*.

A *'poena'* imposta pela *'Lex Cornelia'* era geralmente a *'mortis'*, mas, se o homicida fosse uma pessoa de alta posição social[651], ela seria substituída pela *'deportationis poena'*, ou pela sua *exoneração no seio da sociedade*; e, caso o *homicídio* tivesse sido cometido por *uma criança ou um louco*, outorgavam-lhe a isenção da *'responsum'*, de igual forma a um indivíduo que também matara uma pessoa que tivesse colocado a sua vida em perigo.

Os julgamentos realizados, à égide desta *'lex'*, eram mediados pelos colegiados populares, que, em contraste com a *Lei das XII Tábuas*, avalia-vam o *'animus mecandi'*, qual seja, a *intenção* de cometer o ato criminoso, resultando no evento morte.

*'Conclusos'* então que, durante a *época romana*, houve diversas inge-rências *'épicas'*, que deram causa à mutabilidade de disposição textual e interpretação legal ao *'homicidium crimen'*, como, por exemplo, a morte determinada pelo *'pater'* de pessoas sujeitas a seu poder, ou descenden-tes, que assim foi derivada do princípio latino do *'ius vitae ac necis'*[652]; e,

---

[651] MOMMSEN, Teodoro. *Derecho penal romano*. Bogotá: Editorial Temis, 1991.
[652] 'O direito de vida ou morte'

lá na frente, limitado e abolido por *'Constantino'*[653] o homicídio causado ao escravo por seu proprietário, que poderia ser processado perante a *'comittia'*, mas que era deixado à discrição desta para a prolação da *'poena'* ou a sua *isenção*, desde que houvesse motivos suficientes para tal.

Já os *soldados* poderiam matar os seus inimigos dentro e fora do *território romano*, e tal ato não era considerado *homicídio*, pois era permitida pela *lei da guerra a morte aos desertores e aos inimigos em guerra*, bem como a *morte de um espião ou conspirador em tempo de guerra*, e também a *morte cometida pelo pai contra sua filha*, quando ele a tivesse flagrado em adultério, em casa ou na casa de seu genro, de igual monta ao vínculo conceitual da morte do marido que atentara contra a vida da sua esposa, que lá na frente foi revogada pela *'Legis Augustus'*.

---

[653] SÁINZ GUERRA, Juan. *La evolución del derecho penal en España y Constitución de Constantino*, 9, 14, 1, Jaén, 2004, p. 611.

# CRIMEN REPETUNDARUM[654]

A *Lex Calpurnia de 149 a.C.*[655] trouxe em seu bojo as *Quaestiones perpetuae*, que instituíram os tribunais *ad hoc*, especializados em crimes que abrangiam *abusos cometidos por magistrados e governadores de províncias*[656], como, por exemplo, o peculato de fundos.

Nesta *'legis'*, se considerar então a origem do *'crime repetundarum'*[657] [658], no qual foram incorporadas diferentes tipificações, como *o homicídio, o envenenamento, o abuso de poder, e o crime de traição*, em que se adotou a criação de uma corte permanente com um pretor peregrino para vigiar os governadores provinciais, é de entender-se então, que não se pode deixar de olvidar que, no tempo do *'Imperador Adriano'*, a interpretação da *'lex'* ainda se estendeu a atos por *apropriação indébita de funcionários públicos*[659], que eram punidos com a pena de morte, contudo, diferenciando-se do crime de *'ambitus'*[660], que na mesma égide foi aplicável a *corrupção eleitoral e manobras para alterar resultados de votação*, incluindo *compra de votos, promoção de motins, organização de banquetes ou jogos de circo*[661], em

---

[654] 'Peculato, Exação, Corrupção, Apropriação indébita de funcionários públicos'

[655] *Lex Calpurnia de Repetundis.*

[656] C. A. BRIOSCHI, *"Así se combatía la corrupción pública en la antigua Roma"*, Forum des resistans européens Euro, "Así se combatía la corrupción pública en la antigua Roma...", op. Cit.: La primera ley que se estableció fue la «Lex Calpurnia» (149 a.C.), como consecuencia del abuso del gobernador de la provincia de Lusitania, Servio Sulpicio Galba, al que se acusó de malversación de fondos y fue juzgado por un jurado procedente de la orden senatorial, algo que era toda una novedad. Sin embargo, esta primera ley no imponía ninguna pena pública, sino la devolución del dinero que había sustraído".

[657] *Lex de Rebus Repetundis.*

[658] BELLO RODRÍGUEZ, S.; ZAMORA, J. L. Crimen repetundarum: status quaestiones. *Revistas@iustel.com, Revista General de Derecho Romano*, n. 21, p. 3, 2013.

[659] CRISTALDI, S. A. La praevaricatio e la sua repressione dinanzi alle quaestiones perpetuae. *Revistas@iustel.com, Revista General de Derecho Romano*, n. 18, 2012.

[660] Sobre esse crime em particular, veja-se, entre outros: HEINECCIUS, J. G. *Antiquitatum romanarum Jurisprudentiam illustrantium Syntagma.* Venetia, 1796. p. 462 *et seq.*; REIN, W. *Das Criminalrecht der Römer.* Leipzig, 1844. p. 701 *et seq.*; LABOULAYE, E. *Les lois criminelles des romains.* Paris, 1845. p. 282 *et seq.*; RINKES, S. H. *Disputatio de crimine ambitus et de sodaliciis.* Lugduni, 1854; HUMBERT, G. "Ambitus", DS 1 (1877) 223 *et seq.*; HARTMANN, L. M. "Ambitus", RE I,1 (1894) p. 1.083 *et seq.*; MOMMSEN, T. *Römisches Strafrecht.* Graz, 1955 (reimpresión de la ed. de Leipzig 1899), p. 865 *et seq.*; FERRINI, C. *Diritto penale romano.* Milano, 1902. p. 420 *et seq.*; CHAIGNE, G. *L'ambitus et les moeurs électorales des Romains.* Paris, 1911; COLI, U. "Ambitus", NNDI 1 (1957) 534 *et seq.*; GRUEN, E. S. *Roman politics and criminal court, 149-78 b.C.* Cambridge, Mass., 1968; DE ROBERTIS, 1971, p. 129 *et seq.*; GRIMAL, P. Lex Licinia de sodaliciis. *In*: MICHEL, A. Verdière, R. (ed.). *Hommages à K. Kumaniecki.* Leiden, 1975. p. 107 *et seq.* p. 107 *et seq.*; FASCIONE, L. Alle origini della legislazione di ambitu. *In*: SERRAO, F. *et al. Legge e società nella repubblica romana.* Napoli, 1981, con bibliografía p. 258, nota 7; FASCIONE, L. *Crimen e quaestio ambitus nell'età repubblicana.* Milano, 1984; FASCIONE, L. Le norme 'de ambitu' della 'lex Ursonensis'. *Labeo*, v. 34, n. 2, 1988. p. 179 *et seq.*; SCHULLER, W. *Korruption im Altertum.* München-Wien, 1982; VENTURINI, C. *L'orazione Pro Cn. Plancio e la lex Licinia de sodaliciis.* Studi in onore di C. Sanfilippo 5. Milano, 1984. p. 787 *et seq.*; LINDERSKI, J. Buying the vote: electoral corruption in the Late Republic. *The Ancient World*, n. 11, 1985. p. 87 *et seq.*; LINTOTT, A. W. Electoral bribery in the Roman Republic. *Journal of Roman Studies*, n. 80, 1990. p. 1 *et seq.*; MURGA, J. L. El delito de 'ambitus' y su posible reflejo en las leyes municipales de la Bética. IVRA 41 (1990) 1 *et seq.*, y recensión de J-H. M., en RIDA 39 (1992) 439; WALLINGA, T. "Ambitus in the Roman Republic", RIDA 41 (1994) 411 *et seq.*; RESINA, P. El crimen ambitus en Plauto. *In*: POCIÑA, A.; RABAZA, B. (ed.). *Estudios sobre Plauto.* Madrid: Ediciones Clásicas, 1998; BIALOSTOSKY, S. *Delitos electorales*: ambitus. De Roma al derecho positivo mexicano. Biblioteca Jurídica Virtual del Instituto de Investigaciones Jurídicas de la Unam. p. 321 *et seq.* Id. CAMACHO DE LOS RÍOS, F.; CALZADA, M. A. (coord.). *El derecho penal*: de Roma al derecho actual. Madrid: Edisofer, 2005. p. 139 *et seq.*

[661] GARCÍA GARRIDO, M. J. Diccionario... Cit, V. CRIMEN AMBITUS, p. 35. Delito de ámbito o de corrupción electoral. Varias leyes (Aurelia, Calpurnia, Cornelia, Cornelia Baebia, Cornelia Fulvia, Poetelia Pompeia), sancionaron los actos de presión o corrupción electoral para las magistraturas. Vid. D. 48.14; C. 9.26.

## 'AQUILIAE' THEOREMA CIVIS ROMANUS STATUS DEFENSIONIS 'RESPONSUM'
## REPARATORIUS CURAE ET PRIVATAE ET PUBLICAE DELICTIS IN ANTIQUA ROMANA LEGE

que se descreveu neste enlace todo e qualquer aliciamento relativo ao desvirtuamento do sufrágio.

Desta forma, tinha-se pois que, em *Roma*, *'de todo'* se reputava amoral e, imoral, aceitar pagamento pelo cumprimento de deveres cívicos, em especial nos círculos mais elevados, como de *oficiais do exército, advogados, gerentes de negócios, autoridades públicas, ainda que exercessem gratuitamente as suas funções*, pois qualquer espécie de subterfúgio que permitisse a recepção da *'espécie'* ensejava a aplicação das *'leis penais'* com vistas a sua coação.

Os *'crimes repetundarum'*, que assim eram punidos pelas *'leis repetundae'*, 'de todo' eram distintos entre si, como tais *a 'exação' e a 'corrupção'*, que se diferenciavam, pois na *'exação'* a autoridade pública induzia a vítima a propiciar-lhe estes presentes, à mercê da ameaça de malefícios em caso de recusa, e na *'corrupção'* a *autoridade pública* aceitava presentes ou propinas pelo exercício das suas funções.

Durante a república, tinha-se, pois, que a 'ação de repetundae' 'de todo' permitia proceder-se em relação à 'autoridade eleita', desde que provado que esta recebera presentes durante o exercício do seu mandato anterior para a eleição presente, bem como ao 'senado', pela possibilidade de recebimentos de quantias, sejam elas como auxiliar de uma autoridade, como vogal no senado, como jurado, como autor em processo público e como advogado; em que também se agregou a filosofia da lei aos 'filhos de todas estas pessoas mencionadas', por quantias que houvessem recebido durante o exercício das funções dos seus pais, e a qualquer pessoa que, mesmo sem ser autoridade pública, exercia funções públicas, ou a elas eram assemelhadas.

Já no *império*, o *'crime de repetundae'* passou também a *catalogar as autoridades da ordem equestre, os jurados, os acusadores, e os advogados, aqueles que acompanhavam autoridades, mas notadamente os governadores de província e os funcionários públicos subalternos.*

Neste bordo, as *'leis repetundae'* proibiam aos *eleitos* aceitar quantias, permitindo ao *autor da doação da propina* propor uma *ação de repetição*, encaminhando-a ao 'praetor urbano' e propondo-a mediante uma 'formulae' chamada de 'legis actio per condictionem', em que as provas deveriam ser pesquisadas pela vítima ou pelos representantes desta e, se houvesse mais de uma repetição em face da mesma autoridade, elas seriam reunidas no mesmo processo, cujo fundamento consistia na *ilegalidade das liberalidades que se propiciava às autoridades.*

Neste prisma, entendia-se por *liberalidade* o *ato jurídico que dissimulava uma doação, e mesmo qualquer compra efetuada pela autoridade, independentemente da boa-fé dos envolvidos*, e em que se excluíam da proibição *as doações de comidas, as bebidas e, os objetos pequenos até o valor de dez mil sestércios, as quantias destinadas a serem usadas na realização de alguma obra que perpetuasse a memória do governador de província e os presentes oferecidos por parentes*.

D'outro bordo, tem-se que as *'leis repetundarum'* também criminalizavam a *instituição de novos impostos*, quando tal não se achava incluído nos poderes da autoridade, bem como toda *cobrança* injusta por parte destes, em que, em ambos os casos, era pressuposto para a *'conditio criminalis'* o notório enriquecimento indevido do funcionário.

Lá no começo do 'Augustus Imperium', a condenação impedia o exercício de cargos públicos e mesmo a restituição pelo simples valor, em que os tribunais superiores passaram a fixar a 'poena' de acordo com a sua convicção, em que se tinha como regra o banimento e mesmo a execução, porém 'de todo' firmada a convicção de que a 'ação de repetundae' poderia atingir os herdeiros da autoridade, bem como terceiros que houvessem se beneficiado com o enriquecimento indevido da autoridade, inclusive credores que tivessem sido pagos, desde que verificassem a insolvência do réu.

# PROVOCATIO AD POPULUM INSTITUTUM[662]

A *'provocatio ad populum'*[663] foi uma instituição de direito público romano introduzida pela *'Lex valeria de provocatione de 509 a.C.'*[664], que como tal foi redigida pelo *cônsul romano 'Publio Valerio Publicola'* e aprovada nos *comicios centuriados*[665], tendo sido aplicada, em particular, no *período republicano*, onde se previa a possibilidade de que a pena capital de uma pessoa condenada à morte pudesse ser transformada em outra pena, caso assim fosse estabelecida por meio de sentença popular, garantindo-lhe, pois, a mantença da liberdade.

Durante o *período republicano romano, a luta social e política entre os patrícios e os plebeus*, que eram as classes que constituíam o povo, ocupava um lugar importante na história, com o advento das diversas ferramentas de luta política e jurídica.

Tem-se que na classe plebeia, nasciam as atribuições do *'tribunus plebis'*, que agregado, a própria instituição da *provocatio ad populum*, supunha uma garantia de liberdade e de igualdade em face dos possíveis abusos que se poderia dar por parte dos magistrados, devido a uma atuação arbitrária ou abusiva[666], nomeadamente quando se tem notícias, de que os patrícios eram a classe prioritária e privilegiada nos domínios político, judicial, administrativo, econômico e religioso de *Roma*, com plenos direitos de cidadania.

Já a plebe por assim dizer, era um segmento de segundo grau da população, cujos direitos políticos e civis eram restritos.

Enquanto a *'provocatio ad populum'* proporcionava uma segurança judicial aos cidadãos romanos, os *'tribunus plebis'* contribuíram para a proteção dos direitos de classe[667], *em particular* quando se volta à *antigua historiae* para assentar que a *persecução dos crimes públicos, 'lá'*, desde o pri-

---

[662] 'A pena capital do *civitae roman* entregue a comícios populares para mantença de liberdade'

[663] ADINOFLI, G. Extremismos en tema de 'accusatio' e 'inquisitio' en el procedimiento penal romano. *Revista de Estudios Histórico-Jurídicos*, Valparaíso, Chile, 2009. Sección Derecho Romano, 31. p. 39. "La introducción de la provocatio ad populum en apelación terminó por reducir las funciones de los magistrados a la simplemente preparatoria del juicio popular, más propia del Ministerio Fiscal que, de los juzgadores, aunque sean de instrucción (Arangio Ruíz, V, *Historia de*, p. 208). La mayoría de los autores modernos consideran la provocatio como uno de los pilares esenciales de la época republicana. Una primera forma de provocatio surgió en los delitos comunes dejados a la venganza gentilicia. Pero la práctica hizo desaparecer la concepción de estos delitos como de tutela privada e introdujo una tutela estatal o propiamente criminal, en la que los delitos ya no eran de mínima relevancia, sino graves para el orden social y generadores de una crisis en la colectividad, por lo que precisaban de la presencia del populus".

[664] SOMMARIVA, Gisella Basanelli. *Lezioni di diritto penale romano*. Bolonia: Edizioni Nautilus, 1996. p. 187.

[665] GIRARD, Paul Frédéric. *Histoire de l'organisation judiciaire des romains*. Paris: A. Rousseau, 1901. p. 113.

[666] RUÍZ, Armando Torrent. *Derecho público romano y sistema*. De Fuentes, Oviedo, Edisofer, 2002. p. 201.

[667] Titus Livius descreve-o como as "duas arces libertatis", quais sejam, os "dois castelos da liberdade" do povo romano.

meiro período da *Monarquia*, não exalava vestígios de configuração de um verdadeiro processo penal romano, uma vez que foi apenas no fim deste período que se instituiu uma espécie de *delegação de poder régio*, anteriormente exercida diretamente por *magistrados duumviri*, até então necessários para administrar a justiça, quando o *Rex* não exercia seu poder diretamente.

O magistrado, qual seja, o *'Rex'*, antes de adotar a sua decisão, realizava uma espécie de investigação sumária chamada de *'cognitio'*, concentrando em seu poder todas as funções processuais, ou seja, imputava decisões e, convicções, sem necessidade de provocação estranha.

A investigação era marcada por sua vontade própria, fazendo com que diante desse procedimento judicial, *'de todo'* claramente *inquisitivo*, tenha se desenvolvido o poder de insurgir-se contra a decisão do *Rei* e/ou dos *Magistrados*, que, por assim dizer, ficou então conhecida como a *'provocatio ad populum'*, qual seja, o verdadeiro império do *'populus'* nas *comittias*.

*Este instituto 'epic roman'*, que consistia no direito de todo cidadão do sexo masculino de provocar a reunião da *'popularis conventus'*[668] a fim de evitar os efeitos negativos da decisão do inquisidor público, destaca-se pelo fato de que o seu advento foi o início do estabelecimento da jurisdição popular, que, por força da *'opinio populus'* imposta, limitava o poder penal do rei.

Por assim dizer, foi uma verdadeira manifestação democrática, que, devido ao *'Rex Sérvio Túlio'*, ainda na época da monarquia, tornou-se obrigatória, como uma espécie de instância recursal[669], em que se apelava para o povo reunido em comícios[670] das decisões da autoritate, com vistas a sua reforma, obrigando a autoridade judicante a indicar uma solução jurídica do processo, que compulsava ao *'referendum'* da condenação, por parte de um conselho formado por populares.

Assim, a *provocatio ad populum*, também referendada *como desafio ao povo*, constituiu uma figura jurídica do direito romano de importância indubitável como prelúdio ou antecedente remoto do direito individual da liberdade pessoal, representando, pois, um grande avanço em termos de direitos individuais dos *'civitae roman'*.

*Foi* uma verdadeira revolução no sistema jurídico e político de Roma; onde, após a *monarchia* desta cidade-Estado, cujo governo por muito tempo

---

[668] Assembleia popular

[669] GIORDANI, *op. cit.* "Nulla juris ratio aut aequitatis benignitas patitur, ut quae salubriter pro utilitate hominum introducuntur, ea nos duriore interpretatione contra ipsorum commodum producamus ad severitatem". Em tradução copiada: "Nenhuma razão de direito nem a benignidade da eqüidade permite que tornemos mais severos, por uma interpretação mais dura, contra o interesse dos homens, naquilo que foi introduzido salutarmente para a utilidade dos mesmos" (Modestino, D. 1.3.25).

[670] 'Comittias'

'AQUILIAE' THEOREMA CIVIS ROMANUS STATUS DEFENSIONIS 'RESPONSUM'
REPARATORIUS CURAE ET PRIVATAE ET PUBLICAE DELICTIS IN ANTIQUA ROMANA LEGE

se encontrava nas mãos de um soberano, a soberania da *'republicae*[671] *statum'* volta ao povo romano, e uma série de direitos é reconhecida aos cidadãos, que em hipótese alguma poderiam ser privados deles, em face da garantia de ordem legal das *'roman leges'*, conforme a *roman historiae*

Desta forma, a *'provocatio'* concedeu o direito de o condenado à morte exigir que a sentença que lhe fora imposta pudesse ser reconsiderada[672] por uma *'assembleia curiata'*, tendo logo em seguida este mesmo procedimento passado a ser efetivado nos *'comícios das centúrias'*.

Na *'Res publicae'*, a medida era *'inicialmente'* aplicável apenas a presidiários da *'classe patrícia'* que já se encontravam condenados, porém *'ao depois'* os *'plebeus'* também vieram ser contemplados com os benefícios da *'lex'*, uma vez que a composição em massa dos *'comícios centuriados'* observou que, por existir no decorrer dos variados séculos uma forte desigualdade censitária de atribuições entre as diversas classes sociais, este sistema, também era um instrumento nas mãos das classes dominantes e, como tal, deveria ser expandido a todos.

Na cronologia de uma boa parte da história do direito romano, tem-se que os magistrados romanos possuíam poderes ilimitados, e as suas sentenças não davam direito à concepção do instituto da *'appellatio'*, o que provocava o risco de uma série variada de abusos[673] na aplicação da pena capital.

Por assim dizer, o instituto da *'provocatio'* teria sido uma forma de admitir um *'apelo extraordinário'*[674] a todo o povo como forma de *'entorpecer'* os excessos de poder de governança do Estado, bem como minimizar a possibilidade de decisões duvidosas[675], o que *'de todo'* enalteceu o avanço do instituto, até *'lá'* na frente, no *'período Augustus Imperium'*, em que se manteve a *'provocatio'*, com o adendo de que neste período o *'populus'* veio ser substituído pelo *'princeps imperator'*.

Assim, faz-se realçar, que a *'Provocatio ad populum'* constituiu uma figura jurídica do direito romano de indubitável importância, como prelúdio ou antecedente remoto do direito individual à liberdade pessoal, pois foi um grande avanço em termos dos direitos individuais dos cidadãos romanos, que até então eram desconhecidos pelo *sistema jurídico-político de Roma*.

---

[671] GIRARD, *op. cit.*, p. 105.

[672] GIORDANI, *op. cit.* "In poenalibus causis benignius interpretandum est". Em tradução copiada: "Nas causas penais deve-se seguir a interpretação mais benigna" (Paulo, D. 50.17.155).

[673] *Ibidem.* "Quod vero contra rationem juris receptum est, non est producenalum ad consequentias". Em tradução copiada: "O que se admitiu contra a razão do direito, não há de ser levado até suas consequências" (Paulo D. 1.3.14).

[674] "Extraordinarium Appellationes".

[675] GIORDANI, *op. cit.* "Sed in re dubia benigniorem interpretationem sequi non minus justius est quam titius". Em tradução copiada: "Na dúvida é tão justo como seguro seguir a interpretação mais benigna" (Marcelo, D. 28.4.3).

Isto porque, *'desde muito'*, Roma, à época monárquica, era considerado uma cidade-Estado, e o poder encontrava-se nas mãos de uma única pessoa, o *'Rex'*, e, com o translado e a consequente proclamação da *'Res publicae'*, insertou-se assim a modificação de um novo regime político, em que a soberania do Estado passou a ser de titularidade do povo romano, haja vista que os cidadãos eram reconhecidos por meio de uma série de Direitos, e o Estado não poderia privá-los destes, uma vez que se encontravam garantidos no corpo *'épico'* das próprias leis.

A liberdade do *'civitae roman'* em sua esfera pessoal era a meta de quem, por qualquer circunstância, dela não poderia ser privado, uma vez que a liberdade era desejada por todos os homens e especialmente pelos condenados à morte, e a garantia desta deveria e só poderia ser reconhecida pela concreta e permanente efetivação do *'status libertatis'*.

O aparato de suporte encontra égide a partir do ápice de entendimento de que o sistema normativo romano que fora desenhado pela *'republican constitutio'* dotava os *'civitae roman' do basilar e essencial direito de fundamento da liberdade,* do qual ninguém poderia ser privado.

A cronologia das leis sobre a *'provocatio ad populum'* nos indica que, ao longo dos tempos, o instituto tornou-se cada vez mais um elemento qualificador da liberdade, uma vez que, quando a *'Res publicae'* atingiu um maior grau de desenvolvimento, os partidos políticos se tornaram mais poderosos, e, com o começo da perseguição de inocentes, diversos tipos de abusos aconteciam.

Até o advento da *'Lex Porcia'*[676] [677] [678] proposta pelo tribuno da plebe Públio Pórcio Leca em 199 a.C., que estendeu o *direito de provocatio* para

---

[676] SALUSTIO. *La conjuración de Catilina*. Edição de Avelina Carrera de la Red. Madrid: Ediciones Akal, 2001. p. 25 *et seq.*, nota 167, p. 159. "No início do s. II a.C. foram ditadas três *Leges Porciae*, cujo conteúdo preciso não é exatamente conhecido. De acordo com o testemunho de Cícero (rep. 2.54) os três impunham sanções a quem punisse um cidadão romano sem ter acatado a *provocatio*. Cícero tenta mostrar que tais leis não poderiam ser aplicadas neste caso, já que Lentulus e os outros perderam sua condição de cidadãos romanos ao pegar em armas contra sua pátria" (*cf.* Catilina. 4.5.10).

[677] SANTALUCIA, Bernardo. *Diritto e processo penale nell' antica Roma*. Milão. p. 71-72, com referência às *Leges Porciae*, afirma: "Le fonti ricordano tres *leges Porciae*, assai discutir dalla critic, delle quali la prima, la *lex Porcia de tergo civium*, provavelmente dovuta a Catone il vecchio, console nel 195 a. C., avrebbe concede il recorso al popolo contro la fustigazione come provvedimente autônoma (se non addirittura sancito l' abolizione delle verghe contro i cittadini romani); a segunda, proposta por P. Porcio Leca, tribuno della plebe em 199 e pretor em 195 a.C., dizia que esta era a lei de provocação aos cittadini che trovavano fuori Roma e aos soldados no confronto com o comandante papagaio; o terceiro, in fine, di cui c'è ignoto sia il proponente che la datos, avrebbe introduziu un nuovo e mais severo sanzione-forse la pena di morte-nei confronti del magistrato che non si fosse attenuto alle norme sulla provocatio". Em livre tradução: "As fontes lembram tres leges Porciae, muito discutida pelo crítico, sendo a primeira, a lex Porcia de tergo civium, provavelmente devido a Catão, o Velho, cônsul em 195 a.C., alegadamente concede recurso ao povo contra a flagelação como uma autonomia provisória (se não realmente sancionou a abolição das varas contra os cidadãos romanos); a segunda, proposta por P. Porcio Leca, tribuno da plebe em 199 e pretor em 195 a.C., dizia que se tratava dela de provocar aos cidadãos que encontravam fora de Roma e aos soldados nenhum confronto com o comandante; ou terceiro, afinal, de que tanto o proponente como o datos nos são desconhecidos, teria instaurado uma severa sanção – talvez a pena de morte – contra o magistrado que não cumprisse as regras da provocatio".

[678] COSTA, Emilio. *Il diritto privato romano nelle commedie di Plauto*. Roma: L'Erma di Bretschneider, 1968. p. 129, 134: "Cessa d'esser cittadino...chi è per pena cacciato in esiglio i)...Rud., prol, v.36 Neque...propter malitiam patria caret; vv.76-7 fluctus ad terram ferunt Ad uillamuiuas, exul ubi habitat senex. III, 6 v.21 Ego hunc scelestum in ius rapiam, exigam exulem; Trin., I, 2 vv.175-6 aiebant Calliclem Indignum ciuitate ac sese uiuere". "Nota aclaratoria: Costa, op. citada p. 411, acápite m) se

mais de mil passos fora da cidade de Roma, seja para os cidadãos romanos nas províncias romanas, seja para os soldados romanos, *'tudo'*, comungado, com outras mais que foram promulgadas, por meio das quais os condenados possuíam até mesmo a possibilidade de entrar em exílio, onde *'de todo'* houve a instrumentalização do exercício de permanente aprovação, autonomia e eficácia das causas que lhe eram aplicadas, que na memória do *Instituto* assim foram catalogadas:

- *Em 509 a.C., Lex Valeria Provocatione: esta lei conferiu o direito do cidadão a apelar ao povo quando o magistrado havia determinado a sua decapitação ou o seu açoite, assim dispondo então que estes não poderiam castigar ou condenar à morte o 'civitae roman' que tivesse avocado o instituto da 'provocatio ad populum';*

- *Em 449 a.C., Lex Valeria de Horatiae: esta lei proibiu a criação de magistraturas extraordinárias cujas ordens poderiam ser inapeláveis para o povo, isto é, não poderiam mais ser estabelecidas novas magistraturas que estivessem isentas do cumprimento da 'provocatio';*

- *Em 452 a.C., Lex Menenia Sestia: determinava que o limite das multas para os cidadãos romanos que invocasse a 'provocatio' era o equivalente ao valor de 30 bois e mais duas ovelhas;*

- *Em 450 a.C., Leges XII Tabulorem: determinava que a sentença de morte do 'civitae roman' deveria ser pronunciada pela comittia centúria;*

- *Em 300 a.C., Lex Valeria de Provocatione: esta lei definiu o término da 'improbe factum', isto é, a conduta do magistrado que, ignorando a provocação exercida por um cidadão, havia ordenado aos seus lictores que cumprissem a sua ordem, qual seja, declarava 'digno de censura' o ato do magistrado que açoitava e matava um cidadão na ausência de 'provocatio';*

---

refiere al delito de perduellio, pero en las referencias indicadas en p. 416 acápite m) de las comedias de Plauto, se observa que el comediante ha utilizado el término con un significado distinto de simple 'enemigo'. Esto ha sido corroborado en Caselles Latin Dictionary que indica: perduellis.is m. I: a public enemy, an enemy actually carrying on hostilities, Cic. II: Transf., a private or personal enemy, Plaut. Perduellio (Conf. Gaffiot S.V.): 1) Enemigo público; 2) Crimen de alta traición (conf. Cic. Mil. 36; Pis. 4; Liv. 36, 3, 9). Ernont-Meillet, S.V. BELLUM, enemigo, término antiguo. Ha sido reemplazado por HOSTIS en la lengua clásica y por INIMICUS. Se ha mantenido en la esfera del derecho público para designar un acto de hostilidad contra el Estado, una alta traición (conf. Varrón L.L. 7, 49)". Em livre tradução: "Nota explicativa: Costa, op. citado pág. 411, inciso m) refere-se ao crime de perduellio, mas nas referências indicadas na p. 416 seção m) das comédias de Plauto, observa-se que o comediante utilizou o termo com significado diferente do simples 'inimigo'. Isso foi corroborado no Caselles Latin Dictionary que indica: perduellis.is m. I: um inimigo público, um inimigo que está realmente fazendo hostilidades, Cic. II: Transf., um inimigo privado ou pessoal, Plaut. Perduellio (Conf. Gaffiot SV): 1) Inimigo Público; 2) Crime de alta traição (conf. Cic. Mil. 36; Pis. 4; Liv. 36, 3, 9). Ernont-Meillet, SV BELLUM, inimigo, antigo termo. Foi substituído por HOSTIS na linguagem clássica e por INIMICUS. Permaneceu na esfera do direito público para designar um ato de hostilidade contra o Estado, alta traição (conf. Varrón L.L. 7, 49)".

- *Em 199 a.C., Lex Porcia I, chamada de 'lex porcia de capite civium': estende o direito de 'provocatio' para além de mil passos de Roma, isto é, trata-se do advento, portanto, a favor dos cidadãos romanos que residiam nas províncias e dos soldados para com o seu comandante;*

- *Em 195 a.C., Lex Porcia II, denominada 'lex porcia de tergo civium': estendeu a faculdade de 'provocatio ad populum' contra o açoite;*

- *Em 184 a.C., Lex Porcia III: previa uma sanção muito severa, castigada com a pena de morte, para o magistrado que não concedesse a 'provocatio', quando invocada.*

Dessarte, a *'provocatio ad populum'* foi, por conseguinte, um estabelecimento legal emanado da *'lei comum da roma antiga'*, que após a monarquia, inicialmente, veio a se manifestar com o nascimento da República[679], como a *'a provocação ao povo'*, e depois a sua etimologia acabou por consistir num recurso de origem do povo romano[680], ou seja, uma espécie de *'apellatio'*[681], em que se solicitava a sua instauração e consequente pedido de ajuda ao povo[682] por meio das *'comittias centuriatas'*[683], contra *'decisões'*, *'sentenças'* e *'mandatos dos magistrados de Roma'*, que permitiam a um condenado com pena de morte ser salvo pela revogação da *'sententiae'*.

Por assim dizer, os crimes que eram de competência da *'provocatio ad populum'* foram catalogados como: o *'parricidium'*, que era o assassinato do *'pater família por um familiar'*; o *'perduelium'*, que era a *'traição'*; o *'suborno de juízes e magistrados'* para alterar as suas sentenças; e a *'feitiçaria'*, amplamente condenada pelos antigos romanos da sociedade.

O recurso interposto pela *'provocatio ad populum'*[684] poderia ser revogado ou não, levando-se em conta que o povo possuía o poder de decidir sobre a *'sententia'* que havia sido imposta ao condenado, interrompendo o processo da *'acusatio'* e a sua consequente condenação, instrumentalizando, pois, uma reconsideração do *'decreto'*, tendo em conta que a *'provocação'* era balizada pelo povo, pois era efetivada pelo *'institutae'* popular.

---

[679] DE PEDRO, Maria del Carmen Sánchez. *Provocatio ad populum, ¿garantía de libertad?* Seminario Permanente de Ciencias Sociales. p. 4-5.

[680] *Ibidem*, p. 4.

[681] ARANGIO-RUIZ, V.; GUARINO, A.; PUGLIESE, G. *Il diritto romano*: caratteri, fonti, diritto privato, diritto criminale. Roma: Jouvence, 1980. p. 8.

[682] GONZALEZ ROMANILLOS, José Antonio. *Teoría y práctica judicial en época republicana.* Madrid: Marcial Pons, 2016. p. 19.

[683] SANTALUCIA, 1994, p. 41.

[684] RINALDI, Norberto. *Lições de direito romano.* Introdução, fontes, direito processual e direito penal. Buenos Aires: Edital Editorial, 2003. p. 223. "Diante da sentença de morte, o condenado tinha duas alternativas: uma era realizar a *provocatio* al *populus, e, a* segunda era evitar a pena de morte por meio do exílio voluntário. Ou seja, a pena de morte era uma forma de separá-lo definitiva e completamente da sociedade. O exílio era uma forma de se excluir da pertença à comunidade, que, precisamente pela pena de morte, era preservada de um indivíduo que era perigoso para ele".

'AQUILIAE' THEOREMA CIVIS ROMANUS STATUS DEFENSIONIS 'RESPONSUM'
REPARATORIUS CURAE ET PRIVATAE ET PUBLICAE DELICTIS IN ANTIQUA ROMANA LEGE

Destaca-se, pois, que o *criminalis iustitia ratio'* foi novamente transformado durante o *'Imperius'*, pois, ao mudar a *fonte de soberania dos cidadãos* para o *Imperador,* modificou-se a competência das funções do *Estado,* ainda que a *'acusatio'* tenha sido preservada e até aperfeiçoada nesse período, uma vez que o novo procedimento[685] *da cognitio extraodinem,* foi gradualmente introduzido por leis extraordinárias para certos crimes.

---

[685] MAIER, J. *Derecho procesal penal.* p. 284 *et seq.*; LÓPEZ GOBERNADO, C. J. *Investigación criminal en la antigua Roma.* p. 18. "Durante el Principado, se produce una progresiva reducción de la competencia de las quaestiones perpetuae a favor del Príncipe y de sus funcionarios, surgen nuevas figuras delictivas perseguidas por funcionarios imperiales que actúan a través de la cognitio extraordinem. Durante el Imperio de Augusto, se crea un aparato estatal centralizado que caracterizara el Imperio Romano hasta su conclusión, la investigación criminal, como actividad policial y de seguridad del Estado recae en varias instituciones, sobre todo de carácter militar. Finalmente, en el Dominado del emperador Diocleciano se lleva a cabo una gran reforma judicial (S. III d.c) dónde las quastiones perpetuae son absorbidas por las cognitio extra ordinem".

*IURIS CONSULTOS ROMANOS*

# PRE-CLASSICAL PERIOD[686]

*É este o período em que há o marco da ruptura no contexto da 'tradição jurídica romana'*, o desvencilhamento do modo da cultura *'etrusca'* para o modelo grego de *'helenização'*, por meio de uma direção pertinente, com vistas ao alcance de uma *'codificação escrita'* e de uma determinação *'mítico-religiosa'*, objetivando uma secular *'dessecralização'*, ocorrendo na época em que Roma se tornaria uma república, que, como tal, foi denominado de período pré-clássico.

Assim, diversos defensores jurisprudenciais, *'iuris prudens'*, surgiram da alta esfera social, com copiosos pressupostos, para atender a uma gama de ampla clientela, a qual defendiam e assessoravam.

## APPIUS CLAUDIO OU CEGO

*Appius Claudius ou Cego (século IV e III a.C.)* foi um político e militar da era *'romana republicana'* que escreveu no *século III a.C.* a primeira obra da literatura jurídica romana, denominada de *Usurpationibus*, dando início ao advento de formalização do procedimento secular romano, tendo a sua obra incluído aforismos de profusa eloquência sobre a vida na forma de versos saturnianos, como o famoso *'faber est suae quisque fortunae'*.

## SEXTO AELIO PETO CATO

*Sexto Aelio Peto Cato (III e II a.C.)* foi um político e jurista romano da época republicana, filho de uma ilustre família de altos funcionários romanos, tendo escrito a célebre obra *Comentário tripartido*, esboçando uma série de comentários sobre a *'Lei das XII Tábuas'*, e o procedimento romano, que, agregado a outra bibliográfica, o *Ius Aelianum*, escreveu sobre as ações judiciais da época, com referências de sua qualidade artística, por meio dos comentários feitos por *'Cícero'*, *'Tito Pomponio Ático'* e *'Ennio'*, e dedica em sua obra, em prefácio a oração versionada *"Egregie cordatus homo Catus Aelius Sextus"*, que em sua tradução é entendida como *'Para o ilustre mestre Sexto Aelio Cato'*.

---

[686] Período pré-clássico

## M. PORCIO CATO

*Marco Porcio Cato Licinianus ou Velho (192-152 a.C.)* foi um político, militar e jurista romano, filho de Marco Porcio Cato, que, com fragmentos de obras de seu pai, escreveria mais cinco livros, intitulados de *Comentários sobre os direitos civis*, e as suas obras foram consideradas como dois grandes documentos, que permitiram uma posterior compilação de *Justiniano I*, para a redação do *Corpus Juris Civilis*.

## MANIOLE MANILIO

*Manius Manilio Nepote (século II a.C.)* foi um jurista e magistrado romano, considerado um doutrinador civil romano, isto é, analisava os costumes como uma questão de estudo jurídico, baseado em fontes secundárias de Pomponius, para quem escreveu três tratados jurídicos, que se tornaram parte da tradição jurídica romana e foram repletos de citações que estavam contidas em outras obras, especialmente aquelas relacionadas com ações cíveis, destacando-se uma obra por ele escrita, a *Venalium vendendorum leges*, que seria uma compilação de formulários e comentários sobre as condições de mercância.

## PUBLIO MUCIO SCAEVOLA

*Publio Mucio Escévola (século II a.C.)* foi um político e importante jurista da doutrina romana, no período pré-clássico, que com a familae da genes de *Marco Junio Brutus e Manio Manilio foram* os fundadores das orientações doutrinárias do direito civil romano, tendo escrito pelo menos dez ensaios e ocupado o cargo de *'romanum pontificiem'*.

## QUINTO MUCIO SCAEVOLA

*Quinto Mucio Escévola (140-82. a.C.)* foi um magistrado, pontífice e um dos dois mais renomados juristas do período pré-clássico, que compilou extensa obra do período pré-clássico, com a composição de seu escrito *De iure civili*, que consistia em oitenta volumes, acentuando-se o fato de que, *além disso*, mais uma *quarta* obra foi referendada, e, como tal, denominada de *Horoi*, que fornece a definição de termos jurídicos de relevância à época.

## AQUILIO GALO

*Aquilio Galo (século I d.C.)* foi um jurista romano e discípulo de *Quinto Mucio Scaevola*, tendo sido um notável analista jurídico e se dedicado exclusivamente à atividade da hermenêutica jurídica, considerado o criador de importantes instituições processuais, como a *'Actio doli'*, *'Exceptio doli'* e/ou *'Stipulatio Aquiliana'*, que assume todas as ações processuais relativas aos órgãos de processo *'épicos'* romanos.

## SERVIUS SULPICIO RUFUS

*Servius Sulpicio Lemonia Rufo (105-43 a.C.)* foi um famoso jurista romano da era republicana e fundador da Escola Serviniana, onde lecionou a atividade do Direito, possuindo cento e oitenta obras jurídicas, entre coleções sobre diretrizes sagradas, comentários sobre os editos pretorianos e estudos sobre o dote, sendo alguns muito conhecidos, por meio de comentários de juristas e historiadores posteriores, quais sejam, a *Reprehensa Scaevolae Capita* ou *Notata Mucii*, que criticava a obra de *Quinto Mucio Escévola, de dotibus, de 'sacris detestandis e ex incertis libris'*.

## ALFENO VARO

*Publio Alfeno Varo (século I a.C.)* foi a última geração de juristas romanos pré-clássicos reunidos em fontes históricas posteriores, como discípulo de *'Servius Sulpicio Rufo'*, tendo escrito uma média de quarenta a cinquenta e quatro livros, entre *Digestas, Fragmentos de direito civil* e as *Pandectas do Digesto de Justiniano I ou Grande.*

# CLASSICAL PERIOD[687]

*O período clássico do direito romano* é o conjunto das manifestações jurídicas ocorridas entre os *séculos I d.C. até o início de III d.C.*, durante o qual os romanos consolidaram seu direito, como conhecido hoje, por meio de obras de autores como *Gayo, Ulpiano ou Papiniano.*

Nesse período, consolidaram-se as instituições jurídicas de direito privado, e o exercício dos *'iuris consultos'*[688] teve seu maior apogeu, florescendo, entre outras, a vocação destes como mediadores processuais, sendo assim farta a referência clássica às obras editadas, com linha de apogeu junto às fontes romanas, coincidindo assim com um nível historiográfico de prosperidade em todo o império, simultaneamente à chamada *'pax romana'*, instrumentalizada junto ao nível político do chamado *'Alto Império ou Principado', de 'Octavio Augusto' (27 d.C.), até a 'dinastia dos Severos' (235 d.C.).*

O que torna o período clássico mais relevante é, sem dúvida, o trabalho dos *'iurisconsultos'*, ainda que antes já existissem obras de relevo e de proeminente caráter didático, como as obras de *'Publius' e 'Quinto Mucio Scaevola' (século II a.C.)*, porém não com tanta força e relevância social, quanto por meio de *'Gaio', 'Papiniano', 'Paulo', 'Ulpiano' e 'Modestino'*, entendendo-se que esta relevância foi em razão da compilação de trabalhos e manuscritos que permitiram um exponencial conceito jurídico, que deram uma ordem sistemática à dispersão de textos e normas isoladas que existiam desde o fim do período pré-clássico, com o surgimento da lei escrita, servindo, pois, de ponte acadêmica entre o trabalho dos pretores e o dos estudiosos do direito romano.

## GAIO (GAIUS)

*Gaio (130 d.C. a 180 d.C., século II)* foi um jurista romano e um dos mais importantes escritores e doutrinadores do direito, onde além das Institutas, que são uma exposição completa dos elementos do direito romano, Gaio também foi o autor de um tratado sobre os 'Editos dos Magistrados', 'Comentários sobre as Doze Tábuas' e, sobre a importante 'Lex Papia

---

[687] Período clássico
[688] Advogados

Poppaea', e várias outras coletâneas, tendo conseguido preservar a sua coletânea intacta, o que permitiu conhecer o direito romano anterior a ele, especialmente com a sua obra *'Gaii Institutiones'*.

## PAPINIANO

*Aemilius Papiniano (142 d.C. a 212 d.C.)* foi um jurista romano altamente conceituado, e um dos primeiros a escrever sobre a dogmática do direito, de maneira direta e quase acadêmica.

## PAULUS

*Julius Paulus Prudentissimus (século II e III d.C.)* foi um jurista romano de origem fenícia, e sua obra contribuiu em grande medida para a criação do *Digesto*, tendo sido, portanto, um *'iuris prudente' romano*, que foi selecionado entre muitos outros aptos para serem mencionados, de acordo com a *'Lei das Citações'*, pois possui uma produção de mais de trezentos e dezenove publicações jurisprudenciais.

## ULPIANUS

*Domicio Ulpiano (150 d.C. a 223 d.C.)* foi um jurista romano de origem fenícia que atribuiu à justiça uma frase que se tornou célebre, *'a vontade contínua e perpétua de dar a todos o que é devido e que lhe pertence'*, sendo assim considerado um dos juristas mais proeminentes do período pós-clássico, que em vida, nos *séculos II e III d.C.*, no seio do período imperial de Roma, exibiu sua maior atividade, durante o *'Imperium Imperatoris Caracalae'*, tendo deixado escrito de forma simples e clara, o legado de três preceitos fundamentais para alcançar uma ordem social justa e, com isso imprimir um conteúdo ético legal a *'romanus scientia legem'*, quais sejam, *'honeste vivere'*, *'alterum non laedere'* e, *'suum cuique tribuendi'*.

## MODESTINO

*Elius Florianus Herennius Modestinus (século III d.C.)* foi um jurista romano pós-clássico, e uma de suas principais obras foi *De excusationibus*, considerada como uma importante fonte para as compilações de *'Iustiniano'*.

# LEX SCHOLAE

## LEX SCHOLARUM EX PRE-CLASSICA PERIODO USQUE AD TEMPUS CLASSICUM[689]

### IURISCONSULTOS

### IURISPRUDENTES

A era do direito clássico se caracterizava por ser aquela em que o direito romano atinge seu maior grau de evolução, desenvolvendo-se rapidamente e construindo uma verdadeira ciência jurídica por meio da jurisprudência.

É nesse período que aparece o *'causuísmo'* que tão bem caracteriza o direito romano, uma vez que lá os *'iuris consultos' (advogados)* recebem um forte e reiterado apoio de *'Augustus' e seus sucessores*, que dão a suas opiniões força de lei *(ius publice responndi)*, desenvolvendo, assim, a *'iuris prudentia'*.

#### Escola Proculeyan

A escola *'proculeyan'* é uma das duas escolas jurisprudenciais do início do período imperial, qual seja, o *principado* e, que foi chamada de *escola proculeyana*, em homenagem a um de seus *'jurisprudentes'*, qual seja, *'Proculus'*, caracterizando-se por ser contra a *nova magistratura do príncipe ou imperador*, e por tomar decisões destinadas a favorecer ambas as partes, e com isto fracassar tanto quanto possível em equidade.

Por isso, quase nunca foram favorecidos nos casos de debate, uma vez que o imperador poderia intervir pessoalmente para resolver um determinado assunto, contudo, enriqueciam a discussão e, assim, forneciam uma perspectiva valiosa para a construção das leis.

---

[689] Escolas do direito do período pré-clássico ao período clássico

Nela, destacam-se os mais importantes *'iurisconsultus romanus'*, sendo eles:

## Marco Antistio Labeón

*Marco Antistio Labeón (43 a.C.-20 d.C.)* foi um jurisconsulto romano, fundador da escola Proculeyan, e com uma produção literária focada em mais de quatrocentes livros, não apenas sobre direito, mas também sobre diferentes artes da ciência, como *filosofia* e *gramática*, entre os quais estão os comentários sobre os *'Editos perpétuos'*, sobre a *'Lei das XII Tábuas'*, um tratado sobre *'direito pontifício'*, e demais ensaios, bem como uma coleção de casos; *'a posteriori'* uma série de referências foi a base e o suporte para juristas de prestígio, como *'Ulpiano'* e *'Juliano'*, entendendo-se ainda que, em razão da sua vocação republicana e por encontrar-se a serviço do *'imperador'*, foi um dos mais destacados juristas do *'período do principado'*, dando início ao período clássico do direito romano.

## Publius Juventius Celso

Publius Juventius Celsus Titus Aufidius Hoenius Severianus *(67 d.C. a 130 d.C.)* foi um jurisconsulto romano e filho de um jurista do mesmo nome, qual seja, *'Pegasus Celsus'*; ambos pertenciam à escola *'Proculeyan'*, tendo ele sido o editor da *'Digesta de Celsus'*, que era uma coleção de casos difíceis de resolver e comentados com citação a diferentes leis e consultas do senado, em que também, no seu trabalho, como membro do conselho do príncipe, deixou o legado de diversos *ditos*, quais sejam, *Ius est ars boni et aequi (A lei é arte do bom e do justo)*, *Scire leges non hoc est verba earum tenere, sed vim ac potestatem (Saber a lei não significa conhecer suas palavras, mas sim sua intenção e objetivo)*, *Incivile est, nisi tota lege perspecta, una aliqua particula eius proposita iudicare vel respondere (Não é correto julgar ou aconselhar com base num pedaço da lei, sem ter em mente a totalidade da lei)*, *Impossibilium nulla obligatio est (Não existe obrigação de realizar o impossível)*, *Nihil aliud est actio quamd ius quod nobis debeatur, iudicio persequendi (Uma ação não é nada além do direito de recuperar, pelo processo judicial com base em méritos, o que é devido)* e *impossibilium nulla obrigatio est (a obrigação de fazer o impossível é nula)*.

## NeracioPrisco

*Lúcio Neracio Prisco (século I e II d.C.)* foi um *'iurisconsulto romano'* que serviu como diretor da escola *'proculeyana'* e conselheiro do príncipe, no principado dos imperadores *'Trajano e Adriano'*, e teve uma produção jurídica baseada em casos, por meio dos livros de *'Epístulas'*, *'De nuptiis'*, agregados a uma coleção de *'Respostas'* e obras de conselhos e *perguntas*, chamada de *'Membranae'*

## Escola 'Sabiniana'

*A escola 'sabiniana'*, qual seja, a outra escola jurisprudencial do período do principado, batizada em homenagem a *Sabino*, discípulo de seu fundador e um de seus principais defensores, caracterizou-se por apoiar veementemente a magistratura do imperador, e por sempre tomar decisões tendentes a favorecer as classes sociais mais poderosas, como, por exemplo, os proprietários de terras ou os *'paterfamilias'* em questões voltadas à família.

Suas decisões eram prioritárias, e muitos de seus membros eram magistrados, como o *'pretor'*, *os 'cônsules'*, *os 'censores'* e os *'conselheiros'*, quando já não possuíam mais poderes reais.

Nela, destacam-se os mais importantes *'iurisconsultus romanus'*, sendo eles:

## Cayo Ateyo Capitón

*Cayo Ateyo Capitón (38 a.C.-22 d.C.)* foi um jurista romano, famoso sobretudo por ter sido o fundador da *escola sabiniana*, embora a tenha denominado inicialmente como a *escola dos capitônios*, que *'de todo'* eram especialmente subservientes aos interesses do governante, destacando-se que o seu trabalho não teve o reconhecimento devido, em razão de um critério de importância, tendo, pois, escrito principalmente sobre direito sagrado, em seis livros chamados *De jure pontifício*, e sobre direito público, em outros nove livros, em que criticou a organização política romana.

## Masurio Sabino

*Masurio Sabino (século I d.C.)* foi um jurista romano, discípulo de *'Gaius Ateyo Capitón'*, e sua obra consiste em um tratado de direito civil em três volumes, chamado *Libri tres iuris civilis*, que mais tarde seria citado por *'Ulpiano'* e que lhe valeu a fama como jurista, que, adicionado a outro livro, intitulado *'De furtis'*, também escreveu alguns ensaios com comentários dos editos pretorianos, *Ad edictum prætoris urbanis*, tendo sido o primeiro *'iurisconsulto'* a apresentar os *'respondentes públicos'*, que eram interpretações formais do imperador para questões específicas.

## Cayo Cassius Longinus

*Cayo Cassius Longinus, o sabiniano (século I d.C.)*, foi um político romano, militar e jurista, pupilo de *Masurius Sabino*. Era o líder de uma escola de pensamento jurídico conhecido como *Sabinianos* ou *Cassianos* e sua obra principal foi os *Libri (commentarii) iuris civilis*, de dez volumes, que muito contribuiu para as compilações posteriores de *Justiniano I, o Grande*.

## Javoleno Prisco

*Lucio Javoleno Prisco (60 d.C. a 120 d.C.)* foi um senador e jurista romano, autor de catorze livros de *'Epístulas'*, ou seja, um *'Epítome'* da obra póstuma de *'Labeón'*, bem como do comentário da obra de *'Cassio Longino'*, dividida em quinze livros, intitulados de *Libri ex Cassio*.

## Salvio Juliano

*Publio Salvio Juliano, el Padre (115 d.C. a 170 d.C.)*, foi um político e jurista romano e o último dos representantes da *'escola sabiniana'*, além de um dos mais famosos juristas do período clássico, por sua compilação das diferentes formas relacionadas aos *'editais dos pretores'*, bem como dos *'curules edis'*, que, por assim dizer, foi denominado *'edital perpétuo de Salvio Juliano'*, e também de uma série de comentários a juristas anteriores, denominado *Libri Digestorum*, que foi uma obra *'épica'* que resolveu difíceis e ambíguos problemas jurídicos.

## Sexto Pomponius

*Sexto Pomponius (século II d.C.)* foi um jurista romano, caracterizado por não ter ocupado cargos públicos e por permanecer neutro entre *'sabinianos e proculeyanos'*, por meio de um trabalho muito prolífico, que o tornou um dos autores mais citados do *Compêndio de Justiniano I, o Grande*, tendo como principal obra aquela a que intitulou *Enchiridion*.

# E CITATIONIBUS, OPERIBUS ET ARTICULIS ACADEMICIS ILLUSTRATUR

## FEATURED LATIN QUOTES[690]

## REFERENCE NOTES TO ROMAN TEXTS[691]

'Publicum jus est, quod ad statum rei romanae spectat; privatum, quod ad singulorum utilitatem'. Em livre tradução: 'é direito público o que se refere ao estado dos negócios públicos, privado o que diz respeito à utilidade dos particulares, porque há são questões de interesse público e outras de interesse privado' (Ulpiano D. 1, 1, 1, 2, reproduzido nas Instituições de Justiniano, I. 1, 1, 4).

'Ius publicum privatorum pactis mutari non potest'. Em livre tradução: 'As normas de interesse público não podem ser alteradas por acordos privados' (Papiniano, D. 2, 14, 38).

'Gai institutionum commentarii quattuor' (ano 161 d.C., século II d.C., Manual didático de direito romano).

'Sequens divisio in quattuor species diducitur: aut enim ex contractu sunt aut quasi ex contractu aut ex maleficio aut quasi ex maleficio' – Em livre tradução – 'A seguinte divisão é dividida em quatro tipos: pois ou são de contrato ou como de contrato ou de prevaricação ou como de prevaricação'. (cf. Inst. Gai 3, 13, 2).

'Obligationes aut ex contractu nascuntur, aut ex maleficio, aut proprio quodam iure ex variis causarum figuris' – Em livre tradução – "As obrigações surgem de contrato, ou de ato ilícito, ou por direito próprio de diversas formas de causas" (Gai. 2 aur, D. 44, 7, 1 pr).

'Si vas aliquod mihi vendideris et dixeris certam mensuram capere vel certum pondus habere, ex empto tecum agam, si minus praestes. sed si vas mihi vendideris ita, ut adfirmares integrum, si id integrum non sit, etiam id, quod eo nomine perdiderim, praestabis mihi: si vero non id actum sit, ut integrum praestes, dolum malum dumtaxat praestare te debere. labeo contra putat et illud

---

[690] Citações latinas em destaque

[691] Notas de referências a textos romanos.

'AQUILIAE' THEOREMA CIVIS ROMANUS STATUS DEFENSIONIS 'RESPONSUM'
REPARATORIUS CURAE ET PRIVATAE ET PUBLICAE DELICTIS IN ANTIQUA ROMANA LEGE

*solum observandum, ut, nisi in contrarium id actum sit, omnimodo integrum praestari debeat: et est verum. quod et in locatis doliis praestandum sabinum respondisse minicius refert'. Em livre tradução:* 'se você tivesse me vendido um pote dizendo que poderia conter uma determinada medida, ou que tinha um certo peso, se for menor do que o que você entrega, poderei processá-lo pela ação de compra. Mas se você tivesse me vendido um pote alegando que estava inteiro, e não estava, você também será obrigado a me compensar o que ele teria perdido fazendo isso. Mas se não foi acordado que você me entregaria na íntegra, então você será obrigado a me compensar apenas pela fraude. Labeon acredita o contrário, e que apenas se deve observar que, se não tivesse sido acordado de outra forma, deve ser entregue na íntegra e é verdadeiro; e Minicio diz que Sabino deu uma resposta dizendo que ele também deveria ser ressarcido assim quando os potes fossem alugados' (D. 19,1 de actionibus empti venditi, 6 pomponius libro nono ad sabinum, 4).*

'*Aediles aiunt: 'qui iumenta vendunt, palam recte dicunto, quid in quo-que eorum morbi vitiique sit, utique optime ornata vendendi causa fuerint, ita emptoribus tradentur. si quid ita factum non erit, de ornamentis restituendis iumentisve ornamentorum nomine redhibendis in diebus sexaginta, morbi autem vitiive causa inemptis faciendis in sex mensibus, vel quo minoris cum venirent fuerint, in anno iudicium dabimus'. Em livre tradução:* 'Os conselheiros dizem: 'aqueles que vendem caballerias dizem claramente e simplesmente que doença ou que o vício tem cada um deles e eles serão entregues aos compradores da melhor forma possível. Foram aproveitados para serem vendidos. Se algo não tivesse sido feito dessa forma, para a restituição do arreio ou a redibição da cavalaria por causa do jaeces, daremos uma ação dentro de sessenta dias; devido a doença ou vício no prazo de seis meses para cancelar a compra, ou para reduzir o preço no prazo de um ano' (D. 21,1 pr de aedilicio edicto et redhibitione et quanti minoris, XXXVIII, Ulpianus, libro secundo ad edictum curulium).*

'*Iulianus libro quinto decimo inter eum, qui sciens quid aut ignorans vendidit, differentiam facit in condemnatione ex empto: ait enim, qui pecus morbosum aut tignum vitiosum vendidit, si quidem ignorans fecit, id tantum ex empto actione praestaturum, quanto minoris essem empturus, si id ita esse scissem: si vero sciens reticuit et emptorem decepit, omnia detrimenta, quae ex ea emptione emptor traxerit, praestaturum ei: sive igitur aedes vitio tigni corruerunt, aedium aestimationem, sive pecora contagione morbosi pecoris perierunt, quod interfuit idonea venisse erit praestandum'. Em livre tradução:* 'Juliano, em seu décimo quinto livro, faz uma distinção, entre aquela quem *vende uma coisa conscientemente e quem o faz ignorantemente, na convicção de ação de compra; bem, diz que aquele que 'me' vendia gado doente ou uma viga defeituosa, se o fez sem saber, terá que responder pela ação de compra apenas a quantidade em que você teria comprado por menos de sabendo que ele era assim; mas se ele conscientemente se calou e enganou o comprador, será responsável perante o comprador por todos os danos causados por esse compra foram derivados para ele. Assim, se a casa desabou por falta de viga, o valor da casa; se o gado pereceu por contágio do enfermo, ele deverá responder ao interesse do comprador na venda de coisas idôneas' (D. 19,1, de actionibus empti venditi, XIII, Ulpianus, libro trigésimo secundo ad edictum pr).*

*'Labeo scribit edictum aedilium curulium de venditionibus rerum esse tam earum quae soli sint quam earum quae mobiles aut se moventes'. Em livre tradução: 'Labeon escreve que o edital dos prefeitos curule sobre a venda refere-se tanto a coisas imóveis, bem como móveis ou gado' (D.21,1, de aedilicio edicto et redhibitione et quanti minoris, I Ulpianus, libro primo ad edictum curulium, pr).*

*'Ius pluribus modis dicitur: uno modo, cum id quod semper aequum ac bonum est ius dicitur, ut est ius naturale'. Em livre tradução: 'a palavra direito utiliza-se em várias acepções: uma, quando se chama direito ao que é sempre justo e bom, como é o direito natural' (D. 1,1,11, Paulo).*

*D. 9.2.1. Ulpianus, 'cum eam aquilius tribunis plebis a plebe rogaverit' – Livre tradução – 'quando Aquilius, o tribuno do povo, o solicitou ao povo'*

*'Lliber homo suo nomine utilem aquiliae habet actionem; directam enim non habet, quoniam dominus membrorum suorum nemo videtur. fugitivi autem nomine dominus habet'. Em livre tradução: 'Um homem livre tem em seu nome a ação útil da lei aquilia; pois não tem a direta, porque ninguém é considerado dono de seus membros. mas em nome do fugitivo a tem o seu dono' (Ulp. 18 ad ed, D. 9, 2, 13 pr).*

*'La ley aquilia derogó todas las leyes que antes de ellas trataron del daño con injuria, así de las doce tablas, como alguna otra que hubo, cuyas leyes no es necesario decir ahora. I. cuya ley aquilia es un plebiscito, puesto que la presentó a la aprobación de la plebe el tribuno de la plebe aquilio' (Ulpianus, comentarios al edicto, Libro XVIII).*

*'Ex hac lege iam non dubitatur, etiam liberarum personarum nomine agi posse, forte si patremfamilias aut filiumfamilias vulneraverit quadrupes; scilicet ut non deformitatis ratio habeatur, quum liberum corpus aestimationem non recipiat, sed impensarum in curationem factarum, et operarum amissarum, quasque amissurus quis esset inutilis factus'. Em livre tradução: 'Já não se*

*duvida que por essa lei pode reclamar-se também por causa de pessoas livres, por exemplo, se um quadrúpede houver causado dano a um pai de família, ou a um filho de família; consequentemente, não para que se obtenha valor em razão da deformidade, porque um corpo livre não admite estimação, mas sim dos gastos feitos em razão da cura, do trabalho perdido e do que haverá de perder aquele que ficou para o trabalho inutilizado' (Gaius. 7 ad ed. provinc., D. 9, 1, 3).*

*'Nec solum corpus in actione huius legis aestimatur, sed sane si servo occiso plus dominus capiat damni quam pretium servi sit, id quoque quam iussu, eo hereditatem cerneret, occisus fuerit; non enim tantum ipsius pretium aestimatur, sed et hereditatis amissae quantitas. item, si ex gemellis vel comoedis vel ex sumphoniacis unus occisus fuerit, non solum occisi fuit aestimatio, sed eo amplius (id) quoque computatur, quod ceteri qui supersunt depretiati sunt. idem iuris est etiam si ex pari mularum unam vel etiam quadrigis equorum unum occiderit'. Em livre tradução: 'E não só o corpo é valorizado na ação dessa lei, mas claro se, ao matar um escravo, o senhor recebe mais indenização do que o valor do escravo, isso também por qual ordem ele viu sua herança, ele foi morto; pois não é apenas o preço em si que é estimado, mas também o valor da herança perdida. Da mesma forma, se um dos gêmeos, ou dos comediantes, ou dos sinfonistas foi morto, não foi apenas o morto que foi julgado; mas é contado ainda mais porque os outros que permanecem são depreciados. A lei é a mesma, mesmo que seja de um par de mulas ou mesmo de uma parelha de cavalos matará' (Gayo 3,212).*

*'Sed quum homo liber periit, damni aestimatio non fit in duplum; quia in homine libero nulla corporis aestimatio fieri potest, sed quinquaginta aureorum condemnatio fit'. Em livre tradução: 'Mas quando pereceu um homem livre, não se realiza a estimação em duplo do dano; porque no que concerne a um homem livre não se pode fazer estimação alguma de seu corpo, mas o que se faz é condenar ao valor de cinquenta áureos' (Ulp. 23 ad ed, D. 9, 3, 1, 5).*

*'Quum liberi hominis corpus ex eo, quod deiectum effusumve quid erit, laesum fuerit, iudex computat mercedes medicis praestitutas ceteraque impendia, quae in curatione facta sunt; praeterea operarum, quibus caruit, aut cariturus est ob id, quod inutilis factus est. cicatricum autem, aut deformitatis nulla fit aestimatio, quia liberum corpus nullam recipit aestimationem'. Em livre tradução: 'Quando, com o que se houver jogado ou derramado houver sido lesionado o corpo de um homem livre, o juiz computa os honorários pagos ao médico e os demais gastos, se houve, para obter-se a cura; e mais, o valor do trabalho de que esteve privado, ou de que haverá de estar privado porque para ele se tornou*

*inútil. Mas não se faz a estimação das cicatrizes, ou de alguma deformidade, porque o corpo de um homem livre não admite qualquer forma de estimação'* (Gai. 6 ad ed. provinc., D. 9, 3, 7).

'Lex aquilia omnibus legibus, quae ante se de damno iniuria loutae sunt, derogavit, sine alia quae fuit: quas leges nunc referre non est necesse. quae lex aquilia plebiscitum est, cum eam aquilius tribunus plebis a plebe rogaverit'. Em livre tradução: 'A lei aquiliana revogou todas as leis que antes dela tratavam mal com iniuria, bem como a das doze tábuas, como algumas outras que existiam; cujas leis não precisam ser referidas agora cuja lei aquilia é um plebiscito, pois foi apresentada à aprovação da plebe pela tribuna da plebe aquilio' (Ulp. 18 ad ed, D. 9,2,1).

Ulp. 18 ad ed, D. 9, 2, 13 pr

*'A scopo di completezza espositiva merita ricordare che nell'ordinamento giuridico romano la repressione penale assume una duplice configurazione, privata e pubblica, e quindi si distinguono, almeno a partire dal periodo pre-classico, illeciti penali privati (delicta o maleficia) e illeciti penali pubblici (crimina). i delicta, ritenuti essenzialmente lesivi di un interesse privato, erano perseguiti su iniziativa dell'offeso, che era appunto attivamente legittimato all'esercizio dell'actio poenalis, nelle forme del processo privato ed erano puniti con una poena privata, afflizione esclusivamente pecuniaria sostituto della più risalente afflizione corporale. secondo le istituzioni di gaio (gai 3.182) i delicta produttivi di obligationes iuris civilis sono quattro: il furto, la rapina, l'iniuria e il damnum iniuria datum. i crimina, in quanto ritenuti lesivi di interessi della collettività, erano invece perseguiti su iniziativa dello stato nelle forme del processo pubblico tramite l'esercizio di un'actio criminalis e comportavano l'irrogazione di pene pubbliche corporali e/o patrimoniali. questo schema ricostruttivo incentrato su una rigida distinzione fra delicta e crimina pre-senterebbe, a detta della dottrina romanistica più recente, non pochi profili di perplessità in riferimento sia al periodo più antico sia al periodo preclassico e classico. a quest'ultimo riguardo si osserva che, se in un primo momento, data la medesima finalità afflittiva dell'azione privata e dell'azione pubblica, le due azioni concorrono alternativamente, a partire dalla tarda repubblica e ancor più nel principato l'espansione della funzione punitiva statale e la generale depenalizzazione delle azioni penali private implica, da un lato, l'attrazione di alcuni illeciti penali privati (in particolare alcune fattispecie aggravate di rapina, di furto e di iniuria) nella sfera della repressione criminale, da altro*

*lato, il concorso tra azione penale privata (civiliter agere) e azione criminale (criminaliter agere) diventa cumulativo in quanto con la prima azione ormai 'damnum sarcitur', con la seconda 'crimina vindicantur': Paul. sent. 5.3.1; D. 9.2.23.9, Ulp. 18 ad ed)'. Em livre tradução: 'Para sermos mais completos, vale lembrar que no sistema jurídico romano a repressão no direito penal assume uma dupla configuração, privada e pública, e por isso se distinguem, pelo menos inicialmente do período pré-clássico, os crimes privados (delicta ou maleficia) e os crimes públicos (crimina). Os delitos, considerados essencialmente lesivos a um interesse privado, foram processados por iniciativa do ofendido, que aliás foi ativamente legitimados para exercer a actio poenalis, sob a forma de julgamentos privados e foram punidos com uma poena privada, aflição exclusivamente pecuniária, substituta da antiga aflição corporal. De acordo com instituições de Gaio (Gai 3.182), os delitos produtivos das obrigações iuris civilis são quatro: roubo, rapina, iniuria, damnum iniuria datum. Os crimes, por serem considerados prejudiciais aos interesses da comunidade, foram processados por iniciativa do estado nas formas de julgamento público através do exercício de uma actio criminalis e implicou a imposição de punições públicas corporais e/ou patrimoniais. Este esquema reconstrutivo centra-se numa abordagem rígida. A distinção entre delicta e crimina apresentaria, segundo a mais recente doutrina romana, vários aspectos e perplexidades em referência tanto ao período mais antigo como aos períodos pré-clássico e clássico. Neste último aspecto observa-se que, se num primeiro momento, dada a mesma finalidade aflitiva da ação privada e da ação pública, as duas ações concorrem alternadamente, a partir do final da república e ainda mais no principado a ampliação da função punitiva estatal e a descriminalização geral das ações penais privadas implica, desde por um lado, a atração de alguns crimes privados (nomeadamente alguns casos agravados de roubo, furto e de lesão) na esfera da repressão criminal, por outro lado, a concorrência entre a ação penal privada (civiliter agere) e a ação penal (criminaliter agere) torna-se cumulativa tal como acontece com a primeira ação agora 'damnum sarcitur', com o segundo 'crimina vindicantur' (Paulo. sent, 5.3.1; D. 9.2.23.9, Ulp. 18 ed ad).*

*'Iniuriam autem hic accipere nos oporiet n on quem adm odum circa iniuriarum actionem contum eliam quandam, sed quod non iure factum est, hoc est contra ius'. Em livre tradução: 'Mas seria uma injustiça nos aceitar aqui seria necessário que eu tomasse uma determinada ação em relação às ações de lesões, se não for legalmente feito, isso é contra o direito' (a propósito de ley aquilia, Ulpianus, D. 9,2,5,1, Ulpianus, XVIII ad ed).*

'*Sed et si proprietatis dominus vulneraverit servum vel occiderit, in quo usus fructus meus est, danda est mihi ad exemplum legis aquiliae actio in eum pro portione usus fructus, ut etiam ea pars anni in aestimationem veniat, qua nondum usus fructus meus fuit*'. Em livre tradução: '*Além disso, se o dono do imóvel ferir ou matar um escravo, de quem o emprego seja meu fruto, deve-se me propor uma ação a exemplo da lei de aquilia, na proporção do benefício do serviço*' (cf. D. 9.2.12, Paulus).

'*§ an fructuarius vel usuarius legis aquiliae actionem haberet, iulianus tractat: et ego puto melius utile iudicium ex hac causa dandum*'. Em livre tradução: '*§ se o usufrutuário ou o usuário da lei de aquília teve uma ação, juliano discute: e eu acho que um melhor julgamento deve ser feito sobre esta conta*' (cf. D. 9.2.11, Ulpianus).

'*Occisum autem accipere debemus, sive gladio sive etiam fuste vel alio telo vel manibus (si forte strangulavit eum) vel calce petiit vel capite vel qualiter*'. Em tradução livre: '*Mas devemos aceitar que ele foi morto, seja pela espada, ou mesmo com uma clava, ou alguma outra arma, ou com suas mãos (se talvez o estrangulasse), ou com um chute, ou na cabeça, ou em que maneiras*' (Ulpianus, D. 9.2.7: §).

'*Si dominus servum suum occiderit, bonae fidei possessori vel ei qui pignori accepit in factum actione tenebitur*'. Em livre tradução: '*O proprietário passa a poder ser demandado se matar um escravo que esteja na posse de boa-fé ou na detenção de um terceiro*' (cf. D. 9.2.13, Ulpianus).

'*Pero también si hubiere sido muerto un esclavo, que había cometido grandes fraudes en mis cuentas, y respecto del cual yo había resuelto que sufriera el tormento, para que se descubriesen los partícipes de los fraudes, con muchísima razón escribe Labeón, que se ha de estimar en cuanto me interesaba que se descubrieran los fraudes del esclavo cometidos por él, no en cuanto valga la noxa de este esclavo*' (Ulpiano, comentarios al edicto, libro XII, s 4).

'*Asimismo si un esclavo común, mío y tuyo, hubiera sido muerto por un esclavo de Ticio, escribe Cellso, que si demandase uno de los dueños, o conseguirá según su parte la estimación del litigio, o se le debe dar en noxa por entero, porque esta cosa no admite división*' (Ulpiano, comentarios al edicto, libro XXVIII, s 25 37).

'*Si el cuadrúpedo, por razón del que hubiese acción contra su dueño, porque hubiera causado un daño, fue muerto por otro, y contra éste se ejercita la acción de la 'ley aquilia', la estimación no debe referirse al cuerpo del cuadrúpedo, sino a la causa de aquello por lo que hay la acción para la petición del daño; y el que*

'AQUILIAE' THEOREMA CIVIS ROMANUS STATUS DEFENSIONIS 'RESPONSUM'
REPARATORIUS CURAE ET PRIVATAE ET PUBLICAE DELICTIS IN ANTIQUA ROMANA LEGE

*lo mató ha de ser condenado por 'la acción de la ley aquilia' en tanto cuanto interesa al actor poder entregarlo por noxa, más bien que pagar la estimación del litigio' (Javoleno, doctrina de Cassio, Libro XIV, s 1-6).*

*'Dice el pretor respecto de los que hubieren arrojado o derramado alguna cosa: 'por tanto, si se hubiere arrojado o derramado alguna cosa en el sitio por donde vulgarmente se transita, o donde la gente se detiene, daré, contra el que allí habitare, acción en el duplo por cuanto daño con ello se damnum es 'gasto, pérdida de dinero', 'disminución patrimonial' que trae su causa ya en el resultado lesivo de una acción perniciosa ya en el precio de la composición exigida para restablecer el orden alterado. esto explica inicialmente las conexiones de damnum con damnare con el sentido de 'obligar a uno a un gasto para nada', 'imponer un sacrificio de dinero' hasta adoptar el significado de 'condenar'' (Ulpiano, comentarios al edicto, libro XXIII).*

### Corpore Gaius III 219

*'Damni iniuriae actio constituitur per legem aquiliam, cuius primo capite, cautum est, ut si quis hominem alienum alienamve quadrupedem quae pecudum numero sit iniuria occiderit, quanti ea res in eo anno plurimi fuit, tantum domino dare damnetur'. Em livre tradução: 'A ação de dano injusto está prevista na lei aquiliana, em seu primeiro capítulo dispõe que, se alguém matar injustamente escravo estrangeiro ou quadrúpede estrangeiro de qualquer espécie de gado, está condenado a dar ao proprietário o valor mais alto que aquela coisa tinha naquele ano' (Gai. 3.210).*

*'Ut igitur apparet, servis nostris exaequat quadrupedes, quae pecudum numero sunt et gregatim habentur, veluti oves caprae boves equi muli asini. sed an sues pecudum appellatione continentur, quaeritur: et recte labeoni placet contineri. sed canis inter pecudes non est. longe magis bestiae in eo numero non sunt, veluti ursi leones pantherae. elefanti autem et camelli quasi mixti sunt (nam et iumentorum operam praestant et natura eorum fera est) et ideo primo capite contineri eas oportet'. Em livre tradução: 'Assim, como se vê, ele equipara aos nossos escravos os quadrúpedes, que estão incluídos na classe do gado, e são mantidos em rebanhos, como ovelhas, cabras, bois, cavalos, mulas e jumentos. mas me pergunto se os porcos estão contidos na denominação de gado; e com razão parece bom para Labeon que eles se contenham; mas o cão não está incluído na denominação de gado. Com mais razão, animais selvagens, como ursos, leões e panteras, não estão incluídos em seu número; mas elefantes*

*e camelos são de gênero misto (porque prestam serviço a burros e sua natureza é feroz) e, portanto, devem ser incluídos no primeiro capítulo)' (Gai. 7 ad ed. prov. D. 9,2,2,2).*

*Lex Aquilia, Capítulo I*

*Lex Aquilia, Capítulo III*

*Eros ou Dominas*

'Nunc transeamus ad obligationes. quarum summa diuiosio in duas species diducitur; omnis enim obligatio uel ex contractu nascitur uel ex delicto' — Livre tradução — 'Agora vamos passar aos compromissos. cuja distribuição geral se divide em duas espécies; pois toda obrigação provém de um contrato ou de um delito' (Gai. 3, 88).

'Quae lex aquilia plebiscitum est, cum eam aquilius tribunus plebis a plebe rogaverit' —Livre tradução – 'Esta lei foi um plebiscito de Aquilia, quando o tribuno do povo Aquilia a solicitou ao povo'. (Ulp. 18 ad ed., D. 9,2,1).

'Inquit lex 'ruperit'. Rupisse verbum fere omnes veteres sic intellexerunt 'corruperit''. Em livre tradução: 'A lei diz: 'Ele teria corrompido', e quase todos os antigos entendiam assim o verbo 'rumpere' como haver corrompido' (Ulp. 18 ad ed. D. 9,2,27,13).

'Tertio autem capite ait eadem lex aquilia: 'ceterarum rerum praeter hominem et pecudem occisos si quis alteri damnum faxit, quod usserit frege-rit ruperit iniuria, quanti ea res erit in diebus triginta proximis, tantum aes domino dare damnas esto''. Em livre tradução: 'Mas o terceiro capítulo diz a mesma lei aquiliana: 'quanto a outras coisas, exceto o escravo e o gado morto, se alguém fizer mal a outro, porque queimou, quebrou ou quebrou algo com iniuria, é condenado à morte. Pagar ao proprietário o valor que essa coisa vale nos próximos trinta dias'' (Ulp. 18 ad ed. D. 9,2,27,5).

'Huius legis secundum quidem capitulum in desuetudinem abiit'. Em livre tradução: 'O segundo capítulo desta lei certamente caiu em desuso' (Ulp. 18 ad ed. D. 9,2,27,4).

'Caput secundum legis aquiliae in usu non est'. Em livre tradução: 'O segundo capítulo da ley aquilia não está em uso' (Institutas, 4,3,12).

'Capite secundo adstipulatorem qui pecuniam in fraudem stipulatoris acceptam fecerit, quanti ea res est, tanti actio constituitur. qua et ipsa parte

## 'AQUILIAE' THEOREMA CIVIS ROMANUS STATUS DEFENSIONIS 'RESPONSUM'
## REPARATORIUS CURAE ET PRIVATAE ET PUBLICAE DELICTIS IN ANTIQUA ROMANA LEGE

*legis damni nomine actionem introduci manifestum est; sed id caveri non fuit necessarium, cum actio mandati ad eam rem sufficeret; nisi quod ea lege adversus infitiantem in duplum agitur'. Em livre tradução: 'No segundo capí-tulo, é instaurada ação contra o co-stipulante que teria sido considerado pago em fraude do estipulante. é evidente que nessa mesma parte da lei tal ação foi introduzida a título de dano; mas não era necessário ordenar, pois para isso bastava a ação de mandato, embora por esta lei possa ser intentada duas vezes ação contra o réu que nega o fato' (Gai. 3.215).*

*'In, lege aquilia et levissima culpa venit. § quotiens sciente domino servus vulnerat vel occidit, aquilia dominum teneri dubium non es't'. Em tradução livre: 'Ele veio sob a lei de aquilia e foi de pouca importância § sempre que um escravo fere ou mata seu senhor, não há dúvida de que 'aquília' é um senhor' (cf. D. 9.2.44, Ulpianus).*

*'El capítulo segundo de la lex aquilia hacía referencia al daño causado al estipulante por el ad stipulator que hacía una cancelación fraudulenta del crédito. se dice que esta acción estaba en desuso en la época clásica y el propio gayo considera que para los efectos perseguidos bastaría con utilizar la acción del mandato' (Gayo. Institutas, 2, 216).*

*'Damni in iuria e actio constituitur per legem aquiliam, cuius primo capite, cautum est, ut si quis hominem alienum alienam ve quadrupedem queae pecudum numero sit in iuria occiderit, quanta ea res in eo anno plurimi fuit, tantum domino dare damnas esto'. Em tradução livre no original: 'La acción de daño injusto es establecida por la ley aquilia, en cuyo primer capítulo se dispone que, si alguien mata injustamente a un esclavo ajeno o a un cuadrúpedo ajeno de cualquier clase de ganado, sea condenado a dar al dueño el mayor valor que esa cosa haya tenido en aquel año' (Gaius III, 215).*

*'Capite secundo (adversus) adstipulatorem qui pecuniam in fraudem stipu-latoris acceptam fecerit, quatiea res est, tanti actio constituitur'. Em tradução livre no original: 'En el segundo capítulo se establece una acción para el adstipulator (co-estipulante) que en fraude del stipulator ha liberado al deudor de la prestación de dinero, siendo ésta acción por un monto equivalente, o dicho de otra manera que se hubiera dado por pagado en fraude del estipulante' (Gaius III, 215).*

*'...si quis hommem alienum alie namve quadrupedem... injuria occi-derit, quanti ea res in eo anno plurimi fuerit, tantum dominu dare danetur'. Em tradução livre: 'I. se alguém matar injustamente um escravo alheio ou um quadrúpede... seja condenado a pagar o maior valor da coisa durante esse ano' (Gaio, Institutas 3, 210-219).*

'...is injuria autem occidere intelligitur, cuius dolo aut culpa id acciderit...' Em tradução livre: 'II. Entende-se que matou injustamente aquele que o fez com dolo ou culpa' (Gaio, Institutas 3, 210-219).

'Nec solum corpus in actione huius legis aestimatur, sed ... si plus dominus capiat ... id quoque aestimatur'. Em livre tradução: 'III. Pela ação fundada nesta lei, computa-se não somente o preço do corpo, mais ainda, se o dono... sofreu um prejuízo superior...também este prejuízo é computado' (Gaio, Institutas 3, 210-219).

'Item si... unus occisus fuerit, non solum occisi fit aestimatio, sed e o amplius id quoque computatur, quod ceteri qui supersunt depreciati sunt'. Em livre tradução: 'IV. Deve-se considerar-se também o prejuízo sofrido pelos sobreviventes, se o morto faz parte de um conjunto' (Gaio, Institutas 3, 210-219).

'Cuius autem servus occisus est, is liberum arbit a ium habet, vel capitali crimine reum facere eum qui occiderit, vel. damnum persequit'. Em livre tradução: 'V. aquele cujo escravo foi morto pode escolher entre tornar o responsável réu de crime capital ou cobrar o dano' (Gaio, Institutas 3, 210-219).

'...adversus adstipulatorem, qui pecuniam in fraudem stipulatoris acceptam fecerit, quanti ea res est, tanti actio constituitur'. Em livre tradução: 'VI. o credor tem ação pelo montante da dívida contra o estipulante que exonera o devedor em fraude' (Gaio, Institutas 3, 210-219).

'...ea lege adversus infitiantem in duplim agit'. Em livre tradução: 'vii. por esta lei o responsável que nega o fato deve pagar em dobro'. (Gaio, Institutas 3, 210-219)

'...de omni damno cavetur –... non quanti in eo anno, sed quanti in diebus proximis ea res fuerit, damnatur is, qui damnum dederit'. Em livre tradução: 'VIII. deve responder pelo prejuízo quem quer que cause a outrem qualquer outra espécie de dano, devendo ser condenado a pagar não o valor da coisa durante todo o ano anterior ao dano, mas o seu maior valor durante os trinta dias precedentes' (Gaio, Institutas 3, 210-219).

'Corpore Corporidatum' (Gaius IV, 3, 16)

Gaius IV, 3,16 in fine

D. 50, 17, 55. D. 50, 17, 151

Dig 9, 2, 27, 8

'[...] por isso se disse iniuria, porque não se faz com direito; porque tudo o que não se faz com direito, se diz que se faz com iniuria. Isso é em geral; mas *principalmente, a iniuria é chamada de contumelia. Às vezes, o nome de iniuriae significa o dano causado por culpa, como costumamos dizer na lei de aquilia. Outras vezes chamaremos injustiça de iniuriae; iniuriam, porque lhe falta lei e justiça, como se fosse non iuram [não de acordo com a lei]; mas contumelia, de contumere' (Ulp. VI ad ed. D. 47,10, I pr.)*

*Gai. 3.182*

*Códice 5,17, II.1*

*Dig. 4.9.3*

*'non omnes autem actiones, quae in aliquem aut ipso iureconpetunt aut a praetore dantur, etiam in heredem aeque conpetunt aut dari solent. est enim certissimaiuris regula ex maleficiis poenales actiones in heredem nec conpetere nec dari solere, uelut furti, ui bonorum raptorum, iniuriarum, damni iniuriae. sed heredi \*\*\*\* dem [uidelicet actoris] huiusmodi actiones competunt nec denegantur, excepta iniuriarum actione et si qua alia similis inueniatur actio' – Livre tradução – 'Mas nem todas as ações que são atribuídas a uma pessoa por direito ou são dadas por um pretor, também são igualmente atribuídas ou geralmente dadas a um herdeiro. pois é uma regra mais certa que as ações punitivas por delitos geralmente não sejam adquiridas ou dadas ao herdeiro, como roubo ou bens roubados, lesões, danos por lesões. mas os herdeiros desse [autor aparente] têm direito a tais ações e não serão negadas, exceto em caso de lesões e se qualquer outra ação semelhante for encontrada' (Gaius 4,112).*

*'civilis constitutio est poenalibus actionibus heredes non teneri nec ceteros quidemsuccessores: idcirco nec furti conveniri possunt. sed quamvis furti actione non teneantur, attamen ad exhibendum actione teneri eos oportet, si possideant aut dolo fecerint quo minus possideant: sed enim et vindicatione tenebuntur re exhibita. item condictio adversus eos competit' – Livre tradução – 'É uma constituição civil que os herdeiros não estão vinculados a ações penais, nem mesmo os outros sucessores: portanto, também não podem ser processados por roubo. mas embora não estejam vinculados à ação de roubo, ainda assim deverão estar vinculados à ação de apresentação, se possuírem, ou tiverem agido por fraude para possuir menos: mas também serão detidos pela reivindicação da coisa apresentada. . A mesma condição se aplica contra eles' (D. 47, 1, 1 pr).*

'in heredemnon solent actiones transire, quae poenales sunt ex maleficio, veluti furti, damni iniuriae, vi bonorumraptorum, iniuriarum' – Livre Tradução – 'Ações que são puníveis por infração, como roubo, lesão, dano forçado, roubo de mercadorias, lesões' (50, 17, 111, 1).

'emancipatus filius si iniuriarum habet actionem, nihil conferre debet: magisenim vindictae quam pecuniae habet persecutionem: sed si furti habeat actionem, conferre debebit' – Livre tradução – "O filho emancipado, se tiver uma ação de injustiça, não deve contribuir com nada: pois tem mais uma busca de vingança do que de dinheiro: mas se tiver uma ação de roubo, deve contribuir" (Gaius 4, 112, D. 37, 6, 2, 4).

'sed si plures servum percusserint, utrum omnes quasi occiderint teneantur, videamus. et si quidem apparet cuius ictu perierit, ille quasi occiderit tenetur: quod si nonapparet, omnes quasi occiderint teneri iulianus ait, et si cum uno agatur, ceteri non liberantur: nam ex lege aquilia quod alius praestitit, alium non relevat, cum sit poena' – Livre tradução – 'Mas se vários mataram um servo, vejamos se todos são considerados como se tivessem matado. e se de fato aparecer de quem foi o golpe que ele sofreu, ele será detido como se tivesse matado: pois se ele não aparecer, diz Juliano, todos serão detidos como se tivessem matado, e se isso for feito com um, os outros não será libertado: pois de acordo com a lei das águias, o que um fez não alivia outro, pois é uma penalidade'.(D. 9, 2, 11, 2).

'idque est consequensauctoritati veterum, qui, cum a pluribus idem servus ita vulneratus esset, ut non appareret cuius ictu perisset, omnes lege aquilia teneri iudicaverunt' – Livre tradução – 'e esta é a consequência das autoridades de antigamente, que, quando o mesmo servo foi tão ferido por vários, que não era evidente por cujo golpe ele havia morrido, julgaram que todos eram considerados pela lei como águias'. (9, 2, 51, 1).

'si duo pluresve unum tignum furati sunt, quod singuli tollere non potuerint, dicendum est omnes eos furti in solidum teneri, quamvis id contrectare nec tollere solus posset, et ita utimur: neque enim potest dicere pro parte furtum fecissesingulos, sed totius rei universos: sic fiet singulos furti teneri' – Livre tradução – 'Se dois ou mais roubaram uma tora, que não conseguiram remover individualmente, deve-se dizer que todos foram mantidos juntos como ladrões, embora ele sozinho não tenha conseguido impedir ou removê-lo, e assim o usaremos. será que cada um será considerado ladrão' (47, 2, 21, 9).

'sed si ipsi tutores rem pupilli furati sunt, videamus, an ea actione, quae proponitur ex lege duodecimtabularum adversus tutorem in duplum, singuli in solidum teneantur et, quamvis unus duplum praestiterit, nihilo minus etiam alii teneantur: nam in aliis furibus eiusdem rei pluribus non est proptereaceteris poenae deprecatio, quod ab uno iam exacta est. sed tutores propter admissam administrationemnon tam invito domino contrectare eam videntur quam perfide agere: nemo denique dicet unum tutoremet duplum hac actione praestare et quasi specie condictionis aut ipsam rem aut eius aestimationem' – Livre tradução – 'mas se os próprios tutores roubaram os bens do aluno, vejamos se por aquela ação, que é proposta pela lei das Doze Tábuas contra o tutor, cada um deles será mantido em duplo vínculo. portanto, um apelo por outra punição, que já foi exigida por alguém. mas os tutores, por causa da administração admitida, parecem não tanto se opor ao mestre contra a sua vontade, mas agir traiçoeiramente: em suma, ninguém dirá que um tutor deve cumprir um duplo dever por esta ação, e como forma de condição, seja a coisa em si ou sua valoração'.(26, 7, 55, 1).

'noxales actiones appellantur, quae non ex contractu, sed ex noxaatque maleficio servorum adversus nos instituuntur: quarum actionum vis et potestas haec est, ut, si damnati fuerimus, liceat nobis deditione ipsius corporis quod deliquerit evitare litis aestimationem' – Livre tradução – "São chamadas de ações nocivas, que são instituídas contra nós não por contrato, mas pela malícia nociva e maligna dos servos: a força e o poder de quais ações são essas, de modo que, se fôssemos condenados, seria permitido para que entreguemos o próprio órgão que ofende para evitar a avaliação da ação".(D. 9, 4, 1).

'publicum ius est, quod ad statum rei romanae spectat, privatum, quod ad singulorum utilitatem: sunt enim quaedam publice utilia, quaedam privatim' – Livre tradução – 'o direito público é o que diz respeito à situação em Roma, o direito privado é o que diz respeito ao benefício dos indivíduos: pois alguns são úteis publicamente, outros privadamente' (Ulpiano. 1 Inst., D. 1, 1, 1, 2).

'item si non provocavit intra diem, subvenitur ut provocet: finge enim roc desiderare'. Em livre tradução: 'do mesmo modo se não provocou antes do dia, é ajudado para que provoque: supõe-se que o deseje' (D. 4.4.7.11, Ulpianus 11 ad ed).

'ad obliges, quae ex delicto nascuntur, veluti si quis furtum fecerit, bona rapuerit, damnum dederit, iniuriam commiserit. quarum omnnium rerum uno genere consistit obligatio' – Livre tradução – 'às obrigações que surgem de um delito, como se alguém tivesse cometido roubo, roubado propriedade, causado dano ou cometido um erro. cuja obrigação consiste em todas as coisas de uma mesma espécie' (Gai. III.182).

'si paciscar, ne operis novi nuntiationem exsequar, quidam putant non valere pactionem, quasi in ea re praetoris imperium versetur: labeo autem *distinguit, ut si ex re familiari operis novi nuntiatio sit facta, liceat pacisci, si de re publica, non liceat: quae distinctio vera est. et in ceteris igitur omnibus ad edictum praetoris pertinentibus, quae non ad publicam laesionem, sed ad rem familiarem respiciunt, pacisci licet: nam et de furto pacisci lex permittit'* – *Livre tradução* – *'Se faço um acordo para não realizar o anúncio de uma nova obra, alguns pensam que o acordo não é válido, como se a autoridade do pretor estivesse envolvida nessa questão, distinção que é verdadeira. e em todo o resto, portanto, referente ao edital do pretor, que não se refere a danos públicos, mas a um assunto de família, é permitido negociar: pois a lei também permite a negociação sobre roubo'.* (D. 2.14.7.14, Ulpianus 4 ad ed).

*'furtum autem fit non solum cum quis intercepiendi causarem alienam amovet, sed generaliter cum quis rem alienam invito domino contrectat'* – *Livre tradução* – *'e o roubo ocorre não apenas quando alguém remove a causa da interceptação, mas geralmente quando alguém se apodera da propriedade de outra pessoa contra a vontade do proprietário'* (Gaius III.195).

*'qui res alienas rapit, tenetur etiam furti. quis enim magis alienam rem inuito dominocontrectat quam qui ui rapit? itaque recte dictum est eum improbum furem esse; sed propriam actionemeius delicti nomine praetor introduxit, quae appellatur ui bonorum raptorum, et est intra annumqua-drupli [actio], post annum simpli. quae actio utilis est, etsi quis unam rem licet minimam rapuerit'* – *livre tradução* – *'Aquele que rouba bens alheios também está sujeito a roubo. Pois quem pode tirar a propriedade de um estranho contra a sua vontade, mais do que aquele que a arrebata do seu dono? e, portanto, foi dito com razão que ele era um ladrão perverso; mas o pretor introduziu uma ação própria sob o nome do crime, que se chama ui de bens roubados, e está dentro de um ano quádruplo [ação], após um ano simples. qual ação é útil, mesmo que alguém arrebate até mesmo a menor coisa'* (Gaius 3, 209).

*'quibusdam iudiciis damnati ignominiosi fiunt, uelut furti, ui bonorum raptorum, iniuriarum, item pro socio, fiduciae, tutelae, mandati, depositi. sed furti aut ui bonorum raptorum aut iniuriarum non solum damnati notantur ignominia, sed etiam pacti, ut in edicto praetoris scriptum est; et recte. plurimum enim interest, utrum ex delicto aliquis an ex contractu debitor sit. nec tamen ulla parte edicti id ipsum nominatim exprimitur, ut aliquis ignominiosus sit, sed qui prohibetur et pro alio postulare et cogni-torem dare procuratoremuehabere, item procuratorio aut cognitorio nomine iudicio interuenire, ignominiosus esse dicitur'* – *Livre tradução* – *'Por certos*

## 'AQUILIAE' THEOREMA CIVIS ROMANUS STATUS DEFENSIONIS 'RESPONSUM'
REPARATORIUS CURAE ET PRIVATAE ET PUBLICAE DELICTIS IN ANTIQUA ROMANA LEGE

*julgamentos os condenados tornam-se vergonhosos, como por roubo, por bens furtados, por lesões, também por companheiro, confiança, proteção, mandato, depósito. mas aqueles que roubaram, ou que roubaram bens, ou que cometeram erros, não estão apenas condenados à desgraça, mas também aqueles que foram acordados, como está escrito no edital do pretor; e com razão. pois faz muita diferença se uma pessoa é devedora por delito ou por contrato. e, no entanto, em nenhuma parte do edital está expressamente expresso que uma pessoa é desonrosa, mas sim aquele que está proibido de exigir e dar um fiador para outra, de ter um procurador, e também de intervir em um julgamento em nome de um procurador. ou conhecedor, é considerado ignominioso'. (Gaius 4, 182).*

*'praetoris verba dicunt: infamia notatur qui ab exercitu ignominiae causa ab imperatore eove, cui de ea re statuendi potestas fuerit, dimissus erit: qui artis ludicrae pronuntiandive causa in scaenam prodierit: qui lenocinium fecerit: qui in iudicio publico calumniae praearicationisve causa quid fecisseiudicatus erit: qui furti, vi bonorum raptorum, iniuriarum, de dolo malo et fraude suo nomine damnatus pactusve erit'* — Livre tradução — *'dizem as palavras do pretor: quem for demitido do exército por desonra do imperador, que tem o poder de decidir sobre o assunto, será demitido: quem roubou, à força, bens roubados, injúrias, será condenado em; seu próprio nome para o mal engano e fraude'* (D. 3, 2, 1 pr).

*'poenam tantum persequimur uelut actione furti et iniuriarum et secundum quorundam opinionem actione ui bonorum raptorum; nam ipsius rei et uindicatio et condictio nobis conpetit'* Livre tradução — *Só buscamos a punição, por exemplo, pela ação de furtos e lesões e, segundo algumas opiniões, pela ação dos bens roubados; pois tanto a vindicação quanto a condição do assunto nos pertencem. (Gaius 4, 8).*

*'si quis egerit vi bonorum raptorum, etiam furti agere non potest: quod si furti elegerit in duplum agere, potest et vi bonorum raptorum agere sic, ut non excederet quadruplum'* — Livre tradução — *se um homem agiu pela força de bens roubados, ele também não pode cometer roubo, pois se escolheu cometer roubo duplo, também pode agir pela força de bens roubados de tal forma que não exceda o quádruplo. (D. 47, 2, 89 88).*

*'ciertamente la traducción más habitual de la expresión «damnum iniuria datum» es la de «daño causado injustamente», en la cual el término iniuria se traduce por el adverbio «injustamente», y probablemente sea la adaptación más acorde al sentido dado por la jurisprudencia a los términos*

235

*de la ley. sin embargo, desde el punto de vista estrictamente filológico cabria otra traducción ligeramente distinta, tomando iniuria como el complemento agente de una oración en pasiva: «daño causado por la injuria». siguiendo esta traducción podríamos suponer que la injuria –entendida desde las xii tablas como agresión dolosa de los derechos de una persona– merece una sanción prevista primero en las XII tablas y luego en la lex cornelia y, además, si ha provocado un damnum, una segunda pena, basada en el valor de la cosa dañada' (Ulpiano en D. 9.2.5.1).*

*Ulp. XVIII ad ed. col. VII,3,1-3*

*Ulp. XVIII ad ed. D. 9,2,5,2*

*Ulp. XVIII ad ed. D. 9,2,5,3-7 pr*

*Ulp. XVIII ad ed. col. VII, 3,4*

*Ulp. LVI ad ed. D. 47,10, I pr: 'se dijo iniuria por esto, porque no se hace con derecho; porque todo lo que no se hace con derecho, se dice que se hace con iniuria. esto es en general; pero en especial, la iniuria se llama contumelia. a veces con la denominación de iniuriae se significa el daño causado con culpa, como lo solemos decir en la ley aquilia. otras veces llamaremos iniuriae a la injusticia; porque cuando alguno pronunció sentencia inicua o injustamente, se llama iniuriam, porque carece de derecho y de justicia, como si fuera non iuram [no conforme a derecho]; pero contumelia, de contumere'. Em livre tradução: 'diz-se iniuria por isso, porque não se faz com direito; porque tudo o que não se faz com direito, diz-se que se faz com iniuria. iniuria chama-se contumelia. Às vezes o nome iniuriae significa dano causado por culpa, como costumamos dizer na lei aquilia. Outras vezes chamaremos a injustiça de iniuriae; porque quando alguém pronuncia uma sentença de forma iníqua ou injusta, chama-se iniuriam, porque carece de lei e justiça, como se fosse non iuram [não de acordo com a lei]; mas contumelia, de contumere'.*

*D.47,10,15,25 (Ulp. LXXV 1 I. ad ed)*

*D.4 7,10,7,7 e 8 (Ulp. LVII. ad ed)*

*D.4 7,10,17,3 (id.)*

*D.4 7,10,9 pr,1 y 2 (id.)*

*I.J. 4,4,9;*

*Gayo, 3,225;*

*p.s. 4,4,8.*

*Gayo, 3,223: 'poena autem iniuriarum ex lege x ii tábularum propter membrum quidem ruptum talio erat; propter os vero fractumaut conlisum trecentorum assium poena erat, si libero os fractum erat; a tsi servo, cl; propter ceteras vero iniurias x v assium poena era t constituía... paulo, coll. 2,5,5: legitim a ex lege duocedim tabularum: qui iniuriam alteri facit, quinqué et viginti sestertiorum poenam súbito. quae lex generó le futí: fuerunt et speciales, velut illa: 'si os fre git libero, c c c, si servo, cl poenam subit sestertio rum''. Em livre tradução: 'e a punição por ferimentos de acordo com a Lei XII das tábuas era de fato uma espada quebrada; mas seus próprios ossos foram quebrados pela colisão de trezentos jumentos, se o osso livre foi quebrado; até empregados, 150; prop ter vero outras lesões x x v assium poena era t constituía... Paulo, coll. 2,5,5: legitimadamente de ex-lei das tábuas: quando machucava outro, subitamente recebia vinte sestércios. quae lex genero le futí: fue rústica e especial, ela queria: 'se o osso se soltar, 500, se eu guardar, 150 poenam subbit sestertio rum'.*

*Caio 3.223, e Paulo coll. 2,5,5, livro singulari et titulo de iniuriis*

*D. 47,10,1,2, Ulpiano, comentarios al edicto, libro LVI: 'y toda iniuria o es inferida al cuerpo o se refiere a la dignidad o a la infamia; se hace al cuerpo cuando alguno es golpeado, a la dignidad, cuando a una matrona se le quita su acompañante, y a la infamia, cuando se atenta a la honestidad'.*

*Ulpiano en D. 47.10.1.1, comentarios al edicto, libro LVI: 'más dice Labeón, que se hace iniuria o mediante una cosa, o con palabras; mediante una cosa siempre que se emplean las manos, pero con palabras cuando no se emplean las manos, y se hace afrenta'.*

*'las hipótesis comprensivas del delito de iniuria por lesión al cuerpo fueron: el golpear a otro, ya sea que se le causara o no dolor; atentar contra las buenas costumbres al manchar a otro ensuciándolo con heno, estiércol o lodo; el azotar a otro aunque fuera usando los puños; el inferir castigo al otro estando este con las manos levantadas, por medio de palos, fustigándolo; y configuraba también iniuria el hacer perder a otro el juicio por haberle dado un medicamento o cualquier otra sustancia cuyo efecto le impidió su defensa' (cf. D. 47.10.5 pr. 1; D. 47.10.15.40; D. 47.10.15.40; i. 4.4.1; D. 47.10.15 pr.; D. 47.10.11; D. 47.10.15.1).*

*'iniuria ex eo dicta est, quod non iure fiat: omne enim, quod non iur fit, iniuria fieri dicitur. hoc generaliter. specialiterautem iniuria dicitur contumélia' – Livre tradução – "A injustiça é dita daquilo que não é feito corretamente; pois tudo o que não é feito corretamente é dito ser feito incorretamente. Isso em geral. mais especificamente, uma lesão é chamada de insulto" (D. 47.10.1 pr).*

*'iniuriam autem fieri labeo ait aut re aut verbis: re, quotiens manus inferuntur: verbis autem, quotiens non manus inferuntur, convicium fit' – Livre tradução – "Mas o mal é cometido", diz ele, "seja em atos ou em palavras: em atos, sempre que as mãos são impostas; mas em palavras, sempre que as mãos não são impostas, o abuso é cometido". (D. 47.10.1 pr).*

*'omnemque iniuriam aut in corpusinferri aut ad dignitatem aut ad infamiam pertinere: in corpus fit, cum quis pulsatur: ad dignitatem, cumcomes matronae abducitur: ad infamiam, cum pudicitia adtemptatur' – Livre tradução – e todo mal é infligido ao corpo, ou à dignidade ou infâmia: é infligido ao corpo, quando alguém é espancado; (D. 47.10.1.2 pr).*

*'iniuria ex eo dicta est, quod non iurefíat: omne enim, quod non iure fit, iniuria fieri dicitur. hoc generaliter. specialiter autem iniuria dicitur contumelia. interdum iniuriae appellatione damnum culpa datum significatur, ut in lege aquilia dicere solemus: interdum iniquitatem iniuriam dicimus, nam cum quis inique vel iniustie sententiam dixit, iniuriam ex eo dictam, quod iure et iustitia caret, quasi non iuriam, contumeliam autem a contemnendo'. Em livre tradução: 'a iniquidade foi dita por isso, que ele não deveria jurar: por tudo o que não é feito por certo, diz-se que é feito por errado. Isso em geral. Mas a injúria é especialmente chamada de insulto. Às vezes pela denominação de dano é significado dano causado por culpa, como na lei de aquilia estamos acostumados a dizer: às vezes dizemos mal a iniquidade, pois quando alguém é*

*injusto ou injusto. ele disse a sentença, o errado disse dele, que falta lei e justiça, como se não houvesse lei, mas insulto por desprezo' (Ulpianus, Inst. Iust. 4,4 pr, de iniuriis: D. 47,10,1 pr., LVI. ad ed).*

*'omnemque iniuriam aut in corpus inferri aut ad dignitatem aut ad infamiam pertinere...' Em livre tradução do original: 'e toda injúria infligida ao corpo pertence à dignidade ou à infâmia...' (D. 47,10,1,2, Ulp., LVI. ad ed).*

*'at miuria fit [...] cum dignitas offenditur, ut cum a sociis aut eleifend disiungo'. Em livre tradução: 'mas a iniuria se faz [...] quando a dignidade é ofendida, como quando se separam acompanhantes de parteiras ou adolescentes' (Paulo Coll. 2.5.5).*

*C. 9,35,5: 'si non convincii consilio te aliquid iniuriosum dixisse probare potes, fides veri a calumnia te defendit....' – livre tradução – 'se você puder provar que disse algo prejudicial por meio de um conselho não convencido, a fé na verdade o protegerá da calúnia' (Ulp., LVI. ad ed).*

*D. 47,10,3,3: 'quaresiquis periocum percutiat, autdum ceriat, iniuriarum non tenetur' – Livre tradução – .'Quem bate em uma pessoa com febre, ou às vezes depila, não é passível de lesão'*

*D. 47,10,3,4: 'si quis hom inem liberum caeciderit dum putat servum suum, in ea causa est, ne iniuriarum teneatur' – em Livre tradução – 'se um* homem mata um homem livre, pensando que é seu escravo, é por essa razão que ele não pode ser responsabilizado pelos ferimentos'

*'Ulpiano refiere tres sentidos de injuria: en primer lugar, como daño producido con culpa castigado por la ley aquilia; en segundo lugar, com o equivalente a injusticia y hace alusión a los pronunciamientos judiciales de los magistrados que fueran ilegales – iniustitias – o inicuos – iniquitas y, por último, com o contumelia o menosprecio, de donde nace la intencionalidad ofensiva, elemento esencial de este delito' (D. 47,10,3,1, Ulp., LVI. ad ed).*

*'poena autem iniuriarum ex lege duodecim tabularum propter membrum quidem ruptum talio erat: propter os vero fractum nummariae poenae erant constitutae quasi in magna veterum paupertate. sed postea praetores permittebant ipsis qui iniuriam passi sunt eam aestimare, ut iudex vel tanti condemnet, quanti iniuriam passus aestimaverit, vel minoris, prout ei visum fuerit. sed poena quidem iniuriae quae ex lege duadecim tabularum introducta est in desuetudinem abiit: quam autem praetores introduxerunt, quae etiam honoraria appellatur, in iudiciis frequentatur. nam secundum gradum dignitatis vitaeque honestatem crescit aut minuitur aestimatio iniuriae: qui*

*gradus condemnationis et in servili persona non immerito servatur, ut aliud in servo actore, aliud in medii actus homine, aliud in vilissimo vel compedito constituatur'. Em livre tradução: 'quanto à pena das injúrias, a lei das xii tábuas cominava a pena de talião por um membro mutilado; e pela fratura de um osso constituíram-se penas pecuniárias, consoantes à grande pobreza dos antigos. Mas, mais tarde, os pretores permitiram aos próprios injuriados avaliarem a injúria, de modo ao juiz condenar o réu em tanto quanto o injuriado a avaliou, ou em menos, conforme lhe parecesse. A pena das injúrias, porém, introduzida pela lei das xii tábuas, caiu em desuso; e a introduzida pelos pretores também chamada honorária, é frequente no fórum. Pois, conforme o grau de dignidade e a honorabilidade da vida, assim cresce ou diminui a avaliação da injúria. Esta graduação se observa também, e não sem razão, relativamente ao escravo; de modo que seja constituída uma, quando é um escravo intendente, outra, se o é um homem em situação média, e outra, quando se trata de um de ínfima classe ou agrilhoado' (Inst. 4, 4, 7).*

*D. 47,10,15,25 (Ulp., LXXVII. ad ed): 'a it praetor: ne quid infamandi causa fíat, si quis adversus ea fecertí, prout quaeque res erit, anim advertam. D.47,10,15,27 (idem): generaliter vetutí praetor quid ad infam iam alicuius fieri. proind e quodcum que quis fecertível dixerit, ut alium infam et, erit actio iniuriarum.... D.47,10,17,5 (Ulp. LVII. ad ed.): ait praetor 'arbitratu iudicis: utique quasi viri boni, utille modum verberum im ponat' – Livre tradução – 'a disse o pretor: que nada se torne causa de infâmia, se alguém tiver feito contra eles, como será cada coisa, deixe-me avisar a mente. D. 47, 10, 15, 27 (mesmo): o pretor geralmente proibia que se fizesse qualquer coisa contra a infâmia de alguém. do fato de que qualquer pessoa que diga que é capaz de difamar outra pessoa será uma ação injuriosa... portanto ele deverá definir a forma de chicotada'*

*'sed nunc alio iure utimur. permittitur enim nobis a praetore ipsis iniuriam aestimare, et iudex uel tanti condemnat, quanti nos aestimauerimus, uel minoris, prout illi uisum fuerit; sed cum atrocem iniuriam praetor aestimare soleat, si simul constituerit, quantae pecuniae eo nomine fieri debeat uadimonium, hac ipsa quantitate taxamus formulam, et iudex, qui possit uel minoris damnare, plerumque tamen propter ipsius praetoris auctoritatem non audet minuere condemnationem'. Em livre tradução: 'hoje, porém, usamos de outro direito. Assim, temos a faculdade conferida pelo pretor, de avaliarmos nós mesmos a injúria e o juiz condena-nos, quer na importância da nossa avaliação, quer em importância inferior, segundo sua livre convicção. mas como o pretor costuma avaliar a injúria grave, quando determina a importância a ser prestada como*

'AQUILIAE' THEOREMA CIVIS ROMANUS STATUS DEFENSIONIS 'RESPONSUM'
REPARATORIUS CURAE ET PRIVATAE ET PUBLICAE DELICTIS IN ANTIQUA ROMANA LEGE

*vadimonium, sem distingui-la da importância reclamada pelo autor como pena, pedimos na fórmula a mesma importância e o juiz, embora podendo condenar em quantia menor, não ousa habitualmente reduzir a condenação, em respeito a autoridade do pretor' (Gaius 3, 224).*

*'ex condicta est quae non iure fiat omneenim quis non iura fit, iniuris fieri dicitur. hoc generaliter'. Em tradução livre: 'da proclamação que não é feita de direito; isso em geral' (Ulp. D. 47, 1, 1).*

*D.47,10,5 pr. Ulp., LVI. ad et, cf. Volterra, e. Istituzioni di diritto privato romano*

*'lex corneliae contumeliis penes eos est qui hanc actionem contumelia-rum accipere nolunt, quod caesos esse dicebant, aut verberibus, aut aedes suas vi arari, quorum lege cautum est, ut quisquis gener est; socer gener, vitricus, privignus aut patruelis fautoris actionis, aut qui propinquus cognationis aut affinitatis cum aliquo eorum, aut quis eorum conductor aut maiorum itaque lege cornelia tres causas egit, quod quis caesus sit, vel verberatus, vel quod vi domus eius invasa sit. quod manu fit'. Em livre tradução: 'a lei cornélia sobre os insultos é de responsabilidade daqueles que não querem exercer a ação de insultos para isso, porque disseram que foram espancados, ou açoitados, ou que sua casa tenha sido lavrado à força cuja lei preveja que aquele que for genro, sogro, padrasto, enteado ou primo do proponente da ação, ou que tenha estreito parentesco de cognação ou afinidade com qualquer eles, ou quem é o patrão de um deles ou da ascendência de um deles. e assim a lei cornélia deu ação por três causas, porque alguém foi espancado, ou foi açoitado, ou porque sua casa foi invadida à força. Vê-se, então, que em cornélia a lei contém todo insulto, que se faz com a mão' (D. 47.10.5 pr. Ulpiano, comentários ao edital, livro LVI).*

*'iniuria ex eo dicta est, quod non iure fiat: omne enim, quod non iure fit, iniuria fieri dicitur. hoc generaliter. specialiter autem iniuria dicitur contu-melia. interdum iniuriae appellatione damnum culpa datum significatur, ut in lege aquilia dicere solemus: interdum iniquitatem iniuriam dicimus, nam cum quis inique vel iniuste sententiam dixit, iniuriam ex eo dictam, quod iure et iustitia caret, quasi nom iuriam, contumeliam autem a contemnendo'. Em tradução livre: 'por isso, chama-se iniuria aquilo que se faz sem direito, porque tudo o que se faz sem direito, diz-se feito com iniuria. Isso de modo geral; porém, especificamente, a iniuria chama-se contumélia. Às vezes, a denominação iniuria significa o dano causado com culpa, como costumamos dizer na lei*

241

*aquilia; outras vezes, chamamos a injustiça iniuria, porque, quando alguém prolata uma sentença iníqua ou injustamente, é dita iniuria, porque carece de direito e de justiça, como se fosse non-juria [não conforme ao direito]; porém, contumélia de contemnere [desprezar])' (Ulp. 56 ad ed., D. 47, 10, 1 pr).*

*'calumniari est false crimina intendere, praevaricari vera crimina abscondere, deturpação in universum ab accusatione desistere'. Em tradução livre: 'caluniar é imputar crimes falsos, prevaricar é ocultar crimes verdadeiros e deturpar é desistir completamente da acusação' (marcianusls ad sc turpil, D. 48.16.1.1).*

*'sed et lex cornelia de iniuriis loquitur et iniuriarum actionem introduxit. quae competit ob eam rem, quod se pulsatum quis verberatumve, domumve suam vi introitum esse dicat. domum autem accipimus, sive in propria domo quis habitat sive in conducta vel gratis sive hospitio receptus sit'. Em livre tradução: 'mas a lei de cornelia também fala de lesões e introduziu uma ação por lesões que se deve ao fato de alguém ter batido em si mesmo ou em sua casa ele diz que entrou à força. Mas aceitamos uma casa, quer se more em casa própria, quer em casa alugada, ou seja recebida de graça, ou como hóspede' (Inst. 4.4.8).*

*'lex cornelia de iniuriis competit ei, qui iniuriarum agere volet ob eam rem, quod se pulsatum verberatumve domumve suam vi introitam esse dicat. qua lege cavetur, ut non iudicet, qui ei qui agit gener socer, vitricus privignus, sobrinusve est propiusve eorum quemquem ea cognatione adfinitateve attinget, quive eorum eius parentisve cuius eorum patronus erit. lex itaque cornelia ex tribus causis dedit actionem: quod quis pulsatus verberatusve domusve eius vi introita sit. apparet igitur omnem iniuriam, quae manu fiat, lege cornelia contineri'. Em livre tradução: 'a lei de delitos de cornélia se aplica a quem quer fazer delitos por causa disso o fato de ele dizer que foi espancado ou espancado ou que sua casa foi invadida à força. Aqui a lei cuidará para que não julgue quem age como genro, meio-irmão, sobrinho adotivo ou sobrinho, ou quem é mais próximo deles do que qualquer um deles por parentesco, de seus pais, ou de quem serão patronos. É assim a lei de cornélia de três ele deu razões para a ação: que alguém foi espancado ou espancado ou sua casa foi invadida à força deixe estar. Parece, portanto, que todo mal feito pela mão está contido na lei de cornélia' (D. 47.10.5, Ulpianus, en el libro 56, comentários edito pr).*

## Ulpiano em D. 47.10.7.8

*'si iudex litem suam fecerit, non proprie ex malefício obligatus videtur. sed quia neque ex contractu obligatus est et utique peccasse aliquid intellegitur,*

*licet per imprudentiam: ideo videtur quasi ex malefício teneri 'et in quantum de ea reaequum religioni iudicantis videbitur, poenam sustinebet'. Em livre tradução: 'o juiz que fizer sua a demanda não se obriga propriamente por um delito; mas como também não está obrigado por um contrato, mas por certo se entende que prevaricou, embora por imprudência, é por isso considerado como responsável por um quase-delito: e sofrerá a pena que parecer equitativa à consciência do juiz' (Ulpianus, Inst. 4, 5 pr).*

*Iul. 5 Dig, D. 5, 1,74 pr: 'de qua re cognoverit iudex, pronuntiare quoque cogendus erit' — Livre tradução — 'do assunto que o juiz tomou conhecimento, ele também será forçado a pronunciar-se'*

*D. 44,7,5,4 (Gaio): 'si iudex litem suam fecerit, non proprie ex maleficio obligatus videtur; sed quia ñeque ex contractu obligatus est, el utique peccasse aliquid intelligitur, licet per imprudentiam, ideo videtur quasi ex maleficio teneri'. Em livre tradução: 'se o juiz tiver feito seu o litígio, não parece ficar obrigado propriamente por delito, mas, como tão-pouco o está por contrato e certamente cometem uma falta, ainda que seja por imprudência, entende-se que está obrigado como se fosse por um delito (quase delito)'.*

*D. 50,13,6 (Gaio): 'si iudex litem suam fecerit, non proprie ex maleficio obligatus videtur, sed quia ñeque ex contractu obligatus est et utique peccasse aliquid intelligitur, licet per imprudentia, ideo videtur quasi ex maleficio teneri in factum actione, et in quantum de ea re aequum religioni iudicantis visum fiuerit, poenam sustinebit'. Em livre tradução: 'se o juiz tiver feito seu o litígio, não parece ficar obrigado propriamente por delito, mas, como tão-pouco o está por contrato e certamente cometeu uma falta, ainda que seja por imprudência, entende-se que fica obrigado, como se fosse por um delito, pela acão pelo fato e sofrerá a pena que tiver parecido justa à consciência do juiz'.*

*I.4,5 pr: 'si iudex litem suam fecerit, non proprie ex maleficio obligatus videtur. sed quia ñeque ex contractu obligatus est, et utique peccas se aliquid intellegitui: licet per imprudentiam: ideo videtur quasi ex maleficio teneri, et in quantum de ea re aequum religioni iudicantis videtur. poenam sustinebit'. Em livre tradução: 'se um juiz tiver feito seu o litígio, não parece obrigado propriamente por causa de delito; mas como tão-pouco o está por contrato e, no entanto, cometeu uma falta, ainda que fosse só por imprudência, diz-se que está obrigado por um quase-delito e será condenado em tanto quanto a consciência do juiz estimar justo'.*

*26 ad ed, D. 5,1,15,1: 'Iudex tune litem suam facere intelligitur, cum dolo malo in fraudem legis sententiam dixerit (dolo malo autem videtur hoc facere, si evidens arguatur eius gratia vel inimicitia vel etiam sordes). ut veram aeslimationem litis praestare cogatur'. Em livre tradução: 'entende-se que um juiz faz seu o litígio quando, com dolo mau, tiver ditado a sentença em fraude à lei (considera-se que procede com dolo mau se se provar um favor evidente, inimizade ou suborno) e se obriga a responder pelo verdadeiro montante do litígio'.*

*D. 9,2,28 pr. (Paul. 10 ad sab.); D. 9,2,31 (Paul. 10 ad sab.); D. 9,3,1 pr. (Ulp. 23 ad ed.); D. 9,3,5,6 (Ulp. 23 ad ed.); D. 23,1,40, 41 y 42 (Ulp. ad aed. cur.). vid. sobre estos textos, nuestros trabajos: «el edicto de effusis vel deiectis' y la problemática urbanística romana», en homenaje al profesor alfonso otero (santiago de compostela, 1981) p. 301 ss.; «notas sobre el elemento subjetivo del 'effusum vel deiectum'», en ivra 35 (1984) p. 90 ss.; «notas sobre el elemento objetivo del 'effusum vel deiectum'», en homenaje a juan vallet de goytisolo 2 (madrid, 1988) p. 117 ss.; «algunas observaciones en torno a la 'actio de positis vel suspensis'», en revista de la facultad de derecho de la universidad complutense (rfdm) 16 (1990) p. 255 ss.; estudio sobre el 'edictum de feris' (madrid, 1992); «los actos ilícitos del derecho honorario», en derecho romano de obligaciones. homenaje a josé luis murga gener (madrid, 1994) p. 902 ss.; «el podador y los viandantes» en rgdr 29 (2017); «el elenco de los animales a los que se refiere el 'edictum de feris' en las fuentes literarias», en ridrom (2018).*

*'secundum quam rationem non multum refert, per publicum an per privatum iter fieret, cum plerumque per privata loca vulgo iter fieret'. Em livre tradução: 'de acordo com qual não importa muito se a viagem foi feita por via pública ou privada, pois geralmente é por locais privados uma jornada comum ocorreria' (D. 9,2,31, Paul. 10 ad ed).*

*'parvi autem interesse debet, utrum publicus locus sit an vero privatus, dummodo per eum vulgo iter fiat'. Em livre tradução: 'mas deve ser de pouco interesse se é um lugar público ou não privado, desde que o percurso geral seja feito por ele' (D. 9,3,1,2, Ulpianus 23 ad ed).*

*'certe tabulae in subgrundis circum insulas si essent ex ea conlocatae, ab traiectionis incendiorum aedificia periculo liberarentur, quod eae neque flammam nec carbonem possunt recipere nec facere per se'. Em livre tradução: 'certamente se as tabuletas fossem colocadas no subsolo ao redor das ilhas, os edifícios estariam livres do perigo de incêndios cruzados, porque não podem receber chama nem carvão, nem fazê-lo sozinhos' (Vitrur. de arch. 2,9,16).*

*No título II do D. 19, pode-se ver que as únicas referências, além do texto em consideração, são as seguintes, em D.19.2.13.1 e 2, e ambos os textos da*

*Ulpianus Lib. XXXII ad edictus dão a possibilidade do uso da 'ação de locum' (ação do lugar), nos casos de responsabilidade do proprietário do navio e nos casos do armador em caso de naufrágio.*

*D. 19.2.25.78, Gaius, em comentários ao edital provincial, livro X, discute situações em que, ao contratar um navio para transportar vários objetos, o armador é responsável por falhas nos termos do contrato de locação.*

*D. 19.2.15.69, Ulpianus XXXII ed: 'entretanto, a responsabilidade do proprietário do navio é do armador que é exigida por motivo de crédito 'quam pro mutua', mas como o texto não especifica que foi consignado em um saco fechado, interpretamos isto como um caso de um depósito irregular'.*

*'disponese en la lex rhodia que si para aliviar una nave se hizo alijo de mercancías, se resarza a contribución de todos el daño que en beneficio de todos se causó' (Paulus, Libr. II, sententiarum, D. 14.2.1).*

*D. 19.2.15.6: 'item quum quidam nave amissa vecturam, quam pro mutua acceperat, repeteret, rescriptum est ab antonino augusto, non immerito procuratorem caesaris ab eo vecturam repetere, quum munere vehendi functus non sit; quod in omnibus personis similiter observandum est'. – Livre tradução –* 'da mesma forma, quando um certo homem, perdido em um navio, recuperasse a carruagem que havia recebido como empréstimo, está escrito por Antonino Augusto, que o procurador de César, não injustamente, deveria recuperar-lhe a carruagem, uma vez que ele não tinha tenha sido empregado no escritório de transporte; que deve ser observado da mesma forma em todas as pessoas'.

*'in navem saufeii cum complures frumentum confuderant, saufeius uni ex his frumentum reddiderat de communi et navis perierat: quaesitum est, an ceteri pro sua parte frumenti cum nauta agere possunt oneris aversi actione. respondit rerum locatarum duo genera esse, ut aut idem redderetur (sicuti cum vestimenta fulloni curanda locarentur) aut eiusdem generis redderetur (veluti cum argentum pusulatum fabro daretur, ut vasa fierent, aut aurum, ut anuli): ex superiore causa rem domini manere, ex posteriore in creditum iri. idem iuris esse in deposito: nam si quis pecuniam numeratam ita deposuisset, ut neque clusam neque obsignatam traderet, sed adnumeraret, nihil alius eum debere apud quem deposita esset, nisi tantundem pecuniae solveret. secundum quae videri triticum factum saufeii et recte datum. quod si separatim tabulis aut heronibus aut in alia cupa clusum uniuscuiusque triticum fuisset, ita ut internosci posset quid cuiusque esset, non potuisse nos permutationem facere, sed tum posse eum cuius fuisset triticum quod nauta solvisset*

*vindicare. et ideo se improbare actiones oneris aversi: quia sive eius generis essent merces, quae nautae traderentur, ut continuo eius fierent et mercator in creditum iret, non videretur onus esse aversum, quippe quod nautae fuisset: sive eadem res, quae tradita esset, reddi deberet, furti esse actionem locatori et ideo supervacuum esse iudicium oneris aversi. sed si ita datum esset, ut in simili re solvi possit, conductorem culpam dumtaxat debere (nam in re, quae utriusque causa contraheretur, culpam deberi) neque omnimodo culpam esse, quod uni reddidisset ex frumento, quoniam alicui primum reddere eum necesse fuisset, tametsi meliorem eius condicionem faceret quam ceterorum'* – *Livre tradução* – 'Quando vários marinheiros despejaram milho no navio, o marinheiro devolveu o milho do campo para um deles, e o navio morreu. Ele respondeu que havia dois tipos de coisas alugadas: ou eram devolvidas da mesma forma (como quando as roupas eram alugadas ao lavadeiro) ou eram devolvidas da mesma espécie (como quando a prata era dada a um ferreiro para fazer vasos). , ou ouro para ser transformado em anéis será creditado posteriormente. a mesma lei se aplica ao depósito: pois, se alguém depositou dinheiro em espécie, de tal maneira que não o entregasse nem trancado nem selado, mas contado, a pessoa a quem foi depositado nada devia, a menos que pagasse a mesma quantia em dinheiro. . segundo o qual se vê que o trigo foi feito do sauffeius e devidamente dado. que se o trigo de cada homem tivesse sido trancado separadamente em tábuas, ou em garças, ou em outro vinho, para que ele pudesse saber o que era de cada um, não teríamos podido fazer uma troca, mas então ele teria podido reivindicar o que o marinheiro pagou pelo trigo. e, portanto, as ações do fardo evitado deveriam ser refutadas: porque se as mercadorias que foram entregues aos marinheiros fossem daquela espécie, de modo que imediatamente se tornassem suas e o comerciante fosse creditado, não se veria que o fardo tinha sido evitado, já que foram os marinheiros: ou deveria ter sido devolvida a mesma coisa que havia sido entregue, que a ação do locador era roubo, e que portanto o julgamento do ônus era desnecessário. mas se tivesse sido concedido de tal forma que pudesse ser pago em caso semelhante, o empregador seria culpado do mesmo (pois em um assunto que foi contratado para o bem de ambos, ele não seria culpado de forma alguma porque ele devolveu o grão a um, pois teria sido necessário devolvê-lo primeiro a outro, embora isso tornasse a sua condição melhor do que a dos outros'. (Paulo, libro quinto, Dig 19.2.31).*

Do original em castellano: 'la expresión apud quem depositta esset aparece recogida en el título III del libro XVI del digesto, depositi vel contra en los siguientes fragmentos 3.11; 3.12.1; 3.14.1;3.30'.

*Do original em castellano, D.19.2.13.1 y 2: 'ambos textos de Ulpiano lib. XXXII ad edicto, donde se plantea la posibilidad de la utilización de la acción de locación en los supuestos de responsabilidad del naviero en los casos de naufragio'.*

*'qui columnam transportandam conduxit, si ea, dum tollitur aut portatur aut reponitur, fracta sit, ita id periculum praestat, si qua ipsius eorumque, quorum opera uteretur, culpa acciderit: culpa autem abest, si omnia facta sunt, quae diligentissimus quisque observaturus fuisset. idem scilicet intellegemus et si dolia vel tignum transportandum aliquis conduxerit: idemque etiam ad ceteras res transferri potest'. Do original em castellano, D.19.2.25.78, texto de Gayo, comentarios al edicto provincial, libro X: 'se analizan situaciones en las que tomando en arriendo una nave para transportar diversos objetos ha de responder por culpa el naviero en virtud del contrato de arrendamiento. gayo en este texto equipara estas situaciones descritas como diversos objetos a idemque etiam ad ceteras res transferri potest lo que nos va acercando a la idea de que el caso de la nave de saufeyo se trata de un supuesto de locatio conductio'.*

*'item cum quidam nave amissa vecturam, quam pro mutua acceperat, repeteretur, rescriptum est ab antonino augusto non immerito procuratorem caesaris ab eo vecturam repetere, cum munere vehendi functus non sit: quod in omnibus personis similiter observandum est'. Do original em castellano, D.19.2.15.69, texto de Ulpiano XXXII ed: 'sin embargo la responsabilidad del naviero se exige en razón de crédito quam pro mutua pero al no especificar el texto que se hubiese consignado en bolsa cerrada interpretamos que se trata de un supuesto de depósito irregular'.*

*'[quae] in fraudem creditorum [facta sunt, ut restituantur], que significa: 'para que se restituam aquelas coisas que foram praticadas' ([em fraude dos/ aos/ contra] os credores' (título VIII do Digesto, l. 42, Enciclopédia jurídica).*

*'communiter autem res agi potest etiam citra societatem, ut puta cum non afete societatis incidimus in communionem; ut evenit in re duobus legata, item si a duobus simul empta sit, aut si hereditas vel donatio communiter nobis obvenit'. Em tradução livre: 'mas as coisas podem ser feitas de uma maneira geral, mesmo em toda a sociedade, por exemplo, quando nos envolvemos em uma comunidade não pertencente à sociedade; como é o caso de dois legados; da mesma forma, se foi comprado pelos dois ao mesmo tempo; ou se uma herança ou um presente é comum a nós' (Ulpianus, fr. XXXI, pro soc., XVII, II).*

*'post genera contractuum enumerata dispiciamus etiam de iis obligibus, quae non proprie quidem ex contractu nasci intelliguntur, sed tamen, quia non*

*ex hex substantiam capiunt, quasi ex contractu nasci videntur'. Em livre tradução: 'depois de listar os tipos de contratos, vamos olhar para aqueles títulos, que não são propriamente entendidos como nascidos do contrato, mas, ainda, porque não derivam deste último a sua substância, como se parecessem nascidos do contrato' (J. 3,27.6 pr. Também D. 44,7,5,3, Gayo III res cottidianae).*

*'no se concede a la mujer ninguna acción derivada de la tutela, mientras que cuando los tutores realizan negocios de los pupilos o pupilas tienen que rendir cuentas después de la pubertad de éstos, merced a una acción de tutela' (Gaio, 1, 192).*

*'aliud fraus est, aliud poena: fraus enim sine poena esse potest, poena sine fraude esse non potest. poena est noxae vindicta, fraus et ipsa noxa dicitur et quasi poenae quaedam praeparatio'. Em livre tradução: 'fraude é uma coisa, punição é outra, pois a fraude pode ocorrer sem punição e não pode haver punição sem fraude. A punição é a vingança do crime, e é chamada de fraude e do próprio crime, e como se fosse uma espécie de preparação para a punição' (D. 50.16.131 pr, Ulpianus III ad l. Iul. et pap).*

*Públio Cornélio Tácito (55-117/120 d.C.)*

*Ulpiano, D. 48, 4, 1*

*'no principado, a lex iulia de ambitu de 18 a.C. que introduz algumas correções, amenizou as penas de multa simples e inabilitação para o exercício de cargos públicos por cinco anos'.*

*Ulpiano, D. 48, 4, 1, 1*

*'aut qui exercitum deseruit vel privatus ad hostes perfugit' – livre tradução – 'ou aquele que abandona o exército ou foge para o inimigo quando é privado' (D. 48.4.2).*

*'quive imperium exercitumve populi romani deseruerit' – livre tradução – 'que abandonou o império ou o exército do povo romano' (D. 48.4.3).*

*'maiestatis autem crimen illud est, quod adversus populum romanum vel adversussecuritatem eius committitur. quo tenetur is, cuius opera dolo malo consilium initum erit, quo obsidesiniussu principis interciderent: quo armati homines cum telis lapidibusve in urbe sint convenianveadversus rem publicam, locave occupentur vel templa, quove coetus conventusve fiat*

'AQUILIAE' THEOREMA CIVIS ROMANUS STATUS DEFENSIONIS 'RESPONSUM'
REPARATORIUS CURAE ET PRIVATAE ET PUBLICAE DELICTIS IN ANTIQUA ROMANA LEGE

*hominesve ad seditionem convocentur: cuiusve opera consilio malo consilium initum erit, quo quis magistratus populi romani quive imperium potestatemve habet occidatur: quove quis contra rem publicam arma ferat: quive hostibus populi romani nuntium litterasve miserit signumve dederit feceritve dolo malo, quohostes populi romani consilio iuventur adversus rem publicam: quive milites sollicitaverit concitaveritve, quo seditio tumultusve adversus rem publicam fiat'* – Livre tradução – *'Mas o crime de majestade é aquele que é cometido contra o povo romano ou contra a sua segurança. por quem ele será detido, cujas obras serão incluídas em um plano maligno por engano, por quem o cerco do príncipe será interrompido: por quem homens armados com armas e pedras se encontrarão na cidade, ou contra o estado, ou lugares ou templos serão ocupados, ou onde um grupo será reunido, ou homens serão convocados para sedição, será pelo qual qualquer magistrado do povo romano, ou qualquer pessoa que tenha autoridade ou poder, será morto; há um alvoroço contra o estado'*– (D. 48.4.1.1).

*Ulpiano, D. 48, 4, 1*

*D. 48,5,30.*

*D. 48, 5, 23*

*'a acusação de adultério poderia ser feita contra a mulher mesmo após a morte de seu marido'* (Papiniano, D. 48, 5, 11, 8).

*'a lei julia estabelece que as mulheres não têm o direito de acusar publicamente seus maridos pelo crime de adultério; [...] essa lei reconhece esse poder aos maridos, mas nega às mulheres'* (Antonino a Cassia, C, 9, 9, 1).

*'no caso de adultério que envolvesse o incesto, a ação criminal deveria ser tentada simultaneamente contra os dois perpetradores'* (Marciano, D. 48, 5, 7,1).

*'porque parece que es muy injusto que el marido exija a la mujer honestidad, de que él el marido no dé muestras; lo cual pude condenar también al marido, sin que la cosa se haga común a ambos por la compensación de mutuo delito'* (Ulpiano, D. 48.5.13, § 5).

*'de los adulterios, libro ii – por lo cuanto a ley julia sobre los adulterios prohíbe que la mujer condenada preste testimonio, coligiese que las mujeres tienen derecho de prestar testimonio en juicio'* (Paulo, D. 22.5.18).

*Ulpianus, D. 48, 5, 2, 1; Paulo, D. 22.5.18*

*'quem afirma ter cometido adultério favorecido pelo marido, verá diminuído o seu crime'(Ulpiano, D. 48, 5, 2, 4).*

*Ulpianus, D. 48, 5, 2, 6*

*Ulpianus, D. 48, 5, 2, 8*

*Digest 48,10,93*

*Digest 48,10,27*

*Digest 48,10,93*

*Digest 48,10,27,1*

*'el juez que, durante su administración, sustrajera dineros públicos, era condenado junto a sus cómplices a la pena de suplicio' (honorio y teodosio, a rufino; C, 9, 28, 1). en el antiguo derecho romano se castigaba con la interdicción del agua y del fuego a quien se apropiara de dinero sagrado, por ejemplo, el destinado a los dioses, a menos que la ley lo autorizara. esta pena arcaica fue luego sustituida por la deportación (Ulpiano, D, 48, 13, 1). la ley julia de residuis castigaba a quien retuviera dinero público y no lo aplicara a su destino' (Paulo, D. 48, 13, 2).*

# LITTERARUM EDITORES[692]

Solari, Giole, *Filosofia do direito privado, t. I: A ideia individual*, Buenos Aires, De Palma, 1946, p. 67: 'O ressurgimento dos estudos do direito romano pela obra dos glosadores da alta Idade Média, se por um lado, contribuiu para um conhecimento mais amplo e profundo do direito romano justiniano, possibilitou aos comentadores que os seguiram elaborar uma direito privado em bases romanas, com materiais derivados do direito canônico, consuetudinário, estatutário, alemão, capaz de se adaptar às relações criadas pelas novas condições históricas e se impor por sua natureza universal, como regra comum a todo o mundo ocidental. a formação de uma lei de direito privado comum em bases romanas, abriu caminho para a unificação do direito privado. O fato de que a autoridade de uma lei comum foi reconhecida acima dos direitos particulares, que, sem substituí-los, ele os integrou e corrigiu cooperando na solução de numerosos e inevitáveis conflitos na vida real. Mas a causa da unificação do direito privado, imposta pelos tempos e favorecida para fins políticos pelos príncipes, só foi direcionada para uma solução decisiva quando a aliança do direito romano se fortaleceu, ressurgida em suas fontes genuínas pelo trabalho do filólogo e, juristas, com os princípios elaborados pela escola do direito natural'.

Sobre el origen del término *populus*, vid. Devoto, D., *Storia della lingua di Roma*, Bolonia, 1944, p. 57 et seq. Un amplio análisis del concepto político de *populus* en Von Lübtow, V., *Das Römische Volk* (Fráncfort, 1955) p. 471 et seq.

Bravo, Gonzalo, *Historia de la Roma antigua*, Alianza Editorial, Madrid, 1998: 'Sobre la Roma arcaica se han incrementado considerablemente las publicaciones en los últimos años. Varias obras son fundamentales para el conocimiento de la Roma temprana: A A.W.: «La formazione délia città nel Lazio», en *Dialoghi di Archeologia*, 1980 (2 vols.), obra colectiva en la que se analizan las diversas fases de la cultura lacial desde ca. 1000 a.C. hasta ca. 580 a.C. (final del período), cuando ya Roma había entrado con seguridad en la fase urbana; a través de los estudios de G. Colonna, C. Ampolo y M. Torelli, entre otros, se pueden seguir las pautas de una lenta evolución en tomo a los elementos siguientes: hábitat, costumbres funerarias y ajuares, producción agrícola y artesanal, cerámica e intercambio, grupos sociales; J. Poucet: *Les origines de Rome. Tradition et histoire*, Bruselas, 1985, analiza las fuentes literarias de la Analistica republicana que, según el autor, carece de fundamento histórico

---

[692] Editoriais literários.

*tanto en su elaboración, propiamente dicha, como en su difusión posterior; no hay historicidad en la evolución romana hasta el reinado de Tarquinio Prisco, por lo que todo relato anterior a él es mero artificio de la tradición romana posterior que no se corresponde — salvo excepción— con los resultados de la interpretación arqueológica sobre el mismo período, pero tampoco con los de la lingüística o la etnología; J. Martínez-Pinna: Tarquinio Prisco. Ensayo histórico sobre Roma arcaica, Madrid, 1996, Ediciones Clásicas, obra de madurez que sistematiza las conclusiones de otras investigaciones del autor sobre este período; tras un detenido análisis de las fuentes para el conocimiento de la monarquía romana, plantea la tesis de que el verdadero fundador de Roma fue el rey Tarquinio Prisco — primer rey histórico— y no Rómulo que, sin duda, nunca existió; analiza los elementos materiales e institucionales que intervienen en la formación de la Urbs asignando a este rey la mayor parte de las reformas que la tradición historiográfica ha asignado a alguno de sus sucesores: Servio Tulio y Tarquinio el Soberbio, con quienes sin duda Tarquinio Prisco mantuvo una estrecha relación personal e incluso familiar; se completa con una bibliografía exhaustiva sobre la Roma arcaica; J.-C. Richard: Les origines de la plebe romaine. Essai sur la formation du dualisme patricio-plebeien, Roma, 1978, exhaustivo estudio en el que se establece una nueva visión de la plebe como grupo social y político al mismo tiempo que se desmitifican muchos de los datos aportados por la tradición; patriciado y plebe son en realidad productos históricos, pero no hay razón para seguir manteniendo la teoría dualista porque la plebe no entra en la historia hasta el siglo v a.C., precisamente cuando comienza el conflicto con los patricios'.*

*Bravo, Gonzalo, Historia de la Roma antigua, Alianza Editorial, Madrid, 1998: 'Varios estudios abordan los diferentes aspectos de la problemática histórica de este período: R. E. Mitchell: Patricians and Plebeians. The Origin of the Roman State, Ithaca, 1990, propone una revisión sistemática del conflicto patricio-plebeyo atendiendo sobre todo a los detalles y rechazando las generalidades; el conflicto patricio-plebeyo no fue una lucha política ni social, en sentido estricto, sino más bien un proceso en el que se pasó del soldado al ciudadano, un individuo censado y con obligaciones fiscales (stipendium, tributum), por lo que la división social fundamental no fue entre patricios y plebeyos, sino más bien entre grupos militares y no militares; W.V. Harris: Guerra e imperialismo en la Roma republicana. 327-70 a. C., Madrid, 1989, Siglo XXI, mediante un exhaustivo análisis de los textos antiguos se desmontan uno tras otro todos los supuestos que inspiraron la teoría de los imperialismos (defensivo y agresivo) de Mommsen; de hecho, la historiografía moderna ha llamado con frecuencia imperialistas a formas antiguas de dominación que no lo eran o, por el contrario, no ha visto más que explotación y crueldad en lo que tan sólo eran formas de control; pero un estudio de la aplicación del principio de no anexión por parte de Roma revela que el senado romano no lo respetó aun cuando el móvil económico no fuera el objetivo prioritario en todos los casos; C. Nicolet: Roma y la conquista del mundo mediterráneo, Barcelona, 1982 y 1984 (2 vols.), Labor, analiza primero «las estructuras de la Italia romana» (vol. I) para examinar después el fenómeno de la conquista como tal y la «génesis de un Imperio» (vol. II) que, a diferencia de experiencias imperialistas anteriores, se configuró como un «Imperio mundial» en tomo al mundo mediterráneo; pero en tal empresa no sólo participaron los romanos y latinos — principales protagonistas—, sino también todos los pueblos, culturas y economías que fueron progresivamente asimilados al sistema romano durante este largo proceso; Roma no siempre impuso su voluntad, sino que a menudo respetó (griegos, judíos) las instituciones existentes y, en ocasiones, demoró la «provincialización» de los territorios conquistados; bibliografía exhaustiva; R. Sym e: La revolución romana, Madrid, 1989, Taurus, análisis pormenorizado de la caída de la República y la construcción del Imperio por parte de Octavio-Augusto con la ayuda de un grupo aristocrático que le encumbró en el poder; parte de la figura política de Pompeyo, secundado por César — el dictador— y Antonio — el cónsul del año 44 a.C., cuando César fue asesinado—; prosigue con el enfrentamiento entre Octaviano y Antonio a propósito del control de Oriente, y concluye con un análisis de la forma de gobierno de Augusto, el primer emperador romano; pero la tesis central de esta obra es que, tanto en la República como en el Imperio, se prueba la existencia de una clase oligárquica formada por un reducido grupo de familias de la nobilitas romana, que de hecho controlaba el poder político'.*

*Bravo, Gonzalo, Historia de la Roma antigua, Alianza Editorial, Madrid, 1998: 'Se han publicado numerosos estudios en los últimos años, entre los que destacan: A. Fraschetti: Roma e il principe, Barí, 1990, original estudio de la Roma augústea desde la doble perspectiva de la percepción del tiempo y el espacio urbano en los años de transición del régimen republicano al del principado; la tesis central es que el cambio político se refleja también en el nivel ideológico de la sociedad (fiestas, funerales, ceremonial, cultos), aunque, de hecho, Augusto («il principe») incurre en la contradicción de pretender destruir la república, pero manteniéndola viva a los ojos de los ciudadanos; varios apéndices sobre asuntos puntuales completan este documentado estudio; P. Zanker: Augusto y el poder de las imágenes, Madrid, 1992, Alianza Editorial, examina a lo largo de ocho documentados capítulos buena parte del material arqueológico (iconográfico y numismático principalmente) conocido, datado o datable en época Augustea (31 a.C.- 14 d.C.); la tesis central es que las imágenes cambian como consecuencia de la transformación del sistema político (de republicano a imperial) en estrecho paralelismo además con los valores que emergen y acabarán implantándose en la nueva mentalidad romana, bien simbolizada por la febril actividad de Augusto en organizar espectáculos, festivales, cultos y ceremonias como expresión de un nuevo lenguaje formal (que se analiza en el capítulo sexto), primero en Roma y luego en las provincias; F. Jacques-J. Scheid: Rome et l'intégration de l'Empire, 44 av. J.-C.- 260 ap. J.-C., I.-Les structures de l'empire romain, Paris, 1990, analiza primero la evolución del sistema institucional tardorrepublicano que ha propiciado la instauración del principado de Augusto; dos estudios monográficos sobre religiones y ejército dejan paso al tratamiento del Imperio como un sistema en funcionamiento integrado por diversos tipos de provincias: imperiales, senatoriales y ecuestres; la cuestión de la extensión de la ciudadanía es objeto de un análisis especial desde los tiempos tardorrepublicanos hasta el gobierno de Caracala a comienzos del siglo iii; el estudio de los grupos sociales — incluidos los esclavos— y los sectores económicos de la sociedad romana imperial cierran este minucioso estudio, acompañado de una amplia bibliografía (más de mil títulos); S. Montero-G. Bravo-J. Martínez-Pinna: El Imperio romano. Evolución institucional e ideológica, Madrid, 1990, presenta la evolución histórica de la Roma imperial, desde Augusto hasta los visigodos de mediados del siglo v, desde una perspectiva jurídico-política con especial hincapié en los aspectos institucionales del período; por razones meramente didácticas se sigue el esquema tradicional de emperadores y dinastías, pero se ha prestado especial atención al desarrollo de los procesos históricos y a la definición precisa de los elementos institucionales, ideológicos y religiosos que intervienen en ellos; la evolución del Imperio no es, en consecuencia, lineal sino múltiple y, en ocasiones, sinuosa; pero la reconstrucción debe partir del análisis de las fuentes disponibles en cada momento; el último período del Imperio es de descomposición política (presión bárbara) y social (bagaudas), proceso que aceleró en la práctica la desintegración del sistema romano mucho antes de su desaparición oficial; P. Garnsey-R. Saller: El Imperio romano. Economía, sociedad y cultura, Barcelona, 1991, plantea una reconsideración del Imperio en términos no convencionales, esto es, sin seguir un sistema cronológico ni basarse en los hechos políticos, sino justamente en los hechos económicos y sociales del período; parte de la configuración de un «Imperio mediterráneo» que tuvo que ser administrado mediante una «insuficiente burocracia»; el modelo económico es simple, puesto que la economía romana se mantuvo en el estadio preindustrial y de subdesarrollo; sólo en la agricultura se hicieron progresos notables, pero a costa de estrangular el sistema esclavista del «latifundio», por lo que puede cuestionarse la definición de la sociedad altoimperial como «esclavista»; el análisis de la jerarquía social (clase, ordines, status) y de las relaciones familiares y sociales (patronos y clientes, amigos) así como el fenómeno religioso completan este estudio; J. Le Gall-M. Le Glay, El Imperio romano, t. I.-El Alto Imperio desde la batalla de Actium (31 a.C.) hasta el asesinato de Severo Alejandro (235 d.C.), Madrid, 1995, estudio concebido desde la perspectiva de la historia total, sigue una evolución cronológica estricta, emperador tras emperador, dinastía tras dinastía, hasta el final de la época severiana (a. 235); sólo dos capítulos rompen este discurso tradicional: el dedicado a «El Imperio sin los emperadores» y «Las provincias»; incluye un breve tratamiento de las fuentes al comienzo de algunos capítulos; la tesis central es que el desarrollo institucional y cultural de los dos primeros siglos fue posible gracias a la «larga paz» del Imperio y se presenta como una actualización de los manuales al uso; E. Garrido (ed.), La mujer en el mundo antiguo, Madrid, 1986, U. Autónoma, primera publicación sistemática sobre el tema debida a autores españoles, en la que se recogen las ponencias y comunicaciones de unas Jornadas celebradas en Madrid (marzo 1985); además de un estudio introductorio de R. Teja y de la aportación bibliográfica de la editora, la obra se divide en capítulos por áreas y épocas: Próximo Oriente antiguo (que incluye Egipto), Grecia, Roma y España (prerromana y visigoda); por lo que se refiere a la mujer de época romana predominan los trabajos filológicos y en particular el concepto de mujer en un autor determinado o a través de una de sus obras: Plutarco, Suetonio, Fedro, Tácito, Tito Livio, Tertuliano, Jerónimo, Basilio o Clemente de Alejandría; en otros casos constituye un buen estado de la cuestión sobre los temas jurídicos, culturales e ideológicos que se planteaban en la incipiente historiografía española sobre la mujer romana, hoy en cierto modo ya superados'.*

*Morineau I Duarte, Martha and Iglesias González, Roman, Roman law, México, Harla, 1987, p. 15 et seq.: 'O direito pré-clássico desenvolve-se nos períodos históricos correspondentes à monarquia e à república que os compõem, o primeiro desde a fundação de Roma até 243 da época romana (anos 753 a 510 a.C.), e o segundo entre os anos 510 a 27 da manhã C. correspondendo o estágio do direito clássico ao estágio do principado ou diarquia (ano 27 a.C. a 284 de nossa era). A época do direito clássico caracteriza-se por ser aquela em que o direito romano atinge seu maior grau de evolução, desenvolvendo- -se rapidamente e construindo uma verdadeira ciência jurídica por meio da jurisprudência. É aqui que surge a casuística que tão bem caracteriza o direito romano. É neste período que os jurisconsultos recebem forte apoio de Augusto e seus sucessores, que conferem às suas opiniões força de lei (ius publice respon-*

*dendi) desenvolvendo assim a jurisprudência. Também nesta época aparecem as escolas ou correntes de pensamento conhecidas como Proculeyana (Labeón, Nerva, Pegasus, Celsus, entre outras) e a Sabiniana (Capitón, Sabino, Longino, Jovelo, Salvio, Julian, Pomponius e Gaius, entre outras)'.*

*Sampson, J., The historical foundations of grotius, Analysis of Delict, Leiden, 2017, p. 74, citando Placentino: 'la lex Cornelia y la lex Aquilia fueron unificadas por los glosadores para el tratamiento del homicidio y de las lesiones, de manera que se aplicaba la lex Cornelia para el homicidio doloso y la aquiliana para el imprudente'.*

*Kaser, Max, Derecho romano privado, traducción de la 5.ª edición alemana, Editorial Reus S.A., Madrid, 1982: 'En el derecho posclásico la oposición entre delicta y crimina aparece desdibujada, en tanto la persecución pública va invadiendo la esfera de los hasta entonces considerados como delitos privados. Si en el derecho vulgar las pretensiones derivadas del delito sontodavía ejercitables por el procedimiento civil, más que un castigo lo que persiguen es una indemnización (cualificada) de los perjuicios. Justiniano restablece el derecho clásico de los delitos privados, pero otorga mayor importancia a la persecución criminal que a la privada'.*

*Silveira, Vladmir Oliveira da, Fernandes, Ana Carolina Souza, 'Sujeitos de direito internacional público: um processo evolutivo de reconhecimento', Revista Jurídica Direito & Paz, ISSN 2359-5035, 2018: 'A expressão 'direito internacional' foi utilizada pela primeira vez por Jeremy Bentham, em 1789, em sua obra An Introduction to the Principles of Morals and Legislation, opondo-se às expressões jus gentium e ao law of nations. O jus gentium era um conjunto de normas do Direito Romano aplicáveis aos estrangeiros em suas relações – notadamente comerciais – com o povo romano, ou, nos dizeres de Slim Laghmani (LAGHMANI, 2003, p.11), o jus gentium regulava as relações entre diferentes gentes 1, ou seja, de diferentes nacionalidades. O jus gentium era, em última análise, o direito aplicado a estrangeiros dentro do território romano e se contrapunha ao jus civile, que correspondia ao conjunto de normas e instituições voltadas exclusivamente aos cidadãos romanos. Não se tratava, pois, de um direito internacional propriamente dito com os contornos atualmente conhecidos'.*

*No original: 'le jus gentium qui réglait les rapports entre les différents gentes'*

*Justo Santos, A., 'O pensamento jusnaturalista no direito romano', Revista Direito e Desenvolvimento, João Pessoa, v. 4, n. 7, p. 239-312, jan./jun. 2013:*

*'Platão distingue dois mundos: o sensível das formas; e o supra-sensível das ideias. As percepções sensíveis são pura aparência e ilusão e só o mundo das ideias tem verdadeira realidade. É conhecido o mito da caverna: uns prisioneiros estiveram, durante toda a vida, encarcerados numa cova profunda e condenados a olhar só para o seu fundo, sobre o qual se projectam assombras dos objectos que passam atrás deles. Estes homens julgariam certamente que as realidades autênticas eram as sombras. No entanto, se, rompendo as ataduras, algum deles saísse da cova, observaria, assombrado, que tais sombras, que julgava realidades, mais não eram do que cópias ou imagens das verdadeiras realidades' (apud Fernández-Galiano, Antonio, Derecho natural: introducción filosófica al derecho, Artes Gráficas Benzai, S.A., Madrid, 1983).*

*Justo, Santos, A., 'O pensamento jusnaturalista no direito romano', Revista Direito e Desenvolvimento, João Pessoa, v. 4, n. 7, p. 239-312, jan./jun. 2013: 'Nascido em Estagiros no ano 384 a. C.81, Aristóteles conviveu com Platão durante quatro lustros e criou as bases do conhecimento do direito natural, sendo, por isso, considerado 'o pai do direito natural'. Aristóteles é filho de Nicómaco, médico de Amintas II, rei da Macedónia. Com dezesseis anos de idade foi enviado para Atenas para completar a sua formação iniciada na corte macedónica. Foi preceptor de Alexandre 'Magno. De regresso a Atenas, fundou a sua escola nas proximidades do templo de Apolo Likáios e, daí o nome de Liceu' (apud Fernández-Galiano, Antonio).*

*Citado por Alterini, Atilio Aníbal, Responsabilidade civil, 3ª ed. do 1º reimpresso, Buenos Aires: 'A lei do talião da lei hebraica afirmava (êxodo 21, 22-25) 'Se na briga de homens alguém bater em uma mulher grávida fazendo-a dar à luz e a criança nascer sem maiores danos, ele será multado na quantia que o marido da mulher os juízes pedem e decidem, mas se houver algum dano, ele dará vida por vida, olho por olho, dente por dente, mão por mão, pé por pé, queimadura por queimadura, ferida por ferida, cardeal para cardinal''.*

*Em Levítico, 21, 19-21 está escrito: 'Quem maltrata o próximo será feito como ele; fratura por fratura, olho por olho, dente por dente; a mesma ferida que ele tem feito será feito ao seu próximo. Quem matar um animal, pague; Mas quem matar um homem será morto' (vide Abeledo Perrot, 1992, p. 174-175).*

*No Código de Hamurabi está escrito: lei 196, 'Se um homem livre esvaziar o olho de um filho de um homem livre, seu olho será esvaziado'; lei 197, 'Se você quebrou o osso de um homem, o osso dele será quebrado'; lei 200, 'Se um homem livre arrancar um dente de outro homem livre, igualmente, um dente será arrancado' (vide Abeledo Perrot, 1992, p. 174-175).*

*Alterini, Atilio Aníbal, Responsabilidade civil, 3ª ed. do 1º reimpresso, Buenos Aires:* 'A Lei Talião da lei hebraica declarava (Êxodo 21, 22-25) 'Se em uma briga entre homens um homem ferir uma mulher grávida fazendo-a dar à luz e a criança nascer sem mais danos, ele será multado no valor que o marido da mulher pede e os juízes decidem; mas se houver algum dano, então ele dará vida por vida, olho por olho, dente por dente, mão por mão, pé por pé, queimadura por queimadura, ferida por ferida, contusão por contusão'. Em Levítico, 21, 19-21, lemos: 'Quem maltratar seu próximo será tratado como ele fez; fratura por fratura, olho por olho, dente por dente; a mesma ferida será feita a ele que ele fez seu próximo. Quem matar um animal pagará por isso, mas quem matar um homem será morto'. Citado por id. op. cit., nesta mesma nota, p. 174.*

*Filó, Maurício da Cunha Savino, O tribunato da plebe na república romana: aportes ao constitucionalismo brasileiro contemporâneo, tese de doutorado, Ufsc, 2018:* 'Segundo Meira (1972, p. 184), o critério para se saber se o hermeneuta está diante de um direito público ou privado romano é verificar se o interesse da norma visa o indivíduo (direito subjetivo, privado) ou a coletividade (direito objetivo, público)'.*

*'Publicum ius est quod ad statum rei romanae spectat'. Em livre tradução: 'É um direito público que se refere à situação em Roma'.*

*Filó, Maurício da Cunha Savino, O tribunato da plebe na república romana: aportes ao constitucionalismo brasileiro contemporâneo, tese de doutorado, Ufsc, 2018:* 'O que foi propagado por Cretella Júnior (1997, p. 8-9) que entende que o direito romano é a expressão que designa somente o direito privado, sem se tocar em direito público, pois este '[...] não atingiu, em Roma, o mesmo grau de desenvolvimento e perfeição que aquele outro ramo, a ponto de haver um romanista afirmado: os romanos foram gigantes no direito privado e pigmeus no direito público".*

*'Privatum, quod ad singulorum utilitatem: sunt enim quaedam publica utilia, quaedam privatum'. Em livre tradução: 'Privado, isto é, para o benefício dos indivíduos: pois alguns são úteis ao público, alguns são privados'.*

*Kaser, Max, Derecho romano privado, traducción de la 5ª edición alemana, Editorial Reus S.A., Madrid, 1982, p. 230:* 'Sostiene también Jordano Fraga que 'para toda la fase primitiva del derecho romano y para una época posterior que resulta difícil de precisar, el dolo es integrante del delito público o privado, en modo que lo que hoy entendemos como ilícito culposo se equipara a los efectos de la irresponsabilidad al caso fortuito. Jordano Fraga, Francisco,* *op. cit., pág. 49. En similar sentido Camiñas, Julio g., 'La problemática del dolo en el derecho romano clásico', en Derecho privado de obligaciones, homenaje... págs. 971 y sigs'.*

*'Publicum jus est, quod ad statum rei romanae spectat; privatum, quod ad singulorum utilitatem'. Em livre tradução: 'É direito público o que se refere ao estado dos negócios públicos, privado o que diz respeito à utilidade dos particulares, porque são questões de interesse público e outras de interesse privado' (Ulpiano, D. 1, 1, 1, 2, reproduzido nas Instituições de Justiniano, I. 1, 1, 4).*

*XXIV Encontro Nacional do Conselho Nacional de Pesquisa e Pós-Graduação em Direito (Conpedi), UFS, 2015: 'Através de duas comentadíssimas passagens do Corpus iuris [Institutiones, I.I,4; Digesto, I, I, I, 2], que definem com idênticas palavras respectivamente o direito público e o direito privado – o primeiro quod ad statum rei romanae spectat, o segundo: quod ad singulorum utilitatem – a dupla de termos público/privado fez seu ingresso na história do pensamento político e social do Ocidente (Bobbio, 2007, p. 13)'.*

*'Ius publicum privatorum pactis mutari non potest'. Em livre tradução: 'As normas de interesse público não podem ser alteradas por acordos privados' (Papiniano, D. 2, 14, 38).*

*Alves, José Carlos Moreira, Direito romano, Rio de Janeiro, Ed. Forense, 2003, v. 2, f. 223: 'Assim, por exemplo, são delitos públicos a perduellio (atentado contra a segurança do Estado), o parricidium (assassínio de homem livre). O Estado punia os autores dos delitos públicos com poena publica (pena pública), imposta por Tribunais especiais (como as Quaestiones Perpetuae), e que consistia na morte, ou na imposição de castigos corporais ou em multa que revertia em benefício do Estado'.*

*Exemplificando como o atentado contra a ordem pública — crimes que violavam normas jurídicas socialmente relevantes, como o 'perduelio' e o 'parricídio'.*

*Kaser, Max, Derecho romano privado, traducción de la 5ª edición alemana, Editorial Reus S.A., Madrid, 1982: 'Sólo en un momento posterior opera la jurisprudencia una asimilación de la relación jurídica basada en un delito al concepto de obligatio, entendiendo que el perjudicado por un acto ilícito tiene un derecho de crédito contra el autor responsable del mismo, cuyo contenido patrimonial es la poena, exigible por una actio in personam. esa transformación se encuentra relacionada con la reforma procesal operada por la lex iulia iudiciorum privatorum, y parte del análisis de la jurisprudencia acerca de los efectos de la litis contestatio en las acciones penales en un sistema procesal en que la condena es pecuniaria y la sentencia genera una obligatio iudicati de contenido y ejecución patrimonial'.*

*Violação do interesse privado — ofensa a pessoa ou aos seus bens.*

*Kaser, Max, Derecho romano privado, traducción de la 5ª edición alemana, Editorial Reus S.A., Madrid, 1982: 'En el derecho posclásico la oposición entre delicta y crimina aparece desdibujada, en tanto la persecución pública va invadiendo la esfera de los hasta entonces considerados como delitos privados. si en el derecho vulgar las pretensiones derivadas del delito son todavía ejercitables por el procedimiento civil, más que un castigo lo que persiguen es una indemnización (cualificada) de los perjuicios. Iustiniano restablece el derecho clásico de los delitos privados, pero otorga mayor importancia a la persecución criminal que a la privada'.*

*Stoco, Rui, Tratado de responsabilidade civil, 2007, p. 11: 'A noção da responsabilidade pode ser haurida da própria origem da palavra, que vem do latim respondere, responder a alguma coisa, ou seja, a necessidade que existe de responsabilizar alguém pelos seus atos danosos. Essa imposição estabelecida pelo meio social regrado, através dos integrantes da sociedade humana, de impor a todos o dever de responder por seus atos, traduz a própria noção de justiça existente no grupo social estratificado. Revela-se, pois, como algo inarredável da natureza humana'.*

*Luiz Fellipe Pretoa; Flávio Bentob; Regis Garciac; Rosimeire Midori Suzuki Rosa Limad; André Fernando dos Reis Trindade, A nova responsabilidade civil dos estabelecimentos privados de ensino frente ao Código de Defesa do Consumidor Brasileiro: 'A lex aquilia de damno veio a cristalizar a idéia de reparação pecuniária do dano, impondo que o patrimônio do lesante suportasse os ônus da reparação, em razão do valor da res, esboçando-se a noção de culpa como fundamento da responsabilidade, de tal sorte que o agente se isentaria de qualquer responsabilidade se tivesse procedido sem culpa. Passou-se a atribuir o dano à conduta culposa do agente. A lex aquilia de damno estabeleceu as bases da responsabilidade extracontratual, criando uma forma pecuniária de indenização do prejuízo, com base no estabelecimento de seu valor' (apud Diniz, M. H. Curso de direito civil brasileiro: responsabilidade civil. São Paulo: Saraiva, 2007. v. 7).*

*Cruz, José de Ávila, Direito Romano como alicerce da ação de reparação de danos: 'liber homo si jussu alterius manu injuriam dedit, actio legis aquilae cum eo est qui jussit: quod si non habuit, cum eo agendum est qui fecit'. Em tradução livre: 'Se um homem livre causou dano com a sua própria mão por ordem de outrem, há ação da lei aquilia, contra aquele que mandou, se tinha poder de mandar; mas se não tinha deve-se demandar contra quem praticou o ato' (Ulpianus, Dig, 9,2,37).*

*O vocábulo 'talião' decorre da palavra latina 'talis', que significa 'idêntico'.*

*Dalla, Danilo; Lambertini, Renzo. Istituzioni di diritto romano. Torino: G. Giappichelli, 2001, cap. VI, obbligazioni – I delitti. Generalità la pena privata, p. 381: 'La responsabilità per delitto comporta l'obbligo di pagare uma pena pecuniaria. È questo il punto di arrivo di un'evoluzione che ha differenziato i delitti dai crimini, e per l'illecito considerato di minore gravità ha risolto in um rapporto obbligatorio le conseguenze del comportamento contrario al diritto. Il sistema delle pene private è appunto il risultato di una evolzione, attraverso fasi successive. Dapprima l'offeso poteva ricorrere alla vendetta, all'inizio indiscriminata, poi regolamentata. è cosi che nasce il 'taglione' (talio), che inquadra la vendetta nei termini del contrappasso: è l''occhio per occhio'. L'ulteriore passaggio preved la possibilità sostitutiva della composizione pecuniaria per cui è possibile liberarsi dalla sanzione del taglione, come da altre pene corporali o afflittive, mediante il pagamento di una somma di denaro (poena). La composizione attraverso il pagamento da volontaria diviene alla fine legale. Il delictum si caratterizza allora per l'obbligo a carico del responsabile di corrispondere all'offeso una somma a titolo di pena, valutta secondo certi parametri... lo scopo primario è quello di infliggere una punizione al responsabile; tuttavia si afferma progressivamente l'idea di una funzione di reintegrazione del patrimonio dell'offeso'. Em tradução livre: 'A responsabilidade por delito importa a obrigação de pagar uma pena pecuniária. É este o ponto de início de uma evolução que diferenciou delito de crime, e para o ilícito considerado de menor gravidade resultou em uma relação obrigatória as consequências do comportamento contrário ao direito. O sistema da pena privada é precisamente o resultado de uma evolução, através de fases sucessivas. De início, o ofendido podia recorrer à vingança, inicialmente indiscriminada e depois regulamentada. É assim que nasce o talião (talio), que enquadra a vingança em termos de retaliação: é 'o olho por olho'. A etapa seguinte prevê a possibilidade substitutiva da composição pecuniária pela qual é possível liberar-se da sanção de talião, como de outra pena corporal ou aflitiva, mediante o pagamento de uma soma em dinheiro (pena). A composição voluntária se transforma em pena legal. O delito se caracteriza agora pela obrigação a cargo do responsável de entregar ao ofendido uma soma a título de pena, válida de acordo com certos parâmetros. O escopo principal é de infligir uma punição ao responsável; entretanto, afirma-se gradualmente a ideia de uma função de reintegração do patrimônio do ofendido'.*

*'O direito romano, entretanto, jamais chegou a separar a indenização do primitivo conceito de pena' (vide Dias, José de Aguiar. Da responsabilidade civil. p. 27).*

*'Gai Institutionum Commentarii Quattuor', ano 161 d.C., século II d.C. (Manual didático de direito romano).*

*'Sequens divisio in quattuor species diducitur: aut enim ex contractu sunt aut quasi ex contractu aut ex maleficio aut quasi ex maleficio' (cf. Inst. Gai 3, 13, 2).*

*'Obligationes aut ex contractu nascuntur, aut ex maleficio, aut proprio quodam iure ex variis causarum figuris' (Gai. 2 Aur., D. 44, 7, 1 pr).*

*'Si vas aliquod mihi vendideris et dixeris certam mensuram capere vel certum pondus habere, ex empto tecum agam, si minus praestes. sed si vas mihi vendideris ita, ut adfirmares integrum, si id integrum non sit, etiam id, quod eo nomine perdiderim, praestabis mihi: si vero non id actum sit, ut integrum praestes, dolum malum dumtaxat praestare te debere. Labeo contra putat et illud solum observandum, ut, nisi in contrarium id actum sit, omnimodo integrum praestari debeat: et est verum. quod et in locatis doliis praestandum Sabinum respondisse Minicius refert'. Em livre tradução: 'Se você tivesse me vendido um pote dizendo que poderia conter uma determinada medida, ou que tinha um certo peso, se for menor do que o que você entrega, poderei processá-lo pela ação de compra. Mas se você tivesse me vendido um pote alegando que estava inteiro, e não estava, você também será obrigado a me compensar o que ele teria perdido fazendo isso. Mas se não foi acordado que você me entregaria na íntegra, então você será obrigado a me compensar apenas pela fraude. Labeon acredita o contrário, e que apenas se deve observar que, se não tivesse sido acordado de outra forma, deve ser entregue na íntegra e é verdadeiro; e Minicio diz que Sabino deu uma resposta dizendo que ele também deveria ser ressarcido assim quando os potes fossem alugados' (D. 19,1, de actionibus empti venditi, 6; Pomponius, libro nono ad Sabinum, 4).*

*'Aediles aiunt: 'Qui iumenta vendunt, palam recte dicunto, quid in quoque eorum morbi vitiique sit, utique optime ornata vendendi causa fuerint, ita emptoribus tradentur. si quid ita factum non erit, de ornamentis restituendis iumentisve ornamentorum nomine redhibendis in diebus sexaginta, morbi autem*

*vitiive causa inemptis faciendis in sex mensibus, vel quo minoris cum venirent fuerint, in anno iudicium dabimus".* Em livre tradução: 'Os conselheiros dizem: 'Aqueles que vendem caballerias dizem claramente e simplesmente que doença ou que o vício tem cada um deles e eles serão entregues aos compradores da melhor forma possível. foram aproveitados para serem vendidos. Se algo não tivesse sido feito dessa forma, para a restituição do arreio ou a redibição da cavalaria por causa do jaeces, daremos uma ação dentro de sessenta dias; devido a doença ou vício no prazo de seis meses para cancelar a compra, ou para reduzir o preço no prazo de um ano' (D. 21,1 pr., De aedilicio edicto et redhibitione et quanti minoris, 38; Ulpianus, libro secundo ad edictum curulium).

*'Iulianus libro quinto decimo inter eum, qui sciens quid aut ignorans vendidit, differentiam facit in condemnatione ex empto: ait enim, qui pecus morbosum aut tignum vitiosum vendidit, si quidem ignorans fecit, id tantum ex empto actione praestaturum, quanto minoris essem empturus, si id ita esse scissem: si vero sciens reticuit et emptorem decepit, omnia detrimenta, quae ex ea emptione emptor traxerit, praestaturum ei: sive igitur aedes vitio tigni corruerunt, aedium aestimationem, sive pecora contagione morbosi pecoris perierunt, quod interfuit idonea venisse erit praestandum'.* Em livre tradução: 'Juliano, em seu décimo quinto livro, faz uma distinção, entre aquela quem vende uma coisa conscientemente e quem o faz ignorantemente, na convicção de ação de compra; Bem, diz que aquele que 'me' vendia gado doente ou uma viga defeituosa, se o fez sem saber, terá que responder pela ação de compra apenas a quantidade em que você teria comprado por menos de sabendo que ele era assim; mas se ele conscientemente se calou e enganou o comprador, será responsável perante o comprador por todos os danos causados por esse compra foram derivados para ele. Assim, se a casa desabou por falta de viga, o valor da casa; Se o gado pereceu por contágio do enfermo, ele deverá responder ao interesse do comprador na venda de coisas idôneas' (D. 19,1, de actionibus empti venditi, 13; Ulpianus, libro trigésimo secundo ad edictum, pr).

*'Labeo scribit edictum aedilium curulium de venditionibus rerum esse tam earum quae soli sint quam earum quae mobiles aut se moventes'.* Em livre tradução: 'Labeon escreve que o edital dos prefeitos curule sobre a venda refere-se tanto a coisas imóveis, bem como móveis ou gado' (D. 21,1, De aedilicio edicto et redhibitione et quanti minoris, 1; Ulpianus, libro primo ad edictum curulium, pr).

*'Ius pluribus modis dicitur: uno modo, cum id quod semper aequum ac bonum est ius dicitur, ut est ius naturale'.* Em livre tradução: 'A palavra direito

*utiliza-se em várias acepções: uma, quando se chama direito ao que é sempre justo e bom, como é o direito natural' (D. 1,1,11, Paulo).*

*Barrena, Cristian Aedo, Los requisitos de la lex aquilia, con especial referencia al daño. Lecturas desde las distintas teorías sobre el capítulo tercero, SciELO, Artículos de doctrina, Revista Ius et Praxis, 15(1), 311-337, 2009: 'La verdad es que hay una amplia discusión en relación con la datación de la ley, a la que no podemos referirnos en este trabajo. En principio, aunque la ley se refiere a un tribuno Aquilio, el dato no es del todo preciso, pues hay varios. Sobre esta cuestión, véase, por todos, a Corbino, Alessandro, 77 danno qualificato e la lex Aquilia, Milán: Cedam, 2005, p 31. Según Cannata, Cario Augusto, 'Sul testo originale della lex Aquilia: premesse e ricostruzione del primo capo', SDHI, N° 58, 1992, p 199 y ss el probable autor de la lex haya sido P. Aquilius, tribuno de la plebe, quien habría vivido alrededor del año 210 a.C. En lo que respecta a la discusión de la datación, el sector mayoritario se inclina por el año 286 a.C o el año 287 a.C. Hay otros que la fijan en el año 186 a.C; e, incluso, otros piensan que de manera indeterminada puede ser fijada en el siglo III a.C. Para el análisis de este problema puede consultarse, entre otros, a Biscardi, Arnaldo, 'Sulla data della 'lex Aquilia', A. A.V.V. Scritti in Memoria di Antonino Giuffré. Tomo I, Milán: Giuffré, 1967. Guarino, Antonio, 'La data della lex Aquilia', LABEO, N° 14, 1968. Zimmermann, R, The Law of Obligations. Roman Fundations of the Civilian Tradition, Oxford, 1996, pp 955 y ss. Cannata, Carlos Augusto, 'II terzo capo della 'Lex Aquilia', BIDR, N°s 98-99, 1995-1996, p 132'. Em livre tradução do original: 'A verdade é que há uma ampla discussão em relação à datação da lei, à qual não podemos nos referir neste trabalho. Em princípio, embora a lei se refira a um tribuno aquiliano, os dados não são totalmente precisos, pois são vários. Sobre este assunto, ver, para todos, Corbino, Alessandro, 77 danno qualificato e la lex Aquilia, Milan: Cedam, 2005, p 31. Segundo Cannata, Carlo Augusto, 'Sul testo originale della lex Aquilia: premesse e ricotruzione del primo capô', SDHI, N° 58, 1992, p 199 et seq. O provável autor da lex foi P. Aquilius, tribuno da plebe, que teria vivido por volta do ano 210 a.C. Quanto à discussão da datação, o setor majoritário inclina-se para o ano 286 a.C. ou ano 287 a.C. Há outros que o fixam no ano 186 a.C.; e ainda outros pensam que de forma indeterminada pode ser corrigido no século III a.C. Para a análise deste problema, ver, entre outros, Biscardi, Arnaldo, 'Sulla data della 'lex Aquilia', AAVV Scritti in Memoria di Antonino Giuffré, Volume I, Milão: Giuffré, 1967. Guarino, Antonio, 'La data della lex Aquilia', LABEO, No. 14, 1968. Zimmermann, R, A Lei das Obrigações.Oxford, 1996, pp 955 et seq. Cannata, Carlos Augusto, 'II terzo capo della 'Lex Aquilia', BIDR, N°s 98-99, 1995-1996, p. 132'.*

###### 'AQUILIAE' THEOREMA CIVIS ROMANUS STATUS DEFENSIONIS 'RESPONSUM' REPARATORIUS CURAE ET PRIVATAE ET PUBLICAE DELICTIS IN ANTIQUA ROMANA LEGE

Venosa, Silvio de Salvo, *Direito civil: teoria geral das obrigações e teoria geral dos contratos.* São Paulo, Ed. Atlas, 14ª ed., 2004, p. 18-19: '[...] a Lex Aquilia é o divisor de águas da responsabilidade civil. Esse diploma, de uso restrito a princípio, atinge dimensão ampla na época de Justiniano, como remédio jurídico de caráter geral; como considera o ato ilícito uma figura autônoma, surge, desse modo, a moderna concepção da responsabilidade extracontratual. O sistema romano de responsabilidade extrai da interpretação da Lex Aquilia o princípio pelo qual se pune a culpa por danos injustos provocados, independentemente de relação obrigacional preexistente. Funda-se aí a origem da responsabilidade extracontratual. Por essa razão, denomina-se também responsabilidade aquiliana essa modalidade'.

Rossetti, Giulietta, *Alle origini della moderna responsabilità extracontrattuale. L'actio ex lege Aquilia tra 'natura penale' e 'funzione reipersecutoria', Erste europäische Internetzeitschrift für Rechtsgeschichte,* 2020: 'È altrettanto noto che nel linguaggio dei giuristi moderni per designare la responsabilità extracontrattuale si utilizza correntemente la dizione 'responsabilità aquiliana' (e le espressioni 'danno aquiliano' e 'colpa aquiliana' come sinonimi, rispettivamente, di danno extracontrattuale e di colpa extracontrattuale) per ricordare che le radici storiche dell'istituto sono da individuare nella lex Aquilia de damno, un plebiscito di datazione incerta, collocabile probabilmente nel corso del III secolo a.C., che intervenne a sanzionare nei suoi tre capi alcune specifiche fattispecie di danneggiamento materiale, alla cui precisazione semantica e concettuale la giurisprudenza romana del periodo classico ha dedicato un raffinato e complesso percorso interpretativo, che ha portato all'elaborazione della nozione di damnum iniuria datum da intendersi, verosimilmente, come danno causato da un comportamento oggettivamente ingiustificato, e quindi antigiuridico'. Em livre tradução: 'É igualmente sabido que na linguagem dos juristas modernos para designar responsabilidade extracontratual, utiliza-se atualmente o termo 'Responsabilidade Aquiliana' (e as expressões 'Dano aquiliano' e 'negligência aquiliana' como sinônimos, respectivamente, de dano extracontratual e culpa extracontratual) lembrar que as raízes históricas da instituição devem ser identificadas na lex Aquilia de Damno, plebiscito de datação incerta, provavelmente datado durante o curso do século III a.C., que interveio para sancionar as suas três acusações alguns casos específicos de dano material, cujo esclarecimento semântico e conceitual é fornecido pela jurisprudência romana do período clássico dedicou um caminho interpretativo refinado e complexo, que levou ao desenvolvimento da noção de Damnum iniuria datum a ser entendido, presumivelmente, como danos causados por comportamentos objectivamente injustificados e, portanto, ilegais'.

*Según la declaración comen ida en el propio Digesto in 9, 2, 1, 1: 'Quae !ex aquilia plebiscitum est, cum eam aquilius tribunus plebis a plebe rogarevit' ('La Ley Aquilia es un plebiscito, habiéndola rogado de la plebe el tribuno aquilio').*

*Dias, José de Aguiar. Da responsabilidade civil. 6. ed. Rio de Janeiro: Forense, 1979: 'É na Lei Aquília que se esboça afinal, um princípio regulador de reparação do dano. Embora se reconheça que não continha ainda uma regra de conjunto, nos moldes do direito moderno, era, sem nenhuma dúvida, o germe da jurisprudência clássica com relação à injúria, e fonte direta da moderna concepção da culpa aquiliana, que tomou da Lei Aquília o seu nome característico'.*

*'Liber homo suo nomine utilem aquiliae habet actionem; directam enim non habet, quoniam dominus membrorum suorum nemo videtur. Fugitivi autem nomine dominus habet'. Em livre tradução: 'Um homem livre tem em seu nome a ação útil da lei aquília; pois não tem a direta, porque ninguém é considerado dono de seus membros. Mas em nome do fugitivo a tem o seu dono' (Ulp. 18 ad ed., D. 9, 2, 13 pr).*

*'La Ley Aquilia derogó todas las leyes que antes de ellas trataron del daño con injuria, así de las Doce Tablas, como alguna otra que hubo, cuyas leyes no es necesario decir ahora.1.- Cuya ley Aquilia es un Plebiscito, puesto que la presentó a la aprobación de la plebe el Tribuno de la plebe Aquilio' (Ulpianus, Comentarios al Edicto, Libro XVIII).*

*'Ex hac lege iam non dubitatur, etiam liberarum personarum nomine agi posse, forte si patremfamilias aut filiumfamilias vulneraverit quadrupes; scilicet ut non deformitatis ratio habeatur, quum liberum corpus aestimationem non recipiat, sed impensarum in curationem factarum, et operarum amissarum, quasque amissurus quis esset inutilis factus'. Em livre tradução: 'Já não se duvida que por essa lei pode reclamar-se também por causa de pessoas livres, por exemplo, se um quadrúpede houver causado dano a um pai de família, ou a um filho de família; consequentemente, não para que se obtenha valor em razão da deformidade, porque um corpo livre não admite estimação, mas sim dos gastos feitos em razão da cura, do trabalho perdido e do que haverá de perder aquele que ficou para o trabalho inutilizado' (Gaius. 7 ad ed. provinc., D. 9, 1, 3).*

*'Nec solum corpus in actione huius legis aestimatur, sed sane si servo occiso plus dominus capiat damni quam pretium servi sit, id quoque quam iussu, eo hereditatem cerneret, occisus fuerit; non enim tantum ipsius pretium aestimatur, sed et hereditatis amissae quantitas. item, si ex gemellis vel comoedis vel ex sumphoniacis unus occisus fuerit, non solum occisi fuit aestimatio, sed eo amplius (id) quoque computatur, quod ceteri qui supersunt depretiati sunt.*

'AQUILIAE' THEOREMA CIVIS ROMANUS STATUS DEFENSIONIS 'RESPONSUM'
REPARATORIUS CURAE ET PRIVATAE ET PUBLICAE DELICTIS IN ANTIQUA ROMANA LEGE

*idem iuris est etiam si ex pari mularum unam vel etiam quadrigis equorum unum occiderit'. Em livre tradução: 'E não só o corpo é valorizado na ação dessa lei, mas claro se, ao matar um escravo, o senhor recebe mais indenização do que o valor do escravo, isso também por qual ordem ele viu sua herança, ele foi morto; pois não é apenas o preço em si que é estimado, mas também o valor da herança perdida. da mesma forma, se um dos gêmeos, ou dos comediantes, ou dos sinfonistas foi morto, não foi apenas o morto que foi julgado; mas é contado ainda mais porque os outros que permanecem são depreciados. a lei é a mesma, mesmo que seja de um par de mulas ou mesmo de uma parelha de cavalos matará' (Gayo 3,212).*

'Sed quum homo liber periit, damni aestimatio non fit in duplum; quia in homine libero nulla corporis aestimatio fieri potest, sed quinquaginta aureorum condemnatio fit' – em livre tradução – 'Mas quando pereceu um homem livre, não se realiza a estimação em duplo do dano; porque no que concerne a um homem livre não se pode fazer estimação alguma de seu corpo, mas o que se faz é condenar ao valor de cinquenta áureos' (Ulp. 23 ad ed., D. 9, 3, 1, 5).*

'Quum liberi hominis corpus ex eo, quod deiectum effusumve quid erit, laesum fuerit, iudex computat mercedes medicis praestitutas ceteraque impendia, quae in curatione facta sunt; praeterea operarum, quibus caruit, aut cariturus est ob id, quod inutilis factus est. cicatricum autem, aut deformitatis nulla fit aestimatio, quia liberum corpus nullam recipit aestimationem'. Em livre tradução: 'Quando, com o que se houver jogado ou derramado houver sido lesionado o corpo de um homem livre, o juiz computa os honorários pagos ao médico e os demais gastos, se houveram, para obter-se a cura; e mais, o valor do trabalho de que esteve privado, ou de que haverá de estar privado porque para ele se tornou inútil. Mas não se faz a estimação das cicatrizes, ou de alguma deformidade, porque o corpo de um homem livre não admite qualquer forma de estimação' (Gai. 6 ad ed. provinc., D. 9, 3, 7).*

'Lex Aquilia omnibus legibus, quae ante se de damno iniuria loutae sunt, derogavit, sine alia quae fuit: quas leges nunc referre non est necesse. Quae Lex Aquilia plebiscitum est, cum eam Aquilius tribunus plebis a plebe rogaverit'. Em livre tradução: 'A lei Aquiliana revogou todas as leis que antes dela tratavam mal com iniuria, bem como a das Doze Tábuas, como algumas outras que existiam; cujas leis não precisam ser referidas agora. Cuja lei Aquilia é um Plebiscito, pois foi apresentada à aprovação da plebe pela Tribuna da Plebe Aquilio' (Ulp. 18 ad ed. D. 9,2,1).*

*Rossetti, Giulietta, Alle origini della moderna responsabilità extracontrattuale. L'actio ex lege Aquilia tra 'natura penale' e 'funzione reipersecutoria', Erste europäische Internetzeitschrift für Rechtsgeschichte, 2020: 'Un fondamentale profilo distintivo si traduce nella circostanza che nel diritto romano la responsabilità ex lege Aquilia costituisce un'ipotesi tipica di responsabilità ex delicto, cioè un tipo di responsabilità, la cui causa consiste nella commissione di un delictum – ovvero di un illecito penale privato tipico e riconosciuto ius civile 10 – il damnum iniuria datum punito appunto dalla lex Aquilia de damno; in questo caso l'esposizione processuale dell'autore del delitto all'actio si traduce nella circostanza che il delictum è sanzionato tramite un'actio poenalis, nel caso di specie l'actio ex lege Aquilia, un'azione penale privata, che è in ogni caso un'actio in personam, ma tramite il suo esercizio in giudizio la vittima intende ottenere soltanto l'irrogazione di una poena, in epoca storica – e quindi una volta superato lo stadio iniziale dell'afflizione corporale e quello intermedio della composizione pecuniaria volontaria – sanzione esclusivamente pecuniaria irrogata nelle forme del processo privato a scopo afflittivo, cioè per punire il reo. Anche a questo proposito sembra opportuno riprendere la terminologia gaiana, secondo la quale in tale ipotesi l'attore tramite l'esercizio dell'actio intende 'poenam tantum persequi' (Gai 4.6 e 8), in altri termini l'azione è diretta soltanto a punire il reo, obbligandolo a pagare alla vittima una determinata somma di denaro'. Em livre tradução: 'Um perfil distintivo fundamental traduz-se na circunstância de que no direito romano a responsabilidade ex lege Aquilia constitui uma hipótese típica de responsabilidade ex delicto, ou seja, uma espécie de responsabilidade, cuja causa consiste na prática de um delito – ou de uma infracção penal pessoa física típica e reconhecida pelo direito civil. A iniuria datum punida justamente pela lex Aquilia de damnum, neste caso, faz com que a exposição processual do autor do crime à actio é traduzida na circunstância de o delito ser sancionado através de uma actio poenalis e, neste caso a actio ex lege Aquilia, uma acção penal privada, que é em todo o caso uma actio in personam, mas através do seu exercício em um tribunal a vítima apenas pretende obter a aplicação de uma pena, em tempos históricos – e portanto uma vez superados o estágio inicial de aflição corporal e o estágio intermediário de composição pecuniária voluntária – sanção exclusivamente pecuniária imposta nas formas de processo privado para fins aflitivos, ou seja, para punir o infrator. Também neste aspecto parece oportuno retomar a terminologia gaiana, segundo a qual nesta hipótese o ator pretende através do exercício da actio 'poenam niente persequi' (Gai 4.6 e 8), ou seja, a ação visa apenas punir o criminoso, forçando-o a pagar à vítima uma certa quantia em dinheiro'.*

'AQUILIAE' THEOREMA CIVIS ROMANUS STATUS DEFENSIONIS 'RESPONSUM'
REPARATORIUS CURAE ET PRIVATAE ET PUBLICAE DELICTIS IN ANTIQUA ROMANA LEGE

'A scopo di completezza espositiva merita ricordare che nell'ordinamento giuridico romano la repressione penale assume una duplice configurazione, privata e pubblica, e quindi si distinguono, almeno a partire dal periodo pre-classico, illeciti penali privati (delicta o maleficia) e illeciti penali pubblici (crimina). I delicta, ritenuti essenzialmente lesivi di un interesse privato, erano perseguiti su iniziativa dell'offeso, che era appunto attivamente legittimato all'esercizio dell'actio poenalis, nelle forme del processo privato ed erano puniti con una poena privata, afflizione esclusivamente pecuniaria sostituto della più risalente afflizione corporale. Secondo le Istituzioni di Gaio (Gai 3.182) i delicta produttivi di obligationes iuris civilis sono quattro: il furto, la rapina, l'iniuria e il damnum iniuria datum. I crimina, in quanto ritenuti lesivi di interessi della collettività, erano invece perseguiti su iniziativa dello Stato nelle forme del processo pubblico tramite l'esercizio di un'actio criminalis e comportavano l'irrogazione di pene pubbliche corporali e/o patrimoniali. Questo schema ricostruttivo incentrato su una rigida distinzione fra delicta e crimina presenterebbe, a detta della dottrina romanistica più recente, non pochi profili di perplessità in riferimento sia al periodo più antico sia al periodo preclassico e classico. A quest'ultimo riguardo si osserva che, se in un primo momento, data la medesima finalità afflittiva dell'azione privata e dell'azione pubblica, le due azioni concorrono alternativamente, a partire dalla tarda Repubblica e ancor più nel Principato l'espansione della funzione punitiva statale e la generale depenalizzazione delle azioni penali private implica, da un lato, l'attrazione di alcuni illeciti penali privati (in particolare alcune fattispecie aggravate di rapina, di furto e di iniuria) nella sfera della repressione criminale, da altro lato, il concorso tra azione penale privata (civiliter agere) e azione criminale (criminaliter agere) diventa cumulativo in quanto con la prima azione ormai 'damnum sarcitur', con la seconda 'crimina vindicantur': Paul. Sent.5.3.1; D.9.2.23.9 (Ulp. 18 ad ed.)'. Em livre tradução: 'Para sermos mais completos, vale lembrar que no sistema jurídico romano a repressão no direito penal assume uma dupla configuração, privada e pública, e por isso se distinguem, pelo menos inicialmente do período pré-clássico, os crimes privados (delicta ou maleficia) e os crimes públicos (crimina). Os delitos, considerados essencialmente lesivos a um interesse privado, foram processados por iniciativa do ofendido, que aliás foi ativamente legitimado para exercer a actio poenalis, sob a forma de julgamentos privados e foram punidos com uma poena privata, aflição exclusivamente pecuniária, substituta da antiga aflição corporal. De acordo com Instituições de Caio (Gai 3.182) os delitos produtivos das obrigações iuris civilis são quatro: roubo, rapina, iniuria, damnum iniuria datum. Os crimes, por serem *considerados prejudiciais aos interesses da comunidade, foram processados por iniciativa do Estado nas formas de julgamento público através do exercício de uma actio criminalis e implicou a imposição de punições públicas corporais e/ ou patrimoniais. Este esquema reconstrutivo centra-se numa abordagem rígida. A distinção entre delicta e crimina apresentaria, segundo a mais recente doutrina romana, vários aspectos e, perplexidades em referência tanto ao período mais antigo como aos períodos pré-clássico e clássico. Neste último aspecto observa-se que, se num primeiro momento, dada a mesma finalidade aflitiva da ação privada e da ação pública, as duas ações concorrem alternadamente, a partir do final da República e ainda mais no Principado a ampliação da função punitiva estatal e a descriminalização geral das ações penais privadas implica, desde por um lado, a atração de alguns crimes privados (nomeadamente alguns casos agravados de roubo, furto e de lesão) na esfera da repressão criminal, por outro lado, a concorrência entre a ação penal privada (civiliter agere) e a acção penal (criminaliter agere) torna-se cumulativa tal como acontece com a primeira acção agora 'damnum sarcitur', com o segundo 'crimina vindicantur' (Paulo. Sent, 5.3.1; D. 9.2.23.9, Ulp. 18 ed. ad)'.*

*'Iniuriam autem hic accipere nos oporiet non quem adm odum circa iniuriarum actionem contum eliam quandam, sed quod non iure factum est, hoc est contra ius'. Em livre tradução: 'Mas seria uma injustiça nos aceitar aqui seria necessário que eu tomasse uma determinada ação em relação às ações de lesões, se não for legalmente feito, isso é contra o direito' (A propósito de Ley Aquilia, Ulpianus, D. 9,2,5,1, Ulpianus, XVIII ad ed).*

*Diez-Picazo e Ponce de León, Luis, Danos Law, Madrid, Civitas, 1999, p. 72-73: 'Tenta-se, na medida do possível, interpretar e superar restritivamente a indiscutível natureza criminosa dos textos romanos que tratavam da ação do Direito Aquiliano, convertendo-os em ação compensatória. Das consequências práticas que derivavam da natureza penal ou punitiva da ação, como a intransmissibilidade por sucessão em particular. Preocupados com esse problema, vinham de um período histórico em que a escravidão funcionava em toda a sua extensão, para o qual o mecanismo processual romano foi especificado na chamada ação noxal, ressalvada alguma exceção estabelecida na lei Justiniana, que era impossível de ser aplicada quando os dependentes eram pessoas livres. Caráter à ação da Lei Aquilia. Essa tendência, iniciada no direito romano com ações de fato e ações úteis, ganha cada vez mais amplitude, por isso tende-se a considerar que com a ação da Lei Aquilia se pode obter não apenas indenização pecuniária, mas também, quando o caso assim o exigir, a restituição in natura. Entre os comentadores desse período, é lógico citar Bartolo e Baldo. Não se pode dizer que a doutrina sobre a ação da Lei Aquilia tenha sido profundamente elaborada por Bartolo, que se apega fundamentalmente aos textos e pontos de vista da glosa: ele admite a responsabilidade do patrão pelos atos dos dependentes, que já não é novidade, e a natureza penal da ação e, por consequência, a intransmissibilidade mortis causa, embora se ressalte que o princípio contrário já era seguido no direito canônico e que fontes romanas o haviam estabelecido no caso do art. condição furtiva, do qual ele dá uma justificativa meramente prática. Além disso, Bartolo e Baldo admitem a natureza geral da ação da Lei Aquilia, ao menos como actio in factum'.*

*Alves, José Carlos Moreira, Direito romano, 14ª ed. Rio de Janeiro: Forense, 2007. p. 382-436: 'O devedor respondia pela dívida com seu próprio corpo; mais tarde, a partir da lei poetelia papiria (326 a.c.), passou a ser um vínculo jurídico (isto é, imaterial, respondendo, então, pelo débito, não mais o corpo do devedor, mas seu patrimônio [...] a obrigação, em consequência, deixa de vincular o corpo do devedor ao credor. a partir de então não mais deveria haver a impossibilidade de transmissão de crédito ou débito. no entanto, o direito romano, em todas as suas fases de evolução, conservou teoricamente o princípio da intransmissibilidade do crédito e do débito. Na prática, porém, alcançaram-se, economicamente, os resultados da transmissão por meios indiretos (ex. novação)'.*

*'Sed et si proprietatis dominus vulneraverit servum vel occiderit, in quo usus fructus meus est, danda est mihi ad exemplum legis aquiliae actio in eum pro portione usus fructus, ut etiam ea pars anni in aestimationem veniat, qua nondum usus fructus meus fuit'. Em livre tradução: 'Além disso, se o dono do imóvel ferir ou matar um escravo, de quem o emprego seja meu fruto, deve-se me propor uma ação a exemplo da lei de aquília, na proporção do benefício do serviço' (cf. D. 9.2.12 Paulus).*

*'§ An fructuarius vel usuarius legis aquiliae actionem haberet, iulianus tractat: et ego puto melius utile iudicium ex hac causa dandum'. Em livre tradução: '§ Se o usufrutuário ou o usuário da lei de aquília teve uma ação, juliano discute: e eu acho que um melhor julgamento deve ser feito sobre esta conta' (cf. D. 9.2.11 Ulpianus).*

*'Occisum autem accipere debemus, sive gladio sive etiam fuste vel alio telo vel manibus (si forte strangulavit eum) vel calce petiit vel capite vel qualiter'. Em tradução livre: 'Mas devemos aceitar que ele foi morto, seja pela espada, ou mesmo com uma clava, ou alguma outra arma, ou com suas mãos (se talvez o estrangulasse), ou com um chute, ou na cabeça, ou em que maneiras' (Ulpianus, D. 9.2.7: §).*

'Si dominus servum suum occiderit, bonae fidei possessori vel ei qui pignori accepit in factum actione tenebitur'. Em livre tradução: 'O proprietário passa a poder ser demandado se matar um escravo que esteja na posse de boa-fé ou na detenção de um terceiro' (cf. D. 9.2.13 Ulpianus).

Watson, A. Rome of the XII Tables, Princeton University Press, New Jersey, 1975, p. 5 y Rodríguez Montero, R. P., Responsabilidad contractual y extracontractual en derecho romano, Andavira, Santiago de Compostela, 2015, p. 155: 'los supuestos incluidos en la regulación decenviral nos indican los bienes jurídicos más importantes en la Roma del siglo V aC: la casa, los esclavos, los campos. Si bien, Rodríguez Montero señala que quizás había más supuestos en las XII Tablas (como podría ser la muerte del esclavo ajeno) que no han llegado hasta nosotros'.

Rodríguez Montero, Ramón P., Responsabilidad contractual y extracontractual en derecho romano. Una aproximación con perspectiva histórica, Colección Ciencia y Pensamiento Jurídico 19, Andavira, Santiago de Compostela, 242 p., IP 3 (2018) 1, 341-352: 'con base en la redacción de D.9.2.1.pr. que probablemente existieron varias leyes posteriores a la XII Tablas que también incidieron en la regulación de la responsabilidad civil'.

Barrena, C. Aedo, Los requisitos de la lex Aquilia con especial referencia al daño (Lecturas desde las distintas teorías sobre el capítulo tercero), en Ius et Praxis, 15 (2010) 311-337; S. Galeotti, Rupit, rupitias, noxia, damnum: ildannegiamento nella normativa postaquiliana, en SDHI 80 (2014), p. 229 et seq.

Santos, Mauro Sérgio, A responsabilidade civil extracontratual no direito romano: análise comparativa entre os requisitos exigidos pelos romanos e os elementos de responsabilidade atualmente existentes, Portal em Revista, UCB, 2014: 'Segundo a tradição, referida por vários escritores do tempo da república e do principiado, efectuou-se em Roma, nos anos 451 a 449 a.C., uma obra codificadora de grande envergadura. Foi elaborada por um organismo especialmente constituído para esse fim, os decemviri legibus scribundis (comissão de dez homens para redigir as leis); depois, aprovada nos comícios das centúrias, afixada publicamente no fórum e finalmente publicada em 12 Tábuas de Madeira. Daí a sua designação – Lex Duodecim Tabularum, Lei das XII Tábuas. É o documento de maior relevo do direito antigo. Ainda segundo o relato da tradição, esse extraordinário documento teve origem nas reivindicações jurídicas dos plebeus. [...] As XII Tábuas foram destruídas no incêndio de Roma, quando da invasão dos gauleses em 390 a.C., duvida-se que tenham sido reconstituídas em 397 a.C., como defendem vários autores' (apud Cruz, Sebastião. Direito romano, Ius Romanum, 4. ed. Coimbra: Editora Coimbra, 1984. p. 182).

Ortega Carrillo de Albornoz, Antonio, *De los delitos y de las sanciones en la ley de las xii tablas*, Secretariado de Publicaciones de la Universidad de Málaga, Málaga, 1988: 'Ante todo, el derecho de las XII Tablas, tal como nos ha sido transmitido, era el derecho propio de una pequeña comunidad agrícola, dirigido a regular la vida pública y privada de la primitiva civitas. tal derecho estaba constituido por un conjunto de normas que, destinadas a mitigar la rigidez de leyes y costumbres anteriores, participaron ineludiblemente del salvajismo que intentaban corregir'.

'Pero también si hubiere sido muerto un esclavo, que había cometido grandes fraudes en mis cuentas, y respecto del cual yo había resuelto que sufriera el tormento, para que se descubriesen los partícipes de los fraudes, con muchísima razón escribe Labeón, que se ha de estimar en cuanto me interesaba que se descubrieran los fraudes del esclavo cometidos por él, no en cuanto valga la noxa de este esclavo' (Ulpiano, Comentarios al edicto, Libro XII, s 4).

'Asimismo si un esclavo común, mío y tuyo, hubiera sido muerto por un esclavo de Ticio, escribe Cellso, que si demandase uno de los dueños, o conseguirá según su parte la estimación del litigio, o se le debe dar en noxa por entero, porque esta cosa no admite división' (Ulpiano, Comentarios al edicto, Libro XXVIII, s 25 37).

'Si el cuadrúpedo, por razón del que hubiese acción contra su dueño, porque hubiera causado un daño, fue muerto por otro, y contra éste se ejercita la acción de la 'ley aquilia', la estimación no debe referirse al cuerpo del cuadrúpedo, sino a la causa de aquello por lo que hay la acción para la petición del daño; y el que lo mató ha de ser condenado por 'la acción de la ley aquilia' en tanto cuanto interesa al actor poder entregarlo por noxa, más bien que pagar la estimación del litigio' (Javoleno, Doctrina de Cassio, Libro XIV, s 1-6).

'Dice el pretor respecto de los que hubieren arrojado o derramado alguna cosa: 'por tanto, si se hubiere arrojado o derramado alguna cosa en el sitio por donde vulgarmente se transita, o donde la gente se detiene, daré, contra el que allí habitare, acción en el duplo por cuanto daño con ello se damnum es 'gasto, pérdida de dinero', 'disminución patrimonial' que trae su causa ya en el resultado lesivo de una acción perniciosa ya en el precio de la composición exigida para restablecer el orden alterado. esto explica inicialmente las conexiones de damnum con damnare con el sentido de 'obligar a uno a un gasto para nada', 'imponer un sacrificio de dinero' hasta adoptar el significado de 'condenar'' (Ulpiano, Comentarios al Edicto, Libro XXIII).

Luiz Fellipe Pretoa; Flávio Bentob; Regis Garciac; Rosimeire Midori Suzuki Rosa Limad; André Fernando dos Reis Trindade, *A nova responsabili-*

*dade civil dos estabelecimentos privados de ensino frente ao Código de Defesa do Consumidor Brasileiro: 'Não imperava, ainda, o direito. Dominava, então, a vingança privada, forma primitiva, selvagem talvez, mas humana, da reação espontânea e natural contra o mal sofrido; solução comum a todos os povos nas suas origens, para a reparação do mal pelo mal' (cf. Gonçalves, C. R. Direito civil brasileiro: parte geral. São Paulo: Saraiva, 2011. v. 1, v. 4, 2007).*

*Luiz Fellipe Pretoa; Flávio Bentob; Regis Garciac; Rosimeire Midori Suzuki Rosa Limad; André Fernando dos Reis Trindade, A nova responsabilidade civil dos estabelecimentos privados de ensino frente ao Código de Defesa do Consumidor Brasileiro: 'De fato, nas primeiras formas organizadas de sociedade, bem como nas civilizações pré-romanas, a origem do instituto está calcada na concepção de vingança privada, forma por certo rudimentar, mas compreensível do ponto de vista humano como lídima reação pessoal contra o mal sofrido' (cf. Gagliano, P. S.; Pamplona Filho, R. Novo curso de direito civil: responsabilidade civil. São Paulo: Saraiva, 2006. v. 3).*

*Luiz Fellipe Pretoa; Flávio Bentob; Regis Garciac; Rosimeire Midori Suzuki Rosa Limad; André Fernando dos Reis Trindade, A nova responsabilidade civil dos estabelecimentos privados de ensino frente ao Código de Defesa do Consumidor Brasileiro: 'Depois passa a se ter o período da composição, onde entendia que a reparação do dano baseada na vingança, acabava ocasionando na verdade duplo dano: o da vítima e o do seu ofensor, depois de punido' (Diniz, M. H. Curso de direito civil brasileiro: responsabilidade civil. São Paulo: Saraiva, 2007. v. 7).*

*Digesto de Justiniano. Liber primus: introdução ao direito romano. Tradução de Hélcio Maciel França Madeira. 7. ed. Thomson Reuters: Revista dos Tribunais, 2012. D. 9, 2, 1, Pr.*

*Castresana, Amelia. Nuevas lecturas de la responsabilidad aquiliana. Salamanca: Ediciones Universidad de Salamanca, 2001: 'Damnum es 'gasto, pérdida de dinero', 'disminución patrimonial' que trae su causa ya en el resultado lesivo de una acción perniciosa ya en el precio de la composición exigida para restablecer el orden alterado. Esto explica inicialmente las conexiones de damnum con damnare con el sentido de 'obligar a uno a un gasto para nada', 'imponer un sacrificio de dinero' hasta adoptar el significado de 'condenar''.*

*Arangio Ruiz, Vicenzo (1986). Instituciones de derecho romano. Traducción de la 10ª edición italiana por José Caramés Ferro. Reimpresión de la 1ª edición. Buenos Aires: Depalma, p. 418. 'Gayo, III, 219 el daño previsto por la lex aquilia es solamente el causado corpore corpori, es decir, el producido con el esfuerzo muscular del delincuente a la cosa considerada en su estructura física. la sanción de la ley no tiene lugar, en consecuencia, por falta de daño corpore, si se encierra el ganado en un establo para hacerlo morir de hambre, o si se persuade a un esclavo de que suba a un árbol, ocasionándole de esa manera la caída y muerte'. (En este sentido, Schipani, Sandro (1969). Responsabilita 'ex lege aquilia'. Criteri di imputazione e problema della 'culpa'. Torino. Giappichelli Editore, pp 47-49 y Betti, Emilio (1962). Istituzioni di Diritto Romano. Padova: Cedam, Vol. II, Part. I, pp 512-513. Trata especialmente el principio del damnum corpore datum, zilioto (2000) 6 ss. Al respecto, la autora señala: 'Nella prospettiva dell'estensione della tutela aquiliana, cib che interessa e che gaio dica che l'actio legis aquiliae veniva concessa solo contro chi avesse provocado un danno corpore suo')'.*

*Barrena, Cristián Aedo, 'La cuestión causal en la 'lex Aquilia' y su solución mediante el mecanismo de la culpa', Rev. Estud. Hist.-Juríd., n. 37, Valparaíso, oct. 2015, Estudios derecho romano. 'El damnum sancionado en los capítulos primero y tercero de la ley, correspondía a un término técnico y preciso, propio de ella, traducido en los verbos occidere —para el primero— y urere, frangere, rumpere, para el tercero. Para ello es preciso distinguir entre damnum facer y damnum dare. Una explicación de las diferencias jurídicas entre los binomios damnum dar y damnum facere se encuentra en Castresana, Amelia, Nuevas lecturas de la responsabilidad aquiliana (Salamanca, Ediciones Universidad de Salamanca, 2001), pp. 18 ss., para concluir que: 'La realización de determinada conducta por parte de un sujeto capaz —'damnum facere'—, que coloca a otro en una situación de gasto o pérdida patrimonial —'damnum dare'—, pasa en la Lex Aquilia por la tipificación de ciertos eventos dañosos como acciones materiales de damnum. Occidere, pecuniam acceptam, urere, frangere, rumpere, son todas las posibles, y a su vez únicas, formas tipificadas en el plebiscito aquiliano como supuestos de 'damnum facere'; otros eventos dañosos que no sean exactamente éstos, no entran dentro del tipo normativo sancionado por la Ley Aquilia. La realización de aquellas conductas, previstas en la norma como comportamiento de 'damnum facere', conduce al resultado 'damnum dare''. No hemos referido a este problema y al desarrollo de la idea del id quod interest en Aedo Barrena, Cristián, Los requisitos de la 'lex Aquilia', con especial referencia al daño. Lecturas desde el capítulo tercero, en Ius et Praxis 15 (2009) 1, pp. 325 y ss'. Em livre tradução: 'O damnum sancionado nos capítulos primeiro e terceiro da lei correspondia a um termo técnico e preciso, típico dela, traduzido nos verbos occidere – para o primeiro – e urere, frangere, rumpere, para o terceiro. Para isso, é necessário distinguir entre damnum facer e damnum dare. Uma explicação das diferenças jurídicas entre os binômios damnum dar e damnum facere pode ser encontrada em Castresana, Amelia, Novas leituras da responsabilidade aquiliana (Salamanca, Ediciones Universidad de Salamanca, 2001), p. 18 et seq., para concluir que: 'A prática de determinada conduta por sujeito capaz –'damnum facere'–, que coloca outro em situação de despesa ou perda de bens – 'damnum dare' –, acontece na Lex Aquilia para a tipificação de certos eventos danosos como ações materiais de damnum Occidere, pecuniam acceptam, urere, frangere, rumpere, são todas as formas possíveis e ao mesmo tempo únicas tipificadas no plebiscito aquiliano como pressupostos de 'damnum facere'; outros eventos danosos que não sejam exatamente esses, não se enquadram no tipo normativo sancionado pela Lei Aquilia. A realização desses comportamentos, previstos na norma como comportamento 'damnum facere', leva ao resultado 'damnum dare''. Não nos referimos a esse problema e ao desenvolvimento da ideia de interesse id quod em Aedo Barrena, Cristián, Los requisitos da 'lex Aquilia', com referência especial para danos Leituras do terceiro capítulo, em Ius et Praxis 15 (2009) 1, p. 325 et seq.).*

*'Damni iniuriae actio constituitur per legem Aquiliam, cuius primo capite, cautum est, ut si quis hominem alienum alienamve quadrupedem quae pecudum numero sit iniuria occiderit, quanti ea res in eo anno plurimi fuit, tantum domino dare damnetur'. Em livre tradução: 'A ação de dano injusto está prevista na lei aquiliana, em seu primeiro capítulo dispõe que, se alguém matar injustamente escravo estrangeiro ou quadrúpede estrangeiro de qualquer espécie de gado, está condenado a dar ao proprietário o valor mais alto que aquele coisa tinha naquele ano' (Gai. 3.210).*

*'Ut igitur apparet, servis nostris exaequat quadrupedes, quae pecudum numero sunt et gregatim habentur, veluti oves caprae boves equi muli asini. Sed an sues pecudum appellatione continentur, quaeritur: et recte Labeoni placet contineri. Sed canis inter pecudes non est. longe magis bestiae in eo numero non sunt, veluti ursi leones pantherae. Elefanti autem et camelli quasi mixti sunt (nam et iumentorum operam praestant et natura eorum fera est) et ideo primo capite contineri eas oportet'. Em livre tradução: 'Assim, como se vê, ele equipara aos nossos escravos os quadrúpedes, que estão incluídos na classe do gado, e são mantidos em rebanhos, como ovelhas, cabras, bois, cavalos, mulas e jumentos. Mas me pergunto se os porcos estão contidos na denominação de gado; e com razão parece bom para Labeon que eles se contenham; mas o cão não está incluído na denominação de gado. Com mais razão, animais selvagens, como ursos, leões e panteras, não estão incluídos em seu número; mas elefantes e camelos são de gênero misto (porque prestam serviço a burros e sua natureza é feroz) e, portanto, devem ser incluídos no primeiro capítulo)' (Gai. 7 ad ed. prov. D. 9,2,2,2).*

*Lex Aquilia, Capítulo I*

*Lex Aquilia, Capítulo III*

*Eros ou Dominas*

'*Nunc transeamus ad obligationes. Quarum summa diuiosio in duas species diducitur; omnis enim obligatio uel ex contractu nascitur uel ex delicto*' *(Gai. 3, 88:).*

Fattori, Sara Corrêa, *A responsabilidade pela reparação do dano no direito romano*, USP: '*Independientemente de la eventual reconstitución patrimonial del damnificado, constituía una sanción aflictiva pecuniaria que castigaba al autor del acto ilícito y que podía ser exigida por aquel que había sufrido las consecuencias del acto mismo, en su condición de acreedor de la relación obligatoria que surgía del acto ilícito*' *(apud Volterra, E. Istituzioni di diritto privato romano; instituciones de derecho privado romano, trad. esp. de Jesús Daza Martinez, Madrid, 1986, p. 549).*

'*A palavra responsabilidade desce do verbo latino 'respondere', de 'spondeo', primitiva obrigação de natureza contratual do Direito Quiritário Romano, pelo qual o devedor se vinculava ao credor nos contratos verbais, por intermédio de pergunta e resposta (spondesne mihi dare centum ? spondeo – ou seja, prometes-me dar um cento ? prometo)*' *(vide Álvaro Villaça, Obrigações, indenização pecuniária, Lex Aquilia).*

'*Desde una perspectiva social y económica, entre la amplia gama de artífices que laboraban en Roma en las diversas ramas artesanales – considerados como trabajadores manuales cualificados que ejercitaban un ars, realizando trabajos que requerían una competencia técnica específica y posiblemente una habilidad para poder ejercerlos –, no existiría una homogeneidad, apreciándose notables diferencias en cuanto a su estatus material y reconocimiento social. En este sentido, Pugliese, G., «Locatio-conductio», Derecho romano de obligaciones. Homenaje al Profesor José Luis Murga Gener, AA.VV. (coord. Paricio Serrano), Madrid, 1994, p. 607 s., señala entre los diversos estratos, de menor a mayor importancia y consideración, en atención a los contratos celebrados por los trabajadores: los llevados a cabo con lavanderos (fullones) y zurcidores (sarcinatores); a un nivel superior, los celebrados con joyeros y plateros; y a un nivel todavía más elevado, desde el punto de vista del esmero o la perfección técnica requerida al artífice, los cinceladores de cálices (diatretarius). Según*

*Rodríguez Neiia, j.f., «El trabajo en las ciudades de la Hispania romana», El trabajo en la Hispania romana, Rodríguez Neila, González Román, Mangas, Orejas, Madrid, 1999, pp. 15 ss., 60 ss., (con amplias referencias bibliográficas en pp. 115 ss.), en general, en el ámbito de los trabajos desarrollados en relación a la transformación de los metales, especialmente los preciosos y la joyería, se exigiría un alto nivel de especialización, la mano de obra cualificada era rara y, por tanto, cara, debiendo suponer que las diferencias en «habilidades» serían bien calibradas a la hora de los encargos o compras por los posibles clientes, que eran particulares de alto nivel económico, gran poder adquisitivo y refinados gustos culturales, siendo notable su afán de lujo y deseo de ostentación de su riqueza e importancia a través de las obras encargadas a los artistas. En relación a la importancia de los diatretarii en su consideración como personas muy requeridas, Wacke, A., op. cit., p. 582, destaca que, junto con otro grueso grupo de artesanos especializados y profesionales independientes, fueron liberados de los munera municipales en tiempos de Constantino en el año 337 d.C., según se recoge en C. 10.66.1. Por lo que se refiere a los joyeros, Blagg, T.F.C., «La società e l'artista», Il mondo di Roma imperiale, Vol. III, (Economia, Società e religione), AA.VV. (a cura di John Wacher), Roma-Bari, 1989, p. 222, indica que el arte de tallar las gemas era tan apreciada como para no poder ser considerada como un arte menor. En particular, los anillos con el sello eran objetos de particular significado para los que los llevaban; Augusto los usó en tres épocas distintas. El último, que reproducía su cabeza y fue utilizado como sello por los emperadores que le sucedieron, fue grabado por Dioscurides, un artesano de extraordinaria habilidad. Rodríguez Neila, J.F., op. cit., p. 68 s., por su parte, refiere la existencia en el sector de la joyería en Roma de una gran demanda de camafeos y entalles para anillos atendida por los gemmarii, presuponiendo que la cantidad de piedras preciosas y semipreciosas (importadas habitualmente desde el Próximo Oriente, según las noticias trasmitidas por Plinio en N.H., 9.113) debió ser enorme debido a la arraigada costumbre observada por los ciudadanos importantes de llevar anillos sigilares. En Hispania las inscripciones atestiguadas epigráficamente que recuerdan las ricas donaciones de gemas y perlas destinadas a engalanar estatuas de divinidades e incluso particulares señalan la amplia tipología de las piezas que se fabricaban, la variedad de gustos de la clientela que las encargaba y de las habilidades de quienes las hacían, la abundancia y diversidad de la materia prima disponible, la fluidez de los circuitos que distribuían por el interior las perlas y piedras preciosas desde los puertos mediterráneos. Finalmente, sobre los rasgos más significativos que, desde un punto de vista jurídico y social, caracterizaron el fenómeno laboral en el mundo romano antiguo, vid.,* con amplias referencias bibliográficas, Rodríguez Montero, R.P., (Cf, Notas introductorias en torno a las relaciones laborales en Roma, Anuario da Facultade de Dereito da Universidade da Coruña (AFDUDC), 8, 2004, pp. 727 ss.; también publicado con levísimas modificaciones con el título de Bosquejo histórico sobre la consideración social y jurídica de la actividad laboral en Roma, Estudios de Derecho romano en Homenaje al Prof. Dr. D. Francisco Samper, AA.VV. (edit. por P.I. Carvajal), Chile, 2007, pp. 603 ss)'.

'A responsabilidade extracontratual, a seu turno, é também conhecida como responsabilidade aquiliana, tendo em vista que a Lex Aquilia de Damno (do Século III a.C.) cuidou de estabelecer, no Direito Romano, as bases jurídicas dessa espécie de responsabilidade civil, criando uma forma pecuniária de indenização do dano, assentada no estabelecimento de seu valor' (vide Álvaro Villaça, Obrigações, indenização pecuniária, Lex Aquilia).

'Quae lex aquilia plebiscitum est, cum eam aquilius tribunus plebis a plebe rogaverit' (Ulp. 18 ad ed., D. 9,2,1).

Luiz Fellipe Pretoa; Flávio Bentob; Regis Garciac; Rosimeire Midori Suzuki Rosa Limad; André Fernando dos Reis Trindade, A nova responsabilidade civil dos estabelecimentos privados de ensino frente ao Código de Defesa do Consumidor Brasileiro: 'Este período sucede o da composição tarifada imposto pela lei das xii tábuas, que fixava em casos concretos, o valor da pena a ser paga pelo ofensor é a reação contra a vingança privada, que é assim abolida e substituída pela composição obrigatória. Embora subsista o sistema do delito privado, nota-se, entretanto a influência da inteligência social, compreendendo-se que a regulamentação dos conflitos não é somente uma questão entre particulares' (Gagliano, P.S.; Pamplona Filho, R. Novo curso de direito civil: responsabilidade civil. São Paulo: Saraiva, 2006. v. 3).

Castresana, Amelia. Nuevas lecturas de la responsabilidad aquiliana. Salamanca: Ediciones Universidad de Salamanca, 2001: 'En la media en que damnum va siendo utilizado para significar distintas nociones de daño, se le va añadiendo un calificativo para precisar el tipo de daño al que hace referencia la expresión, así: En las fuentes jurídicas encontramos efectivamente ciertos binomios con un elemento constante, el término damnum, y otro variable, que puede ser facere, dare, sarcire, praestar, capere, sólvere o decidere. Los segundos vocablos son los que realmente van a ir definiendo el significado técnico no sólo de toda la expresión en su conjunto, sino también del primer término de la misma. Según al verbo que se una, DAMNUM toma un sentido jurídico u otro, abandonando así definitivamente aquella *originaria ambivalencia que consiente la etimología del término. damnun dare: causar un daño, referido a delito. – damnum facere: hacer un gasto. Pérdida o destrucción de un bien que produce una acción determinada. damnum solvere, prestare, decidere: pena a la que queda obligado a pagar el que causa el daño por mandato de la ley'.*

*'Inquit lex 'ruperit'. Rupisse verbum fere omnes veteres sic intellexerunt 'corruperit''. Em livre tradução: 'A lei diz: 'ele teria corrompido' e, quase todos os antigos entendiam assim o verbo 'rumpere' como haver corrompido' (Ulp. 18 ad ed. D. 9,2,27,13).*

*'Verum valorem rei' – Em livre tradução – 'valor correto de uma coisa'.*

*Em livre tradução, 'damnum não destrutivo'.*

*Chironi, G. P., La culpa (direito civil moderno, culpa contratual), 2ª ed., trad. de A. Posada, Madrid, Filhos de Reus, 1907, p. 43-51: 'A culpa como ato ilícito tem sempre sua razão especial de ser na negligência (negligentia, imprudentia, ignavia) imputável ao agente, que não levou em conta, como deveria e poderia ter feito, a ofensa aos direitos da outros inerentes ao próprio ato, ou as consequências lesivas de um ato lícito em si mesmo, o que, aliás, não implica confusão dos dois aspectos que pode assumir, porque a identidade do motivo não contradiz nele a diversidade da forma de aparecer. um; o fator de culpa é idêntico, tanto em termos contratuais como extracontratuais.; no entanto, a existência da relação contratual, da qual resulta, exerce forte influência sobre o seu caráter, tornando-se um modo de manifestação, ou como continuação dela, que atua não apenas na prova e na estimativa de o dano, mas também, e muito, na medida da responsabilidade. A existência do vínculo obrigatório em relação ao qual o ato negligente deve ser valorizado, influi muito especialmente para determinar o diferente grau de diligência que deve ser observado, na execução do mesmo, de acordo com a intenção das partes. Dá um testemunho seguro de que a culpa contratual difere da culpa aquiliana, porque implica falta de diligência em relação a uma obrigação e porque, ao contrário do que acontece com a outra, tem graus. Não é importante investigar agora quais são os princípios sobre os quais tal graduação tem seu fundamento e medida: referindo-se a uma investigação futura, basta observar que este é o conceito em que se informa a legislação mais moderna. O direito civil italiano distinguiu claramente as duas formas já descritas: por um lado, declara que a diligência que deve ser exercida na execução do contrato (ou quase-contrato) é o de um bom pai de família, ressalvadas as exceções de pressupostos expressamente determinados; do outro, dispõe que qualquer ato do homem que cause dano a outrem, este ocorra por seu próprio ato, ou por sua própria negligência ou imprudência, obriga o agente que teria sido culpado pelo ocorrido, a ressarcir o dano. O pensamento do legislador é que, nas relações contratuais, não tendo convencionado outra regra, a negligência que o diligente pai de família sabe como evitar normalmente implicar a causa de uma responsabilidade para com o credor; e fora das relações deste tipo, toda negligência que produz dano, não estando prevista em lei de outra forma, exige responsabilidade. Esta distinção refere-se, segundo as observações feitas, ao grau de diligência e seu contrário, negligência. Não à natureza jurídica do ato ilícito, à culpa. E investigando e determinando a função da lei no que diz respeito a essa diversidade de graduação, facilmente se compreende que na culpa contratual, dominada como é a relação pelo contrato que tudo penetra, a lei é apenas complementar à vontade das partes: é obrigatório quando a ordem pública os proíbe de ultrapassar certos limites para graduar a diligência. não contratual: na culpa contratual é excepcionalmente obrigatória, pela liberdade de expansão que, de forma necessária, é deixada à vontade individual, em cujas relações esta é a razão imediata de ser. O desenvolvimento que se a instituição demonstrar a veracidade do que foi dito acima sobre a diferença de grau: quanto à culpa contratual, as leis romanas ensinam que é ordinariamente necessário responder, conforme seja lata ou levis, e quanto à culpa aquiliana, que também é responsável pela menor culpa: in lege Aquilia et levissima culpa venit. Sobre esses textos, a interpretação, embora vislumbrando o conceito fundamental da pessoa jurídica de culpa, idêntica em seus vários aspectos, teve que trabalhar de várias maneiras até chegar a diferentes consequências; a escola dos glosadores, reunindo as três gradações enunciadas nos fragmentos, remete-as todas para a mesma instituição, vislumbrando assim o princípio unitário, sem perceber, aliás, sua razão suficiente. E essa teoria mais tarde se tornou tradicional; porque, mesmo partindo do caráter de diligência para inferir quais gradações poderiam ser atribuídas à negligência e, portanto, à culpa, alguns a dividem em seis notas, a proposta não foi admitida; e mesmo quando deduzindo de indagações exegéticas sobre as fontes, outros reduziram esses graus a dois, a opinião comum sempre se prendeu aos ensinamentos da doutrina mais antiga. Essa autoridade, aliás, não impede que, submetida a uma nova investigação dos textos, a teoria que atribui apenas dois graus à culpa contratual, excluindo a levissima, não se revele verdadeira; e se às vezes pode acontecer que seja na culpa lata ou na levis, ou que apareça sob uma forma especial de diligência, a custódia, isso não implica em nada contra a exatidão da regra geral. No entanto, ainda que se reconheça que essa teoria tem maior correspondência com as fontes, a doutrina que distingue três graus de culpa (lata, levis, levissima); mas é necessário investigar que parte da verdade contém; e se puder ser especificado observando que, considerando a diligência como uma concepção abstrata, deve-se levar em conta também o extremo (culpa levíssima)'.*

*Rossetti, Giulietta, Alle origini della moderna responsabilità extracontrattuale. L'actio ex lege Aquilia tra 'natura penale' e 'funzione reipersecutoria', Erste europäische Internetzeitschrift für Rechtsgeschichte, 2020: 'Verso un'azione generale di risarcimento del danno: la prospettiva giustinianea. 'Una significativa conferma testuale delle osservazioni svolte a conclusione del paragrafo precedente mi sembra che possa essere rappresentata dalla configurazione che l'actio ex lege Aquilia assume in un famoso passo delle Istituzioni giustinianee, Inst.4.6.19 51 Il § 19 fa parte, unitamente ai tre paragrafi che lo precedono, di un ampio squarcio del manuale istituzionale, che Giustiniano dedica alla tripartizione fra azioni reipersecutorie, azioni penali e azioni miste. Sebbene questi paragrafi delle Istituzioni imperiali costituiscano, sul piano formale, il luogo corrispondente di Gai 4.6-9, una parte della dottrina esclude, correttamente, ogni coincidenza di ordine sostanziale fra la tripartizione giustinianea e quella gaiana. In via generale vi è da notare infatti che nel passo di Gaio i concetti di res e di poena, oggetto del persequi, rappresentano, come abbiamo visto 54, il concreto contenuto della pretesa dell'attore e inoltre rilevano come concetti chiave in vista della soluzione del problema pratico del regime del concorso processuale tra azioni penali e azioni reipersecutorie; nei paragrafi delle Istituzioni imperiali si ha riguardo, invece, alla 'funzione' penale o/e reipersecutoria dell'azione al fine di enunciare una classificazione generale di tutte le azioni dotata di compiutezza sistematica e rigore dogmatico. Dal confronto testuale fra le due classificazioni emergono, peraltro, ulteriori e specifici profili distintivi. Innanzitutto l'esemplificazione delle actiones 'rei persequendae causa comparatae' di cui al § 17, includendo anche 'omnes in rem actiones', presenta maggiore completezza rispetto al luog corrispondente della tripartizione gaiana (Gai 4.7), che invece richiama come esempio delle actiones 'quibus rem tantum persequimur' soltanto le actiones ex contractu. In riferimento alle actiones in personam ex maleficiis, il § 18 distingue fra quelle, che hanno una finalità soltanto afflittiva ('tantum poenae persequendae causa comparatae sunt'), e quelle, che sono dirette tanto all'irrogazione di una poena, quanto alla reintegrazione patrimoniale ('tam poenae quam rei persequendae'): queste ultime, in considerazione di questa loro duplice funzione, penale e reipersecutoria, sono dette mixtae. Come esempio di azioni soltanto penali è citata, non a caso, unicamente l'actio furti, con la precisazione che la sua condemnatio, anche se nel multiplo del valore della cosa rubata, contiene soltanto la poena, sicché ne sarà ammesso il cumulo con le azioni reipersecutorie concorrenti, la rei vindicatio e la condictio rei. Il § 18, se confrontato con il parallelo Gai 4.8, non richiama l'actio iniuriarum, probabilmente perché, compiutosi in età giustinianea il processo di pubblicizzazione del delictum di iniuria – processo avviatosi ad opera della lex Cornelia de iniuriis emanata verosimilmente da Silla nell'81 a.C. – l'azione aestimatoria privata risulta ormai ampiamente sostituita dall'azione criminale. Inoltre la parte iniziale del § 19 risolve il dubbio riportato da Gai 4.8 a proposito dell'actio vi bonorum raptorum classificandola senz'altro fra le actiones mixtae, in quanto nella condemnatio nel quadruplo di quest'azione si distingue il semplice valore della cosa (simplum) a titolo di rei persecutio e il residuo triplum a titolo di poena. Segue l'articolata spiegazione del carattere misto dell'actio ex lege Aquilia. A questo riguardoil § 19 distingue a seconda che quest'azione sia esercitata in duplum adversus infitiantem oppure in simplum adversus confitentem: nella prima ipotesi l'azione è 'sempre' mista, nella seconda lo è 'talvolta' (interdum), vale a dire soltanto nei casi in cui – ai sensi del caput I della lex Aquilia, che sanciva, come si é già ricordato, il pagamento a titolo di poena, nel caso di uccisione di uno schiavo altrui, del maggior valore conseguito dalla res occisa nell'ultimo anno – il quantum della litis aestimatio, calcolato con riferimento al 'quanti id in eo anno plurimi fuit' (Gai. D.9.2.2 pr.), eccede l'effettivo ammontare del danno cagionato. L'uso di interdum mi sembra che sia da sottolineare, dato che sta a significare che in epoca giustinianea ormai l'azione aquiliana, se in simplum, era per lo più esclusivamente 'risarcitaria'; in via residuale, cioè quando la stima retroattiva implicava il riferimento al maggior valore, anche 'penale', e quindi 'mista'. Segue l'eloquente esempio dell'uccisione dello schiavo, zoppo o cieco al momento della commissione del delitto, ma 'integer et magni pretii' nell'ultimo anno. La configurazione dell'actio ex lege Aquilia in simplum come azione mixta per così dire 'ad intermittenza' mi sembra che costituisca l'indice forse più significativo della profonda diversità esistente fra la prospettiva giustinianea e quella classica in merito alla considerazione della natura e della funzione dell'azione aquiliana. Nell'ottica del modello gaiano, come si è già visto, la circostanza che l'actio ex lege Aquilia, se data in simplum adversus confitentem, contenesse la rei persecutio, senza escluderne la originaria natura penale, rilevava soltanto allo scopo di giustificare il concorso alternativo con le azioni reipersecutorie ex contractu nascenti ex eodem facto. Secondo la classificazione giustinianea l'actio ex lege Aquilia è 'mista' (sempre se in duplum, talvolta se in simplum) perché l'ordinamento l'ha predisposta al fine sia di risarcire il danno sia di irrogare una sanzione al convenuto. Peraltro, la nuova configurazione assunta dall'actio ex lege Aquilia nella prospettiva giustinianea evidenzia, da un lato, quanto fosse lontano il diritto giustinianeo dal concetto classico di actio poenalis, in quanto nell'ottica dei Compilatori il concetto di poena assume una connotazione puramente quantitativa e implica un'operazione di scomposizione della condemnatio in linea con le caratteristiche procedurali della cognitio extra ordinem giustinianea. A questo proposito il Rotondi sottolinea acutamente che «proprio l'a. l. Aquiliae è quella che più direttamente risente di questo travolgimento di concetti: poiché il suo contenuto normale non eccede la rei persecutio, i giustinianei devono per così dire aggrapparsi agli elementi estrinseci della stima retrodatata e della litiscrescenza per ravvisare qualcosa che rappresenti la pena e che permetta di mantenere fede alla sistematica classica, conservando all'a. la qualifica di penale o, con maggior precisione, dal nuovo punto di vista, di mista». Per altro verso, riteniamo che la nuova concezione giustinianea dell'actio ex lege Aquilia, caratterizzata sia dalla marcata generalizzazione della sua funzione risarcitoria sia dalla configurazione dell'actio in factum ex lege Aquilia come azione generale per ottenere la damni culpa dati reparatio evidenzi chiaramente come quest'azione si trovi a disagio nella categoria delle azioni penali private più delle altre actiones poenales. A conferma di ciò basta ricordare la sistemazione che la Compilazione riserva al damnum iniuria datum: se nelle Institutiones i Compilatori, ponendosi dal punto di vista delle fonti delle obbligazioni e recependo il modello gaiano, collocano la materia del damnum iniuria datum tra le obligationes quae ex delicto nascuntur (quindi assieme a furto, rapina e iniuria) nel titolo 3 del libro 4, nel Digesto viene meno l'unità sistematica dei delicta. Infatti furto, rapina iniuria figurano nel libro 47 dedicato al diritto penale, mentre il damnum iniuria datum viene collocato nel libro 9 (D.9.2: Ad legem Aquiliam), di stampo prettamente privatistico, assieme ad una gamma variegata di fattispecie di danneggiamento e questa diversa collocazione sistematica evidenzia che nel Digesto i Compilatori si pongono dal punto di vista del damnum e della funzione essenzialmente risarcitoria dell'azione aquiliana'. Em livre tradução: 'Rumo a uma ação geral de indenização por danos: a perspectiva justiniana. Uma confirmação textual significativa das observações feitas na conclusão do parágrafo anterior parece-me que pode ser representado pela configuração que assume a actio ex lege Aquilia uma passagem famosa das Instituições de Justiniano, Inst. 4.6.19 51. O § 19 faz parte, juntamente com os três parágrafos que o precedem, de uma grande seção do manual institucional, que Justiniano dedica à divisão tripartite entre ações repersecutórias, ações penais e ações misturadas. Embora estes parágrafos das Instituições Imperiais constituam, a nível formal, o lugar correspondendo a Gai*

4.6-9, uma parte da doutrina exclui corretamente qualquer coincidência de ordem substancial entre as tripartições Justiniana e Gaiana. De modo geral, deve-se notar que na passagem de Caio os conceitos de res e poena, objeto do persequi, representam, como vimos, o conteúdo concreto da pretensão do autor e também destacam como conceitos-chave para a solução do problema prático do regime da concorrência processual entre ações penais e ações repersecutórias; nos parágrafos das Instituições imperiais, em vez disso, temos em conta a 'função' penal e/ou re-hipersecutória da ação para efeitos de estabelecer uma classificação geral de todas as ações com integridade e rigor sistemáticos dogmático. Além disso, outros perfis específicos emergem da comparação textual entre as duas classificações distintas. Em primeiro lugar, a exemplificação das ações 'rei persequendae causa comparatae' referidas no § 17, incluindo também 'omnes in rem actiones', apresenta maior completude no que diz respeito ao local correspondendo à tripartição de Gaia (Gai 4.7), que em vez disso lembra as ações como exemplo 'quibus remfatto persequimur' apenas as ações ex contractu. No que se refere às ações in personam ex maleficiis, o § 18 distingue entre aquelas que têm apenas propósito aflitivo ('tantum poenae persequendae causa comparatae sunt'), e aqueles que são direcionados tanto à imposição de poena quanto à reintegração de bens ('tam poenae quam rei persequendae'): estes últimos, tendo em conta a sua dupla função, penal e reipersecutória, são chamados mixtae. Como exemplo de ações puramente criminais, não é por acaso que é citada apenas a actio furti, com a esclarecimento de que a sua condenação, ainda que no múltiplo do valor da coisa furtada, contém apenas a poena, para que seja admitida a sua cumulação com as ações reipersecutórias concorrentes, o rei vindicatio e a condictio rei. § 18, se comparado com o paralelo Gai 4.8, não lembra a actio iniuriarum, provavelmente porque, concluído na era justiniana, o processo de divulgação do delito de iniuria – julgamento iniciado pela lex Cornelia de iniuriis provavelmente emitida por Sula em 81 AC. – a ação A estimativa privada é hoje em grande parte substituída pela ação criminal. Além disso, a parte inicial do § 19 resolve a dúvida relatada pelo Gai 4.8 quanto à ação vi bonorum raptorum classificando-o certamente entre as actiones mixtae, como na condenatio no quádruplo desta ação destaca-se o valor simples da coisa (simplum) a título de rei persecutio e o triplum residual por meio de poena. Segue-se a explicação detalhada da natureza mista da actio ex lege Aquilia. A respeito disso o § 19 distingue se esta ação é exercida em duplum adversus infitiantem ou in simplum adversus confitentem: na primeira hipótese a ação é 'sempre' mista, na segunda é 'às vezes' (interdum), ou seja, apenas nos casos em que – nos termos do caput I da lex Aquilia, que sancionou, como já foi mencionado 56, o pagamento a título de poena, no caso de matar alguém escravo dos outros, do maior valor alcançado pela res occisa no último ano – o quantum da litis aestimatio, calculada com referência ao 'quanti id in eo anno plurimi fuit' (Gai. D.9.2.2 pr.), excede a quantidade real de dano causado. O uso de interdum parece-me sublinhado, dado que isso significa que na era Justiniana a ação aquiliana, se in simplum, foi para em sua maioria exclusivamente 'compensatórias'; numa base residual, ou seja, quando a estimativa retroactiva implicava a referência ao valor maior, mesmo 'criminoso', e portanto 'misto'. O exemplo eloquente segue do assassinato do escravo, coxo ou cego no momento da prática do crime, mas 'intacto et magni pretii' no último ano. A configuração da actio ex lege Aquilia in simplum como uma ação mixta, por assim dizer, 'ad intermitência' parece-me constituir talvez o índice mais significativo de profunda diversidade existente entre as perspectivas justiniana e clássica em relação à consideração da natureza e a função da ação aquiliana. Na perspectiva do modelo gaiano, como já foi visto, a circunstância de a actio ex lege Aquilia, se dado in simplum adversus confitentem, continha o rei persecutio, sem excluir a sua natureza originária penal, foi relevante apenas para efeito de justificar a cumplicidade alternativa com ações re-hiperscutórias ex contractu nascente ex eodem facto. De acordo com a classificação justiniana, a actio ex lege Aquilia é 'mista' (sempre se em duplum, às vezes se em simplum) porque o sistema o predispôs para ser compensar o dano e impor uma sanção ao réu. Além disso, a nova configuração assumida pela actio ex lege Aquilia na perspectiva justiniana destaca, por um lado, o quão distante o direito justiniano estava do conceito clássico de actio poenalis, já que do ponto de vista dos Compiladores o conceito de poena assume uma conotação puramente quantitativo e envolve um desdobramento da condenação de acordo com as características procedimentos da cognitio extra ordinam de Justiniano. A este respeito, Rotondi sublinha agudamente que «precisamente o a. EU. Aquiliae é a mais diretamente afetada por esta convulsão de conceitos: como o seu conteúdo normal não ultrapassa o rei persecutio, os justinianos devem por assim dizer, apegam-se aos elementos extrínsecos da estimativa retroativa e da liscrescência para reconhecer algo que representa punição e que nos permite manter a fé na sistemática clássica, mantendo-se no a. a qualificação de criminoso ou, mais precisamente, sob o novo ponto de vista, de misturado'. Por outro lado, acreditamos que a nova concepção de Justiniano sobre a actio ex lege Aquilia, caracterizada tanto pela marcada generalização da sua função compensatória como pela configuração da actio in factum ex lege Aquilia como ação geral para obtenção de dados de damnum reparação, destaca claramente o quanto essa ação incomoda na categoria de ações criminosos privados mais do que outras ações poenales. Para confirmar isso, basta lembrar o arranjo que a Compilação reserva o dado Damnum iniuria: se nas Instituições os Compiladores, colocando-se de ponto de vista das fontes das obrigações e da implementação do modelo gaiano, eles colocam a questão do Damnum iniuria datum entre as obrigações quae ex delicto nascuntur (portanto, juntamente com furto, roubo e iniuria) no título 3 do livro 4, a unidade sistemática da delicta se perde no Digest. Na verdade, roubo, roubo e iniuria aparece no livro dedicado ao direito penal, enquanto o dado Damnum iniuria é colocado no livro 9 (D. 9.2: Ad legem Aquiliam), de natureza puramente privada, juntamente com uma série variedade de tipos de danos e esta diferente colocação sistemática destaca que no Digest os compiladores se posicionam do ponto de vista do Damnum e da função essencialmente compensação pela ação aquiliana'.

Santos, Mauro Sérgio dos, A responsabilidade civil extracontratual no direito romano: análise comparativa entre os requisitos exigidos pelos romanos e os elementos de responsabilidade civil atualmente existentes, Portal Revistas UCB BR, 2014: 'DIG, Livro IX, 9.2.1.1. Tít. II, Fr. I, § 1: 'Quae lex aquilia plebiscitum est, cum eam aquilius tribunus plebis a plebe rogaverit''.

Tremarin, Ana Paula Martini, Responsabilidade civil objetiva: tendências e análise do direito comparado, referência responsabilidade civil objetiva: tendências e análise do direito comparado. Revista de Doutrina da 4ª Região, Porto Alegre, n. 67, ago. 28.06.2015: 'A lex aquilia é um plebiscito de data incerta, aproximadamente 286 ou 287 a.c., elaborada a pedido de um tribuno da plebe, de nome aquilius, para permitir o ressarcimento dos danos causados pelos patrícios aos plebeus' (cf. Rodrigues Junior, Otávio Luis. Responsabilidade civil no direito romano. p. 13, 'in', Responsabilidade civil contemporânea: em homenagem a Silvio de Salvo Venosa. São Paulo: Atlas, 2011).

Rodríguez Arturo Solarte, Los actos ilícitos en el derecho romano, Universidad Javeriana: 'Son variadas las opiniones sobre la fecha de expedición de la Lex Aquilia y sobre las circunstancias que habrían llevado a su elaboración y promulgación. sin embargo, la mayoría de la doctrina ubica su expedición en el año 286 a. c., y considera que esta norma se habría originado en un plebiscito propuesto por el tribuno aquilio con ocasión de conflictos presentados entre patricios y plebeyos en aquella época. Aun cuando no se conserva el texto exacto de la norma, por los datos obtenidos de las institutas de gayo y de las menciones realizadas en el digesto al respecto, se puede sostener que la lex aquilia tuvo tres capítulos'.

*Plebiscito Censi Aquilia, Romanus Tribuniciam Plebis Aquilia.*

*Santos, Mauro Sérgio dos, A responsabilidade civil extracontratual no direito romano: análise comparativa entre os requisitos exigidos pelos romanos e os elementos de responsabilidade civil atualmente existentes, Portal Revistas UCB BR, 2014: 'É na lei aquília que se esboça afinal, um princípio regulador de reparação do dano. Embora se reconheça que não continha ainda uma regra de conjunto, nos moldes do direito moderno, era, sem nenhuma dúvida, o germe da jurisprudência clássica com relação à injúria, e fonte direta da moderna concepção da culpa aquiliana, que tomou da lei aquília o seu nome característico' (nas lições de Dias, José de Aguiar. Da responsabilidade civil. 10. ed. v. I, Rio de Janeiro: Forense, 1997).*

*'Si quis servum servam ve alienum alinamve quadrupedemve pecudem alienam iniuria occiderit, quanti ea res in eo anno plurim i fuit, tantum aes ero daré dañinas esto'.* Em livre tradução – 'Se alguém matar injustamente um escravo, um servo, ou um estranho, ou um cavalo ou gado pertencente a outro, de acordo com o valor do valor daquela coisa naquele ano, darei tanto cobre quanto o dano'.

*Barrena, Cristian Aedo, Los requisitos de la Lex Aquilia, con especial referencia al daño. Lecturas desde las distintas teorías sobre el capítulo tercero: 'En D. 9, 2, 2 pr está escrito: 'Lege Aquilia capiteprimo cavetur ut qui servum servamve alienum aliemnamve quadrupedem velpecudem iniuria Occident, quanta id in eo annoplurimifuit, tantum aes dare domino damnas esto' ('Pelo primeiro capítulo da lei Aquilia prevê que 'quem matar injustamente um escravo ou escrava de outrem, ou mesmo um quadrúpede ou um gado, está condenado a dar ao proprietário o valor máximo que ele tinha naquele ano'). Kraeger, Paulus, Corpus Iuris Civile, Volumen primum, Institutions Digesta, Hildesheim: Weidmann, 1988. Para a versão espanhola, D'Ors, Alvaro, Hernández Tejeiro, F. Fuenteseca, P. García Garrido, M. Burillo, J., El Digest de Justiniano, Pamplona: Aranzadi, 1968. As passagens citadas a seguir correspondem a essas versões'.*

*Em Caio 3.215 ele também é mencionado, nos seguintes termos: 'Damni iniuriae actio constituitur per legem Aquiliam, cuius primo capite, cautum est, ut si quis hominem alienum alienamve quadrupedem quae pecudum numero sit iniuria Occident, quanta ea res in eo annoplurimi fuit, tantum domino dare damnas esto' ('A ação de dano injusto é estabelecida pela lei aquiliana, em cujo primeiro capítulo está estabelecido que quem matar injustamente um escravo estrangeiro ou um quadrúpede estrangeiro de qualquer espécie de gado,*

## 'AQUILIAE' THEOREMA CIVIS ROMANUS STATUS DEFENSIONIS 'RESPONSUM' REPARATORIUS CURAE ET PRIVATAE ET PUBLICAE DELICTIS IN ANTIQUA ROMANA LEGE

*é condenado a dar ao dono o maior valor que aquela coisa teve naquele ano'). O texto, tanto em latim como em espanhol, foi retirado de Hernández Tejero, Francisco (coord.); Abellan Velasco, Manuel; Arias Bonet, Juan Antonio; Iglesias Redondo, Juan; Roset Esteve, Jaime, Gayo Institutions. Edição bilíngue, Madrid: Civitas, 1985. As referências sucessivas serão baseadas neste trabalho.*

*'Ceterarum rerum, praeter hominem et pecudem occisos, si quis alteri dam num faxit, quod usserit fregerit ruperit iniuria, quanti ea res fu it in diebus triginta proximis, tantum aes domino daré damnas esto'. Em livre tradução – 'Para o resto das coisas, além do homem morto e do gado, se alguém fez a outro, o que ele fez, o que ele cortou, quebrou, quebrou, feriu, quanto essa coisa custou nos próximos trinta dias, darei apenas cobre ao proprietário, sejam os danos.'*

*Barrena, Cristian Aedo, Los requisitos de la Lex Aquilia, con especial referencia al daño. Lecturas desde las distintas teorías sobre el capítulo tercero: 'Tertio autem capite ait eadem lex Aquilia: 'Certerarum rerum praeter hominem et pecudem occisos si quis alteri damnum faxit, quod usserit fregerit ruperit iniuria, quanta ea res erit (fuit) in iebus triginta proximis, tantum aes domino dare damnas esto' ('A mesma lei Aquilia diz no terceiro capítulo: 'em relação a outras coisas, sejam escravos ou gado que foi morto, se alguém prejudicar outro por ter queimado, quebrado ou quebrado injustamente, deixe-o condenada a dar ao proprietário o valor que a coisa atingir nos próximos trinta dias'). Sobre o texto Gay: Itaque si quis seruum uel ganhar quadrupedem, quaepecudum numero est <vulneraverit siue ganhar quadrupedem, quaepecudum numero non est>, uelut canem, autferam bestiam, uelut ursum, leonem uulnauerit uel Occident, hoc capite actio constituitur In ceteris quoque animalibus, item in omnibus rebus, quae anima carent, damnum iniuria datum hac parte uindicartur Si quid enim ustum aut ruptum aut fractum <fuerit>, action hoc capite constituitur, quamquampotuerit sola rupti apelação in omnes istas causa sufficere; ruptum <enim intellegitur, quod quoquo modo corruptum> est; unde non solum usta (aut rupta) autfracta, sed etiam scissa et colissa et effusaet quoquo modo uitiata autperempta atque deteriora facta hoc uerbo continente' ('Na terceira seção está previsto tudo sobre outro tipo de dano: se alguém matar um escravo, ou um pedaço de gado, ou mesmo não gado; por exemplo, um cão, ou um animal, urso ou leão. parte da lei é o dano causado injustamente a qualquer outro animal ou coisa inanimada. Que 'Quebrado' inclui qualquer coisa que tenha sido estragada de outra forma. Portanto, esta palavra inclui coisas que são queimadas, quebradas, rachadas, atingidas, derramadas e todas aquelas que foram estragadas, destruídas ou deterioradas').*

*Tertio autem capite ait eadem Lex Aquilia: 'Ceterarum rerum praeter hominem et pecudem occisos si quis alteri damnum faxit, quod usserit fregerit ruperit iniuria, quanti ea res erit in diebus triginta proximis, tantum aes domino dare damnas esto'. Em livre tradução: 'Mas o terceiro capítulo diz a mesma lei aquiliana: 'Quanto a outras coisas, exceto o escravo e o gado morto, se alguém fizer mal a outro, porque queimou, quebrou ou quebrou algo com iniuria, é condenado à morte, pagar ao proprietário o valor que essa coisa vale nos próximos trinta dias" (Ulp. 18 ad ed. D. 9,2,27,5).*

*Castresana, Amelia, 'Nuevas lecturas de la responsabilidad aquiliana', p. 24: 'El capítulo segundo de la lex aquilia hacía referencia al daño causado al estipulante por el ad stipulator que hacía una cancelación fraudulenta del crédito. Se dice que esta acción estaba en desuso en la época clásica y el propio Gayo considera que para los efectos perseguidos bastaría con utilizar la acción del mandato (Gayo. Institutas, 2, 216). Álvaro D'ors estima que la finalidad de esta acción era castigar la apropiación fraudulenta del crédito por parte del ad stipulator y no la simple cancelación formal del crédito. (D'ors, Álvaro, op. cit., p. 420. Por su parte, Amelia Castresana considera que la acción tuvo las dos finalidades que antes se han esbozado').*

*Barrena, Cristian Aedo, Los requisitos de la Lex Aquilia, con especial referencia al daño. Lecturas desde las distintas teorías sobre el capítulo tercero: 'O Digesto apenas dedica o trecho contido em D. 9, 2, 27, 4 para destacar que mais tarde caiu em desuso: 'Huius legis secundum quidem capitulum in desuetudinem abiit' ('O segundo capítulo desta lei caiu em desuso'). A outra fonte é a da passagem Gayano 3, 215: 'Capite secunda 'adversus' adstipulatorem qui pecuniam infraudem stipulatoris acceptam fecerit, quati ea res est, tanti actio constituitur' ('No segundo capítulo é instaurada uma ação contra o co-estipulante que seria considerado pago em fraude do estipulante'). Sobre os problemas relacionados a este capítulo, especialmente os esforços para encontrar uma base comum com os outros dois capítulos, ver Cannata, Carlo Augusto, 'Considerazioni sul testo e la pórtala originaria del secondo capo della 'lex Aquilia', índice, N° 22,1994; e, Grosso, Giuseppe, 'La distinzione fra 'res corporales' e 'res incorporeales' e il secondo capo della lex Aquilia', AAVV Synteleia Vicenzio Arangio Ruiz. Naples: Editore Jovene Napoli, 1964'.*

*'Huius legis secundum quidem capitulum in desuetudinem abiit'. Em livre tradução: 'O segundo capítulo desta Lei certamente caiu em desuso' (Ulp. 18 ad ed. D. 9,2,27,4).*

*'Caput secundum legis Aquiliae in usu non est'. Em livre tradução: 'O segundo capítulo da ley Aquilia não está em uso' (Institutas, 4,3,12).*

'AQUILIAE' THEOREMA CIVIS ROMANUS STATUS DEFENSIONIS 'RESPONSUM' REPARATORIUS CURAE ET PRIVATAE ET PUBLICAE DELICTIS IN ANTIQUA ROMANA LEGE

'*Capite secundo adstipulatorem qui pecuniam in fraudem stipulatoris acceptam fecerit, quanti ea res est, tanti actio constituitur. Qua et ipsa parte legis damni nomine actionem introduci manifestum est; sed id caveri non fuit necessarium, cum actio mandati ad eam rem sufficeret; nisi quod ea lege adversus infitiantem in duplum agitur*'. Em livre tradução: 'No segundo capítulo, é instaurada ação contra o co-stipulante que teria sido considerado pago em fraude do estipulante. É evidente que nessa mesma parte da lei tal ação foi introduzida a título de dano; mas não era necessário ordenar, pois para isso bastava a ação de mandato, embora por esta lei possa ser intentada duas vezes ação contra o réu que nega o fato' (Gai. 3.215).

Valencia Zea, Arturo. Derecho civil, tomo III, De las obligaciones. Quinta edición, Bogotá: Temis, 1978, p. 187: 'En primer lugar, se dirá que en general, el hecho ilícito es toda conducta humana que ocasiona un daño o perjuicio. El hecho ilícito, a su vez, se presenta en dos grandes vertientes, aceptadas en forma universal: a. El acto culposo. b. El acto no culposo. El primero recibe la denominación acto ilícito o delito civil. De otro lado, la responsabilidad ha sido clasificada en penal y civil. La primera obliga a la imposición de una pena, como su consecuencia lógica, en tanto que la consecuencia de la segunda será la imposición de la reparación de un daño, el perjuicio causado a otra persona'.

Barrena, Cristian Aedo, Los requisitos de la Lex Aquilia, con especial referencia al daño. Lecturas desde las distintas teorías sobre el capítulo tercero: '*Damni Iniuriae Actio Constituitur per legem aquiliam, cuius primo capite, cautum est, ut si quis hominem alienum alienamve quadrupedem quae pecudum numero sit iniuria occident, quanta ea res in eo annoplurimi fuit, tantum domino dare damnas esto*'. Em tradução livre para o original: 'La acción de daño injusto es establecida por la ley aquilia, en cuyo primer capítulo se dispone que si alguien mata injustamente un esclavo ajeno o un cuadrúpedo ajeno de cualquier clase de ganado, sea condenado a dar al dueño el mayor valor que esa cosa haya tenido en aquel año' (Gayo 3,215).

Barrena, Cristian Aedo, Los requisitos de la Lex Aquilia, con especial referencia al daño. Lecturas desde las distintas teorías sobre el capítulo tercero: 'Em Caio ele também é mencionado, nos seguintes termos: '*Damni iniuriae actio constituitur per legem Aquiliam, cuius primo capite, cautum est, ut si quis hominem alienum alienamve quadrupedem quae pecudum numero sit iniuria Occident, quanta ea res in eo annoplurimi fuit, tantum domino dare damnas esto*''. Em livre tradução: 'A ação de dano injusto é estabelecida pela lei aquiliana, em cujo primeiro capítulo está estabelecido que quem matar injus-

*tamente um escravo estrangeiro ou um quadrúpede estrangeiro de qualquer espécie de gado, é condenado a dar ao dono o maior valor que aquela coisa teve naquele ano' (Caio 3.215).*

*Valencia Zea, Arturo. Derecho civil, tomo III, De las obligaciones. Quinta edición, Bogotá: Temis, 1978, p. 187: 'Una persona es responsable civilmente cuando en razón de haber sido la causa del daño, que otra persona sufre, está obligada a repararlo'.*

*Valditara, Giuseppe, Damnum in Iuría Datum, Derecho romano de obligaciones, Odoardo Carrelli; C. Ferrini; La legittimazione attiva dell 'actio Legis Aquilia' 'O termo erus indicava uma figura específica de proprietário: o dono de escravos e provavelmente de quadrúpedes. A partir do Séc. I a. C., terá perdido este significado peculiar, confundindo-se com dominus; por isso, a iurisprudentia acabou por substituir erus por dominus'.*

*'In, Lege Aquilia et levissima culpa venit. § quotiens sciente domino servus vulnerat vel occidit, aquilia dominum teneri dubium non es't'. Em tradução livre: 'Ele veio sob a lei de aquilia e foi de pouca importância § sempre que um escravo fere ou mata seu senhor, não há dúvida de que 'aquília' é um senhor' (cf. D. 9.2.44, Ulpianus).*

*Valditara, Giuseppe (1994): Damnum Iniuria Darum. Madrid: Centro de Estudios Ramón a Reces, p. 841: 'El verbo occidere tenía en la ley una significado más preciso y técnico que el lenguaje común, estando determinado a caederelcades, en el sentido de golpear: 'occidere era anzi ricollegato alfa medesima radice di caederelcaedes nel senso di percuoterelpercossa, contenendo dunque in se, come elemento qualificante, il riferimento ad un'azione materialmente svolgentesi sul corpus danneggiato' (En aa.vv.: Derecho Romano de Obligaciones. Homenaje al profesor José Luis Murga Gener)'.*

*Angelin, Karinne Ansiliero, dano injusto como pressuposto do dever de indenizar, USP, São Paulo, 2012: 'A acceptilatio era o ato jurídico que extinguia o contrato de stipulatio. Tratava-se de uma formalidade que envolvia a seguinte pergunta do devedor e congruente resposta do credor: 'quod ego tibi promisi habesne acceptum? habeo'' (apud Marky, Thomas, Curso elementar de direito romano, 8ª ed., São Paulo, Saraiva, 1995, p. 146-147).*

*'El capítulo segundo de la lex aquilia hacía referencia al daño causado al estipulante por el ad stipulator que hacía una cancelación fraudulenta del crédito. se dice que esta acción estaba en desuso en la época clásica y el propio gayo considera que para los efectos perseguidos bastaría con utilizar la acción del mandato (Gayo. Institutas, 2, 216)'.*

*D'Ors, Álvaro, Derecho privado romano, 3ª edición. Ediciones Universidad de Navarra, Pamplona, 1977:* 'Álvaro D'ors estima que la finalidad de esta acción era castigar la apropiación fraudulenta del crédito por parte del ad stipulator y no la simple cancelación formal del crédito'.

*Castresana, Amelia, 'Nuevas lecturas de la responsabilidad aquiliana',* p. 24: 'Amelia Castresana considera que la acción tuvo las dos finalidades que antes se han esbozado'.

'Cannata, Carlos Augusto, Sul problema della responsabilità nel diritto privato romano, Catania, Librería Editrice Torre Catania, 1996, p. 120-125, propone la reconstrucción del capítulo de la siguiente manera: 'Cereterum rerum si quis alteri damnum faxit, quod userit fregerit ruperit iniuria, quanti ea res fuit in diebus triginta proximis, tantum aes domino dare damnas esto'. Consecuentemente con ello, Van Warmelo, cit. (n. 20), pp. 345-348 estima también que el tenor original de la ley utilizaba la partícula fuit y, por tanto, el período estaba referido hacia el pasado, tal como ocurría con el capítulo primero. Lo cierto es que hay una amplia discusión sobre todos los aspectos gramaticales del capítulo tercero y, en particular, en relación con el pasaje de Ulpiano, D. 9, 2, 27, 5. Como vemos, Cannata, Sul problema, cit. (n. 20), pp. 120 ss., siguiendo la tesis tradicional, es partidario de eliminar la expresión praeter hominem et pecudem occisos. Por su parte, Jolowicz, H. F., The Original Scope of the 'lex Aquilia' and the Question of Damages, en LQR., 38 (1922), pp. 220-221, sostiene que la expresión praeter et pecudem occisos es una frase probablemente interpolada por Ulpiano, siguiendo las ideas de Pernice, aunque en su opinión tal vez sólo la expresión 'occisos' fue insertada, pues gramaticalmente la sentencia se encuentra bastante bien si se extrae dicha palabra. Por el contrario, MacCormack, Geoffrey, On the Third Chapter of the 'lex Aquilia', en The Irish Jurist, 5 (1970), p. 166 entiende que toda la frase 'Cererarum rerum [...] praeter hominem et pecudem occisos' fue insertada, mientras que el resto puede ser aceptado como genuino. Para Honoré, Tony, Linguistic and Social Context of the 'Lex Aquilia', en The Irish Jurist, 7 (1972), pp. 140-144, no hay razones para pensar que el texto original de la lex Aquilia se perdió, pues fue comentado por algunos de los más antiguos juristas, agregando que se trataba de una ley muy conocida como para ser falseada en su integridad, de manera que ni Ulpiano, ni sus predecesores republicanos podrían haber alterado conscientemente el texto de la ley e introducido, por ejemplo, la frase 'praeter hominem et pecudem occisos'. No se trataría ni de una falsificación, ni de un descuido en la reproducción del texto. Por el contrario, indica que la comisión del Digesto sí tenía la potestad* *para introducir cambios; de hecho, avanza como hipótesis que el experto en la parte de los comentarios de Ulpiano, probablemente Anatolio, fue el responsable de las interpolaciones y que se trataría de una agregación tipo. De este modo, la frase praeter et pecudem occisos constituyó a su juicio una explicación necesaria para el buen entendimiento del texto. Por lo que respecta a ceterarum rerum sería un pasaje genuino, pues se corresponde tanto con el estilo de Ulpiano como con los siguientes pasajes en el que se inserta el texto. El resto del pasaje ('si quis alteri damnum faxit, quod usserit fregerit ruperit iniuria, quanti ea res erit [fuit-fuerit] in diebus triginta proximus, tantum aes domino dare damnas esto'), aun cuando se reconoce esencialmente original, no ha estado exento de polémicas y posiciones doctrinales encontradas. Algunos de estos problemas pueden leerse en Kelly, John, The Meaning of the 'lex Aquilia', en LQR., 80 (1964), pp. 78 ss., cuya particular tesis abordaremos luego. Así, una primera cuestión es el extraño lugar que ocupa la expresión iniuria, después de los 3 verbos. Para el autor se trata de un lugar inusual y poco elegante, siendo sospechoso que no estuviese ubicado al final del pasaje, como ocurría en el tiempo en que fue promulgada la ley. Una cuestión muy interesante señalada por el autor es que la expresión 'damnum' reemplazó posteriormente a la palabra iniuriam, de modo que el sentido original era 'iniuriam faxit' y no 'damnum faxit'. Ello le permite deducir dos cuestiones: primero, que la frase 'iniuriam alicui facere' era muy común en Plauto y Terence y significaba infligir una pérdida a alguien. Segundo y esto parece ser la cuestión más relevante, que los verbos del capítulo tercero derivaron de la iniuria, entendida como contumelia. Para el autor entender la palabra iniuria sólo como un ablativo adverbial, no permite comprender adecuadamente el paso de 'damnum culpa datum' por iniuria. Las opiniones de Kelly le han valido algunas críticas. En otros, Pugsley, David, 'Damni injuria', en TR., 36 (1968), pp. 376 ss., indica que una posibilidad sería admitir que el texto originario contemplara la expresión injuriam faxit, como propone Kelly, pero que esta tesis choca con algunas objeciones. La principal es que si bien es cierto la palabra damno no fue incluida ni en el capítulo primero, ni en el segundo, hay evidencias suficientemente fuertes para no creer que fue insertada sólo en el tercero; entre otras pruebas, le parece particularmente relevante el contenido del pasaje del D. 9, 2, 33 pr. Por el contrario, propone que el texto analizado contenía la expresión damni injuria faxit, como sinónimo de infligir una pérdida o daño, lo que se correspondería además bastante bien con el pasaje gayano 3,210. MacCormarck, cit. (n. 20), pp. 174 y 178, también critica la idea de Kelly. Al respecto señala: 'The defect with the argument is its assumption that what is being defined is the word iniuria as it occurs in the third chapter. All that the texts state is that the word iniuria may mean either contumelia or damnum culpa datum and they do not provide a ground for a reconstruction of the text of the third chapter of the lex Aquilia'. Sin embargo, como explica el propio autor, los planteamientos de Kelly y Pugsley confluyen a la hora de asumir como consecuencia que el tercer capítulo se refería a iniuriam o a damni iniuriam faxit, en el sentido que ambas presentan como consecuencia ampliar el círculo de legitimados originalmente previstos en la ley. Un segunda dificultad es la utilización de la expresión damnum faxit. Indica Kelly, The Meaning, cit. (n. 21), pp. 78 ss., que en las fuentes latinas, especialmente en Plauto, la frase siempre significaba la pérdida sufrida, mientras que damnum dare siempre equivalía a infligir una pérdida, pero agrega que no es inconcebible que damnum faxit pudiera haber significado 'infligir una pérdida' en el año 286 a.C., de manera que la expresión quedó establecida en e l sentido contrario. De ahí deduce que la expresión, encontrada sólo en el pasaje gayano que comentamos, no fuera original del texto de la ley. Le sigue en este punto, Pugsley, cit. (n. 21), p. 372, agregando que en las 30 veces que la voz se ocupa en el Digesto, en muchos casos significa evidentemente el daño sufrido. Contra estas ideas opina MacCormack, cit. (n. 21), pp. 176-178 que en las XII Tablas la expresión facere siempre significaba cometer o causar un daño, una pérdida, evidenciado directamente por furtum facere (Tab 8,12); iniuriam facere (Tab 8,4) y fraudem facere (Tab 8,21), además de otras evidencias indirectas, como en la actio pauperie. El mismo capítulo segundo de la ley parece haber sido usado facere en el sentido de causar daño. La verdad es que se trata de una opinión generalizada, en el que se muestra que de la mano de la ampliación del ámbito de aplicación de la ley, el término damnum facere evolucionó hasta significar damnum dare, enfatizando que el carácter originariamente penal de la ley puso el acento en las conductas tipificadas, evolucionando hasta tener relevancia principal el daño sufrido por el demandante; en otras palabras, desde la mera valoración del precio del objeto dañado hasta la admisión de la regla del id quod interest. Sobre este tema, puede consultarse a Valditara, Giuseppe, Superamento dell''aestimatio rei' nella valutazione del danno aquiliano ed estensione della tutela ai non domini (Milano, Giuffrè, 1992) y la visión opuesta que ofrece Daube, David, On the Use of the Term 'damnum', en AA.VV., Studi in onore di Siro Solazzi (Napoli, Jovene, 1948)'. Em livre tradução: 'Cannata, propõe a reconstrução do capítulo da seguinte forma: 'Cereterum rerum si quis alteri damnum faxit, quod userit fregerit ruperit iniuria, quanti ea res fuet in diebus triginta proximis, tantum aes domino dare damnas esto'. Consequentemente, Van Warmelo, cit. (nº 20), pág. Os n. A verdade é que há uma extensa discussão sobre todos os aspectos gramaticais do terceiro capítulo e, em particular, em relação à passagem de Ulpiano, D. 9, 2, 27, 5. Como vemos, Cannata, Sul problema, cit. (nº 20), p. 120 et seq., seguindo a tese tradicional, é a favor da eliminação da expressão praeter hominem et pecudem occisos. Por sua vez, Jolowicz, HF, The Original Scope of the 'lex Aquilia' and the Question of Damages, in LQR., 38 (1922), pp. 220-221, sustenta que a expressão praeter et pecudem occisos é uma frase provavelmente interpolada por Ulpiano, seguindo as ideias de Pernice, embora em sua opinião talvez tenha sido inserida apenas a expressão 'occisos', uma vez que gramaticalmente a frase encontra-se bastante bem se essa palavra é extraída. Pelo contrário, MacCormack, Geoffrey, On the Third Chapter of the 'lex Aquilia', in The Irish Jurist, 5 (1970), p. 166 entende que a frase inteira 'Certerarum rerum [...] praeter hominem et pecudem occisos' foi inserida, enquanto o resto pode ser aceito como genuíno. Para Honoré, Tony, Contexto linguístico e social do 'Lex Aquilia', in The Irish Jurist, 7 (1972), pp. 140-144, não há razão para pensar que o texto original da lex Aquilia tenha se perdido, pois foi comentada por alguns dos mais antigos juristas, acrescentando tratar-se de uma lei sabidamente falsificada em sua totalidade, em maneira que nem Ulpiano nem seus predecessores republicanos poderiam ter conscientemente alterado o texto da lei e introduzido, por exemplo, a frase 'praeter hominem et pecudem occisos'. Não se trata de uma falsificação, nem de um descuido na reprodução do texto. Pelo contrário, indica que a comissão Digest tinha o poder de introduzir mudanças; na verdade, ele avança como hipótese que o especialista na parte dos comentários de Ulpiano, provavelmente Anatólio, era responsável pelas interpolações e que seria uma agregação de tipos. Dessa forma, a frase praeter et pecudem occisos constituía, em sua opinião, uma explicação necessária para uma boa compreensão do texto. No que diz respeito a ceterarum rerum, seria uma passagem genuína, pois corresponde tanto ao estilo de Ulpiano como às passagens seguintes nas quais o texto está inserido. O resto da passagem ('si quis alteri damnum faxit, quod usserit fregerit ruperit iniuria, quanti ea res erit [fuit-fuerit] in diebus triginta proximus, tantum aes domino dare damnas esto'), embora seja reconhecido como essencialmente original, não tem estado isento de controvérsias e encontrado posições doutrinárias. Alguns desses problemas podem ser lidos em Kelly, John, The Meaning of the 'lex Aquilia', in LQR., 80 (1964), p. 78 et seq., cuja tese particular abordaremos mais adiante. Assim, uma primeira questão é o lugar estranho que a expressão iniuria ocupa, após os 3 verbos. Para o autor, trata-se de um local inusitado e deselegante, suspeitando-se que não se localizava no final do trecho, como era na época da promulgação da lei. Uma observação muito interessante feita pelo* autor é que a expressão 'damnum' posteriormente substituiu a palavra iniuriam, de modo que o significado original era 'iniuriam faxit' e não 'damnum faxit'. Isso lhe permite deduzir duas coisas: primeiro, que a frase 'iniuriam alicui facere' era muito comum em Plauto e Terêncio e significava infligir uma perda a alguém. Em segundo lugar, e esta parece ser a questão mais relevante, que os verbos do terceiro capítulo derivam de iniuria, entendida como contumélia. Para o autor, entender a palavra iniuria apenas como um ablativo adverbial não permite uma compreensão adequada da passagem de 'damnum culpa datum' para iniuria. As opiniões de Kelly lhe renderam algumas críticas. Em outros, Pugsley, David, 'Damni injuria', em TR., 36 (1968), p. 376 et seq., indica que uma possibilidade seria admitir que o texto original contemplasse a expressão injuriam faxit, como propõe Kelly, mas que esta tese encontra algumas objeções. A principal é que, embora seja verdade que a palavra damno não foi incluída nem no primeiro capítulo nem no segundo, há evidências suficientemente fortes para não acreditar que ela tenha sido inserida apenas no terceiro; entre outras provas, o teor da passagem de D. 9, 2, 33pr. Pelo contrário, propõe que o texto analisado continha a expressão damni injuria faxit, como sinônimo de infligir perda ou dano, o que também corresponderia muito bem ao trecho 3.210 de Gayano. MacCormarck, cit. (nº 20), p. 174 e 178, também critica a ideia de Kelly. A esse respeito, ele aponta: 'O defeito do argumento é a suposição de que o que está sendo definido é a palavra iniuria como ocorre no terceiro capítulo. Tudo o que os textos afirmam é que a palavra iniuria pode significar tanto contumelia quanto damnum culpa datum e não fornecem base para uma reconstrução do texto do terceiro capítulo da lex Aquilia'. No entanto, como o próprio autor explica, as abordagens de Kelly e Pugsley convergem quando se trata de assumir como consequência que o terceiro capítulo se referia a iniuriam ou damni iniuriam faxit, no sentido de que ambos apresentam como consequência a ampliação do círculo de legitimados originalmente previstos na lei. Uma segunda dificuldade é o uso da expressão damnum faxit. Indica Kelly, The Meaning, cit. (nº 21), p. 78 et seq., que em fontes latinas, especialmente Plauto, a frase sempre significava perda sofrida, enquanto damnum dare sempre significava perda infligida, mas acrescenta que não é inconcebível que damnum faxit pudesse significar 'infligir perda' no ano 286 a.C., de modo que a expressão foi estabelecida no sentido oposto. Daí deduz que a expressão, encontrada apenas na passagem de Gayano que comentamos, não era original do texto da lei. Ele é seguido neste momento por Pugsley, cit. (nº 21), p. 372, acrescentando que nas 30 vezes em que a voz é usada no Digest, em muitos casos isso obviamente significa o dano sofrido. Contra essas ideias pensa MacCormack, cit. (nº 21), p. 176-178 que nas XII Tábuas a expressão facere sempre significou cometer ou causar dano, prejuízo, evidenciado diretamente por furtum facere (Tab 8,12); iniuriam facere (Tab 8.4) e frasem facere (Tab 8.21), além de outras evidências indiretas, como na actio pauperie. O mesmo segundo capítulo da lei parece ter sido usado facere no sentido de causar dano. A verdade é que se trata de uma opinião generalizada, na qual se mostra que, paralelamente ao alargamento do âmbito de aplicação da lei, o termo damnum facere evoluiu para significar damnum dare, ressaltando que a natureza originariamente penal da lei acentuou as condutas tipificadas, evoluindo até que os danos sofridos pelo autor tivessem maior relevância; em outras palavras, desde a mera avaliação do preço do objeto danificado até a admissão da regra de juros id quod. Sobre este assunto, ver Valditara, Giuseppe, Superamento dell''aestimatio rei' nella valutazione del danno aquiliano ed estensione della tutela ai non domini (Milano, Giuffrè, 1992) e a visão oposta de Daube, David, On the Use of the Termo 'damnum', em AA.VV., Studi in onore di Siro Solazzi (Napoli, Jovene, 1948)'.

'Damni in iuria e actio constituitur per legem aquiliam, cuius primo capite, cautum est, ut si quis hominem alienum alienam ve quadrupedem queae pecudum numero sit in iuria occiderit, quanta ea res in eo anno plurimi fuit, tantum domino dare damnas esto'. Tradução livre retirada do próprio original: 'La acción de daño injusto es establecida por la ley aquilia, en cuyo primer capítulo se dispone que, si alguien mata injustamente a un esclavo ajeno o a un cuadrúpedo ajeno de cualquier clase de ganado, sea condenado a dar al dueño el mayor valor que esa cosa haya tenido en aquel año' (Gaius III, 215).

'Capite secundo (adversus) adstipulatorem qui pecuniam in fraudem stipulatoris acceptam fecerit, quatiea res est, tanti actio constituitur'. Em tradução livre no original: 'En el segundo capítulo se establece una acción para el adstipulator (co-estipulante) que en fraude del stipulator ha liberado al deudor de la prestación de dinero, siendo ésta acción por un monto equivalente, o dicho de otra manera que se hubiera dado por pagado en fraude del estipulante' (Gaius III, 215).

Aramburu, Romina del Valle, Desentrañando la esencia de la lex aquilia. ¿Reparación resarcitoria o aplicación de una penalidad? Revista Anales de la Facultad de Ciencias Jurídicas y Sociales. U.N.L.P., 2014: 'Capite tertio de omni cetero damno cavetur. itaque si qui is seruum ueleam quadrupedem, quae pecudum numero est (vulnera verit sive eam quadrupedem, quae pecudum numero non est), velut canem, aut feram bestiam, velut ursum, leonem vulna verit vel occiderit, hoc capite actio constituitur. un ceteris quoque animalibus, item in omnibus rebus, quae anima carent, damnum in iura datum hac parte vindicatur. si quid enimus tum aut ruptum aut fractum (fuerit), action hoc capite constituitur, quam quam potuerit sola rupti appellation in omnes istas causas sufficere; ruptum (enim intellegitur, quod quoquo modo corruptum) est; unde non solum usta (aut rupta) aut fracta, sed etiam scissa et colissa et effusa et quoquo modo uitiata aut perempta atque deteriora facta hoc verbo continentu'. Em tradução livre do original em español: 'en el tercer apartado se prevé todo sobre otro tipo de daño: si alguien o matara a un esclavo, o a una pieza de ganado, o incluso no de ganado; por ejemplo un perro, una fiera, un oso, un león. también castiga esta parte de la ley el daño causado injustamente a cualquier otro animal o cosa inanimada. hay pues, acción para el caso de que algo fuera quemado, roto, estropeado, aunque para ello basta con la denominación de 'roto', ya que se entiende que, dentro de lo roto está incluida cualquier cosa que fuera estropeada de otro modo. por lo tanto se incluyen dentro de ésta palabra las cosas quemadas, rotas partidas, golpeadas, derramadas y todas las que hayan sido estropeadas, destruidas o deterioradas)' (Gaius III, 217).

'...Si quis hommem alienum alie namve quadrupedem... injuria occiderit, quanti ea res in eo anno plurimi fuerit, tantum dominu dare danetur'. Em tradução livre: 'I. Se alguém matar injustamente um escravo alheio ou um quadrúpede... seja condenado a pagar o maior valor da coisa durante esse ano' (Gaio, Institutas 3, 210-219).

'...Is injuria autem occidere intelligitur, cuius dolo aut culpa id acciderit...' Em tradução livre: 'II. Entende-se que matou injustamente aquele que o fez com dolo ou culpa' (Gaio, Institutas 3, 210-219).

'Nec solum corpus in actione huius legis aestimatur, sed ... si plus dominus capiat ... id quoque aestimatur'. Em tradução livre: 'III. Pela ação fundada nesta lei, computa-se não somente o preço do corpo, mais ainda, se o dono... sofreu um prejuízo superior...também este prejuízo é computado' (Gaio, Institutas 3, 210-219).

'Item si... unus occisus fuerit, non solum occisi fit aestimatio, sed e o amplius id quoque computatur, quod ceteri qui supersunt depreciati sunt'. Em livre tradução: 'IV. Deve-se considerar-se também o prejuízo sofrido pelos sobreviventes, se o morto faz parte de um conjunto'. (Gaio, Institutas 3, 210-219).

'Cuius autem servus occisus est, is liberum arbit a ium habet, vel capitali crimine reum facere eum qui occiderit, vel damnum persequit'. Em livre tradução: 'V. Aquele cujo escravo foi morto pode escolher entre tornar o responsável réu de crime capital ou cobrar o dano' (Gaio, Institutas 3, 210-219).

'...*Adversus adstipulatorem, qui pecuniam in fraudem stipulatoris acceptam fecerit, quanti ea res est, tanti actio constituitur'. Em livre tradução: 'VI. O credor tem ação pelo montante da dívida contra o estipulante que exonera o devedor em fraude' (Gaio, Institutas 3, 210-219).*

'...*Ea lege adversus infitiantem in duplim agit'. Em livre tradução: 'VII. Por esta lei o responsável que nega o fato deve pagar em dobro' (Gaio, Institutas 3, 210-219).*

'...*De omni damno cavetur –... non quanti in eo anno, sed quanti in diebus xxx proximis ea res fuerit, damnatur is, qui damnum dederit'. Em livre tradução: 'VIII. Deve responder pelo prejuízo quem quer que cause a outrem qualquer outra espécie de dano, devendo ser condenado a pagar não o valor da coisa durante todo o ano anterior ao dano, mas o seu maior valor durante os trinta dias precedentes' (Gaio, Institutas 3, 210-219).*

*França, R. Limongi, Doutrina essenciais: responsabilidade civil, As raízes da responsabilidade aquiliana. Repositório. USP. São Paulo, 2010: 'Ceterum placuitita demum ex ista lege actionem esse, si quis corpore suo damnum dederit; ideoque alio modo damno dato utiles actiones dantur; veluti si quis... pecudem... fame necaverit'. Em tradução livre: IX. 'Esta ação só cabe quando o dano é causado com o próprio corpo, devendo exercer-se actiones utiles, se se tratar de dano perpetrado de outro modo, como matar um animal de fome' (Gaio, Institutas 3, 210-219).*

*García Garrido, Manuel (1998). Derecho privado romano. Casos, acciones, instituciones, 7ª edición. Madrid: Editorial Dykinson, p. 508: '... En las legis actiones se consigue una manus iniectio, para obligar al demandado al pago de la pena. en la acción formularía que la sustituye, se concede el valor máximo de la cosa dañada (in simplum) contra el que confiesa el hecho y contra el que lo niega, por efecto de la litiscrescencia, el doble (in duplum). según Gayo, era una acción mixta, pero seguía las reglas de la acción penal, ya que llevaba a la condena del valor máximo. contiene en la pena la indemnización por el daño...'.*

*Martínez Sarrión, Ángel (1993). Las raíces romanas de la responsabilidad por culpa. Barcelona: Editorial Bosch, p. 85, 105: 'Cuando esta negación tiene un contenido antijurídico que provoca la vulneración o el menoscabo, detrimento o desconocimiento del derecho de otra persona, a consecuencia de lo cual se conectan situaciones favorables o ventajosas para el negante; en manera tal que, el aspecto subjetivo de la negación, alcanza una función relevante, dejando relegada la situación objetiva que toda afirmación o negación encierra'. (El actor, agrega que la mera negación perdía el carácter defensivo cuando las pruebas apuntaban, sin asomo de duda, a la comisión del hecho dañoso. La fórmula de la lex aquilia encontraría su referente en la defraudatio creditis, de manera que las fuentes literarias consultadas por el autor definen la infitiatio como un creditum fraudare. El negare aracaba la esencia misma del negocio, de ahí el especial castigo que este merecía. De otra parre, hay dudas doctrinales respecto de si la sanción infitiatio era aplicable al capítulo tercero de la lex, resumidas por Martínez (1993) 172 ss).*

*'La acción de damnum deriva de la lesión de un derecho real, distinto de la lesión a un derecho de obligación o personal'. Más adelante agrega: 'El principio generale da si osservato e stato che mentre la lesione di un diritto reale poteva dare luogo non solo ad una rei persecutio (al diritto di pretendere cioe la reintegrazione nella situazione patrimoniale lesa), ma anche —ricorrendo taluni presupposti (come fu presto per il jurtum, ma poi anche per una serie di altri jatti) — ad una 'poena' (al diritto di pretendere cioe che l'autore delta lesione subisse un'afflizione patrimoniale, talore jissa, talora invece proporzionata alta gravita del jatto e percio jissata ora nelta misura del valore delta cosa — simplum — ora in quella di un múltiplo di esso: duplum, triplum, etc.), la violazione di una obbligazione non poteva ricevere altra sancione che la rei persecutio. (vide Valoitara (1994) 878-879 y Castresana (2001) (2005))'.*

*Según Albanese, Bernardo (1970). Llecito (Storia). Enciclopedia del diritto. Tomo XX. Milano: Giuffre Edirore, p. 70: 'La palabra poena tenía en el derecho romano dos sentidos precisos. en un primer sentido, poena era la aflicción conexa del ordenamiento jurídico al comportamiento antijurídico. en el segundo significado técnico, por el contrario, poena era la aflicción pecuniaria determinada, a cargo de un sujeto, en base a una obligación libremente asumida frente al otro sujeto, como ocurrió con las numerosas penas establecidas en las stipulatio'.*

*'Señala la diferencia sustantiva entre la acción rei persecutio y la acción penal. mientras la primera era una acción real — in rem — derivada de un derecho real, la propiedad, la acción penal era in personam, del momento que tenía como función primordial sancionar un comportamiento (aunque englobara el resarcimiento) que transgredía un derecho (el de propiedad)' (vide Corbino, 2005).*

*Aplicação literal dos verbos occidere, urere, frangere, rumpere, contidos no primeiro e terceiro capítulos da lei, em que se presumia que o dano fora causado por uma conduta comissiva, por meio de contato físico violento imediato entre o agente e o sujeito passivo.*

*'Produci cum nisu musculari aggressoris' — Em livre tradução — 'Produzido com o esforço muscular do agressor'.*

'*Leges sciens, non continens verbis, sed viribus*' – Em tradução livre – '*Conhecer as leis, não que as contenha em palavras, mas força e poder*'.

*Verborum interpretatio* – Em livre tradução – A interpretação das palavras.

'*Corpore corporidatum*' (Gaius IV, 3, 16).

Arangio-Ruiz, Vicente, *Historia del derecho romano*, traducción de la 2ª edición italiana, 5ª edición, Instituto Editorial Reus S.A., Madrid, 1994: '*O dano previsto por Lex Aquilia é apenas aquele causado corpore corpori, isto é, aquele produzido com o esforço muscular do agressor ao que é considerado em sua estrutura física. A sanção da lei não ocorre, conseqüentemente devido à inexistência de lesões corporais, se o gado for encerrado em um estábulo para que morram de fome, ou se um escravo for persuadido a subir em uma árvore, causando-lhe a queda e a morte*' (Gaius III, 219).

## Gaius IV, 3,16 in fine

Aramburu, Romina del Valle, 281, *Anais Revista da Faculdade de Ciências Jurídicas e Sociais*, U.N.L.P. 2014 3: '*Si servus servum alienum subripuerit et occiderit, iulianus et celsus scribunt et furti et damni in iuria e competere actionem*'. Em livre tradução: '*Se um escravo rouba e mata o escravo de outro, Juliano e Celsus escrevem que tanto a ação de furto quanto o dano estão de acordo com a lei*'.

Barrena, Cristián Aedo, '*La cuestión causal en la 'lex Aquilia' y su solución mediante el mecanismo de la culpa*', Rev. Estud. Hist.-Juríd., n. 37, Valparaíso, oct. 2015, Estudios derecho romano: '*Es conocido este doble carácter del derecho romano, tan diverso del sistema moderno. La actividad del pretor posibilitó, de este modo, mediando la jurisprudencia, la extensión de las figuras reguladas en el derecho positivo. En particular tratándose de la lex Aquilia, existe mucha discusión sobre el papel que jugaron las acciones in factum y su diferencia con las acciones útiles. Brevemente reseñadas, tales posiciones son las siguientes. De acuerdo con la primera, mientras las acciones in factum fueron conferidas para sancionar las conductas en las que no se había causado corporalmente el daño, pero la conducta había dado ocasión para que el perjuicio se produjera; las acciones útiles se otorgaron para ampliar el círculo de legitimarios, pues la ley confería originalmente la acción sólo al propietario. Sobre el punto, véase D'Ors, Álvaro, Derecho privado romano (9ª edición, Pamplona, Ediciones Universidad de Navarra, 1997), p. 438; Fernández Barreiro, Alejandrino – Paricio, Javier, Fundamentos de derecho romano privado (3ª edición, Madrid, Editorial Centro de Estudios Ramón Areces, 1997), pp. 442-443; García Garrido, Manuel, Derecho privado romano. Casos, acciones, instituciones (7ª edición, Madrid, Dykinson, 1998), pp. 443-444; Burdese, Alberto, Manuale di diritto privato romano (4ª edición, Torino, UTET, 1993), p. 618. Otros, en cambio, equiparan las acciones útiles con las in factum, desde que las primeras se equiparan a las ficticias y las propiamente in factum quedan circunscritas a las in factum conceptae. En esta línea, Arangio-Ruiz, Vicenzo, Las acciones en el derecho privado romano (trad. de Faustino Gutiérrez Alviz, Madrid, Editorial Revista de Derecho Privado, 1945), p. 418. En el mismo sentido, Jörs, Paul – Kunkel, Wolfang, Derecho romano privado (trad. de la 2ª edición alemana por L. Prieto Castro, Barcelona, Labor, reimpresión de la 1ª edición, 1965), pp. 365-366. Una última perspectiva la ofrece Albanese, Bernardo, Studi sulla legge Aquilia, en AUPA., 21 (1950), pp. 5 ss. y 97 ss., para quien la acción útil concurría cuando no obstante configurarse la conducta típica prevista en la ley, tanto en el capítulo primero (occidere), como el tercero (urere, frangere, rumpere), no había un contacto directo sobre el objeto dañado, es decir, que existía un damnum corpori, pero non corpore. En cambio, la acción in factum (ad exemplum) se aplicaba en el período clásico en todos aquellos casos en los que fallaba uno de los presupuestos de aplicación de la ley, sea que fallara la lesión corporal o incluso la iniuria. Le siguen, entre otros, Natali, Nuncio, La legge Aquilia ossia il 'damnum iniuria datum' (Roma, L'erma di Bretschneider, 1970), pp. 70 ss.. En este trabajo hemos preferido seguir la nomenclatura de D'Ors, cit. (n. 31), p. 438. Para este autor el pretor amplió esta acción en tres sentidos: i) las acciones in factum fueron otorgadas para sancionar las conductas en las que no se había causado corporalmente el daño, pero la conducta había dado ocasión para que el perjuicio se produjera; ii) las acciones útiles se otorgaron para ampliar el círculo de legitimarios, pues la ley confería originalmente la acción sólo al propietario; iii) finalmente, cuando la víctima no era un esclavo, sino una persona libre y no le interesaba la acción de lesiones, se hablaba también de una actio legis Aquiliae utilis. Agrega: 'De esta actio utilis se habla en D., 9,2,13 pr., y viene a ser confirmada por una glosa marginal griega de Pap. Soc. It. 1449 recto (que conserva el texto de Ulp. 19,2,13,4; el caso del maestro zapatero que deja tuerto de un golpe de horma a un aprendiz libre), en la que se aclara que la actio legis Aquiliae, en ese caso, era 'útil' (cfr. D., 9,2,5,3); la contumelia sería aquí mínima'. Em livre tradução: 'Este duplo caráter do direito romano, tão diferente do sistema moderno, é bem conhecido. A atividade do pretor possibilitou, assim, mediar a jurisprudência, a extensão das figuras reguladas no direito positivo. Particularmente no caso da lex Aquilia, há muita discussão sobre o papel desempenhado pelas ações in factum e sua diferença das ações úteis. Resumidamente descritas, tais posições são as seguintes. Segundo a primeira, enquanto as ações de fato foram conferidas a condutas sancionatórias em que o dano não tenha sido causado corporalmente, mas a conduta tenha dado ocasião para que o dano ocorresse; ações úteis foram concedidas para ampliar o círculo de herdeiros, uma vez que a lei originalmente conferia a parte apenas ao proprietário. A propósito, ver D'Ors, Álvaro, Direito privado romano (9ª edição, Pamplona, Ediciones Universidad de Navarra, 1997), p. 438; Fernández Barreiro, Alejandrino – Paricio, Javier, Fundamentos do direito romano privado (3ª edição, Madrid, Centro Editorial de Estudios Ramón Areces, 1997), p. 442-443; García Garrido, Manuel, Direito privado romano. Casos, ações, instituições (7ª edição, Madrid, Dykinson, 1998), p. 443-444; Burdese, Alberto, Manuale di diritto privato romano (4ª edição, Turim, Utet, 1993), p. 618. Outros, por outro lado, equiparam as ações úteis às in factum, uma vez que as primeiras são equiparadas às fictícias e as reais in factum estão circunscritas às in factum conceptae. Nesta linha, Arangio-Ruiz, Vicenzo, Actions in Roman private law (trad. Faustino Gutiérrez Alviz, Madrid, Editorial Revista de Derecho Privado, 1945), p. 418. Na mesma linha, Jörs, Paul – Kunkel, Wolfgang, Roman Private Law (trad. da 2ª edição alemã de L. Prieto Castro, Barcelona, Labor, reimpressão da 1ª edição, 1965), p. 365-366. Uma perspectiva final é oferecida por Albanese, Bernardo, Studi sulla legge Aquilia, in AUPA., 21 (1950), p. 5 et seq. e 97 et seq., para quem concorreu a ação útil quando, apesar do comportamento típico previsto na lei, tanto no primeiro capítulo (occidere) quanto no terceiro (urere, frangere, rumpere), não houve contato direto sobre o objeto, isto é, que havia um corpori damnum, mas non corpore. Por outro lado, a ação in factum (ad exemplum) foi aplicada no período clássico em todos os casos em que falhou um dos pressupostos de aplicação da lei, seja lesão corporal ou mesmo iniuria. Segue-se, entre outros, Natali, Nuncio, La legge Aquilia ossia il 'damnum iniuria datum' (Roma, L'erma di Bretschneider, 1970), p. 70 et seq. Neste trabalho preferimos seguir a nomenclatura de d'Ors, cit. (Nº 31), p. 438. Para este autor, o pretor ampliou esta ação de três maneiras: i) as ações de fato foram concedidas para sancionar condutas em que o dano não tivesse sido causado corporalmente, mas a conduta tivesse dado ocasião para que o dano ocorresse; ii) foram concedidas ações úteis para ampliar o círculo de herdeiros, uma vez que a lei originalmente conferia a ação apenas ao proprietário; iii) finalmente, quando a vítima não era escrava, mas livre e não estava interessada na ação de injúrias, falava-se também de uma actio legis Aquiliae utilis. Ele adiciona: 'Esta actio utilis é mencionada em D., 9,2,13 pr., e é confirmada por uma glosa marginal grega de Pap. Soc. It. 1449 recto (que preserva o texto da*

*Ulp. 19,2,13,4; o caso do mestre sapateiro que deixa um aprendiz livre com um golpe do último), no qual se esclarece que a actio legis Aquiliae, nesse caso, foi 'útil' (cf. D., 9,2,5,3); contumélia seria mínima aqui'.*

*En este sentido, Aurora V. S. Besalú Parkinson observa: 'etimológicamente la palabra 'responsable' significa 'el que responde'. De allí que este concepto se conecte con la idea de 'reparación', que tiene el sentido que el daño es soportado por alguien que es su autor, y no por la víctima misma. Por ende, tradicionalmente, se ha entendido que, en sentido estricto, la responsabilidad concierne al deber de reparar el daño jurídicamente atribuible causado por el incumplimiento, tanto de una obligación prexistente como el deber genérico de no dañar a otro,' Besalú Parkillsoll, Aurora V. S.. 'Responsabilidad civil: tendencias actuales' (cf. Boletín Mexicano de Derecho Comparado, México. ljnam. Instituto de Investigaciones Jurídicas. Nueva serie, mio XXI, núm. 91. enero-abril de 1998. p. 54. 2. Véase Uarrido Cordobera, Lidia M. R., in, Instituto de Investigaciones Jurídicas, Unam, MX, 2000)'.*

*'Véase Garrido Cordobera, Lidia M. R., Los daños colectivos y la reparación. Buenos Aires. Editorial Universidad. 1993, pp 17 y 18 (in, Instituto de Investigaciones Jurídicas, Unam, MX, 2000)'.*

*'En este mismo sentido, véase Aurora V. S. Besalú Parkinson quien señala que actualmente la doctrina prefiere aludir a 'derecho de danos', en lugar de teoría de la responsabilidad civil, principalmente porque las lluevas tendencias proponen una reelaboración del fenómeno resarcitorio a partir de prescindir del presupuesto de la ilicitud. Siendo el daño el presupuesto esencial de la responsabilidad. Asimismo, observa la evolución por la que atraviesa el sistema de la responsabilidad civil en virtud de que el esquema clásico, individualista está siendo superado. (op, cit, pp. 54-56 Y 63, in, Instituto de Investigaciones Jurídicas, Unam, MX, 2000)'.*

*'José de Aguilar Dias, explica el origen de la palabra responsabilidad, observando que ésta contiene la raíz latina spondeo, fórmula conocida del derecho romano, por la cual se ligaba solemnemente el deudor en los contratos verbales. 'Decir que responsable es aquél que responde y, por lo tanto, que responsabilidad es la obligación que cabe al responsable, es, además de redundante, insuficiente, porque, por ahí, la definición, permaneciendo en la propia expresión verbal que se pretende aclarar, no da solución al problema que se quiere resolver. comenzando por los conceptos'. (op. cit., p. 10, in, Instituto de Investigaciones Jurídicas, Unam, MX, 2000)'.*

*'Luis Pascual Estevill explica esto en forma más detallada al señalar que el principio general de la responsabilidad civil consiste en que 'a nadie ha de serie*

*permitido invadir la esfera de los intereses ajenos', el cual se ha convertido en el punto común de todas nuestras instituciones, jugando sobre todo un papel muy importante en el campo de la responsabilidad civil. Así, concluye que 'la contravención del principio allerum non laedere es la piedra angular para la ocasión de exigir los daños y perjuicios, cual sea la esfera en la que se hayan producido.' (Para este tema véase Hacia un concepto actual de la responsabilidad civil, Barcelona, Bosch, 1989, pp. 68,73. Puede consultarse al mismo autor en Derecho de. pp. 55-60, in, Instituto de Investigaciones Jurídicas, Unam, MX, 2000)'.*

*Rodríguez, Arturo Solarte, Los actos ilícitos en el derecho romano, Vniversitas, núm. 107, 2004, p. 692-746, Pontificia Universidad Javeriana Bogotá, Colombia: 'Acciones pretorias complementarias de la acción civil de la ley aquilia. El autor trata el tema extensamente y, en particular, el carácter utilis o in factum de las acciones creadas para realizar la extensión que se comenta, tema éste que es objeto de amplias discusiones por parte de la doctrina especializada. Algunos autores, como Jörs y kunkel consideran que se trata de dos denominaciones para un mismo fenómeno, particularmente en cuanto a las acciones creadas para extender la legitimación activa (op. cit., pág. 366). Valiño, por su parte, estima que las acciones útiles se dieron únicamente en los casos en que era necesario extender la legitimación activa, mientras que fueron acciones in factum todas las restantes' (cf. Valiño, Emilio, op. cit., p. 21).*

*Rodríguez, Arturo Solarte, Los actos ilícitos en el derecho romano, Vniversitas, núm. 107, 2004, p. 692-746, Pontificia Universidad Javeriana Bogotá, Colombia: 'Cf, Valiño, Emilio, op. cit., pág. 21 y sigs. Gayo, Institutas, (3.219). En igual sentido, Jörs, p. y kunkel, w., op. cit., pág. 365. D'ors, Álvaro, op. cit., pág. 422; Schulz estima que estas acciones creadas por la jurisprudencia en la época republicana y mantenidas por el pretor eran acciones útiles. Schulz, Fritz, op. cit., pág. 565. Otros autores, como Juan Iglesias (op. cit., pág. 427) o Max kaser (op. cit., pág. 231), expresan que las acciones creadas para esta particular extensión de la lex aquilia se denominaban indistintamente utilis o in factum'.*

## IV, 3,16

*Si damnum corpus cuiusquam non accidit – Em livre tradução – 'Se o dano não ocorreu ao corpo de ninguém'.*

*Marchi, Il risarcimento del danno morale, 261; Ratti, Il risarcimento del danno morale, p. 186 et seq; E. Betti, Istituzioni di diritto romano, 2.1 (Padova 1960) 64; De Robertis, Sulla risarcibilità del danno morale, 506 et seq.; Medi-*

*cus, Id quod interest, p. 191; G. Grosso, Obbligazioni. Contenuto e requisiti della prestazione. Obbligazioni alternative e generiche, (Torino 1966), p. 153; H. Honsell, Quod interest in bonae fidei iudicium. Studien zum römischen Schadersatzrecht, (München 1966), p. 153 et seq.; Voci, Le obbligazioni romane (Corso di pandette). Il contenuto dell'obbligazione, (Milano 1969), p. 262 et seq.; Raber, Sum „pretium affectionis», p. 205 et seq.; K. Knütel, Das Mandat zum Verkauf, en D. Nörr – S. Nishimura (Herg.), Mandaten und Verwandtes. Beiträge zum römischen und modernen Recht, (BerlinHeidelberg 1993), p. 368 et seq.; A. Sicari, Leges venditionis. Uno studio sul pensiero giuridico di Papiniano, (Bari 1996), p. 348 et seq.; Centola, Soff. mor., p. 167 et seq.*

*'Pretores que deveriam resolver os conflitos de todos aqueles que não eram cidadãos romanos, e/ou, entre eles e estrangeiros'.*

*García Garrido, Manuel (1998). Derecho privado romano. casos, acciones, instituciones. 7ª edición. Madrid: Editorial Dykinson, p. 508: "Terminaron siendo odiadas, en cuanto que, supuesta la excesiva sibtilitas de los veteres que las habían creado, estaban ensambladas de tal modo que quien cometía el mínimo error en el desarrollo de las formalidades prescritas perdía el litigio. Por esta razón, continúa, esas legis actiones fueron suprimidas por una !ex aebutia y por dos leyes iuliae y se hizo que los juicios se desarrollaran per concepta verba, id est per formulas'. 'Como explica Arangio (1945) 14-15, el procedimiento romano tuvo 3 épocas: a) La época de las acciones de la ley, posiblemente en vigor desde la fundación de roma, permaneciendo como forma ordinaria de procedimiento privado hasta la mitad del Siglo II a.C.; b) La época de las 'Fórmulas' o del Procedimiento Formulario, que data de la mitad del Siglo II a.C hasta el Siglo III d.C; e) Finalmente, la época del procedimiento extraordinario, que sustituyó en el Siglo III d.C al formulario y consagrado especialmente en la codificación del Derecho Romano dispuesta por jusriniano. Si bien es cierro, como acabamos de ver, las acciones de la ley fueron sustituidas por las acciones formularías, lo que no está claro y es sumamente discutido por la doctrina es la forma en la que se produjeron dichas aboliciones y a cuáles leyes, exactamente, se refiere gayo en su pasaje. Levy-bruhl, h (1960). Recherches sur les actions de la loi. París: Sirey, pp 324 y ss, explica las razones del abandono de las acciones de la ley: 'On devait jatalement aboutir a una rupture. En depit des mesures d'assouplissement de l'ancien systeme, et de la creation d'actions de la loi d 'un type incomparablement plus moderne, comme la judicis postula ti o u la condictio, il ne repondait plus aux besoins d'une société toute différente. Cest la véritable raison de l'abolition du systeme des actions de la loi et de son remplacement par un systeme nouveau, auquel on a donné le nom de procédure formulaire'. En todo caso, agrega este autor, no es cieno que las leyes a las que hace referencia Gayo hubiesen abolido completamente las acciones de la ley, como ocurrió, por ejemplo, con la acción de damnum infectum, que el autor analiza en las páginas siguientes. Un análisis del paso de las acciones de la ley al procedimiento formulario se encuentra en Scjaloja, Vittorio (1954). Procedimiento Civil Romano. Ejercicio y defensa de los derechos. Traducción Santiago Sentis Melendo y Marino Ayerra Redin. Buenos Aires: Ediciones Jurídicas Europa-América, pp 157 a 159. Según el autor: 'Había un momento en la legis actio en que la litis quedaba determinada y cierta entre las partes y venía a establecerse de una manera jurídica eficaz e irrevocablemente en qué esfera y bajo qué condiciones y modalidades habría de desarrollarse el juicio. en este momento se producía la litis contestatio. Ahora bien, como el juez debía, por lo hecho in iure, y más especialmente por la litis contestatio, señalar los límites y el estado de la cuestión que había de formar el objeto de su iudicium, es probable que, 'a fin de facilitarle su cometido, se comenzara muy pronto a redactar una instrucción escrita que le sirviera a modo de memorial de los puntos esenciales de la litis, así como de los términos en que había quedado contestada entre las partes; esto, como costumbre práctica, ya que no como regla de derecho'. Agrega que fue la lex aebutia la que autorizó el sistema de que el magistrado librara una instrucción escrita o formula. Sobre el abolición del sistema de las acciones de ley y la introducción del procedimiento formularios según Gayo, señala: 'La Ley Ebucia (acaso de la primera mitad del Siglo VII de Roma, hacia el 630) introdujo probablemente este nuevo procedimiento sin abrogar el anterior de las legis actiones; de manera que hasta las leyes julias tendríamos un doble sistema de procedimiento, y tal vez se podría elegir uno u otro...' Con mayor claridad a nuestro juicio Arangio (1945) 57-59, señala que la ley aebutia, dierada probablemente entre los años 150 y 120 a.c, permitía la opción entre la acción de la ley y el procedimiento formulario, pero este último terminó imponiéndose en los hechos, especialmente porque el nuevo procedimiento permitía proteger relaciones no consideradas en las acciones de la ley. Más tarde, con la dictación de la ley julia, en el año 17 a.C., abolió el derecho de opción y obligó a recurrir al procedimiento formulario, salvo en casos excepcionales. Además, agrega una cuestión interesantísima. Las fórmulas de la ley se basaban en ciertos ritos o palabras sacramentales y esa característica permitía que fueran aplicadas a varias relaciones jurídicas. En cambio, el procedimiento formulario vino a vincular la acción con el derecho subjetivo o la relación jurídica que vinculaba a las panes. Como indica el autor: '... La acción es el trazo de unión que existe entre el derecho subjetivo y el procedimiento que sirve a realizarle'. (En el mismo sentido, D'ors, Alvaro (1997). Derecho Privado Romano. 9ª edición. Pamplona: Ediciones Universidad de Navarra, p 435. ha de tenerse presente, como explica Volterra, Eduardo (1988). Instituciones de Derecho Privado Romano. Reimpresión 1 a Edición. Madrid: Civiras, p 233)'.*

*'Ações ius conceptae'.*

*Quemadmodum, que significava dizer 'assim como'.*

*'Culpa Lata Dolo Aequiparatur'.*

*'Culpa levis'.*

*Rodríguez, Arturo Solarte, Los actos ilícitos en el derecho romano, Vniversitas, núm. 107, 2004, p. 692-746, Pontificia Universidad Javeriana Bogotá, Colombia: 'Los autores están de acuerdo en que el concepto de culpa surge originalmente dentro de la responsabilidad aquiliana, como criterio de imputación causal del daño frente al autor, y que desde allí se extiende a otros campos, entre ellos al de la responsabilidad contractual. Como señala Llamas Pombo, en el tema de la imputabilidad en materia contractual 'existe una divergencia entre el pensamiento clásico y el justinianeo', y precisa que, aunque existen dudas respecto del sentido de la evolución que se presentó, parece mayoritaria la opinión que sostiene que se pasó de 'una responsabilidad generalmente objetiva en el período clásico, a otra de carácter subjetivo en el posclásico' (Llamas Pombo, Eugenio, op. cit., pág. 668). El concepto de culpa, como se entiende actualmente, es desconocido en el período clásico. En este período se destacan dos grandes campos para determinar la responsabilidad del contratante incumplido: de una parte, la responsabilidad por custodia, una responsabilidad por el resultado, de carácter objetivo y estricto, que surgía en algunos contratos en virtud de los cuales el deudor tenía en su poder cosas que pertenecían al acreedor y que le debía restituir posteriormente; en estos casos el deudor respondía en el evento de imposibilidad de cumplimiento (pérdida de la cosa), sin que le fuera admitida la prueba de su propia diligencia y sólo era posible su liberación en algunos casos típicos considerados como vis maior; por otra parte, el segundo campo de responsabilidad contractual estaba referido a los eventos restantes, en los que la responsabilidad se determinaba por la naturaleza específica de cada clase de relación obligatoria y por el tipo de acción que fuera pertinente ejercer. En este segundo campo el concepto de dolo tuvo gran importancia (Llamas Pombo, Eugenio, op. cit., pág.*

*668; Jörs, P. y Kunkel, W., op. cit., pág. 250 y sigs.; Jordano Fraga, Francisco, op. cit., pág. 45 y sigs. Daza Martínez, Jesús, 'El problema de los límites de la responsabilidad contractual en el derecho romano clásico', en La responsabilidad civil de Roma al derecho moderno, pág. 231 y sigs.). En las relaciones de derecho estricto originalmente existió responsabilidad en unos eventos muy limitados, como cuando había imposibilidad de cumplimiento o mora, originada en un comportamiento positivo (por comisión) y consciente del deudor. En las relaciones bonae fidei existieron algunas que daban lugar a una acción infamante, como las que se basaban en el elemento fiducia (sociedad, mandato, depósito, tutela, entre las más relevantes) y en las que el deudor respondía por el dolus o fraus, considerados como violación del deber de confianza. En ese momento, el concepto de dolus 'es la contraposición exacta de la bona fides' y 'es un concepto extraordinariamente elástico' (Jordano Fraga, Francisco, op. cit., pág. 47 y pag. 52 y sigs.), comprensivo de variadas situaciones, que no coinciden exactamente con la apreciación que actualmente tenemos de la figura. En las relaciones ex fide bona que no llevaban consigo efectos infamantes, el concepto de dolus se hizo extensivo a toda deslealtad y, de alguna manera, dio lugar a que surgiera, como contrapartida, la obligación de atender un cierto nivel de diligencia para que el deudor no fuera reprobado por dolo. Como observa Jordano Fraga, en esta época en las fuentes se hace mención a la diligentia, entendida como una actitud que se originaría 'como aplicación de una concreta exigencia de bona fides, que impone no sólo la abstención de conductas lesivas, sino la realización de ciertas actividades positivas cuya omisión, por tanto, genera responsabilidad por dolo...'. Para los juristas posclásicos y justinianeos el sistema clásico resultaba extremadamente complejo, demasiado casuístico, y muy diverso en sus criterios, dado que se había originado en un derecho práctico encaminado a resolver casos concretos. Por otra parte, para ellos resultaba muy importante realizar una labor de sistematización, que veían ausente en las creaciones clásicas. Asimismo, se destaca por la mayoría de la doctrina que en esta época influyeron los principios moralizadores del cristianismo y de la filosofía griega, que procuraban que prevaleciera la consideración de la voluntad del sujeto. Con base en todo ello, se dio origen al concepto de culpa, como reproche a una conducta negligente o descuidada, y de dolo, asociado con una conducta malévola. En el período posclásico, incluso la responsabilidad por custodia, la más ajena a las consideraciones subjetivas, 'se transforma en una responsabilidad por omitida diligencia en la custodia' (Jordano Fraga, Francisco, op. cit., pág. 45), al exigirse en la misma que el deudor observara una rigurosa diligencia. En relación con las formas de responsabilidad estructuradas sobre el concepto de buena fe, y particularmente, las diversas gradaciones desarrolladas por la jurisprudencia, éstas se convirtieron en diversos grados de culpa-diligencia. Ya no sólo fue reprobable la actuación negligente sino que también la omisión culpable empezó a tener efectos jurídicos. En fin, la culpa-negligencia, referida a la omisión de la diligencia propia de un buen padre de familia, se convirtió en el centro del sistema de responsabilidad contractual'.*

*Vid. Aedo, El concepto de culpa aquiliana y su evolución en las últimas décadas. Distintas teorías en Revista de Derecho (Universidad Católica del Norte. Antofagasta, Chile), 23 (2014), p. 21-59; con fuentes y lit. Torrent, Aproximación al concepto de 'culpa ex lege Aquilia' (Paul. 10 ad Sab.) D. 9,2,31 y 9,2,28., en Antologia giuridica romanística e anticuaria (Milano, 2018), p. 75 et seq.*

*'Culpa facere'.*

*'Culpa non facere'.*

*'Culpa legis Aquilae'.*

*'Dano consequencial'.*

*'Lucros cessantes'.*

*'Valor'.*

*'Problema'.*

*'Quão importante é que esta ou aquela coisa não tenha sido feita'.*

*'Por isso se disse iniuria, porque não se faz com direito; porque tudo o que não se faz com direito, se diz que se faz com iniuria. Isso é em geral; mas principalmente, a iniuria é chamada de contumelia. Às vezes, o nome de iniuriae significa o dano causado por culpa, como costumamos dizer na Lei de Aquilia. Outras vezes chamaremos injustiça de iniuriae; iniuriam, porque lhe falta lei e justiça, como se fosse non iuram [não de acordo com a lei]; mas contumelia, de contumere' (Ulp. LVI ad ed. D. 47,10, I pr).*

*Iglesias, J. Roset, J. Abellán, M. e Arias, J.; Gayo, Instituciones, Madrid, Civitas, 1985: 'Está estabelecido no primeiro capítulo da Lei de Aquília: 'que quem matou inicialmente o escravo ou a escrava de outrem, um quadrúpede ou um gado, seja condenado a pagar a ao proprietário o preço mais alto do que naquele ano '' (Gai. ed ed. prov. D. 9,2,2 pr).*

*Molinas, J. Corpo de direito civil romano, Ed. Barcelona, 1889: 'Mas no capítulo terceiro Aquilia diz a mesma Lei: 'quanto a outras coisas, exceto o escravo e o gado morto, se alguém ferir outro, porque se queimou, se algo está quebrada ou quebrada com iniuria, está condenada a pagar ao dono quanto valer aquela coisa nos próximos trinta dias'' (ULP. XVIII ad ed. D. 9, 2, 27, 5).*

*'Non omnes autem actiones, quae in aliquem aut ipso iureconpetunt aut a praetore dantur, etiam in heredem aeque conpetunt aut dari solent. Est enim certissimaiuris regula ex maleficiis poenales actiones in heredem nec conpetere nec dari solere, uelut furti, ui bonorum raptorum, iniuriarum, damni iniuriae. Sed heredi \*\*\*\*dem [uidelicet actoris] huiusmodi actiones competunt nec denegantur, excepta iniuriarum actione et si qua alia similis inueniatur actio' (Gaius 4,112).*

*'Civilis constitutio est poenalibus actionibus heredes non teneri nec ceteros quidemsuccessores: idcirco nec furti conveniri possunt. Sed quamvis furti actione non teneantur, attamen ad exhibendum actione teneri eos oportet, si possideant aut dolo fecerint quo minus possideant: Sed enim et vindicatione tenebuntur re exhibita. Item condictio adversus eos competit' (D. 47, 1, 1 pr).*

*'In heredemnon solent actiones transire, quae poenales sunt ex maleficio, veluti furti, damni iniuriae, vi bonorumraptorum, iniuriarum' (50, 17, 111, 1).*

*'Emancipatus filius si iniuriarum habet actionem, nihil conferre debet: magisenim vindictae quam pecuniae habet persecutionem: sed si furti habeat actionem, conferre debebit' (Gaius 4, 112, d. 37, 6, 2, 4).*

*'Sed si plures servum percusserint, utrum omnes quasi occiderint teneantur, videamus. Et si quidem apparet cuius ictu perierit, ille quasi occiderit tenetur: quod si nonapparet, omnes quasi occiderint teneri iulianus ait, et si cum uno agatur, ceteri non liberantur: Nam ex lege aquilia quod alius praestitit, alium non relevat, cum sit poena' (D. 9, 2, 11, 2).*

*'Idque est consequensauctoritati veterum, qui, cum a pluribus idem servus ita vulneratus esset, ut non appareret cuius ictu perisset, omnes lege aquilia teneri iudicaverunt' (9, 2, 51, 1).*

*'Si duo pluresve unum tignum furati sunt, quod singuli tollere non potuerint, dicendum est omnes eos furti in solidum teneri, quamvis id contrectare nec tollere solus posset, et ita utimur: Neque enim potest dicere pro parte furtum fecissesingulos, sed totius rei universos: sic fiet singulos furti teneri' (47, 2, 21, 9).*

*'Sed si ipsi tutores rem pupilli furati sunt, videamus, an ea actione, quae proponitur ex lege duodecimtabularum adversus tutorem in duplum, singuli in solidum teneantur et, quamvis unus duplum praestiterit, nihilo minus etiam alii teneantur: nam in aliis furibus eiusdem rei pluribus non est proptereaceteris poenae deprecatio, quod ab uno iam exacta est. Sed tutores propter admissam administrationemnon tam invito domino contrectare eam videntur quam perfide agere: nemo denique dicet unum tutoremet duplum hac actione praestare et quasi specie condictionis aut ipsam rem aut eius aestimationem' (26, 7, 55, 1).*

*'Noxales actiones appellantur, quae non ex contractu, sed ex noxaatque maleficio servorum adversus nos instituuntur: quarum actionum vis et potestas haec est, ut, si damnati fuerimus, liceat nobis deditione ipsius corporis quod deliquerit evitare litis aestimationem' (D. 9, 4, 1).*

*Como sendo os crimes particulares processados por iniciativa do ofendido e punidos com uma multa em favor da vítima.*

*Como sendo os crimes públicos que afetam a ordem social, processados ex officio e puníveis com penas públicas.*

*'Que pertence aos interesses do indivíduo'.*

*Blasi, Paulo Henrique, A tutela judicial dos 'novos' direitos: em busca de efetividade para os direitos típicos da cidadania, Ufsc, 2000: 'Já em Roma surgiu a distinção de todo o direito em público e privado, que é ainda hoje a distinção fundamental' (apud Ascensão, José de Oliveira. O direito: introdução e teoria geral. Uma perspectiva luso-brasileira. Lisboa: Fundação Calouste Gulbenkian, 1978, p. 283).*

*Blasi, Paulo Henrique, A tutela judicial dos 'novos' direitos: em busca de efetividade para os direitos típicos da cidadania, Ufsc, 2000: 'Uma divisão fundamental do direito conhecida desde os romanos, que consideravam tratar o direito público da coisa pública [...], enquanto o direito privado, do interesse dos particulares' (apud Gusmão, Paulo Dourado de. Introdução ao estudo do direito. 10. ed. Rio de Janeiro: Forense, 1984, p. 181).*

*Arturo Solarte Rodríguez, Los actos ilícitos en el derecho romano, Universidad Javeriana: 'La doctrina señala que los siguientes fueron los elementos característicos del damnum iniuria datum en la época en que originalmente se dio aplicación a la Lex Aquilia:*

*.Era preciso que el damnum consistiera en el deterioro o la destrucción de una cosa corporal (corpus laesum). En las reconstrucciones elaboradas sobre lo*

*que pudo haber sido el texto de la ley se indica, como ya lo hemos anticipado, que en el capítulo primero se habría utilizado la expresión occidere (originalmente era la acción de golpear hasta la muerte, que debía ser ocasionada a través de un acto material sobre el cuerpo) y en el capítulo tercero las palabras urere, frangere y rumpere (originalmente quemar, romper y rasgar).*

*El daño debía ser causado por un acto del hombre, que se concretaba en una acción de contacto corporal (corpore) del autor sobre la víctima. Esto significa que en el sentido original de la ley el daño debía ser causado de forma inmediata y que la acción debía concretarse en la comisión de un hecho. Así, según lo enseña gayo, si se persuadía a un esclavo ajeno para que se subiera a un árbol y estando allí se caía y moría, no se configuraba el delito, mientras que sí se configuraría si se lo empujaba del borde de un río y el esclavo moría ahogado. el elemento que analizamos llevó a sutiles distinciones e, incluso, a opiniones que hoy nos parecen excesivamente rígidas, como aquella atribuida a Labeón, y refrendada por Ulpiano, según la cual si una comadrona proporcionaba con sus manos una medicina a una esclava y ésta moría, sí procedía contra aquélla la acción derivada de la Lex Aquilia, mientras que si lo que había hecho la comadrona era entregar la pócima en las manos de la esclava y era ésta quien directamente llevaba a su boca la bebida que habría de causarle la muerte, no procedería la acción por damnum iniuria datum, sino una acción in factum.*

*La legitimación para entablar la acción correspondía al propietario de la cosa (erus) y sólo se concedía a los ciudadanos romanos. d. el daño debía ser causado sin derecho (iniuria). Por tanto, no cometía el delito quien actuaba en ejercicio de un derecho, en estado de necesidad o en legítima defensa. el elemento iniuria ha generado diversas opiniones entre los tratadistas, pues mientras una parte de ellos estima que la iniuria implicaba la culpabilidad del autor del hecho, entendida esta expresión como comprensiva de actuaciones dolosas o simplemente culposas, otra corriente considera que la iniuria se refería únicamente a la antijuridicidad de la conducta, esto es a la actuación realizada sin derecho'.*

*'El derecho francés consideró los delitos y cuasidelitos como materia del derecho civil y se hizo una distinción corre el delito civil y el delito penal en virtud de las relaciones que hay entre ambos y de que existen hechos ¡licitas que están sancionados por las leyes penales que son los delitos y hechos ¡Ilícitos que no están sancionados por las leyes penales pero que causan un daño de carácter patrimonial y por lo tanto son delitos civiles, Sin embargo, también hay hechos ilícitos que caen bajo la esfera de ambas materias porque además de causar un patrimonial, están sancionados por las leyes penales. En el derecho francés se*

*reglamentó la responsabilidad del daño para los delitos desde el punto de vista penal y la cuestión relativa a la indemnización se le dejó al derecho civil' (in Instituto de Investigaciones Jurídicas, Unam, MX, 2000, cf. Bonnecase, Julien, op. cit., p. 359).*

'Crimina, Crimina Publica'.

'*Publicum ius est, quod ad statum rei romanae spectat, privatum, quod ad singulorum utilitatem: sunt enim quaedam publice utilia, quaedam privatim' – Em livre tradução – "Existe um direito público, que diz respeito à situação em Roma, um direito privado, que diz respeito ao benefício dos indivíduos: pois alguns são úteis publicamente, outros privadamente". (Ulpiano. 1 Inst., D. 1, 1, 1, 2).*

*Saldanha, Daniel Cabaleiro. História e teoria das fontes do direito romano, Belo Horizonte, 2011: 'Huius studii duae sunt positiones, publicum et privatum. Publicum ius est quod ad statum rei romanae spectat, privatum quod ad singulorum utilitatem: Sunt enim quaedam publice utilia, quaedam privatim. Publicum ius in sacris, in sacerdotibus, in magistratibus constitit'. Tradução livre: 'Dois são os aspectos deste estudo, o público e o privado. É direito público o que se refere ao estado da coisa romana y privado o que se refere à utilidade de cada indivíduo, pois algumas coisas são úteis pública e outras privadamente. O direito público consiste nas coisas sagradas, nas dos sacerdotes e dos magistrados' (Ulpiano, Dig, I, 1, 1, 2).*

*Savigny, Friedrich Karl Von, Sistema del diritto romano attuale, volume primo, traduzione dall'originale tedesco di Vittorio Scialoja, Torino, Unione Tipografico Editrice, 1886, p. 48 et seq. Ibid., p. 49. Nas palavras de Savigny: 'No direito público, o todo se apresenta como finalidade e o indivíduo resta em segunda ordem. Já no direito privado, qualquer indivíduo por si mesmo é tido como finalidade e cada relação jurídica serve apenas como meio para sua existência ou para suas particulares condições'.*

*Fattori, Sara Corrêa. A responsabilidade pela reparação do dano no direito romano, USP: 'O estado punia os autores dos delitos públicos com a poena publica (pena pública), imposta por tribunais especiais como as quaestiones perpetuae, e que consistia na morte, ou na imposição de castigos corporais, ou em multa que revertia em benefício do estado' (apud Moreira Alves, J. C. Direito romano, II, 7. ed., Rio de Janeiro, 1991, p. 265).*

'*Item si non provocavit intra diem, subvenitur ut provocet: finge enim roc desiderare'. Em livre tradução: 'Do mesmo modo se não provocou antes do dia, é ajudado para que provoque: supõe-se que o deseje' (D 4.4.7.11, Ulpianus 11 ad ed).*

*Livre tradução: 'O direito público não pode ser alterado por contratos privados; o acordo de particulares não derroga o direito público'.*

*Livre tradução: 'Um testamento é uma parte protegida por direitos autorais'.*

*Livre tradução: 'Quando se obtêm títulos completos de interesse público'.*

*Livre tradução: 'É importante para o governo que as mulheres economizem dotes'.*

Qauestiones Perpetuae.

*Perduellio, ofensa capital de alta traição, tal quais crimes públicos que afetam a ordem social e eram processados ex officio e puníveis com penas públicas.*

Julgamentos de boa-fé.

*Crimes particulares processados por iniciativa do ofendido e punidos com uma multa em favor da vítima.*

*Crimes públicos que afetam a ordem social, são processados ex officio e puníveis com penas públicas.*

*Em razão de que as alegações das partes em cada caso particular, quando as circunstâncias não estivessem de acordo com as palavras exatas da lei.*

'Utilis aquiliae actio'.

*J. C. Moreira Alves, Direito romano, v. II, 5; 1 cd., Rio de Janeiro, Forense, 1995, p. 275 et seq.: 'embora no direito clássico o ius civile apenas reconhecesse como fonte de obrigação os quatro ilícitos classificados como delicta (furtum, rapina, damnum iniuria datum c iniuria), não podiam os romanos deixar de levar em consideração outros atos ilícitos que acarretavam prejuízos. Diante disso, quando surgiu a classificação tripartida contida na obra Aureorum libri, atribuída a Gaio, quatro dessas situações foram classificadas dentre as variae causarum figurae, a saber, si iudex qui litem suam fecerit; effusum et deiectum; positum et suspensum; e receptum nautarum, cauponum, stabulariorum. Nas instituições de Justiniano (Inst. 4,5), por outro lado, tais figuras foram inseridas, dentro de uma classificação quadripartita das fontes das obrigações nos chamados quase-delitos'.*

*'Actio sepulchri violati, de positis et suspensis, de effussis vel deiectis ou actio de feris' – Em livre tradução – 'O ato de violar a sepultura, de ser colocada e suspensa, de ser derramada ou derrubada ou o ato de animais selvagens'*

'*Ad obliges, quae ex delicto nascuntur, veluti si quis furtum fecerit, bona rapuerit, damnum dederit, iniuriam commiserit quarum omnnium rerum uno genere consistit obligatio*' – Em livre tradução – 'As obrigações que decorrem de um crime, como se alguém cometesse um furto, roubasse uma mercadoria, desse dano, cometesse uma lesão, sendo que a obrigação consiste em um só tipo de coisa' *(Gai. III.182)*.

'*Si paciscar, ne operis novi nuntiationem exsequar, quidam putant non valere pactionem, quasi in ea re praetoris imperium versetur: labeo autem distinguit, ut si ex re familiari operis novi nuntiatio sit facta, liceat pacisci, si de re publica, non liceat: quae distinctio vera est. et in ceteris igitur omnibus ad edictum praetoris pertinentibus, quae non ad publicam laesionem, sed ad rem familiarem respiciunt, pacisci licet: nam et de furto pacisci lex permittit*' (D. 2.14.7.14, Ulpianus 4 ad ed).

*Petit, Eugene, Tratado elemental de derecho romano, Editorial Saturnino Calleja S.A., Madrid, 1924, p. 457: 'No había furtum si la acción recaía sobre cosas que no tuvieran dueño, como los animales salvajes o una hereditas iacens, o cuando se tratara de cosas que no estaban bajo el régimen de propiedad privada, como las cosas divini iuris o las cosas públicas, pues estas últimas tuvieron un régimen de protección diferente'.*

*Justinianus, Flavius Petrus Sabbatius. Institutas do Imperador Justiniano. Bauru, Ed. Edipro, 2001, p. 183: 'O furto é a apropriação fraudulenta de uma coisa, ou em si mesma ou de seu uso ou posse, o que é proibido admitir-se conforme a lei natural'.*

*Justo, Santos António. Direito privado romano. Direito das obrigações. Coimbra: Coimbra Editora, 2008. p. 120: 'Inicialmente, os delicta teriam sido atos lesivos dos interesses de um grupo gentílico ou de indivíduos que suscitavam a vingança do grupo ou de pessoas individuais contra os seus autores. Depois, o estado regulou a vindicta, impondo sucessivamente que a reacção do ofendido ou dos membros do seu grupo não superasse materialmente as consequências do acto ilícito; e que a vingança fosse substituída pelo direito da vítima de exigir do autor do acto, uma soma de dinheiro a título de pena' (no mesmo sentido: Burdese, Alberto. Manuale di diritto privato romano, Torino: Utet, 1964, p. 598).*

*Rafael Domingo, Textos de derecho romano, Editorial Aranzadi S.A., Elcano (Navarra), 2002: 'Asimismo, se consideró que también se podría configurar el furtum cuando se retuviera no sólo a esclavos ajenos sino a ciertas personas libres que se hallaban bajo potestad, como el filiusfamilias o la mujer casada, o cuando el iudicatus fuera sustraído al acreedor a quien se había entregado por sentencia judicial' (Gayo, Institutas. 3, 199).*

*Justo, Santos, A. O pensamento jusnaturalista no direito romano, Revista Direito e Desenvolvimento, João Pessoa, v. 4, n. 7, p. 239-312, jan./jun. 2013: 'Furtum est contrectatio rei fraudulosa lucri faciendi gratia vel ipsius rei vel etiam usus eius possessionisve quod lege naturali prohibitum est admittere'. Em livre tradução: 'Furto é a subtracção fraudulenta com intenção de lucro, seja da mesma coisa, seja também do seu uso ou da sua posse, o que a lei natural impede fazer' (Paulus, D. 47,2,1,3).*

*'Furtum autem fit non solum cum quis intercepiendi causarem alienam amovet, sed generaliter cum quis rem alienam invito domino contrectat' (Gaius III.195).*

*Inst. 4.2.1: 'la apropiación violenta o clandestina de los inmuebles se califica como posesión viciosa, a efectos de los interdictos posesorios, o podía constituir un crimen público de vis, pero no un delictum; en el derecho tardío se tipifica como invasio' (cf. D'Ors, Álvaro).*

*'A. Díaz Bautista, La función reipersecutoria de la poena ex lege Aquilia, en La responsabilidad civil: de Roma al derecho moderno, IV Congreso Internacional y VII Congreso Iberoamericano de Derecho Romano (coord. por Alfonso Murillo Villar), Burgos, 2001, p. 269: 'Algunas acciones penales, como la actio furti, tenían este carácter de compatibilidad con la reclamación reipersecutoria mientras que otras, como la actio legis aquilia, tenían carácter mixto, pues eran incompatibles con una reclamación indemnizatoria; si bien dicho carácter pudo aparecer en época tardía, siendo originariamente una acción pura''.*

*A literatura é assídua em afirmar que este instituto ocorria quando se proibia o registro da coisa que se encontrava em um domicílio suspeito, que, por assim dizer, redundava na exigência da demonstração de diversos tipos de provas, entre elas os pedidos de notas, com o intuito de validar se o registro era lícito e a quem pertencia o objeto, que poderia acarretar uma condenação no quádruplo do valor da 'rés', caso não se comprovassem os documentos reclamados.*

*Da mesma forma, a 'roman litterae' nos diz que o instituto era para quem não apresentava perante o juiz as coisas achadas em sua casa, como consequência da requisição exigida, 'de todo', atentando-se para o fato de que se desconhecia à época a pena para este delito.*

*Contração da coisa.*

*Moreira Alves, J. C., Direito romano, 14ª ed., Rio de Janeiro, Forense, 2007, p. 579: 'Os delitos privados consistiam em prejuízos e danos causados ao corpo, à honra e aos bens das pessoas livres. [...] de intentar contra este [agente do delito] uma actio para obter sua condenação ao pagamento de determinada quantia, como pena (poena privata)' (P. Bonfante, Istituzioni di diritto romano, 4ª ed., Milano, Vallardi, 1907, p. 456-456).*

*Cruz, José de Ávila, O direito romano como alicerce da ação de reparação de danos: 'Ações Rei Persequendae: Ações Reais, Ações Pessoais oriundas de contrato e quase contratos; Ações Poenae Persequendae: Ações Originárias de Delitos, (actio furti manifesti (flagrante) e actio furti nec manifesti (sem flagrante); Ações Mistas: na maioria são originárias de delitos: Actio vi bonorum raptorum, (condenação em quádruplo), Actio legis aquilae, e Actio quod metus causae' (apud Bonjean, L. B. Exposition historique du système des actions chez les romains. Paris: Bethune et Plon, 1836).*

*Rodrigues Júnior, Otávio Luiz; Mamede, Gladston; Rocha, Maria Vital da (coord.). Responsabilidade civil contemporânea, São Paulo, Atlas, 2011, em homenagem a Sílvio de Sálvio Venosa. 'Na classificação de Pietro Bonfante, os elementos do delito de furto eram:*

a. *Contrectatio: conceito compreensivo da subtração de coisa de outrem, assim como seu uso ilícito e sua posse indevida. Pressupunha-se que a subtração, o uso, ou a posse davam-se contrariamente à vontade do proprietário. Embora, como ressalva Vicenzo Arangio-Ruiz, aceite-se que o furto possa recair sobre coisa própria, no crédito pignoratício.*

b. *Contrectatio fraudulosa, animus ou affectio furandi: a intenção de furtar, o que afasta a hipótese do furto culpos. A despeito de admitir a existência de uma interpolação, não há grandes problemas em associar o animus furandi ao dolus malus.*

c. *Animus lucrifaciendi: a intenção de obter lucro com o objeto furtado. Registre-se a opinião em contrário de Fritz Schulz, para quem esse intuito não era essencial para a ocorrência do delito.*

d. *Res mobilis: é essencial que a coisa furtada seja móvel. embora haja notícias no sentido de que se admitiu o furto de coisa imóvel, a doutrina repudia essa tese como sendo uma tentativa frustrada dos sabinianos em alargar o objeto do crime. (apud, Bonfante, Pietro. Istituzionidi diritto romano. Ristampa correta della 10. Ed. uma Curadi; DI Giuliano Bonfantee; DI Giuliano Crifo; prefazione DI Emilio Albertario e, uma notadi Giuliano Crifo. Milano: uma Giuffre, 1987. p. 421'. No mesmo sentido: Arangio-Ruiz, Vincenzo. op. cit p. 369; Schulz, Fritz.*

*Derecho romano clássico. traducción directa de la edición inglesa por José Santa Cruz Teigeiro. Barcelona: Bosch, 1960. p. 552, 553; Buckland, op. cit p. 31, com explicações sobre a teoria de sabinus e, admitindo uma possibilidade dessa abertura no direito arcaico)'.*

*Cretella Junior, José. Curso de direito romano. Rio de Janeiro, Ed. Forense, 1998, p. 311: 'O fur sofre as penas do furtum manifestum, quando a coisa furtada é encontrada em sua casa, logo após uma perseguição formal, solene, como determinam os textos (perquisito lance et licio), ou seja, 'com prato e braga'. A vítima de furto entra na casa do ladrão, vestida somente com um calção e levando nas mãos um prato a fim de mostrar que encontrou o objeto, e que não foi ele que o levou para o lugar'.*

*Ansiliero, Angelin Karinne, Dano injusto como pressuposto do dever de indenizar, USP, São Paulo, 2012: 'Quanto à pena a ser aplicada ao fur (ladrão) no delito de furtum manifestum (aquele em que o ladrão é surpreendido no momento em que pratica o delito), haveria que se distinguir: se o ladrão fosse homem livre e púbere, ele era açoitado e entregue à vítima – a doutrina não tem certeza se ele era entregue na condição de servus ou de addictus –; se fosse homem livre impúbere, era apenas chicoteado; se fosse servus, era açoitado e precipitado da rocha tarpeia. Com relação às duas primeiras hipóteses, as penas poderiam ser afastadas se a vítima entrasse em acordo com o fur, que pagaria, assim, a ela uma quantia a título de resgate. Ainda, a lei das xii tábuas permitia a morte do fur, caso ele praticasse o furtum à noite, ou caso tentasse defender-se com o uso de arma, mesmo praticando o furtum durante o dia' (apud Kaser, Max, p. 193; Alves, José Carlos Moreira, p. 269-277; Chamoun Ebert, Instituições de direito romano, 2ª ed., Rio de Janeiro, Revista Forense, 1954, p. 392).*

*Cretella Junior, José. Curso de direito romano. Rio de Janeiro, Ed. Forense, 1998, p. 311: 'Neste caso, suprime-se o direito de vingança privada, substituída por uma composição pecuniária. A vítima tem direito a invocar a legis actio per sacramentum in personam para pleitear uma multa igual ao dobro do dano causado'.*

*'Qui res alienas rapit, tenetur etiam furti. Quis enim magis alienam rem inuito dominocontrectat quam qui ui rapit? Itaque recte dictum est eum improbum furem esse; sed propriam actionemeius delicti nomine praetor introduxit, quae appellatur ui bonorum raptorum, et est intra annumquadrupli [actio], post annum simpli. Quae actio utilis est, etsi quis unam rem licet minimam rapuerit'* – Em livre tradução – 'Quem rouba bens alheios também está sujeito a roubo. Pois quem está mais relutante em tomar posse da propriedade

# 'AQUILIAE' THEOREMA CIVIS ROMANUS STATUS DEFENSIONIS 'RESPONSUM'
# REPARATORIUS CURAE ET PRIVATAE ET PUBLICAE DELICTIS IN ANTIQUA ROMANA LEGE

alheia do que aquele que a arrebata de seu dono? Portanto, foi dito com razão que ele era um ladrão perverso; mas o pretor introduziu uma ação própria sob o nome do crime, que se chama ui de bens roubados, e está dentro de um ano quádruplo [ação], após um ano simples. Esta ação é útil, mesmo que alguém roube até mesmo a menor coisa.' *(Gaius 3, 209).*

*'Quibusdam iudiciis damnati ignominiosi fiunt, uelut furti, ui bonorum raptorum, iniuriarum, item pro socio, fiduciae, tutelae, mandati, depositi. Sed furti aut ui bonorum raptorum aut iniuriarum non solum damnati notantur ignominia, sed etiam pacti, ut in edicto praetoris scriptum est; et recte. Plurimum enim interest, utrum ex delicto aliquis an ex contractu debitor sit. Nec tamen ulla parte edicti id ipsum nominatim exprimitur, ut aliquis ignominiosus sit, sed qui prohibetur et pro alio postulare et cognitorem dare procuratoremuehabere, item procuratorio aut cognitorio nomine iudicio interuenire, ignominiosus esse dicitur'* – Em livre tradução – Por certos julgamentos os condenados tornam-se vergonhosos, como por roubo, por bens furtados, por lesões, também por companheiro, confiança, proteção, mandato, depósito. Mas aqueles que roubaram, ou que roubaram bens, ou que cometeram erros, não estão apenas condenados à desgraça, mas também aqueles que concordaram, como está escrito no edital do pretor; e com razão. Pois é da maior importância se uma pessoa é devedora de um delito ou de um contrato. E, no entanto, em nenhuma parte do edital está expressamente expresso que uma pessoa é desonrosa, mas sim aquele que está proibido de exigir outra e de dar um cognoscenti para ter uma procuração, e também de intervir em um julgamento em nome de uma procuração. ou cognosticador, é considerado um conhecedor *(Gaius 4, 182).*

*'Praetoris verba dicunt: infamia notatur qui ab exercitu ignominiae causa ab imperatore eove, cui de ea re statuendi potestas fuerit, dimissus erit: qui artis ludicrae pronuntiandive causa in scaenam prodierit:*

*qui lenocinium fecerit: qui in iudicio publico calumniae praearicationisve causa quid fecisseiudicatus erit: qui furti, vi bonorum raptorum, iniuriarum, de dolo malo et fraude suo nomine damnatus pactusve erit'* (D. 3, 2, 1 pr).

*Em livre tradução –* 'Dizem as palavras do pretor: fica marcado pela infâmia aquele que é demitido do exército por desgraça pelo imperador, que tem o poder de decidir sobre o assunto;*

*aquele que comete bajulação: aquele que em tribunal público será julgado pelo que fez por causa de calúnia ou calúnia'* (D. 3, 2, 1 pr).

*'Poenam tantum persequimur uelut actione furti et iniuriarum et secundum quorundam opinionem actione ui bonorum raptorum; nam ipsius rei et uindicatio et condictio nobis conpetit'* – Em livre tradução – *'Só buscamos punição, por exemplo, pela ação de furto e lesões, e segundo alguma opinião, pela ação da propriedade roubada; pois tanto a vindicação quanto a condição do assunto nos pertencem'* (Gaius 4, 8).

*'Si quis egerit vi bonorum raptorum, etiam furti agere non potest: quod si furti elegerit in duplum agere, potest et vi bonorum raptorum agere sic, ut non excederet quadruplum'* (D. 47, 2, 89 88).

Em livre tradução – *'Se um homem agiu pela força dos bens roubados, ele não pode também agir como um ladrão; se ele escolheu agir duas vezes como ladrão, ele também pode agir pela força dos bens roubados de tal maneira que isso aconteça. não exceda quatro vezes'.*

*'La lex aquilia sólo se refería al propietario ciudadano romano como legitimado activamente a la actio legis aquiliae. sin embargo, el pretor la otorgaba: 1. A los peregrini, com ficción de ciudadanía romana; 2. A los ciudadanos romanos no-propietarios, comficción de propiedad civil, como por ejemplo, al usufructuario y al titular del fundo dominante em una servidumbre predial rústica'* (vide Betancourt, Fernando, op. cit., p. 576).

Castresana Herrero, Amelia, *Nuevas lecturas de la responsabilidad aquiliana*, 1ª edición, Ediciones Universidad de Salamanca, Salamanca, 2001, p. 21 et seq.: *'Sobre la explicación semántica del término damnum puede verse la obra de Castresana. Allí se encuentra también la explicación acerca de la evolución del significado de las expresiones damnum dare, entendida como colocación de un sujeto en situación de daño, y damnum facere, referida a la situación de gasto o pérdida patrimonial en la que se colocaba el afectado, y cómo el énfasis puesto en uno o en otro de estos conceptos caracteriza la evolución del derecho romano en este tema'.*

Barbosa de Souza, Wendell, *A responsabilidade civil objetiva genérica fundada na atividade de risco*, PUC-SP, Ed. Atlas 2010, Culpa e risco, p. 30: *'O damnum injuria datum consistia na destruição ou deterioração da coisa alheia por fato ativo que tivesse atingido a coisa corpore et corpori, sem direito ou escusa legal 'injuria'* (no mesmo sentido, vide Lima, Alvino, *A perspectiva histórica da responsabilidade civil*).

Hernández, Luis Carlos Sánchez, *'From the idea of fault in Lex Aquilia in Roman law to the principle of fault-based liability in Colombian civil law'*, Revista de Derecho Privado, Universidad Externado de Colombia, 2016: *'El contenido de los capítulos primero y tercero de la lex Aquilia fue descrito, de manera más o menos fiel, en los siguientes fragmentos de Gayo y Ulpiano: Gai. Ad ed. Prov. D. 9,2,2 pr.: 'Dispónese en el capítulo primero de la ley Aquilia: 'que el que hubiere matado con iniuria al esclavo o a la esclava ajenos, a un cuadrúpedo, o a una res, sea condenado a pagar al dueño el precio mayor que aquello tuvo en aquel año''. Ulp. XVIII ad ed. D. 9,2,27,5: 'Mas en el tercer capítulo dice la misma ley Aquilia: 'Respecto a las demás cosas, excepto el esclavo y las reses que hayan sido muertos, si alguien hiciere daño a otro, porque hubiere quemado, quebrado o roto alguna cosa con iniuria, sea condenado a pagar al dueño tanto cuanto aquella cosa valiere en los treinta días próximos''. Todas las fuentes del Digesto corresponden a la versión en español de García del Corral, I. (trad.), Cuerpo del derecho civil romano, Molinas, J. (ed.), Barcelona, 1889; las fuentes de las Instituciones de Gayo corresponden a la versión en español de Iglesias, J., Roset, J., Abellán, M. y Arias, J.: Gayo, Instituciones, Madrid, Civitas, 1985'. Em livre tradução: 'O conteúdo do primeiro e terceiro capítulos da lex Aquilia foi descrito, mais ou menos fielmente, nos seguintes fragmentos de Gaius e Ulpian: Gai. Edição de anúncio. Prov. D. 9,2,2 pr.: 'Está previsto no primeiro capítulo da lei Aquilia: 'que quem tiver iniuria matou outro escravo ou escrava, um quadrúpede ou um boi, será condenado a pagar a ao proprietário o preço maior do que aquele que tinha naquele ano''. Ulp. XVIII ad ed. D. 9,2,27,5: 'Mas no terceiro capítulo a mesma lei aquiliana diz: 'Quanto às demais coisas, exceto o escravo e o gado que foram mortos, se alguém fizer mal a outro, porque queimou, quebrou ou quebrou algo com iniuria, será condenado a pagar ao proprietário o valor daquela coisa nos próximos trinta dias. Todas as fontes do Digest correspondem à versão espanhola de García del Corral, I. (trad.), (Body of Roman Civil Law, Molinas, J. (ed.), Barcelona, 1889; As fontes das Instituições de Gayo correspondem à versão espanhola de Iglesias, J., Roset, J., Abellán, M. e Arias, J.: Gayo, Instituciones, Madrid, Civitas, 1985)'.*

*'Ciertamente la traducción más habitual de la expresión «damnum iniuria datum» es la de «daño causado injustamente», en la cual el término iniuria se traduce por el adverbio «injustamente», y probablemente sea la adaptación más acorde al sentido dado por la jurisprudencia a los términos de la ley. Sin embargo, desde el punto de vista estrictamente filológico cabría otra traducción ligeramente distinta, tomando iniuria como el complemento agente de una oración en pasiva: «daño causado por la injuria». Siguiendo esta traducción podríamos suponer que la injuria –entendida desde las XII Tablas como agresión dolosa de los derechos de una persona– merece una sanción prevista primero en las XII Tablas y luego en la lex Cornelia y, además, si ha provocado un damnum, una segunda pena, basada en el valor de la cosa dañada' (Ulpiano en D.9.2.5.1).*

*Hernández, Luis Carlos Sánchez, 'From the idea of fault in Lex Aquilia in Roman law to the principle of fault-based liability in Colombian civil law', Revista de Derecho Privado, Universidad Externado de Colombia, 2016: 'Sobre o conteúdo da lex Aquilia e a estrutura do Damnum iniuria datum, Cf., entre outros, Cannata, CA, 'Sul testo della lex Aquilia e la sua portata originaria', (em La responsabilita civile da attto illecito nella prospettiva storico – comparatistica: I Congresso Internazionale ARISTEC, Madrid, 1993, Torino, Giappichelli, 1995. Corbino, A., Il danno qualificato e la lex Aquilia, Pádua, Cedam, 2005. De Robertis, F., Damnum iniuria datum: Trattazione sulla responsabilita extracontrattuale nel Roman diritto conparticolare riguardo alla lex Aquilia de Damno, Bari, Cacucci, 2000. Valditara, G., Damnum iniuria datum, Torino, Giappichelli, 2005)'.*

*Barbosa de Souza, Wendell, A responsabilidade civil objetiva genérica fundada na atividade de risco, PUC-SP, Ed. Atlas 2010, Culpa e risco, p. 29-30: 'A concepção da casualidade fundamental do dano é uma criação, sem dúvida, da lex aquilia' (no mesmo sentido, vide Giselda Hironaka, A perspectiva histórica da responsabilidade civil).*

*Barbosa de Souza, Wendell, A responsabilidade civil objetiva genérica fundada na atividade de risco, PUC-SP, Ed. Atlas 2010, Culpa e risco, p. 22-23, 29-31. 'Concedida, a princípio, somente ao proprietário da coisa lesada, é, mais tarde, por influência da jurisprudência, concedida aos titulares de direitos reais e aos possuidores, como a certos detentores, assim como aos peregrinos; estendera-se também aos casos de ferimentos em homens livres, quando a lei se referia às coisas e ao escravo, assim como às coisas imóveis' (no mesmo sentido, vide Lima, Alvino, A perspectiva histórica da responsabilidade civil).*

*Barrena, Cristián Aedo, La cuestión causal en la 'lex aquilia' y su solución mediante el mecanismo de la culpa, Universidad Católica del Norte, Antofagasta, Chile: 'Ceterum placuit ita demum ex ista lege actione esse, si quis corpore suo damnum dederit; ideoque alio modo damno dato utiles actiones dantur, uelut si quis alienum hominem au pecudem incluserit et fame necauerit, aut iumentum tam vehementer egerit, ut rumperetur, ítem si quis alieno seruo persuaserit, ut in arborem ascenderet vel in puteum dessenderet, et is si ascendendo aut descendendo ceciderit, aut mortuus fuerit aut aliqua parte corporis laesus sit. sed si quis alienum servum de ponte aut ripa in flumen proiecerit et si soffocatus fuerit, hic quoque corpore suo damnum dedisse eo, quo proiecerit, non difficiliter intellegi potest'. Em tradução livre: 'Considerou-se que a referida lei concedia esta ação por danos causados ao próprio corpo; pois se ocorresse* de outra forma, seriam concedidas ações úteis, como se alguém prendesse, ou deixasse passar fome um escravo estrangeiro ou um gado, ou se uma cicuta fosse usada excessivamente para matar; se ele persuadiu um escravo estrangeiro a subir em uma árvore ou descer em um poço, e quando ele subiu ou desceu, caiu, ficando aleijado ou morto. Mas se alguém de uma ponte ou da costa jogou um escravo estrangeiro e ele se afogou, não é difícil entender que ele causou o dano com o próprio corpo, porque o jogou' (Gayo 3, 219).

D'Ors, Álvaro, Derecho privado romano, Ediciones Universidad de Navarra, Pamplona, 1977: 'A diferencia de las otras acciones penales, que presuponen el dolo del demandado, en ésta [se refiere a la actio legis aquiliae] la palabra iniuria fue interpretada ya por la primera jurisprudencia clásica en el sentido de que se debía responder también de ciertos actos de negligencia que causaban daños a otra persona; para designar este tipo de conducta negligente se acudió al término culpa, que se habría de utilizar posteriormente en la problemática de la responsabilidad contractual... el damnum iniuria datum es el prototipo de delito culposo (no doloso). Por su parte, otros autores, como Arangio-Ruiz o Bonfante, señalan que para la época clásica la culpa en el damnum iniuria datum no habría hecho referencia al juicio de reproche a una conducta negligente o descuidada, o a una mayor o menor previsión por parte del sujeto sobre las consecuencias del hecho, pues este tipo de análisis sólo se realiza en la época justinianea, sino que la culpabilidad sólo habría estado referida a la imputación causal del hecho con su autor, sin entrar en consideraciones subjetivas sobre la conducta por él desarrollada. En virtud de las decisiones de los pretores y de las opiniones de los juristas, el ámbito de aplicación de la lex aquilia se fue ampliando de manera muy importante. Vamos a reseñar a continuación los aspectos más representativos de dicho proceso. en relación con el tipo de daños que daban lugar a la acción, se admitió que a través de una actio in factum se pudiera proceder cuando la muerte o la lesión no hubieran sido causadas corpori datum, esto es, sin que existiera el contacto corporal del autor con la cosa. en el caso del occidere la acción se otorgó cuando la conducta del autor fuera la causa de la muerte (causam mortis praestare), como por ejemplo, cuando se asustaba al caballo en el que iba el esclavo, que resultaba muerto al caer del mismo, a pesar de la inexistencia de contacto físico entre quien realizaba la conducta y la víctima, o como cuando alguien encerraba al esclavo ajeno y le dejaba morir de hambre. de igual forma, el evento arriba comentado de la comadrona que suministraba el medicamento que provocaba la muerte de la esclava es un ejemplo de la evolución de la jurisprudencia en cuanto al elemento que estamos analizando, pues en dicha opinión se aceptaba la procedencia de *una acción in factum a pesar de que la muerte no hubiera sido ocasionada por una acción violenta sobre el cuerpo de la víctima66. la evolución en este punto culminó con Celso, quien dio una nueva visión de la relación de causalidad, y particularmente del occidere, al considerar que éste consistía no sólo en la acción física de matar, sino también en 'la colocación de un individuo en situación de muerte'. Respecto de los otros eventos de daño, diferentes al occidere, la acción también se extendió a todos los casos en que la actuación del autor del hecho hubiera sido causam damnum praestare, a pesar de que no existiera contacto físico con la cosa deteriorada o destruida'.*

*Ulp. LVI ad ed. D. 47,10, I pr: 'Se dijo iniuria por esto, porque no se hace con derecho; porque todo lo que no se hace con derecho, se dice que se hace con iniuria. Esto es en general; pero en especial, la iniuria se llama contumelia. A veces con la denominación de iniuriae se significa el daño causado con culpa, como lo solemos decir en la ley Aquilia. Otras veces llamaremos iniuriae a la injusticia; porque cuando alguno pronunció sentencia inicua o injustamente, se llama iniuriam, porque carece de derecho y de justicia, como si fuera non iuram [no conforme a derecho]; pero contumelia, de contumere'. Em livre tradução: 'Diz-se iniuria por isso, porque não se faz com direito; porque tudo o que não se faz com direito, diz-se que se faz com iniuria. Iniuria chama-se contumelia. Às vezes o nome iniuriae significa dano causado por culpa, como costumamos dizer na lei Aquilia. Outras vezes chamaremos a injustiça de iniuriae; porque quando alguém pronuncia uma sentença de forma iníqua ou injusta, chama-se iniuriam, porque carece de lei e justiça, como se fosse non iuram [não de acordo com a lei]; mas contumelia, de contumere'.*

*Barrena, Cristián Aedo, La cuestión causal en la 'lex aquilia' y su solución mediante el mecanismo de la culpa, Universidad Católica del Norte, Antofagasta, Chile. 'El daño previsto por la lex aquilia es solamente el causado corpore corpori, es decir, el producido con el esfuerzo muscular del delincuente a la cosa considerada en su estructura física. la sanción de la ley no tiene lugar, en consecuencia, por falta de daño corpore, si se encierra el ganado en un establo para hacerlo morir de hambre, o si se persuade a un esclavo de que suba a un árbol, ocasionándole de esa manera la caída y muerte (Gayo, 3, 219)' (apud Arangio-Ruiz, Vicenzo, Instituciones de derecho romano, traducción de la 10ª edición italiana por José Caramés Faro, Buenos Aires, Editorial de Palma, reimpresión de la 1ª edición, 1986, p. 418).*

*Barrena, Cristián Aedo, La cuestión causal en la 'lex aquilia' y su solución mediante el mecanismo de la culpa, Universidad Católica del Norte, Antofa-*

*gasta, Chile. 'existiendo la obligación de resarcir por causa de injusto suceso, cualquiera que fuese el modo de aparecer en el hecho, se extendió el alcance de la ley hasta incluir el perjuicio ocasionado a la cosa sin ejercitar sobre ella un acto físico (corpore); o sin que se ofendiese a su materialidad física (corpori); figuras ambas (si non corpore fuerit datum, neque corpus laesum fuerit) que, no estando comprendidas en el texto de la ley, no podían producir a favor del ofendido la acción que directamente procedía de aquélla' (apud Chironi, G., La culpa en el derecho civil moderno, trad. de la 2ª edición italiana por A. Posada, Madrid, Reus, 1928, I, p. 31).*

*'Arias Ramos, J.; Arias Bonet, J. A., Derecho romano II. Obligaciones, familia y sucesiones, 18. edición, Editorial Revista de Derecho Privado, Madrid, 1997, p. 686: 'Tradicionalmente se explica este elemento con la expresión corpore corpori datum. Schulz señala que esta expresión no corresponde a la época clásica del derecho romano' (Schulz, Fritz, op. cit., p. 563), mientras que Arias Ramos y Arias Bonet señalan que la citada expresión no es romana sino medieval'.*

*Schipani, Sandro, 'Lo que sorprende desde un comienzo es que no se encuentre, ni en materia delictual ni en materia contractual, un texto legal de alcances generales, que establezca el principio de que quien causa un daño a su prójimo, en determinadas condiciones, debe repararlo. resulta suficiente, para comprenderlo, con recordar cómo y por qué intervino el legislador. Se trataba de ponerle fin a la venganza corporal, de reemplazarla por el pago de una suma de dinero. El legislador consideró, pues, uno por uno, los delitos, a medida que las quejas suscitadas por su reparación le iban llamado la atención; no procedió jamás sino por casos especiales, decidiendo que quien hubiere sufrido tal o cual daño podría exigir ésta o aquella suma. Los jurisconsultos no tardaron en advertir, sin embargo, la insuficiencia de semejante procedimiento, la necesidad de darle a la víctima un recurso incluso en los casos no previstos expresamente por la ley. Por eso se esforzaron por extender los textos legales menos concretos, por buscar en ellos la consagración de una regla de conjunto. Por lo demás, no lo lograron nunca por completo' (apud Sanseverino, Paulo de Tarso Vieira, Princípio da reparação integral – indenização no Código Civil, São Paulo, Saraiva, 2010, p. 21-22. A respeito da ausência de um princípio geral de responsabilidade civil no direito romano, afirmam os irmãos Mazeaud e André Tunc, p. 39).*

*Kaser, Max, Derecho romano privado, traducción de la 5ª edición alemana, Editorial Reus S.A., Madrid, 1982, p. 217-218: 'Referindo-se ao Direito Romano pós-clássico, o Autor afirma que: O princípio de que o devedor responde por dolus e culpa pode agora considerar-se regra geral para o critério da responsabilidade. a ambos os conceitos é dado outro sentido, sublinhando-se a marca da responsabilidade moral, que não admite qualquer tipificação, antes exige a apreciação individual de cada caso concreto'.*

*Volterra, Eduardo, Instituciones de derecho privado romano, traducción, prólogo y notas a la edición española de Jesús Daza Martínez, reimpresión de la 1ª edición, Madrid – Espanha, Editorial Civitas S.A., 1991, p. 561. Na mesma direção, Volterra, baseando-se em Albanese, afirma que: 'en la aplicación de las normas de la lex aquilia, los juristas romanos [...] llegan a determinar, valorando el comportamiento del agente, el elemento subjetivo del dolo e de la culpa propiamente dicha [...]. el elemento del dolus o de la culpa en la realización del acto dañoso, por tanto, pasa a ser un requisito necesario para la existencia del damnum iniuria datum a partir del Siglo II, como se hace evidente por el texto de las instituciones de gayo. surge así y se desarrolla en los textos de los juristas, a propósito de la lex aquilia, el concepto de la culpa extracontactual o aquiliana'.*

*Angelin, Karinne Ansiliero, catálogo USP, São Paulo, 2013: 'Em todos os povos, a época primitiva atém-se à ocorrência exteriormente visível, o acto, e atribui a acção ao agente que produziu o resultado. Também em todo o lado e desde sempre se admite, a partir da experiência, que quem realiza certos actos danosos típicos, na maioria das vezes quer causar danos; a primitiva responsabilidade pelo resultado é, na realidade, uma responsabilidade por culpa tipificada. Só com o tempo a questão da culpa é apreciada em cada caso concreto, segundo a vontade individual do agente'. p. 213 (apud Kaser, Max, Direito privado romano, tradução de Samuel Rodrigues e Ferdinand Hämmerle, revisão de Maria Armanda de Saint-Maurice, Lisboa, Fundação Calouste Gulbekian, 1999; Betancourt, Fernando, Derecho romano clásico, Sevilla, Universidad de Sevilla – Secretariado de Publicações, 2001).*

*Angelin, Karinne Ansiliero, catálogo USP, São Paulo, 2013: 'Especificamente, com relação à Lex Aquilia, Max Kaser observa que nela 'O fato tem que ser cometido iniuria; isto significava no início não apenas 'ilicitamente' mas também 'dolosamente'. Os juristas da república tardia incluem na iniuria a culpa, uma culpa que inclui a negligência' (p. 287-288).*

*Alves, José Carlos Moreira. Direito romano. 3. ed. Rio de Janeiro: Forense, 1980. p. 589; Römisches, p. 397: 'O damnum iniuria datum – esse delito – abreviadamente designado nos textos pela expressão damnum iniuria – consiste em alguém causar, culposamente, dano em coisa alheia, animada ou inanimada'.*

*Moura, Caio Roberto Souto de. Responsabilidade civil e sua evolução em direção ao risco no novo Código Civil, PUC-RS, Revista Ajufergs: 'A lex aquilia*

*(Séc. III a.C.), embora ainda mantivesse a prevalência da tipicidade em seus dispositivos, previu a responsabilidade de quem causasse dano à coisa alheia (damnum injuria datum), atribuindo ao proprietário lesado uma actio legis aequiliae, que objetivava o recebimento do valor do dano causado. A partir de então se iniciou a separação entre a responsabilidade civil e a penal, uma vez que a actio legis aquiliae era considerada reipersecutória quando a condenação correspondesse ao valor da coisa, e penal, quando excedesse esse valor' (no mesmo sentido, José Acir Lessa Giordani, op. cit., p. 5).*

*Cruz, José de Ávila, O direito romano como alicerce da ação de reparação de danos: 'Qui cum aliter tueri se non possent, damni culpam (quidam mommsen) dederint, inoxii sunt; vim enim vi defendere omnes leges, omniaque iura permittunt. Sed si defendendi mei causa lapidem in adversarium misero sed non eum, sed praetereuntem percussero, tenebor, lege aquilia: ellum enim solum, qui vim infert, ferire conceditur, et hoc, si tuendi dum taxat, etiam ulciscend, causa factum sit'. Em tradução livre: 'Aqueles que não tendo podido defender-se de outra forma, causaram um dano são inocentes; pois todas as leis e todos os direitos permitem defesa violenta contra a violência. Contudo se para me defender atiro uma pedra contra o meu adversário, mas firo com ela, não o agressor e sim um transeunte, fico sob a lei aquilia; já que somente a quem provoca a violência, é que a vítima pode ferir, e isto somente para defender-se e não para exercer a vingança' (Labeão 45, Ad Legem Aquiliam, 9,2).*

*Bruns, Riccobono, VIII.4,5; Crawford I.15. Antequera VII.2,3: 'El término iniuria es unánimemente aceptado como ataque al honor, entendiendo que dicha ofensa incluyó desde el principio las lesiones causadas dolosamente, que de otro modo quedarían impunes. Sin embargo, no deja de llamarnos la atención que la fórmula de los daños materiales que recoge la lex aquilia (vid. Infra) incluye expresamente la expresión damnum iniuria dato lo que podría llevarnos a pensar que en algún momento los daños materiales causados dolosamente también pudieran constituir una forma de iniuria. En este sentido, resulta relevante la definición amplia que contiene Inst. 4.4: Generaliter iniuria dicitur omne quod non iure fit...'.*

*Petit, Eugene, Tratado elemental de derecho romano, traducción de la 9ª edición francesa, Editorial Saturnino Calleja S.A., Madrid, 1924, p. 465: 'Tabla VIII, 2. Iglesias lo extiende a la inutilización de un órgano. Iglesias, Juan, op. cit., pág. 428. Petit señala que la expresión ruptum debe entenderse como pérdida o invalidez y membrum como toda parte importante del cuerpo humano'.*

*Livro singulari et titulo de iniuriis.*

Gayo, 3,223: *'Poena autem iniuriarum ex lege X II tábularum propter membrum quidem ruptum talio erat; propter os vero fractumaut conlisum trecentorum assium poena erat, si libero os fractum erat; a tsi servo, CL; propter ceteras vero iniurias X X V assium poena era t constituía... Paulo, Coll. 2,5,5: Legitim a ex lege duocedim tabularum: qui iniuriam alteri facit, quinqué et viginti sestertiorum poenam súbito. Quae lex generó le futí: fuerunt et speciales, velut illa: 'si os fre git libero, C C C, si servo, CL poenam subit sestertio rum'. Em livre tradução: 'E a punição por ferimentos de acordo com a lei XII das tábuas era de fato uma espada quebrada; mas seus próprios ossos foram quebrados pela colisão de trezentos jumentos, se o osso livre foi quebrado; atsi empregados, 150; prop ter vero outras lesões X X V assium poena era t constituía... Paulo, Coll. 2,5,5: Legitimadamente de ex-lei das tábuas: quando machucava outro, subitamente recebia vinte sestércios. Quae lex genero le futí: fue rústica e especial, ela queria: 'se o osso se soltar, 500, se eu guardar, 150 poenam subbit sestertio rum'.*

*Castresana Herrero, Amelia, Nuevas lecturas de la responsabilidad aquiliana, 1ª edición, Ediciones Universidad de Salamanca, Salamanca, 2001, p. 47: 'De acuerdo con Amelia Castresana, 'Cannata añade que la iniuria de la Lex Aquilia define el comportamiento lesivo y que, de los dos significados reconocidos a aquel término, acto injustificado y acto contrario a derecho, es prioritario el primero, ya que la partícula –in tiene valor privativo y pone de relieve la ausencia de justificación de una determinada conducta con arreglo a los principios del ordenamiento jurídico''.*

*Kaser, Max, Derecho romano privado, traducción de la 5ª edición alemana, Editorial Reus S.A., Madrid, 1982, p. 230; Jordano Fraga, Francisco, La responsabilidad contractual, 1ª edición, Editorial Civitas S.A., Madrid, 1987: 'el hecho debe ser realizado con iniuria, lo que significó, originariamente, no sólo un hecho antijurídico, sino también un hecho doloso. Sostiene también Jordano Fraga que 'para toda la fase primitiva del derecho romano y para una época posterior que resulta difícil de precisar, el dolo es integrante del delito público o privado, en modo que lo que hoy entendemos como ilícito culposo se equipara a los efectos de la irresponsabilidad al caso fortuito. (Cf, Jordano Fraga, Francisco, op. cit., pág. 49. En similar sentido Camiñas, Julio G., 'La problemática del dolo en el derecho romano clásico', en Derecho privado de obligaciones, homenaje... págs. 971 y sigs)'.*

*Schulz, Fritz, Derecho romano clásico, Bosch Casa Editorial S.A., Barcelona, 1960, p. 571: 'Eduardo Ruiz Fernández señala que en la época clásica las lesiones, físicas o morales, debían ser 'dolosamente inferidas' (apud Ruiz Fernández, Eduardo, 'Sanción de las 'iniuriae' en el derecho clásico', en Derecho romano de obligaciones, p. 820).*

*Rodrigues Júnior, Otávio Luiz. Responsabilidade civil no direito romano; Mamede, Gladston; Rocha, Maria Vital da (coord.). Responsabilidade civil contemporânea, São Paulo, Atlas, 2011, em homenagem a Sílvio de Sálvio Venosa. No mesmo sentido: 'Embora se reconheça que não contivesse ainda 'uma regra de conjunto, nos moldes do direito moderno', era, sem nenhuma dúvida, o germe da jurisprudência clássica com relação a injúria, e fonte direta da moderna concepção da culpa aquiliana que tomou a lei aquilia o seu nome característico' (vide Dias, José de Aguiar da. Responsabilidade civil. 9. ed., rev. e aum. Rio de Janeiro: Forense, 1997, v. 1, p. 18).*

*Barrena, Cristián Aedo, Los requisitos de la lex aquilia, con especial referencia al daño. Lecturas desde las distintas teorías sobre el capítulo tercero, p. 311, 337. 'En cuanto a la iniuria y la culpa, tradicionalmente se opina que la primera, a diferencia del delito de iniuria, representaba un acto contrario a derecho (o sine iure, según las posiciones) y que la culpa correspondió a un desarrollo posterior, por la vía pretoria. este esquema tan simple es en verdad bastante más complejo de lo que parece'.*

*Moral, García, A., Delitos de injuria y calumnia: régimen procesal, Madrid, 1990, p. 123 et seq.*

*Zoltan Mehesz, K., La injuria en derecho penal romano, Buenos Aires, 1970, p. 14 et seq.*

*Fattori, Sara Corrêa, A responsabilidade pela reparação do dano no direito romano, USP: 'A acción no se concedia prácticamente, en cambio, en caso de actos leves. Más tarde se pensó que la actio iniuriarum era concedida al dominus en defensa de la integridad física y moral del esclavo. para las iniurias cometidas contra personas libres alieni iuris estaba legitimado para actuar el paterfamilias que se consideraba ofendido; En caso de que estuviera ausente, el pretor autorizaba al filiusfamilias ofendido a actuar en nombre propio' (apud Volterra, E. Istituzioni di diritto privato romano, Instituciones de derecho privado romano, trad. esp. de Jesús Daza Martinez, Madrid, 1986).*

*D'Ors, A. Pré-requisitos necessários ao estudo do direito romano, Salamanca, 1943; Santa Cruz Tejeiro, J., Manual elemental de instituciones de derecho romano, Madrid, Editorial Revista de Derecho Privado, 1946. p. 653 et seq.: 'siguiendo a Lenel, afirman que el título de iniuriis tenía un primer edicto de carácter general al que seguían otros especiales referidos al convicium, a la adtemptata pudicitia, a quod infamandi causa ftí, a las afrentas inferidas a esclavos, a la acción noxal por las injurias de un esclavo, otro por iniurias a hijos de familia y, finalmente, un edicto regulador de un iudicium contrarium'.*

*Cursi, M. Floriana, Roman legal tradition, 16-29, Ames Foudation, Harvard Law School, University of Glasgow School, 7, 2011: 'The first chapter of the lex Aquilia imposed liability for occidere iniuria. The prevailing view is that 'iniuria' was originally understood objectively ('unlawfully'), though some argue that it conveyed a subjective notion of fault or a will to offend. We can in fact detect a subjective notion in iniuria from the very beginning when we recognize that the term borrows from the earlier delict of iniuria, which entailed dolus. An iniuria against a slave by wounding was a contumelia against his master. This logic was carried over to the lex Aquilia: the occidere iniuria of a slave was a contumelia to the master and indeed took from the master's patrimony. The requirement of intentional fault (dolus) came with the borrowing: occidere iniuria meant 'to kill willfully.' The later introduction of a third chapter to the lex Aquilia and the development of fault based on negligence (culpa) was not, on this view, a newly found subjective basis for fault, but the extension of an existing subjective basis to a wider number of cases'. Em tradução copiada: 'O primeiro capítulo da lex Aquilia impôs a responsabilidade por occidere iniuria. A visão predominante é que 'iniuria' foi originalmente entendido objetivamente ('ilegalmente'), embora alguns argumentem que transmitia uma noção sub-jetiva de culpa ou vontade de ofender. Podemos, de fato, detectar uma noção subjetiva em iniuria desde o início, quando reconhecemos que o termo toma emprestado do delito anterior de iniuria, que implicava dolus. Uma iniuria contra um escravo por ferimento era uma contumélia contra seu senhor. Essa lógica foi transportada para a Lex Aquilia: O occidere iniuria de um escravo era um contumelia ao mestre e, de fato, tirou do patrimônio do mestre. A exigência de culpa intencional (dolus) veio com o empréstimo: occidere iniuria significava 'matar deliberadamente'. A introdução posterior de um terceiro capítulo à lex Aquilia e o desenvolvimento da culpa com base na negligência (culpa) não foi, nesta visão, uma base subjetiva recém-encontrada para a culpa, mas a extensão de uma base subjetiva existente a um número mais amplo de casos'.*

*Silva, Wilson Melo da. O dano moral e sua reparação. Rio de Janeiro: Revista Forense, 1955, p. 27: 'Omnemque injuriam aut in corpus inferri; aut ad dignitatem, aut ad infamiam pertinere' – Em livre tradução – E todo ferimento infligido ao corpo; seja para a dignidade ou para a infâmia' (Ulpianus, fr. 1, § 1, de Injuris et fam. Libellis, XLVII, 10).*

Silva, Wilson Melo da. *O dano moral e sua reparação*. Rio de Janeiro: Revista Forense, 1955, p. 27: *'Injuria ex eo dicta est, quod non iure fiat: omne enim quod non jure fit, injuria fieri dicitur; hoc generaliter'* — Em livre tradução — *'Diz-se que as lesões são causadas por aquilo que não é feito por lei: pois tudo o que não é feito por lei é considerado causado por lesão; isso geralmente é'* (Ulpianus, fr. 1, § 1, de Injuris et fam. Libellis, XLVII, 10).

Mommsem, Thomas, *Direito penal romano*, Bogotá, Temis, 1976, p. 36 et seq.: *'Afirma que o direito penal começou naquele momento em que o direito do Estado, entendendo também por ele o costume com força de lei — os mores maiorum —, impôs limites ao depositário do poder penal, ou seja, o juiz. Nele, foram designados os comportamentos objetivamente imorais contra os quais teria que proceder em causa e benefício da comunidade, e foi determinado o procedimento para o seu julgamento. O direito penal começou com a lex Valeria de provocatione do ano 509 a.C. que submeteu à aprovação da comunidade as sentenças que condenavam a pena capital. Foi assim que, em matéria de condutas atentatórias contra a própria comunidade, verificou-se a transição da legítima defesa para a punição pública por parte do Estado, o que constituiu o nascimento do direito penal'.*

S. Schipani. *'Do direito Aquilia ao Digest 9: perspectivas sistemáticas do direito romano e problemas de responsabilidade extracontratual'*, in Revista de Derecho Privado, n. 12-13, 2007, p. 268.

Manfredini, A. *Contributi alio studio dell''iniuria' in etá repubblicana'*, p. 2.

Ordenamento Jurídico de Roma.

Alves, José Carlos Moreira. *Direito romano*. 3. ed. Rio de Janeiro: Forense, 1980. p. 587-588: *'Em acepção estrita, iniuria designa figura particular de delito, que se apresenta quando há ofensa à integridade física ou moral de alguém',* e *'...a actio iniuriarum, que visa a fazer condenar o autor da iniuria em quantia a ser avaliada pelo juiz popular, conforme a maior ou menor gravidade do delito (trata-se, portanto, de actio iniuriarum aestimatoria, que é pretoriana e in bonum et aequum concepta); demais, é ação infamante e intransmissível ativa e passivamente'.*

Fattori, Sara Corrêa, *A responsabilidade pela reparação do dano no direito romano*, USP: *'A jurisprudência estendeu o conceito de iniuria até considerar como tal qualquer lesão de direito da personalidade humana, compreendido o*

*impedimento à liberdade de locomoção ou ao uso de coisas publico usui desti-
natae' (apud Volterra, p. 557, anota Arangio-Ruiz, p. 373).*

*Watson, Alan. 'The development of the praetor's edict', The Journal of
Roman Studies, v. 60, 1970, p. 105-119.*

*'Calumniari est false crimina intendere, praevaricari vera crimina abs-
condere, deturpação in universum ab accusatione desistere'. Em tradução livre:
'Caluniar é imputar crimes falsos, prevaricar é ocultar crimes verdadeiros e
deturpar é desistir completamente da acusação' (Marcianusls ad sc turpil, D.
48.16.1.1).*

*'Que não se faça nada a título de desonrar uma outra pessoa'.*

*'De adtemptata pudicitia. Si quis matrifamilias aut praetextato praetex-
tataeue comitem abduxisse sive quis eum eamue adversus bonos mores appellasse
adsectatusve esse dicetur' – Em livre tradução – 'Na tentativa de castidade. Se
alguém raptou a matrifamilia ou o conde sob pretexto, ou se alguém apelou
para ele contra as suas boas maneiras, dir-se-á que foi perseguido'.*

*'D'Ors, A. y Santa Cruz Tejeiro, J., op. cit., págs. 653 y ss., siguiendo
a Lenel, 'afirman que el título de iniuriis tenía un primer edicto de carácter
general al que seguían otros especiales referidos al convicium, a la adtemptata
pudicitia, a quod infamandi causa ftí, a las afrentas inferidas a esclavos, a la
acción noxal por las injurias de un esclavo, otro por iniurias a hijos de familia
y, finalmente, un edicto regulador de un iudicium contrarium'.*

*Sampson, J., The historical foundations of grotius. Analysis of delict,
Leiden, 2017, p. 74, citando Placentino: 'la lex Cornelia y la lex Aquilia fueron
unificadas por los glosadores para el tratamiento del homicidio y de las lesiones, de manera que se aplicaba la lex Cornelia para el homicidio doloso y la
aquiliana para el imprudente'.*

*Arangio-Ruiz, Vincenzo, Instituzioni di diritto romano, quattordice-
sima edizione riveduta, Casa Editorial Dott, Eugenio Jovene, Napoli, 1977, p.
377-378; Iglesias, Juan, Derecho Romano. Historia e instituciones, 11. edición,
Editorial Ariel S.A., Barcelona, 1994, p. 430 et seq.: 'Establecen una categoría
general de los actos ilícitos creados por el derecho honorario, en la que incluyen
los cuasidelitos, que llamaríamos tradicionales, es decir, los antes estudiados,
junto con otras figuras como la actio sepulchri violati, la actio servi corrupti o
la acciones contra los publicanos por la usurpación de bienes de los contribuyentes, entre otras'.*

'El derecho francés consideró los delitos y cuasidelitos como materia del derecho civil y se hizo una distinción corre el delito civil y el delito penal en virtud de las relaciones que hay entre ambos y de que existen hechos ¡licitas que están sancionados por las leyes penales que son los delitos y hechos ¡Ilícitos que no están sancionados por las leyes penales pero que causan un daño de carácter patrimonial y por lo tanto son delitos civiles, Sin embargo, también hay hechos ilícitos que caen bajo la esfera de ambas materias porque además de causar un patrimonial, están sancionados por las leyes penales. En el derecho francés se reglamentó la responsabilidad del daño para los delitos desde el punto de vista penal y la cuestión relativa a la indemnización se le dejó al derecho civil' (in Instituto de Investigaciones Jurídicas, Unam, MX, 2000, cf. Bonnecase, Julien, p. 359).

Rotondi, Dalla lex Aquilia all'art. 1151 Cód. Civil. (P. II), 273 s: 'From the Idea of Fault in Lex Aquilia in Roman Law to the Principie of Fault-based Liability in Colombian Civil Law', Revista de Derecho Privado, Universidad Externado de Colombia, 2016: 'La contraposición entre dolo y culpa no era el criterio que distinguía entre delitos y cuasidelitos en el derecho romano, pues como se vio, el damnum iniuria datum, que era un delito, implicaba la necesidad de una conducta con iniuria, y con base en la interpretación de este concepto surgió la culpa; por lo tanto, la culpa era un elemento presente en este delito, mas no dentro de los cuasidelitos'. Em livre tradução: 'O contraste entre dolo e culpa não era o critério que distinguia entre crimes e quase-delitos no direito romano, pois, como vimos, o Damnum iniuria datum, que era crime, implicava a necessidade de conduta com iniuria, e com base na interpretação deste conceito surgiu a culpa; Portanto, a culpa foi um elemento presente neste crime, mas não nos quase-crimes'.

D'Ors, Álvaro, Derecho privado romano, 3ª edición. Ediciones Universidad de Navarra, Pamplona, 1977, p. 406 et seq.; Paricio, Javier, 'Las fuentes de las obligaciones en la tradición gayano-justinianea', en Derecho romano de obligaciones, p. 49 et seq.

Barbosa de Souza, Wendell Lopes, A perspectiva histórica da responsabilidade civil. A responsabilidade civil objetiva genérica fundada na atividade de risco, PUC-SP, Ed. Atlas, 2010, Culpa e risco, p. 22: 'Na classificação quadripartida adotada por Iustiniano, as obrigações provinham do contrato, do quase-contrato, do delito e do quase-delito. Particularmente a este trabalho, interessam o delito e o quase-delito, eis que davam origem à obrigação extracontratual, âmbito do presente estudo. Os delitos se constituíam nos ilícitos *praticados dolosamente, enquanto os quase-delitos eram os ilícitos praticados culposamente' (Alves, José Carlos Moreira, Direito romano. 3. ed. Rio de Janeiro: Forense, 1980. p. 36-38).*

*J. C. Moreira Alves, Direito romano, v. II, 5; 1 cd., Rio de Janeiro, Forense, 1995, p. 275 et seq.: 'Embora no direito clássico o ius civile apenas reconhecesse como fonte de obrigação os quatro ilícitos classificados como delicta (furtum, rapina, damnum iniuria datum e iniuria), não podiam os romanos deixar de levar em consideração outros atos ilícitos que acarretavam prejuízos. Diante disso, quando surgiu a classificação tripartida contida na obra Aureorum libri, atribuída a Gaio, quatro dessas situações foram classificadas dentre as variae causarum figurae, a saber, si iudex qui litem suam fecerit; effusum et deiectum; positum et suspensum; e receptum nautarum, cauponum, stabulariorum. Nas instituições de Justiniano (Inst. 4,5), por outro lado, tais figuras foram inseridas, dentro de uma classificação quadripartita das fontes das obrigações nos chamados quase-delitos'.*

*Si iudex litem suam fecerit.*

*Positum et suspensum.*

*Effusum et deiectum.*

*Receptum, nautae, cauponae et stabulari.*

*J. C. Moreira Alves, Direito romano, v. I, 10ª ed., Rio de Janeiro, Forense, 1995, p. 107; J. R. C. Tucci, L. C. Azevedo, Lições de direito romano, p. 89 c et seq.: 'A fórmula surgiu na segunda fase do processo romano, denominado período formulário. Trata-se de um documento escrito, no qual se fixam os pontos litigiosos da demanda, outorgando-se ao iudex o poder de condenar ou absolver o réu, conforme fique ou não demonstrada a pretensão deduzida pela outra parte'.*

*Moreira, Bulamarque Paula Espíndola, Effusum et deiectum: o tratamento no código civil e sua origem no direito romano, USP, 2009: 'Si iudex litem suam fecerit, non proprie ex maleficio obligatus videtur: sed quia neque ex contractu obligatus est et utique peccasse aliquid intellegitur, licet per imprudentiam, ideo videtur quasi ex maleficio teneri in factum actione, et in quantum de ea re aequum religioni iudicantis visum fuerit, poenam sustinebit' ('Si un juez hubiera juzgado mal, no parece quedar obligado propiamente por maleficio, pero, como tampoco lo está por contrato, y ciertamente ha cometido una falta, aunque sea por imprudencia, se entiende que queda obligado como si fuese por un maleficio') (versão castelhana de A. D'Ors; F. Hernandez-Tejero; P. Fuenteseca; M. Garcia-Garrido y J. Burillo, El digesto de Justiniano, t. I, Pamplona, Editorial Aranzadi, 1968, p. 475; D. 50. 13. 6, Gaius, Libro Tertio Rerum Cottidianarum Sive Aureorum).*

*Moreira, Bulamarque Paula Espíndola, Effusum et deiectum: o tratamento no código civil e sua origem no direito romano, USP, 2009: 'Si iudex litem suam fecerit, non proprie ex maleficio obligatus videtur: sed quia neque ex contractu obligatus est et utique peccasse aliquid intellegitur, licet per imprudentiam, ideo videtur quasi ex maleficio teneri in factum actione, et in quantum de ea re aequum religioni iudicantis visum fuerit, poenam sustinebi'. (D. 50. 13. 6, Gaius, Libro Tertio Rerum Cottidianarum Sive Aureorum).*

*Moreira, Bulamarque Paula Espíndola, Effusum et deiectum: o tratamento no código civil e sua origem no direito romano, USP, 2009: 'Filius familias iudex si litem suam faciat, in tantam quantitatem tenetur, quae tunc in peculio fuit, cum sententiam dicebat. 1. iudex tunc litem suam facere intellegitur, cum dolo malo in fraudem legis sententiam dixerit (dolo malo autem videtur hoc facere, si evidens arguatur eius vel gratia vel inimicitia vel etiam sordes), ut veram aestimationem litis praestare cogatur' ('si um juez, hijo de familia prevarica al dictar la sentencia, queda obligado en la cuantía del peculio. se entiende que un juez prevarica cuando hubiera dictado sentencia com dolo y en fraude de la ley (se considera que procede con dolo si se le probase un evidente favor, enemistad o soborno), y se le obliga a responder del verdadero importe del litigio' (Ulp. d. 5, 1, 15, 1 pr: libro 21 ed. ad edictum apud A. D'Ors, F. Hernandez-Tejero; P. Fuenteseca; M. Garcia-Garrido; J. Burillo, El Digesto de Justiniano, cit., p. 241).*

*Justo, António Santos. A evolução do direito romano. Coimbra: Boletim da Faculdade de Direito da Universidade de Coimbra, v. 75, 2003, p. 50-53: 'Esta época começa com a data (lendária) da fundação de Roma, no ano 753 a.C. e decorre até ao ano 130 a.C., quando a lex Aebutia de formulis legalizou o novo processo das fórmulas (agere per formulas). Nas palavras de Sebastião Cruz, 'é o período da formação e do estado rudimentar das instituições jurídicas romanas caracterizados pela imprecisão: 'Não se vê bem o limite do jurídico, do religioso e do moral'.*

*Giannetto Longo. O.c.401 e 405; Dragomir Stojcevic, Sur le caractére des quasi-délits en droit romain, em Iura, 8, p. 57-74, 1957: Peter Stein, La natura delle obbligazioni 'quasi ex delicio', em JUS, 9, p. 370-371, 1958; e Witold*

*Wolodkjewicz, 'Obligationes ex variis causarum figuris', em Risc, 14, 1970, p. 201: 'A classificação das obrigações derivadas de factos ilícitos em delitos e quase-delitos tem suscitado grande controvérsia. A doutrina dominante considera-a pós-clássica, mas questiona-se que motivos terão levado os compiladores de Justiniano a considerarem a responsabilidade do juiz qui litem suam fecit entre os quase-delitos. Também se tem sustentado que esta categoria terá sido inspirada por Aristóteles que, na Ética a Nicómaco 5.9,12 (113 b), exprime o parecer de que o juiz que dá urna sentença errada não comete um delito, mas esse facto é tratado como delito'.*

*'Ao tecerem considerações acerca dessa modalidade de quase-delito, G. Lepointe e R. Monier, les obligations endroit romain et dans l'ancien droit français, paris, librairie du recueil sirey, 1954, p. 328, ressaltam que um edito anterior a Cícero já defendia que a conduta de colocar um objeto em local que pudesse causar dano àquele que passava era punida com uma pena no montante de 10.000 sestércios' (cf. Biondo Biondi, Instituzioni nel diritto romano).*

*Moreira, Bulamarque Paula Espíndola, Effusum et deiectum: o tratamento no código civil e sua origem no direito romano, USP, 2009: 'Praetor ait: 'ne quis in suggrunda protectove supra eum locum, qua 'quo' volgo iter fiet inve quo consistetur, id positum habeat, cuius casus nocere cui possit. Qui adversus ea fecerit, in eum solidorum decem in factum iudicium dabo. si servus insciente domino fecisse dicetur, aut noxae dedi iubebo' ('dice el pretor: 'que nadie, en cobertizo o alero del tejado sobre el lugar de tránsito o estacionamiento ordinarios, tenga colocado algo cuya caída pueda dañar a nadie'' (apud A. D'Ors, F. Hernandez-Tejero, P. Fuenteseca, M. Garcia-Garrido y J. Burillo, El Digesto de Justiniano, D. 9, 3, 5, 6 cit., p. 396).*

*Moreira, Bulamarque Paula Espíndola, Effusum et deiectum: o tratamento no código civil e sua origem no direito romano, USP, 2009: 'Positum habere etiam is recte videtur, qui ipse quidem non posuit, verum ab alio positum patitur: quare si servus posuerit, dominus autem positum patiatur, non noxali iudicio dominus, sed suo nomine tenebitur'. 'com razón parece que también 'tiene colocado' aquel que no lo puso él mismo pero permite que sea puesto por outro. por lo cual, si lo hubiere colocado un esclavo y el dueño permite siga colocado, el dueño no estará obligado por una acción noxal sino en su propio nombre' (versão castelhana de A. D'Ors, F. Hernandez-Tejero, P. Fuenteseca, M. Garcia-Garrido y J. Burillo. El Digesto de Justiniano, D. 9, 3, 5, 10: cit., p. 397).*

*Gaudemet, Jean, O milagre romano en el Mediterráneo. Madrid: Editorial Epasa-Calpe, 1987, p. 187 et seq.: "la forme ampoulée du texte suffirait à la rendre suspect'. En su opinión, la expresión utilitas publica ignorada por las leyes republicanas o el edicto del pretor, 'n ´apparait chez les jurisconsultes classiques qu ´avec la grande tríade Papinien, Paul et Ulpien. Elle est en particulier inconnue des Institutes de Gaius. Même chez les jurisconsultes de la fin du I – IIsiécle, elle n ´est pas fréquente'. Concluye afirmando que «les oeuvres post-classiques font, au contraire, un plus large appel à l ´Utilitas publica' (Cfr. utilitas publica, en RHD 29 (1951) p. 477-478 Études de droit romain 2 (Nápoles, 1979) p. 174-175). En punto a la noción jurisprudencial de la expresión utilitas publica, convengo con A. Fernández de Buján, que esta categoría se eleva en los textos jurídicos como un verdadero axioma institucional, un imperativo jurídico de la constitución política romana coincidente con los significados de las expresiones utilitas omnium y utilitas universorum (cfr. Derecho Público Romano y recepción del Derecho Romano en Europa (Madrid, 1999) p. 71). Con todo, en mi opinión, tal expresión no fue empleada por los juristas de la tríada clásica en el sentido técnico-jurídico, sino simplemente como sinónimo de communis utilitatis, tal como hace Cicerón en Pro Sest., 91: Tum res ad communem utilitatem, quas publicas appellamus (Sobre esta cuestión, vid. L. Rodríguez Ennes, Estudio sobre el 'edictum de feris', cit., p. 23, nt. 50, Más modernamente cfr. nuestro 'Prólogo' a Tejada Hernández, F., El derecho romano ante la ilustración hispanoamericana (Madrid, 2017) p. 24)'.*

*'D. 9,2,28 pr. (Paul. 10 ad Sab.); D. 9,2,31 (Paul. 10 ad Sab.); D. 9,3,1 pr. (Ulp. 23 ad ed); D. 9,3,5,6 (Ulp. 23 ad ed); D. 23,1,40, 41 y 42 (Ulp. ad aed. cur.). Vid Sobre estos textos, nuestros trabajos: «El edicto ` de effusis vel deiectis ´ y la problemática urbanística romana», en Homenaje al Profesor Alfonso Otero (Santiago de Compostela, 1981) p. 301 ss.; «Notas sobre el elemento subjetivo del ` effusum vel deiectum ´», en IVRA 35 (1984) p. 90 ss.; «Notas sobre el elemento objetivo del ` effusum vel deiectum ´», en Homenaje a Juan Vallet de Goytisolo 2 (Madrid, 1988) p. 117 ss.; «Algunas observaciones en torno a la ` actio de positis vel suspensis ´», en Revista de la Facultad de Derecho de la Universidad Complutense (RFDM) 16 (1990) p. 255 ss.; Estudio sobre el ` edictum de feris ´ (Madrid, 1992); «Los actos ilícitos del derecho honorario», en Derecho Romano de Obligaciones. Homenaje a José Luis Murga Gener (Madrid, 1994) p. 902 ss.; «El podador y los viandantes» en RGDR 29 (2017); «El elenco de los animales a los que se refiere el ` edictum de feris ´ en las fuentes literarias», en RIDROM (2018)'.*

*'Secundum quam rationem non multum refert, per publicum an per privatum iter fieret, cum plerumque per privata loca vulgo iter fieret'. Em livre*

*tradução:* '*De acordo com qual não importa muito se a viagem foi feita por via pública ou privada, pois geralmente é por locais privados uma jornada comum ocorreria*' *(D. 9,2,31, Paul. 10 ad ed).*

'*Parvi autem interesse debet, utrum publicus locus sit an vero privatus, dummodo per eum vulgo iter fiat*'. *Em livre tradução:* '*Mas deve ser de pouco interesse se é um lugar público ou não privado, desde que o percurso geral seja feito por ele*' *(D. 9,3,1,2, Ulpianus 23 ad ed).*

'*Certe tabulae in subgrundis circum insulas si essent ex ea conlocatae, ab traiectionis incendiorum aedificia periculo liberarentur, quod eae neque flammam nec carbonem possunt recipere nec facere per se*'. *Em livre tradução:* '*Certamente se as tabuletas fossem colocadas no subsolo ao redor das ilhas, os edifícios estariam livres do perigo de incêndios cruzados, porque não podem receber chama nem carvão, nem fazê-lo sozinhos*' *(Vitrur. De arch. 2,9,16).*

*Moreira, Bulamarque Paula Espíndola, Effusum et deiectum: o tratamento no código civil e sua origem no direito romano, USP, 2009:* '*Unde in eum locum, quo volgo iter fiet vel in quo consistetur, deiectum vel effusum quid erit, quantum ex ea re damnum datum factumve erit, in eum, qui ibi habitaverit, in duplum iudicium dabo. Si eo ictu homo liber perisse dicetur, quinquaginta aureorum iudicium dabo. Si vivet nocitumque ei esse dicetur, quantum ob eam rem aequum iudici videbitur eum cum quo agetur condemnari, tanti iudicium dabo. si servus insciente domino fecisse dicetur, in iudicio adiciam: aut noxam dedere*' ('*respecto a los que hubieran arrojado o vertido algo, dice el pretor: 'daré acción, por el doble del daño, que se haya causado o hecho, contra el que habitase el inmueble desde el cual se hubiera arrojado o vertido algo en un lugar de tránsito o estacionamiento ordinario. si se denunciara que por aquel golpe había perecido un hombre libre, daré acción por valor de cincuenta áureos; si viviera y se denunciara que se le dano, daré acción en la quantia em que pareciere equitativo al juez condenar al demandado. si se denunciara que un esclavo lo hizo ignorándolo su dueño, añadiré en la acción: o que lo dé por el daño)*' (versão castelhana de A. D'Ors, F. Hernandez-Tejero, P. Fuenteseca, M. Garcia-Garrido y J. Burillo, El Digesto de Justiniano cit., p. 396; D. 9, 3, 1 pr.: Ulpianus libro 23 ad edictum: 'pr. praetor ait de his, qui deiecerint vel effuderint:').*

*Moreira, Bulamarque Paula Espíndola, Effusum et deiectum: o tratamento no código civil e sua origem no direito romano, USP, 2009:* '*Si filius familias cenaculum conductum habuit et inde deiectum vel effusum quid sit, de peculio in patrem non datur, quia non ex contractu venit: in ipsum itaque filium haec actio competit*' ('*si un hijo de familia tuvo arrendada una habitación y desde allí se hubiera arrojado o vertido algo, no se da contra el padre la acción de peculio porque no proviene de un contrato. así, pues, esta acción compete contra el mismo hijo'* (versão castelhana de A. D'Ors; F. Hernandez-Tejero; P. Fuenteseca; M. Garcia-Garrido y J. Burillo, El Digesto de Justiniano cit., p. 396, D. 9, 3, 1, 7: 7).

Moreira, Bulamarque Paula Espíndola, *Effusum et deiectum: o tratamento no código civil e sua origem no direito romano*, USP, 2009: '*Is quoque, ex cuius cenaculo (vel proprio ipsius vel conducto vel in quo gratis habitabat) deiectum effusumve aliquid est ita, ut alicui noceret, quasi ex maleficio teneri videtur: ideo autem non proprie ex maleficio obligatus intellegitur, quia plerumque ob alterius culpam tenetur ut servi aut liberi. cui similis est is, qui ea parte, qua volgo iter fieri solet, id positum aut suspensum habet, quod potest, si ceciderit, alicui nocere. ideo si filius familias seorsum a patre habitaverit et quid ex cenaculo eius deiectum effusumve sit sive quid positum suspensumve habuerit, cuius casus periculosus est, iuliano placuit in patrem neque de peculio neque noxalem dandam esse actionem, sed cum ipso filio agendum'* ('*también parece obligarse como por um malefício aquel de cuya vivienda, ya se propia, ya sea arrendada, ya habite en ella gratuitamente, sea arrojado un cuerpo sólido o líquido que dañe a alguien; y no se considera obligado propiamente por maleficio porque muchas veces es por culpa de otro, como su esclavo o su hijo. a él se parece aquel otro que tiene colocada o colgada alguna cosa sobre un lugar por el que se suele pasar, de forma que podría dañar a alguien con su caída; así, pues, si un hijo de familia viviera separado de su padre y cayera de su vivienda un cuerpo sólido o líquido colocado o colgado algo cuya caída pudiera resultar peligrosa, creía Justiniano que no se debía dar la acción de peculio o como noxal contra su padre, sino que debía demandarse al mismo hijo'* (versão castelhana de A. D'Ors; F. Hernandez-Tejero; P. Fuenteseca; M. Garcia-Garrido y J. Burillo; El Digesto de Justiniano, cit., p. 475, D. 44, 7, 5, 5).

J. C. Moreira Alves, *Direito romano*, 14ª ed., Rio de Janeiro, Forense, 2007, p. 579: '*Quando se derramava um líquido (effusum) ou se lançava uma coisa (deiectum) de um edifício sobre uma via pública, concedia-se contra o habitatur (o morador do edifício) – tivesse, ou não, culpa na prática de um desses atos – ação cuja condenação variava conforme a natureza do dano. Assim, se ele era causado numa coisa, o habitator respondia pelo dobro do valor do prejuízo; se resultava ferido um homem livre, cabia ao juiz – pois a ação correspondente se concebia in bonum et aequum – determinar o valor da indenização; e, se o homem atingido falecesse, a indenização, a ser paga pelo habitator, era fixada em 50.000 sestércios (equivalentes a 50 áureos, no tempo de Iustiniano), e a actio, nessa hipótese, era popular... portanto, podia ser intentada por qualquer cidadão' (apud M. Talamanca, Istituzioni di diritto romano, Milano, Giuffrè, 1990, p. 614).*

*Moreira, Bulamarque Paula Espíndola, Effusum et deiectum: o tratamento no código civil e sua origem no direito romano, USP, 2009: 'Item exercitor navis aut cauponae aut stabuli de damno aut furto, quod in nave aut caupona aut stabulo factum sit, quasi ex maleficio teneri videtur, si modo ipsius nullum est maleficium, sed alicuius eorum, quorum opera navem aut cauponam aut stabulum exerceret: cum enim neque ex contractu sit adversus eum constituta haec actio et aliquatenus culpae reus est, quod opera malorum hominum uteretur, ideo quasi ex maleficio teneri videtur' ('asimismo el proprietário de una nave, una hostería o un establo se considera que queda obligado como por maleficio a causa del daño o el hurto que se ha cometido en la nave, la hostería o el establo, siempre que no haya maleficio por sua parte, sino de alguno de aquellos que trabajan para él en aquellos lugares; como esta acción no se da contra ellos por un contrato, pero hay por su parte alguna culpa en servirse de gente mala, por ello se considera que se obliga como por maleficio (Gai 3 res cott.)' (versão castelhana de A. D'Ors; F. Hernandez-Tejero; P. Fuenteseca; M. Garcia-Garrido y J. Burillo, El Digesto de Justiniano cit., p. 476, D. 44, 7, 5, 6).*

*No Título 2 do D. 19, pode-se ver que as únicas referências, além do texto em consideração, são as seguintes: em D. 19.2.13.1 e 2, e ambos os textos da Ulpianus Lib. XXXII ad edictus dão a possibilidade do uso da 'ação de locum' (ação do lugar), nos casos de responsabilidade do proprietário do navio e nos casos do armador, quando de naufrágio.*

*D. 19.2.25.78 Gaius, em comentários ao edital provincial, livro X, discute situações em que, ao contratar um navio para transportar vários objetos, o armador é responsável por falhas nos termos do contrato de locação.*

*D. 19.2.15.69 Ulpianus 32 ed: 'entretanto, a responsabilidade do proprietário do navio é do armador que é exigida por motivo de crédito 'quam pro mutua', mas como o texto não especifica que foi consignado em um saco fechado, interpretamos isto como um caso de um depósito irregular'.*

*'Disponese en la Lex Rhodia que si para aliviar una nave se hizo alijo de mercancías, se resarza a contribución de todos el daño que en beneficio de todos se causó' (Paulus, libr. II Sententiarum, D. 14.2.1).*

*D. 19.2.15.6: 'Item quum quidam nave amissa vecturam, quam pro mutua acceperat, repeteret, rescriptum est ab Antonino Augusto, non immerito Procuratorem Caesaris ab eo vecturam repetere, quum munere vehendi functus non*

*sit; quod in omnibus personis similiter observandum est'. Em livre tradução –*
'Além disso, quando um certo homem, perdido em um navio, deveria recuperar
a carruagem que havia recebido como empréstimo, está escrito por Antonino
Augusto, não imerecidamente, que o procurador de César deveria recuperar a
carruagem dele, uma vez que ele não tinha cumpriu o dever de transporte; que
deve ser observado da mesma maneira em todas as pessoas'.

*'In navem Saufeii cum complures frumentum confuderant, Saufeius uni
ex his frumentum reddiderat de communi et navis perierat: quaesitum est, an
ceteri pro sua parte frumenti cum nauta agere possunt oneris aversi actione.
Respondit rerum locatarum duo genera esse, ut aut idem redderetur (sicuti
cum vestimenta fulloni curanda locarentur) aut eiusdem generis redderetur
(veluti cum argentum pusulatum fabro daretur, ut vasa fierent, aut aurum, ut
anuli): ex superiore causa rem domini manere, ex posteriore in creditum iri.
Idem iuris esse in deposito: nam si quis pecuniam numeratam ita deposuisset,
ut neque clusam neque obsignatam traderet, sed adnumeraret, nihil alius eum
debere apud quem deposita esset, nisi tantundem pecuniae solveret. Secundum
quae videri triticum factum Saufeii et recte datum. Quod si separatim tabulis
aut Heronibus aut in alia cupa clusum uniuscuiusque triticum fuisset, ita ut
internosci posset quid cuiusque esset, non potuisse nos permutationem facere,
sed tum posse eum cuius fuisset triticum quod nauta solvisset vindicare. Et ideo
se improbare actiones oneris aversi: quia sive eius generis essent merces, quae
nautae traderentur, ut continuo eius fierent et mercator in creditum iret, non
videretur onus esse aversum, quippe quod nautae fuisset: sive eadem res, quae
tradita esset, reddi deberet, furti esse actionem locatori et ideo supervacuum
esse iudicium oneris aversi. Sed si ita datum esset, ut in simili re solvi possit,
conductorem culpam dumtaxat debere (nam in re, quae utriusque causa contraheretur, culpam deberi) neque omnimodo culpam esse, quod uni reddidisset
ex frumento, quoniam alicui primum reddere eum necesse fuisset, tametsi
meliorem eius condicionem faceret quam ceterorum' – Em livre tradução –*
'Quando várias pessoas despejaram milho no navio de Saupheus, Saupheus
devolveu o milho do comum a um deles e o navio morreu: foi perguntado se
os outros poderiam negociar com o marinheiro a sua parte do milho por uma
ação de repúdio à carga. Ele respondeu que havia dois tipos de coisas alugadas:
ou eram devolvidas da mesma forma (como quando as roupas eram alugadas
ao lavadeiro) ou eram devolvidas da mesma espécie (como quando a prata era
dada a um ferreiro para fazer vasos). , ou ouro para ser transformado em anéis
será creditado posteriormente. A mesma lei se aplica aos depósitos: pois se uma
pessoa depositou dinheiro em espécie de tal maneira que não o entregou tran-*

*cado ou lacrado, mas o contou, a pessoa a quem foi depositado nada lhe deve, a menos que pague o mesma quantia de dinheiro. Pelo que se vê, o trigo foi feito por Saufei e foi dado corretamente. Mas se o trigo de cada homem tivesse sido trancado separadamente em tábuas ou em garças, ou em outro vinho, para que ele pudesse saber o que era cada um, não teríamos podido fazer uma troca, mas então ele teria podido reivindicar o que o marinheiro pagou pelo trigo. E, portanto, refuta-se que as ações do fardo foram evitadas: porque mesmo que as mercadorias que foram entregues aos marinheiros fossem dessa espécie, de modo que imediatamente se tornassem suas e o comerciante fosse a crédito, não se veria que o o ônus foi evitado, pois foram os marinheiros: ou deveria ter sido devolvida a mesma coisa que havia sido entregue, que a ação do locador foi de roubo, e que portanto o julgamento do ônus era desnecessário. Mas se tivesse sido concedido de tal forma que pudesse ser pago em caso semelhante, o empreiteiro seria o culpado por enquanto (pois em um assunto que foi contratado por causa de ambos, ele seria o culpado). e não tem culpa alguma por ter devolvido o grão a um, pois teria sido necessário devolvê-lo primeiro a alguém, embora isso tornasse a sua condição melhor do que a dos outros'.(Paulo, libro quinto, Dig 19.2.31).*

*Do original em castellano: 'La expresión Apud quem depositta esset aparece recogida en el título III del libro 16 del Digesto, Depositi Vel contra en los siguientes fragmentos 3.11; 3.12.1; 3.14.1;3.30'.*

*Do original em castellano, D. 19.2.13.1 y 2: 'ambos textos de Ulpiano lib. XXXII ad edicto, donde se plantea la posibilidad de la utilización de la acción de locación en los supuestos de responsabilidad del naviero en los casos de naufragio'.*

*'Qui columnam transportandam conduxit, si ea, dum tollitur aut portatur aut reponitur, fracta sit, ita id periculum praestat, si qua ipsius eorumque, quorum opera uteretur, culpa acciderit: culpa autem abest, si omnia facta sunt, quae diligentissimus quisque observaturus fuisset. Idem scilicet intellegemus et si dolia vel tignum transportandum aliquis conduxerit: idemque etiam ad ceteras res transferri potest'. Do original em castellano, D.19.2.25.78, texto de Gayo, comentarios al edicto provincial, libro X: 'se analizan situaciones en las que tomando en arriendo una nave para transportar diversos objetos ha de responder por culpa el naviero en virtud del contrato de arrendamiento. Gayo en este texto equipara estas situaciones descritas como diversos objetos a idemque etiam ad ceteras res transferri potest lo que nos va acercando a la idea de que el caso de la nave de Saufeyo se trata de un supuesto de locatio conductio'.*

*'Item cum quidam nave amissa vecturam, quam pro mutua acceperat, repeteretur, rescriptum est ab Antonino Augusto non immerito procuratorem Caesaris ab eo vecturam repetere, cum munere vehendi functus non sit: quod in omnibus personis similiter observandum est'. Do original em castellano, D.19.2.15.69, texto de Ulpiano 32 ed: 'sin embargo la responsabilidad del naviero se exige en razón de crédito quam pro mutua pero al no especificar el texto que se hubiese consignado en bolsa cerrada interpretamos que se trata de un supuesto de depósito irregular'.*

*'[quae] in fraudem creditorum [facta sunt, ut restituantur], que significa: para que se restituam aquelas coisas que foram praticadas' ([em fraude dos/aos/contra] os credores' (Título VIII do Digesto, l. 42, Enciclopédia jurídica).*

*Paolini, Gerardo Ontiveros, Derecho romano I y I, I. Distribuidora Rikei, C.A., Caracas-Venezuela, 2006. p. 187. 'A fraus creditorum era un delito privado pretoriano que consiste en una ejecución del deudor con intención de hacerse insolvente, o que tienda a agravar su insolvencia. el pretor estableció inicialmente un interdicto fraudatorio para suprimir el fraude, posteriormente se creó la acción pauliana, pudiéndose ejercer también la 'actio dolis' y la 'restitutio in integrum'. La acción pauliana era ejercida, no por un acreedor aislado, sino por el 'curator bonorum vendedarum', equivalente al síndico actual, y debe tener varias condiciones: 1. El acto fraudulento debe empobrecer al deudor, un acto que evite el enriquecimiento no se considera. 2. El acto, además de empobrecer, debe insolventar al deudor. 3. Se requiere la complicidad de un tercero, el cual puede ser perseguido y contra quien se ejerce la acción. Los terceros aprovechados, si son de buena fe, son condenados al monto de su enriquecimiento, y si son delitos de mala fe, al monto del daño causado'.*

*Bonício, Marcelo José Magalhães, Reflexões em torno da natureza da sentença na Ação Pauliana, 5. ed., São Paulo: Malheiros, 1996, PGE/SP, p. 188: 'Cândido Rangel Dinamarco observa que 'A actio pauliana sucedeu ao interdictum fraudatorum, em época indeterminada, para a repressão da fraus creditorum, que se incluia entre os 'delitos pretorianos'' (vide A instrumentalidade do processo).*

*Bonício, Marcelo José Magalhães, Reflexões em torno da natureza da sentença na Ação Pauliana, 5. ed., São Paulo: Malheiros, 1996, PGE/SP, p. 188: 'Na l. 38, 4, D. de usuris et fructibus, 22 1, Paulo refere-se à actio pauliana, pela qual se revoga o que foi alienado em fraude de credores (per quae in fraudem creditorum alienata sunt revocatur)' (nas lições de J. M. de Carvalho Santos, Código civil brasileiro interpretado, 9. ed., Rio de Janeiro: Freitas Bastos, 1964, p. 412, cf. Pontes de Miranda, Tratado de direito privado: parte geral, 2. ed., Rio de Janeiro: Borsoi, 1954, v. 4, p. 421).*

*Gaius III, 91*

'Opinión semejante comparte Arangio-Ruiz al referir que en la termi-nología dominante en la jurisprudencia clásica, se llaman contratos aquellos negocios jurídicos bilaterales del ius civile (en antítesis al pretorio), destinados a producir obligaciones: sea que en el pensamiento de los antiguos prevalezca la idea del acuerdo de voluntades o consentimiento (lo que ocurre solamente en los contratos consensu), sea que la intención de obligarse o de obligar a otro frente a sí se trasfunda íntegramente en el uso de determinadas formas (contratos verbis y litteris) o en la entrega de ciertas cosas corporales (contratos re). Por lo demás, el no haberse distinguido en los contratos otra categoría de hechos lícitos productores de obligación, imponía a los juristas incluir entre los primeros, mediante el empleo de la ficción jurídica, fuentes de obligación que no eran negocios bilaterales'. Em livre tradução: 'ARANGIO-RUIZ compartilha de opinião semelhante ao referir que na terminologia dominante na jurisprudência clássica, os contratos são chamados de negócios jurídicos bilaterais do ius civile (em antítese do praetorium), destinados a produzir obrigações: seja no pensamento dos antigos o ideia de acordo de von-tades ou consentimento (que ocorre apenas em contratos consensu), se a intenção de vincular-se ou de vincular outro contra si mesmo é inteiramente transfundida no uso de certas formas (contratos verbis eliteris) ou na entrega de certas coisas tangíveis (recontratos). Além disso, a incapacidade de distinguir outra categoria de atos jurídicos que produzem obrigações nos contratos exigiu que os juristas incluíssem entre os primeiros, através do uso de ficção jurídica, fontes de obrigação que não fossem transações bilaterais' (cf. Arangio-Ruiz, Vincenzo: Instituciones de derecho romano; Editorial Depalma; Buenos Aires-Argentina, 1986, p. 331).

*Animus negocia aliena gerendi.*

*Nulla obligatio solutionis.*

'Communiter autem res agi potest etiam citra societatem, ut puta cum non afete societatis incidimus in communionem; ut evenit in re duobus legata, item si a duobus simul empta sit, aut si hereditas vel donatio communiter nobis obvenit'. Em tradução livre: 'Mas as coisas podem ser feitas de uma maneira geral, mesmo em toda a sociedade, por exemplo, quando nos envolvemos em uma comunidade não pertencente à sociedade; como é o caso de dois legados; da mesma forma, se foi comprado pelos dois ao mesmo tempo; ou se uma herança ou um presente é comum a nós' (Ulpianus, fr. 31, pro soc., XVII, 2).

'Post genera contractuum enumerata dispiciamus etiam de iis obligibus, quae non proprie quidem ex contractu nasci intelliguntur, sed tamen, quia non ex hex substantiam capiunt, quasi ex contractu nasci videntur'. Em livre tradução: 'Depois de listar os tipos de contratos, vamos olhar para aqueles títulos, que não são propriamente entendidos como nascidos do contrato, mas, ainda, porque não derivam deste último a sua substância, como se parecessem nascidos do contrato' (J. 3,27.6 pr, também D. 44,7,5,3 Gayo 3 Res Cottidianae).

Hironaka, Giselda, M. F. Novaes; Tartuce, Flávio; Simão, José Fernando. *Direito de família e das sucessões* – temas atuais. São Paulo: Método, 2009. p. 197: 'A família, como todo e qualquer agrupamento humano, se sustenta e se orienta por relações de poder. E este era exercido com exclusividade pelo homem, porque a ele cabia o sustento material da família. Em grande parte, os casamentos se mantinham por causa da dependência econômica da mulher em relação ao marido. E essa mesma dependência justificava o exercício ditatorial do poder do marido sobre a esposa e os filhos' (apud Santos, Romualdo Baptista dos. *Responsabilidade civil na parentalidade*).

Coulanges, Numa Denis Fustel. *A cidade antiga*: estudo sobre o culto, o direito, as instituições da Grécia e de Roma. Tradução de Jonas Camargo Leite e Eduardo Fonseca. São Paulo: Helmus, 1975. p. 70: 'Graças à religião doméstica, a família era um pequeno corpo organizado, pequena sociedade com o seu chefe e o seu governo. Coisa alguma, na nossa sociedade moderna, nos dá idéia deste poder paternal. Naqueles tempos, o pai não é somente o homem forte protegendo os seus e tendo também a autoridade para fazer-se por eles obedecer: o pai é, além disso, o sacerdote, o herdeiro do lar, o continuador dos antepassados, o tronco dos descendentes, o depositário dos ritos misteriosos do culto e das fórmulas secretas da oração. Toda a religião reside no pai'.

'No se concede a la mujer ninguna acción derivada de la tutela, mientras que cuando los tutores realizan negocios de los pupilos o pupilas tienen que rendir cuentas después de la pubertad de éstos, merced a una acción de tutela' (Gaio, 1, 192).

J. C. Moreira Alves, *Direito romano*, 14ª ed., Rio de Janeiro, Forense, 2007: 'Os delitos públicos eram aqueles que consistiam na 'violação de norma jurídica que o estado considerava de relevante importância social' (apud M. Talamanca, *Istituzioni di diritto romano*, Milano, Giuffrè, 1990, p. 579).

J. C. Moreira Alves, *Direito romano*, 14ª ed., Rio de Janeiro, Forense, 2003, p. 233: 'Assim, por exemplo, são delitos públicos a perduellio (atentado contra a segurança do Estado), o parricidium (assassínio de homem livre). O

*Estado punia os autores dos delitos públicos com poena publica (pena pública), imposta por Tribunais especiais (como as Quaestiones Perpetuae), e que consistia na morte, ou na imposição de castigos corporais ou em multa que revertia em benefício do Estado'.*

*'Aliud fraus est, aliud poena: fraus enim sine poena esse potest, poena sine fraude esse non potest. poena est noxae vindicta, fraus et ipsa noxa dicitur et quasi poenae quaedam praeparatio'. Em tradução livre: 'Fraude é uma coisa, punição é outra, pois a fraude pode ocorrer sem punição e não pode haver punição sem fraude. A punição é a vingança do crime, e é chamada de fraude e do próprio crime, e como se fosse uma espécie de preparação para a punição' (D. 50.16.131 pr, Ulpianus 3 ad l. Iul. et pap).*

*Giordani, Mário Curtis, Iniciação ao direito romano, 3ª edição, Ed. Lumen Iuris, 1996: 'Interpretatione legum poenae molliendae sunt potius quam asperandue'. Em tradução copiada: 'Numa interpretação das leis deve-se antes diminuir as penas que agravá-las' (Hermogeniano, D. 48).*

*Do latim 'Laesa maiestas', ou 'Laesae maiestatis', que apresenta como figura a injúria ou ofensa à majestade (The Free Dictionary.com, Columbia Encyclopedia).*

*Laesa maiestas é em alguns aspectos universal. Em espanhol, "lese majesté", em francês, "Lèse majesté", em inglês, "lese majesty". Na China imperial, "quem desrespeita o imperador" (The Free Dictionary.com, Columbia Encyclopedia).*

*Lesa, do latim laesus, "ferir", "ofender" e, em metátese, do grego deeleoo, "ferir". Majestade, do latim majestas, atis, "grandeza", "dignidade", de magis, "mais", da raiz sânscrita mah, helenizada e latinizada em mag, "crescer". Cf. Rufo Festo, a palavra "majestade" significava derivada de magnitudeinem e, em sentido amplo ou extenso, incluiria tudo o que é grande e digno de veneração (The Free Dictionary.com, Columbia Encyclopedia).*

*Públio Cornélio Tácito (55-117/120 d.C.).*

*Campos, Rafael da, Tácito e o imperador Tibério César Augusto: um exame de sua narrativa histórica e de suas técnicas de composição literárias, Universidade Federal do Pampa, 2015, 'Públio Cornélio Tácito, (55 d.C./117 d.C. a 120 d.C.), é uma referência imprescindível para os estudos sobre o estabelecimento do Principado romano bem como sobre a historiografia produzida no período. Oriundo da província da Gália e pertencente à aristocracia senatorial provincial, Tácito foi observador e participante político de praticamente meio século de transformações ocorridas nesse sistema político. Foi testemunha do fim da dinastia dos Imperadores da dinastia Júlio-Claudiana, ascendeu politicamente durante a dinastia Flaviana, e viveu o suficiente para observar a instituição da adoção como prática política do Senado para a indicação dos Imperadores da dinastia dos Antoninos'.*

*Medina, José, Executive Excellence, Plataforma de conocimiento de management que aporta la visión de grandes pensadores, Madrid, Espanha, 2014: 'Mario y Sila: el 'liderazgo salvador'. Creer o no creer en las personas'. 'Sila fue elegido cónsul en el año 88 a. C., tras la revolución social que Mario había reprimido tan sanguinariamente. De familia patricia y aristocrática, pero pobre, siempre se había mostrado reacio al uniforme militar y a la política. Su juventud fue disoluta, la de 'un niño mal de familia bien'. No cursó estudios regulares, pero había leído mucho, conocía la lengua y literatura griegas, y tenía un gusto refinado en arte. Inició su carrera militar al servicio de Mario. Combatió en Numidia, mostrándose como un magnífico comandante, sereno, sagaz, valeroso y con gran ascendente sobre sus soldados. Se había tomado interés por la guerra y se divertía en ella, porque entrañaba juego y riesgo, dos cosas que siempre le habían agradado. Siguió también a Mario en la Galia, en las campañas contra teutones y cimbrios, contribuyendo poderosamente a las victorias. Vuelto a Roma, se sumió en su vida bohemia anterior, entre prostitutas, gladiadores, actores y poetas. Derrotado como pretor y elegido como edil, encantó a los romanos con el primer espectáculo de lucha entre leones. Nombrado pretor, mandó una División en Capadocia contra Mitrídates, donde obtuvo victorias y fama. Volvió a Roma con un enorme botín, sin contar lo que él mismo se había embolsado. Habiendo nacido aristócrata, pero pobre, sentía la misma indiferencia y desprecio por la aristocracia que le había apoyado que por la plebe que le consideraba de los suyos. Sila se presentó al Consulado en el 88 a. C., no para hacer política, sino para tener el mando del ejército que nuevamente se estaba preparando contra Mitrídates. La aristocracia comenzó a ver en él a su líder y favoreció su elección. Los populares trataron de invalidar el nombramiento proponiendo a Mario, quien, pese a sus 70 años, todavía solicitaba puestos, cargos y honores. Pero Sila no era hombre dispuesto a renuncias. En vez de embarcar el ejército hacia Asia Menor, lo condujo sobre Roma, contra el ejército que Mario había improvisado. Lo venció fácilmente y Mario huyó a África. Sila inició la primera restauración conservadora en Roma, con mando sobre el ejército, y bajo él, un cónsul aristócrata y otro plebeyo. Pero habiendo marchado con el ejército hacia Grecia, que era lo que le atraía, se reinició el conflicto entre ambos bandos, culminando en guerra civil. Aunque vencieron los patricios de*

*Sila, Mario regresó de África, incitando nuevamente a la sublevación y marchando sobre la capital, que estaba desguarnecida. Tras una enorme matanza, se estableció el nuevo y último Consulado popular de Mario y Cinna, su aliado político. Mario murió en el año 86 a. C., tras carnicerías y represalias, roído por el alcohol, sus rencores, complejo de inferioridad y ambiciones defraudadas. Gran general; populista y pésimo político. Cinna fue finalmente derrotado por Sila tras una campaña brillante y victoriosa de este en Grecia contra Mitrídates y el propio ejército de Cinna. Sila mostró que en él dormitaban juntos un zorro y un león, y el zorro era mucho más peligroso que el león. Era simplemente un formidable general, que conocía perfectamente a los hombres y los medios para explotarlos, con frío y lúcido cálculo de fuerzas y debilidades. En Roma, el hijo de Mario, Mario el Joven, se rindió finalmente a Sila, que a partir de entonces tuvo el poder absoluto y fue el verdadero inventor del 'Culto a la Personalidad'. Trató a Roma como cualquier ciudad conquistada, sometiéndola a una feroz represión. Senadores y caballeros que se habían situado al lado de Mario fueron condenados y ajusticiados. Sila necesitaba sus patrimonios para pagar a sus soldados. Uno de los sospechosos, Cayo Julio César, sobrino político de Mario, tuvo el valor de no renegar de él, y la condena que le cayó solo quedó en un confinamiento. Al firmar, Sila dijo, como para sus adentros: 'Cometo una tontería, porque en este chico hay muchos Marios'. Sila gobernó como autócrata dos años más, antes de retirarse. Para colmar los vacíos provocados por la guerra civil en la ciudadanía, concedió ese derecho a extranjeros, sobre todo a españoles y galos. Dio sangre nueva al Senado, vaciado por las matanzas, con miembros de la burguesía leales a él, y le restituyó todos los derechos y privilegios de que había gozado antes de los Gracos. Era, pues, una verdadera restauración aristocrática. Volvió a poner los poderes en manos del Senado, restableciendo el gobierno consular. Finalmente abdicó y se retiró a su villa de Cumas. Poco antes de su abdicación, ya en sus 60, Sila había conocido a Valeria, una hermosa y joven muchacha, con quien se casó y vivió feliz, hasta su muerte. Su orgullo y prepotencia no menguaron hasta su último día en que dictó su epitafio: 'Ningún amigo me ha hecho favores, ningún enemigo me ha inferido ofensa que yo no haya devuelto con creces'. Era verdad. La restauración de Sila yuguló la revolución popular iniciada por los Gracos, desde la aristocracia, y la populista de Mario, desde el proletariado. Para llevar a cabo una obra vital y duradera, le faltaba algo fundamental: creer y confiar en las personas. Sila no creía en nada, y menos en mejorar a sus semejantes. Su amor por sí mismo era tan grande que no le quedaba para los demás. Les despreciaba y estaba convencido de que lo único adecuado era mantener el orden. Creó un aparato político y lo dejó a la*

###### 'AQUILIAE' THEOREMA CIVIS ROMANUS STATUS DEFENSIONIS 'RESPONSUM'
###### REPARATORIUS CURAE ET PRIVATAE ET PUBLICAE DELICTIS IN ANTIQUA ROMANA LEGE

*aristocracia, no porque la estimase, sino porque estaba convencido de que los populares eran aún más despreciables, y sus reformas, peores. Diez años después de su muerte, su obra política se había derrumbado. Los patricios en el poder lo usaron no para poner orden en el Gobierno, sino para enriquecerse, robar, corromper y matar. Todo empezó a centrarse entonces en el dinero. En manos de una clase dirigente tan corrupta, Roma se convirtió en una bomba que aspiraba dinero de todo el imperio, hasta la llegada del triunvirato que formaron Julio César, Pompeyo y Craso'. Em livre tradução: 'Sila foi eleito cônsul em 88 a.C., depois da revolução social que Mário reprimiu de forma tão sanguinária. De família patrícia e aristocrática, mas pobre, sempre relutou em usar uniforme militar e político. Sua juventude foi dissoluta, a de 'um filho mau de boa família'. Ele não frequentava estudos regulares, mas lia muito, conhecia a língua e a literatura gregas e tinha um gosto refinado para as artes. Iniciou sua carreira militar a serviço de Mário. Lutou na Numídia, mostrando-se um magnífico comandante, calmo, sagaz, corajoso e com grande influência sobre os seus soldados. Ele se interessou pela guerra e se divertiu com ela, porque envolvia jogos e riscos, duas coisas de que sempre gostou. Ele também acompanhou Mário na Gália, nas campanhas contra os teutões e cimbros, contribuindo poderosamente para as vitórias. Retornando a Roma, mergulhou em sua antiga vida boêmia, entre prostitutas, gladiadores, atores e poetas. Derrotado como pretor e eleito edil, encantou os romanos com o primeiro espetáculo de luta entre leões. Nomeado pretor, comandou uma divisão na Capadócia contra Mitrídates, onde obteve vitórias e fama. Ele voltou a Roma com um enorme saque, sem contar o que ele próprio havia embolsado. Tendo nascido aristocrata, mas pobre, sentia a mesma indiferença e desprezo pela aristocracia que o apoiava e pela plebe que o considerava seu. Sila apresentou-se ao Consulado em 88 a.C., não para fazer política, mas para comandar o exército que mais uma vez se preparava contra Mitrídates. A aristocracia começou a vê-lo como seu líder e favoreceu a sua eleição. O povo popular tentou invalidar a nomeação propondo Mário, que, apesar dos 70 anos, ainda solicitava cargos, cargos e honras. Mas Sila não era um homem disposto a desistir. Em vez de embarcar o exército em direção à Ásia Menor, liderou-o sobre Roma, contra o exército que Mário havia improvisado. Ele o derrotou facilmente e Mario fugiu para a África. Sila iniciou a primeira restauração conservadora em Roma, com o comando do exército, e sob ele, um cônsul aristocrático e outro plebeu. Mas tendo marchado com o exército em direção à Grécia, que foi o que o atraiu, o conflito entre os dois lados recomeçou, culminando na guerra civil. Embora os patrícios de Sula tenham vencido, Mário regressou de África, incitando novamente a revolta e marchando sobre a capital, que estava desprotegida. Após um enorme massacre, foi estabelecido o novo e último consulado popular de Mário e Cinna, seu aliado político. Mário morreu em 86 a.C., após carnificinas e represálias, consumido pelo álcool, seus rancores, complexo de inferioridade e ambições frustradas. Grande general; político populista e terrível. Cina foi finalmente derrotado por Sila após sua campanha brilhante e vitoriosa na Grécia contra Mitrídates e o próprio exército de Cina. Sila mostrou que nele uma raposa e um leão dormiam juntos, e a raposa era muito mais perigosa que o leão. Ele era simplesmente um general formidável, que conhecia perfeitamente os homens e os meios de explorá-los, com um cálculo frio e lúcido de pontos fortes e fracos. Em Roma, o filho de Mário, Mário, o Jovem, finalmente rendeu-se a Sila, que a partir de então tinha poder absoluto e foi o verdadeiro inventor do 'Culto à Personalidade'. Ele tratou Roma como qualquer cidade conquistada, submetendo-a a uma repressão feroz. Senadores e cavaleiros que estiveram ao lado de Mário foram condenados e executados. Sila precisava de seus bens para pagar seus soldados. Um dos suspeitos, Caio Júlio César, sobrinho-cunhado de Mário, teve a coragem de não negá-lo, e a pena que recebeu foi apenas de reclusão. Ao assinar, Sila disse, como se fosse para si mesmo: 'Estou fazendo uma besteira, porque tem muitos Marios nesse menino'. Sila governou como autocrata por mais dois anos antes de se aposentar. Para preencher as lacunas de cidadania causadas pela guerra civil, concedeu esse direito aos estrangeiros, especialmente aos espanhóis e gauleses. Deu sangue novo ao Senado, esvaziado pelos massacres, com membros da burguesia leais a ele, e restaurou-lhe todos os direitos e privilégios de que gozava antes dos Gracchi. Foi, portanto, uma verdadeira restauração aristocrática. Ele colocou os poderes de volta nas mãos do Senado, restabelecendo o governo consular. Finalmente abdicou e retirou-se para a sua villa em Cumas. Pouco antes de sua abdicação, já com 60 anos, Sula conheceu Valéria, uma linda jovem, com quem se casou e viveu feliz, até sua morte. Seu orgulho e arrogância não diminuíram até o último dia, quando ditou seu epitáfio: 'Nenhum amigo me fez favores, nenhum inimigo me fez uma ofensa que eu não tenha mais do que retribuído'. Era verdade. A restauração de Sila derrotou a revolução popular iniciada pelos Gracchi, da aristocracia, e a revolução populista de Marius, do proletariado. Para realizar um trabalho vital e duradouro, faltava-lhe algo fundamental: acreditar e confiar nas pessoas. Sila não acreditava em nada e muito menos em melhorar os seus semelhantes. Seu amor por si mesmo era tão grande que não lhe sobrava tempo para os outros. Ele os desprezava e estava convencido de que a única coisa apropriada era manter a ordem. Criou um aparato político e deixou-o à aristocracia, não porque o estimasse, mas porque estava convencido de que os populares eram ainda mais desprezíveis e as suas reformas, piores. Dez anos após a sua morte, o seu trabalho político entrou em colapso. Os patrícios no poder usaram-no não para pôr ordem no Governo, mas para enriquecerem, roubarem, corromperem e matarem. Tudo então começou a se concentrar no dinheiro. Nas mãos de uma classe dominante tão corrupta, Roma tornou-se uma bomba que sugou dinheiro de todo o império, até a chegada do triunvirato de Júlio César, Pompeu e Crasso'.*

*'Caio Júlio César nasceu em 12 de julho do ano 100 a.C. (embora alguns citem 102 como seu ano de nascimento). Seu pai, também chamado Caio Júlio César, era um Pretor que governou a província da Ásia e sua mãe, Aurélia Cota, também tinha sangue nobre. Ambos apoiavam a ideologia dos Populares (Populistas), que favorecia a democratização do governo e mais direitos para as classes mais baixas, em oposição à facção dos Optimates (Melhores Homens), que defendia a superioridade da nobreza e os valores tradicionais romanos e favorecia as classes mais altas. É preciso compreender que o Optimate ou o Populare não eram partidos políticos em conflito, mas sim ideologias políticas que muitos adotavam ou rejeitavam, independente da sua posição social. O conceito de apelar ao apoio do público, ao invés de buscar a aprovação do Senado Romano ou de outros Patrícios, iria funcionar bem para César mais tarde' (World History Encyclopedia).*

*Toynbee, Arnold Joseph, Royal Institute of International Affairs, Londres, 1925-1955. Professor pesquisador de História Internacional, Universidade de Londres, The Editors of Encyclopaedia Britannica. 'Personality and reputation of Julius Caesar. Caesar was not and is not lovable. His generosity to defeated opponents, magnanimous though it was, did not win their affection. He won his soldiers' devotion by the victories that his intellectual ability, applied to warfare, brought them. Yet, though not lovable, Caesar was and is attractive, indeed fascinating. His political achievement required ability, in effect amounting to genius, in several different fields, including administration and generalship besides the minor arts of wire pulling and propaganda. In all these, Caesar was a supreme virtuoso. But if he had not also been something more than this he would not have been the supremely great man that he undoubtedly was. Caesar was great beyond—and even in conflict with—the requirements of his political ambition. He showed a human spiritual greatness in his generosity to defeated opponents, which was partly responsible for his assassination. (The merciless Sulla abdicated and died in his bed.) Another field in which Caesar's genius went far beyond the requirements of his political ambition was his wri-*

*tings. Of these, his speeches, letters, and pamphlets are lost. Only his accounts (both incomplete and supplemented by other hands) of the Gallic War and the civil war survive. Caesar ranked as a masterly public speaker in an age in which he was in competition first with Hortensius and then with Cicero. All Caesar's speeches and writings, lost and extant, apparently served political purposes. He turned his funeral orations for his wife and for his aunt to account, for political propaganda. His accounts of his wars are subtly contrived to make the unsuspecting reader see Caesar's acts in the light that Caesar chooses. The accounts are written in the form of terse, dry, factual reports that look impersonal and objective, yet every recorded fact has been carefully selected and presented. As for the lost Anticato, a reply to Cicero's eulogy of Caesar's dead opponent Marcus Porcius Cato, it is a testimony to Caesar's political insight that he made the time to write it, in spite of the overwhelming military, administrative, and legislative demands on him. He realized that Cato, in giving his life for his cause (46 BCE), had made himself posthumously into a much more potent political force than he had ever been in his lifetime. Caesar was right, from his point of view, to try to put salt on Cato's tail. He did not succeed, however. For the next 150 years, Cato the martyr continued to be a nuisance, sometimes a menace, to Caesar's successors. The mark of Caesar's genius in his writings is that though they were written for propaganda they are nevertheless of outstanding literary merit. A reader who has seen through their prosaic purpose can ignore it and appreciate them as splendid works of art. Caesar's most amazing characteristic is his energy, intellectual and physical. He prepared his seven books on the Gallic War for publication in 51 BCE when he still had serious revolts in Gaul on his hands, and he wrote his books on the civil war and his Anticato in the hectic years between 49 and 44 BCE. His physical energy was of the same order. For instance, in the winter of 57–56 BCE he found time to visit his third province, Illyria, as well as Cisalpine Gaul; and in the interval between his campaigns of 55 and 54 BCE he transacted public business in Cisalpine Gaul and went to Illyria to settle accounts with the Pirustae, a turbulent tribe in what is now Albania. In 49 BCE he marched, within a single campaigning season, from the Rubicon to Brundisium and from Brundisium to Spain. At Alexandria, probably aged 53, he saved himself from sudden death by his prowess as a swimmer. Caesar's physical vitality perhaps partly accounts for his sexual promiscuity, which was out of the ordinary, even by contemporary Greek and Roman standards. It was rumoured that during his first visit to the East he had had homosexual relations with King Nicomedes of Bithynia. The rumour is credible, though not proved, and was repeated throughout Caesar's life. There is no doubt of Caesar's hete-*

'AQUILIAE' THEOREMA CIVIS ROMANUS STATUS DEFENSIONIS 'RESPONSUM'
REPARATORIUS CURAE ET PRIVATAE ET PUBLICAE DELICTIS IN ANTIQUA ROMANA LEGE

rosexual affairs, many of them with married women. Probably Caesar looked upon these as trivial recreations. Yet he involved himself at least twice in escapades that might have wrecked his career. If he did in fact have an affair with Pompey's wife, Mucia, he was risking his entente with Pompey. A more notorious, though not quite so hazardous, affair was his liaison with Cleopatra. By dallying with her at Alexandria, he risked losing what he had just won at Pharsalus. By allowing her to visit him in Rome in 46 BCE, he flouted public feeling and added to the list of tactless acts that, cumulatively, goaded old comrades and amnestied enemies into assassinating him. This cool-headed man of genius with an erratic vein of sexual exuberance undoubtedly changed the course of history at the western end of the Old World. By liquidating the scandalous and bankrupt rule of the Roman nobility, he gave the Roman state—and with it the Greco-Roman civilization—a reprieve that lasted for more than 600 years in the East and for more than 400 years in the relatively backward West. Caesar substituted for the Roman oligarchy an autocracy that could never afterward be abolished. If he had not done this when he did it, Rome and the Greco-Roman world might have succumbed, before the beginning of the Christian era, to barbarian invaders in the West and to the Parthian Empire in the East. The prolongation of the life of the Greco-Roman civilization had important historical effects. Under the Roman Empire the Near East was impregnated with Hellenism for six or seven more centuries. But for this the Hellenic element might not have been present in sufficient strength to make its decisive impact on Christianity and Islam. Gaul, too, would have sunk deeper into barbarism when the Franks overran it, if it had not been associated with the civilized Mediterranean world for more than 500 years as a result of Caesar's conquest. Caesar's political achievement was limited. Its effects were confined to the western end of the Old World and were comparatively short-lived by Chinese or ancient Egyptian standards. The Chinese state founded by Qin Shi Huang in the 3rd century BCE still stands, and its future may be still greater than its past. Yet, even if Caesar should prove to be of lesser stature than this Chinese colossus, he would still remain a giant by comparison with the common run of human beings'. Em livre tradução: 'Personalidade e reputação de Júlio César – César não era e não é adorável. Sua generosidade para com os oponentes derrotados, por mais magnânima que fosse, não conquistou sua afeição. Conquistou a devoção dos seus soldados pelas vitórias que a sua capacidade intelectual, aplicada à guerra, lhes trouxe. No entanto, embora não fosse amável, César era e é atraente, na verdade fascinante. Sua realização política exigiu habilidade, na verdade equivalente à genialidade, em vários campos diferentes, incluindo administração e comando, *além das artes menores de puxar cabos e propaganda. Em tudo isso, César foi um virtuoso supremo. Mas se ele também não tivesse sido algo mais do que isso, não teria sido o homem supremamente grande que sem dúvida foi. César estava muito além — e até mesmo em conflito — dos requisitos de sua ambição política. Ele mostrou uma grandeza espiritual humana em sua generosidade para com os oponentes derrotados, o que foi parcialmente responsável por seu assassinato. (O impiedoso Sila abdicou e morreu em sua cama). Outro campo em que o gênio de César foi muito além das exigências de sua ambição política foram os seus escritos. Destes, seus discursos, cartas e panfletos estão perdidos. Apenas seus relatos (ambos incompletos e complementados por outras mãos) da Guerra da Gália e da guerra civil sobreviveram. César foi classificado como um orador magistral numa época em que competia primeiro com Hortênsio e depois com Cícero. Todos os discursos e escritos de César, perdidos e existentes, aparentemente serviram a propósitos políticos. Ele transformou seus discursos fúnebres para sua esposa e para sua tia em propaganda política. Seus relatos de suas guerras são sutilmente elaborados para fazer com que o leitor desavisado veja os atos de César à luz que César escolhe. Os relatos são escritos na forma de relatórios concisos, secos e factuais que parecem impessoais e objectivos, mas todos os factos registados foram cuidadosamente seleccionados e apresentados. Quanto aos perdidos Anticato, uma resposta ao elogio de Cícero ao oponente morto de César Marco Pórcio Catão, é um testemunho da perspicácia política de César o fato de ele ter reservado tempo para escrevê-lo, apesar das esmagadoras demandas militares, administrativas e legislativas que lhe foram impostas. Ele percebeu que Catão, ao dar a vida por sua causa (46 a.C.), havia se tornado postumamente uma força política muito mais potente do que jamais fora em vida. César estava certo, do seu ponto de vista, ao tentar colocar sal no rabo de Catão. Ele não teve sucesso, no entanto. Durante os 150 anos seguintes, Catão, o mártir, continuou a ser um incômodo, às vezes uma ameaça, para os sucessores de César. A marca da genialidade de César em seus escritos é que, embora tenham sido escritos para propaganda, ainda assim são de notável mérito literário. Um leitor que tenha percebido seu propósito prosaico pode ignorá-lo e apreciá-los como esplêndidas obras de arte. A característica mais surpreendente de César é sua energia, intelectual e física. Ele preparou seus sete livros sobre a Guerra da Gália para publicação em 51 AC, quando ainda tinha sérias revoltas na Gália em mãos, e escreveu seus livros sobre a guerra civil e seu Anticato nos anos agitados entre 49 e 44 a.C. Sua energia física era da mesma ordem. Por exemplo, no inverno de 57-56 a.C. ele encontrou tempo para visitar sua terceira província, a Ilíria, bem como a Gália Cisalpina; e no inter-*

'AQUILIAE' THEOREMA CIVIS ROMANUS STATUS DEFENSIONIS 'RESPONSUM'
REPARATORIUS CURAE ET PRIVATAE ET PUBLICAE DELICTIS IN ANTIQUA ROMANA LEGE

*valo entre suas campanhas de 55 e 54 a.C. ele negociou negócios públicos na Gália Cisalpina e foi para a Ilíria para acertar contas com os Pirustae, uma tribo turbulenta no que hoje é a Albânia. Em 49 a.C., ele marchou, em uma única temporada de campanha, do Rubicão para Brundísio e de Brundísio para a Espanha. Em Alexandria, provavelmente aos 53 anos, salvou-se da morte súbita pelas suas proezas como nadador. A vitalidade física de César talvez explique em parte a sua promiscuidade sexual, que era fora do comum, mesmo para os padrões gregos e romanos contemporâneos. Correu o boato de que durante a sua primeira visita ao Oriente ele teve relações homossexuais com o rei Nicomedes da Bitínia. O boato é credível, embora não comprovado, e foi repetido ao longo da vida de César. Não há dúvida dos casos heterossexuais de César, muitos deles com mulheres casadas. Provavelmente César considerava isso como recreações triviais. Mesmo assim, ele se envolveu pelo menos duas vezes em aventuras que poderiam ter destruído sua carreira. Se ele de fato teve um caso com a esposa de Pompeu, Múcia, estava arriscando seu acordo com Pompeu. Um caso mais notório, embora não tão perigoso, foi sua ligação com Cleópatra. Ao flertar com ela em Alexandria, ele arriscava perder o que acabara de ganhar em Farsália. Ao permitir que ela o visitasse em Roma em 46 a.C., ele desprezou o sentimento público e aumentou a lista de atos indelicados que, cumulativamente, incitaram velhos camaradas e anistiaram inimigos a assassiná-lo. Este homem genial e de cabeça fria, com uma veia errática de exuberância sexual, sem dúvida mudou o curso da história no extremo ocidental do Velho Mundo. Ao liquidar o governo escandaloso e falido da nobreza romana, ele deu ao Estado romano – e com ele à civilização greco-romana – um adiamento que durou mais de 600 anos no Oriente e por mais de 400 anos no relativamente atrasado Ocidente. César substituiu a oligarquia romana por uma autocracia que nunca mais poderia ser abolida. Se ele não tivesse feito isso quando o fez, Roma e o mundo greco-romano poderiam ter sucumbido, antes do início da era cristã, aos invasores bárbaros no Ocidente e ao Império Parta no Oriente. O prolongamento da vida da civilização greco-romana teve importantes efeitos históricos. Sob o Império Romano, o Oriente Próximo estava impregnado de Helenismo por mais seis ou sete séculos. Mas para isso o elemento helénico poderia não ter estado presente com força suficiente para exercer o seu impacto decisivo sobre o Cristianismo e o Islão. A Gália também teria afundado ainda mais na barbárie quando os francos a invadiram, se não tivesse sido associada ao mundo civilizado do Mediterrâneo durante mais de 500 anos, como resultado da conquista de César. As conquistas políticas de César foram limitadas. Os seus efeitos limitaram-se ao extremo ocidental do Velho Mundo e foram compara-*

*tivamente de curta duração para os padrões chineses ou egípcios antigos. O estado chinês fundado por Qin Shi Huang, no século III a.C., ainda existe, e seu futuro pode ser ainda maior que seu passado. No entanto, mesmo que César provasse ser de menor estatura do que este colosso chinês, ele ainda continuaria a ser um gigante em comparação com a maioria dos seres humanos'.*

*'Augusto César (27 a.C.-14 d.C.) foi o nome adotado pelo primeiro e, na opinião de muitos, o maior imperador romano. Ele nasceu como Caio Otávio Turino, em 23 de Setembro de 63 a.C. Foi adotado pelo seu tio-avô, Júlio César, em 44 a.C., quando passou a se chamar Caio Júlio César. Em 27 a.C., o Senado concedeu-lhe o título honorífico de Augusto ('Ilustre'), e então passou a ser conhecido como Caio Júlio César Augusto. Devido aos muitos nomes pelos quais foi denominado ao longo de sua vida, é comum chamá-lo Otávio quando se referindo aos eventos entre 63 e 44 a.C., Otaviano no período entre 44 a 27 a.C. e Augusto na fase posterior, de 27 a.C. até sua morte, em 14 d.C. Deve ser observado, no entanto, que o nome Otaviano não era usado por ele no período entre 44 e 27 a.C., ao invés disso, optou por se alinhar estreitamente ao seu famoso tio, assumindo o mesmo nome; decisão que gerou a famosa acusação de Marco Antônio, citada por Cícero: 'Você, garoto, deve tudo ao seu nome' (World History Encyclopedia).*

*Campos, Rafael da, Tácito e o imperador Tibério César Augusto: Um exame de sua narrativa histórica e de suas técnicas de composição literárias, Universidade Federal do Pampa, 2015, trecho em destaque da obra em referência: 'Tibério César Augusto (14–37 D.C.), segundo Princeps de Roma e sucessor de Otávio Augusto (27 a.C. a 14 d.C.)'.*

*"Lese majesty" (TheFreeDictionary.com, Columbia Encyclopedia).*

*Resumo romano-espanhol, T2, Juan Sala Bañuls, 1856.*

*Ulpiano, D, 48, 4, 1*

*A Lex Gabinia de 139 a.C. estabeleceu a pena de morte para quem, clandestinamente, conspirar para alterar os resultados das eleições municipais da cidade, em referência aos 'more maiorum': 'qui coitiones ullas clandestinas in urbe conflavisset, more maiorum capitali suppliciomultaretu'.*

*Lei Acilia Calpurnia (latim Lex Acilia Calpurnia) foi uma lei romana datada de 66 a.C., dos cônsules Acílio Glabrion e Caio Calpúrnio , que estabeleceram multa para os condenados por suborno e os desqualificaram perpetuamente para obter magistraturas e frequentar o senado, e concederam prêmios aos acusadores.*

# 'AQUILIAE' THEOREMA CIVIS ROMANUS STATUS DEFENSIONIS 'RESPONSUM'
## REPARATORIUS CURAE ET PRIVATAE ET PUBLICAE DELICTIS IN ANTIQUA ROMANA LEGE

A 'Lex Calpurnia' de 149 a.C. foi a primeira a reduzir o crescente problema das extorsões nas províncias e a disciplinar o descumprimento dos deveres dos cargos públicos, procurando estabelecer uma indenização de ordem privada a todos aqueles que tivessem sido lesados.

No Principado, a lex Iulia de ambitu de 18 a.C., que introduz algumas correções, amenizou as penas de multa simples e inabilitação para o exercício de cargos públicos por cinco anos.

Ulpiano, D. 48, 4, 1, 1

'Aut qui exercitum deseruit vel privatus ad hostes perfugit' (D. 48.4.2).

'Quive imperium exercitumve populi romani deseruerit' (D. 48.4.3).

'Maiestatis autem crimen illud est, quod adversus populum romanum vel adversussecuritatem eius committitur. Quo tenetur is, cuius opera dolo malo consilium initum erit, quo obsidesiniussu principis interciderent: quo armati homines cum telis lapidibusve in urbe sint conveniantveadversus rem publicam, locave occupentur vel templa, quove coetus conventusve fiat hominesve ad seditionem convocentur: cuiusve opera consilio malo consilium initum erit, quo quis magistratus populi romani quive imperium potestatemve habet occidatur: quove quis contra rem publicam arma ferat: quive hostibus populi romani nuntium litterasve miserit signumve dederit feceritve dolo malo, quohostes populi romani consilio iuventur adversus rem publicam: quive milites sollicitaverit concitaveritve, quo seditio tumultusve adversus rem publicam fiat' – Em livre tradução – Ora, o crime de majestade é aquele que é cometido contra o povo romano ou contra a sua segurança. Onde será detido aquele cujas obras serão incluídas num plano maligno por engano, por quem o cerco do príncipe será interrompido: onde homens armados com armas e pedras se reunirão na cidade, ou se oporão ao estado, ou lugares ou os templos serão ocupados, ou onde um grupo for reunido, ou homens forem convocados para sedição, será pelo qual qualquer magistrado do povo romano, ou qualquer pessoa que tenha autoridade ou poder, será morto, quer haja; um alvoroço contra o estado (D. 48.4.1.1).

Cura, António A. Vieira. Crimes, delitos e penas no direito romano clássico. Aveiro: Universidade de Aveiro, 2005, p. 184. da separata de: vt par delicto sit poena: crimee justiça na antiguidade: 'Cuiusve dolo malo exercitus populi romani in insidias deductus hostibusve proditus erit: factumve dolo malo cuius dicitur, quo minus hostesin potestatem populi romani veniant' (D. 48.4.4 pr).

*Ulpiano, D. 48, 4, 1*

'Além disso, o calor e a impetuosidade do marido poderiam ser facilmente contidos'.

*D. 48,5,30*

Paulo, Sentencias, II, 26, 1: 'No segundo capítulo da lex julia, referente ao adultério, um pai adotivo ou natural é autorizado a matar um adúltero preso no ato com sua filha em sua própria casa ou na de seu genro. 2. se um filho sob controle paterno, que é o pai, surpreender sua filha no ato de adultério, enquanto se deduz dos termos da lei que ele não pode matá-la, ainda assim, a ele deve ser permitido fazê-lo' (vide Spruit, J. E.; Bongenaar; Gaius en Paulus; Zutphen: de Walburg Pers, 1984. p. 120).

'Ninguém pode ser cobrado por adultério cometido após o término do prazo de cinco anos contínuo. Os arguidos não podem ser privados das vantagens desta prescrição que a lei lhes concede' (vide Alejandro a Juliano, Procónsul de la Provincia de Narbonia, C, 9, 9, 5).

*D. 48, 5, 23*

'Legem iuliam de adulteriis coercendis'.

'A acusação de adultério poderia ser feita contra a mulher mesmo após a morte de seu marido' (Papiniano, D. 48, 5, 11, 8).

'A Lei Julia estabelece que as mulheres não têm o direito de acusar publicamente seus maridos pelo crime de adultério; [...] essa lei reconhece esse poder aos maridos, mas nega às mulheres' (Antonino A. Cassia, C, 9, 9, 1).

'No caso de adultério que envolvesse o incesto, a ação criminal deveria ser tentada simultaneamente contra os dois perpetradores' (Marciano, D. 48, 5, 7,1).

'Porque parece que es muy injusto que el marido exija à la mujer honestidad, de que él el marido no dé muestras; lo cual pude condenar también al marido, sin que la cosa se haga común a ambos por la compensación de mutuo delito' (Ulpiano, D. 48.5.13, § 5).

'De los adulterios, Libro II – Por lo cuanto a ley julia sobre los adulterios prohíbe que la mujer condenada preste testimonio, coligiese que las mujeres tienen derecho de prestar testimonio en juicio' (Paulo, D. 22.5.18).

*'AQUILIAE' THEOREMA CIVIS ROMANUS STATUS DEFENSIONIS 'RESPONSUM'*
*REPARATORIUS CURAE ET PRIVATAE ET PUBLICAE DELICTIS IN ANTIQUA ROMANA LEGE*

*Ulpianus, D. 48, 5, 2, 1; Paulo, D. 22.5.18*

*'Quem afirma ter cometido adultério favorecido pelo marido, verá diminuído o seu crime' (Ulpiano, D. 48, 5, 2, 4).*

*Ulpianus, D. 48, 5, 2, 6*

*Ulpianus, D. 48, 5, 2, 8*

*Lege Cornelia de sicariis et veneficis.*

*Punhal ou punhal pequeno, facilmente escondido nas dobras da toga ou debaixo da capa, para esfaquear inimigos políticos.*

*81 a.C.*

*Digest 48,10,93*

*Digest 48,10,27*

*Digest 48,10,93*

*Digest 48,10,27,1*

*Marciano neste texto esclarece que a lei Júlia de concussão é aplicável àqueles casos em que um magistrado tomou certas quantias (eas pecunias) que ele arrecadou usando o cargo (in magistratu potestate) mas também quem tem algum poder na administração, como um curador ou legado ou qualquer outro serviço ou ministério público (curatione, legatione, vel quo alio officio munere), ou simplesmente estivesse na comitiva de algum deles.*

*P. Resina Sola: 'La corrupción electoral en la comedia plautina' (Revistas@ iustel.com, Revista General de Derecho Romano, 16, Madrid, 2011: 'Una modalidad del mismo sería el crimen sodalicium, que es la constitución de asociaciones con fines ilícitos sobre todo con vistas a la intervención en contiendas electorales'.*

*"El juez que, durante su administración, sustrajera dineros públicos, era condenado junto a sus cómplices a la pena de suplicio' (Honorio y Teodosio, a Rufino; C, 9, 28, 1). En el antiguo Derecho romano se castigaba con la interdicción del agua*

*y del fuego a quien se apropiara de dinero sagrado, por ejemplo, el destinado a los dioses, a menos que la ley lo autorizara. Esta pena arcaica fue luego sustituida por la deportación (Ulpiano, D, 48, 13, 1). La ley Julia de residuis castigaba a quien retuviera dinero público y no lo aplicara a su destino. (Paulo, D, 48, 13, 2)'.*

*Ano de 24 d.C. ao ano de 76 d.C.*

*Fragoso, Cláudio Heleno, Lições de direito penal, 7ª edição, parte especial, p. 305: 'A extorsão, como crime autônomo, aparece apenas nas legislações modernas, embora seja possível reconhecer como seus antecedentes, no direito romano, o crime repetundarum, que era a cobrança ação quod metus causa. No período imperial, surgiu, como crime extraordinário, a concussio (D.47,13), que podia ser pública ou privada. Concussio pública, como ensinou Heleno Fragoso, na obra citada, era o fato de alguém simular autoridade ou exercício da função pública, para extorquir dinheiro ou valores. A concussio privata ou crimen minari era a ameaça de ação pública para obter vantagem patrimonial'.*

*'Maiestatis autem corazón crime illud est, quod aduersus populum romanum, uel adersus secuntatem eius committitur' (Livro XIVIII do Digest, em seu Capítulo IV, Dig, 49.4.1.1).*

*'O direito de vida ou morte'.*

*Mommsen, Teodoro, Derecho penal romano, Editorial Temis, Bogotá (Colombia), 1991.*

*Sáinz Guerra, Juan, La evolución del derecho penal en España y Constitución de Constantino, 9, 14, 1, Jaén, 2004, p. 611.*

*Lex Calpurnia de Repetundis*

*C. A. Brioschi, 'Así se combatía la corrupción pública en la antigua Roma', Forum des Resistans Européens Euro: 'Así se combatía la corrupción pública en la antigua Roma..., op. Cit.: La primera ley que se estableció fue la «Lex Calpurnia» (149 a.C.), como consecuencia del abuso del gobernador de la provincia de Lusitania, Servio Sulpicio Galba, al que se acusó de malversación de fondos y fue juzgado por un jurado procedente de la orden senatorial, algo que era toda una novedad. Sin embargo, esta primera ley no imponía ninguna pena pública, sino la devolución del dinero que había sustraído'.*

## Lex de Rebus Repetundis

S. Bello Rodríguez y J. L. Zamora, 'Crimen repetundarum: status quaestiones', Revistas@iustel.com, Revista General de Derecho Romano, 21, 2013, p. 3.

S. A. Cristaldi: 'La praevaricatio e la sua repressione dinanzi alle quaestiones perpetuae', Revistas@iustel.com, Revista General de Derecho Romano, 18, 2012.

Sobre este crime em particular, veja-se, entre outros, J. G. Heineccius, Antiquitatum romanarum Jurisprudentiam illustrantium Syntagma, Venetia, 1796, p. 462 et seq.; W. Rein, Das Criminalrecht der Römer, Leipzig, 1844, p. 701 et seq.; E. Laboulaye, Les lois criminelles des romains, Paris, 1845, p. 282 et seq.; S. H. Rinkes, Disputatio de crimine ambitus et de sodaliciis, Lugduni, 1854; G. Humbert, 'Ambitus', DS 1, 1877, 223 s.; L. M. Hartmann, 'Ambitus', RE I,1, 1894, p. 1.083 et seq.; T. H. Mommsen, Römisches Strafrecht, Graz, 1955 (reimpresión de la ed. de Leipzig, 1899), p. 865 et seq.; C. Ferrini, Diritto penale romano, Milano, 1902, p. 420 et seq.; G. Chaigne, L'ambitus et les moeurs électorales des Romains, Paris, 1911; U. Coli, 'Ambitus', NNDI 1, 1957, 534 et seq.; E. S. Gruen, Roman politics and criminal court, 149-78 b.C., Cambridge, Mass., 1968; F. M. de Robertis, Storia delle corporazioni e del regime associative nel mondo romano, I, Bari, 1971, p. 129 et seq.; P. Grimal, 'Lex Licinia de sodaliciis', en ed. A. Michel y R. Verdière. Id. Hommages à K. Kumaniecki, Leiden, 1975, p. 107 et seq.; L. Fascione, 'Alle origini della legislazione de ambitu', en F. Serrao et al., Legge e società nella repubblica romana, Napoli, 1981, con bibliografia, p. 258, nota 7; Id., Crimen e quaestio ambitus nell'età repubblicana, Milano, 1984, Id. 'Le norme 'de ambitu' della 'lex Ursonensis'', Labeo, 34,2, 1988, p. 179 et seq.; W. Schuller, Korruption im Altertum, München-Wien, 1982; C. Venturini, 'L'orazione Pro Cn. Plancio e la lex Licinia de sodaliciis', Studi in onore di C. Sanfilippo 5, Milano, 1984, p. 787 et seq.; J. Linderski, 'Buying the vote: electoral corruption in the Late Republic', The Ancient World, 11, 1985, p. 87 et seq.; A. W. Lintott, 'Electoral bribery in the Roman Republic', Journal of Roman Studies, 80, 1990, p. 1 et seq.; J. L. Murga, 'El delito de 'ambitus' y su posible reflejo en las leyes municipales de la Bética', IVRA, 41, 1990, p. 1 et seq., y Recensión de J.-H. M., en Rida, 39, 1992, p. 439; T. Wallinga, 'Ambitus in the Roman Republic', Rida, 41, 1994, p. 411 et seq.; P. Resina, 'El crimen ambitus en Plauto', en A. Pociña y B. Rabaza (eds.), Estudios sobre Plauto, Madrid, Ediciones Clásicas, 1998; S. Bialostosky, 'Delitos electorales: ambitus, de Roma al Derecho positivo mexicano', Biblioteca Jurídica Virtual del Instituto *de Investigaciones Jurídicas de la Unam: vide www.jurídicas.unam.mx, p. 321 et seq. Id., F. Camacho de los Ríos y M. A. Calzada (coord.), El derecho penal: de Roma al derecho actual, Madrid, Edisofer, 2005, p. 139 et seq.*

*M. J. García-Garrido, Diccionario... Cit, V. Crimen Ambitus, p. 35: 'Delito de ámbito o de corrupción electoral. Varias leyes (Aurelia, Calpurnia, Cornelia, Cornelia Baebia, Cornelia Fulvia, Poetelia Pompeia), sancionaron los actos de presión o corrupción electoral para las magistraturas' (vide D. 48.14; C. 9.26).*

*Adinofli, G., Extremismos en tema de 'accusatio' e 'inquisitio' en el procedimiento penal romano, Revista de Estudios Histórico-Jurídicos, Sección Derecho romano, XXXI, Valparaíso (Chile), 2009, p. 39: 'La introducción de la provocatio ad populum en apelación terminó por reducir las funciones de los magistrados a la simplemente preparatoria del juicio popular, más propia del Ministerio Fiscal que, de los juzgadores, aunque sean de instrucción (Arangio Ruíz, V, Historia de, p. 208). La mayoría de los autores modernos consideran la provocatio como uno de los pilares esenciales de la época republicana. Una primera forma de provocatio surgió en los delitos comunes dejados a la venganza gentilicia. Pero la práctica hizo desaparecer la concepción de estos delitos como de tutela privada e introdujo una tutela estatal o propiamente criminal, en la que los delitos ya no eran de mínima relevancia, sino graves para el orden social y generadores de una crisis en la colectividad, por lo que precisaban de la presencia del populus'.*

*Sommariva, Gisella Basanelli, Lezioni di diritto penale romano, Bolonia, Edizioni Nautilus, 1996, p. 187.*

*Paul Frédéric Girard, Histoire de l'organisation judiciaire des Romains, París, A. Rousseau, 1901, p. 113.*

*Ruíz, Armando Torrent, Derecho público romano y sistema De Fuentes, Oviedo, Edisofer, 2002, p. 201.*

*Titus Livius descreve-o como as 'duas arces libertatis', quais sejam, os 'dois castelos da liberdade' do povo romano.*

*Giordani, Mário Curtis, Iniciação ao direito romano, 3ª edição, Ed. Lumen Iuris, 1996: 'Nulla juris ratio aut aequitatis benignitas patitur, ut quae salubriter pro utilitate hominum introducuntur, ea nos duriore interpretatione contra ipsorum commodum producamus ad severitatem'. Em tradução copiada: 'Nenhuma razão de direito nem a benignidade da eqüidade permite que tornemos mais severos, por uma interpretação mais dura, contra o interesse dos homens, naquilo que foi introduzido salutarmente para a utilidade dos mesmos' (Modestino, D. 1.3.25).*

Paul Frédéric Girard, *Histoire de l'organisation judiciaire des Romains*, París, A. Rousseau, 1901, p. 105.

Giordani, Mário Curtis, *Iniciação ao direito romano*, 3ª edição, Ed. Lumen Iuris, 1996: *'In poenalibus causis benignius interpretandum est'*. Em tradução copiada: *'Nas causas penais deve-se seguir a interpretação mais benigna'* (Paulo, D. 50.17.155).

Giordani, Mário Curtis, *Iniciação ao direito romano*, 3ª edição, Ed. Lumen Iuris, 1996: *'Quod vero contra rationem juris receptum est, non est producenalum ad consequentias'*. Em tradução copiada: *'O que se admitiu contra a razão do direito, não há de ser levado até suas consequências'* (Paulo D. 1.3.14).

*'Extraordinarium Appellationes'*.

Giordani, Mário Curtis, *Iniciação ao direito romano*, 3ª edição, Ed. Lumen Iuris, 1996: *'Sed in re dubia benigniorem interpretationem sequi non minus justius est quam titius'*. Em tradução copiada: *'Na dúvida é tão justo como seguro seguir a interpretação mais benigna'* (Marcelo, D. 28.4.3).

Salustio, *La conjuración de Catilina*, edição de Avelina Carrera de la Red, Ediciones Akal S.A., Madrid, 2001, p. 25 et seq., nota 167, p. 159: *'No início do s. II a.C. foram ditadas três Leges Porciae, cujo conteúdo preciso não é exatamente conhecido. De acordo com o testemunho de Cícero (rep. 2.54) os três impunham sanções a quem punisse um cidadão romano sem ter acatado a provocatio. Cícero tenta mostrar que tais leis não poderiam ser aplicadas neste caso, já que Lentulus e os outros perderam sua condição de cidadãos romanos ao pegar em armas contra sua pátria'* (cf. Catilina. 4.5.10).

Santalucia, Bernardo. *Diritto e processo penale nell' antica Roma*, Milão, p. 71-72, com referência às Leges Porciae, afirma: *'Le fonti ricordano tres leges Porciae, assai discutir dalla critic, delle quali la prima, la lex Porcia de tergo civium, provavelmente dovuta a Catone il vecchio, console nel 195 a. C., avrebbe concede il recorso al popolo contro la fustigazione como provvedimente autônoma (se non addirittura sancito l' abolizione delle verghe contro i cittadini romani); a segunda, proposta por P. Porcio Leca, tribuno da plebe em 199 e pretor em 195 a.C., dizia que esta era a lei de provocação aos cittadini che trovavano fuori Roma e aos soldados no confronto com o comandante papagaio; o terceiro, in fine, di cui ci è ignoto sia il proponente che la datos, avrebbe introduziu um novo e mais severo sanzione-forse la pena di morte-nei confronti del magistrato che non si fosse attenuto alle norme sulla provocatio'*. Em livre tradução: *'As fontes lembram tres leges Porciae, muito discutida pelo crítico, sendo a primeira, a lex Porcia de tergo civium, provavelmente devido a Catão, o Velho, cônsul em 195 a.C., alegadamente concede recurso ao povo contra a flagelação como uma autonomia provisória (se não realmente sancionou a abolição das varas contra os cidadãos romanos); a segunda, proposta por P. Porcio Leca, tribuno da plebe em 199 e pretor em 195 a.C., dizia que se tratava dela de provocar aos cidadãos que encontravam fora de Roma e aos soldados nenhum confronto com o comandante; ou terceiro, afinal, de que tanto o proponente como o datos nos são desconhecidos, teria instaurado uma severa sanção – talvez a pena de morte – contra o magistrado que não cumprisse as regras da provocatio'.*

*Emilio Costa, Il Diritto Privato Romano nelle commedie di Plauto, L'Erma di Bretschneider, Roma, 1968, p. 129, 134: 'Cessa d'esser cittadino...chi è per pena cacciato in esiglio i)...Rud., prol, v.36 Neque...propter malitiam patria caret; vv.76-7 fluctus ad terram ferunt Ad uillamuiuas, exul ubi habitat senex. III, 6 v.21 Ego hunc scelestum in ius rapiam, exigam exulem; Trin., I, 2 vv.175-6 aiebant Calliclem Indignum ciuitate ac sese uiuere'. 'Nota aclaratoria: Costa, op. citada p. 411, acápite m) se refiere al delito de perduellio, pero en las referencias indicadas en p. 416 acápite m) de las comedias de Plauto, se observa que el comediante ha utilizado el término con un significado distinto de simple 'enemigo'. Esto ha sido corroborado en Caselles Latin Dictionary que indica: perduellis.is m. I: a public enemy, an enemy actually carrying on hostilities, Cic. II: Transf., a private or personal enemy, Plaut. Perduellio (Conf. Gaffiot S.V.): 1) Enemigo público; 2).Crimen de alta traición (conf. Cic. Mil. 36; Pis. 4; Liv. 36, 3, 9). Ernont-Meillet, S.V. Bellum, enemigo, término antiguo. Ha sido reemplazado por Hostis en la lengua clásica y por Inimicus. Se ha mantenido en la esfera del derecho público para designar un acto de hostilidad contra el Estado, una alta traición (conf. Varrón L.L. 7, 49)'. Em livre tradução: 'Nota explicativa: Costa, op. citado p. 411, inciso m) refere-se ao crime de perduellio, mas nas referências indicadas na p. 416 seção m) das comédias de Plauto, observa-se que o comediante utilizou o termo com significado diferente do simples 'inimigo'. Isso foi corroborado no Caselles Latin Dictionary que indica: perduellis.is m. I: um inimigo público, um inimigo que está realmente fazendo hostilidades, Cic. II: Transf., um inimigo privado ou pessoal, Plaut. Perduellio (Conf. Gaffiot SV): 1) Inimigo Público; 2) Crime de alta traição (conf. Cic. Mil. 36; Pis. 4; Liv. 36, 3, 9). Ernont-Meillet, SV Bellum, inimigo, antigo termo. Foi substituído por HOSTIS na linguagem clássica e por Inimicus. Permaneceu na esfera do direito público para designar um ato de hostilidade contra o Estado, alta traição (conf. Varrón L.L. 7, 49)'.*

De Pedro, Maria del Carmen Sánchez, 'Provocatio ad populum, ¿garantía de libertad?', Seminario Permanente de Ciencias Sociales, s. f., p. 5.

De Pedro, Maria del Carmen Sánchez, 'Provocatio ad populum, ¿garantía de libertad?', Seminario Permanente de Ciencias Sociales, s. f., p. 4.

V. Arangio-Ruiz, A. Guarino y G. Pugliese, Il diritto romano: caratteri, fonti, diritto privato, diritto criminale, Roma: Jouvence, 1980, p. 8.

José Antonio Gonzalez Romanillos, Teoría y práctica judicial en época republicana, Madrid, Marcial Pons, 2016, p. 19.

Bernardo Santalucia, Studi di diritto penale romano, Roma, "L'Erma" di Bretschneider, 1994, p. 41.

Rinaldi, Norberto, Lições de direito romano, Introdução, fontes, direito processual e direito penal, Edital Editorial, Buenos Aires, 2003, p. 223: 'Diante da sentença de morte, o condenado tinha duas alternativas: uma era realizar a provocatio al populus, e, a segunda era evitar a pena de morte por meio do exílio voluntário. Ou seja, a pena de morte era uma forma de separá-lo definitiva e completamente da sociedade. O exílio era uma forma de se excluir da pertença à comunidade, que, precisamente pela pena de morte, era preservada de um indivíduo que era perigoso para ele'.

Maier, J., Derecho procesal penal, p. 284 et seq., y López Gobernado, C. J, Investigación criminal en la antigua Roma, p. 18: 'Durante el Principado, se produce una progresiva reducción de la competencia de las quaestiones perpetuae a favor del Príncipe y de sus funcionarios, surgen nuevas figuras delictivas perseguidas por funcionarios imperiales que actúan a través de la cognitio extraordinem. Durante el Imperio de Augusto, se crea un aparato estatal centralizado que caracterizara el Imperio Romano hasta su conclusión, la investigación criminal, como actividad policial y de seguridad del Estado recae en varias instituciones, sobre todo de carácter militar. Finalmente, en el Dominado del emperador Diocleciano se lleva a cabo una gran reforma judicial (S. III d.c) dónde las quastiones perpetuae son absorbidas por las cognitio extra ordinem'.

# BIBLIOGRAPHIC REFERENCES[693]

ADINOFLI, G. Extremismos en tema de 'accusatio' e 'inquisitio' en el procedimiento penal romano. Revista de Estudios Histórico-Jurídicos, Valparaíso, Chile, 2009. Sección Derecho Romano, 31.

AEDO. El concepto de culpa aquiliana y su evolución en las últimas décadas: distintas teorías. Revista de Derecho [de] Universidad Católica del Norte, Antofagasta, Chile, n. 23, p. 21-59, 2014.

ALBANESE, Bernardo. llecito (Storia). Enciclopedia del diritto. Milano: Giuffre Edirore, 1970. t. 20.

ALTERINI, Atilio Aníbal. Responsabilidade civil. 3. ed. de 1. reimpr. Buenos Aires.

ALVES, José Carlos Moreira. Direito romano. 3. ed. Rio de Janeiro: Forense, 1980. Römisches.

ALVES, José Carlos Moreira. Direito romano. 10. ed. Rio de Janeiro: Forense, 1995. v. 1-2. 5. 1 cd.

ALVES, José Carlos Moreira. Direito romano. 14. ed. Rio de Janeiro: Forense, 2007.

ALVES, José Carlos Moreira. Direito romano. Rio de Janeiro: Ed. Forense, 2003. v. 2.

ANGELIN, Karinne Ansiliero. Dano injusto como pressuposto do dever de indenizar. São Paulo: USP, 2012.

ANTEQUERA. VII.2,3.

ARAMBURU, Romina del Valle. Desentrañando la esencia de la Lex Aquilia: ¿reparación resarcitoria o aplicación de una penalidad? Revista Anales de la Facultad de Ciencias Jurídicas y Sociales [de] U.N.L.P., 2014.

ARANGIO-RUIZ, Vincenzo. Historia del derecho romano. Traducción de la 2. ed. italiana. 5. ed. Madrid: Instituto Editorial Reus, 1994.

ARANGIO-RUIZ, Vincenzo. Instituciones de derecho romano. Traducción de la 10. ed. italiana por José Caramés Ferro. Reimpr. de la 1. ed. Buenos Aires: Depalma, 1986.

ARANGIO-RUIZ, Vincenzo. Instituzioni di diritto romano. 14. ed. riveduta. Napoli: Casa Editorial Dott; Eugenio Jovene, 1977.

---

[693] Referências bibliográficas.

ARANGIO-RUIZ, V.; GUARINO, A.; PUGLIESE, G. *Il diritto romano: caratteri, fonti, diritto privato, diritto criminale. Roma: Jouvence, 1980.*

ARIAS RAMOS, J.; ARIAS BONET, J. A. *Derecho romano II: obligaciones, familia y sucesiones. 18. ed. Madrid: Editorial Revista de Derecho Privado, 1997.*

ASCENSÃO, José de Oliveira. *O direito: introdução e teoria geral. Uma perspectiva luso-brasileira. Lisboa: Fundação Calouste Gulbenkian, 1978.*

BARBOSA DE SOUZA, Wendell Lopes. *A perspectiva histórica da responsabilidade civil. In: BARBOSA DE SOUZA, Wendell Lopes. A responsabilidade civil objetiva genérica fundada na atividade de risco. PUC-SP; Ed. Atlas, 2010.*

BARRENA, Cristián Aedo. *La cuestión causal en la "Lex Aquilia" y su solución mediante el mecanismo de la culpa. Rev. Estud. Hist.-Juríd., Valparaíso, n. 37, oct. 2015. Estudios derecho romano.*

BARRENA, Cristián Aedo. *Los requisitos de la Lex Aquilia, con especial referencia al daño: lecturas desde las distintas teorías sobre el capítulo tercero. Revista Ius et Praxis, n. 15, p. 311-337, 2010. SciELO, Artículos de doctrina.*

BELLO RODRÍGUEZ, S.; ZAMORA, J. L. *Crimen repetundarum: status quaestiones. Revistas@iustel.com, Revista General de Derecho Romano, n. 21, p. 3, 2013.*

BESALÚ PARKISON, Aurora V. S. *Responsabilidad civil: tendencias actuales. Congreso Mexicano de Derecho Comparado, Unam, México.*

BETTI, E. *Istituzioni di diritto romano, 2.1 (Padova 1960) 64.*

BIALOSTOSKY, S. *Delitos electorales: ambitus. De Roma al derecho positivo mexicano. Biblioteca Jurídica Virtual del Instituto de Investigaciones Jurídicas de la Unam. Disponível em: www.jurídicas.unam.mx.*

BLASI, Paulo Henrique. *A tutela judicial dos "novos" direitos: em busca de efetividade para os direitos típicos da cidadania. Ufsc, 2000.*

BOLETÍN MEXICANO DE DERECHO COMPARADO. *México: Instituto de Investigaciones Jurídicas, ene./abr. 1998. Nueva serie, mio 21, n. 91, p. 54.*

BONFANTE, Pietro. *Istituzionidi diritto romano. Ristampa correta della 10. ed. Curadi di Giuliano Bonfantee; Giuliano Crifo. Prefazione di Emilio Albertario. Nota di Giuliano Crifo. Milano: Uma Giuffre, 1987.*

BONÍCIO, Marcelo José Magalhães. *Reflexões em torno da natureza da sentença na ação pauliana. 5. ed. São Paulo: Malheiros, 1996. PGE/SP.*

*BONJEAN, L. B. Exposition historique du système des actions chez les romains. Paris: Bethune et Plon, 1836.*

*BRAVO, Gonzalo. Historia de la Roma antigua. Madrid: Alianza Editorial, 1998.*

*BRUNS, Riccobono. VIII.4,5.*

*CAIO. 3.223; COLL, Paulo. 2,5,5, livro singulari et titulo de iniuriis*

*CAMACHO DE LOS RÍOS, F.; CALZADA, M. A. (coord.). El derecho penal: de Roma al derecho actual. Madrid: Edisofer, 2005.*

*CAMPOS, Rafael da. Tácito e o imperador Tibério César Augusto: um exame de sua narrativa histórica e de suas técnicas de composição literárias. Universidade Federal do Pampa, 2015.*

*CANNATA, Carlos Augusto. Sul problema della responsabilità nel diritto privato romano. Catania: Librería Editrice Torre Catania, 1996.*

*CASTRESANA HERRERO, Amelia. Nuevas lecturas de la responsabilidad aquiliana. Salamanca: Ediciones Universidad de Salamanca, 2001.*

*CHAIGNE, G. L'ambitus et les moeurs électorales des romains. Paris, 1911.*

*CHIRONI, G. P. La culpa (direito civil moderno, culpa contratual). 2. ed. Traducción de A. Posada. Madrid: Filhos de Reus, 1907.*

*COLI, U. Ambitus. NNDI, 1, 1957.*

*CONGRESSO INTERNAZIONALE ARISTEC, 1. Madrid, 1993, Torino, Giappichelli, 1995. Corbino, A., Ildanno qualificato e la lex Aquilia, Pádua, Cedam, 2005. De Robertis, F., Damnum iniuria datum: Trattazione sulla responsabilita extracontrattuale nel Roman diritto conparticolare riguardo alla lex Aquilia de Damno, Bari, Cacucci, 2000. Valditara, G., Damnum iniuria datum, Torino, Giappichelli, 2005.*

*COSTA, Emilio. Il diritto privato romano nelle commedie di Plauto. Roma: L'Erma di Bretschneider, 1968.*

*COULANGES, Numa Denis Fustel. A cidade antiga: estudo sobre o culto, o direito, as instituições da Grécia e de Roma. Tradução de Jonas Camargo Leite e Eduardo Fonseca. São Paulo: Helmus, 1975.*

*CRAWFORD. I.15.*

*CRETELLA JÚNIOR, José. Curso de direito romano. Rio de Janeiro: Ed. Forense, 1998.*

CRISTALDI, S. A. *La praevaricatio e la sua repressione dinanzi alle quaestiones perpetuae. Revistas@iustel.com, Revista General de Derecho Romano, n. 18, 2012.*

CRUZ, José de Ávila. *O direito romano como alicerce da ação de reparação de danos, 'Ações Rei Persequendae: Ações Reais, Ações Pessoais oriundas de contrato e quase contratos; Ações Poenae Persequendae: Ações Originárias de Delitos, (actio furti manifesti (flagrante) e actio furti nec manifesti (sem flagrante); Ações Mistas: na maioria são originárias de delitos: Actio vi bonorum raptorum, (condenação em quádruplo), Actio legis aquilae, e Actio quod metus causae'.*

CURSI, M. Floriana. *Roman legal tradition. Ames Foudation; Harvard Law School; University of Glasgow School, 2011. 7.*

D'ORS, A. *Pré-requisitos necessários ao estudo do direito romano. Salamanca, 1943.*

D'ORS, Álvaro. *Derecho privado romano. 3. ed. Pamplona: Ediciones Universidad de Navarra, 1977.*

DALLA, Danilo; LAMBERTINI, Renzo. *Istituzioni di diritto romano. Torino: G. Giappichelli, 2001.*

DE PEDRO, Maria del Carmen Sánchez. *Provocatio ad populum, ¿garantía de libertad? Seminario Permanente de Ciencias Sociales. p. 4-5.*

DE ROBERTIS, F. M. *Storia delle corporazioni e del regime associative nel mondo romano, I, Bari, 1971. p. 129 et seq. Cambridge, Mass, 1968.*

DE ROBERTIS, F. M. *Sulla risarcibilità del danno morale. p. 506 et seq. Medicus, Id quod interest, p. 191.*

DEVOTO, D. *Storia della lingua di Roma. Bolonia, 1944.*

D. *23,1,40, 41 y 42 (Ulp. ad aed. cur.).*

D. *9,2,28 pr. (Paul. 10 ad Sab.).*

D. *9,2,31 (Paul. 10 ad Sab.).*

D. *9,3,1 pr. (Ulp. 23 ad ed.).*

D. *9,3,5,6 (Ulp. 23 ad ed.).*

DIAS, José de Aguiar. *Da responsabilidade civil. 6. ed. Rio de Janeiro: Forense, 1979.*

DIAS, José de Aguiar. *Da responsabilidade civil. 9. ed., rev. e aum. Rio de Janeiro: Forense, 1997. v. 1.*

DÍAZ BAUTISTA, A. *La función reipersecutoria de la poena ex lege Aquilia, en la responsabilidad civil: de Roma al derecho moderno. Congreso Internacional, 4., y Congreso Iberoamericano de Derecho Romano (coord. por Alfonso Murillo Villar), 7., 2001, Burgos. p. 269.*

DIEZ-PICAZO; PONCE DE LEÓN, Luis. *Danos law. Madrid: Civitas, 1999.*

DIGESTO de Justiniano. *Tradução de Hélcio Maciel França Madeira. 7. ed. Thomson Reuters: Revista dos Tribunais, 2012. Liber primus: Introdução ao direito romano.*

DINIZ, M. H. *Curso de direito civil brasileiro: responsabilidade civil. São Paulo: Saraiva, 2007. v. 7.*

DOMINGO, Rafael. *Textos de derecho romano. Elcano, Navarra: Editorial Aranzadi, 2002.*

ENCONTRO NACIONAL DO CONSELHO NACIONAL DE PESQUISA E PÓS-GRADUAÇÃO EM DIREITO, 24. UFS, 2015.

FASCIONE, L. *Alle origini della legislazione de ambitu. In: SERRAO, F. et al. Legge e società nella repubblica romana. Napoli, 1981.*

FASCIONE, L. *Crimen e quaestio ambitus nell'età repubblicana. Milano, 1984.*

FASCIONE, L. *Le norme 'de ambitu' della 'lex Ursonensis'. Labeo, v. 34, n. 2, 1988.*

FATTORI, Sara Corrêa. *A responsabilidade pela reparação do dano no direito romano. USP.*

FERRINI, C. *Diritto penale romano. Milano, 1902.*

FILÓ, Maurício da Cunha Savino. *O tribunato da plebe na república romana: aportes ao constitucionalismo brasileiro contemporâneo. Tese (Doutorado) – Ufsc, 2018.*

*Fontes das Instituições de Gayo.*

FRAGOSO, Cláudio Heleno. *Lições de direito penal: parte especial. 7. ed.*

FRANÇA, R. Limongi. *Doutrina essenciais: responsabilidade civil. As raízes da responsabilidade aquiliana. São Paulo: USP, 2010.*

GAGLIANO, P. S.; PAMPLONA FILHO, R. *Novo curso de direito civil: responsabilidade civil. São Paulo: Saraiva, 2006. v. 3.*

GAI. *Institutionum Commentarii Quattuor. 161 d.C., século II d.C. In: MANUAL didático de direito romano.*

GAIUS. 7 ad ed. provinc., D. 9, 1, 3.

GARCÍA GARRIDO M. J. Diccionario... Cit, V. CRIMEN AMBITUS, p. 35, Delito de ámbito o de corrupción electoral. Varias leyes (Aurelia, Calpurnia, Cornelia, Cornelia Baebia, Cornelia Fulvia, Poetelia Pompeia), sancionaron los actos de presión o corrupción electoral para las magistraturas.

GARCÍA GARRIDO, Manuel. Derecho privado romano: casos, acciones, instituciones. 7. ed. Madrid: Editorial Dykinson, 1998.

GARRIDO CORDOBERA, Lidia M. R. In: INSTITUTO DE INVESTIGACIONES JURÍDICAS. México: Unam, 2000.

GARRIDO CORDOBERA, Lidia M. R. Los daños colectivos y la reparación. Buenos Aires: Editorial Universidad, 1993.

GAUDEMET, Jean. O milagre romano en el Mediterráneo. Madrid: Editorial Epasa-Calpe, 1987.

GIORDANI, Mário Curtis. Iniciação ao direito romano. 3. ed. Ed. Lumen Iuris, 1996.

GIRARD, Paul Frédéric. Histoire de l'organisation judiciaire des romains. Paris: A. Rousseau, 1901.

GONÇALVES, C. R. Direito civil brasileiro: parte geral. São Paulo: Saraiva, 2007. v. 4.

GONÇALVES, C. R. Direito civil brasileiro: parte geral. São Paulo: Saraiva, 2011. v. 1.

GONZALEZ ROMANILLOS, José Antonio. Teoría y práctica judicial en época republicana. Madrid: Marcial Pons, 2016.

GRIMAL, P. Lex Licinia de sodaliciis. In: MICHEL, A. Verdière, R. (ed.). Hommages à K. Kumaniecki. Leiden, 1975.

GROSSO, G. Obbligazioni: contenuto e requisiti della prestazione. Obbligazioni alternative e generiche. Torino, 1966.

GRUEN, E. S. Roman politics and criminal court, 149-78 b.C. Cambridge, Mass., 1968.

HARTMANN, L. M. Ambitus. RE, 1, 1, 1894.

HEINECCIUS, J. G. Antiquitatum romanarum Jurisprudentiam illustrantium Syntagma. Venetia, 1796.

HERNÁNDEZ, Luis Carlos Sánchez. From the idea of fault in Lex Aquilia in Roman law to the principle of fault-based liability in Colombian civil law. Revista de Derecho Privado [de] Universidad Externado de Colombia, 2016.

HIRONAKA, Giselda et al. *Direito de família e das sucessões: temas atuais*. São Paulo: Método, 2009.

HONSELL, H. *Quod interest in bonae fidei iudicium. Studien zum römischen Schadersatzrecht*. München, 1966.

HUMBERT, G. *"Ambitus", DS 1 (1877) 223 et seq.*

IGLESIAS, Juan. *Derecho romano: historia e instituciones*. 11. ed. Barcelona: Ariel, 1994.

IGLESIAS, J. et al. *Gayo, instituciones*. Madrid: Civitas, 1985.

IL CONTENUTO *dell'obbligazione*. Milano, 1969.

INSTITUTO DE INVESTIGACIONES JURÍDICAS. *México: Unam.*

JAVOLENO. *Doctrina de Cassio, Libro XIV, sl.- 6.*

JUSTINIANUS, Flavius Petrus Sabbatius. *Institutas do imperador Justiniano*. Bauru: Edipro, 2001.

JUSTO, A. Santos. *O pensamento jusnaturalista no direito romano*. Revista Direito e Desenvolvimento, João Pessoa, v. 4, n. 7, p. 239-312, jan./jun. 2013.

JUSTO, António Santos. *A evolução do direito romano*. Boletim da Faculdade de Direito da Universidade de Coimbra, Coimbra, v. 75, p. 50-53, 2003.

JUSTO, António Santos. *Direito privado romano. Direito das obrigações*. Coimbra: Coimbra Editora, 2008.

KASER, Max. *Derecho romano privado. Traducción de la 5. ed. alemana*. Madrid: Editorial Reus, 1982.

KNÜTEL, K. *Das Mandat zum Verkauf. In: NÖRR, D.; NISHIMURA, S. (Herg.). Mandaten und Verwandtes. Beiträge zum römischen und modernen Recht*. Berlin: Heidelberg, 1993.

LABOULAYE, E. *Les lois criminelles des romains*. Paris, 1845.

LINDERSKI, J. *Buying the vote: electoral corruption in the Late Republic. The Ancient World*, n. 11, 1985.

LINTOTT, A. W. *Electoral bribery in the Roman Republic. Journal of Roman Studies*, n. 80, 1990.

LONGO, Giannetto. *O.c. 401 e 405; Dragomir Stojcevic, Sur le caractére des quasidélits en droit romain em Iura, 8, p. 57-74, 1957.*

*LÓPEZ GOBERNADO, C. J. Investigación criminal en la antigua Roma.*

*MAIER, J. Derecho procesal penal.*

*Mandaten und Verwandtes. Beiträge zum römischen und modernen Recht, (Berli-nHeidelberg 1993).*

*MANFREDINI, A. Contributi alio studio dell'"iniuria" in etá repubblicana', p. 2.*

*MARCHI. Il risarcimento del danno morale, 261.*

*MARTÍNEZ SARRIÓN, Ángel. Las raíces romanas de la responsabilidad por culpa. Barcelona: Editorial Bosch, 1993.*

*MEDINA, José. Executive Excellence. Plataforma de conocimiento de management que aporta la visión de grandes pensadores. Madrid, 2014.*

*MOLINAS, J. Corpo de direito civil romano. Ed. Barcelona, 1889.*

*MOMMSEN, Teodoro. Derecho penal romano. Bogotá: Editorial Temis, 1991.*

*MOMMSEN, Teodoro. Derecho penal romano. Bogotá: Temis, 1976.*

*MOMMSEN, Theodor. Römisches Strafrecht. Graz, 1955. Reimpresión de la ed. de Leipzig, 1899.*

*MORAL, García A. Delitos de injuria y calumnia: régimen procesal. Madrid, 1990.*

*MOREIRA, Paula Espíndola Bulamarque. Effusum et deiectum: o tratamento no código civil e sua origem no direito romano. USP, 2009.*

*MORINEAU IDUARTE, Martha; IGLESIAS GONZÁLEZ. Roman, Roman law. México: Harla, 1987.*

*MOURA, Caio Roberto Souto de. Responsabilidade civil e sua evolução em direção ao risco no novo Código Civil. Revista AJUFERGS.*

*MURGA, J. L. El delito de 'ambitus' y su posible reflejo en las leyes municipales de la Bética. Ivra, 41, 1990, 1 et seq., y recensión de J.-H. M., en Rida, 39, 1992, 439.*

*NOTAS introductorias en torno a las relaciones laborales en Roma, Anuario da Facultade de Dereito da Universidade da Coruña (AFDUDC), 8, 2004.*

*ORTEGA CARRILLO DE ALBORNOZ, Antonio. De los delitos y de las sanciones en la ley de las XII tablas. Málaga: Secretariado de Publicaciones de la Universidad de Málaga, 1988.*

*PAOLINI, Gerardo Ontiveros. Derecho romano I y I, I. Caracas: Distribuidora Rikei, ca. 2006.*

*PARICIO, Javier, Las fuentes de las obligaciones en la tradición gayano-justinianea. In: DERECHO romano de obligaciones.*

*PAULUS. Libr.II Sententiarum, D. 14.2.1.*

*PETIT, Eugene. Tratado elemental de derecho romano. Traducción de la 9. ed. francesa. Madrid: Editorial Saturnino Calleja, 1924.*

*PRETOA, Luiz Fellipe et al. A nova responsabilidade civil dos estabelecimentos privados de ensino frente ao Código de Defesa do Consumidor Brasileiro.*

*RABER, Sum, pretium affectionis.*

*RATTI. Il risarcimento del danno morale.*

*REIN, W. Das Criminalrecht der Römer. Leipzig, 1844.*

*RESINA SOLA, P. La corrupción electoral en la comedia plautina. Revistas@iustel. com, Revista General de Derecho Romano, Madrid, n. 16, 2011.*

*RESINA, P. El crimen ambitus en Plauto. In: POCIÑA, A.; RABAZA, B. (ed.). Estudios sobre Plauto. Madrid: Ediciones Clásicas, 1998.*

*RINALDI, Norberto. Lições de direito romano. Introdução, fontes, direito processual e direito penal. Buenos Aires: Edital Editorial, 2003.*

*RINKES, S. H. Disputatio de crimine ambitus et de sodaliciis. Lugduni, 1854.*

*RODRIGUES JÚNIOR, Otávio Luiz. Responsabilidade civil no direito romano. In: RODRIGUES JÚNIOR, Otávio Luiz; MAMEDE, Gladston; ROCHA, Maria Vital da (coord.). Responsabilidade civil contemporânea: em homenagem a Sílvio de Salvo Venosa. São Paulo: Atlas, 2011a.*

*RODRIGUES JÚNIOR, Otávio Luiz; MAMEDE, Gladston; ROCHA, Maria Vital da (coord.). Responsabilidade civil contemporânea: em homenagem a Sílvio de Salvo Venosa. São Paulo: Atlas, 2011b.*

*RODRÍGUEZ MONTERO, Ramón P. Responsabilidad contractual y extracontractual en derecho romano: una aproximación con perspectiva histórica. Santiago de Compostela: Andavira, 2015. (Colección Ciencia y Pensamiento Jurídico; 19). 242 p., IP, 3, p. 341-352, 2018, 1.*

RODRÍGUEZ, Arturo Solarte. *Los actos ilícitos en el derecho romano*. Vniversitas, Bogotá, n. 107, p. 692-746, 2004.

ROSSETTI, Giulietta. *Alle origini della moderna responsabilità extracontrattuale. L'actio ex lege Aquilia tra "natura penale" e "funzione reipersecutoria". Erste europäische.* Internetzeitschrift für Rechtsgeschichte, 2020.

ROTONDI, *Dalla lex Aquilia all'art. 1151 cód. civil. (P. II), cit., 273 s. 'From the Idea of Fault in Lex Aquilia in Roman Law to the Principie of Fault-based Liability in Colombian Civil Law'.* Revista de Derecho Privado [de] Universidad Externado de Colombia, 2016.

RUIZ FERNÁNDEZ, Eduardo. *Sanción de las 'iniuriae' en el derecho clásico. In: DERECHO romano de obligaciones.* p. 820.

RUÍZ, Armando Torrent. *Derecho público romano y sistema.* De Fuentes, Oviedo, Edisofer, 2002.

S. Nishimura (Herg.)

SÁINZ GUERRA, Juan. *La evolución del derecho penal en España y Constitución de Constantino*, 9, 14, 1, Jaén, 2004, p. 611.

SALDANHA, Daniel Cabaleiro. *História e teoria das fontes do direito romano.* Belo Horizonte, 2011.

SALUSTIO. *La conjuración de Catilina. Edição de Avelina Carrera de la Red.* Madrid: Ediciones Akal, 2001.

SAMPSON, J. *The historical foundations of Grotius' analysis of delict.* Leiden, 2017.

SANSEVERINO, Paulo de Tarso Vieira. *Princípio da reparação integral: indenização no Código Civil.* São Paulo: Saraiva, 2010.

SANTA CRUZ TEJEIRO, J. *Manual elemental de instituciones de derecho romano.* Madrid: Editorial Revista de Derecho Privado, 1946.

SANTALUCIA, Bernardo. *Diritto e processo penale nell' antica Roma.* Milão.

SANTALUCIA, Bernardo. *Studi di diritto penale romano.* Roma: "L'Erma" di Bretschneider, 1994.

SANTOS, Mauro Sérgio dos. *A responsabilidade civil extracontratual no direito romano: análise comparativa entre os requisitos exigidos pelos romanos e os elementos de responsabilidade civil atualmente existentes.* Direito em Ação: Revista do Curso de Direito da UCB, v. 10, n. 1, 2014.

SAVIGNY, Friedrich Karl Von. *Sistema del diritto romano attuale. Traduzione dall'originale tedesco di Vittorio Scialoja.* Torino: Unione Tipografico Editrice, 1886. v. 1.

SCHIPANI, S. *Do direito Aquilia ao Digest 9: perspectivas sistemáticas do direito romano e problemas de responsabilidade extracontratual. Revista de Derecho Privado*, n. 12-13, 2007. p. 268.

SCHULLER, W. *Korruption im Altertum. München-Wien*, 1982.

SCHULZ, Fritz. *Derecho romano clásico. Traducción directa de la edición inglesa por José Santa Cruz Teigeiro.* Barcelona: Bosch, 1960.

SEVERINO, Antonio Joaquim. *Metodologia do trabalho científico.* São Paulo: Cortez, 2007.

SICARI, A. *Leges venditionis: uno studio sul pensiero giuridico di Papiniano.* Bari, 1996.; Centola, *Soff. mor.*, p. 167 et seq.

SILVA, Wilson Melo da. *O dano moral e sua reparação.* Rio de Janeiro: Revista Forense, 1955.

SILVEIRA, Vladmir Oliveira da; FERNANDES, Ana Carolina Souza. *Sujeitos de direito internacional público: um processo evolutivo de reconhecimento. Revista Jurídica Direito & Paz*, 2018.

SOLARI, Giole. *Filosofia do direito privado.* Buenos Aires: De Palma, 1946. t. 1.

SOMMARIVA, Gisella Basanelli. *Lezioni di diritto penale romano.* Bolonia: Edizioni Nautilus, 1996.

STEIN, Peter. *La natura delle obbligazioni "quasi ex delicio". JUS*, 9, p. 370-371, 1958.

STOCO, Rui. *Tratado de responsabilidade civil.* 2007.

THE FREE DICTIONARY.COM. *Columbia Encyclopedia.*

Titus Livius.

TOYNBEE, Arnold Joseph. *Royal Institute of International Affairs.* Londres, 1925-1955. Professor pesquisador de História Internacional, Universidade de Londres, The Editors of Encyclopaedia Britannica.

TREMARIN, Ana Paula Martini. *Responsabilidade civil objetiva: tendências e análise do direito comparado. Revista de Doutrina da 4ª Região*, Porto Alegre, n. 67, ago. 28.06.2015.

TUCCI, J. R. C.; AZEVEDO, L. C. *Lições de direito romano*.

ULPIANO. *Comentarios al edicto, libro LVI*.

ULPIANO. *Comentarios al edicto, libro XII, s 4*.

ULPIANO. *Comentarios al edicto, libro XXIII*.

ULPIANO. *Comentarios al edicto, libro XXVIII, s 25 37*.

ULPIANUS. *Comentarios al edicto, libro XVIII*.

ULPIANUS. *Comentarios al edicto, libro XVIII*.

ULPIANUS. *fr. 1, § 1, de Injuris et fam. Libellis, XLVII, 10*.

ULPIANUS. *Libro 56*.

ULPIANUS. *Libro primo ad edictum curulium*.

ULPIANUS. *Libro trigésimo secundo ad edictum*.

ULPIANUS. *XVIII ad ed*.

VALDITARA, Giuseppe. *Damnum in Iuría Datum [Derecho romano de obligaciones]*. In: CARRELLI, Odoardo; FERRINI, C. *La legittimazione attiva dell 'actio legis aquilia'*. Madrid: Centro de Estudios Ramón a Reces, 1994.

VALENCIA ZEA, Arturo. *Derecho civil*. 5. ed. Bogotá: Temis, 1978. t. 3.

VENOSA, Silvio de Salvo. *Direito civil: responsabilidade civil*. 9. ed. São Paulo: Atlas, 2009.

VENOSA, Silvio de Salvo. *Direito civil: teoria geral das obrigações e teoria geral dos contratos*. 14. ed. São Paulo: Ed. Atlas, 2004.

VENTURINI, C. *L'orazione Pro Cn. Plancio e la lex Licinia de sodaliciis. Studi in onore di C. Sanfilippo 5*. Milano, 1984.

VIEIRA, Cura António A. *Crimes, delitos e penas no direito romano clássico*. Aveiro: Universidade de Aveiro, 2005.

VILLAÇA, Álvaro. *Obrigações, indenização pecuniária. Lex Aquilia*.

VOCI. *Le obbligazioni romane (Corso di pandette)*.

VOLTERRA, Eduardo. *Instituciones de derecho privado romano*. Traducción, prólogo y notas a la edición española de Jesús Daza Martínez. Reimpr. da 1. ed. Madrid: Editorial Civitas, 1991.

VOLTERRA, Eduardo. *Istituzioni di diritto privato romano [Instituciones de derecho privado romano]. Traducción esp. de Jesús Daza Martinez. Madrid, 1986.*

WALLINGA, T. *Ambitus in the Roman Republic. Rida, 41, 1994.*

WATSON, A. *Rome of the XII Tables. New Jersey: Princeton University Press, 1975.*

WATSON, Alan. *The development of the praetor's edict. The Journal of Roman Studies, v. 60, p. 105-119, 1970.*

WOLODKJEWICZ, Witold. *Obligationes ex variis causarum figuris. Risc, 14, 1970.*

*World History Encyclopedia.*

ZOLTAN MEHESZ, K. *La injuria en derecho penal romano. Buenos Aires, 1970.*